郭齐家 1938年生，湖北武汉人。北京师范大学教育学部教授、博士生导师，北京师范大学珠海分校法政学院教授。曾任中华孔子学会副会长、国际儒学联合会理事会顾问。享受国务院政府特殊津贴。长期从事中国传统教育和传统文化的教学与研究，主讲“中国教育史”课程。1989年主持的“中国教育史课程教学质量建设”项目获北京师大优秀教学成果奖。1997年被评为北京师大“师德先进个人”。先后培养硕士生17名（其中英国留学生1名）、高访学者和进修生10名（其中韩国、日本高访学者各1名）、博士生13名（其中韩国留学生2名）。专著有《中国教育史》、《中国教育思想史》（简体字版、繁体字版和英文版）、《中国古代学校》、《中国古代考试制度》、《中国古代教育家》、《中国古代学校和书院》、《儒家文化与中国古代教育——文明薪火赖传承》等，合著有《简明中国教育史》、《中国远古暨三代教育史》、《陆九渊教育思想研究》等，参编有《中国教育思想通史》（并任第三卷主编）、《中国教育魂——从毛泽东教育思想到邓小平教育理论》等，主编有《中外教育名著评介》、《中国小学各科教学史丛书》、《中华人民共和国教育法全书》、《中华人民共和国职业教育法实务全书》等，共同主编有《中国教育通史·宋辽金元卷》、《中国教育史研究·宋元分卷》、《中国教育传统与教育现代化基本问题研究》等，其中有多部著作获国家级奖项。

不知命，无以为君子也。

——孔子

夭寿不贰，修身以俟之，所以立命也。

——孟子

为天地立心，为生民立命，
为往圣继绝学，为万世开太平。

——张载

国家重点图书出版规划项目

中国当代教育学家文库

中国教育学会教育学分会　组编

人教版教育学家文集系列

包括《中国当代教育论丛》（20卷，已出齐）

和《中国当代教育学家文库》（正在陆续出版）

超越与创新	鲁　洁
教育论集	王策三
现代教育论集	成有信
教育改革与学术争鸣	萧宗六
教育问题的理论求索	孙喜亭
教育：传统与变革	顾明远
历史经验与教育改革	黄　济
高等教育：历史、现实与未来	潘懋元
优教与忧思	王逢贤
教育学的探究	瞿葆奎
教育理念的沉思与言说	胡德海
教育的困惑与诠释	李　放
教育：求真留痕	金一鸣
教学的理论与艺术	董远骞
教育：让历史启示未来	吴式颖
寻找把教育学托上天空的彩云	王炳照
教育事业·教育科学·教育艺术	吕型伟
教育学与心理学的和谐变奏	燕国材
现代教学论生成发展之思	裴娣娜
基础教育政策与课程教学改革	文　喆
在世界范围内寻觅现代教育智慧	单中惠
教育经济学建构与教育改革创新	靳希斌
教育的哲思与审视	陆有铨
我的教育觉悟	谢维和
调适与转型：传统教育变革的重构与想象	田正平
课程论重建与教育科学研究	陈　侠
东西方教育的覃思	任钟印
论大学	眭依凡
教育立命之道与中华文化复兴	郭齐家

（按出版时间排序）

中国当代教育学家文库

教育立命之道与中华文化复兴

郭齐家　著

人民教育出版社

·北京·

图书在版编目（CIP）数据

教育立命之道与中华文化复兴/郭齐家著. —北京：人民教育出版社，2017.10
（中国当代教育学家文库）
ISBN 978-7-107-32104-7

Ⅰ. ①教…　Ⅱ. ①郭…　Ⅲ. ①教育史—研究—中国　Ⅳ. ①G529

中国版本图书馆 CIP 数据核字（2017）第 264589 号

中国当代教育学家文库　教育立命之道与中华文化复兴

出版发行　人民教育出版社
（北京市海淀区中关村南大街 17 号院 1 号楼　邮编：100081）
网　　址　http://www.pep.com.cn
经　　销　全国新华书店
印　　刷　人民教育出版社印刷厂
版　　次　2017 年 10 月第 1 版
印　　次　2017 年 11 月第 1 次印刷
开　　本　787 毫米×1 092 毫米　1/16
印　　张　45
插　　页　1
字　　数　761 千字
印　　数　0 001～1 500 册
定　　价　112.00 元

《中国当代教育学家文库》
出版说明

新中国成立以来，特别是改革开放以来，随着教育改革和发展的深入进行，我国教育科学研究取得了丰硕的成果。教育理论界不少学者在理论研究与学术实践中进行了艰辛的思考与探索。他们学风正派，治学严谨，几十年如一日追求真理，坚持真理，坚持科学精神，坚持理论与实践相结合。他们的精辟见解大都集中反映在凝聚着他们心血的一部部鸿篇巨制和大量学术论文之中。

系统、科学地总结新中国成立以来，特别是改革开放以来教育理论的研究成果，对于廓清教育理论研究的发展过程，从过去的经验中吸取精华、揭示规律，为今后的教育研究提供参考与借鉴，促进我国教育科学的发展具有重要的意义。为此，中国教育学会教育学分会组织编选了20卷本中国当代教育学家自选集《中国当代教育论丛》(简称《论丛》)，由人民教育出版社正式出版。《论丛》经国家新闻出版总署批准，列为国家重点图书出版规划项目。在新中国成立65周年及中国教育学会教育学分会成立35周年之际，我们决定组织编选新时期教育学家自选集，定名为《中国当代教育学家文库》(简称《文库》)。《文库》是《论丛》的继续，与《论丛》相得益彰、互为补充。《论丛》已收录的，《文库》不再收录。

这套《文库》各卷的作者大多数是中国当代教育学及其分支学科研究领域的专家。在长期的教育科学研究中，他们坚持以马克思主义为指导，学术思想开放，工于学理分析，努力揭示教育的客观规律，促进教育学的科学化。特别是改革开放以来，他们始终关注着现实的重大教育问题，或系统阐述，或直书议论，或发表评论，或提出商榷，撰写了一批对我国教育理论建设及教育改革与发展有重要影响的学术专著及论文。这些专著和论文荟萃了我国教育理论研究的精华，折射出我国新时期教育学家对教育科学和教育改革的艰辛探索与奉献。有的论文提出了不同的学术观点，甚至尖锐对立的学术观点，我们相信，实践会做出检验，时间会做出评判，读者会做出思辨。

这套《文库》主要采取论文选辑的形式，每人一卷；收入的选文精选自著者发表过的有关论文，分别标明出处，必要时加题解说明；各卷的选文主题相对集中；出于种种考虑，我们对每卷篇幅有所限制，对有些内容不得不忍痛割爱，这是需要向作者和读者特别说明的。

这套《文库》的编选、出版，是我们系统总结新中国教育理论学术成果的重要举措。教育学术界学者及社会各界有识之士给予了热情关注，并提出了宝贵意见。各卷作者付出了辛勤劳动。人民教育出版社一贯以教育事业为重，以学术为重，给予了大力支持和资助。对此，我们深表谢意！限于水平，这套《文库》的编选、出版工作可能存在不妥和不足，敬请读者不吝指教为感。

中国教育学会教育学分会

2014 年 10 月

目　录

第三编　教育的转型与更生

第四编　教育的传承与创新

第五编 国学经典教育研究

第六编 教育史学研究

第七编　传统文化研究

附　　录

代自序

文化自信与中国传统教育精神

习近平主席在中国共产党建党95周年庆祝大会上指出："我们要坚持道路自信、理论自信、制度自信，最根本的还有一个文化自信。……文化自信，是更基础、更广泛、更深厚的自信。"文化自信成为继道路自信、理论自信和制度自信之后，中国特色社会主义的"第四个自信"。

习主席还指出："文明特别是思想文化是一个国家、一个民族的灵魂。无论哪一个国家、哪一个民族，如果不珍惜自己的思想文化，丢掉了思想文化这个灵魂，这个国家、这个民族是立不起来的"；中国优秀传统文化"可以为治国理政提供有益启示，也可以为道德建设提供有益启发"，"我国今天的国家治理体系，是在我国历史传承、文化传统、经济社会发展的基础上长期发展、渐进改进、内生性演化的结果"；"只有坚持从历史走向未来，从延续民族文化血脉中开拓前进，我们才能做好今天的事业"，"没有文明的继承和发展，没有文化的弘扬和繁荣，就没有中国梦的实现"。

一、世界古代文明的四大系统

从人类文明发展史来看，世界古代文明主要有四大系统对人类的发展产生了经久的影响，那就是西欧、伊斯兰世界、印度和中国。而从教育来看，严格地说，也许只有西欧和中国才形成了一套复杂多样的教育系统。记住这个事实，对于我们深入研究西方教育史和中国教育史是很有意义的，我们之所以对西方教育史加以强调和研究，最主要的原因就是在19世纪以后，西方教育已成为世界很多民族、很多国家、很多地区教育发展的一个共性。从整个人类教育发展史来看，了解西方教育史也是对19世纪以后整个人类教育发展史的一种共性的认识。然而我们绝不能因此而低估了中国传统教育的影响，特别是在当前西方在现代化过程中出现了一些问题，许多西方有识之士，把眼光转向了中国的传统文化和传统教育，希望从中寻找有价值的东西，以补救现代化过程中所出现的种种弊病。

二、中国传统教育的形成和演变

根据历史文献记载，中国教育的起源可以追溯到夏、商、周三代以前。商周时代，中国教育已有相当的积累，知识大体具备规模，这就为学校教育的兴盛发展创造了条件。西周时期已逐步形成了一个以“礼、乐、射、御、书、数”为主体的“六艺”教育体制。到了春秋战国时期，中华文明的果实成熟了，中国教育进入了“古典”时代，产生了私学和专门从事教育工作的教师群体，一大批对后世影响深远的教育家，如群星灿烂，各家学派教育思想竞相争辉。不仅《论语》、《墨子》、《孟子》、《荀子》、《礼记》、《管子》、《吕氏春秋》等典籍中记载了大量的教育资料，而且还出现了像《大学》、《学记》、《劝学》、《弟子职》等这样的教育专著。这些教育专著是春秋战国时代丰富的教育经验和教育思想的总结，成为世界上最早出现的自成体系的教育学著作，奠定了中国传统教育的理论基础。

从历史上看，先秦时期是中国传统教育的形成、奠基时期；秦汉至宋明时期是中国传统教育的发展、辉煌时期；清代开国直至近代，中国传统教育出现了衰微的倾向；20 世纪以来，“重建教育”成为中国教育的重大课题。

中国传统教育是指中华民族长期形成的、已定型的教育遗产，是已经成为实际的教育历史实体，是中华民族文明进化过程的教育渊源。与中国传统教育略有不同，中国教育传统是指中华民族文明进化过程中形成的教育源流，是仍在不断丰富发展的还未完全定型的教育动态和教育发展趋势。

中国传统教育包含的内容十分广泛，大致包含：（1）中国儒家的传统教育；（2）中国道家的传统教育；（3）中国佛教的传统教育；（4）近代西方教育科学传入后形成的传统教育；（5）20 世纪以来，特别是二三十年代中国众多的教育家和教育流派，通过教育实践和教育理论的创新形成的传统教育；（6）中国无产阶级的传统教育，包括马克思主义教育思想在中国的传播及老解放区的教育实践、1949 年后社会主义教育实践形成的传统教育。

在古代，儒家教育思想体系构成了中国传统教育的主流，道家与佛教的教育思想起辅助作用。中国古代儒家、道家、佛教是中国教育史上三种重要的资源与思想传统。中国的人文精神尤其表现在三家所折射出的人生智慧上。儒家的人生智慧是德性的智慧、礼乐教化的智慧，通过修身实践，尽心知性而知天。通过“存心”，做一个好人，清理显意识，是“诚”的人生境界。道家的人生智慧是空灵的智慧、逍遥的智慧，超越物欲，超越自我。强调得其自在，歌颂自然生命以及生命自我的超拔飞越，肯定物我之间的同体融合。通过“修心”，做一个修炼人，净化潜意识，是“悟”的人生境界。佛家的人生智慧是解脱的智慧、无执的智慧，启迪人们空掉外在的追逐，消解心灵上的偏执，破开自我的囚笼，直悟生命的本真。通过“明心”，做一个明白人，趋向无意识，是“觉”的人生境界。中国古代儒家、道家、佛教充满了普遍的和谐，圆融无碍的智慧，走向生命的觉醒、永恒、圆满。至今仍有其价值和意义。

到了近代，随着西方教育科学的传入与引进，中国的教育面貌发生了一系列变化，一部中国近代教育史是中西教育全面接触、冲突、吸收和融合的教育史，是交织着被迫接受和主动探索的矛盾与痛苦的历史，近代的中国传统教育往往与民族救亡相联系。尽管如此，中国传统教育并没有完全丧失其意义和活力。意味深长的是，在今天，当西方社会和西方教育面临一系列新的难题时，他们把眼光又一次转向中国，我们就不能在中国古老的传统教育中重新获得灵感和启示吗?

三、中国传统教育的主要贡献及其特征

中国传统教育对于世界教育的贡献是多方面的。从世界范围来看，中国源远流长的传统教育是相当独特并富有创造性的。无论是在教育制度上，还是在教育思想和教育的价值取向上，中国都提供了一整套不同于世界其他国家、其他民族、其他地区的独创性的东西，这些至今仍然具有不衰的魅力。

以教育制度为例，中国古代有丰富的办官学、私学的经验，有按行政区设置教育网络、多渠道多层次办学的经验，有自学成才、自学考试的经验，古代还有博士制度，从汉代察举到隋唐以后的科举考试制度、书院制度以及推行社会教育、家庭教育的传统，这些不仅在当时的世界上占领先地位，而且其内容和形式也多有独到之处。

以教育思想和教育的价值取向为例，中国传统教育关于教育与政治、经济关系的认识，关于教育与法治关系的认识，关于德育与智育关系的认识，关于知识与才能关系的认识，关于教与学、教师与学生关系的认识，关于学校教育与社会教育、家庭教育关系的认识，以及形成的一系列具有独特风格的道德教育与提升道德修养的手段，如立志有恒、克己内省、改过迁善、身体力行、潜移默化、防微杜渐等等，形成的一系列具有独特风格的知识教育与教学的手段，如格物致知、读书进学、温故知新、学思并重、循序渐进、由博返约、启发诱导、因材施教、长善救失、教学相长、言传身教、尊师爱生等等，这些不但是中国传统教育中的精华，也是对世界人类教育宝库和世界教育史上的主要贡献，对此我们应该批判地加以继承和弘扬，并使其在新的教育科学理论的基础上加以提高和发展。

中国传统教育究竟有哪些重要的特性或特征呢？现在学术界、教育理论界对此众说纷纭。有的是从中国传统教育哲学思想的整体构架上探讨了中国传统教育的基本特点：(1) 天人合一；(2) 政教统一；(3) 文道结合；(4) 师严道尊。①

有的是从中西教育的比较角度，提出了中国传统教育的基本特征：(1) 重世俗而轻神性；(2) 重道德而轻功利；(3) 重政务而轻自然；(4) 重和谐而轻竞争；(5) 重整体而轻个体。

其实还不只是这几个特征，还有如重积累而轻发现、重趋善而轻求真、重综合而轻分析等等。当然这里所谓“重”与“轻”也是相对于西方教育而言的，而且是就其整体特征而言的，并不意味着绝对地偏向一方或忽视另一方。②

中国传统教育的主要贡献和基本精神，是其教育的价值观，中国传统教育的重要特性或基本特征，则是中华民族关于教育价值取向的反映。如果我们通过对中国传统教育的主要贡献和教育价值观的透视来探讨中国传统教育的基本特征，还可以从以下三个方面加以探讨。

一是综合观，即大教育观。中国传统教育认为教育这一系统是整个社会大

① 黄济主编：《中国传统教育哲学思想概论》，河南教育出版社 1994 年版，第 398—408 页。

② 朱永新著：《中华教育思想研究》，江苏教育出版社 1993 年版，第 44—58 页。

系统中的一个子系统，许多教育问题实质上是社会问题，必须把它置于整个社会系统中加以考察和解决。而教育问题的解决，又必然促进整个社会的发展和进步。如孔子十分重视教育。二是辩证观，即对立统一观。中国传统教育强调把道德教育放在首要地位，但同时也不忽视知识教育的作用。中国传统教育中的这些深刻的辩证法，就是在现代世界教育学专著中亦属罕见。三是内在观，即强调启发人的内在道德自觉性，心性的内在道德功能观。中国传统教育追求价值之源的努力是向内、向自身而不是向外、向上，不是听上帝的召唤，亦不是等待外在的指令。重视其内在的力量，重内过于重外，这是一个很值得我们注意的教育特色。

中华文明的传统教育思想、生活方式、处世风格、信仰形态中，儒家的和平、安宁成为主调。儒家有关人的教养与人格成长，特别是君子人格的养成的智慧，是这种文明的特色。儒家教育是多样的、全面的：其内核是成德之教；其目的是培养君子，成圣成贤；其方法是用礼乐六艺浸润身心，即通过礼教、乐教、诗教与养心修身，以自我教育与调节性情为主；其功能在于改善政治与风俗；其特点是不脱离平凡生活，知行合一、内外合一的体验。在当代建设公民社会，培养平民化的自由人格的过程中，尤其需要调动儒家修养身心与涵养性情的文化资源。①

四、中国传统教育思想在文化自信中的角色

（一）文化认同与伦理共识

任何一个社会、一个族群，作为其文化土壤或社会文化背景的有两个东西，一个叫“文化认同”，一个叫“伦理共识”。所谓“文化认同”或者叫“民族文化的自我身份认同”，解决的是“我是谁”、“我来自哪里”这一类问题。即是个体人所归属的民族文化的基本身份的自我定位，是精神信仰的归乡与故园。所谓“伦理共识”，其实是在民众中的一个隐形的，然而又是有约束力的价值观、生活态度、对待家庭与社会的方式以及终极信念的共同点。一个社会、一个族群的生活如果没有“文化认同”与“伦理共识”，那是非常危险、非常可怕的，不免会遭受到脱序的危险，当然也就不可能有健康的现代化，健

① 郭齐勇：《儒家文明的教养的意义》，《哲学》2010年第1期。

康的政治、经济、科技、文化的建设。实际上，一个健康的现代化，健康的法治社会、工商社会的建构，不能不依赖于“文化认同”与“伦理共识”。再严密的法律，代替不了社会的伦理道德。进一步说，健康的现代化的法治社会恰恰是建立在民众的“底线伦理”、民众的“伦理共识”的文化土壤之上的。而我们今天所谈的“文化自信”正是建立在对自己国家、对自己民族的“文化认同”与“伦理共识”之上。

中国传统教育思想的一个集中反映是中国文化经典，如《论语》、《孟子》、《大学》、《中庸》、《易经》、《老子》、《黄帝内经》等，正是这些经典孕育着中华民族的“文化认同”与“伦理共识”，其中蕴含着宇宙哲理、人生理想、政治智慧、历史教训、审美情趣等，是人生教育学典籍，或者说是人生的课本、教材。中国文化经典本身就是中国历史上培养、教育、塑造学生的最权威的课本和教材，靠一代代人的传承、诵读、解释，并在传承解释中发展、创新。其中所讲的包括“仁义礼智信”、“忠孝友悌”、“仁民爱物”等就是中华民族的核心价值观念，一直到今天还深深地扎根在老百姓之中，继续为中华民族的成长与复兴起着积极的作用。

德高望重的国学大师、教育家任继愈先生在为新华出版社引进我国台湾地区的国学基本教材《论语卷》、《孟子大学中庸卷》写的序言中指出：“教育最终目的在于育人。人是社会的成员，社会培养他成长，成长后又反过来为社会奉献他们的聪明才智。古今中外社会都是这样走过来的。对社会有用的人，不光有丰富的知识，还要关心国家大事，除了专业分工以外，还要熟悉祖国的历史，对世界大势有所了解，对艺术欣赏，辨别美丑，对人间的善恶有判断的能力。”任先生认为，包括《四书》在内的优秀传统文化进中小学课堂，作为国民教育的基本内容，是非常必要的。①

台湾著名心理学家杨国枢先生说：“以儒家文化为基底的中国文化其实是形塑中国人的心理和行为的非常重要的精神资源。”按梁启超先生的说法，《论语》等中国文化经典著作是两千年来国人思想的总源泉，支配着中国人的内外生活，其中有益身心的圣哲格言，一部分久已在我们全社会形成共同意识，我

① 李鎏等著：《国学基本教材·论语卷》，新华出版社2008年版，“序”第1页。

们既做这社会的一分子，总要彻底了解它，才不致和共同意识生隔阂。①

当代著名的物理学家、1957年度诺贝尔物理学奖得主杨振宁博士在回忆录《曙光集》中说：在十一二岁读初中一、二年级的两个暑假，其父克纯先生（芝加哥大学博士，回国任数学教授）让他读《孟子》，并请雷海宗教授介绍了一位历史系的优秀学生丁则良来给他教《孟子》。在少年与青年时代，杨振宁可以背诵《孟子》全文（三万五千多字）。《孟子》使杨先生一生受益无穷。

著名植物学家、中国科学学院院士、2007年度国家最高科学技术奖得主吴征镒教授，一辈子遵守其父母传下的“五之堂”的家训。这“五之”就是《中庸》中的“博学之，审问之，慎思之，明辨之，笃行之”。吴家六兄弟中出了三个院士。《中庸》使吴家子弟高尚其志，又掌握了很好的思想方法与治学之道。吴教授从幼年起即恪守家训，成年后又把这治身治学的格言传给了后辈的科学家。

加拿大皇家学会的院士、不列颠哥伦比亚大学荣誉终身教授叶嘉莹先生说：“我开蒙读的书就是《论语》，《论语》对于我做人的思考影响巨大，当听到‘朝闻道，夕死可矣’，被深深地吸引，心中有一种很强烈的冲动。道是一个什么样的东西啊，怎么有那么重要，以至于宁可死去。”“我相信宇宙间确有一种属灵的东西，我不但相信，而且感觉得到，也体会得到。我这个人天生注重精神、感情，不注重物质、身体，也许这是个缺点。但我生性如此，也只好把缺憾还诸天地了。顾羡季先生曾说：‘一个人要以无生之觉悟为有生之事业，以悲观之心情过乐观之生活。’一个人只有在看透了小我的狭隘与无常以后，才真正会把自己投向更广大更高远的一种人生境界。诗歌的研读，对于我，并不是追求的目标，而是支持我走过忧患的一种力量。”②

中国文化经典可以陶冶现代人的性情，治疗现代人的心理疾病，是“天子以至于庶人”真正安身立命的精神支柱，是人之所以为人的依据。我们学习《论语》、《老子》等文化经典，不仅仅是为了增长见闻，或者附庸风雅，而是为了安顿自己的身心，涵养自己的性情，接上民族的传统，使自己在天地之间

① 梁启超著：《国学入门书要目及其读法》附录二《治国学杂话》，《饮冰室专集》之七十一，《饮冰室合集》，中华书局1989年版。

② 叶嘉莹、祝晓风：《书生报国成何记，难忘诗骚李杜魂》，《文艺研究》2003年第6期。

可以站得稳、行得正，在纷纭的世事中找到一处心灵的乐土，在“天人合一”、“知行合一”、“情景合一”中追求真善美的互诠、圆融无碍的人生境界。这是中国传统教育的一个特色，却也是教育本来就应该有的一个本色。然而现在的教育却失去了这一本色，不是在根上浇水施肥，而是在枝叶上浇水施肥。所谓“根”就是中国传统教育的重点：人性、性情、生命。所以中国文化讲：人性是善性，人心是良心，人情是真情。孟子说：“学问之道无他，求其放心而已矣!”《说文解字》解释“教育”二字：“教，上所施下所效也”，“育，养子使作善也”。中国传统教育有强烈的“引人向善”的功能，如果我们的教育都落实到这上面，那就是回到了教育的本色。从这个角度看，回溯中国传统教育，回归到教育的本根，传承中国文化精神，形成“文化认同”与“伦理共识”，从而走向文化自强、文化自觉、文化自信，是当下具有历史使命与时代意义的伟大课题，中国传统教育的智慧也必将在文化自信中熠熠生辉。

（二）传承命脉与民族精神

1995年3月在第八届全国政协会议上，赵朴初、叶至善、冰心、曹禺、启功、张志公、夏衍、陈荒煤、吴冷西等九位德高望重的全国政协委员以016号正式提案的形式，发出《建立幼年古典学校的紧急呼吁》。《紧急呼吁》以焦急迫切的文字，为我们敲响了传统文化教育正处于存亡续绝关键时刻的警钟。

《紧急呼吁》指出：“我们文化之悠久及其在世界文化史上罕有其匹的连续性，形成一条从未枯竭、从未中断的长河。但时至今日，这条长河却在某些方面面临中断的危险。”“构成我们民族文化的这一方面是我们的民族智慧、民族心灵的庞大载体，是我们民族生存、发展的根基，也是几千年来维护我民族屡经重大灾难而始终不解体的坚强的纽带；如果不及时采取措施，任此文化遗产在下一代消失，我们将成为历史的罪人、民族的罪人。”这九位老人“以风烛之年，未敢忘继承民族的文化”，他们希望“在有生之年重奏弦歌，到古典学校中去走一走，看看后继之人”。

习近平主席在2016年教师节提出：“教育改革要坚持文化自信，好经验要坚持，不足的要补齐。”2014年9月9日，习主席在同北京师范大学师生代表座谈时说：“我很不赞成把古代经典诗词和散文从课本中去掉，‘去中国化’是悲哀的。应该把这些经典嵌在学生脑子里，成为中华民族文化的基因。”2017年中共中央办公厅、国务院办公厅印发了《关于实施中华优秀传统文化传承发展工程的意见》，其中指出该工程的核心理念：“中华民族和中国人民在修齐治平、尊时守位、知常达变、开物成务、建功立业过程中培育和形成的基本思想理念，如革故鼎新、与时俱进的思想，脚踏实地、实事求是的思想，惠民利民、安民富民的思想，道法自然、天人合一的思想等，可以为人们认识和改造世界提供有益启迪，可以为治国理政提供有益借鉴。传承发展中华优秀传统文化，就要大力弘扬讲仁爱、重民本、守诚信、崇正义、尚和合、求大同等核心思想理念。”并提出了总体目标：“到2025年，中华优秀传统文化传承发展体系基本形成，研究阐发、教育普及、保护传承、创新发展、传播交流等方面协同推进并取得重要成果，具有中国特色、中国风格、中国气派的文化产品更加丰富，文化自觉和文化自信显著增强，国家文化软实力的根基更为坚实，中华文化的国际影响力明显提升。”

时至今日，我们再回头看九位老人对于传统教育的《紧急呼吁》，不禁感叹九位老人的先见之明，更加坚定“教育改革要坚持文化自信”。历史证明，当代社会在精神文化领域所缺失的，正是当年九位老人所呼吁的。现实证明，科学技术可以从西方引进，但民族精神不可能从西方引进，中华民族的伟大复兴，离不开民族精神的引领。体现民族精神的优秀文化及传统伦理道德，是沉淀在民族的思想意识和行为规范里的，是民族心理和民族性格的组成部分，制约和影响着人们的现实生活。清代学者龚自珍说：“史存而周存，史亡而周亡”，“灭人之国，必先去其史”。一个民族的历史和体现民族精神的优秀文化及传统伦理道德至少应视为治国者的教材，因为它直接关系到天下兴亡、民族存灭！著名爱国人士闻一多先生在抗战时期讲过的一段话至今令人深思：“我国前途之危险不独在政治经济有被人征服之虑，且有文化被人征服之祸患。文化之被征服于其他方面征服百千倍之。”

在全球化语境中，我们的传统教育在民族文化自身建设、民族精神的培育、传统优秀思想与文化的弘扬等方面的价值不能低估。一个着眼于未来、大力践行“文化自信”的国家和民族，必然不会忘记自己的历史，更不会抛弃体现本民族精神的优秀传统教育思想。联合国教科文组织国际教育发展委员会编写的《学会生存》指出：“人类要发展，一方面要面向未来，另一方面要回到人类的源头，向我们的先辈汲取智慧。”从这一点出发，保持、弘扬和培育体现中华民族精神的优秀传统教育思想，有其特殊意义。

中国科学院院士、华中科技大学前校长杨叔子教授在《高等教育的五“重”五“轻”》一文中说：“有几位华人教授跟我讲，内地教育有个缺陷，什么缺陷呢？内地的留学生，ABC很好，XYZ也很好，也懂得美元、英镑，就是不太了解长城、黄河，不太了解文天祥、史可法，一点也不知道《史记》、《四书》、《资治通鉴》，请问这种学生毕业出去以后，能不能为中华民族服务？我认为他们提得非常好，非常深刻，也非常生动。ABC很好——外语很好；XYZ很好——数学很好，业务很好；懂得美元、英镑——会打经济算盘；不太了解长城、黄河——不太了解祖国地理，对祖国的地理知之甚少；不太了解文天祥、史可法——不太了解民族历史，对民族的历史知之甚少；一点也不知道《史记》、《四书》、《资治通鉴》——对祖国与民族的悠久文化传统一无所知，这种高层人才，对自己的国家、民族的地理、历史知之甚少，对悠久文化传统一无所知，可不可能对自己的国家与民族有感情？会不会为这个国家与民族很好去服务？现实的很多例子已经证明了这个批评是对的。”①

潘一禾博士在《当前国家体系中的文化安全问题》一文中指出：“语言文化涉及更高层面的安全，如信息和思维向度问题。更高层次的安全，即如何理解和看待世界问题。语言不像今天的年轻人时不时地流行一阵染金发、穿酷装、跳街舞等，长期学习一种外语，尤其是一种时时处处展示为强势的他国语言，不仅可能让年轻人的母语水平下降，而且会让它们的思维习惯和世界观都发生根本变化，会让他们不由自主地倾心于某种外国文化。而在当今快节奏、多变化的生活方式中，他们很可能在对自身文化根本不了解或没有时间了解，在不会比较也不想比较的情况下就被外国文化‘俘虏’，这种精神上的被‘俘虏’并不一定指精神道德的衰退或下降，而是指一种与狭隘民族主义反向但相似的偏激、固执和忘本。学习他人本来是为了改良自身，但如果其结果是改掉了自身的身份和盲目崇拜他人，就会出现对外交流与革新自我之间的‘恶性互动’，并可能进而成为一种对中国文化安全构成‘威胁’的社会群体或思想力量。”②

传统农业社会的社会架构和政治体制已经消失，但并不意味着与之相结合过的价值观念、道德意识、思想与行为方式都失去了存在的合理性。在今天，其中大量的教育思想仍然可以创造转化为中国当代教育建设和教育改革的宝贵

---

① 杨叔子：《高等教育的五“重”五“轻”》，《中华读书报》2002年10月9日。

② 潘一禾：《当前国家体系中的文化安全问题》，《浙江大学学报（人文社会科学版）》2005年第2期。

资源，在“文化自信”中提供活水源头，我们既要能够充分吸收中国传统教育中的宝贵遗产和卓越经验，不丧失国人赖以生存于世的基本民族精神，又能够慎思审问地学习国外的教育观念、政策等，做到“好经验要坚持，不足的要补齐”。

国务院前总理温家宝2003年12月10日在美国哈佛大学演讲《把目光投向中国》中说：“中华民族的祖先曾追求这样一种境界：‘为天地立心，为生民立命，为往圣继绝学，为万世开太平。’今天人类正处在社会急剧大变动的时代，回溯源头，传承命脉，相互学习，开拓创新，是各国弘扬本民族优秀文化的明智选择。”我们应当确立起强烈的民族精神自强意识、民族文化发展意识、优秀传统教育思想与文化的再生创新意识，把潜在的精神资源转化成现实的精神发展与建设的能源和动力。我们应以一种包容博大的文化与思想胸襟放眼世界与未来，凭借从慎重检视和细致考辨过的文化经典作品中汲取来的强大的精神原动力和民族自信心，来参与这场全球性的文化与思想的现代较量和交融，让体现民族精神的优秀传统教育思想在“文化自信”中“重新燃起火焰”，迎接新的“轴心时代”① 的到来，实现中华民族的伟大复兴。

（三）诗书礼乐与心性教育

中国传统教育是博雅教育，既包含今天的技术教育、知识教育，又包含艺术教育、身体教育与生命教育等德智体美诸方面，其核心是如何使人成为全面发展的人，尤其是有道德的人。孔门四科：德行、言语、政事、文学，以德行为先，以人格修养为主。宋儒讲“涵养需用敬，进学在致知”，中国传统教育家很看重个体人的生存品位与品质，很重视人文的熏陶和修养。人不是行尸走肉，人活着，要活得有尊严、有格调、有价值、有意义。传统的教育很讲究涵泳，就是身临其境、深入其中的真切体会。在兴趣的培养中，让人受到熏陶和感悟，使人养成乐善好群、敦厚优雅的品行。优游、涵养、陶冶于礼乐教化之中，通过《诗》教、《书》教、礼教、乐教来培养社会精英，也通过他们影响、诱导、提升民间百姓生活的品位。这些是中国传统教育家的重要任务，也是时下增强中国人文化自信的重要切入点。

我国当代著名教育家、文学家朱自清先生说：“诗与文都出于口语；而且

① ［德］卡尔·雅思贝尔斯著，魏楚雄、俞新天译：《历史的起源与目标》，华夏出版社1989年版，第14页。

无论如何复杂，原都本于口语，所以都是一种语言。”“诗原是‘乐语’，古代诗和乐是分不开的，那是诗的生命在唱。”① 母语，对于我们每一位青少年的成长是非常重要的，张志公先生在《我和传统语文教育研究》一文中说：“语文是个民族性很强的学科。它不仅受一个民族语言文字特点的制约，而且还受这个民族文化传统以及心理特点的影响。”② 中国的汉字本身承载了巨大的文化密码，一字一乾坤，一笔一画皆生命，也是中国人之所以是中国人的基础之一。张先生在《传统语文教育教材论》一书的导言中曾阐述汉语是非形态语言、汉字的每个字表示一个音节、词十分活跃等三个特点产生的容易造成整齐的句子、容易构成对偶、容易押韵的三个结果，乃至容易进行语言美、声律美的教育。这就提醒我们不要忘记汉语言的规律、特点，不要忘记汉语言教学的民族特色。通过传统文化经典的教育，引导学生感悟母语之美，感受正确而自如地运用母语表达自己的快乐，建立与母语的血肉联系，将母语所蕴含的民族文化和民族精神扎根在心灵深处，并在此基础上构建自己的精神家园，增强文化自信。

《礼记·文王世子》曰：“凡三王教世子，必以礼乐。乐所以修内也，礼所以修外也。礼乐交错于中，发形于外，是故其成也怿，恭敬而温文。”在夏、商、西周三王时代规定必须用礼乐教育世子，乐用来进行内心精神方面的修养，礼用来进行外在行为方面的教育。礼乐涵养于内心而表现在外表，因而融合成快乐、恭敬、温文尔雅的风度。礼的作用在于约束人们的外部行为，具有一定的强制规定性；而乐则重在陶冶人们内心的情感，使本来具有一定强制规定性的礼变为能获得自我满足的内在精神需要。这种礼乐教育在三王时代处于向上发展时期，对于改变社会习俗，稳定社会秩序，加强各诸侯国与王室之间的联系，确实起了重要的积极作用，所以认为：“移风易俗，莫善于乐；安上治民，莫善于礼。”③ 礼乐二者巧妙配合，相辅相成。

孔子说，一个人的修养应该从学“诗”开始，以激发情感和意志；进而学“礼”，以约束其言行；再学“乐”，以形成其性格，完善其品德。这就是他所

① 朱自清著：《新诗杂话》，生活·读书·新知三联书店1984年版，第89页。

② 孟宪范：《科学研究中最需要的科学理性精神——读张志公〈传统语文教育教材论〉》，张志公著：《传统语文教育教材论——暨蒙学书目和书影》，上海教育出版社1992年版，“序”第2、8页。

③ 《孝经·广要道章》。

说的："兴于诗，立于礼，成于乐。"① 这对形成中国古代的礼乐教育传统和艺术、美育传统是有重大影响的。中国古代艺术和美育传统注重朴素、淡雅、天真、含蓄、讲分寸。"乐而不淫，哀而不伤"，喜而不露、怒而不纵，含而不贫、勇而不莽，尽善尽美、文质彬彬。中国古代的文学艺术和美育传统，就像中华民族的性格一样，既热烈又恬静，既深刻又朴素，既温柔又高雅，既微妙又直率，成为中国古代传统文化中的精华，对中国人的教育和感染是深厚的。

被誉为现代教育之父、南开中学创始人的张伯苓先生提倡人生教育和人格教育，其中最为著名的就是"四十字镜箴"。他信奉这样的理念："一衣不整，何以拯天下?"因此，他特地在南开中学校门入门处设立一面一人高的大镜子，上面镌刻着四十字严范孙（严修）先生撰写的箴言："面必净，发必理，衣必整，钮必结。头容正，肩容平，胸容宽，背容直。气象：勿傲，勿暴，勿怠。颜色：宜和，宜静，宜庄。"张伯苓先生深谙传统教育的智慧，儒家教化不是所谓道德说教，而是春风化雨，把"齐家治国平天下"的理想目标落实到教育的每一个"格物致知诚意正心"的"修身"细节之中，从细微处施以"润物细无声"的教化，这不是一种外力强加的方式，而是真正自觉的自我教育，是生活实践式的，通过点滴积累收获自己的体验，既可以丰富君子自身，调节性情，又通过君子的行为影响公共事务与民间风俗。

2006 年 5 月，国家开放大学（原中央广播电视大学）文法学院教授吴鸿清带着三名志愿者从北京来到羲皇故里——甘肃省甘谷县，在土桥小学办一个教学改革实验班——伏羲班。当地领导问："有什么要求?"他说："只有一个：学生不选，教师不挑，所有课程都由当地老师讲授，仅教材和课程设置按照他的思路。除此之外，不会给地方增加一分钱负担。"于是，以《弟子规》、《千字文》、《论语》等为主干教材，书法、武术为每天必修课的伏羲班诞生了。正如它的名字，就是要像人文初祖伏羲一样，穿越蒙昧，回归本源，童蒙养正。刚开始，许多人不理解，但吴鸿清相信行动能感化，更相信传统教育和经典的力量："无数事实证明，中国传统教育曾经为中华民族培养出杰出的人才，启蒙教育有很成功的经验，我们应该汲取、继承，让它在现代社会重放光芒。'钱学森之问'不是个理论问题，而是需要用实践来证明的问题。"伏羲班"做的事情很简单"、"教学过程很轻快"、"教学条件很普通"，却产生了许多体制

① 《论语·泰伯》。

内学校所达不到的成绩：伏羲班四年级的学生期末参加全学区统考，数学平均分全学区第一，语文全学片第一，和同年级普通班比，数学、语文成绩都是第一。国务院前总理朱镕基亲自给伏羲班的孩子们写信：“伏羲班的同学们：看到你们的书画作品，很有水平，非常高兴。希望你们发愤努力，全面发展，为祖国争光。2011年11月2日。”清华大学公共管理学院副院长王名教授在近年两会期间提了一个议案《关于总结推广“伏羲班”经验，加强以中华传统文化为核心素质教育的建议》。伏羲教育成功了，它有什么诀窍吗？说有也有，其实也没有，只不过是认真地汲取了中国传统教育的智慧，再加上吴鸿清孜孜不倦的不懈努力罢了。然而反观我们如今的基础教育，“德之不修，学之不讲，闻义不能徙，不善不能改”，这可真是孔子之忧，民族之忧，时代之忧，教育之忧！

习主席提出了“文化自信”的时代使命，那么教育的文化自信在哪？正如吴鸿清所说：“再过三十年，当中华优秀的文化开始再现辉煌，当中华民族以崭新的面貌屹立于世界之林，当孩子们自小就能够在中华优秀文化滋养下快乐成长的时候，我们不会因为虚度年华而悔恨，不会因为碌碌无为而羞愧，我们能骄傲地说，我们整个生命和全部精力都献给了中华文化和中华民族伟大的复兴的事业之中！”①

中国传统以教育为立国之本，教育不应被片面地理解为科学技术知识的传递，还应强调道德理性和人文精神的重建。现代社会要关心人的问题，肯定人的生命生存的价值和意义，西方的“工具理性”不能完全代替“价值理性”，因此我们应深深挖掘中国传统文化和传统教育关于这方面的思想资源，这对于加强现代人文主义教育思潮和影响，遏制科学主义片面发展“工具理性”所造成的种种现代弊病，可以起到一定的积极作用。② 中国传统教育的终极目的是培育民族精神，淳化代代人风，提高人的心灵素质，帮助人们修养身心，达到一种真善美统一和谐的人格境界。不管现代社会科技、商业如何发达，不管我们从事的现代职业如何先进、精密，人性的培育，心灵境界的提升，人们从实然的人向应然的人的超越，总是不可替代的。这对于人类、国家与人的自身来

① 吴鸿清主编：《大道至简》，中国科学文化音像出版社有限公司2013年版。

② 方克立：《展望儒学的未来前景必须重视的两个问题》，《天津社会科学》1991年第1期。

说，都是生命攸关的大问题。因此，人类现代化事业的一个重要的建设层面是人性的培育、道德境界的提升。从长远的观点来看，应当把人的心性建设放到一定的高度。对人类心性的关怀，才是最根本的关怀。

中国传统教育追求的是人的身与心、人与人、人与社会、人与宇宙自然的统一与和谐。这对于21世纪完善人的性格、情操、行为和心态，净化心灵，净化社会；对于促进现代科学技术中局部与总体、客体与主体、精神与物质、人与宇宙自然相沟通相统一的新的发展模式和方法论，具有重大意义。所以，挖掘中国传统文化与传统教育的有价值的观念，对于促进人类社会和生态的协调发展，从根本上解决当代几大难题和现代化进程中的种种困惑，是很有帮助的。这已经成为时代的呼唤和历史发展的要求。

王阳明的心学是中国传统教育思想中的精华，也是增强中国人文化自信的切入点之一。五百年前王阳明从百死千难之中得来千古圣贤相传的致良知学说。2011年5月9日，时任国家副主席的习近平同志在贵州大学中国文化书院与师生座谈时说："王阳明一生，真正做到了知行合一，既是伟大的哲学家、思想家，也是一位伟大的政治家、军事家。""致良知"不是一种小善，它不只是让人们成为好人，"致良知"是一种伟大的力量。这份良知的力量，带领人们找回迷失已久的心灵；这份良知的力量，开启了心中本有的智慧宝库；这份良知的力量，将为当今社会的良性发展，提供源源不断的"心动力"。心静如水，良知清澈；临事不乱，应变无穷。①

总之，中国传统教育在今天有重大的安身立命的意义，在文化自信的必由之路上扮演着重要的角色。正如习主席2014年5月4日在北京大学师生座谈会上的讲话："中华文明绵延数千年，有其独特的价值体系。中华优秀传统文化已经成为中华民族的基因，植根在中国人内心，潜移默化影响着中国人的思想方式和行为方式。今天，我们提倡和弘扬社会主义核心价值观，必须从中汲取丰富营养，否则就不会有生命力和影响力。……我们生而为中国人，最根本的是我们有中国人的独特精神世界，有百姓日用而不觉的价值观。我们提倡的社会主义核心价值观，就充分体现了对中华优秀传统文化的传承和升华。"我国需重建真正具有内在约束力的信仰系统，即以"仁爱"为核心的价值系统。

① 北京知行合一阳明教育研究院编注：《致良知是一种伟大的力量》，东方出版社2017年版。

人性、心性、性情教育，文化理念与信仰的教育是根本的、管总的、长久的。以“仁、义、礼、智、信”等价值与“温、良、恭、俭、让”的品行来美政美俗、养心养性是历史上我国教育传统，值得我们借鉴，将其用于今天公民社会之公民道德的建设之中。这也是我们今天构建和谐、文明的现代中国社会的需要。

我们坚持文化自信，就是希望中国青少年一代坚守和传承中华文化，其实也就是希望他们感悟这种“道”。比如“天下为公”的理念，“宁为玉碎，不为瓦全”的风骨，“先天下之忧而忧，后天下之乐而乐”的胸怀，“富贵不能淫，贫贱不能移，威武不能屈”的操守，“己欲立而立人，己欲达而达人”、“己所不欲，勿施于人”的做人原则，“位卑未敢忘忧国”的精神，“无为而无不为”的智慧，“天行健，君子以自强不息”的意志，“地势坤，君子以厚德载物”的雅量，“高山流水”般的友谊，“见贤思齐”、“无欲则刚”的人生哲理等。如同“朝闻道，夕死可矣”一样，正是这些为人之道在中华文明史上曾哺育了无数民族英雄和仁人志士，使他们为民族、为国家、为人类作出了巨大贡献。今天的青少年一代诵读学习中华文化经典名著，就是让他们不断感悟着人生之道，为实现中国梦，实现中华民族的伟大复兴而贡献力量。

“落红不是无情物，化作春泥更护花。”（龚自珍语）“白头到此同休戚，青史凭谁定是非。”（林则徐语）让我们炎黄子孙以这样的态度和胸襟去领悟和把握中国传统文化中的人文智慧，去迎接和应对“新长征”征途中形形色色困难的考验。这样，我们才能在构建“人类命运共同体”过程中立于不败之地。善哉！善哉！

第一编

孔子与儒家教育思想研究

重温孔夫子治学之道

——纪念孔子诞辰二五五〇周年*

20世纪80年代美国出版的《人民年鉴手册》列出世界十大思想家，孔子名列第一。1988年1月，全世界的诺贝尔奖获得者在巴黎集会，在会议的新闻发布会上，最精彩的是汉内斯·阿尔文博士（瑞典人，1970年诺贝尔物理学奖获得者）的发言。他在其等离子物理学研究领域的辉煌生涯将近结束时，得出了如下结论："如果人类要在21世纪生存下去，必须回首二千五百年，去汲取孔子的智慧。"

孔子（公元前551—前479），名丘，字仲尼，春秋末期鲁国陬邑（今山东曲阜）人。他一生重教育才，著书立说，为中国的文化教育事业的发展作出了重大贡献，被尊为儒家的始祖。后人敬称他为"孔夫子"、"孔圣人"。他是中国私人办学讲学的第一人，也是系统传播古代文化的第一人。中国古代文化的流传以至后来的扩大、发展，和他的功绩是分不开的。他在文化教育上的贡献可以用两句话概括：一是整理和保存了中国古代的文化典籍；二是开创了私人自由讲学的风气，积累了丰富的教育经验，形成了比较系统的教育思想。

今年是孔子诞辰二五五〇周年，我重温了他的有关论述。我深深感到，孔子的教育思想十分丰富，这里着重谈他关于学习态度的见解。他所提出的一些有价值的见解，很多是符合科学的学习论的；其治学之道，至今依然行之有效，颇有教益。概括起来有如下几点。

立定志向，端正动机。孔子认为没有明确的学习目的和正确的学习动机，就不会有良好的学习效果。要想学有成效，首先要立志，树立学习的目的和理想。他说："三军可夺帅也，匹夫不可夺志也。"① 又说："君子谋道不谋食"，

---

* 本文原载《中华魂》1999年期9期。

① 《论语·子罕》。

“君子忧道不忧贫”。① 读书人谋求学道，不谋求衣食；担心学不到道，不担心贫穷。孔子认为一个人树立了大志，学习目的明确，就能意志坚定，行动坚决，在学习上就能克服困难和各种不良环境的干扰，做到“磨而不磷”，“涅而不缁”② ——如同质地坚固的东西，磨损不了；如同洁白的东西，染也染不黑。这些观点和现代心理学是相吻合的。现代心理学认为，立志是大脑第二信号系统执行的调节机能，能使人的行为自始至终具有一定的倾向性。

敏而好学，不耻下问。孔子说：“我非生而知之者，好古，敏以求之者也。”③ 公开承认自己不属“生而知之”的人，认为自己的知识是勤奋敏捷地追求得来的。他提倡“学而知之”，主张学无“常师”，可以随时向任何人学习。“三人行，必有我师焉。”④ “子入太庙，每事问。”⑤ “敏而好学，不耻下问。”⑥ 孔子提倡的这种学习态度，对后代影响极大。他还说：“学如不及，犹恐失之。”⑦ 认为学习就像赛跑一样，担心赶不上，赶上了还怕掉队，因此要始终保持勤奋谨慎、兢兢业业的状态，才能学有成效。

虚怀若谷，奋发不息。孔子是一位谦虚的人。在学生面前，他承认种地种菜的本事不如老农老圃。学生们把他看成“圣人”，他表示不敢当，主张学习要虚心，奋发不息。“发愤忘食，乐以忘忧，不知老之将至……”⑧ 他有句名言：“饱食终日，无所用心，难矣哉！”⑨ 从反面把这问题说得再透彻不过了。

好学乐学，提高兴趣。孔子重视在学习中提高兴趣，认为这是调动学习积极性的重要条件。他把学习兴趣分为三个层次：“知之”、“好之”、“乐之”。“知之者不如好之者，好之者不如乐之者。”⑩ 他常教育学生，由低层次的“知之”向中层次的“好之”转化，进而达到高层次的“乐之”。不断激发学习兴趣。他赞扬颜回，一筐粗粮，一瓢冷水，住在简陋的小巷里，受别人受不了的困苦，却不改变刻苦学习的兴趣，颜回多么有修养呀！这就是古代有名的“孔颜乐处”，是一种积极的学习心态。现代教育心理学者认为，学习兴趣是积极

① 《论语·卫灵公》。
② ⑨ 《论语·阳货》。
③ ④ ⑧ 《论语·述而》。
⑤ 《论语·八佾》。
⑥ 《论语·公冶长》。
⑦ 《论语·泰伯》。
⑩ 《论语·雍也》。

探求知识的一种带有情绪色彩的意向活动，它是学习动机中最活跃的成分。孔子提高学习乐趣的思想是完全正确的。

严密谨慎，一丝不苟。孔子提倡严密谨慎、一丝不苟的学风。他说：对于道听途说的传闻，不能作为学习和研究的可靠资料。他提倡实事求是、老老实实的学习态度："知之为知之，不知为不知，是知也。"① 他主张杜绝四种毛病："毋意，毋必，毋固，毋我。"② 即不凭空猜测，不绝对肯定，不拘泥固执，不自以为是。他还反对"亡（无）而为有"、"虚而为盈"③ 的求学态度。本来没有真才实学却假装有，本来心态空虚却假装着充实，这是很不好的学风。他以夏的后代杞国和殷的后代宋国文献不足，所以他不能引用来论证夏礼和殷礼为例，说明做学问要掌握大量的可靠资料，有了充足的证据之后才能下结论。由此可见孔子治学态度的严谨。

渐进有恒，人一己百。孔子认为学习必须有恒心，有坚持不懈、奋斗到底的坚强意志和精神。他认为一个人如果没有恒心，什么事也做不好，甚至不能做巫医。"苗而不秀者有矣夫！秀而不实者有矣夫！"④ 孔子用此来比喻在学习上没有恒心的人，就像有的禾苗不抽穗和抽穗不结籽一样。他告诫学生："欲速则不达。"⑤ 学习是一个渐进有恒的过程，不能急于求成，更不能停止不前。

《中庸》发挥了孔子的这一思想，提出：除非不学习，学习了还没有掌握好，一定不罢休；除非不提问，提问了还没能理解好，一定不罢休；除非不思考，思考了还没能得出结论，一定不罢休；除非不分析，分析了还不很明白，一定不罢休，坚持到底。别人用一分力做到的，自己就加上百倍的力气；别人用十分力做到的，自己就加上千倍的力气。照这样，即使是愚笨的人也必定会变得明智，即使是软弱的人也必定会变得刚强。

孔子指出，人的聪明与能力是在顽强的学习中培养出来的，而不完全决定于人的天资。孔子这些思想是很深刻的，我们应认真地加以总结，继承与弘扬这一珍贵的教育遗产。

---

① 《论语·为政》。

②④ 《论语·子罕》。

③ 《论语·述而》。

⑤ 《论语·子路》。

孔子教育思想对当代教育改革的意义*

作为一个真诚的教育家，孔子一生抱着追求真理和培育人才的愿望，在自由讲学的长期实践中积累起来的丰富的教育思想和经验，是中国教育史上的宝贵遗产，对当代的教育建设和教育改革也有重要的借鉴价值和启发意义。

（一）创造性的生命精神

孔子和儒家教育思想，首先突出的是创造性的生命精神，是人对宇宙的一种根源感。《周易·系辞传》说："天地之大德曰生"，"生生之谓易"。意思是说，天地的根本性质是"生生不息"。按照《易传》的看法，宇宙是一刚健的生命，不停息地变化流行，人也应该效仿它而自强不息。我们人有一种刚健自强、生生不息的主体精神，能够开拓创新、穷通变易。人效法天地、德配天地、宏大天性，就是要发扬创造性的生命精神，全面发挥人的禀赋与潜能。孔子说："人能弘道，非道弘人。"① 人能够把道廓大，不是用道来廓大人。这是一种"尊生"、"主动"的传统，肯定人的创造可以与天地的创造相配合、相媲美，"唯天下至诚，为能尽其性。能尽其性，则能尽人之性。能尽人之性，则能尽物之性。能尽物之性，则可以赞天地之化育。可以赞天地之化育，则可以与天地参矣。"② 这就是说，一旦人能充分地护持住自己的道德理性，人就能全面发挥其本性，并且尊重每个人及每一物的生存，使之"各遂其性"；这样就能回应天地的生命精神，提高人的精神境界，与天地鼎足而三，理性地适应并进而辅相天地。人在宇宙中的地位，人的生活意义，由此而确立。孔子和儒家的"天道"、"地道"、"人道"思想，"天"、"地"、"人"三才的思想，都是讲创造的生命精神贯注于天上、地下、人间。人可以与天地相协调、相鼎立，

---

* 本文原载《少年儿童研究》2011 年第 4 期。

① 《论语·卫灵公》。

② 《礼记·中庸》。

完成自己的生命理想，并以平等精神体察宇宙间一切存在的价值，完成其生命，最终通过“正德、利用、厚生”、“立德、立功、立言”、“苟日新，日日新，又日新，作新民”，“天行健，君子以自强不息；地势坤，君子以厚德载物”，在实际行动中实现人生的价值与意义。这对于当代教育改革是有重大启发意义的，对于提高我们民族的整体素质，特别是对培养年青一代具有正确的宇宙观、人生观、价值观及人生理想也是有借鉴与启发意义的。

（二）仁者爱人的宽容精神

孔子教育的基本观念是“仁”。“仁”是人之所以为人的根本，故曰：“仁者，人也。”①“仁”就是生命的相互感通，是天、地、人、物、我之间的普遍联系与相互滋养润泽。“仁”又是主体内在的意识，是自己决定自己的。所以孔子说：“为仁由己。”②“我欲仁，斯仁至矣。”③ 内在的仁具有伟大崇高的道德价值。“仁”的具体含义是“爱人”，是一种博大的同情心。凡是人都有仁性，天生就有恻隐之心，能对别人的痛苦与欢乐产生共鸣。“凡是人，皆须爱。天同覆，地同载。”④ 有仁德的人会用爱心去对待人，既自爱，又爱人；既自尊，又尊人。“仁”就是一种宽容的精神。孔子说：“夫仁者，己欲立而立人，己欲达而达人。”⑤“己所不欲，勿施于人。”⑥ 自己要站得住，同时也让别人站得住，自己要事事行得通，同时也让别人事事行得通。这就是“尽己为忠”。自己不喜欢的，不愿意的，决不强加给别人。这就是“推己及人为恕”。孔子和儒家的理想，是要把仁爱的精神，由爱自己的亲人推广到爱周围的人，爱所有的人，爱宇宙万物。这就是孔子所说的“故人不独亲其亲，不独子其子，使老有所终，壮有所用，幼有所长，鳏、寡、孤、独、废疾者皆有所养”⑦。也就是孟子所说的“老吾老以及人之老，幼吾幼以及人之幼”⑧。“亲亲而仁民，仁民而爱物。”⑨ 我们爱自己的亲人，进而爱人类，爱草木鸟兽，爱自然万物。

---

① 《礼记·中庸》。
② ⑥ 《论语·颜渊》。
③ 《论语·述而》。
④ 《弟子规》。
⑤ 《论语·雍也》。
⑦ 《礼记·礼运》。
⑧ 《孟子·梁惠王上》。
⑨ 《孟子·尽心上》。

所以仁者把自己和天地万物看成一体。孔子和儒家主张通过仁爱之心的推广，把人的精神提扬到超脱寻常的人与我、物与我之分别的“天人合一”之境。值得提出的是，1993年9月在美国芝加哥，出席世界宗教大会的几千位宗教领袖或代表，签署了《全球伦理宣言》，其中一条基本原则就是孔子提出的“己所不欲，勿施于人”。在文明间矛盾与冲突相当普遍的当今世界，以“己所不欲，勿施于人”的宽容诚恕之道，彼此尊重，加强沟通、理解与对话，是调节人与人、国家与国家、族群与族群、宗教与宗教之间关系的良方，也是克服人与自然对立所造成的生态危机的思路。其实这也是当代教育改革的重要指导思想和精神。

（三）有教无类、面向全体的普教精神

孔子提出“有教无类”的光辉思想，他认为任何人都可以给他教育，不分贵贱、庶鄙，使教育普及于平民。孔子以前的教育是有“类”的，教育大权把持在少数贵族手里，那时叫“学在官府”。孔子的“有教无类”思想的实质是要求将教育对象从贵族扩大到广大平民，扩大了学校教育的社会基础和人才的来源，把学校由“官府”移到“民间”，这是中国古代教育史上具有划时代意义的大事。

当今教育改革提倡素质教育，有人认为其重要精神就是“面向全体，全面培养，全面发展，人人有得，学会高质量地生存”。也有人归纳素质教育应该体现“从孩子出发，一切为了孩子，为了一切孩子，为了孩子的一切”。其实这就是孔子“有教无类”思想的延续和运用。

深入挖掘孔子“有教无类”的深刻含义来分析当前教育中的矛盾和问题，对促进当代教育改革是有意义的。

（四）立志有恒的道德精神

孔子认为人生活在社会上，不应该以个人现在的物质生活为满足，还应有将来的精神上的更高要求，这就是对社会发展有自己的理想和尽自己的义务。他在教育学生如何对待现在和将来的关系时，总是引导学生立足于现在而面向将来，确定志向，树立人生的目的和理想，作为个人努力的方向。

孔子认为“立志”是重要的起点，但要坚持和实现其志向，并不是容易的事。孔子少年立志，经过十余年的努力，“三十而立”，可见立志是一个人成长发展的关键。确立志向后，又经过长期不懈的学习、修养，使其思想、感情和行为，达到道德的高度自觉——“不逾矩”的境界，表明了道德教育的终身性、长期性和阶段性。

孔子教育学生“志于仁”。“仁”是孔子最高的道德标准与理想，他要求学生以“仁”指导日常的道德行为，坚持道德信仰而不动摇，“君子无终食之间违仁，造次必于是，颠沛必于是”①。要求学生“笃信好学，守死善道”②，“志士仁人，无求生以害仁，有杀身以成仁”③。

人除了物质生活之外，还要有精神生活，精神生活基于物质生活而高于物质生活。孔子在教育学生对待物质生活和精神生活的关系时，总是引导学生追求更高的精神生活，努力提高自己的精神境界，而在物质享受方面则不宜要求太高太多，物质享受方面要求多了，会妨碍精神境界的提高。

孔子说：“士志于道，而耻恶衣恶食者，未足与议也。”④他曾赞扬颜渊：“贤哉回也！一箪食，一瓢饮，在陋巷，人不堪其忧，回也不改其乐。”⑤他还说过：“饭疏食饮水，曲肱而枕之，乐亦在其中矣。不义而富且贵，于我如浮云。”⑥“富与贵，是人之所欲也，不以其道得之，不处也。贫与贱，是人之所恶也，不以其道得之，不去也。”⑦他教导学生“谋道不谋食”、“忧道不忧贫”、“人无远虑，必有近忧”，⑧“见小利则大事不成”⑨。认为一个有远大抱负的人，不应迷恋和陶醉于眼前的物质享受，更不能为了追求一时享乐而去贪图不义之财，从而葬送了自己终生的前途。

只有经过长期艰苦的磨炼，志向方能坚守。孔子在教育学生对待志向的确立与坚守的关系时，总是引导学生重视持之以恒与不折不挠的意志磨炼。这也可以说是立志过程的最后与最高阶段，他认为一个人没有恒心，甚至不能做巫医。他举例说：“譬如为山，未成一篑，止，吾止也；譬如平地，虽覆一篑，进，吾往也。”“岁寒，然后知松柏之后凋也。”⑩他还教育学生应当把自己的意志锻炼得坚贞不移，“磨而不磷”、“涅而不缁”⑪。意思是说，最坚固的东

①④⑦《论语·里仁》。

②《论语·泰伯》。

③⑧《论语·卫灵公》。

⑤《论语·雍也》。

⑥《论语·述而》。

⑨《论语·子路》。

⑩《论语·子罕》。

⑪《论语·阳货》。

西，是磨也磨不薄的；最白的东西，是染也染不黑的。“博学而笃志，切问而近思，仁在其中矣。”①“可以托六尺之孤，可以寄百里之命，临大节而不可夺也，君子人与？君子人也。”“士不可以不弘毅，任重而道远。仁以为己任，不亦重乎？死而后已，不亦远乎？”② 这些话教育感染了多少仁人志士，推动了中国社会的进步，促进了中华文明的繁荣和发展，陶冶了我们民族的精神与智慧。

总之，志向的确立和坚守，决定于个人信仰和主观努力，是精神性的、内在的，不是依靠外力强制可以改变的。孔子强调立志的思想，主张道德教育要解决确立志向的经验，值得我们认真学习、体会、吸取，这对于促进当代教育改革、提高德育质量是有重要意义的。

（五）启发诱导、因材施教的教学精神

孔子教学的基本方法是启发诱导。他认定掌握知识、形成道德观念，应该是一个主动探索领会的过程，因此在教学中他特别强调重视学生学习的主动性。

孔子有一句名言：“不愤不启，不悱不发，举一隅不以三隅反，则不复也。”③“启发”一词即由此而来，“举一反三”成语亦由此而来。他还认为思考的主动性具体表现在碰到问题就问“怎么办”，他说：“不曰‘如之何，如之何’者，吾末如之何也已矣。”④ 当子夏读到《诗经》几句诗时，问孔子这诗的意思，孔子启发他说：“绘事后素。”⑤ 子夏领会到孔子是说“礼”须建立在“仁”的思想感情的基础上，但子夏对此想法还不能十分肯定，于是进一步问孔子：“礼后乎？”孔子听了很高兴，称赞说：“能够阐发我的意思的是子夏啊！现在可以和你谈论《诗经》了！”这首诗的原意如何且不去究论，只是从教学法的角度分析，显然孔子在这里运用的是启发式而不是注入式，他避免了用简单的道德说教，利用形象思维的作用，由生动具体的画面，引向抽象的道德观念，以便使学生留下深刻的印象，主动地去认识“仁”的意义，从而自觉地接受“礼”的约束。

---

① 《论语·子张》。

② 《论语·泰伯》。

③ 《论语·述而》。

④ 《论语·卫灵公》。

⑤ 《论语·八佾》。

孔子通过长期私人讲学的实践，创造出了因材施教的教学方法，他把因材施教与启发诱导结合起来，即从学生个别的实际情况出发，运用启发诱导方法，发挥学生学习的主动性、积极性，以保证培养目标的实现。

由于孔子注意从学生的具体实际出发进行教学，所以他不用千篇一律的说教，往往学生问同样的问题，而孔子回答却不一样。子路问孔子："闻斯行诸?"孔子回答："有父兄在，如之何其闻斯行之?"冉有也问同一问题，孔子却说："闻斯行之。"第三个学生（公西华）不理解孔子对同一问题却有两种完全不同的回答，孔子解释道："求也退，故进之；由也兼人，故退之。"①

孔子因材施教的教学方法现在对我们仍有重要的启迪意义。第一，要了解教育对象，要深入学生，细心观察，针对学生的不同特点，有针对性地进行教育和教学，使教育和教学尽可能地符合学生实际，避免盲目性。第二，对学生既要有基本的共同的要求，又要善于发现和注意培养学生的某些特长，适应个别差异进行教育，使各尽其才，发挥开发人才的作用。

（六）教师的责任和榜样精神

在孔子的教育思想中，教师占有特殊位置。陶冶学生的品德，教导他们的知识，培养他们的才能，发展他们的专长，等等，都是教师的重大职责。孔子根据他自己教育实践的经验，对教育提出了严格的要求。

"以身作则，言传身教。"孔子说："其身正，不令而行；其身不正，虽令不从。""不能正其身，如正人何?"② 孔子还要求把"有言之教"和"无言之教"结合起来。他说："可与言而不与之言，失人；不可与言而与之言，失言。知者不失人，亦不失言。"③"言教"在于说理，以提高学生的认识；"无言之教"在于示范，通过暗示、榜样去影响学生，潜移默化。在处理二者关系方面，孔子强调的是身教，强调教师要以自己合乎规范的道德行为给学生作出榜样。教师提倡要学生做的，自己必须先做；不让学生做的，自己首先不做。教师所说和所做的一致，证明所说是正确的，所做是合理的。这样，教师才能在学生心目中树立威信，教师才能发挥其榜样的作用。这是很重要的思想。

"学而不厌，诲人不倦"，这是孔子的名言。孔子认为教师对自己则要努力

① 《论语·先进》。

② 《论语·子路》。

③ 《论语·卫灵公》。

学习，永不满足；对待学生则要勤奋教导，不知疲倦。孔子说："若圣与仁，则吾岂敢？抑为之不厌，诲人不倦，则可谓云尔已矣。"① 孔子的学生子贡称赞道："学不厌，智也；教不倦，仁也。仁且智，夫子既圣矣。"②

"爱护学生，无私无隐。"这是一个教师成功必须具备的条件，也是师德的重要内容。孔子说过："仁者爱人"，"智者知人"。③"爱之，能勿劳乎？忠焉，能勿诲乎？"④"二三子以我为隐乎？吾无隐乎尔。吾无行而不与二三子者，是丘也。"⑤对于年青一代，孔子是寄予很大希望的。"后生可畏，焉知来者之不如今也？"⑥ 这句话包含有青年人超过老年人、学生超过老师、长江后浪推前浪的发展观点。尤其难能可贵的是孔子认为当一种正义事业需要人去担当时，年青一代要敢于勇往直前，责无旁贷，即使在老师面前也不必谦让，"当仁不让于师"⑦。孔子还重视学生的特长，并且虚心向他们学习，以众人为师，以众人为亲，"三人行，必有我师焉"⑧，这也是中国传统师德的特色。

"讲究教法，循循善诱。"孔子认为教师要讲究教学方法，善于启发学生的心智。"温故而知新，可以为师矣。"⑨ 正如颜渊所赞叹的"夫子循循然善诱人"，善于启发学生思维，使学生在学习上有"欲罢不能"之势。⑩这说明孔子教育技巧之高超，教育能力之高强，像一块磁性很强的吸铁石，把学生们紧紧吸在自己的周围，弥漫着一种强力磁场，导出诱人的魅力。由此可见具有良好的教学能力和技巧，讲究教学原则方法，是教师师德的一个重要内容，也是对学生进行素质教育的必要条件。

以身作则，言传身教；学而不厌，诲人不倦；爱护学生，无私无隐；讲究教法，循循善诱。孔子的这些思想和经验，对我们今天的教育改革和加强师德建设也是有一定的启发意义的。孔子的教育思想和经验是非常丰富的。他的一些具有方法论因素的格言警句，实际上已成为一个优秀的教师不可缺少的营养，对后世产生了深远的影响，也值得我们今天认真地加以总结。我们应以恭

①⑤⑧ 《论语·述而》。
② 《孟子·公孙丑上》。
③ 《论语·颜渊》。
④ 《论语·宪问》。
⑥⑩ 《论语·子罕》。
⑦ 《论语·卫灵公》。
⑨ 《论语·为政》。

敬的心态承继这一珍贵的教育遗产。

中国传统以教育为立国之本，教育不应被片面地理解为科学技术知识的传递，还应强调道德理性和人文精神的重建。中国传统教育的终极目的是培养民族精神，淳化代代人风，提高人的心灵素质，帮助人们修养身心，达到一种真善美统一和谐的人格境界。不管现代社会科技如何发达，商业如何繁荣，不管我们从事的现代职业如何先进、精密，人性的培育、心灵境界的提扬，人们从实然的人向应然的人的超越，总是不可替代的。这对于人类，对于国家与人的自身来说，都是生命攸关的大问题。因此人类文明发展的一个重要的建设层面是人性的培育、道德境界的提升。从长远的观点来看，应当是把人的心性教育放到一定的高度，对人类心性的关怀才是最根本的关怀。这就是孔子教育思想对当代教育改革、教育建设的最大启示。

孔子仁学教育思想及其当代价值*

以孔子儒学及儒家教育为核心和主体的中国传统文化、传统教育是教人做人的文化、教人做人的教育，这已成为学界和世人之共识。以“成人”和“爱人”为主旨的仁学教育思想无疑就成为我们今天了解、把握中国传统教育发展脉络的基本线索，成为我们研究我国传统思想文化的切入口。本文即循此思路，拟就孔子基于仁学而确立的教育思想诸问题探赜索隐，并试图对其当代价值作出实事求是的评价。

一、孔子仁学教育思想

“仁”是孔子思想体系的“一贯之道”，笔者认为，作为孔子思想体系的“一贯之道”的“仁”，无疑也是其教育哲学思想的“一贯之道”，这是学理上的应然之义。“仁”的思想贯穿于孔子全部教育教学的实践之中。孔子正是在“仁”的思想指导下，立足于人格培养，关怀人的成长，追求和谐稳定的社会理想和求仁行仁的人生境界，从而构成了较为系统的“仁”的教育思想体系。

中国先哲在确立各自的人生境界的同时，无不视理想人格为人生理想境界的实际承担者，并致力于理想人格的设计。对中国传统教育哲学影响广泛而深远的，莫过于孔子所设计的理想人格。孔子在创立仁学体系的同时，既塑造了自己崇高的道德人格，又为世人精心设计了理想人格的模式。按照孔子的思想逻辑，道德境界的实际承担者，只能是道德人格。一个人通过修己求仁而达到做人的基本标准，便具有了人格，理想人格则是孔子为达到做人的最高标准而

* 本文系与张理智同志合作，原载《河北师范大学学报（教育科学版）》1999 年第 4 期。

作的理想设计。孔子基于仁学，在教育领域里致力于理想人格的塑造，从而为人生境界的追求、社会理想的实现铺垫了基础，构筑了实际载体。

孔子“仁人”理想人格的总体设计是“内圣外王”。“内圣外王”之道，集中地体现了中国传统哲学的基本精神，反映了中国古代思想家的基本价值取向，因而成为中国古代各家各派包括儒道两家的共同的理想人格。“做修己的功夫，做到极处，就是内圣；做安人的功夫，做到极处，就是外王。”①

（一）“仁人”理想人格建构之一——理论基础和现实之路

1. 理论基础——“性近习远”论

孔子的人生教育目标是“圣人”、“君子”、“士”等不同层级的理想人格，这些理想人格的达成，是建立在一定的人性论基础之上的。对孔子仁学来说，理想人格的理论基础当为“性近习远”论。孔子关于人性的直接论述，只在《论语·阳货》篇记载：

> 子曰：“性相近也，习相远也。”

这寥寥几个字，不仅是孔子的理想人格的理论基石，而且对理解其整个教育哲学思想也起关键作用。

“性”是指人之本性或天性，“性相近”之说意味着人的本性或天性在本质上是相近的，并无多少差别。“习”则是指后天的习染。其含义有二：一是主观上的为学修养与道德践履；二是指外界各种因素，如社会制度、意识形态、风俗与教育环境等等。“习相远”回答了现实生活中何以存有圣贤与不肖、君子与小人、善与恶之别的问题。正是由于自身主观努力的程度与各种外在因素影响的不同，才使人们之间产生了极大差异。在孔子看来，既然人性相近，那么人们之间诸如此类的重大差别，现实生活中的“仁人”与“不仁”者，显然主要是取决于后天之习。可以肯定，孔子已注意到“性”与“习”的矛盾统一性，一“近”一“远”既阐释了人人受教育的可能性，又强调了人人受教育的必要性，从而为通过教育、修养、实践达至“内圣外王”理想人格铺垫了坚实的理论基础。

2. 现实之路——“学而优则仕”

孔子希望通过“学而优则仕”达至“天人合一”的人生理想境界，成就“内圣外王”的理想人格。因此，在孔子那里，“学而优则仕”的教育目的观与

① 《梁启超哲学思想论文选》，北京大学出版社1984年版，第487页。

“内圣外王”的理想人格论是紧密联系在一起的，更确切地说，孔子把“学而优则仕”视作成就“内圣外王”理想人格的现实之路，“内圣外王”则是“学而优则仕”之后人格培养的最高形式。

孔子“学而优则仕”的理论贡献与积极作用是巨大的。然而，它在中国历史上产生的负作用也不可忽视。这种官为本位的单一化价值取向以权力为尺度，以做官作为衡量人才社会价值的唯一标准，这种价值尺度在受教育者以及教育者中存在着广泛的社会基础。

尽管“学而优则仕”教育目的论的历史负作用与孔子有一定联系，但毕竟不等于孔子本人的思想。孔子主张学习为官，但他并不赞成为功名而读书的学习态度。在孔子的理论体系中，学习、做官、得利似乎是顺理成章的事，而且孔子也有表达这一过程的言论。但是如果对其中的真实内容和真正目的详加考察，就能发现学习、做官、得利只是外在形式，求仁、行仁、行义才是贯穿始终的真正精神，成就“内圣外王”人格才是真正的目的之所在。从表面看来，孔子和他的学生对仕与贵表现出异乎寻常的热心、热情，随时寻找和争取机会从政为仕，实际上这只是孔子力图实现其人生价值，完成“内圣外王”人格，实现他国泰民安、天下有道的社会理想的重要手段，换言之，“学而优则仕”只是孔子成就“内圣外王”人格的现实之路。

（二）“仁人”理想人格建构之二——教育对象观

孔子适应春秋时期文化下移的历史趋势，打破“学在官府”的宗法教育体制，首创“私学”。这是中国教育发展史上的一次重大革新。“私学”的创办，使孔子能够把“仁”的思想付诸教育实践，从而提出和实践符合“仁”的要求的教育主张，“有教无类”的主张就是其中之一。

孔子“有教无类”的教育主张，是其倡导的“仁者爱人”、“泛爱众”、“博施济众”思想在教育上的体现。他认为，“爱人”与教诲他人是统一的。孔子的“有教无类”观是建立在“内圣外王”理想人格理论基础之上的教育对象观。在孔子看来，每个人都有着成为“君子”、“士”人格的可能性，只要施以教育，同时发挥其自身的主动性，人人都能成就“君子”、“仁人”人格，因此全部问题的关键就在于教育，而这种教育是“无类”的教育，必须对人人施以教育，方能让人人成就完美人格。在这里，孔子把人放在平等的人生起点上，把教育的可能性、必要性与人格培养的平等性、现实性有机结合起来，为人格培养奠定了教育基础，又为教育确立了明确的人格培养的目标。

（三）“仁人”理想人格建构之三——教育内容观和教师观

1. 教育内容观

如前所述，孔子及儒家教育的主旨是教人如何做人。孔子及儒家提出了一套“做人”的要求、“做人”的方法，同时又设计、规定了“做人”的内容，其目的都在于通过敬业求知、修身求仁成就“仁人”人格。

孔子提出的教育目的是培养“修己以安人”的“仁人”、“君子”、“士”，为了实现这一目标，他主张“仁”、“智”并举。孔子常以“仁”、“智”双修来要求弟子，《论语》中曾多次出现“仁”与“智”相提并论的记载。在孔子看来，“仁”是生命之体，“智”是生命之体实现自身之用，“仁且智”，“仁”、“智”统一，“体用不二”的思想是孔子儒家处理知识与道德关系的根本准则。但中国文化是以道德精神为其主导的一种文化，因而孔子在确立教育目标时，虽然也注意到求智、求美，但考虑的中心、重点还是德育方面。

综观孔子儒家教育，在“志于道”、“依于仁”、“学所以为道”的思想指导下，知识的学习一直居于第二位，教育不只是传授知识，更重要在于培养仁性，铸就人格。这种赋予伦理特征的教育模式，一直制约着传统的知识教育。知识教育中渗透着德育内容有其积极意义和合理的方面，从当时历史条件的角度看，人格教育模式培养出恪守传统道德的受教育者，应该说是教育成功的表现，也是教育职能的最充分体现。但是过多的甚至单一的道德人格教育，又是数千年来中国自然科学和技术发展落后的重要原因之一。

2. 教师观

在孔子的教育思想中，教师观占有十分重要的地位。在孔子看来，“仁人”人格的养成，除了学生自身的道德践履、道德修养外，教师的作用功不可没。而陶冶学生品德，传授给他们知识，培养、发展他们的能力，也正是教师职责之所在。孔子在其自身丰富的教育实践经验基础上，从其仁学理论出发，深刻阐述了有关教师的问题，对教师提出了多方面的要求。

（1）“当仁不让于师”——民主平等的师生关系

孔子“仁人”人格学说注重人格独立，而这种独立的人格同时也是一种平等的人格。孔子将这种平等人格观推演到教育领域，在中国教育史上首倡建立一种平等民主的师生关系。“当仁不让于师”正是孔子民主平等师生关系观的最确切表述。孔子认为在仁道面前，师生没有地位高低之分，没有贫富贵贱之别，二者都有着人的尊严和价值，教师不能因为身处教育者地位而轻视学生的尊严和人格，而应该在教育过程中把学生放在与自己平等的地位上，尊重学生的人格，尊重学生的自主性，只有这样，才能取得好的教育效果，也才能真正把学生铸造成具有“仁人”人格的人。

“当仁不让于师”的民主平等师生关系观，同时也包含了在真理面前师生平等的思想。在孔子看来，教师和学生的使命都在于追求实现仁道，即人伦之道、社会之道。整个教育的过程也就成为追求真理、探求新知的过程。在追求真理的道路上，师生是平等的。作为教育家的孔子在教育过程中也确实贯彻了这些思想。《论语·公冶长》记载：“子谓子贡曰：‘女与回也孰愈?’对曰：‘赐也何敢望回？回也闻一以知十，赐也闻一以知二。’子曰：‘弗如也。吾与女弗如也。’”其自谦如此。“当仁不让于师”这种在真理面前人人平等的师生关系观，是孔子在师德方面留给我们的一份宝贵遗产。

(2)“仁者爱人”——热爱学生、关心学生

孔子本着仁者的博大胸怀，对其弟子倾注了真挚的爱心，在教育领域实践了他的“博施于民而能济众”的“仁人”理想。作为一个伟大的教育家，孔子深知，要成功地把学生培养成具有“仁人”人格的真正的人，教师就应该既是智者又是仁者，作为“智者”要“知人”，作为“仁者”要“爱人”，教师热爱、关心学生既是他的天职所在，也是他在教育上取得成功的必备条件。正是因为对学生倾注了真挚的爱心，孔子才能对每一个学生的个性和优缺点有着深刻的了解和全面的把握，才能在教育过程中长善救失、因材施教。孔子不仅在学业、修身方面热爱、关心学生，而且在生活上对学生也是关怀备至。

以孔子为代表所形成的这种优良的教师观，一直影响着几千年来的中国古代教育传统。“尊师爱生”、“当仁不让于师”无疑是我们民族教育哲学思想中的优秀遗产，我们有责任让这种闪烁着真理的教育传统发扬光大！

二、孔子仁学教育思想的当代价值

世界上许多发展中国家、发达国家的发展历史表明：社会的现代化，必须是物质层面、制度层面、观念层面的整体现代化。正如有的学者所指出的：“现代化是一个复杂的网络，它涉及社会的各个方面，而且由表层深及里层，

直至人的灵魂深处。"① 现代化是社会的综合发展、综合进化，而最为关键的是人的现代化，是人的观念、民族文化心理结构的现代化。中国社会要想现代化，中国人的观念必须更新，中华民族必须有强烈的科学和民主意识、科学和民主精神，而这正是孔子和儒家所缺乏的，因此，从物质层面和制度层面的现代化来说，孔子和儒家思想不宜于成为中国社会向现代化迈进的指导思想。但这并不意味着孔子和儒家思想中不含任何对现代化有积极作用的因素。大部分学者对此都持肯定的态度，但对其中积极因素与消极因素的取舍，学者们见仁见智。多数论者都赞同对孔子及儒家思想的"扬弃"论，但是又把这种"扬弃"局限在一些具体伦理思想和道德规范上，而忽视了孔子及儒家思想中的最具根本性和超时代性的东西。在笔者看来，孔子及儒家的"仁心良知说"以及建立在"仁心良知说"这个理论基石之上的成仁之道、行仁之方无疑具有超时代性，具有永恒价值，它在铸造中国古代文明、塑造中华民族心理的过程中发挥过巨大作用，在现代及未来道德建设和整个精神文明建设中也将焕发出青春活力，显示出它的勃勃生机。

（一）道德教化之根本——重构仁心良知的道德本体

与西方文化不同，中国文化缺少宗教信仰成分，然而历史表明，中国人并未因没有对上帝的信仰而善恶不分，相反，中华民族是世界上最富有道德修养的民族之一。中国人为什么能在缺少宗教信仰的情况下达到如此高的道德水准？这不能不归功于孔子儒家建立在"天人合一"、"性道合一"基础之上的道德论——道德本体论和功夫论。

在孔子儒家看来，"天命之谓性"。天与人、天道与人道不是二元的，天道统一于人道，天道即是人道，天理即是人性，天理不在别处，就在人之心中。从道德哲学角度来看，孔子儒家显然是把天道、人道、天理、人性、人心视作人的道德本体。尽管孔子本人没有明确说过性与天道，"夫子之言性与天道，不可得而闻之"，但正如上文所分析的，孔子思想中确实内在地蕴含着性道合一的思想，在孔子看来，道德自在人心，天道即是仁性，从而最先确立了仁心的道德本体地位。同时，进一步宣扬了道德功夫论。儒者认为，仁心良知虽为气禀所拘，但通过道德修养及践履，可以使之昭明不昧。孔子及后世儒家仁心良知的道德本体论与修养践履的道德功夫论的统一，不仅在理论上最终完成了

① 庞朴著：《文化的民族性与时代性》，中国和平出版社 1988 年版，第 55 页。

道德论的建构，更重要的是塑造了中华民族的健康道德心理，提升了国人的道德境界。然而，“五四”运动直到今天，对仁心良知彻底批判之声不绝于耳，从而在理论和实践两个层面上，仁心良知的本体地位最终从历史舞台和人心中消失。

今天，我们整个社会生活随着市场经济的发展而发生着深刻的变革，道德教育领域随之也开始了“悄悄的革命”，一些传统的伦理道德已不再适应社会主义市场经济发展的需要，因此，亟待重建适应改革开放和面向21世纪的新的道德生活和道德教育模式。当此之时，重提仁心论和良知说绝非迂阔之谈，相反，却有着极大的现实性和紧迫性，毋宁说，它是新道德建设的根本生长点。

首先，现代社会的道德文明必须建立在一定的道德根基之上。

以人的仁心良知作为道德的基础，这是中国古代、近代道德建设的根本源泉。但是，自“五四”运动以来，孔子儒家道德思想遭到了彻底的批判，然而，由于认识水平的限制或其他人为因素的影响，许多人没有把孔子儒家的具体道德规范如孝、忠等同儒家的道德本体分开。因此，当他们把儒家的具体道德规范作为“吃人的礼教”而大加鞭笞的时候，把儒家的道德本体思想也一并扫进了“历史的垃圾堆”。然而，近一个世纪的历史表明，孔子儒家以仁心良知作为道德基础的思想是不能简单否定的。孔子儒家道德思想已经积淀为中国人的民族心理结构中的基因，向现代化迈进的国人也必须以仁心良知为道德根基。否定了仁心良知，就绝大多数中国人而言，也就失去了道德的本体、道德的根基，中华民族也就会失去安身立命之所，会失去精神家园！笔者在这里无意否定“五四”运动以来的思想家们高举“民主”、“科学”大旗反封建开先河的丰功伟绩，只是提醒国人在进行道德建设时，别有意无意忽略了中国的国情，中国的社会主义必须具有中国特色，中国当代的道德建设也必须符合中国国情。中国国情决定了其道德建设不可能建立在别的根基之上。因此，我们今天在建设社会主义新道德时，要充分珍视、利用孔子及儒家留给我们民族的这笔具有永恒价值的宝贵的思想遗产。当然在利用的时候，要加以批判性的改造。

其次，现代社会的道德建设必须转移到注重内在性上来。

我们历来重视社会群体的伦理规范和道德教育，这对提高民众的道德素质无疑是有益的，但不能仅仅停留在这一层面。全民族道德素质的提高，从根本上来说，必须启发个体的良知自觉。过去，我们在浓重的政治氛围中，往往害怕提“良知”和“仁心”，拒绝发掘和发扬中华民族道德理论和实践中十分优秀的“良知论”和“仁心说”的传统，实在是一大失误。它所造成的危害，实际上不仅仅是对个体内在仁心与德性之培育的漠视和疏忽，不仅仅是使道德变成抽象教条或者表面文章，而且是个体品德、人格、修养之真实性的异己化、虚伪化。多面人格和说假话的盛行，正是若干年来道德建设中最顽固的病症，它的腐蚀性仍然存在，这对整个民族健康道德人格的养成极为不利。这种良心麻痹和良知沦丧在今天商业化倾向愈来愈重的背景下又表现为另一种形态，例如金钱至上、权钱交易、腐化堕落等。鉴于此，呼唤“良知”和“仁心”的复归更是势在必行。

（二）人生教育之主旨——培植挺立主体

在孔子儒家看来，人的成长过程是自然人通过修己求仁之道获得“仁”、转化成真正的“人”的过程，因此，他们的人生教育的根本宗旨就在于培养“求仁而得仁”的独立人格，人生教育的主旨无非是培植“为仁由己”的挺立主体（当然，严格地说，儒家尚没有近代和现代的主体性概念，我们在这里以及前文所指的主体性概念，主要还是在道德的自觉性和自主性的意义上来界定的）。

前文已述，孔子儒家充分高扬了人格意识、主体意识。如果说，孔子的“学者为己”、“为仁由己”、“求诸己”、“达己”、“立己”之说从道德涵养的目标及道德实践、德性培养的方式上肯定了独立人格的价值，并相应地为主体性原则提供了历史的开端，那么，孟子的人格独立、主体自立、不为势位所屈的思想则进一步深化了主体性原则，并使之获得了更为深刻的内涵。自孔孟之后，人格独立与主体挺立的观念便构成了儒家人生哲学的重要方面。它对中国人特别是对知识分子的影响，是不容低估的。与此相关，“为仁由己”的主体教育思想也就构成了人生教育的主旨。尽管这种主体主要是指道德上的主体，而非权利主体，同时这种主体教育又被深深打上了礼教的印痕，从而最终限制了主体性的充分发挥，但毋庸置疑，这种主体挺立和主体教育的根本原则是正确的，经过扬弃可以在现代社会中、现代教育中大放异彩！

现代文明的精神本质上是一种主体性的精神，而现代教育的根本使命则是为现代文明培养具有主体性的人。弘扬时代的主体性精神，对中国目前社会发展具有重要意义，重建中国当代社会的文化精神必须把弘扬人的主体性放在中心位置，这也正是中国当代教育界反复强调进行主体性教育、素质教育，使教育者、受教育者主体化的根本原因之所在。就这种意义而言，孔子的主体性原则、主体性教育思想能为我们今天的教育改革、教育发展所用。孔子的主体性教育原则在今天仍具有理论价值和实践意义！

（三）人生教育之真谛——弘扬仁爱精神

20世纪是人类历史上取得无与伦比的辉煌成就的世纪，这乃是不争的事实。然而也不可否认，人类在取得重大成就的同时，也付出了沉重的代价。伴随着科学技术的迅速发展和生产力的巨大提高，生态失衡、环境恶化、资源匮乏、人口危机、人情冷漠、道德沦丧、核弹威胁等全球性问题日益尖锐化。人类在21世纪面临的问题与20世纪所面临的问题同样严峻，这些冲突和问题主要表现在人与人、人与自然、人与社会、人的身与心以及不同文明、不同文化之间的冲突，这些都关系着整个人类的生存与发展。

随着中国改革开放的深入和现代化建设事业的发展，我国教育也同样面临一系列新的挑战，诸如社会物质文明与精神文明的不和谐发展，传统文化的断层及相伴而产生的东西方价值观的冲撞，学校智育与德育的脱节等问题。

面对上述种种挑战，未来中国教育中伦理道德教育应该怎样发展，应该确立怎样的价值理想和价值目标去适应21世纪社会发展的需要，已成为摆在我们面前的重大课题。为了求索人类社会和我国教育所面临的诸多冲突的化解之道，东西方学者提出了各种各样的理论和学说。1989年底，联合国教科文组织在中国召开的“面向21世纪教育国际研讨会”发表了《学会关心》宣言。从20世纪70年代初联合国教科文组织发表《学会生存》宣言（强调知识和技术教育的重要）至发表《学会关心》宣言，充分反映了当今世界道德文明建设的重要性和青少年道德教育问题的紧迫性。宣言明确提出：“关心自己的健康，关心自己的家庭、朋友和同行，关心他人，关心社会和国家的经济和生态利益，关心人权，关心其他物种，关心地球的生活条件，关心真理、知识和学习。”① 从这里，我们可以看出世界有识之士已就这些新问题、新挑战达成共识：高度重视人类道德滑坡问题，“恢复具有早期时代特征的关心价值观”，大力关注青少年的道德教育。我们也不难发现，“关心价值观”教育与孔子仁爱教育有某种契合之处，人类需要关心、仁爱，人与自然需要平衡、协调、和谐

① 《学会关心——21世纪的教育》，《教育研究》1990年第7期。

相处，而对人、社会、自然的关心正是中国传统人文教育的基本思想和精神。从这个意义上说，孔子仁学理论无疑可为解决上述冲突、为我国的现代化建设和现代教育提供一种有益的思维视角和价值取向，仁学理论所涉及的爱他人、爱自己、爱社会、爱自然思想正是现代社会所要大力倡导的思想，这种仁爱精神也正是现代所要大力弘扬的精神。

1. 人际之爱，群际之爱

前已有述，孔子的“仁”建立在血亲情感——“孝”、“悌”的基础之上，却超越这种血亲情感。它要求把“孝”所包含的血亲之爱扩展到一切人身上：“弟子入则孝，出则弟，谨而信，泛爱众而亲仁。”① 它要求人们在考虑自己的利益时，也要考虑到别人的利益，要推己及人，将心比心，以求建立一种“四海之内皆兄弟”的相互尊重、相互关心、相互帮助的亲密的、和谐的人际关系。现代化进程中，随着竞争的加剧，利害关系日益复杂化，人际关系的冲突和矛盾普遍存在。但这些矛盾多属根本利益一致的矛盾，没有根本的利害冲突，试图用你死我活的斗争手段或压制、惩罚的方式解决这些矛盾是难以奏效的，甚至适得其反。而以仁爱之心对待他人、群体、社会，则不失为消解人际冲突、群际冲突的根本原则。鉴于此，应该而且必须以仁爱原则作为中国未来教育中伦理道德教育目标体系的基点，要在各级各类学校广泛实施“爱心”教育，要教育学生尊重体贴父母，尊重他人人格，平等待人，对人类社会有深切的了解，对人类富有同情心、怜悯心，履行和担负起对家庭、他人、社会的各种责任。当前，我国为数不少的学校借鉴孔子及儒家的仁爱思想，同时结合今天新形势下的实际情况，开展形式多样、内容丰富的教育活动。如黑龙江省某地一所学校长期开展“把忠心献给祖国，把孝心献给父母，把爱心献给社会，把关心献给他人，把信心留给自己”的教育活动，收到了很好的效果。社会成员之间相互关心、相互爱护，人人都有一份爱心，这个世界就是充满希望的。在发展市场经济、凸显个人利益的今天，在学校、社会大力倡导仁爱精神，对青少年儿童和全体社会成员进行仁爱教育，这对于整个社会道德水准的提高无疑具有重大意义。

2. 对己之爱

从一般意义上来说，中西文化的发展经历了不同的道路。西方文化侧重于

---

① 《论语·学而》。

对个体权利的关注，强调人格独立和对自己关心、负责，而中国文化则偏重于对个体义务的关注，强调群体认同和社会责任。但这不等于说，中国传统文化不重视对个体自身的关注。实质上，孔子及儒家的仁爱也包含了对个体自身的“己爱”，孔子及儒家的“立己”、“达己”、“成己”正是爱己的最根本体现。与西方文化不同的只是孔子及儒家没有将“爱己”绝对化，而是将“爱己”与“爱人”统一起来。在孔子看来，“仁”是“立己”与“立人”、“为己”与“为人”、“达己”与“达人”的统一。“爱己”与“爱人”、个体与社会在孔子那里构成完整的统一体，尽管在某种程度上这种统一体的曲调是不和谐的。西方近现代文化承认个人私利的合理性，关心个体的地位和价值，强调人间的平等关系，在人类文明史上奏响了人的解放的号角，有其伟大的意义。但不可否认，由于功利主义和个人主义在西方社会有时被推向极端，因而产生了一定的弊病，如过分迁就个人权利，会导致群体或社会利益受到损害，在需要强调群体利益和社会利益时，放任自流、自行其是或个人主义被绝对化也会对社会造成种种危害。相比而言，孔子的“由己”与“克己”统一、“爱己”与“爱人”统一的思想，在一定程度上有助于医治当前市场经济条件下“爱己”意识、主体意识过分高扬而“爱人”意识、社会责任感异常淡薄的弊病。

3. 对自然之爱

孔子及儒家的仁爱思想，由人、社会推及自然，讲究“天人合一”，建立起人与自然和谐发展的关系。孔子及儒家充分流露出对社会人群的关切之情，同时又推展此仁爱之心于草木鸟兽之上。

在孔子及儒家看来，人与自然万物同类，人是自然界的一部分，因此对自然应取顺从友善的态度，其终极目标乃在使万物皆能遂其生、各得其所，使人与自然能和谐共存。为了延续生命的需要，固然不能不获取万物以为生活的资源，但对于万物要取之有节，决不能妨害其繁衍生长，而应使其能够繁殖畅茂，生生不息。孔子儒家这种仁民爱物、成己成物的思想在今天无疑仍闪耀着光芒。近二三百年来，伴随着工业革命的开展、生产力的巨大发展，在人定胜天的自我膨胀观念误导下，人与自然的关系主要表现为人对自然的征服和支配，人类对自然无限制的摄取和占有，导致对生态环境的破坏以及由此而引发的各种灾难。东西方有识之士愈来愈深切地认识到，对人与自然的关系应重新加以审视，现代人应对自然持有全新的态度，就是人类要爱护自然，保护环境，而这恰恰暗含着孔子及儒家仁学理论的仁民爱物思想。诚然，人不是被动地适应自然，而是通过改造自然来利用自然，对自然的改造，或者说在一定意义上对自然的征服，是人类文明的基础，也是其本质特点。但这并不意味着人与自然就处于绝对对立状态，若片面地追求征服自然，以此为人与自然关系的唯一本质和终极目标，则只能导致生态失衡、环境恶化，进而影响现代化的顺利实现，甚至危及人类自身的生存。合理的态度应该是把东方孔子及儒家文化的“仁民爱物”、“天人合一”观与西方的“天人相分”思想统一起来，既顺应自然，又改造自然，达到人与自然的和谐。也许这才是解决人类环境危机、谋求人类进步和发展的最佳选择。正是在这个意义上，孔子及儒家的思想在今天仍显示其价值。而在各级各类学校中加强环境教育，增强青少年儿童的生态意识、环境意识，在致力于现代化建设的当代中国，也就成为当务之急。

孔子和他的学生*

孔子常和他的学生们“言志”。一天，他对颜渊、子路说：“你们何不谈谈各人的志向?”子路说：“我愿意拿出车马、衣服、皮袍与朋友们共同使用，用坏了也不抱怨。”颜渊说：“我的志向是不夸耀自己的长处，不表白自己的功劳。”子路说：“我们愿意听听您老人家的志向。”孔子说：“我的志向是：使老人们安度晚年，使朋友们受到信任，使年少的人得到关怀。”① 通过与学生无拘无束的谈话，示意学生朝着仁道的方向去修养、提高，这是孔子指导学生立志的一种方式。

另一次，和孔子在一起的有子路、曾皙、冉有、公西华等。一开始，孔子就说：“我老了，没人用我了，平日你们总埋怨无人举荐，假若现在有人举荐，你们怎么做呢?”子路不假思索地回答：“一个拥有一千辆兵车的国家，夹在大国之间，外有大国军队侵犯，国内又闹饥荒。要是我来治理，三年之后，可使老百姓勇敢，并且懂得礼义。”孔子听了微微一笑。接着问冉有。冉有说：“方圆六七十里或五六十里的国家，我来治理，三年之后，可使百姓丰衣足食，至于礼乐教化，就要等贤人君子来做了。”公西华说：“像宗庙祭祀、诸侯会盟，我愿穿着礼服，戴着礼帽，做一个小司仪者。”当问到曾皙时，曾皙正在鼓瑟。遂放慢节奏，接着铿的一声，停下瑟，站起来说：“我的想法和三个人不同。”接着说：“暮春时节，已经穿上春装，我同五六位成年朋友，六七位童子，一起到沂水洗洗澡，到舞雩台吹吹风，然后唱着歌回来。”孔子长叹一声：“我赞成曾皙的想法啊。”子路、冉有、公西华三人都退下后，曾皙后走，便问孔子：“他们三人的话怎样?”孔子说：“也就是各人讲自己的志向罢了。”“那么，您为什么讥笑子路呢?”孔子说：“治国要用礼，子路讲话不谦让，所以我笑他。”

---

* 本文原载《中国德育》2006 年第 2 期。

① 《论语·公冶长》。

接着孔子又肯定了冉有、公西华的想法。①

这段记载相当详细，师生的音容笑貌都记录下来了。子路的“率尔而对”，冉有、公西华的谦恭，曾皙的悠然自得，跃然纸上，可见他们之间是多么融洽，也可以看出孔子对学生的教育方法是多么灵活多样。孔子常教育学生“志于道”，不单是抽象地讲，还通过“各言其志”的办法，根据各人具体的理解，进行具体的指导。从各人所言志，可知孔子所说的“志于道”，就是治国安民，使“老者安之，朋友信之，少者怀之”，建立和谐社会。子路好勇，“率尔而对”，刻画出子路的性格，也表明学生尊敬老师，但并不拘谨。子路治国不以礼，孔子加以讥笑，但并不根本否定，表明孔子也尊重弟子之所长。曾皙表面上虽不是讲治国的大道理，实质上却描述了天下治平的一幅景象。一种社会理想和政治抱负，一番治国平天下的道理，就是在这样的画面中透露出来。这段记载有哲理，亦有诗情画意，言有尽而意无穷。

师生研究问题，往往各任性情，出口直率，无所顾忌。如子路曾问孔子：“假若卫国国君等着您去治理国政，您准备首先干什么事?”孔子说：“那一定是纠正现在‘名不正言不顺’这一类现象吧!”子路说：“您的迂阔竟到如此地步吗?‘名不正言不顺’，这有什么纠正的必要?”孔子说：“你说话怎么这样粗鲁！君子对于他所不懂的事，应当采取保留态度，你怎么能这样乱说呢?”接着孔子讲了“名正言顺”的道理，目的是为了国家的长治久安。②

孔子主张三年丧制。宰我说：“三年之丧，时间太久了，做君子的三年不为礼，礼必废弃；三年不为乐，乐必失传。一年也就可以了。”孔子问他：“父母死了，你吃着白米饭，穿着绸缎衣，你能心安吗?”宰我说：“安。”孔子说：“你心安，就去干吧!”宰我退了出来。孔子说：“宰我真是不仁呀！儿女生下来，三年之后才能脱离父母的怀抱。服丧三年，是天下通行的丧礼呀！宰我难道就没有从他父母那里得到三年怀抱的爱护吗?”③ 孔子对宰我的责备很严厉。这种情况，说明师生各抒己见，而且都很坚持。宰我被列为“言语”好的一类，属善辩的，孔子尽力教育他改正，但并不企图改变他的观点，只是为他的

---

① 《论语·先进》。
② 《论语·子路》。
③ 《论语·阳货》。

前途担心。孔子对学生是很忧虑的啊!①

为此，孔子特别重视对学生的启发诱导，引导学生认识生命的价值，体会生命成长的意义。他说："教导学生，不到他想求明白而不得的时候，不去开导他；不到他想说出来却说不出的时候，不去启发他。教给他东方，他却不能由此推知西、南、北三方，便不再教他了。"② 他还说："一个学生不想想'怎么办，怎么办'的，对这种学生，我也不知道怎么办了。"③ 因此，他常常根据学生对问题的了解程度而采取问题式教学。子张问孔子："读书人要怎样才可以叫作达了?"孔子说："你所说的达是什么意思?"子张答道："做官的时候一定有名望，居家的时候也一定有名望。"孔子说："这个叫闻，不叫达。怎样才是达呢？品质正直，遇事讲道义，又善于分析别人的言语，观察别人的表情脸色，在行为上，愿意对别人讲礼让。这种人，做官时必然事事行得通，居家时也一定事事行得通。至于闻，表面上似乎爱好仁德，实际的行为却不如此，可是他竟然以仁人自居。这种人，做官时一定会骗取名望，居家时也一定会骗取名望。"④ 这既是因材施教，也是启发式教学。

孔子认为教学可以相长，老师可以从学生那里得到启发和教益。子夏问道："'有酒窝的脸笑得美呀，黑白分明的眼流转得媚呀，洁白的底子上画着花卉呀'，这几句诗是什么意思?"孔子说："先有白色底子，然后画花。"子夏问："那么，是不是礼乐的产生在仁义之后呢?"孔子说："是呀，你真是能启发我的人，现在可以同你讨论《诗经》了。"⑤ 子夏的理解，是孔子所没有想到的，孔子认为对他有启发。这首诗的原意如何且不去究论，只从教学法的角度分析，显然孔子在这里运用了启发式而不是注入式。他避免了用简单的道德说教，而是利用形象思维的作用，由生动具体的画面，引向抽象的道德观念，使学生留下深刻的印象，主动地去认识仁的意义，从而自觉地接受礼的约束，在谈话追问的互动中，师生都有收获。

孔子说："爱学生，能够不为他劳苦吗？忠于他们，能够不给他们教诲吗?"⑥ "你们这些学生以为我有所隐瞒吗？我对你们没有任何隐瞒的。我没有

①② 《论语·述而》。

③ 《论语·卫灵公》。

④ 《论语·颜渊》。

⑤ 《论语·八佾》。

⑥ 《论语·宪问》。

一点不向你们公开，这就是我孔丘的为人。”①“年轻人是可敬畏的，怎么断定他们的将来赶不上我们现在这些人呢?”② 孔子真诚对待学生，以仁为本，以学生为本。学生也以真诚对待老师，尊师爱生，形成良好的风气。孔子在匡地被困，跟从他的弟子颜渊走散了，重相聚时，孔子说：“我以为你死了。”颜渊答道：“您还活着，我怎么敢死呢?”③ 在蒲地再次被围时，贵族出身的公良孺勃然怒曰：“我曾经跟从孔子在匡地受困，今又在此被围，我宁斗而死，也要保卫夫子!”④ 正由于公良孺等学生舍命冲杀，蒲人要求讲和，可见学生对老师感情之深。

颜渊曾经赞叹说：“夫子之道，越抬头看越觉得高，越用力钻研，越觉得深。看看似乎在前面，忽然又到后面去了，虽然这样高深和不容易捉摸，可是老师善于有步骤地诱导我们，用各种文献来丰富我多方面的知识，又用一定的规范制度来约束我的行为，使我想停止学习都不可能。”⑤

孔子死后，学生们在孔子墓旁搭起草房，守丧三年，分别时都痛哭难舍。子贡不忍离开，独自又守了三年。子贡说：“他老人家的人格不可能赶得上，犹如青天不可能用阶梯爬上去。他老人家，生得光荣，死得可哀，怎么样能够赶得上呢?”⑥ 表达了学生对孔子的无限怀念和敬仰。

---

① 《论语·述而》。

②⑤ 《论语·子罕》。

③ 《论语·先进》。

④ 《史记·孔子世家》。

⑥ 《论语·子张》。

孔子的精神和智慧是什么*

孔子创立的儒家学派留给我们的智慧十分丰厚，其显著特点是善于启发人的内心自觉，强调的是对自身的肯定，人不仅与天地相参而且顶天立地，追求“同天人”、“合内外”。在这种“天人合一”之中得到一种最高的理智的幸福。孔子说：“人能弘道，非道弘人。”① 这是一种尊生、主动的精神，肯定人的创造，肯定人的创造可以与天地的创造相配合、相媲美。

孔子创立的儒学的“天道”、“地道”、“人道”思想，“天”、“地”、“人”“三才”的思想，都是讲创造的生命精神贯注于天上、地上、人间；人可以与天地相协调、相鼎立，完成自己的生命理想；并以平等精神体察宇宙一切存在的价值，完成其生命，最终通过“正德、利用、厚生”，“立德、立功、立言”，在实际行动中实现人生的价值与意义。

孔子的基本观念是仁。仁是人之所以为人的根本。“仁者人也”②，仁就是生命的相互感通，是人、我、群、己之间的普遍联系与相互滋养润泽；仁又是主体内在的意识，是自己决定自己的，所以孔子说“为仁由己”③、“我欲仁，斯仁至矣”④。内在的仁具有伟大崇高的道德价值，仁的具体含义是“爱人”，即一种博大的同情心。凡是人都有仁性，天生就有恻隐之心，就对别人的痛苦与欢乐产生共鸣。有仁德的人会用爱心去对待人，既自爱又爱人，既自尊又尊人。仁就是一种宽容忠恕的精神。孔子说：“己所不欲，勿施于人”⑤，“夫仁者，己欲立而立人，己欲达而达人”⑥。自己要站得住，同时也使别人站得住；

---

* 本文原载《现代教育报》2003 年 1 月 20 日第 3 版。

①⑤《论语·卫灵公》。

②《礼记·中庸》。

③《论语·颜渊》。

④《论语·述而》。

⑥《论语·雍也》。

自己要事事行得通，同时也使别人事事行得通。

孔子创立的儒学的精神是一种“极高明而道中庸”的精神，也就是伟大寓于平凡、理智寓于现实的精神。就是说人要有道德勇气，有强烈的正义感，敢于担当道义，甚至不惜杀身以成仁。但在平常的生活中，人们不一定做什么惊天地泣鬼神的事情，在现世伦常的义务中，在某种社会角色的社会位置上，每个人都可以非常崇高地生活，忠于职守，勤劳奋发向上，不苟且，不偷惰。

只要对生活有高度的觉解，所做的平常事就有不平常的意义。能否成就某种外在的功业，有赖于各种机缘；但只要顺着本性内在的禀赋有所发挥创造，内心得到某种精神的满足，这就实现了人的生活目的。孔子、儒学认为，人存在的价值就在于成就道德人格。只要挺立了道德自我，以良知做主宰，我们就能超越世间各种境遇，超越本能欲尘，以超越的精神干日常的事业。

孔子强调自修自学。孔子十五岁而志于学，“我非生而知之者，好古，敏以求之者也”①。公开承认自己不属于“生而知之者”，认为自己的知识是勤奋努力地追求得来的。

他提倡学而知之，主张学无“常师”②、“三人行，必有我师”③、“敏而好学，不耻下问”④、“学如不及，犹恐失之”⑤。强调“发愤忘食，乐以忘忧”⑥，反对“饱食终日，无所用心”⑦。

他把学习兴趣分为三个层次：知之、好之、乐之，“知之者不如好之者，好之者不如乐之者”⑧。认为在学习中不断提高兴趣，是调动学习积极性的重要条件。他赞扬颜回，一筐粗粮，一瓢冷水，住在简陋的小巷里，能忍受别人受不了的困苦，矢志苦学。他提倡严密谨慎、一丝不苟的学风。

他认为“道听途说”⑨的传闻，不能作为学习和研究的可靠资料。“知之为知之，不知为不知，是知也。”⑩ 主张杜绝四种毛病：“毋意，毋必，毋固，毋

①③⑥ 《论语·述而》。

② 《论语·子张》。

④ 《论语·公冶长》。

⑤ 《论语·泰伯》。

⑦⑨ 《论语·阳货》。

⑧ 《论语·雍也》。

⑩ 《论语·为政》。

我”①，即不恣空猜测，不绝对肯定，不拘泥固执，不自以为是。反对那种“亡而为有”、“虚而为盈”② 的学习态度。

认为富与贵是人人所想要的，如果不是用正当的方法而得，他是不要的；贫与贱是人人所厌恶的，但如果不能以正学的努力而除去，他宁可过着贫穷的生活。孔子愿意过幽雅的生活，“兴于诗，立于礼，成于乐”③。当晚春时节，新衣穿在身上，同五六位二十多岁的青年人和六七位少年儿童，去那沂水里洗洗澡，在那青松下乘乘凉，玩着玩着诵诗而归。他的理想是使“老者安之，朋友信之，少者怀之”④。

孔子和儒学追求的是人的身与心、人与人、人与社会、人与宇宙自然的统一与和谐。这对于21世纪完善人的性格、情操、行为和心态，净化心灵、净化社会以及促进现代科技中局部与整体、客体与主体、精神与物质、人与宇宙自然相沟通相统一的发展模式和方法论有重大意义。

所以深入挖掘孔子和儒学中有价值的观念，汲取其智慧，对于促进人类社会和生态得以可持续发展，从根本上解决当代社会人的身与心、人与人、人与宇宙自然之间的矛盾和紧张以及现代化进程中的种种困惑是有帮助的。

孔子和儒学以教育为立国之本，认为教育不应被片面地理解为科技知识的传递，还应强调道德理性和人文精神的重建。孔子和儒学教育的终极目的是培养民族精神，淳化代代人，提高人的心灵素质，帮助人修养身心，达到一种真善美统一和谐的人格境界。

不管现代社会科技如何发达，商业如何繁荣，人们从事的职业如何先进、精密，人性的培育，心灵境界的提升，人们从实然的人向应然的人的超越总是不可替代的。这对于人类、国家与人的自身来说，都是生命攸关的大问题，因为人类现代化事业的一个重要的建设层面是人性的培育和道德境界的提升，从长远的观点来看，我们的教育应当把人的心性建设放到一定的高度，对人类心性的关怀，才是终极的关怀，最根本的关怀。

---

① 《论语·子罕》。
② 《论语·述而》。
③ 《论语·泰伯》。
④ 《论语·公冶长》。

儒家的教育思想传统与未来教育*

一、儒家的教育思想资源与思想传统

中华民族的传统文化博大精深，源远流长，儒学就是中华民族传统文化中的重要部分。先秦儒学的精神，首先是创造性的生命精神，是人对宇宙的一种根源感。《易·系辞传》说："天地之大德曰生"，"生生之谓易"。意思是说，天地最伟大的德行是使万物生生不息，"易"以天地为准则，天地生生不息的功能也就是"易"变化无穷的功能。天地的根本性质是"生生不息"的，宇宙是刚健的大化流行，人也应该据此而自强不息。人有一种刚健自强、生生不已的主体精神，能够开拓创新，穷通变易。人效法天地、德配天地、弘大天性，就是要发扬创造性的生命精神，全面发挥人的禀赋与潜能。孔子说："人能弘道，非道弘人。"① 这是一种"尊生"、"主动"的传统，肯定人的创造，肯定人的创造可以与天地的创造相配合、相媲美。《礼记·中庸》说："唯天下至诚，为能尽其性。能尽其性，则能尽人之性。能尽人之性，则能尽物之性。能尽物之性，则可以赞天地之化育。可以赞天地之化育，则可以与天地参矣。"这就是说，一旦人能充分地护持住自己的道德理性，人就能全面发挥其本性，并且尊重每个人及每一物的生存，使之"各遂其性"。这样就能回应天地的生命精神，提高人的精神境界，与天地鼎足而三，理性地适应并进而辅相天地。人在宇宙中的地位，人的生活意义，由此而确立。先秦儒学的"天道"、"地道"、"人道"思想，"天"、"地"、"人""三才"的思想，都是讲创造的生命精神贯注于天上、地上、人间；人可以与天地相协调、相鼎立，完成自己的生命理想；并以平等精神体察宇宙间一切存在的价值，完成其生命；最终通过"正

* 本文原载《山西师范大学学报（社会科学版）》1999 年第 4 期。

① 《论语·卫灵公》。

德、利用、厚生”，“立德、立功、立言”，在实际行动中实现人生的价值与意义。

儒学的基本观念是“仁”。“仁”是人之所以为人的根本，故《礼记·中庸》曰：“仁者，人也。”其实，“仁”就是生命的相互感通，是人、我、群、己之间的普遍联系与相互滋养润泽，“仁”又是主体内在的意识，是自己决定自己的，所以孔子说，“为仁由己”①，“我欲仁，斯仁至矣”②。内在的仁具有伟大崇高的道德价值，“仁”的具体含义是“爱人”，即是一种博大的同情心。凡是人都有仁性，天生就有恻隐之心，能对别人的痛苦与欢乐产生共鸣。有仁德的人会用爱心去对待人，既自爱，又爱人；既自尊，又尊人。“仁”就是一种宽容忠恕的精神。孔子说：“己所不欲，勿施于人。”③“夫仁者，己欲立而立人，己欲达而达人。”④自己要站得住，同时也使别人站得住；自己要事事行得通，同时也使别人事事行得通。

儒家精神是一种“极高明而道中庸”的精神。也就是伟大寓于平凡、理想寓于现实的精神。就是说，我们要有道德勇气，有强烈的正义感，敢于担当道义，甚至不惜杀身以成仁。但在平常的生活中，我们不一定做什么惊天地泣鬼神的事情，在现世伦常的义务中，在某种社会角色和社会位置上，我们每个人都可以非常崇高地生活，忠于职守，勤劳奋发向上，不苟且，不偷惰。只要我们对生活有高度的觉解，我们所做的平常事就有不平常的意义。能否成就某种外在的功业，有赖于各种机缘；但只要我们顺着本性内在的禀赋有所发挥创造，我们的内心得到了某种精神的满足，这就实现了我们生活的目的。儒家认为，人存在的价值，就在于成就道德人格。只要挺立了道德自我，以良知作主宰，我们就能超越世间各种境遇，超越本能欲望，以超越的精神，干日常的事业。

先秦儒学在汉唐时期演变为汉唐经学，在宋明时期又演变为宋明理学。宋明理学把汉唐以来注疏五经的传统一变而为讲求四书义理，讨论身心性命修养问题的传统，并以民间自由讲学之书院为依托，把传统精英文化进一步世俗化了。作为一种文化现象，它是整个东亚文明的体现，它不仅在元明清时期成为

①③《论语·颜渊》。

②《论语·述而》。

④《论语·雍也》。

中国的官方意识形态，而且在14—20世纪对东亚各民族产生了广泛而深刻的影响。它的精华与糟粕至今仍然积淀在东亚各民族的文化心理中，对东亚现代化起着这样那样的作用。

整个宋明理学将道德提高为本体，重建了人的哲学。理学家的最高理想是“孔颜乐处”，即“天人合一”的精神境界。他们常讲“开拓胸次”，“处处表现圣者气象”。王阳明的弟子说，“满街都是圣人”。正是因为他自己的价值标准、修养境界提高了，不以鄙陋之心看人类，而以其价值理想看人类，人类的真正价值便立刻显现出来。理学的根本精神可以用张载的不朽格言为代表：“为天地立心，为生民立命，为往圣继绝学，为万世开太平。”① 宋明理学对培养气节操守、重视品德、讲求以理统情、自我节制、发奋立志等建立主体意志结构方面起了重要作用，把道德自律、人的社会责任感、历史使命感和人优于自然等方面，提扬到本体论的高度，空前地树立了人的道德主体性的庄严伟大。另一方面由于理学成为后期封建社会的官方意识形态，其末流，特别是被统治阶级所利用的部分，维护了封建专制主义的等级秩序，以一整套规范压制和扼杀人的本性，造成了伦理异化，给中国社会和中国人民曾经带来了灾难。对于其正负效应，我们应当具体地、历史地加以分析。

二、儒家教育思想的基本精神与特质

如前所述，儒家有重视道德教育与修养的传统，注重气节与操守，讲究崇高的精神境界，提倡“奋发立志”与“舍生取义”的献身精神，强调道德责任感与历史使命感，宣扬那种孜孜不倦、临事不惧、不计成败利钝、不问安危荣辱、以天下为己任的宽广胸怀，把个人完成的社会责任作为个人道德的自我完成，逐渐形成了一个长远而深厚的道德教育传统，如立志有恒、克己内省、改过迁善、身体力行、潜移默化、防微杜渐等等，形成了一系列具有中国独特风格的道德教育与修养手段。

儒家教育思想的一个显著特点是善于启发每一个人的内心自觉，教人如何“做人”，如何在现实生活中实现其“治国平天下”的理想的入世精神，强调的

① 《宋元学案·横渠学案》黄百家按语，《宋元学案》，中华书局1986年版，第664页。

是对自身的肯定。人不仅与天地相参而且顶天立地，追求“同天人”、“合内外”，而且在这种“天人合一”之中得到一种最高的理智的幸福。儒学提出了“做人”的道理、“做人”的要求、“做人”的方法，并让人从中得到“做人”的乐趣，表现出人的崇高的精神境界。与西方基督教和印度佛教不同，儒学不是悲观型的，而是乐观型的；不是“罪感文化”，而是“乐感文化”；不是消极无为、逃避现实的，而是刚健有力、自强不息的，“天行健，君子以自强不息”，“地势坤，君子以厚德载物”；不是以个体为本位，而是以群体为本位的；不需要依靠宗教信仰的祈祷，不主张离开社会和家庭，而是强调在学校、在家庭及世俗日常生活中不断积累道德行为，加强自我修养，即此岸即彼岸，“极高明而道中庸”，不用到上帝和佛祖面前忏悔，而是到自己内心中寻找美丑善恶的标准，追求道德的“自律”而不是“他律”。儒学强调人内心中具有一种价值自觉的能力，“自我修养”、“自省”、“自反”、“慎独”，直到“自我完善”，自我求取在人伦秩序与宇宙中的和谐。儒学追求价值之源的努力是向内、向自身，而不是向外、向上；不是听上帝的召唤或等待佛祖的启示，而是重视其内在的力量，这是一个很值得重视的特色。

儒学不同于一般的知识、逻辑、哲理。它既内含丰富的知识，又超越知识；它有自身的逻辑，但它超逻辑；它有很深的哲理，但它超哲理。它是研究生命的学问，它是探讨人生的方向，它触及的是人们心灵和心性的最深层次，它涵盖的是人类的真性情、真生命、真智慧。对于传统儒学的精华，我们必须以自己的生命去体验，以自己的身心去研究，以自己的心灵去撞击，以自己的生命去呼应与契接，以安身立命的角度去体会。如果仅仅把它当作一般的知识、逻辑、哲理去学习，那肯定不会有真正的收获的。读圣贤书，所学何事？应把握好自己的心性，守住心性，守德勿忘，行善为本，助人为乐，弃恶扬善，真正做到：平心如性，苦苦修炼，从幼到老，从生到死，遇事做到大公无私，为人做到心品纯正，待物做到问心无愧。这样我们才能抵制欲念，克服软弱，战胜邪魔，达到清静平和的境界，才能和中华民族的传统文化和传统美德合拍、沟通、感应。

儒学是研究生命的学问，强调时代的悲情和个人真实修养的感受。对它的理解与把握，取决于你对人类、对民族的命运关切所达到的深度。如果你没有“兴慈运悲，不舍众生”的理解态度，没有很强的历史文化意识，没有长期刻苦的修炼体验，是很难把握其思想义理之真髓的。只有坚持真实修炼的人，才能逐渐使自身与外界绝对地统一与协调，决不为个人自身狭隘的利益考虑，与天地同乐，也与天地同悲，而又能积极地投入为人类社会服务的伟大潮流，彻底地超越自我，从而消除了心灵中一切邪恶自私的颠倒妄执，净化了心灵，那么他的生命才不会徒劳地消耗在欲念和烦恼之中，而是通向宇宙生命的永恒。

冯友兰先生曾说，如果我们把每个人的人生境界抽象一番，划分几个等级，那么大体上可以分成自然境界、功利境界、道德境界、天地境界。如果一个人只能顺其本能或社会风习去做，对自己所做的事毫无觉解，他的人生境界就是自然境界。如果一个人所做的事，动机是利己的，其事对于他有功利的意义，他的人生境界就是功利的境界。如果一个人自觉地成为社会整体的一员，他自觉地为社会利益做各种事，他的人生境界就是道德境界。如果一个人了解到超乎社会整体之上，还有一个更大的整体，即宇宙，觉解自己不仅是社会的一员，而且还是宇宙的一员，即孟子所说的“天民”，他自觉为宇宙的利益而做各种事，并觉解其中的意义，即陆九渊所说的“宇宙内事乃己分内事，己分内事乃宇宙内事”，这种觉解为他构成了最高的人生境界，这就是天地境界。前两种境界的人是实然（事实）的人，后两种境界的人是应然（价值）的人。道德境界有道德价值，天地境界有超道德价值，儒家教育思想的基本精神与特质就是帮助人达到道德境界和天地境界。①

三、儒家教育思想与未来教育

传统和现代化是生生不断的“连续体”。背弃了传统的现代化和背向现代化的传统都是片面的。成功的现代化是一个双向运动的过程，传统因素与现代因素相辅相成；失败或不大成功的现代化则是一个单向运动的过程，现代因素简单摧毁传统因素，或被传统因素所摧毁。成功的现代化运动不但善于克服传统因素对改革的阻力，尤其善于利用传统因素作革新的动力。当前中国正面临一次改革开放和外来思想大量涌入的新时期，我们应从世界发展新趋势着眼，清理我们原有的文化传统中有价值的要素，使之与现代化需要的外来新要素整合，所以我们面临着对传统文化（包括儒学）进行创造性转化的历史任务。

① 冯友兰著，涂又光译：《中国哲学简史》，北京大学出版社 1985 年版，第 389—391 页。

儒学的形成和发展，有一些重要的社会基础与文化土壤，主要是：家族本位的社会结构与社会体制，农耕社会的生产方式以及长期稳定的生活环境，这些前提条件在现代社会已不具备必然性，但不能由此而否认儒学的现代意义和现代价值。家族关系是人类社会生活最基本的关系，农耕社会可以说是人类最为简单的生产方式，正因为这是最基本、最简单、最原始的，因此也最接近人的本性，最能体现人与人之间、人与物之间、人与宇宙之间关系的基本逻辑，在这种背景下产生的具有浓烈的人性气息和人情味的儒学原理也许是以最简朴、最原始的形式体现了人性的本来面目和人类生活的基本原理。真理往往是朴素的，最基本的东西往往是最稳定、最具有恒定价值的。在相对稳定的生活环境和漫长的社会历史中，儒家探索并实践了人类最基本也是最崇高的“做人”的原理，形成了深邃的人文智慧。人类的人伦秩序和价值体系虽然随着时代的变化在不断地变化，但万变不离其宗，变化之中总还是有某些不变的基因作为稳定和支撑的力量，因为人类永远不可能远离自己的本性和根基。可以说，儒学的基本精神与特质就在于发现并体现了这个基因和根本，而且人伦原理与其他文化形态相比，具有更大的连续性，这种连续性体现了民族精神、民族生命的连绵不断，根本不可能全盘“化”掉，这说明民族传统事实上是既离不开又摆不脱的，人伦原理的价值具有相对的性质，某种人伦原理和人文智慧是否有价值，民族的传统文化是否具有现代意义，关键是看它能否继续推动本民族的发展和进步。

现在人们有感于道德的滑坡、道德的沉沦，在当今商潮澎湃、人必曰利的氛围中，我们的传统文化与传统道德面临着新的挑战，尤其是金钱至上、贪污腐败的挑战。一个人、一个民族生活在世界上总是要有“家”可归的。然而工业化、商品化、现代化带给当代人的病痛就是精神上流落街头，无“家”可归。在钱权交易、升官发财、功名利禄、巧取豪夺的追逐中，人的心灵方寸之地，人的良知良我之所，已告沉沦，失去了心灵的归乡与故园，因此儒学所讲求的人之所以为人之道，所提倡的精神境界和人格修养，所尊崇的气节操守和道义担当，所重申的做人原则和治世原则，所阐述的人生意义和人生价值，在今天不仅没有过时，而且还有普遍的价值和永恒的意义。

一个民族不可能没有道德生命、文化生命，一个民族糟蹋道德生命、文化生命，也就等于糟蹋了民族生命。道德生命、文化生命不可摧残太甚，一个民族是经不起这样摧残的，真正的有识之士所考虑的是应如何回复人的本位，保持人的尊严，建立自己的道德人格，挺立自己的道德人品，调治当下的人文环境，孕育出能够托起中国未来现代化所需要的德业俱健、素质极佳的跨世纪的人才。

就全世界范围的现代化来说，不借助于自己民族传统的精神文化资源和传统美德，是根本不可能成功的。西方现代化以古希腊罗马文明、基督教精神和近代人文主义作为自己的源头活水，东亚现代化以中国古代的儒家文化和宋明理学作为自己的源头活水。中国的现代化必定不可能将传统优秀文化弃之如敝屣，否则那就是无本无根的现代化。人们在当今的现代化建设中，已开始惊呼中国物质资源的匮乏，然而还没有更多的人认识到中国精神资源由于近世以来片面地践踏传统所造成的严重匮乏。物质资源的短缺是一个有形的问题，精神资源的匮乏则是一个无形的问题。无形的问题无所不在，无孔不入，所以，当前重新发现、挖掘、回采儒学丰富的精神资源是有重大意义的。

西方的现代化取得了很大的成功，西方的“民主”与“科学”取得了一系列成就，确实应该成为其他各国学习的范例。我们之所以重视西方教育，最重要的原因就是因为在 19 世纪以后，西方教育已成为很多民族、国家和地区教育发展的一个共性，从整个人类教育发展史来看，研究西方教育也是对 19 世纪以后整个人类教育发展史的共性的认识。

然而，西方文化教育的内涵并不仅仅限于“民主”与“科学”，还有很多现实问题，其中有过度发展的个人主义、漫无节制的利得精神、日益繁复的诉讼制度、轻老溺幼的社会风气、紧张冲突的心理状态等等，所有这些不但未必能适合于其他国家，而且也已引起西方人自己的深刻反省。① 美国著名学者、哈佛大学教授塞缪尔·亨廷顿在新著《文明的冲突与世界秩序的重建》中说：“西方文明并非普遍适用于全球。”

现在一些西方有识之士要求到中国来，对中国古老的传统文化教育感兴趣，这是什么原因？难道是要走回头路、开倒车？他们要学习东方传统文化教育，而我们则要学习西方现代化的科学知识与经验，这个现象，从整个人类历史来看，可以给我们一个启示，这就是东方与西方应该是相辅相成、相依相

① 参阅余英时：《从价值系统看中国的传统文化》，《近四十年来孔子研究论文选编》，齐鲁书社 1987 年版，第 649—650 页。

存，东方的人文教育、道德理性恰好是西方所需要的，西方的科学技术、管理知识恰好是东方所需要的。这是很自然的两极。从这个眼光来看，整个世界的教育是一个系统，这个系统中间有两类，一类是科技教育，一类是人文教育。人文教育假若没有科技，也有它的缺陷；科技教育缺少人文的价值，也有它的问题。

从西方国家来看，现代化在某一阶段就需要重新调整人与物、人与人、人的自身与内心的关系，所以他们要向中国的传统文化教育——中国的儒学、道家、佛学学习，追求道德理性，追求和谐，追求人的价值，也就是说他们要从中国古老的传统文化教育中寻找重新调整他们的社会关系、人际关系、人类与宇宙自然关系的方法原则。比如西方国家普遍存在子女与父母的沟通问题，青少年犯罪与道德教育问题，老年人的赡养和精神上的孤独问题，环境污染与生态失衡的问题，等等，这些西方现代化社会的焦点问题，他们觉得借用中国的一些社会伦理和家庭教育原则可能有用，他们从中国家庭伦理教育进而检讨社会伦理教育和社会人际关系以及人与自然之间的关系。这和中国社会形成一个相反的潮流。当代中国青少年则要肯定自我，从家庭里面走出来，提出参与社会现代化的要求。一个是从东往西，一个是从西往东，时间在这里发生了错位。现在西方社会出现的后现代化的要求，又是中国传统文化和传统教育可以提供的；在中国社会里出现的现代化的要求刚好又是西方文化和科技教育可以提供的。这是世界发展的一个很自然的趋势，虽然它是多源头的，但最后总要统合在一起。也就是说从一个整体来看，要把一个现代化的要求与一个后现代化的要求整体化。当然这个整体并不是说，因为西方人要学习中国的传统文化与传统教育，我们就马上回到中国的传统社会中去，而是说他们了解到中国传统教育的人文价值，启发我们也应该重视自己的人文教育的传统，对中国的传统教育作一番新的认识。

当代著名的英国历史学家汤因比说："自从人类在大自然中的地位处于优势以来，人类的生存没有比今天再危险的时代了"①，"不道德程度，已近似悲剧。而且，社会管理也很糟糕"②。他认为中国传统文化，特别是儒家、墨家的仁爱、兼爱学说，是解决现代化社会伦理问题所急需的。他说儒家的仁爱

①② ［日］池田大作、［英］汤因比著，荀春生、朱继征、陈国梁译：《展望21世纪——汤因比与池田大作对话录》，国际文化出版公司1999年版，第376、375页。

“是今天社会之所必需”，“墨子主张的兼爱，过去只是指中国，而现在应作为世界性的理论去理解”。①

西方75位诺贝尔奖获得者一次集会，在会议的新闻发布会上，1970年诺贝尔物理学奖获得者汉内斯·阿尔文博士认为，如果人类要在21世纪继续生存下去，避免世界性的混乱，就必须回首二千五百年，去汲取孔子的智慧。②1989年底联合国教科文组织在中国召开“面向21世纪教育国际研讨会”后，发表了一篇《学会关心》的宣言，列举了当代道德的危机，提出“恢复具有早期时代特征的关心价值观已势在必行”，并发出关心家庭、朋友、同行、社会、国家、其他物种乃至地球的号召，这些正好是儒学的内核和精神。

现代社会中人的心性恶化膨胀的发展，用科学是克服不了的，甚至相反。不少罪行是利用现代科学技术进行的，要想从根本上治疗通病，如性猖獗、战争狂、极端利己的物欲权以及盲目破坏生态平衡等，依靠科学技术本身是不行的。

人类今天所面临的危机，是物化世界观的泛滥，是物性对人性的宰割。人被自己所制造出来的文化制品所主宰，人从目的的地位下降为工具。功利化、浅薄化、平庸化、狭隘化、市场化销蚀肢解着人性。人的丰富性、全面性、完整性日趋丧失，人的潜能的发展被单一的功能性运作所遮蔽，人与人生存共在的世界及人与天、地、人、物的关系都在恶化。

现代社会要关心人的问题，肯定人的生命生存的价值和意义，西方的“工具理性”不能完全代替“价值理性”，因此我们应深深挖掘儒学丰富的思想资源，这对于加强现代人文主义思潮和影响，遏制科学主义片面发展“工具理性”所造成的种种现代弊病，可以起到一定的积极作用。从这个意义上说，儒学并不是完全没有现实意义的，不是只有观赏价值的博物馆中的陈列品，而是可以给予现代人以相当重要的启迪。越是科技高度发达的现代化社会，儒学的人文关切和“天人合一”的理想对人类的启迪和警示作用则越大。③

---

① ［日］池田大作、［英］汤因比著，荀春生、朱继征、陈国梁译：《展望21世纪——汤因比与池田大作对话录》，国际文化出版公司1999年版，第411页。

② 参阅1988年1月14日澳大利亚《堪培拉时报》刊登的来自巴黎的报道《诺贝尔奖获得者说要汲取孔子的智慧》（作者为帕特里克·曼汉姆）。

③ 参阅方克立：《展望儒学的未来前景必须重视的两个问题》，《天津社会科学》1991年第1期。

20 世纪是人类社会大发展、物质文明和精神文明均以空前速度提高的时期，同时也是人类社会经受到各种各样困扰的时期。当前世界各国，不论其社会制度如何，不论其社会经济发展程度如何，都普遍认识到人类社会发展到 21 世纪必然会遇到几大难题：如能源大量需求，资源日益耗竭，环境污染加剧，不治之症不断出现，人口恶性膨胀，生态严重失调，自然灾害频频发生，人与自然的同盟关系遭到严重破坏，等等。这些难题如不及早重视解决，势必给人类社会的生存带来极大的危害。分析产生这些难题的根本原因是，20 世纪科学技术发展给人类社会带来了繁荣，同时也带来了难题，特别是高科技的发展模式基本上是建立在高温、高压、高能耗基础上的，如不改变这种高科技发展模式，依靠现有的科学技术不能根本解决这些难题。

如何改变科学发展模式，从根本上解决这些难题？1989 年《温哥华宣言》已明确提出：为了改善 21 世纪科学、文化和人类生存发展，要更新思想，更新观念，要展示一个不受机械规律硬性制约的，具有持续创造力的宇宙形象。于是西方科学界又一次把眼光转向了中国，求助于东方儒学传统，“天人合一”、“天人相应”，这是最大的生命整体观。

儒学追求的是人的身与心、人与人、人与社会、人与宇宙自然的统一与和谐。这对于 21 世纪完善人的性格、情操、行为和心态，净化心灵，净化社会，以及对于促进现代科学技术中局部与总体、客体与主体、精神与物质、人与宇宙自然相沟通相统一的新的发展模式和方法论有重大意义。所以挖掘儒学有价值的观念，对于促进人类、社会和生态的协调发展，从根本上解决当代几大难题和现代化进程中的种种困惑，是很有帮助的。

儒学以教育为立国之本，不应片面地把教育理解为科学技术知识的传递，而更应强调道德理性和人文精神的重建。儒家教育的终极目的是培育民族精神，淳化代代人风，提高人的心灵素质，帮助人们修养身心，达到一种真善美统一和谐的人格境界。不管现代社会科技、商业如何发达，不管我们所从事的现代职业如何先进、精密，人性的培育，心灵境界的提扬，人们从实然的人向应然的人的超越，总是不可代替的。这对于人类、国家与人的自身，都是生命攸关的大问题，因此人类现代化事业的一个重要的建设层面是人性的培育、道德境界的提扬。从长远的观点来看，未来的教育应当把人的心性建设放到一定的高度，对人类心性的关怀，才是终极的关怀，最根本的关怀。

当21世纪宣告黎明时，中国不仅要在物质层面，还要在心性建设层面为世人瞩目。我们应和世界各国人民一道，互相学习，互相支持，吸取各国优秀传统文化和传统教育中有价值的观念，把人文教育和科技教育统合起来，共同创建现代世界文明，维护世界和平和生态平衡。

论儒家道德教育思想*

中国是一个文明古国，被世界誉为“礼仪之邦”。中国有光辉灿烂的历史文化，有源远流长的古代道德。毛泽东同志说：“我们这个民族有数千年的历史，有它的特点，有它的许多珍贵品。对于这些，我们还是小学生。今天的中国是历史的中国的一个发展，我们是马克思主义的历史主义者，我们不应当割断历史。从孔夫子到孙中山，我们应当给以总结，承继这一份珍贵的遗产。这对于指导当前的伟大的运动，是有重要的帮助的。”①

儒家重视道德教育并形成了传统。儒家道德教育思想中有一些“封建性的糟粕”，也有些“民主性的精华”，“有它的许多珍贵品”，这些都曾产生过深远的影响。我们今天应该认真清理和总结儒家道德教育的思想、理论、经验、教训，这对于当前振奋民族精神，发扬中华民族的光荣传统，进行社会主义现代化建设，对于批判封建主义思想，清除各种精神污染，促进社会主义的精神文明，对于加强青少年一代的政治思想和道德教育以及建立具有中国特色的社会主义道德教育思想体系，具有一定的借鉴意义和参考价值。

一、儒家的道德教育功能观

儒家重视道德教育，把道德教育放在培养人的首要地位。孔子认为具有高尚的道德品质，是成为贤能君子的首要条件。他说：“君子怀德”②，君子所思念的就是道德，这是最根本的问题。君子要专心致力于根本方面，“君子务本，本立而道生。孝弟也者，其为仁之本与”③；根本树立了，仁道之德也就由此

* 本文原载《教师教育研究》1989 年第 6 期。

① 《毛泽东选集》第二卷，人民出版社 1966 年版，第 47 页。

② 《论语・里仁》。

③ 《论语・学而》。

而生。孝顺父母敬爱兄长，就是仁道的根本。因此，当他谈到知识教育和道德教育的关系时，就十分明确地说："弟子入则孝，出则弟，谨而信，泛爱众而亲仁。行有余力，则以学文。"① 这就是说，道德教育及其实践是首要的，其次才是知识教育，道德教育要通过智育来进行，知识教育主要也是为道德教育服务。孔子很重视教育学生"知德"、"知礼"、"知仁"、"知道"，即对道德规范具有一定知识，有分辨道德行为是非善恶的能力。同时也并不完全忽视文化知识对道德的影响，他说："仁者安仁，知者利仁。"② 有仁德的人安于仁，有知识的人利用仁，因为智者认识到道德对他具有长远而巨大的利益，他便去实行仁德。孔子还说："未知，焉得仁？"③ 没有知识，怎样能够算是仁呢？由此可见，孔子是把道德教育和知识教育统一起来的，作为同一过程和同一目的的两个方面；而道德教育是为主的，知识教育是次要的；道德教育通过知识教育来进行，知识教育为道德教育服务。孔子这一思想为后儒所继承，历代相袭，成为儒家道德教育的传统。

为什么儒家如此重视道德教育呢？根本原因是儒家重视道德教育所产生的巨大作用。儒家认为只有培养统治阶级所需要的贤能君子，才能完成治国平天下的历史任务。他们总是把道德教育与政治紧密联系起来，认为政治上的成功与失败，社会上的安定与动乱，国家的统一与分裂，往往取决于道德教育的成败。

孔子提倡"德治"，即主张用道德教育来治理国家。他说："为政以德，譬如北辰，居其所而众星拱之。"④ 还说："道之以政，齐之以刑，民免而无耻；道之以德，齐之以礼，有耻且格。"⑤孔子认识到道德教育不仅和政治法律一样，是一种重要的统治手段，而且还能起着政治法律所不能代替的作用，因为道德教育可以感化人们，征服人心，既能使百姓守规矩，又能使百姓形成"羞耻之心"，即形成道德信念的力量，从而收到德治的效果。他主张把道德教育形成的风尚推广到政治上去，认为执政者应具有高尚的道德修养，社会上人与人之间都应具备相应的道德，这个社会才能安定，社会风气才会好转，他看到了道德教育对于治理国家、安定社会秩序所产生的重大作用。

---

① 《论语·学而》。

② 《论语·里仁》。

③ 《论语·公冶长》。

④⑤ 《论语·为政》。

孟子提倡“仁政”，即主张用“仁爱之治”来从政，把道德教育推广到政治上去。孟子说：“善政不如善教之得民也。善政民畏之，善教民爱之，善政得民财，善教得民心。”① 所谓“善政”，指的是一般政治手段、行政禁令，用以防止于外，“民畏”即不敢不服从。所谓“善教”，指的是道德教育说服感化，用以改革其心，其中心内容是“人伦明于上，小民亲于下”。善教能使民乐于为善。孟子还说：“上无礼，下无学，贼民兴，丧无日矣。”② 可见孟子是重视教育对维护社会安定、巩固政权的重大作用的。

荀子提倡“礼治”，即主张用礼制法规来治理国家。荀子说：“礼义者，治之始也”③，“人无礼而不生，事无礼则不成，国无礼则不宁”④。在他看来，礼是用来维护社会秩序和规范人伦的客观需要，是治国平天下的根本。

《礼记·乐记》说：“礼以道其志”，“刑以防其奸”。《礼记·学记》说：“建国君民，教学为先”，“化民成俗，其必由学”。道德教育是学校教学的中心任务，通过道德教育培养国家所需要的人才，通过道德教育化民成俗，形成社会的道德风尚。这也是讲道德教育对国家、对社会所产生的巨大作用。《礼记·大学》说：“自天子以至于庶人，壹是皆以修身为本”，“身修而后家齐，家齐而后国治，国治而后天下平”。这里着重说明了道德教育、个人的道德修养与齐家治国平天下的一致性。

综上所述，儒家认为道德教育的功能和作用：一是培养国家需要的“贤能君子”；二是为了“得民心”、“近悦远怀”、“固国齐民”、“化民成俗”，形成社会的道德风尚。这两条合起来即“修齐治平之道”，就是说，道德教育和道德修养的作用是为了齐家、治国、平天下。

由此可见，儒家是从维护封建统治阶级利益、巩固封建统治阶级专政的立场出发看待道德教育的，把道德教育与培养统治阶级的贤能君子、把道德教育与封建统治阶级的政治紧密联系起来观察道德教育的作用的，把道德教育当作维护统治阶级利益的主要工具。儒家认为进行道德教育，社会秩序就可以维持，政权就能够巩固，这种把道德教育与社会治乱结合起来的思想，对整个封建社会产生了极为深刻的影响，从而使历代封建统治者十分重视用道德教育来

---

① 《孟子·尽心上》。
② 《孟子·离娄上》。
③ 《荀子·王制》。
④ 《荀子·修身》。

控制人民的思想。

同时，我们还可以看到，儒家从当时的社会政治生活出发，对道德教育的社会作用作过许多探讨，认为道德教育能起到政治、法律所不能起到的作用，有它自己独特的社会功能，是一个社会安定与发展的不可缺少的因素。这里不仅包含着深刻的历史经验教训，而且也包含着一些合理的见解，有的已经接触到道德教育的客观规律和特点，为我们提供了宝贵的思想资料，对我们今天仍有一定的参考价值。

二、儒家道德教育思想体系

儒家重视道德教育对社会、对国家所起的作用，把道德教育放在首要地位。《礼记·大学》正是总结概括了儒家的这一思想，从新兴地主阶级的立场出发，认为只有培养出符合地主阶级道德规范的新人，才能完成治国平天下的历史任务。它从道德教育的目的到程序，提出了比较完整的道德教育思想体系，为儒家道德教育理论奠定了基础。

《大学》提出了道德教育的“三纲领”，即道德教育的三项目的任务：“明明德”、“亲民”、“止于至善”。所谓“明明德”，意思是使人们的先天的善性——“明德”得以明复和发扬光大，这是《大学》道德教育的第一项目的任务。所谓“亲民”，意思是以亲爱之心对人民，给以同情和仁爱，这是儒家德治、仁政思想的体现，也是《大学》阐明的道德教育的第二项目的任务。所谓“止于至善”，是《大学》阐明的第三项目的任务，指道德教育要达到“至善”的境界——“为人君止于仁，为人臣止于敬，为人子止于孝，为人父止于慈，与国人交止于信”。

《大学》把道德教育的程序概括为“八条目”，即道德教育的八个过程和步骤：格物、致知、诚意、正心、修身、齐家、治国、平天下。它说：“古之欲明明德于天下者，先治其国；欲治其国者，先齐其家；欲齐其家者，先修其身；欲修其身者，先正其心；欲正其心者，先诚其意；欲诚其意者，先致其知。致知在格物。”

所谓“格物”，是指学习、掌握社会人伦道德规范和道德观念方面的知识。所谓“致知”，是指道德规范、道德观念的认识得到充实与提高。这说明“八条目”中，以道德观念和道德规范的认识为起点。

所谓“诚意”，是指要做到“毋自欺”，能够“如恶恶臭，如好好色”。所谓“正心”，是指人心不为忿懥、恐惧、好乐和忧患所动摇，而能一心爱好“至善”，平衡道德情感，坚定道德信念。这说明“八条目”中，以道德情感和道德信念的建立为中心。

所谓“修身”，其重点在于“慎独”，亦即在个人独处的时候也能够谨慎地遵守道德规范，提高道德修养的自觉性。这说明“八条目”中，以“慎独”——道德教育自觉性的培养为根本要求。

格物、致知、诚意、正心、修身——属于“修己”的范畴。“修己”的目的是为了“治人”。这显示出儒家道德教育思想的封建政治方向性。从格物到修身都是为了齐家、治国、平天下。这说明“八条目”中，以齐家、治国、平天下为道德教育的实践目标。

总之，《大学》总结和概括的儒家道德教育思想体系是：以道德规范和道德观念的认识为起点，以道德情感和道德信念的建立为中心，以道德自觉性的培养为根本要求，以齐家、治国、平天下为道德教育的实践目标。

儒家道德教育思想体系是以唯心主义人性论的理论为基础的，它把地主阶级的阶级意识和道德观念当作先天的“明德”，显然这是一个唯心主义的道德教育的思想体系。它的终极目的是“齐家，治国、平天下”，为维护封建宗法制度、为巩固封建地主阶级的专政服务。它把个人的道德意识与道德修养看成是齐家、治国、平天下的前提，强调道德教育与道德修养是齐家、治国、平天下的根本。它把“家”看成是“国”的缩影，把“治家”看成是国家“治乱”的基础。“欲治其国，先齐其家”，“一家仁，一国兴仁”。这正是中国古代封建社会自然经济和封建宗法制在道德教育思想体系上的反映，说明儒家道德教育思想体系是建立在男耕女织的自然经济基础和封建家长制的基础之上，并为这一经济基础服务的。

但儒家道德教育思想体系仍属于人类文明的精神财富，同样存在着批判继承问题。儒家道德教育思想体系表明，从道德规范和道德观念的认识开始，进而转化为道德情感和道德信念的建立，这样才能对道德行为起指导和约束作用，这反映了道德教育的普遍规律。儒家道德教育思想体系，揭示并总结了这一客观规律，这对中国古代道德教育思想的发展是有价值的。

儒家道德教育思想体系突出了道德自觉性的培养，强调了“慎独”，即当独自一人的时候，没有别人监视，只有自己知道，也要谨慎自觉，表里一致，言行一致，“不自欺”。这就要求道德信念十分坚定，毫不动摇，自觉地谨慎地去坚守道德规范。道德观念的认识和道德信念的建立必须以培养自觉性为基础，这也是一条普遍规律。所以说，儒家道德教育思想体系也包含了某些合理的内容。

三、儒家道德教育思想的理论基础

儒家道德教育思想的理论基础是它的本体论和人性论。儒家哲学思想的逻辑结构的特点是本体论、人性论、道德教育论的有机统一。

儒家本体论哲学实质上不是对宇宙生成本体的揭示与探讨，其所论的“天”、“道”、“理”、“气”、“心”和“性”等，都是一种人格化、社会化的哲学概念，儒家把本体论作为个体与社会、人与天之间平衡与融通性的理论的逻辑起点，由此论证封建统治秩序和人伦道德的合理性。儒家通过对本体的解释，说明人性与道德、人类与自然在本源上的同一性，进而阐明人伦道德规则、规范等即“天理”，人性的本质即“天道”派生的“人道”，而道德教育即教人通过认识人性、心，并经过道德修养功夫而达到“天人合德”的境界。其本质是以道德伦理精神支配和调节天人关系，即使个体与社会同归于道德化，以“仁、义、礼、智”等封建纲常伦理来统摄。从顺向逻辑推理来看，本体论是逻辑起点或前提，它包罗万象，是社会、人与万物生成的本源和道德的基本原则，人性论是从本体论对人本质的观察和规定，或者说本体内涵在人性上的具体体现，而道德教育论乃是人性论所派生的，同时又是对人性内涵的展开，因为人性的内涵就是道德性，无论是对人性的实质判断或价值判断都是道德论领域的范畴。从逆向逻辑推理来看，道德教育论既是落脚点又是起点，通过道德教育的培养、训练，达到恢复、体认人性（人心）的目的，通过体认人性（人心）即可知天知命，最后认识与把握本体“天道”。所以儒家这种以自圆自封的逻辑结构建构的理论，其一贯之道乃是“下学而上达”的道德教育论，通过道德教育来使人形成天人合德的世界观、人生观、社会观等。历代儒家的哲学思想总是围绕道德论展开的，又总是以道德教育论来沟通天人关系，说明现时社会结构与封建道德原则的合理性、同一性与融通性。

《礼记·中庸》说：“天命之谓性，率性之谓道，修道之谓教。”用本体说明人性，“天”被内在化了；用人性解释“天命”，人性亦本体化了。天人在本源上的统一是“天人合一”理论的基础。所谓“天人合一”，是发挥人的本性与天的潜能配合为一，以形成宇宙本体及生命根源的创造力的混合观念。又如《易传》所言的“乾元”、“天道”、“天”等概念，乃是指创造宇宙和构成生命的肇端，在它们的潜在能力上具有“天人合一”的创造性、自然性、广袤性、变易性及生命力。“道”是对天命和人性的内涵的总括，在天为“天道”，在人为“人道”。在儒家哲学思想中，“道”不是独立自主的本体或宇宙论范畴，在《易传》、《论语》、《孟子》、《中庸》及后儒的著作中，“天道”与“人道”是相互融通的，“天道”没有什么神秘或不可认知，因为它的光辉全部折射在“人道”上，故有“道不远人”的说法。“性之德也，合外内之道也，故时措之宜也。”① “人可以弘道”，“士志于道”，就可以“问道”、“求道”、“传道”、“守道”。“道”是“中庸”，是“经”，“君子尊道而行”，“故君子尊德性而道问学，致广大而尽精微，极高明而道中庸，温故而知新，敦厚以崇礼”，②于是传道学道便成为道德教育的根本任务。由此可见，儒家从本体论到人性论再到道德教育论，都是以现时社会生活中的伦理道德内涵来规定、贯穿的。发展到宋明时期，则出现了“道统论”，宋明理学又名曰“道学”，也主要是把各种“道”的内涵深化了发展了，并作为理论逻辑的起点与终点来强调“天人合一”的。由先秦儒学经汉唐经学发展到宋明理学，一个重要的哲学特点就是不断地将“天人合一”之“道”理论化与现实化，由此强调封建人伦道德和封建道德教育的重要性。

儒家道德教育思想是以上述天人一体、自我封闭的理论为基础的。它注重现实社会，是世俗的而非宗教的，是人学的人本主义而非神学的宗教主义。它从整体观念上认识天人关系，注重人与自然的统一性，强调了发展的平衡性与和谐性。自然不是一种异己力量，而是可以被人认识并可以被人利用的。注意保持自然生态平衡，按照自然发展规律从事农业生产和在政治上主张“使民以时”，都可以说是中国古代人们在这种哲学思想影响下的结果。但是它把抽象化的人性与伦理化的本体（宇宙）混为一团，没能从本质上区别人与自然的性质与联系，一方面自然没有被作为独立的对象来认识、改造，这使中国古代自然科学不发达，或者使自然科学伦理化与政治化；另一方面人性的本质是从本体论推导出来的，这使人性论带上浓厚的自然人性论和抽象化的特色。儒家的

①② 《礼记·中庸》。

理想人格是以人性论为基础的，因此它缺乏现实社会生活基础。“求同”与“事天”的道德修养以追求“天人合一”的境界，虽然不是把人生价值设在现实世界的彼岸，但也不可否认它赋有超现实的准宗教色彩。儒家一味地关切人性问题，结果使道德教育成为全部教育内容，而生产技艺、自然科学知识、生活劳动知识都被排斥在外。由于只关切“身心性命”、人道天道的体认，结果直觉思维代替了科学实证，“反省内观”、“德性之知”代替了对自然的观察和对客观自然规律的探讨，道德修养代替了科学认识论。因此儒家的知行观往往局限于道德教育与道德修养领域，道德实践代替了社会生产实践、科学实践。

四、儒家道德教育与道德修养的手段

儒家特别注重道德教育与道德修养，运用了一系列的道德教育与道德修养手段，形成了具有儒家独特风格的道德教育传统。

1. 立志有恒

儒家认为立志是一个人成长的关键。孔子说：“三军可夺帅也，匹夫不可夺志也。”① 孟子说：“夫志，气之帅也；气，体之充也。夫志至焉，气次焉；故曰：持其志，无暴其气。”② 王守仁说：“志不立，天下无可成之事……志不立，如无舵之舟，无衔之马，漂荡奔逸，终亦何所底乎?”③ 这些都充分肯定了立志教育的重要性。其主要经验如下。

第一，立足现在，面向将来。儒家注意在道德教育过程中引导学生立足于现在而面向将来，确定方向，树立人生的目的和理想，作为个人长期努力的方向。要求学生“志于仁”，“志于道”，有理想和抱负，有将来精神上的更高追求。孔子说：“志士仁人，无求生以害仁，有杀身以成仁。”④ 孟子说：“生亦我所欲也，义亦我所欲也；二者不可得兼，舍生而取义者也。”⑤ 荀子说：“权

---

① 《论语·子罕》。

② 《孟子·公孙丑上》。

③ 王守仁：《教条示龙场诸生》，《王文成公全集》卷二十六续编一，商务印书馆1924年四部丛刊初编重印本。

④ 《论语·卫灵公》。

⑤ 《孟子·告子上》。

利不能倾也，群众不能移也，天下不能荡也。生乎由是，死乎由是，夫是之谓德操。”① 这都强调了要教育学生树立道德标准与理想，坚持道德信仰而不动摇。

第二，精神生活高于物质生活。儒家主张学生应努力提高自己的精神境界，而对物质享受则不宜要求太多太高，在物质享受方面要求多了，反而会妨碍精神境界的提高。《尚书·旅獒》说：“玩人丧德，玩物丧志。”孔子说：“士志于道，而耻恶衣恶食者，未足与议也。”② “饭疏食饮水，曲肱而枕之，乐亦在其中矣。不义而富且贵，于我如浮云。”③ 孟子说：“富贵不能淫，贫贱不能移，威武不能屈，此之谓大丈夫。”④ 儒家主张把道德理想放在第一位，把个人幸福置于次要地位，这是合理的。但是儒家因此而否认道德生活与个人幸福的联系，这又倒向了另一个极端，尤其是宋明理学家，完全把求生存的欲望同道德意识对立起来。故意夸大“天理”与“人欲”的绝对冲突，这是错误的、有害的观点。

第三，持之以恒，艰苦磨炼。儒家主张在立志教育过程中，引导学生重视持之以恒和百折不挠的意志锻炼，认为只有经过长期的艰苦磨炼，志向才能坚守。孔子说：“君子无终食之间违仁，造次必于是，颠沛必于是。”⑤ “岁寒，然后知松柏之后凋也。”⑥ 孟子也认为一个人的志向理想要靠在困难灾患和逆境之中去坚守，“生于忧患而死于安乐也”，“天将降大任于是人也，必先苦其心志，劳其筋骨，饿其体肤，空乏其身，行拂乱其所为，所以动心忍性，曾益其所不能。人恒过，然后能改；困于心，衡于虑，而后作”。⑦

以上这些话包含着丰富的立志教育的经验，表现了儒家对人生的极端冷静、理智的态度，对崇高的道德理想的炽热追求，人的主体性及其内在精神、道德、理想的美，在这里得到了自觉的反映和表现。

不同时代的人有不同的志向，我们今天当然不能以儒家的志向为志向，但儒家运用立志有恒的手段积累了丰富的道德教育的经验，在塑造我们中华民族

---

① 《荀子·劝学》。

②⑤ 《论语·里仁》。

③ 《论语·述而》。

④ 《孟子·滕文公下》。

⑥ 《论语·子罕》。

⑦ 《孟子·告子下》。

坚贞不屈的性格上，留下了深刻的痕迹，成为我们民族的宝贵的精神财富和珍贵的道德教育遗产。

2. 克己内省

儒家主张教育学生克制自己，严格要求自己，内心反省检查自己，使遵循道德规范成为内在的自觉要求，而不是外来强加的限制，这种主观的思想活动，就是克己内省。孔子说："克己复礼为仁"①，"君子求诸己，小人求诸人"，"躬自厚而薄责于人"。② 克己是复礼的基本条件，不能克制自己，就不能使自己的言行符合道德规范，只有克制自己，才能使自己的言行回复到礼的道德规范上来。内省是靠自觉性来监督的，不自觉就难于真正进行内在的自我反省。"内省不疚，夫何忧何惧?"③"见贤思齐焉，见不贤而内自省也。"④ 孟子说："爱人不亲，反其仁；治人不治，反其智；礼人不答，反其敬；行有不得者，皆反求诸己。"⑤ 儒家主张以社会道德规范为准则，对个人行为进行自我检查，经常监督自己。儒家强调克己内省以便协调人与人的关系，严于责己，宽以待人，任何行为如果没有得到预期的效果，便反躬自责。

儒家运用克己内省的道德教育与修养手段，讲求以理统情，自我节制，重视培养道德修养的自觉性和主观能动性，积极开展主观的思想分析活动，自觉地进行思想监督，使遵循道德规范成为内在的自觉要求，这些经验包含了合理因素，是可以批判地吸取的。但是儒家过分宣扬克己内省，处处强调反省限制，甚至发展为"存天理，灭人欲"，含有禁欲主义的色彩和唯心主义、形式主义的成分，以致造成我们民族性格中一些弱点，如谨小慎微、个性压抑、逆来顺受、愚忠愚孝、窒欲守节等，带来许多消极影响。

3. 改过迁善

儒家在看待过失和改过的关系方面，强调改过，儒家把改过迁善当作道德教育与道德修养的重要手段。子夏说："小人之过也必文。"子贡说："君子之过也，如日月之食焉。过也，人皆见之；更也，人皆仰之。"⑥ 孔子还提出

①③ 《论语·颜渊》。

② 《论语·卫灵公》。

④ 《论语·里仁》。

⑤ 《孟子·离娄上》。

⑥ 《论语·子张》。

"过则勿惮改"和"不二过"的要求，认为"过而不改，是谓过矣"①，"不善不能改，是吾忧也"②。孔子要人知过、改过的主张，为后儒所继承发挥。孟子重视"知耻"，"人不可以无耻，无耻之耻，无耻矣"③。还极力提倡"闻过则喜"、"闻善言则拜"，并进而要求"与人为善"。④ 朱熹把"惩忿窒欲，迁善改过"当作道德教育中重要的"修身之要"。⑤ 王守仁提出"不贵于无过，而贵于能改过"⑥，"悔悟是去病之药，然以改之为贵"⑦，而对于别人的批评不应计较，应采取"有则改之，无则加勉"⑧ 的态度。这些都成为我国传统的道德格言。

改过迁善是儒家道德教育的手段，它涉及人犯错误的必然性、人如何对待自己的错误和改正错误的问题，还涉及如何对待别人的批评和如何对待别人的错误，以及如何与别人一起互相帮助、共同为善等问题，儒家这些传统的道德教育遗产是值得我们认真总结的。

4. 身体力行

儒家重视道德的践履，提倡身体力行，要求言行相顾、言行一致，认为道德认识的真假、深浅，依靠道德践履的检验证实。

孔子认为言而不行的人，不是道德高尚的人，他说："巧言令色，鲜矣仁"⑨，"君子耻其言而过其行"⑩，"古者言之不出，耻躬之不逮也"⑪。孔子要求言行一致而着重于行的思想，为后儒所继承和发挥，如荀子提出过"知之不若行之"的见解，认为身体力行是道德教育和道德修养的重要手段。荀子还认为道德教育要做到"入乎耳，箸乎心，布乎四体，形乎动静"⑫，"学至于行

① 《论语·卫灵公》。
② 《论语·述而》。
③ 《孟子·尽心上》。
④ 《孟子·公孙丑上》。
⑤ 《白鹿洞书院教条》。
⑥ 《教条示龙场诸生》。
⑦ 《传习录》(上)。
⑧ 《近思录》。
⑨ 《论语·学而》。
⑩ 《论语·宪问》。
⑪ 《论语·里仁》。
⑫ 《荀子·劝学》。

之而止矣”①。并认为道德教育与修养要依靠不断地身体力行、日积月累，“不积跬步，无以至千里；不积小流，无以成江海”②。朱熹提出了“知行互发”相互促进的思想。王守仁提出了“知行合一”的思想，认为知行是统一的，“真知即所以为行，不行不足谓之知”③。王夫之总结了前人的经验，提出了知行“互相而成”，知行“并进而有功”④，在道德教育与道德修养上仍坚持“知行合一”，从而形成了儒家道德教育的一个重要的传统思想和手段。

5. 潜移默化

人的思想、品德、精神面貌受到环境和教育的影响、感染，在不知不觉中起了变化，这叫作潜移默化。儒家认识到潜移默化的作用很深刻，能深入人心，是道德教育与道德修养的一个手段。

孔子说：“性相近也，习相远也。”⑤ 意思是说，人们的性情本是相近的，只因为后天环境和教育的潜移默化的影响，才渐渐地相差很远了。荀子把潜移默化的影响称之为“渐”，他说：“蓬生麻中，不扶而直；白沙在涅，与之俱黑。兰槐之根，是为芷，其渐之滫，君子不近，庶人不服，其质非不美也，所渐者然也。故君子居必择乡，游必就士，所以防邪僻而近中正也。”⑥ 颜之推说：“人在年少，神情未定，所与款狎，熏渍陶染，言笑举动，无心于学，潜移暗化，自然似之……是以与善人居，如入芝兰之室，久而自芳也；与恶人居，如入鲍鱼之肆，久而自臭也。”⑦ 他认为少年儿童由于“神情未定”，可塑性很大，更要注意周围环境的影响，审慎地看待周围的人，要选择好师友，发挥潜移默化的积极影响。由此可见，重视有目的、有意识的潜移默化的影响，是儒家传统道德教育的手段。

6. 防微杜渐

防止祸患、错误于发生之前，防事于其始萌之时，杜绝渐生之患，这就叫作防微杜渐。也就是说，当错误的道德品质、行为还未显著或刚刚发生的时候就加以防止，不让其发展。这也是儒家传统道德教育的一个手段。

---

① 《荀子·儒效》。

②⑥ 《荀子·劝学》。

③ 《传习录》(中)。

④ 《读四书大全说》卷四十八。

⑤ 《论语·阳货》。

⑦ 《颜氏家训·慕贤》。

《礼记·学记》说："禁于未发之谓预"，"发然后禁，则扞格而不胜"。意思是说，在学生不良的品德行为发生之前就注意防止，这就叫作预防；如果等到不良的品德行为发生了才去禁止，积习已深，就不容易矫正，那就是"格格不入"了。这就要求教师要有预见性，防止可能发生的事情，未雨绸缪，防患于未然，及早纠正，及早采取预防措施。若到学生养成一定成见或不良行为习惯之后再进行教育，其结果必将"事倍功半"，降低教育效果。

儒家认为无论好坏的品德行为和习惯都是由来者渐，所谓"履霜坚冰至"，"少成若天性，习惯成自然"，"勿以恶小而为之，勿以善小而不为"，大德是从小德积成的，大恶是从小恶积成的，这都是儒家非常注意并反复提醒的。荀悦在《申鉴·杂言》中说："先其未然谓之防，发而止之谓之救，行而责之谓之戒。防为上，救次之，戒为下。"意思是说，当不良的品德行为发生之前就加以预防，则是上策；当不良的品德行为发生之后及时制止，采取补救措施，并尽力挽回影响，则是中策；当不良的品德行为发生之后，没能制止与补救，只是责怪警戒，那就是下策了。朱熹也说过："谓省察于将发之际者，谓谨之于念虑之始萌也……念虑之萌，固不可不谨。"① 当不良的品德行为还没发生，或仅只在头脑中处于萌芽状态的时候，就加以反省检查、谨慎从事、防微杜渐。

儒家认为所谓防微杜渐，靠的是有预见性，心中有数，敏感机智，好像打仗，要"攻心为上"，要善于攻心，防患于未然，于学生品德行为出现不良迹象之前，即加以预防和制止，不使之扩大发展，这才是道德教育的"上策"。

① 《性理精义》。

儒家文化与中国古代书院*

书院是唐末以来一种重要的教育组织形式。书院萌芽于唐末，形成于五代，兴盛于宋代。书院之名，始于唐代。唐玄宗开元六年（718 年）设丽正修书院，十三年（725 年）改称集贤殿书院，这是由中央政府设立的官方藏书、校勘、整理与修书的机构，还不是教学机构。民间出现的书院，是供个人读书治学的地方，虽然这些具有授徒讲学活动的书院，在当时还不普遍，规模一般也不大，没有形成规章制度，但作为一种新的教育组织形式已开始萌芽了。

由于官学衰落，士人失学，一些好学之士乃另辟蹊径，利用流行的印版书籍，建屋藏书，读书求学，进而聚徒讲学，自行创办书院，摆脱科举考试的束缚，复启自由讲学之风。书院之风兴起，书院的自由讲学内容也由修身养性发展到评论时政。这在封建专制主义的统治下，不免受到限制和打击，但书院的兴起毕竟使当时的学风有所改变，又一次出现学派争鸣的局面，为人才的培养提供了新的基地。

宋初，书院便以新生事物所特有的强大生命力，得到较大程度的发展，并成为一种重要的教育组织。当时出现的著名书院有白鹿洞书院、岳麓书院、应天府书院、嵩阳书院、石鼓书院、茅山书院等。南宋书院兴盛，尤其是南宋理宗时期解除了对理学的禁令之后，掀起了大办书院的高潮。长江流域书院发达，是与宋代这一地区的经济与文化发达分不开的；至于江西、浙江、湖南书院林立，则是因为江西有白鹿洞书院的影响，并由于朱熹、陆九渊等著名学者在此讲学；浙江是南宋首都临安的所在地；湖南有岳麓书院的影响。这些政治、经济和文化的因素，对于宋代书院的发展起了重要的作用。

元代对书院采取了保护、提倡和加强控制的政策。早在太宗八年（1236年）就在燕京（今北京）创立了元代第一所书院太极书院。至元二十八年

---

* 本文原载《孔子研究》2009 年第 3 期。

（1291年）元朝明令提倡书院，从而大大促进了元代书院的发展。

元朝书院传授的内容，主要是儒家经书和理学家的著作，学习内容为六经、《论语》、《孟子》等，以及周敦颐、程颐、程颢、张载、朱熹等人的著作。书院中讲授者，有不少是著名的学者。值得注意的是，元朝有的书院还教授其他学科。如濮州历山书院设有医学，南阳府博山书院设有数学、书学，鄱阳县鄱江书院设有蒙古字学等。这在元朝书院中是颇具特色的。由于元朝对书院采取了保护、提倡和加强控制的政策，元代的书院一方面在数量上得到了较大的发展，遍及于全国许多地区；另一方面，由于政府任命书院的教师，控制书院的招生、考试及学生的去向，政府拨学田给书院，使书院官学化的倾向越来越严重，许多书院甚至已完全被纳入了地方官学系统，与路、府、州、县学一样，成为科举的附庸，丧失了书院淡泊名利、志在问学修身的初衷。尽管如此，元代的书院对于当时文化教育的普及，理学的传播，以及人才的培养，仍起到了积极的作用。

明代的书院经历了沉寂勃兴禁毁的曲折发展过程。从明朝的建立至孝宗弘治十八年（1505年）的一百三十余年间，明朝的书院处于沉寂状态。当时明朝重视官学的建立和发展，使明初官学呈现兴旺发达的局面，出现了唐宋所未有的盛况。对于书院，明朝既不提倡，也不修复，任其自生自灭。

清朝定都北京后，为了防止人们利用书院讲学，聚众成势，反对清的统治，因而在积极创办官学的同时，严禁创设书院，书院的发展因此处于沉寂状态。康熙年间，清政府采用怀柔手段，笼络汉族知识分子，对于书院则通过赐匾额、赐书籍的方法加以褒扬。康熙皇帝御书“学达性天”、“学宗洙泗”、“经术造士”、“学道还淳”匾额分赐一些著名的书院，于是各地缙绅之士便积极创立和修复书院，清代书院逐渐由沉寂走向复苏。雍正十一年（1733年）下令提倡书院，并提供经费。在积极倡设书院的同时，也加强了对书院的控制。

清代书院已经官学化，官方控制书院设立，掌握书院的经费，控制书院师长的选聘权，控制书院的招生和对生徒的考核。大多数书院的中心任务已转向考课，成为科举考试制度的附庸。光绪二十七年（1901年）八月，清朝采纳张之洞、刘坤一的建议，下诏将各省所有书院改为学堂。从此，延续千年的古代书院制度即宣告结束。

书院主持人称洞主、山长、堂长、院长、教授等。在规模较大的书院中，还设有副山长、副讲、助教等，协助山长工作。书院的组织机构比较简单，管理人员少，管理相当严格，学生也参加管理。

书院的通用教材是儒家经典四书、五经。元代初期程端礼拟订的《程氏家塾读书分年日程》被历代书院所采用，它是书院全面的“教学计划”。程端礼指出了读书的顺序：先读朱熹的《小学》，再读《礼记·大学》、《论语》、《孟子》、《礼记·中庸》、《孝经》、《易》、《书》、《诗》、《仪礼》、《礼记》、《周礼》及《春秋》经并“三传”等，然后再读《四书集注》，再抄读《五经》。在读经书的基础上读史书——《通鉴》，并读韩愈的文章及《楚辞》。最后练习作文。

南宋的朱熹制定了《白鹿洞书院学规》，提出书院的教育方针是实施五教：“父子有亲，君臣有义，夫妇有别，长幼有序，朋友有信。”为了实现这个方针，朱熹还提出了为学、修身、处事和接物的重要原则。为学之序：“博学之，审问之，慎思之，明辨之，笃行之。”修身之要：“言忠信，行笃敬，惩忿窒欲，迁善改过。”处事之要：“正其谊（义）不谋其利，明其道不计其功。”接物之要：“己所不欲，勿施于人；行有不得，反求诸己。”《白鹿洞书院学规》概括了儒家道德修养的基本原则，体现了封建社会教育的主要精神。它不仅是南宋时期书院的教规，而且对元明清三代书院都有指导作用，并被一般官学所采用。

讲会是书院讲学的一种重要的组织形式，允许不同学派进行会讲，展开辩论。所以说，讲会是书院不同于一般学校的重要标志。书院讲会制度，产生于南宋，淳熙二年（1175 年）吕祖谦在江西信州主持著名的讲会——鹅湖之会，朱熹与陆九渊两个学派就学术问题于此展开了激烈的辩论。淳熙八年（1181 年）朱熹特地邀请陆九渊到白鹿洞书院讲学，并把他的讲义刻在石上，立于院内。这就为两个不同的学派共同讲学、互相论辩树立了榜样，开书院讲会之先河。此后各派学者纷纷参加各地书院组织的讲会，宣讲自己的观点，书院也因此逐渐形成了讲会制度。直到明清时期，书院讲会制度仍然流行。从讲会制度的组织、仪式、规模及规约来看，讲会制度已超出了书院教学的范围，成为一个地区性的学术讨论会及学术交流会。这样，既扩大了书院的影响，提高了书院的社会地位，又丰富了书院的教学内容，提高了书院的教学水平和学术研究水平。

书院在教学上有以下特点：

（1）教学与学术研究相结合。历史上许多著名的书院，既是教学活动的中心，又是学术研究的胜地。在南宋，朱熹等一批学者研究理学，在书院讲授的也是理学；陆九渊等研究的是心学，在书院讲授的也是心学。历代书院的主持人大多是著名的学者，他们用学术研究促进了教学，又以教学带动了学术研究。学术研究是书院教学的基础，而书院的教学又是学术研究的成果得以广泛传播和进一步发展的重要条件。学术研究与教学相结合，是书院教学的突出特点，这是很有参考价值的。

（2）自由讲学与自由听讲。书院允许不同学派共同进行讲学。在南宋时期，朱熹和陆九渊是两个不同的学派，但朱熹却特约陆九渊到白鹿洞书院讲学，树立了不同学派共同讲学之新风。历史上有许多学派正是通过不同观点的争辩而逐步发展起来的。书院请名师讲学时，欢迎各界人士前来自由听讲；朱熹、陆九渊在各地书院讲学时，前来听讲的四方学子往往多达数百人。朱熹的学生黄榦在白鹿洞书院讲“乾坤二卦”时，“山南北之士皆来集”。书院提倡自由讲学、自由听讲，来者不拒、热情相待，互相切磋、取长补短的做法，可以把书院内的教学工作与书院外的学术活动有机地结合起来。这些传统和经验，有利于开阔学生的视野，有利于消除各个学派之间的门户之见，对于提高教学质量和学术水平也是十分有益的。这在一定程度上体现了“百家争鸣”的精神，尽管这种争鸣的范围有限，但较之只准先生讲学生听、只此一家别无分店的一般学校教育自由得多。

（3）学生以自学为主，教师重在启发诱导。书院的教学强调学生以个人自学钻研为主，教师则着重用自己的治学经验来指导学生的学习。书院提供充分的书籍条件，教师十分注意对学生进行读书和研究学问方法的指导。书院强调学生要善于提出疑问，教师指导主要采用答疑方式。当时流行的“语录”，多是书院师生之间质疑或解答问题的记录。教师鼓励学生问难论辩，督促学生带着问题读书。朱熹就强调读书须有疑，“疑者足以研其微”，疑渐渐解，以至融会贯通，方始是学。吕祖谦在丽泽书院讲学时，曾提出求学贵在创造，要求学生独立思考，独立研究，各辟门径，探求超出习俗的见解，而有新的发明。书院大师们讲学，常常事先备有“讲义”，“讲义”即是讲学的纲要。在教师指导下，学生通过质疑问难，可以把学习引向深入；如果读书不求甚解，囫囵吞枣，那是不会有什么长进的。

（4）尊师爱生，情谊深长。书院中的师生关系十分融洽。他们在长期的教学活动中，建立了深厚的感情。这个优良传统，在当时的官学中是少见的。官学之中师生关系冷漠，与此相反，书院教师大多数能以身作则，诲人不倦，对学生充满深情。师生朝夕相处，接触频繁，感情甚笃。教师热心教习，爱护学生；学生虚心求教，尊敬教师。师德高尚的教师还主动向学生推荐比自己高明的教师。朱熹在白鹿洞书院的讲学中，循循善诱，孜孜不倦，一天不讲学就不舒服，甚至在病中还坚持讲经论道。他对学生要求严格，但不是消极的防范或生硬的抑制，而是积极引导，不重“学规”条文的强行约束，而重在启发自觉遵守，所以学生对他很崇敬。陆九渊在教育学生的过程中，能根据学生的个性，对症下药，晓之以理，动之以情，收到了很好的教育效果。

书院教育重在陶冶人的品格，反对以追逐科举及第为直接目标的官学教育和社会风气，强调教育的首要任务在培养人的德性。书院大师们常以“人师”自律，学生也以“正其谊（义）不谋其利”的“醇儒”严格要求自己。学生坚持尊师重道，他们从师，不仅要学知识，还要学做人。他们对教师感情很深，从学术到生活，从生养到死葬，都有极为动人的事例，如“程门立雪”就是一个为人们所传颂的尊师故事。许多名师生前深受门徒的爱戴和尊敬，死后会葬时的场面也令人感动。如朱熹和陆九渊去世时，前来会葬的弟子都有千人。书院名师去世后，他们的弟子为了继承师业，纷纷在各地建立书院，广招生徒，继续传播和研究老师所创立的学说。有些弟子对师说还有所发展，并取得新的成就。

以上这些特点，成为古代书院中的优良传统，它对书院的教学工作、学术研究、师生关系，都起了积极的促进作用。1921 年 8 月，毛泽东在《湖南自修大学创立宣言》中指出：“回看书院，形式上的坏处虽然也有，但上面所举学校的坏处（指师生间没有感情，用一种划一的机械教授法和管理法去戕贼人性，重点过多，课程过繁，学生不能用他们的心思自动自发地研究）则都没有。一来是师生的感情笃。二来没有教授管理，但为精神往来，自由研究。三来课程简而研讨周，可以优游暇豫，玩学有得。”书院所具有的这些优点，对于我们今天改进学校教育颇有借鉴意义。

儒学与中国大学精神*

大学精神是关于大学发展的价值取向及其在大学设置与运行中的体现。其核心是大学的办学理念和价值追求，可具体体现为：大学人的价值观、大学整体的理想和目标、大学核心理念以及大学组织信念。不少学者认为中国大学精神源自欧洲，欧洲大学传统固然对中国近代大学的发展起了十分巨大的启发作用，然而人们往往忽视中国文化传统在中国大学精神的产生、发展中的特殊影响。儒学作为中国传统文化的重要一支，就曾对中国大学精神的产生、演变及其特征都产生了重要影响。

一、中国现代大学精神的儒学印迹

近代的北大、清华、南开、西南联大的精神都体现了中西融合的特征，从中可以找到儒学的印迹，孔子说“人能弘道，非道弘人”①，人是大学精神的根源、中心、出发点、归宿，由此季羡林先生认为北大精神是中国“士”的精神传承：

> 北大的优良传统是根深蒂固的爱国主义，正是由于这种传统知识分子的优秀品质，才使北大人始终处在对国家民族、社会大众的极度关注当中。这种传统从春秋战国时代的“士不可以不弘毅，任重而道远”发端，到明清之际演变为“天下兴亡，匹夫有责”的人生格言，最后在清末中国社会遭遇千年未有之变局时，便集中到了有千年太学传统的京师大学堂，这里集聚的正是最后一代的具有士大夫情结的传统知识分子，他们不但具

---

* 本文系与储朝晖同志合作，原载《纪念孔子诞生2555周年国际学术研讨会论文集》（卷三），2004年。

① 《论语·卫灵公》。

备了文化传承的能力，也义无反顾地担起了社会进步的责任；因此，百年来的北大不但创造了极为灿烂的学术文化成就，同时也走在了历次爱国运动的最前列，影响最大的是五四运动，它提出了“民主”与“科学”两面旗帜，以期实现振兴国家的目的。①

季先生用“士”的精神来表述北大精神，显出他对北大精神的历史洞悉，当年蔡元培反复道：“大学者，‘囊括大典，网罗众家’之学府也。《礼记·中庸》曰：‘万物并育而不相害，道并行而不相悖。’足以形容之。”② 蔡元培解释兼容并包时常用“万物并育而不相害，道并行而不相悖”，显然是受儒学影响所致。

同样，清华大学所倡导的“自强不息，厚德载物”的“君子”精神也为儒学影响所致。

梁启超1914年11月来清华演说中以“君子”为论题，以中国及英美君子之义“颇难得其确解”为背景，提出：“周易六十四卦，言君子者凡五十三。乾坤二卦所云尤为提要钩元。乾象曰：‘天行健，君子以自强不息。’坤象曰：‘地势坤，君子以厚德载物。’推本乎此，君子之条件庶几近之矣。”又说：“乾象言，君子自励犹天之运行不息，不得一暴十寒之弊。……坤象言君子接物，度量宽厚，犹大地之博，无所不载。君子责己甚厚，责人甚轻。”继言：“清华学子，荟中西之鸿儒，集四方之俊秀，为师为友，相磋相磨……改良我社会，促进我政治，所谓君子人者，非清华学子，行将焉属？”③

有人对开创清华黄金时代的梅贻琦先生的教育思想研究后认为，除了他多年的实践，他的思想“有三个理论来源，即中国古代儒家大学（Great Learning）教育思想和古希腊教育哲学思想，欧美近代民主与法治思想，以蔡元培为代表的（实际上也是中国先秦时期的百家争鸣和欧美近世高等学府所倡导的）兼容并包和学术自由思想”④。“他对儒家处世哲学，心领神会；又笃信

① 李宪瑜编：《北大缤纷一百年》，北京大学出版社1999年版，第347—348页。

② 蔡元培：《北京大学月刊发刊词》，高平叔编：《蔡元培教育论著选》，人民教育出版社1991年版，第171页。

③ 清华大学校史研究室：《清华大学史料选编》第一卷（1911—1928），清华大学出版社1994年版，第260—261页。

④ 黄延复著：《二三十年代清华校园文化》，广西师范大学出版社2000年版，第44页。

基督，融会贯通，身体力行，而形成他独特的人格。”①“梅贻琦认为，近代大学教育的宗旨，归根到底仍应是儒家《大学》里所说的‘在明明德，在亲民，在止于至善’。”② 以至清华的学生宿舍也被命名为“明斋”、“新斋”③、“善斋”。梅贻琦著名的“大师说”也是仿照孟子论“故国者”的句式而来。

南开精神体现的也是以中国传统为本。如提倡社会本位的“公”而不提倡个体本位的“个性发展”，提倡中国文化传统的勤俭而没有提倡西方文化所倡导的消费，提倡“土货化”而非提倡“西洋化”，等等，只是在强调“能”、实干、协作等方面吸纳了欧美文化的优点。

西南联大精神更具有浓厚的“明道救世”、“士志于道”传统。陈岱孙有过一段陈述：

> 我们不得不把这成果归功于同学的求知欲望和教职员的敬业精神。而这二者实根植于以爱国主义为动力的双方共同信念和责任感。其一，为联大师生对抗战必胜的信念。尽管，在这抗战八年期间，前方战事有时遭到挫折，但联大师生对抗战必胜的信念是绝不动摇的。“楚虽三户，亡秦必楚”，我们终究要“驱除仇寇，复神京，还燕碣”的。其次是联大师生对国家和民族前途所具有的责任感。联大预测到，胜利之后，满目疮痍，百废待兴，我们国家此时将需要一大批各方面的建国人才。“中兴业，需人杰”，责无旁贷，我们要承担起提供这人才的重任。
>
> 这二者：身处逆境而正义必胜的信念永不动摇；对国家民族前途所具有的高度责任感曾启发和支撑了抗日战争期间西南联大师生们对敬业、求知的追求。这精神在任何时代都是可贵的，是特别值得纪念的。④

由此，有人将联大的精神的源头归于民族精神中的一种浩气，认为它“是一种充溢的内在的浩气在警惕在策励联大的师生要去完成一个任务。这种充溢的浩气，正是我们中国文化的精华，它恰像西方苦行修道的精神。我们说：中

---

① 苏云峰著：《从清华学堂到清华大学（1928—1937）》，生活·读书·新知三联书店2001年版，第44页。

② 刘克选、方明东主编：《北大与清华》（上），国家行政学院出版社1998年版，第224页。

③ “亲民”，即“新民”。

④ 陈岱孙：《序》，西南联合大学北京校友会编：《国立西南联合大学校史》，北京大学出版社1996年版，第3页。

华民族的伟大，中国文化真正值得推崇的地方，便是这种精神，和对于这种精神的能够吸收和发扬”①。

此外，浙江大学竺可桢校长倡导“求是”精神从另一条路径体现其儒学渊源：“所谓求是，不仅限为埋头读书或在实验室做实验。求是的路径，《中庸》说得最好，就是‘博学之，审问之，慎思之，明辨之，笃行之’。”②

简言之，近代中国各个大学的精神足以说明儒学对中国现代大学精神影响之深。

二、儒学为中国大学精神之根

儒学与中国大学精神的关系究竟有多长，有多深？历史事实表明：

其一，儒学是孕育中国大学精神的重要学派之一。

大学精神有一个久远的存在和发展历程，不可否认柏拉图开办学园对现代大学所产生的精神影响，也不可否认公元前 6 世纪中国思想家老子和孔子在现代大学中的精神作用，如同蔡元培所言：“在西历纪元前六世纪至四世纪间，中国已有尚无为、描写理想国之老子；建设伦理学、政治学之孔子，唱导民权论之孟子，建设论理学之荀子，主张兼爱、尚同而又建设物理学、工程术之墨子，于相对世界中推想绝对世界之庄子。”③ 也正如梅贻琦先生当年所识：“今日之大学教育，骤视之，若与明明德、新民之义不甚相干，然若加深察，则可知今日大学教育之种种措施，始终未能超越此二义之范围，所患者，在体认尚有未尽而实践尚有不力耳。”④

其二，儒学始终是中国大学精神变革的基础与背景。

中国大学精神的演变是不断积淀与认同的过程，其主体“士”“始于孔、

① 《昆明西南联合大学校友会为母校遭受枪击屠杀惨案警告全国同胞》，王学珍、郭建荣主编：《北京大学史料》第三卷（1937—1945），北京大学出版社 2000 年版，第 427 页。

② 竺可桢：《求是精神与牺牲精神（1939 年 2 月 4 日对乙年级新生的讲话）》，浙江大学档案馆史料。

③ 蔡元培：《复国联文化合作院主任班纳函》，高平叔编：《蔡元培教育论著选》，人民教育出版社 1991 年版，第 617—618 页。

④ 梅贻琦：《大学一解》，刘述礼、黄延复编：《梅贻琦教育论著选》，人民教育出版社 1993 年版，第 100 页。

墨学派的建立，而终于秦代的统一”，他们乘“礼坏乐崩”之机，通过“百家争鸣”的方式，实现了中国古代学术思想发展首次“哲学的突破”。① 从此他们“便以‘道’的承担者自居”，且“先秦诸子学派无论思想怎样不同，但在表现以道自任的精神这一点上是完全一致的”。② 例如儒墨“所言之‘道’不同，而所表现‘士志于道’的精神则一”③。“士”主要受儒学的影响：

> “士”是随着中国史各阶段的发展而以不同的面貌出现于世的。概略地说，“士”在先秦是“游士”，秦汉以后则是“士大夫”。但是在秦汉以来的两千年中，“士”又可更进一步划成好几个阶段，与每一时代的政治、经济、社会、文化、思想各方面的变化密相呼应。秦汉时代，“士”的活动比较集中地表现在以儒教为中心的“吏”与“师”两个方面。魏晋南北朝时代儒教中衰，“非汤、武而薄周、孔”的道家“名士”（如秘康、阮籍等人）以及心存“济俗”的佛教“高僧”（如道安、慧远等人）反而更能体现“士”的精神。这一时代的“高僧”尤其值得我们注意，因为此时的中国是处于孔子救不得、唯佛陀救得的局面：“教化”的大任已从儒家转入释氏的手中了。隋、唐时代除了佛教徒（特别是禅宗）继续其拯救众生的悲愿外，诗人、文士如杜甫、韩愈、柳宗元、白居易等人是足以代表当时“社会的良心”。宋代儒家复兴，范仲淹所倡导的“以天下为己任”和“先天下之忧而忧，后天下之乐而乐”的风范，成为此后“士”的新标准。这一新风范不仅是原始儒教的复苏，而且也涵摄了佛教的积极精神，北宋云门宗的一位禅师说“一切圣贤，出生入死，成就无边众生行。愿不满，不名满足。”一直到近代的梁启超，我们还能在他的“世界有穷愿无尽”的诗句中感到这一精神的跃动。④

上述过程是一个文化创新过程，从孔子“从周”，到范仲淹“士当先天下之忧而忧，后天下之乐而乐”被朱熹、欧阳修、蔡元培⑤等众多后世士人反复认同与解读，并不断生成新的士人精神，到蔡元培对中国古代“士”的价值与德国大学理念的认同，都是以儒学作为初始条件。

---

①②③④ 《古代知识阶层的兴起与发展》，余英时著：《士与中国文化》，上海人民出版社 2003 年版，第 19—20、24、32、7 页。

⑤ 这三位在各自的著述中都明确表明过对范仲淹这一观点的认同，朱熹在《语类·本朝三》、欧阳修在《范公神道碑》、蔡元培在《怎样才配做一个现代学生》中有各自的表述。

儒家对“士”给出质性、典型的规定：

笃信好学，守死善道。危邦不入，乱邦不居。天下有道则见，无道则隐。邦有道，贫且贱焉，耻也；邦无道，富且贵焉，耻也。①

士而怀居，不足为士矣。②

君子谋道不谋食。耕也，馁在其中矣；学也，禄在其中矣。君子忧道不忧贫。③

天下有道，以道殉身；天下无道，以身殉道。未闻以道殉乎人者也。④

儒家经典《周易·乾卦·象传》“天行健，君子以自强不息；地势坤，君子以厚德载物”，两句话合起来形成了中华民族精神的核心内容，也为中国大学精神提供了数千年后仍难以超越的精神范畴。

其三，儒学是中国大学精神形态与内容的内核。

第一部述及中国大学精神的著作《大学》主要体现的为儒家思想，儒家首先提出了“大学之道”的论题，这里的“道”是形而上的“理念”、“根本”⑤，即“大学精神”。《大学》秉承“德治”精神，开篇即道“大学之道，在明明德，在亲民，在止于至善”。然后通过格物、致知、诚意、正心、修身、齐家、治国、平天下等八个步骤环环相扣地实现其德治的精神追求，形成十分严密的贯彻德治之大学精神的系统。《大学》所追求的“至善”境界即“为人君，止于仁；为人臣，止于敬；为人子，止于孝；为人父，止于慈；与国人交，止于信”的“士君子”。正如杜维明先生所言：“《大学》所呈现的是步步扩展、层层深入的一种修身哲学。……《大学》所体现的人文精神是一个逐渐向外扩展的同心圆，这个同心圆的外圆应该是开放的。从个人到家庭、到社会、到国家、到世界，乃至到人类的群体、宇宙，它是向外扩展的；同时，它层层深入，由我们的心知，到我们的灵感，再到我们的神明……这一思想体系，不仅在中国，而且后来在东亚，现在在世界上也受到大家的重视。”⑥ 在《大学》

① 《论语·泰伯》。

② 《论语·宪问》。

③ 《论语·卫灵公》。

④ 《孟子·尽心上》。

⑤ 南怀瑾著：《原本大学微言》，世界知识出版社 1998 年版，第 30、50 页。

⑥ 杜维明：《儒家人文精神与文明对话》，本书编委会编：《中国大学人文启思录》第四卷，华中理工大学出版社 2000 年版，第 86—87 页。

所确立的大学问（大学精神）的价值取向影响下，古今已产生过众多形态各异的大学形体。

《大学》所确立的大学价值取向构成了中国古代大学精神的初始典范，孔子则以身作则体现这种精神，他“‘发愤忘食，乐以忘忧’的积极奋发的人生态度；‘朝闻道，夕死可也’，视追求真理高于一切的精神；‘仁以为己任’的社会义务感；‘杀身成仁’、‘守死善道’的理想人格；以及基于协调社会群体关系而提出的诸如‘温、良、恭、俭、让’、‘恭、宽、信、敏、惠’等行为准则中所包含的合理因素等等，对我国民族的精神文化和民族性格的一些特点的形成，确实产生深刻而广泛的影响”。这种示范对中国历代学人的精神追求产生了更为集中深远的影响。孟子和荀子以各自的特色赓续了孔子的精神：孟子的大学精神体现在反求诸己、“乐以天下，忧以天下”，把学问当成“公器”而非“私器”，“反身而诚，乐莫大焉”，“生于忧患，死于安乐”，“得天下英才而教育之”，“以其昭昭，使人昭昭”。荀子曾三为稷下学宫的祭酒，“最为老师”，其精神集中反映在《劝学》、《修身》、《不苟》、《解蔽》等著作中，可简要地归纳为“学不可以已”、“锲而不舍”、立“冥冥之志”、“穷无穷，逐无极”、“笃志而体”、“垒土不辍”、“至德、至诚”、“虚壹而静”，正是这种精神使荀子成为先秦儒学大师。

其四，儒学是中国大学之道的逻辑支撑。

儒家注重“人道”，假定人道即是天道，“仁义为儒家之道，故志于仁义即志于道”①。这种观念作为中国大学精神的一个重要内核延续了两千余年。

“中国的‘道’源于古代的礼乐传统……是一个安排人间秩序的文化传统。”②“在孔子以前，‘道’的观念大体上是指‘天道’，即以天道的变化来说明人事的吉凶祸福。”③ 春秋以降，《老子》、《论语》将“道”抽象化。儒家当中，孔子之“仁”、孟子之“义”、荀子之“礼义”、韩愈之“道”、柳宗元之“生人之道”、朱熹等众多理学家之“理”都是“道”，孔子说“君子道者三，

① 《古代知识阶层的兴起与发展》，余英时著：《士与中国文化》，上海人民出版社2003年版，第26页。

② 《道统与政统之间——中国知识分子的原始型态》，余英时著：《士与中国文化》，第96页。

③ 《中国知识人之史的考察》，余英时著：《士与中国文化》，第599页。

我无能焉。仁者不忧，智者不惑，勇者不惧”①；道家当中，“按老子的话讲，‘道’是一种‘视之不见’、‘听之不闻’、‘搏之不得’的‘先天地生’、‘惚兮恍兮’、‘寂兮寥兮’、‘不可名状’的精神实体”②。

所谓中国大学精神即古人所言的“大学之道”，即是“士志于道”的精神。“‘士志于道’——这是孔子最早为‘士’所立下的规定”③，诸子百家中也大都认同这一规定。“整体地看，‘士’在中国史上确然形成了一个具有高度连续性的传统”；另一方面，“无论是从思想基调或活动方式看，‘士’在这两千多年中都是迁流不居的”④。“士”的基本特点可归纳为：一是他们的主要构成条件“在其所代表的具有普遍性的‘道’”；二是他们所志的“道”“是一个安排人间秩序的文化传统”（在道家、墨家还内含天道）；三是“相信‘道’比‘势’更尊”，并将以“道”来批评政治社会当成自己的“分内之事”，或称“言责”；四是以自我内心的不断修养即“做人”“来尊显他们所代表的‘道’”。⑤“士”虽千差万别，其以“道”为任则一。

在“士”与“道”之间起粘连作用的是“志”。孔子倡导“志于道，据于德，依于仁，游于艺”⑥，“士志于道，而耻恶衣恶食者，未足与议也”⑦。曾参道：“士不可以不弘毅，任重而道远。”⑧ 孟子更详尽地论述了无论进退、穷达、得势与否“士”与“道”都必须合一⑨，“儒家终生以‘道’为志”⑩，全仗“无恒产而有恒心”的“士”来维护道。对此金岳霖先生有一段经典的

① 《论语·宪问》。

② 詹子庆主编：《中国古代史》（上），高等教育出版社1996年版，第127页。

③④ 余英时著：《士与中国文化》，上海人民出版社2003年版，“新版序”第5、2页。

⑤ 余英时著：《士与中国文化》，第96页。

⑥ 《论语·述而》。

⑦ 《论语·里仁》。

⑧ 《论语·泰伯》。

⑨ 孟子在《孟子·尽心上》对此有两段经典的论述，一段为：“故士穷不失义，达不离道。穷不失义，故士得己焉；达不离道，故民不失望矣。古之人，得志，泽加于民；不得志，修身见于世。穷则独善其身，达则兼善天下。”另一段为：“古之贤王好善而忘势，古之贤士何独不然？乐其道而忘人之势，故王公不致敬尽礼，则不得亟见之。见且由不得亟，而况得而臣之乎？”

⑩ 朱汉民著：《儒家人文教育的审思》，湖北教育出版社2000年版，第1页。

论述：

> 中国哲学家都是不同程度的苏格拉底。其所以如此，因为道德、政治、反思的思想、知识都统一于一个哲学家之身；知识和德性在他身上统一而不可分。他的哲学需要他生活于其中；他自己以身载道。遵守他的哲学信念而生活，这是他的哲学组成部分。他所做的事就是修养自己，连续地、一贯地保持无私无我的纯粹经验，使他能够与宇宙合一。①

"士"相信"自古有不亡之道，而无有不死之人"②，这就是依据儒学逻辑所确立的中国古代大学精神的基本内容与结构。由于"道"的内在多样性、普遍性、持续性，中国历代学人则必须具有"苟日新，日日新，又日新"③的精神，必须具有"观乎天文，以察时变；观乎人文，以化成天下"④的能力，"孔颜乐处"、"人文化成"、"明人伦"、"明明德"、"亲民"、"止于至善"成为他们志于道的人生旅程中的一个个台阶。

三、儒学是中国大学精神变迁的主轴

秦试图建立对某一派学术的独尊，这一目标在秦代没有实现，到汉武帝时采纳董仲舒的建议实现了，并对中国大学精神的发展产生了深远的影响，汉代中国大学精神最为深刻的变化即由"独尊儒术"所引发。董仲舒在《举贤良对策》中倡"罢黜百家，独尊儒术"，"独尊"是儒学成为中国大学精神变迁之轴的起始。

董仲舒的"天人三策"对中国大学精神的第一大影响在于他倡导"开太学"，"使西周以后衰败四百年之久的中央官学，又得以复兴"⑤，同时使原先多元取向的大学精神归一到"养士"、"化民成性"、"明义正道"上来。作为"独尊"的一项措施，汉武帝开太学"养士"。"养士之大者，莫大乎太学。太学者，贤士之所关也，教化之本原也"，"兴太学，置明师，以养天下之士"，⑥

① 冯友兰著，涂又光译：《中国哲学简史》，北京大学出版社1996年版，第9页。
② 《论语》皇疏，程树德撰：《论语集释》，中华书局1990年版，第839页。
③ 《礼记·大学》。
④ 《周易》。
⑤ 轩辕轲编著：《中华民族教育思想纂要》，教育科学出版社1994年版，第32页。
⑥ 《汉书·董仲舒传》。

规定“习儒典”，即《诗》、《书》、《礼》、《易》、《春秋》，太学教师通称“五经博士”，诠释和传播以儒学为主的汉学（经学）成为他们的职责，从而形成了取向比较集中、获得优势发展的学术。

“独尊”实行的结果是：“儒学思想便在中国传统文化、哲学思想（包括教育哲学思想）的发展过程中，占据了绝对的主导地位，先秦的百家争鸣的局面就从此结束了”①，在此背景下，玄学以对“独尊”反叛的姿态出现，“儒家经术之衰与老庄思想之兴最为汉晋间学术思想变迁之大事”。其原因在于，客观上今文经学“不能施之世务”，主观上不“能满足学者之内心要求”。② 魏晋玄学表面上是对正统的反叛，实质上是对汉武以后儒学独尊的反叛，使“天道自然，自然无为”成为当时没去儒学声息的学术主流。③ 玄学自何晏、王弼建立了以“无”为本的本体论，就包含有扩充道学的空间，弥补儒学之不足的意蕴；及至阮籍、嵇康倡导“法自然而为化”④、“越名教而任自然”⑤ 则又进一步鄙视礼法，“非汤武而薄周孔”，显然都是对奉为独尊的儒学的反动⑥。“玄学的发展，也是对经学反动的结果，到魏晋时期，经学衰落，佛学传人，学者们由儒学转向玄学的研究，以研究《老子》、《庄子》、《周易》为基础的‘三玄’之学，日益发展起来。”⑦

由于“士”在“独尊”背景下与“政治”结成了“即而不能离”的关系，使得早先“无恒产而有恒心”的“士”“转变为具有深厚社会经济基础的‘士大夫’”，从而使这些士都不再能以“道”自任自重，而堕落为贪利嗜势之人。

---

①⑦ 黄济主编：《中国传统教育哲学思想概论》，河南教育出版社 1994 年版，第 8、12 页。

② 《汉晋之际士之新自觉与新思潮》，余英时著：《士与中国文化》，上海人民出版社 2003 年版，第 303 页。这一论点的依据为：颜之推云：“学之兴废，随时轻重。汉时贤俊，皆以一经宏圣人之道，上明天时，下该人事，用此致卿相者多矣。末俗已来不复尔，空守章句，但诵师言，施之世务，殆无一可。故士大夫子弟皆以博涉为贵，不肯专儒。”（《颜氏家训·勉学》）吴承仕考：“汉师拘虚迂阔之义，已为世人所厌。势激而迁，则去滞著而上襄玄远。”（《经典释文序录疏证》）

③ 参见《汉晋之际士之新自觉与新思潮》，余英时著：《士与中国文化》，第 305—308 页。

④ 阮籍：《通老论》。

⑤ 嵇康：《释私论》。

⑥ 郭象提出“名教即自然”的儒道合一论，后又出现玄佛合流，玄学即失去其批判价值，也失去其自身。

上述变化短期内可能为社会秩序添加稳定剂，其久远发展则会导致“道”的倾斜，于是产生了需要新的任“道”者的空间，玄士在一定程度上充当了当时社会的这一角色，填充了这一空间。诚如余英时先生所言：

> 窃以为一切从外在事态之变迁而迂曲为说者，皆不及用士之内心自觉一点为之解释之确切而直截。盖随士大夫内心自觉而来者为思想之解放与精神之自由，如是则自不能满足于章句之支离破碎，而必求于义理之本有统一性之了解。此实为获得充分发展与具有高度自觉之精神个体，要求认识宇宙人生之根本意义，以安顿其心灵之必然归趋也。①

玄学“打破了儒学的独尊地位”②，为隋唐儒佛道三教并举奠定了基础，使中国大学精神由既有的人文、伦理取向向自然取向产生一定程度的偏移。“在思想史上，这是儒家和道家互相激荡的一段过程。老庄重自然对当时的个体解放有推波助澜之力，周孔重名教，其功效在维持群体的秩序。”③这一问题因何晏、王弼肇始玄学而提出，至嵇康、阮籍达冲突顶峰，及郭象而调和，使学人们从一向关注的“人伦秩序”中将一部分精力转向对自然的探究。

玄学还为儒学的嬗变提供了外在的激励。玄学兴起使儒学不得不在一定程度上抛弃独尊意识，回到原初儒学，吸取新的思想养料。对“佛老思潮弥漫社会，儒家地位日益动摇”的状况，不同的人看法不同，在学人层面也出现了声讨之声，最为猛烈者为韩愈、李翱。韩愈主张“明先王之道”，“行先王之教”，发出“道之不存者久矣”的慨叹，发动“复道”运动；李翱创性情二分说；同样反复强调“道”的柳宗元④提出“生人之道”的理念，强调“无望生人之患”，“以富庶且教为大任”，⑤ 均为玄学流行背景下儒学坚守者不得不作出的回应。

理学兴起使儒学再次在中国大学精神中发挥主导作用。隋唐后实行科举，导致学人精神的颓废，诚如黄宗羲所言：“其所谓学校者，科举嚣争，富贵熏

---

①③ 《汉晋之际士之新自觉与新思潮》，余英时著：《士与中国文化》，上海人民出版社2003年版，第312、357—358页。

② 黄济主编：《中国传统教育哲学思想概论》，河南教育出版社1994年版，第14页。

④ “‘道’之一词，在《柳河东集》里，比比皆是，但没有确定的界说，一般可以联系到济世安民方面去理解。”参见轩辕轲编著：《中华民族教育思想纂要》，教育科学出版社1994年版，第44页。

⑤ 柳宗元：《答元饶州论政理书》。

心，亦遂以朝廷之势利一变其本领；而士之有才能学术者，且往往自拔于草野之间，于学校初无与也，究竟养士一事，亦失之矣。”① 然而仅仅在外在形式上寻求变革仍不能满足大学精神发展的要求，内质上的变革需求与时俱增，理学应运而生，历经隋唐的儒佛道三教并举，实际上也是三教相互斗争（如韩愈、李翱的复儒道和反佛、道）、“撞击、渗透”②，终于三家走向融合，产生了理学。这一过程被看成是作为主导思想的儒学“对佛道两家挑战的创造性回应以及对古典儒学睿识的富有想象力的再诠释和再获取”③。理学是以“理”为本体，“以儒学为主，兼容佛道（其中又以佛为主）”④ 的思想体系，在文化上“理”渊源于“道”，又为“道”的体现与变异。

理学的出现是中国大学精神在时代主题和当世突出问题发生变化的基础上产生的变异。宋代“士大夫中间，最为举世推重的，便有一些所谓隐士，居然在读书人中而能无意于做官。宋朝的时代，在太平景况下，一天一天的严重，而一种自觉的精神，亦终于在士大夫社会中渐渐萌苗。所谓自觉精神者，正是那辈读书人渐渐自己从内心深处涌现出一种感觉，觉到他们应该起来担负着天下的重任。范仲淹为秀才时，便以天下为己任，提出士当先天下之忧而忧，后天下之乐而乐，这是那时士大夫社会中一种自觉精神之最好的榜样。……这并不是范仲淹个人的精神，无端感觉到此，这已是一种时代的精神，早已隐藏在同时人的心中，而为范仲淹正式呼唤出来”⑤。

在范仲淹、王安石先后主持的“庆历新政”、“熙丰变法”均遭挫折后，理学家们试图从另一个方面通过学人精神重建，或说“道”的重建来缓解社会危机，诚如朱熹所言：“古先圣王所以制御夷狄之道，其本不在乎威强而在乎德业，其任不在乎边境而在乎朝廷，其具不在乎兵食而在乎纪纲，盖决然矣。”⑥“理学家不是以‘为官入仕’为教育的终极目的，而是将对纲常伦理的自觉意

① 黄宗羲：《明夷待访录·学校》，《黄宗羲全集》第一册，浙江古籍出版社 1985 年版，第 10 页。

② 黄书光著：《理学教育思想与中国文化》，上海教育出版社 1993 年版，第 1 页。

③ ［美］杜维明著：《东亚价值与多元现代性》，中国社会科学出版社 2001 年版，第 150 页。

④ 黄济主编：《中国传统教育哲学思想概论》，河南教育出版社 1994 年版，第 22 页。

⑤ 钱穆著：《国史大纲》，台北商务出版有限公司 1978 年版，第 416 页。

⑥ 朱熹：《癸未垂拱奏札三》，《朱文公文集》卷十三，四部丛刊本。

识和躬行实践（即‘真知笃行’）作为教育纲领。它既反对‘逃名’，拥护皇帝广纳下层寒俊之士以巩固其中央集权的封建制度；又反对‘求名’，引导人们去追求‘孔颜乐处’的精神境界。”①

理学为中国大学精神的本体找到了一种新的解释方式，或者说实现了中国大学精神由“道”向“理”的转换。这种新的方式是通过对“道”的新的解释实现的。孔子所倡儒家的“道”的本体就是“仁”，到董仲舒则转换成有意志的“天”，不同于佛、老将宇宙的本原或抽象本体视为“道”。为弥补这个漏洞，理学家设计出“理”作为为学精神的本体，在“道”为大学精神本体的时代，学人们都坚持道尊于势②，待“理”成为大学精神的本体，人们则认为：

> 故天地间惟理与势为最尊。虽然，理又尊之尊也。庙堂之上言理，则天下不得以势相夺。既夺焉，而理则常伸于天下万世。故势者，帝王之权也；理者，圣人之权也。帝王无圣人之理，则其权有时而屈。然则理也者，又势之所恃以为存亡者也。以莫大之权，无僭窃之禁，此儒者之所不辞，而敢于任斯道之南面也。③

可见以道自任的学人们此时开始以“理”自任，形式变了，本性未变。

理学苏醒了士的主体意识。自秦以降，“士”为了爵禄成为君臣招之即来的仆从，学人本真精神的发挥受到极大的限制。到了宋代，胡瑗曰：“艮言思而不出其位，正以戒在位者也，若夫学者，则无所不思，无所不言，以其无责，可以行其志也；若云思不出其位，是自弃于浅陋之学也。”对“思不出其位”的思想枷锁提出异议，被梅贻琦释为“学术自由”。王安石“以道进退”的风格也为大学精神的表现与弘扬拓展出更大的空间，使得“士”的“主体意识在南宋理学家之间获得了更深一层的发挥”，有论者将朱熹、张栻、吕祖谦三人讨论“士”的出处，并试图打破“士贱君肆”的成局作为士的主体意识觉醒的标志，且认为“士的主体意识的觉醒是通贯宋代政治文化三大阶段的一条主线”。④

---

① 黄书光著：《理学教育思想与中国文化》，上海教育出版社1993年版，第4页。

② 孟子倡导道尊于势，荀子主张圣、王并列，《中庸》则德、位并重，其社会功能相近。

③ 吕坤：《呻吟语》卷一之四，转引自《中国知识分子的古代传统——兼论“俳优”与“修身”》，余英时著：《士与中国文化》，上海人民出版社2003年版，第109页。

④ 《宋代士大夫的政治文化概念——〈朱子文集〉序》，余英时著：《士与中国文化》，第520页。

理学在人格的重建上继承了儒学。原本“中国知识分子入世而重精神修养是一个极显著的文化特色”①，佛家“求心见性”引发儒家也试图营建类似的属于自己的精神保藏处，于是有李翱据《中庸》、《易传》建立心性学说，终经周敦颐、张载、二程之探究，找到了不同于佛家“空寂”的精神世界——天理。程伊川道：“天有是理，圣人循而行之，所谓道也。圣人本天，释氏本心。”② 终于划清了与佛家的疆界，构筑了儒士可以产生归属感的为学精神领地。“孔颜乐处”是理学家将孔子称赞颜回以清苦为乐的“感性之乐（便）升华为一种超感性的精神境界”③。周敦颐常令其门徒程颢、程颐“寻颜子、仲尼乐处”。“理学认为，整个宇宙是大生命，充满和谐，具有创造性，它是有意义有价值的。人是宇宙间渺小的生命，人的生命意义是由宇宙而来，人的思想和宇宙的精神是相连的，宇宙的生命要在人的生命中表现出来。”④ 这事实上是对“士志于道”关系的新的诠释。

“南宋淳祐元年（1241 年）将这些理学家定为孔孟的正宗继承者，从此，程朱理学正式成为官方正统学术。”⑤ 自是以至清末，理学常为统治者抑压学人精神的尚方宝剑。实学因应而起，试图再次对中国大学精神进行内发式变革。受启蒙思潮对中国大学精神的更新所影响，明清之际的实学派⑥人物陈确、方以智、傅山、黄宗羲、王夫之、颜元、李塨意识到空谈误国，主张经世致用，反对理学，对中国“学统”进行内发式的变革。颜元曾笃学陆、王，转而信程、朱，继而趋向事功学派，他痛彻地意识到“八股行而天下无学术”⑦，学人中有先忧后乐精神者日少，“伪儒”、“假德”之风盛行，“殊失学教本旨”。⑧

① 《中国知识分子的古代传统——兼论“俳优”与“修身”》，余英时著：《士与中国文化》，上海人民出版社 2003 年版，第 109 页。

② 《河南程氏遗书》卷二十一下。

③ 黄书光著：《理学教育思想与中国文化》，上海教育出版社 1993 年版，第 57 页。

④ 郭齐家著：《中国教育思想史》，教育科学出版社 1987 年版，第 223 页。

⑤ 王炳照、郭齐家主编：《中国教育史研究·宋元分卷》，华东师范大学出版社 2000 年版，第 306—307 页。

⑥ 中国学人中的实学精神最早可追寻到墨家，宋代王安石时期又一次凸显，程颐提出“实学”以反佛、玄学。冯友兰道：“实学这两个字，是道学对禅宗所下的转语，是针对佛学的讲虚说空而言。”（《通论道学》，《中国社会科学》1986 年第 3 期）后有叶适、陈亮事功学派精神与实学相近，但其声音一直微弱。

⑦ ⑧ 《颜元集》，中华书局 1987 年版，第 691、743 页。

因此他在力倡实学的同时，高扬“智、仁、勇”“三达德”，断言“百职之居官，学者之进德，农成佳禾，商聚财货，都须一段识见、一段包涵、一段勇气方做得出”①，依然是儒学的一种新的发挥。

颜元漳南书院所体现的精神是六斋并设，显示其“吾道之广，且以应时制”、“博大包容的精神”。主张士既要谋“道”，又应具有谋“食”的本领。主张义、利统一，“针对先儒中将‘义’与‘利’对立起来的否定功利的思想，如把董仲舒的‘正其谊不谋其利，明其道不计其功’的主张，改为‘正其谊以谋其利，明其道而计其功’的功利统一观”。② 这些表明颜元的视野与论域仍是以儒学为基础的。由上可见，两千多年来，中国大学精神的变迁都以儒学为主轴。

四、儒学塑造出中国大学精神的主要特征

中国大学精神有其独有的特征，儒学在每一特征的形成中都发挥着突出的作用。

其一，儒家所确立“士”的典范成为中国大学精神千年主体的模本。从春秋战国时的“士不可不弘毅，任重而道远”，到宋代的“先天下之忧而忧，后天下之乐而乐”、“为天地立心，为生民立命，为往圣继绝学，为万世开太平”，再到明清之际的“天下兴亡，匹夫有责”，再至五四时期对“德先生，赛先生”的深切呼唤，直到1945年前后陶行知修改“大学之道”为“在明民德，在亲民，在止于人民之幸福”，都有儒学的参与。诚如杜维明先生所言：

> 孟子早就对“士”这一阶层如何自处、定位、生存、发展和壮大等课题，进行过深入的反思，以此对当时以经济效益等尺度对知识分子的种种挑战，作了很有说服力的辩解。孟子强调“士”的客观价值不能靠功能坐标系统来厘定，提出在家国天下的脉络中，以“尚志”声“食功”的责任伦理，以及士君子重德不重位、必要时应“以德抗位”的传统价值。在这个前提下，孟子提出“居天下之广居，立天下之正位，行天下之大道”为自我定位的“士的自觉”。③

---

① 《颜元集》，中华书局1987年版，第202页。

② 李国钧著：《颜元教育思想简论》，人民教育出版社1984年版，第4—6页。

③ ［美］杜维明著：《东亚价值与多元现代性》，中国社会科学出版社2001年版，第48页。

中国近代大学精神中的“士”依然带有儒学的痕迹。蔡元培出长北大即是抱着“苟切实从教育着手，未尝不可使吾国转危为安”的期盼，并将自己的决定与费希特改良德国教育而振兴德国相提并论道：“普鲁士受拿破仑蹂躏时，大学教授菲希脱为数次爱国之演说，改良大学教育，卒有以救普之亡。而德意志统一之盛业（普之胜法，群归功于小学教员，然所以有此小学教员者，高等教育之力也）亦端发于此。”① 他所要传承给学生的也是儒家的典范，他直言：“昔范仲淹为秀才时，便以天下为己任，果然有志竟成。现在的学生又安可不以国家为己任咧！”他将学生“精研学理”等一切长进都归到“对于社会国家和人类作最有价值的贡献”② 的终极目的上，他反复强调“大学者，研究高深学问者也”也以此目的为归宗。

儒学树立了“‘仁以为己任’而‘造次必于是，颠沛必于是’的‘士’，在历史上原是难得一见的”③，却恰恰是两千余年来中国学人精神的理想典型，“也许中国史上没有任何一位有血有肉的人完全符合‘士’的理想典型，但是这一理想典型的存在终是无可否认的客观事实；它曾对中国文化传统中无数真实的‘士’发生过‘虽不能至，心向往之’的鞭策作用”④。“孟子所谓‘无恒产而有恒心’，事实上只能期之于极少数突出之‘士’，因此但有‘典型’的意义，而无普遍的意义。这不仅古代中国知识分子为然，古今中外亦莫不皆然。”⑤

若将“士”当成一种历史现象来看，“无可讳言，儒家坚信‘士’是文化的‘先觉’具有特殊的历史使命——即‘以此道觉此民’，而‘自任以天下之重’（《孟子·万章下》）。……在儒教的支配之下，士在中国文化的长期发展中扮演了一个非常特殊的角色；这是世界史上绝无仅有的现象”⑥。

其二，儒家倡导的“德治”成为中国大学精神久远的根基。孔、墨、孟、荀都有“以‘天下平治’为己任的弘道弘毅精神”⑦，“孔子所最先揭示的‘士

---

① 蔡元培：《致汪兆铭函》，高平叔编：《蔡元培全集》第三卷，中华书局 1984 年版，第 26 页。

② 蔡元培：《怎样才配作一个现代学生》，中国蔡元培研究会编：《蔡元培全集》第六卷，浙江教育出版社 1997 年版，第 559—565 页。

③④⑤⑥ 余英时著：《士与中国文化》，上海人民出版社 2003 年版，“引言”第 8、7 页，正文第 97、129 页。

⑦ 刘耘华著：《诠释学与先秦儒家之意义生成》，上海译文出版社 2002 年版，第 13 页。

志于道’便已规定了‘士’是基本价值的维护者；曾参发挥师教，说得更为明白：‘士不可以不弘毅，任重而道远。仁以为己任，不亦重乎？死而后已，不亦远乎？’这一原始教义对后世的‘士’产生了深远的影响，而且愈是在‘天下无道’的时代也愈显出它的力量”①。“孔子所‘志’之‘道’就是一种天下大治的人间世界（《礼记·礼运》对此有充满诗意的描述），那个世界，人的内省性道德和外在的规范制度水乳交融、和谐无间。”② 恰如司马谈所言：“夫阴阳、儒、墨、名、法、道德，此务为治者也。”“先秦以来‘士’的参政要求，由于种种因缘，竟在汉代实现了。汉武帝接受了董仲舒、公孙弘等人‘独尊儒术’的提议之后，不但郡县举孝廉改以‘士’为对象，太学中博士弟子更成为入仕的重要途径。从此汉代郎、吏由‘士’出身便制度化了。”③由于汉代太学产生，“汉末以太学为基地，形成一股足以影响朝政的强大的‘清议’力量。宋太学亦有‘无官御史台’之称。学生干政成为古代学校的一个传统”④。

宋代“理学”、“心学”各执一端，“朱熹和陆九渊都一心一意向往着王安石的‘得君行道’，在皇帝面前也侃侃而谈，俨然以政治主体自居，充分体现了‘以天下为己任’的气概”⑤；范仲淹更倡“士当先天下之忧而忧，后天下之乐而乐”；明代王阳明在《谏迎佛疏》中仍“期待皇帝效法‘尧、舜之圣’，恢复‘三代之圣’，这显然是继承了宋代‘士’的精神”。“十六世纪以后……仍有不少‘士’关怀着合理秩序的重建，但他们的实践方向已从朝廷转移到社会。”以“贞其身，移风易俗”为志⑥，清朝“文字狱”屡兴，仍难改“士人”“家事国事天下事，事事关心”的特性。所谓大学之道的“‘道’必须通过社会实践以求其实现的；唯其如此，‘天下无道’才有可能变为‘天下有道’。所以‘士’在中国史初出现的时候便有了参与‘治天下’的要求。这个要求是普遍的，并不仅限于儒家”⑦。

其三，儒家强调的“做人”成为中国大学精神的首要论题。仔细分析曾子所讲的“仁以为己任，不亦重乎？死而后已，不亦远乎？”其中“己”自古就

---

① 余英时著：《士与中国文化》，上海人民出版社 2003 年版，“引言”第 2 页。

② 刘耘华著：《诠释学与先秦儒家之意义生成》，上海译文出版社 2002 年版，第 33 页。

③⑤⑥⑦ 余英时著：《士与中国文化》，“新版序”第 5、3、3、5 页。

④ 俞启定著：《先秦两汉儒家教育》，齐鲁书社 1987 年版，第 230 页。

是学人个体而非类似于教会、党派的组织，要依靠个体维护“道”并使之尊于世俗统治的强大的“势”，“精神修养于是成为关键性的活动”，“‘修身’即成为知识分子的一个必要条件”。[①]《大学》更明倡：“自天子以至于庶人，壹是皆以修身为本。”正因为此，“‘学’被儒家理解为一种人格塑造的持续的整体过程。这一过程包括对真诚地培养‘大体’而实现自我这一任务的存在的信守(existential commitment)。为了获得自我的体知，这种信守包含一种不息的为己之学的过程。作为日常功课的组成部分，自我的反省和自讼是一种经常性的行为”[②]。

“儒家传统的根本关怀就是学习如何成为人。关键不在于那自然与天道相反对的人，而是那寻求与自然和谐以及与天道相感应的人。”[③]而且，“学做人的过程永无休止，成熟的过程也就不会终结”。“在本体论的意义上，每个人无疑都是圣人，而在生存论上，又没有人能够现实地成为圣人。”[④]然而中国学人的修身又不只是个体的行为，而是以维护“道”为终极目的的“德治”行为。孔子道：

> 子路问君子。子曰：“修己以敬。”曰：“如斯而已乎?”曰：“修己以安人。”曰：“如斯而已乎?”曰：“修己以安百姓。修己以安百姓，尧舜其犹病诸?”[⑤]

因此对于“士”来说，修己具有普遍价值，儒、墨、道普遍认同，“可见这是古代知识分子共有的观念”[⑥]。修身的内容又与“道”、“志”密切相关，孟子的一段话足以体现：

> 故士穷不失义，达不离道。穷不失义，故士得己焉；达不离道，故民不失望焉。古之人，得志，泽加于民；不得志，修身见于世。穷则独善其身，达则兼善天下。[⑦]

战国时期的“士”“往往强调养气治心可以得‘道’，有了‘道’然后才能

---

①⑥ 《中国知识分子的古代传统——兼论“俳优”与“修身”》，余英时著：《士与中国文化》，第110、111页。

②③④ ［美］杜维明著：《东亚价值与多元代性》，中国社会科学出版社2001年版，第186—187、120、187页。

⑤ 《论语·宪问》。

⑦ 《孟子·尽心上》。

治天下"①。然而后世的历史证明，"修身"未必就能得"道"，当世间以此作为取"士"的标准后，"'修身'既入于利禄之途就必然不免要流为虚伪"②。

其四，儒家追求的"合一"成为中国大学精神的结构特征。《易传》将天人合一视为人生最高的理想"天地之大德曰生"。"夫大人者，与天地合其德，与日月合其明，与四时合其序，与鬼神合其吉凶，先天而天弗违，后天而奉天时。天且弗违，而况于人乎？况于鬼神乎？"③《黄帝内经·素问》中有"善言天者，必应于人；善言古者，必验于今"。孟子把天心与人心相比，"尽其心者，知其性也；知其性，则知天矣"④。事实上，《周易》以阴阳八卦为框架的宇宙生成发展图式中，天、地、人被纳入一个秩序井然的系统，"天尊地卑，乾坤定矣；卑高以陈，贵贱位矣"⑤，以至形成"在两汉哲学的天人关系论中，天人之间大致有这么两种关系：一、天人相类；二、天人互馈"⑥。这些思想都在一定程度上决定着中国大学精神的结构。

作为中国大学精神主体的"士"所承担的至少是"知性"或"理性"与"仁爱"或"救世"等合而为一的角色，诚如余英时所识：

> 中国的"士"的历史是和系统思想史同时揭幕的。在这一特殊思想背景之下，"士"一方面与希腊哲学家和基督教教士都截然异趣，而另一方面又有与两者相同之处。就"士"之重视"知识"而言，他是近于希腊哲学家的；古人以"通古今，决然否"六个字表示"士"的特性，正可见"士"的最重要的凭借也是"理性"。但就"士"之"仁以为己任"及"明道救世"的使命感而言，他又兼备了一种近于基督教的宗教情操。⑦

上述分析表明，儒学是中国大学精神之源、之根、之轴。

---

①② 《中国知识分子的古代传统——兼论"俳优"与"修身"》，余英时著：《士与中国文化》，上海人民出版社 2003 年版，第 112、113 页。

③ 《易传》。

④ 《孟子·尽心》。

⑤ 《易经·系辞上》。

⑥ 袁济喜著：《两汉精神世界》，中国人民大学出版社 1994 年版，第 52 页。

⑦ 余英时著：《士与中国文化》，"引言"第 6 页。

久沐春风　高山安仰
深悲绝学　薪炬谁传
——追念中华孔子学会前任会长岱老与汤老*

追思岱老

岱老离开我们已整整十年了！在我住房的客厅里挂着唐吴道子的《先师孔子行教像》，下方还有“中华孔子学会赠，张岱年题，时年九十五，二〇〇三年七月十八日”。见岱老的题字如见其人，天天看着孔子的画像和岱老的题字，沐浴在古今圣贤的温暖的春风里，激励着自己踏着圣贤的足迹，继续前行。

我认识岱老，还是在1985年6月。当时教育部所属的中央教科所一位老干部韩达同志，联系了中国老年历史学会，在其下设立了一个“中华孔子研究所”，暂借了北京孔庙（后转到国子监）一间房作为临时办公室，聘请了一些志愿者义工，联系了北京的北大、清华、人大、师大、社科院以及山东、陕西、河北等全国各地的一些文科学者、教师，组织大家开展有关孔子、儒学、中国传统文化的研究。岱老是北大教授、知名学者，韩达多次拜访岱老，聘请岱老任中华孔子研究所所长。大家的诚心感动了岱老，岱老同意了。通过岱老又联系了周谷城先生、冯友兰先生、梁漱溟先生、张申府先生、贺麟先生、陈岱孙先生、邓广铭先生、季羡林先生、任继愈先生、白寿彝先生、赵光贤先生等著名学者。这些老先生形成一支雄厚的学术力量，成为中华孔子研究所的坚强后盾。我记得当时召开成立大会，开了四五天，北京与外地来了几百名专家学者，请上述著名学者演讲，气氛热烈，盛况空前，有力地推动了“国学热”。像这样的大会，两三年开一次，中型会议每年开一次，小型会议每年开两三次。韩达聘请北大、清华、人大、师大、社科院各出一人，组成秘书处，请清

* 本文原载《中国儒学》2015年第10辑。

华大学的刘鄂培教授任秘书长，北大、人大、师大、社科院的代表任副秘书长。我是师大推举的代表，任副秘书长，负责分工联系师大的专家学者。于是我经常骑自行车，来往于师大与北京孔庙、国子监之间，这就有机会接触岱老了。

有的老先生讲话，我是基本上听不懂，如冯友兰先生、贺麟先生；有的老先生讲话，我是大部分听不懂，如梁漱溟先生、张申府先生；然而岱老讲话，我是基本上听懂了。中华孔子研究所的大会、中会、小会，岱老基本上都参加了，而且参加必讲话。当时，他老人家讲得最多的是孔子和儒学在中国文化、哲学中的地位和价值。譬如他老人家曾说过："尊孔的时代过去了，把孔子当作神的时代一去不复返了；批孔的时代也过去了，把孔子当作鬼的时代一去不复返了；纪念孔子、研究孔子的时代来到了，把孔子还原为一个人——一个思想家、教育家的时代来到了！"他还把中国文化、中国哲学与西方文化、西方哲学作比较，他说以孔子、儒家为代表的中国文化、中国哲学的特点是："一天人，同真善，合知行，重人生而不重知识，重了悟而不重论证，既非依附科学亦不依附宗教。"他谈得最多的还是如何建设社会主义新文化，为此他提出了一个新概念叫"综合创新"："一定要继承和发扬中华优良文化传统，以此为基础；同时汲取西方在文化上的先进贡献，逐步形成一个新的文化体系，在马列主义原则的指导下，以社会主义的价值观来综合中西文化之所长，而创新中国文化。"

这些论述，我以前闻所未闻，真是"闻君一席话，胜读十年书"。我参加了中华孔子研究所的一系列学术活动，聆听了岱老以及很多专家学者的高论，可以说是顿开茅塞。我把这些收获、体会很快融入我的"中国教育史"的教学和学术研究之中。如我 1987 年 6 月出版的《中国教育思想史》就融入了以上的思想收获。我在该书前言中就融入了前辈们的一些学术观点。如："中国教育思想，从古代到近现代，连绵数千年，除了时代的差异、历史发展阶段的差异之外，还有地域、民族的差异。例如在同一春秋战国时期出现了风貌迥异的区域文化教育——邹鲁、三晋、燕齐、荆楚文化教育。在此基础上形成了作为汉文化教育基因的儒、墨、道、法各家的教育思想。除了汉文化教育外，还有少数民族的文化教育。中国教育思想史，既反映了汉民族文化教育的理论水平，也反映了各兄弟民族文化教育的理论水平。没有多民族大家庭的不断交流，多次大规模的碰撞、渗透、竞争、融合，也就没有中国教育思想史的发展。此外，除了上层的、贵族的、官办的教育外，还有下层的、民间的、私人办的教育；除了一般的道德、知识教育之外，还有专门的科技、艺术方面的教育。总之，无论从纵向还是从横向考察，中国教育思想的发展总是具体的、历史的、丰富的、多元的、多民族的、多地域的、多层次的立体网络。”

20世纪80年代中期，面对文化虚无主义与自戕主义思潮，岱老多次发表文章与演讲，严肃地指出：人们总是说国民性中有劣根性，诚然如此，是否也有良根性呢？“假如中华民族只有劣根性，那中华民族就没有在世界上存在的资格了，这就等于否定自己民族存在的价值……一个延续了五千余年的大民族，必定有一个在历史上起主导作用的基本精神，这个基本精神就是这个民族延续发展的思想基础和内在动力。”岱老认为，中国文化有“良根性”，即中华民族的优良传统、习惯，“中华民族在亚洲东方能延续几千年，一定有它的精神支柱，没有这些，中华民族早就灭亡了。”这个精神支柱，就是民族精神。岱老很重视诗书礼乐中透显的中国道德文明，很重视孔孟荀所代表的伦理文化精神。岱老一生都在弘大中华民族精神。

我十分感激岱老及很多前辈学者的教诲，感恩中华孔子研究所这个学术交流的平台，扩展了我的学术视野，提升了我的学术见识，也增强了我从事教学和学术研究的能力和责任感。

1988年我的业师毛礼锐教授指导的博士生毕诚要答辩，其博士论文是《阳明学及其教育思想》。我当时提议请岱老参加审议与答辩，毛先生同意了并以他的名义向岱老发出了邀请。岱老亲自写了评审意见，来到师大教育系参加答辩，投了赞成票。毕诚的博士论文《儒学的转折》出版后，我写了书评《阳明学研究的一个突破》(《中国社会科学》1993年第1期)，其实是综合了各位答辩委员的意见，尤其是吸取了岱老的意见。这是岱老帮助我们师大教育系培养博士生的例证。同时，我们请岱老来参加答辩也是有意义的，因为岱老是我们的校友，岱老是20世纪20年代末上北师大教育系（岱老的夫人上北师大中文系，比他年长一岁，高一班)，30年代初毕业于师大教育系，他说他本科毕业论文的指导老师是邱椿教授，这更增加了我们对岱老的尊敬和亲近。因为邱椿教授是我系的元老，二级教授。新中国成立前一段时间邱椿先生任教育系主任，他因看德文版的《资本论》，被人告发，国民政府的教育部要惩罚他，北师大校长保护他，但系主任做不成了，只当一名普通教授。抗战初，蒋介石在庐山会见很多名人，其中也有邱先生。新中国成立后就因蒋接见过他，给他带来很多麻烦。1966年8月在“文化大革命”高潮中，邱先生戴着“反共老手”的帽子在游街批斗中被整死。我们把这些情况告诉岱老，岱老默然，半天说不出话来。

北师大历史系赵光贤先生是岱老的至交，岱老每次邀请赵光贤先生参加中华孔子研究所的学术活动，都是由我陪同的。我还记得 1989 年 6 月初，北大和中华孔子研究所联合举办学术活动并祝贺岱老八十大寿。我陪同赵老赶赴会场。时任北师大副校长的顾明远先生还代表师大致辞。我记得“六四”风波之后政治气氛仍然严峻，这次学术活动和岱老八十大寿正是在这种气氛中进行的。

我的五弟郭齐勇在武大哲学系求学后任教。在萧萐父先生的指导下，齐勇的硕士与博士论文都是写熊十力先生，多次来北京向各位老前辈请教。他每次拜见岱老后，岱老见我就说：我见到你的老弟了！他见到我五弟就说我的情况，他见到我就说我五弟的情况，他老人家对我们兄弟俩真是关怀备至，亲切感人，就像父辈关怀照顾儿女一样。我们兄弟的成长和进步，正是依靠了包括岱老在内的各位前辈的栽培、呵护。岱老对我们兄弟说得最多的话，还是“读书”，告诉我们，经书要读，子书也要读，史书也要读。他说先秦诸子把话都讲尽了！“究天人之际，通古今之变”，“好学深思，心知其意”。他对我说，不要把先秦诸子看浅了！你研究教育史，重点就是先秦诸子的教育思想和哲学思想。20 世纪 90 年代前期，岱老和方克立教授主编《中国文化概论》（北京师范大学出版社 1994 年出版），其中一章“中国古代教育”由我起草，另一章“中国古代哲学”由我五弟齐勇起草，这也是对我们的培养、帮助。

1990 年后，中国孔子研究所更名为“中华孔子学会”，由民政部正式批准，挂靠教育部，教育部仍让中央教科所指导我们工作。岱老由“所长”变为“会长”。汤一介先生还有其他几位学识渊博的先生任副会长。我们几位“副秘书长”也被提拔培养，我们也成为“副会长”或成为各部的主任、副主任。中华孔子学会比中华孔子研究所影响更大，召开了多次国际和国内的学术讨论会，开展国际国内的学术交流活动，出版了很多学术著作，也重视中国传统文化的普及和宣传活动。为了推动青少年儿童读中华文化经典，岱老在晚年还亲自题写“中华文化经典基础教育系列丛书”。第一套《中华文化经典基础教育诵本》于 2004 年 4 月由高等教育出版社正式出版，共 12 册，内容丰富，包括《孝经》、《诗经》、《书经》、《礼记》、《易经》、《春秋经》、《论语》、《大学》、《中庸》、《孟子》、《荀子》、《春秋繁露》、《中说》、《通书》、《近思录》、《朱子语类》、《朱子大全集》、《传习录》、《阳明全书》等，都是选其精华、精粹部分，出版后在海内外影响甚大。编者在“后记”中说：“十万之文，经典精华尽在是；十二之册，圣贤法言萃乎此。唯愿吾中华儿童手持一编，读之读之再读之，而他日君子之国、大同之世，必在此朗朗读书声中也!”这是岱老和国人的愿望，也是中华孔子学会为普及、弘扬优秀传统文化，实现中华民族的伟大复兴所作的一份贡献!

2002 年香港佛陀教育协会建立了“中华民族万姓先祖纪念堂”，特邀中华孔子学会参加典礼，汤一介先生、羊涤生先生和我受到邀请，岱老年事已高，不便出行，他们想请岱老写一贺信，由我帮助起草，我起草后到岱老家，请他老人家过目并签名，他老人家看后很高兴签了名，然后对我说，你也签名，你也是副会长之一呀！我原以为有岱老签名就很好了，我不必签名，但岱老执意让我签名，我也不得不服从了。第二年，北京宗教文化出版社想出版一套香港佛陀教育协会组织的《大方广佛华严经讲记》（净空老法师主讲），后来经办人王微尔和朱积友找我，说可不可以请岱老题字，我们三人到岱老家，把这件事的原委向岱老作了说明，岱老很高兴写下了“大方广佛华严经讲记”几个字，北京宗教文化出版社非常满意，因为有岱老的支持，他们就有了主心骨了。

岱老原住北大中关园 48 公寓 103 号，房子太小，到处堆满了书，我们去多了人，坐也坐不下，只得站一会儿说完事就离开。但搬到五道口蓝旗营以后就大大改善了。他老人家最后几年住得宽松了，我们这时每隔一两个月就去看望他老人家一次。朱积友每次都买“天福号”的酱肘子及童子鸡，还有豆制品等食品孝敬岱老和师母，二老很高兴，每次都说“我们一起吃吧!”二老从内心感到高兴。当然我们呆的时间不能太长，一般不超过一小时，怕影响二老的身体。我们就在这个时候真正亲近了二老，关心了一下二老的生活，但毕竟时间有限。二老的音容笑貌，历历在目，给我们留下了甜美的回忆和无限的追思。

怀念汤老

岱老是中华孔子学会首任会长。在他任中华孔子研究所所长期间，委托中国人民大学副校长谢韬教授主持日常工作，在众多副所长中，谢韬教授相当于第一副所长。在岱老任中华孔子学会会长期间，委托汤一介教授为会议召集人，重大事情交汤先生处理，汤先生在众多副会长中相当于第一副会长。所以岱老去世后，我们一致推举汤先生为继任会长，从汤先生的人品、学问、资历、能力看，他任第二任会长是众望所归，非他莫属。

我也是因为参加中华孔子研究所的活动，才有幸认识汤先生的。在孔子研究所期间，一般大中型学术讨论会，都安排汤先生发言。他的发言总是很精彩，义正词严，铿锵有力，激动人心。但有的演讲又生动活泼，诙谐自如，例如无门和尚的“春有百花秋有月，夏有凉风冬有雪”这几句偈诗，我是从汤先生的演讲中第一次听到的。后来他出版的《同行在未名湖畔的两只小鸟》，其随笔也是那么动人有趣。

汤先生的父亲用彤先生是研究佛学的，汤先生本来是研究道家、道教的，再加上又有儒学的功底，所以他演讲时能把儒佛道融会贯通起来，如他演讲中曾把“天人合一”、“知行合一”、“情景合一”当作中国文化的三大基本命题，体现了中国文化的根本精神，也成为真善美三大领域的主轴和核心。这不仅是儒家思想的核心价值，也是佛道二教的关键意义之所在。但这三者又难以割裂，构成一个可以互诠、圆融无碍的系统。从三大命题出发，汤先生又总结出中国哲学的四个特点：道德的理想主义、重实践的人本主义、体用一源的思维模式和偏重直观的理性主义。汤先生这些高论，我以前是从来没有听到过的，其深度和高度使我震惊，我开始思考中国古代的教育的特点是什么呢？

当亨廷顿的“文化冲突论”出现后，汤先生积极回应，指出从历史上看，中国文化向来是以宽容与和谐为主旨的，爱好和平，反对侵略，文化交流与民族融合构成了其历史发展的主线。中国文化具有很大的包容性，中华文化在传统上就有容含多元性的质素。汤先生提出未来的世界主潮是文明的“融合”，而非“冲突”。特别是中国文化所扮演的角色，应该是正面的、积极的。反对“文明冲突论”，倡导“文明共存论”，这无疑是人类社会的福祉。汤先生强调，当代的中国文化建设一定要走出“中西古今”之争，会通“中西古今”之学。既要继续奉行“拿来主义”的方针，吸纳世界多种文化的优秀成果，又要着力发展“送去主义”的策略，把中华文化的优良结晶推展到世界各地去。以“文化自觉”的意识和海纳百川的胸襟，积极投入全球文化的交流和互动当中，在世界多种文明的激荡、攻错和磨砺下，锻淬自身、取精用宏，谋求新的发展。只有开放的中国才是大有希望的，同样，也只有开放的中国文化和开放的中国学术在未来的发展中才是大有前途的。汤先生的这些高论，是岱老“综合创新”论的合乎逻辑的推延和升华，也是今天以习近平总书记为首的党中央的文化大发展大繁荣方针的学理基础。汤先生每次演讲，能密切联系国内外实际，对我们很有启发意义，使我们从中获得智慧和力量，也启发我进一步思考未来中国教育的发展和前途。

1998年在洛阳大学召开了一次“中韩理学教育讨论会”，汤先生带领中华孔子学会一部分专家学者与韩国有关方面的专家学者一起讨论与交流。当时我兼洛阳大学东方文化研究院院长，又是中华孔子学会一名成员，我的这种身份促进了这次学术讨论会的召开。汤先生在会上作了学术发言，重点谈了宋明理学与佛道玄学之间的学术联系，也谈了如何促进中韩学术交流的问题。我记得这次会议我带了北师大教育系的几名青年教师和博士生参加，其中有一名韩国留学生，我请汤先生在会议期间抽一点时间专门给他们指导，汤先生答应了。汤先生对我带的几位青年教师和博士生十分亲切，勉励他们认真学习，打好学术基础，特别讲到为人与为学的一致。他引用了孔子的名言：“德之不修，学之不讲，闻义不能徙，不善不能改，是吾忧也。”他也讲了他的祖辈讲的“事不避难，义不逃责，素位而行，随适而安”、“毋戚戚于功名，毋孜孜于逸乐”等，他讲得那么亲切，那么真诚，我们每个听者都深受感动。特别是我的那位韩国留学生和她的男友，一再让汤先生给他们留言和留影纪念。这也是汤先生帮助我们师大教育系培养青年教师和博士生、留学生的例证。

1999年中华孔子学会组织了一次“中华传统文化系列讲座”，一共五讲。经费由浙江台州来北京经商的文化青年朱积友赞助。汤先生决定首批五讲，由他、庞朴先生、钱逊先生、葛荣晋先生和我五人主讲，地点选在北师大英东大楼讲演厅。我讲的题目是《中国传统教育思想精华与当今素质教育》，我确定了题目后向汤先生报告，汤先生同意后我再认真准备，写了一个详细的讲稿。后来北京有一个职业学校的校长听了觉得很好，她还帮我打印了几百份，取得了一定的社会效果。后来中华孔子学会和湖南大学在长沙举办过一次学术讨论会，我又以此题在长沙会议上发言。中华孔子学会主办的《中国儒学》第六辑（2011年5月）正式发表了这篇文章。

2001年在国家图书馆开了一个宣传、普及、弘扬中华文化经典的座谈会，任继愈先生、汤一介先生、张立文先生、钱逊先生等几十位学者专家出席。我记得汤先生讲的是“迎接新的轴心时代的到来”，肯定了青少年读经的重要性。这是四海文化公司发起的。我在汤先生发言后，在他讲话的精神鼓舞下也讲了几句。后来中华孔子学会在岱老、汤先生的积极支持下，也推出了《中华文化经典基础教育系列丛书》，汤先生的题词是："观乎人文，以化成天下——为中华文化经典基础教育系列丛书题，汤一介，甲申年春"。我后来积极参与民间普及、弘扬中华文化经典的活动，其实也是岱老、汤老这一批老学者的支持鼓励的结果，受到他们的精神感召。

2002年冬至前，香港佛陀教育协会建立"中华民族万姓先祖纪念堂"，请岱老题词，请汤老光临，羊涤生副会长和我也受到邀请。汤先生写了发言稿准备前行，但由于身体不适没能成行。羊涤生先生和我参加了盛会。汤先生的发言稿是请人代为宣读的。后来，北京宗教文化出版社想出版一套《大方广佛华严经讲记》，先找岱老题字，后又找汤老题字，汤先生的题词是："转识成智——为大方广佛华严经讲记题，汤一介，甲申春"。也就在这一年，净空老法师从欧洲访问回来路经北京，他约了北京几位研究中华传统文化的专家教授见面。汤一介先生、牛实为先生、牟钟鉴先生等应邀出席，我也参加了。大家见面很亲切。净空老法师感谢汤先生和中华孔子学会的支持、帮助，汤先生也表示中华孔子学会和香港佛陀教育协会合作，共同弘扬中华文化。两位同龄老人（都是1927年出生）的亲切交谈，可说是历史性的会见，也是弘扬中华文化儒、道、佛合作交流的盛事。汤先生后来也讲了"儒藏"工程的酝酿及其意义。净老表示理解、支持汤老的义举。净老还祝汤老的《儒藏》将与《佛藏》、《道藏》并列，功德圆满。也正是此时，曾任香港佛陀教育协会会长的凌孜大姐回到北京，也参加了中华孔子学会的活动，汤先生后来提议凌孜任中华孔子学会副会长，这也是有因缘的。凌孜大姐任全国政协委员，在宣传弘扬中华传统文化中不遗余力，没有辜负汤先生的厚望。

2004年10月我应北京师大珠海分校的邀请，到珠海分校讲《四书》和中华传统文化。临行前去看望汤先生，汤先生说你最好还是留在北京，帮助我做中华孔子学会的具体工作吧！但珠海分校领导催我再三，我只有赴任，只是希望朱积友这位年轻人多做些具体工作，多跑跑腿，我协助学会领导协调事宜。但后来朱积友不幸英年早逝，汤先生非常慈悲，给朱积友很高评价，曾聘他为"中华孔子学会会长助理"，给这位年轻的义工很高的奖赏。这是对中华孔子学会义工们的热烈支持和期待，使他们深受鼓舞。

长沙诺贝尔摇篮教育集团董事长谢庆是一位成功人士，他热衷于弘扬中华传统文化。他多次到北京来找我，和我交谈，还希望多见一些教育界的前辈。我先带他见了我的老师、北师大学前教育的前辈卢乐山教授，后来我又带他见了岱老，他见了这两位泰斗级的人物，特别高兴。后来他又对我提出要见汤先生。我说可以，我帮你见汤老，但汤老刚上任中华孔子学会会长，面临最大的问题是经费，你可不可以从经济上支持一下中华孔子学会。他说可以帮助。后来经过商议，谢庆答应协助中华孔子学会主办的《中国儒学》（以书代刊）每年一辑，从2006年起，汤先生委托王中江、李存山两位教授任主编。后来汤先生见我说："你那个学生表现不错，积极支持我们办会刊。"我对汤先生说，那不是我的学生，而是成功人士、知名人士。我们感恩社会上一切人士和各界朋友对中华孔子学会的支持和帮助。

武汉有一所民间私塾发展的私立大方学校，因为弘扬中华传统文化，坚持儿童读经，办得有一定规模，有一定影响。我的四弟郭齐智原是武汉洪高的校长、总支书记，武汉市劳动模范，湖北省优秀园丁，退休后应聘任私立大方学校校长。我提议该校成为中华孔子学会教育基地。2004年10月我去珠海之前，曾提议深圳卓雅学校为中华孔子学会教育基地，当时得到羊涤生副会长支持。我后来给汤先生介绍大方学校的事迹，得到汤先生的理解与支持。2009年4月初，武汉大方学校董事长余一彦、校长郭齐智和家长委员会代表一行三人专程来到北大。汤先生年事已高，身体欠佳，学术活动繁忙，但仍然亲切接待了大方学校的三位代表。汤先生仔细询问了大方学校开展经典文化教育的情况，很感兴趣，勉励他们要认真办好经典学校，名副其实，总结经验，戒骄戒躁，一步一个脚印地前进。他还代表中华孔子学会赠送"孔子像"一尊，并应邀为大方学校题词："事不避难，义不逃责"，落款："汤一介于己丑三月"。汤先生知道郭齐家、郭齐智、郭齐勇是亲兄弟时，更感兴趣，连忙说："我也是湖北人，我与郭齐家、郭齐勇都熟悉。"齐勇写《熊十力哲学思想》硕士、博士论文，编纂熊十力论著集与全集，一直得到汤先生的指导和帮助。后来他每次来北大参加学术活动，总是要看望汤先生。这年4月25日，郭齐勇在田汉剧场代表中华孔子学会和汤先生为武汉大方学校授牌："中华孔子学会教育基地"。前些年武汉大方学校办得有些成绩，曾获国家教育部和全国关工委的嘉奖，这是和中华孔子学会一些老学者专家，特别是汤先生这样泰斗级的名家的支持、指导密不可分的。

我最后一次见到汤先生是在2013年7月北京横山书院成立五周年的庆典上。湛如院长请汤先生讲话，当时汤先生身体已很衰弱，拄着拐杖蹒跚而行，但讲起话来仍坚定有力，充满了正能量。他讲了中华优秀传统文化可以解决现代化出现的种种弊端，讲了文化软实力的作用，更进一步强调了文化自觉的重要性。他老人家又一次引用孔子的“德之不修，学之不讲，闻义不能徙，不善不能改，是吾忧也”。我大概已经听了他老人家引用这句孔子名言十次以上了！这是孔子之忧，也是汤老之忧！这是民族之忧！也是时代之忧！这是我最后一次听到他老人家谈他的心中之忧！医生叮嘱他不能超过一个小时的活动，所以他讲完不久就离开会场了。我利用这个时机赶紧跟上，一直陪同他走出会场，又走出长长的走廊。其间有工作人员让他写上什么，他坐下写了几句话。其间他老人家对我说，湖北黄梅老家还想请他回去一趟，参加“汤用彤先生纪念馆”落成典礼，现在纪念馆外在建筑已完工，但内部装修还需一段时间，如果有可能，再过三四个月可以去湖北一趟。我说，如果您人家身体条件允许，能去一趟湖北老家，那是再好不过了。到时候郭齐勇会带着武大哲学系青年教师和博士生为您老人家护驾，我衷心祝愿您老人家身体健康。最后他还说，你有空来我家坐坐。我说就怕影响您的休息。这是我最后聆听他老人家的教诲。第二天我与五弟齐勇通电话，把汤先生想回湖北的事告诉他，让齐勇有准备地配合一下，齐勇也衷心祝愿汤先生能成行。

2014年“五四”青年节，中共中央总书记、国家主席习近平同志到北大看望了汤先生，中央电视台转播了这一盛况。我在珠海从电视里看到汤先生受到中央最高领导的礼遇与厚爱，非常高兴。汤先生晚年挑起了一副千钧重担——《儒藏》总编纂。“编辑成一部儒家思想文化大文库《儒藏》，供世人阅读和研究，无疑对当今和后世都是十分必要的，而且具有重大的历史意义。”汤先生为此鞠躬尽瘁，死而后已！

仰望星空

我这里只是记录了我与岱老、汤老交往的片鳞只爪，从中不难窥见两位前辈的为学与为人。德高为师，身正为范。岱老与汤老为中华文化的全面继承与创新发展奉献了自己的生命。在我的心目中，他们用生命实践了张横渠的四句教：“为天地立心，为生民立命，为往圣继绝学，为万世开太平。”儒家的学问是生命的学问，也是学问的生命。与历史上的前辈大儒一样，岱老与汤老的学问与他们的人生是紧密地联系在一起的。儒学的历史是世世代代、千千万万的儒者以凡俗的生命铸就的。在岱老与汤老平易亲切的待人接物中，及他们凡俗的生活中，我体验到神圣性！我深深地感念他们对我的接引与提携，永远不能忘怀！

我深信，岱老与汤老的学生一定会接续他们的伟业，弘大孔子、儒学与中华文化的真精神！这一精神，代代相传！在当代中国，尤其需要我们光大儒业，积极参与中国现代文化的建设！

岱老、汤老都已去了！他们从天上来，在人世间走了一遭，又回到了天上。他们是来示范的，表演给我们看的，是让我们看看知识分子、学术界的精英应如何度过一生，应如何完善一生的。写到这里，我想起了康德墓志铭的“头上的星空，心中的道德律”，我又想起朱光潜先生的名言：

> 悠悠的过去，
> 只是一片漆黑的天空。
> 我们所以还能认识出来这漆黑的天空者，
> 全赖思想家和艺术家所散布的几点星光。
> 朋友，
> 让我们珍重这几点星光，
> 让我们也努力散布几点星光，
> 去照耀和过去一般漆黑的未来。

第二编

古典教育的多元并进

中国古代教育*

一、中国古代文化是靠教育传递下来的

中国古代教育是灿烂辉煌的中国古代文化的一部分，是中国古代文化赖以延续和发展的基础，是中国古代文化不断创新的动力，因为灿烂辉煌的中国古代文化是靠中国古代教育一代一代地传递下来的。中国古代的学校教育、社会教育、家庭教育、百工技艺教育是中国古代各种文化薪火相传、继往开来的保证，没有中国古代教育，中国古代的物质文明和精神文明是难以创造、延续和发展的。

（一）中国古代十分重视教育

古代中国，视教育为民族生存的命脉。由于我们的祖先很早便知道教育的重要，所以远在四五千年以前就开始了有组织的教育活动。根据历史文献记载，中国古代教育的起源，可以追溯到夏以前。传说中的伏羲、神农、黄帝、尧、舜等，都十分重视教育。据《尚书·舜典》记载，虞时即设有学宫，管理教育事务，如命契为司徒"敬敷五教"，即负责对人民进行父义、母慈、兄友、弟恭、子孝五种伦理道德的教育；命夔"典乐"，即负责对人民进行音乐和诗歌教育。由于中华民族具有重视教育的悠久优良传统，所以四五千年来，中国古代灿烂辉煌的文化不仅能一脉相承，历久弥新，而且其内涵也较世界上其他古老民族更加充实而辉煌。

商周时代，中国文化已有相当的积累，知识大体具备规模，这就为中国古代学校教育的兴盛创造了条件。西周时不仅有国学，还有乡学；不仅有大学，还有小学；不仅有宫廷教育，还注意幼儿家庭教育，逐渐形成了一个以礼、

* 本文为张岱年、方克立主编《中国文化概论》第八章，北京师范大学出版社 1994 年第 1 版，2004 年修订版。

乐、射、御、书、数为主体的“六艺”教育体制。到春秋战国时期，私学作为一种新兴的教育组织形式开始发展起来，出现了一批闪烁着智慧光芒的民间私学大师，如孔子、墨子、孟子、荀子等。他们在教育思想上都有建树，这是私人自由讲学带来的成果。不仅《论语》、《墨子》、《孟子》、《荀子》、《管子》、《吕氏春秋》等典籍中记载了大量的教育资料，而且还出现了像《礼记·学记》、《礼记·大学》、《荀子·劝学》、《管子·弟子职》等教育专著。《学记》与《大学》就是这一时代丰富的教育经验与教育理论的总结，成为世界上最早出现的自成体系的古典教育学专著，奠定了中国古代教育思想的基础。

到西汉，中国已有专门传授知识、研究学问的太学。汉武帝元朔五年（公元前124年）开创太学，设在京师长安的西北城郊，规模相当可观。它作为中国当时的最高学府，与西方的雅典大学、亚历山大里亚大学等同为世界上最古老的高等学校。太学选聘学优德劭者任教授，称为“博士”；招收学生，随教授学习，称为“博士弟子”。太学的课程以通经致用为主，学生分经受业，经考试及格，任用为政府官吏。政府给予“博士弟子”以极优厚的待遇。西汉平帝元始四年（4年）为太学学生始建校舍，能容纳万人，规模巨大。东汉太学学生增达三万多人，京师形成了太学区。东汉太学有内外讲堂，讲堂长十丈、宽三丈，同时听讲的人数在数百人以上，出现了“大都授”——集体讲授的教学形式。汉代的学校，是官学与私学并举。官学除中央政府所办太学之外，地方政府所办的学校，郡国曰“学”，县曰“校”，乡曰“庠”，聚曰“序”。私学分则分两种，小学程度的称为“书馆”；而由著名经师设帐聚徒讲学的，一般具有大学程度。班固赞颂汉代“学校如林，庠序盈门”，可以想见当时学校教育发达的盛况。

两汉教育以儒学经典为教材，虽然经师们因派别和师法不同，讲授内容大相径庭，但对于教育的主张，却在“明经修行”这一点上达成共识。东汉灵帝时，为了正定五经文字，在熹平四年（175年），由蔡邕等以隶书书写《易》、《书》、《诗》、《仪礼》、《春秋》、《公羊传》和《论语》，刻于碑石上，作为官方教材，立于太学，史称“熹平石经”，又称“一字石经”或“一体石经”。魏齐王正始二年（241年），在修补坏缺的汉旧石经基础上，又兼用古文、篆、隶三种字体刊刻《尚书》、《春秋》、《左传》（未刻全），立于太学，称“正始石经”或“三体石经”。

汉代的教育设施、教育思想和汉代的选举（选士）制度是互相配合的。汉高祖以后即有选士的举措，目的在于招纳贤良，共安天下。汉文帝二年，下诏举贤良方正、直言极谏之士，对各地选上来的士人，经过测试，然后加以任用。汉武帝时，除贤良方正的选考外，又有孝廉茂才的察举，甚至规定郡国人口二十万人以上，每年察举孝廉一人，四十万人以上二人，如此类推。考察贤良方正，注重上层的政务及文学水平；察举孝廉则偏重于德行。孝廉每年察举一次，中选以后，不必考试，就可以被委任为官。在西汉，茂才与贤良方正，察举的次数较少。到东汉，孝廉专以察吏，茂才专以选民。汉代选士制度，比较重视道德，被察举之士，大都学行并茂，有不少杰出人才由布衣而任公卿。但到东汉末年，这种制度也产生了弊端，出现了假冒作伪等现象。

晋代中央学制分为两种，一为国子学，一为太学。前者限五品以上的贵族子弟入学，内设祭酒一人，博士一人，助教十余人。后者为平民子弟而设，立博士员十九人。太学的规模很大，晋武帝时，太学生曾超过七千人。北方少数民族所建十六国中，不乏仰慕汉族文化而兴学者，如前赵刘耀、后赵石勒都建立了太学及小学。南北朝时期，学校教育以北朝为盛。北魏太学亦设五经博士，学生为州郡选派，多达三千人。南朝宋文帝时，在京师设立儒学、史学、玄学、文学四学，称为“四学制”，打破了儒家一统教育的状况。到梁时，学校教育渐渐有了合儒、佛、道于一堂的做法。魏晋南北朝的选士制度，除了察举孝廉、秀士仍沿两汉旧制外，又新增一种旨在匡正两汉选举制度之流弊的“九品中正制”。这一制度意在设立铨叙、考选的专门官员，以代替乡里的毁誉。各州、郡、县等地方政府，都设置大大小小的“中正”，由当地人在诸府公卿及台省郎吏之德充才盛者担任。大小“中正”定为九等。“中正”的品评，以言行道义决定升进与黜退。这一制度实行了近四百年。由于铨叙、考选操诸一人，以一人之好恶，评全邑人之高下；而“中正”的评论又决定着官员的选拔任用，所以不能不产生流弊。更由于门阀世族社会总格局的制约，便造成所谓“上品无寒门，下品无世族”的负面效应。

唐代复兴汉代教育的传统，同时又继承魏晋南北朝以后教育的成果，全面地加以发展，使学校教育达到了新的发展高峰。隋唐时期针对“九品中正制”的流弊，建立健全了科举考试制度。这是我国古代教育史和官制史上一件十分重要的事情。学校教育、社会教育、官员的擢升任用，均服从或从属于科举考试。选拔人才与培育人才的标准和要求一致起来，不仅促进了唐代学校教育和社会教育的发展，而且也使寒门庶士有了学优从政的可能，在一定程度上促进了当时的政治革新。唐代取士之法，大略有“生徒法”、“贡举法”、“制举法”。从京师之六学二馆及州县之诸学校的学生中，选其成绩优良者，送入京师尚书礼部受试，叫作“生徒法”。非在校学生，先试于州县，及格后再送至京师复试的，叫作“贡举法”。唐代科举考试在不同的时期，其科目设置也不尽相同。其中常见的有秀才（试方略五道）、进士（试时务策五道，帖一大经）、明经（先帖文，然后口试经问大义十条，答时务策三道）、明法（试律令七条）等，又设有书法、算学、诸史、三传、童子等科，有时亦设道举科，考试道家经典。所谓“制举法”系特种考试，以待非常之才，试于殿廷。不久又兴武举。

唐代建立了从中央到地方完备的学制体系。中央设国子监总辖各学。国子监具有双重性质，既是大学，又是教育行政管理机构。下设国子学、太学、四门学、书学、算学、律学等，此外还有弘文馆、崇文馆。地方官学——府州县学和专门学校也很发达。唐文宗大和七年（833 年），始以楷书刊刻《周易》、《尚书》、《毛诗》、《周礼》、《仪礼》、《礼记》、《左传》、《公羊传》、《穀梁传》、《孝经》、《论语》、《尔雅》十二经，成于开成二年（837 年），史称“开成石经”，立于长安太学讲论堂两廊［后清康熙七年（1668 年）贾汉复补刻《孟子》附其后，构成十三经］。唐代出现了律学、书学、算学、医药学、兽医学、天文学、音乐学等门类多、范围广的实科专门学校。医学又分医、针、按摩三个专业。医学专业包括五科：体疗，相当于内科，七年制；疮肿，相当于外科，五年制；少小，相当于儿科，五年制；耳目口齿，相当于五官科，二年制；角法，拔火罐等疗法，二年制。针学专业教学生了解经脉和穴位，熟识各科症候，掌握九种针法的运用。按摩专业教学生消息导引的方法，学会治疗风寒暑湿饥饱劳逸等八项疾病，还兼习正骨术。药学与药园设在一处，教学生识别各种药物，掌握药材的种植和收采贮存制造等项技术，教学结合实际，注重实习以培养动手能力，并根据学习与实习成绩和治疗效果来决定工作分配。这是一种优良的教育传统，说明中国早在七八世纪就已建立了实科学校教育制度，而西方这类实科学校的出现，是在资本主义已经相当发达的十七八世纪之际。

唐代周边各国先后派来留学生，以日本、新罗、百济、高丽等国派来留学生的数量最多，到中国来学习经史、法律、礼制、文学和科技等中国文化。日本随正式遣唐使来过十三批留学生，每批少则一二十人，多则几十人，他们都进入国学学习，有的留学数年，有的甚至留学二三十年。当时的国都长安成为东西方各国文化教育交流的中心。中国文化通过留学生的来往而传播到东西方各国，留学生在发展中国与各国的友好关系、开展文化教育交流方面起了积极的桥梁作用。

唐宋以后，又出现了一种新的教育机构——书院。书院原为藏书、校书之地，或私人治学、隐居之地。宋代书院将教育、教学和学术研究结合起来，成为著名学者授徒讲学、培养人才的地方。当时著名的有江西庐山的白鹿洞书院、湖南长沙的岳麓书院、衡阳的石鼓书院、河南商丘的应天府书院、登封的嵩阳书院、江苏江宁的茅山书院等。元代政府也大力扶植书院。书院院址多选于山林名胜之地，主持人称“洞主”或“山长”。建制有民办、官办、民办官助等多种形式。科举制度盛行之后，士子都以猎取功名为读书目的。书院讲学，以义理修养为核心，颇能矫正科举之弊。书院教学注重讲明义理、躬行实践；允许不同学派互相讲学，学者亦可往来问学，并建立“讲会”制度，成为学术交流的重要形式；教学方法采取个人自学、集中讲解和质疑问难相结合，尤重读书指导。师生以道相交，切磋学问，砥砺品格，把做人与做学问统一起来。教师学识渊博，品德高尚，献身教席，热心育人；学生慕师而来，虚心求教，立志成人，尊重师长。书院不仅对形成各种思想流派起了重要作用，而且代表社会良知，担当着社会道义，成为批判现实社会黑暗腐朽势力的一股力量，如明代无锡的东林书院就是其中的典型。书院的这一特点，集中地体现在顾宪成为其题写的一副对联上：“风声雨声读书声，声声入耳；家事国事天下事，事事关心。”明熹宗天启年间，阉党魏忠贤矫旨尽毁国中书院，此后书院由盛而衰。明代东林上承汉的清流、下启清末的“公车上书”，是我国知识分子的优良传统，曾一再地为鲁迅等中国先进的文化人所称道。

明代学校，中央有国子监及宗学（贵族学校），地方有府学、州学、县学，边疆及特殊地方则有卫学（军事学校）。地方学校规模虽有大小，但彼此不相统属，学生皆有送至中央国子监资格。此外，地方性专科学校还有军事、医学、阴阳学等。清代学制，大抵沿袭明制。地方府、州、县学计有 1 700 余所，学生 27 000 余人。明清科举制沿袭宋元，分乡试、会试、殿试三种。考试内容，第一类为经义，出题限于五经四书，文体多为八股；第二类为诏诰律令；第三类为经史时务策。清代科举除常科外，又有特科，如山林隐逸、博学鸿词等，以网罗不愿应试的学者；还有翻译科，鼓励满人翻译汉文；还有武举之设。科举制自隋唐至清光绪三十一年（1905 年）废止，在我国实行了一千三百年。其优点，较之汉代察举制和魏晋“九品中正制”，虽然要客观公正，严格认真，不易发生舞弊，参加科考者确实普及到下民百姓，但科举考试亦有不少流弊，且愈到后期愈为腐朽。其缺点主要是：考试偏重经籍文辞，忽略德行才能；束缚知识分子思想的自由发展；把受教育与仕进、利禄直接挂钩，考试合格者不乏思想僵化、毫无能力的庸才和利禄之徒；学校教育和社会教育变成科举的附庸。

清末以降，我国学校教育和社会教育发生了巨大变化，吸收西学成为第一要务，学校建制、教育思想大不同于古代。百多年前，就开始有了近代化的大、中、小学。从此，中国教育走向了全新的发展阶段。

（二）中国古代教育思想特色

中国古代产生了无数著名的教育家，从孔子到朱熹到黄宗羲、颜元，有如群星灿烂。他们各自体现时代的精神面貌，代表着教育实践和教育思想发展中的各个阶段。他们为传播灿烂辉煌的中国文化、形成中华民族的共同文化心理作出了历史性的贡献。

中国古代教育是人文主义的教育。它以做人为教育的首要目的，注重教人以德行与智慧，而不只是单纯的知识。它尤其重视道德教育和德性培养，注重气节、操守和崇高的精神境界，提倡发奋“立志”，强调道德责任感与历史使命感，弘扬那种孜孜不倦、临事不惧、不计成败利钝、不问安危荣辱、以天下为己任的精神气概与宽广胸怀，把个人担当的社会责任与个人道德的自我完成统一起来。我国逐渐形成了一个长远而深厚的教育传统，上起孔孟老庄，中经佛教禅宗，下迄宋明理学，都特别注重道德教育与自我修养，重视启发学生的自觉性、主动性，立志有恒、克己内省、改过迁善、身体力行、潜移默化、防微杜渐……逐渐形成了一系列具有独特风格的道德教育与道德修养的原则和方法。中国古代教育家重视德性培养，树立道德风范，其影响力是不可低估的。他们曾在漫长的中国历史上教育、感染、熏陶了一代又一代仁人志士，推动了中国社会的进步，促进了中华文明的繁荣，陶冶了我们民族的精神与智慧。中国古代教育家不仅重视道统与学统的建树，而且重视教育方法的改进。格物致知、读书进学、温故知新、学思并重、循序渐进、由博返约、启发诱导、因材施教、长善救失、教学相长、言传身教、尊师爱生……形成了一系列具有独特风格的知识教育和教学的手段，形成了比较系统、深刻的知识论、教学论、教师论、自学深造与人才成长的理论。此外在社会教育、家庭教育、科技教育、艺术教育等方面，也积累了丰富的经验。这些都是地地道道的中国模式、中国气派，其中许多优秀的教育遗产，至今仍具有不衰的魅力。

总的说来，中国古代教育思想，大致有以下几个鲜明特色。

一是综合现，即大教育观。中国古代教育家很早就认识到教育是整个社会大系统中的一个子系统，许多教育问题实质上是社会问题，必须把它置于整个社会系统中加以考察和解决。而教育问题的解决，又必然促进整个社会的发展和进步。如孔子十分重视教育，把人口、财富、教育当成“立国”的三大要素，认为在发展生产使人民富裕之后，唯一的大事就是“教之”，即发展教育事业。他从“国之本在家”① 的思想出发，重视家庭伦理和社会道德——“孝悌忠信”的教育。他看到了教育对于治理国家、安定社会秩序所产生的重要作用。这种把教育放在治国治民的首要地位，把增进个人的道德修养和提高社会道德水平看成是治国安邦的基础的思想，是十分深刻的。《礼记·学记》把教育的作用概括为十六个字：“建国君民，教学为先”，“化民成俗，其必由学”。教育的作用包含相互联系的两个方面：一是培养国家所需要的各种人才，一是形成良好的社会道德风尚。这是中国先哲关于教育功能的概括和总结，至今仍有借鉴意义。

二是辩证观，即对立统一观。中国古代教育家强调要把道德教育放首位，同时也不忽视知识教育的作用。如孔子说：“君子务本，本立而道生”，“行有余力，则以学文”②。同时他又说：“好仁不好学，其蔽也愚”③，“未知，焉得仁?”④ 董仲舒也说过：“仁而不智，则爱而不别也；智而不仁，则智而不为也。”⑤ 这就是中国古代的德智统一观：首先是道德教育及其实践，其次才是知识教育；德育要通过智育来进行，智育主要是为德育服务；德育与智育之间、“行己有耻”与“博学于文”之间存在着相互依存、相互渗透的关系。道德教育也是这样，道德观念的认识与道德信念的建立以及道德行为的实践之间

---

① 《孟子·离娄上》。

② 《论语·学而》。

③ 《论语·阳货》。

④ 《论语·公冶长》。

⑤ 董仲舒：《春秋繁露·必仁且智》，苏舆撰，钟哲点校：《春秋繁露义证》，中华书局 1992 年版，第 257 页。

也存在着对立统一的关系。如孔子说："知及之，仁不能守之，虽得之，必失之。"[①] 这即是说，道德观念如果只停留在认识阶段，而不能转化为道德信念和道德行为，那么道德就失去了规范的作用。知识与才能之间也存在既矛盾又统一的关系。唐人刘知几说，一个人如果有学问而无才能，就好比拥有巨大的财富却不会经营它；如果有才能而无学问，则像本领高超的工匠，没有刀斧和木材，也无法建造宫室。[②] 明人徐光启说："昔人云：'鸳鸯绣出从君看，不把金针度与人。'吾辈言几何之学，政与此异，因反其语曰：'金针度去从君用，未把鸳鸯绣与人。'"[③] 徐光启强调培养才能的重要，认为教学不只是教一些现成的知识，而且还要培养学生的思辨能力，让学生掌握治学方法。教与学、师与生之间也存在着既矛盾又统一的关系，从《学记》到韩愈的《师说》，都揭示了这些深刻的教育辩证法。

三是内在观，即强调启发主体的内在道德功能和自觉性。中国古代教育启发每一个人的内心自觉，提出了一套"做人"的道理、"做人"的要求、"做人"的方法，让人从中得到"做人"的乐趣，表现出人的崇高的精神追求。与西方基督教和印度佛教不同，中国古代教育不是"罪感教育"，而是"乐感教育"；不需要依靠宗教信仰和祈祷，不主张离开社会和家庭，而是强调在学校、家庭及日常生活中积累道德善行，加强自我修养，即此岸即彼岸，"极高明而道中庸"；不用到上帝和佛祖那里而是在自己心中寻找美丑、善恶的标准，追求道德的"自律"。中国古代教育思想强调人心中具有一种价值自觉的能力，自省、自反、慎独，自我修养，自我完善，自我求取在人伦秩序与宇宙秩序中的和谐。其追求价值之源的努力是向内而不是向外，不是倾听上帝的召唤，亦不是等待佛的启示。重视启发内心的觉悟，相信主体内在的力量，这是一个非常重要的特色。

与外国教育相比，中国古代教育还有一些特点：它不是机械的、呆板的，而是灵活的、因人因时而异的；不是分科细密的，而是整体综合的；不是单纯传授知识技术的，而是德智合一的；不是师生脱离、教育与人生实践脱节的，而是教学相长、寓教育于生活实践之中的；不是以知识系统为枢纽，而是以人

---

① 《论语·卫灵公》。

② 《旧唐书·刘子玄传》，中华书局 1975 年版，第 3173 页。

③ 徐光启：《几何原本杂议》，《徐光启集》，中华书局 1963 年版，第 78 页。

生为枢纽，以一代一代人风的建树和培育为目的。

中国古代，从乡村到朝廷，都十分重视教育。教育具有非常显赫的地位。在一定意义上，说教育为中国的立国之本，亦不为过。与此相适应，中国古代教师的社会地位很高，无论是中央官学、地方官学的教师，还是私学、书院的教师，包括乡塾里的塾师，都受到全社会的普遍尊重。中国历来有尊师重道、尊师重教的优良传统。

二、中国古代的教学思想

中国古代教育家们积累和总结了丰富的教学经验，对教学理论、教学原则和方法，以及对教师的要求，提出了许多有价值的思想见解。这些思想产生于千百年前的古代是难能可贵的，直至今天仍然闪烁着智慧的光芒，富有启迪教育意义。它是我国传统教育思想中的精华，也是对世界教育思想宝库的重大贡献。

（一）因材施教，启发诱导

“因材施教”是公认的优秀传统教学思想之意。孔子注意观察了解学生，“视其所以，观其所由，察其所安”①，即看学生的所作所为，了解学生的经历以及兴趣爱好。对于学生不仅要“听其言而观其行”，而且还“退而省其私”②，即考查学生课后私下的言行举止，全面掌握学生的特点和实际情况。他对学生的性格特点了如指掌，有时从其优点方面分析，有时从其缺点方面分析，有时对不同学生作比较分析。他针对学生不同的性格特点，有的放矢，循循善诱，而不是千篇一律地说教。有时学生问同一个问题，他却作出不同的回答。据《论语·先进》载：“子路问：‘闻斯行诸？’子曰：‘有父兄在，如之何其闻斯行之？’冉有问：‘闻斯行诸？’子曰：‘闻斯行之。’公西华曰：‘由也问闻斯行诸，子曰，‘有父兄在’；求也问闻斯行诸，子曰，‘闻斯行之’。赤也惑，敢问。’子曰：‘求也退，故进之；由也兼人，故退之。’”这就是因材施教。孔子还主张针对学生智能的高低进行不同的教学：“中人以上，可以语上也；中人以下，不可以语上也。”③

①②《论语·为政》。

③《论语·雍也》。

孟子继承并发挥了孔子因材施教的思想，强调教学方式的变化。他说："有如时雨化之者，有成德者，有达财（材）者，有答问者，有私淑艾者。"① "教亦多术矣，予不屑之教诲也者，是亦教诲之而已矣。"② 宋代张载主张教学应顾及学生的内心要求，使学生的智力才能得到充分发展。他说："教人至难，必尽人之材乃不误人。"若教人"不尽材，不顾安，不由诚，皆是施之妄也"。③ 朱熹在《四书集注》中，对孔孟的因材施教思想赞不绝口，"圣贤施教，各因其材"④。王守仁认为教学要注意学生的年龄特点。"大抵童子之情，乐嬉游而惮拘检，如草木之始萌芽，舒畅之则条达，摧挠之则衰痿。今教童子，必使其趋向鼓舞，中心喜悦，则其进自不能已。譬之时雨春风，沾被卉木，莫不萌动发越，自然日长月化。若冰霜剥落，则生意萧索，日就枯槁矣。"⑤ 他认为人的资质是不同的，施教须"随人分限所及"⑥，因人而异，不可躐等。"中人以下的人，便与他说性说命他也不省得，也须慢慢琢磨他起来。"⑦ 教学应注意各人长短优劣的特点，譬如治病，要因病发药，教学亦与治病一样，要因人施教。

总之，中国古代教育家认为学生的个性是存在差异的，每个学生的自然禀赋也不一样，所以教学方法也应因人而殊。他们反对用一个模式去束缚学生，而主张通过教育发展每个学生的个性。在教学方法上，中国古代教育家特别重视启发诱导，开发每一个学生的智力潜能。孔子有一句名言："不愤不启，不悱不发，举一隅不以三隅反，则不复也。"⑧ 朱熹《四书集注》注曰："愤者，心求通而未得之意。悱者，口欲言而未能之貌。启，谓开其意。发，谓达其

① 《孟子·尽心上》。

② 《孟子·告子下》。

③ 《语录抄七则》，《张载集》，中华书局1978年版，第335页。

④ 朱熹：《孟子集注》卷十三"尽心章句上""君子所以教者五章"注，《四书章句集注》，中华书局1983年版，第362页。

⑤ 王阳明：《训蒙大意示教读刘伯颂等》，《传习录》中，《王文成公全集》卷二，商务印书馆1924年四部丛刊初编重印本。

⑥⑦ 《传习录》下，《王文成公全集》卷三，商务印书馆1924年四部丛刊初编重印本。

⑧ 《论语·述而》。

辞。"① 孔子经常运用启发式来教学，有一次他的学生子夏读到一首诗"巧笑倩兮，美目盼兮，素以为绚兮"，问孔子这诗的含义，孔子回答说："绘事后素。"子夏领悟到老师的意思是说，作画须先有素洁的底子，以此比喻"礼乐"须建立在"仁义"的思想基础之上。但子夏对这一想法还不能十分肯定，于是进一步问："礼后乎?"孔子听后高兴地说："起予者商也，始可与言《诗》已矣。"② 这首诗的原意如何且不去究论，从教学法的角度看，孔子在这里避免用简单的道德说教，而是利用形象思维的作用，由生动具体的画面，引向抽象的道德观念，以便使学生留下深刻的印象，主动地去认识"仁义"的意义，从而自觉地接受"礼乐"的教育和约束。这可以说是一次启发式教学的范例。

孟子也有一句名言："君子引而不发，跃如也。"③ 意思是说，教师如同射手，张满了弓却不发箭，做出跃跃欲试的姿势，以启发和诱导学生，激发学生有进无退的学习积极性。《学记》对孔孟的启发式教学作了进一步发挥："君子之教，喻也。道而弗牵，强而弗抑，开而弗达。道而弗牵则和，强而弗抑则易，开而弗达则思。和易以思，可谓善喻矣。"意思是说，教师要善于启发诱导学生，让学生自己思考求得理解。进行的途径应当是：引导学生而不是给以牵掣，激励学生而不是强制使之顺从，启发学生而不是一下把结论告诉他们。引导而不是牵掣，就能处理好教与学之间的矛盾，使之和谐融洽；激励而不是强制，学生就感到学习轻快安易；启发而不代替学生得出结论，就可培养学生独立思考的能力。做到这些，就可以说是善于启发诱导了。

所谓"道"（引导），就是在教学中给学生指引一条正确的思路，引导学生思维活动"上路"，促使他们进行分析综合，找寻探索知识结论的方向。所谓"强"（激励），就是在教学中激发学生的自动性，使之产生探求知识的强烈愿望，激励他们开动思维机器，自觉地把探索知识结论的思维活动坚持到底。所谓"开"（开启），就是在教学中点明问题的关键，启发学生运用各种思维活动去解决问题，促进他们思维能力的发展。两千多年前中国古代教育家关于启发式教学思想的论述是十分深刻的。

---

① 《论语集注》卷四"述而第七""不愤不启章"注，《四书章句集注》，中华书局1983年版，第95页。

② 《论语·八佾》。

③ 《孟子·尽心上》。

（二）温故知新，学思并重

《论语》第一句话便是孔子说的："学而时习之，不亦说（悦）乎！"① 他还说："温故而知新，可以为师矣。"② 朱熹在《四书集注》中解释道："故者，旧所闻；新者，今所得。言学能时习旧闻，而每有新得。"他对孔子学而时习、温故知新思想进一步发挥说："人而不学，则无以知其所当知之理，无以能其所当为之事。学而不习，则虽知其理，能其事，然亦生涩危殆，而不能以自安。习而不时，虽日习之而其功夫间断，一暴十寒，终不足以成其习之功矣。"③ 还说："时时温习，觉滋味深长，自有新得。"④ "须是温故，方能知新。若不温故，便要求知新，则新不可得而知，亦不可得而求矣。"⑤ 朱熹认为"故"是"新"的基础，"新"是"故"的发展；而"时习"集中体现了二者相互之间的联系，并含有转化的意思。"时习"能使其所学融会贯通，转化为技能并应用无穷。他认为那种只知机械地重复旧闻而不能触类旁通的人，是不够资格当教师的。所以说："温故又要知新。惟温故而不知新，故不足以为人师。"⑥

温故知新反映了这样一条教学规律：学习本身是不断实践的过程，只有反复地学习实践，才能牢固地掌握所学的知识；只有对所学的知识熟练了，融会贯通了，才可举一反三，告诸往而知来者，由已知探求未知。这种既重视时习温故，又不忽视探索新知的思想，在今天仍有启发意义。

在处理学习和思考的关系问题上，中国古代教育家多主张学思结合、学思并重。孔子说："学而不思则罔，思而不学则殆。"⑦ 他主张学思并重，但应以学习为基础，"吾尝终日不食，终夜不寝，以思，无益，不如学也"⑧。他也强调必须在学习的基础上思考，"不曰'如之何，如之何'者，吾末如之何也已矣"⑨。荀子继承了孔子的这一思想。他也说："吾尝终日而思矣，不如须臾之所学也。"⑩ 并要求在学习的基础上"思索以通之"⑪，即通过思维活动把所学

① 《论语·学而》。

②⑦ 《论语·为政》。

③ 朱熹：《与张敬夫论癸巳论语说》，《晦庵先生朱文公文集》卷三十一，商务印书馆1922年四部丛刊初编本。

④⑥ 《朱子语类》卷二十四，中华书局1986年版，第576、575页。

⑤ 《朱子语类》卷十四，中华书局1986年版，第253页。

⑧⑨ 《论语·卫灵公》。

⑩⑪ 《荀子·劝学》。

的知识融会贯通。

《礼记·中庸》把孔子学思并重的思想发展为“博学之，审问之，慎思之，明辨之，笃行之”五个学习步骤，其中肯定了学思并重，又强调思维的重要地位，“审问之，慎思之，明辨之”都是思维活动的具体化。《中庸》还说：“有弗学，学之弗能，弗措也；有弗问，问之弗知，弗措也；有弗思，思之弗得，弗措也；有弗辨，辨之弗明，弗措也；有弗行，行之弗笃，弗措也。人一能之，己百之；人十能之，己千之。果能此道矣，虽愚必明，虽柔必强。”这里明确地指出，一个人的聪明与坚强是在不断地学思结合的过程中培养出来的，决定的因素是个人顽强的努力而不是他的天资。

朱熹说：“学便是读。读了又思，思了又读，自然有意。若读而不思，又不知其意味；思而不读，纵使晓得，终是卼臲不安。一似倩得人来守屋相似，不是自家人，终不属自家使唤。若读得熟，而又思得精，自然心与理一，永远不忘。”① 王夫之说得更透彻：“学非有碍于思，而学愈博则思愈远；思正有功于学，而思之困则学必勤。”② 这些都是他们在教育和治学实践中对学思关系辩证法的深切体验和精辟总结。

（三）循序渐进，由博返约

中国古代教育家普遍重视循序渐进的教学原则。孔子的学生赞扬孔子“循循然善诱人”③。孟子认为教学是一个自然发展的过程，一方面应自强不息，不可松懈或间断，一方面也不应流于急躁或躐等。他说：“君子之志于道也，不成章不达。”他把讲学的次第比作流水，“不盈科不行”，“其进锐者，其退速”。④ 孟子还以禾苗的自然生长来譬喻人受教育的过程，一方面主张尽力耕耘，反对放任自流；另一方面又反对揠苗助长，急于求成。

《学记》提出的“进学之道”也反对“躐等”。它说：“善问者如攻坚木，先其易者后其节目，及其久也，相说（脱）以解。不善问者反此。善待问者如撞钟，叩之以小者则小鸣，叩之以大者则大鸣，待其从容，然后尽其声。不善答问者反此。此皆进学之道也。”这就是教学中的循序渐进原则。

---

① 《朱子语类》卷十，中华书局 1986 年版，第 170 页。

② 《四书训义》卷六。

③ 《论语·子罕》。

④ 《孟子·尽心上》。

张载认为教学过程“虽不可缓，又不欲急迫，在人固须求之有渐”①。因为教材的难易先后和学生身心的发展都是“有渐”的，这就要求教学也须坚持“有渐”的原则，不可躐等而教。朱熹更明确地提出“循序而渐进，熟读而精思”的教学思想。他说：“君子教人有序，先传以小者近者，而后教以远者大者”，“譬如登山，人多要至高处，不知自低处不理会，终无至高处之理”。②他强调教学要坚持由近及远，由易到难，由浅至深，由具体到抽象，由已知到未知。朱熹还说：“圣贤教人，下学上达，循循有序，故从事其间者，博而有要，约而不孤，无妄意凌躐之弊。今之言学者多反此，故其高者沦于空幻，卑者溺于闻见，怅怅然未知其将安所归宿也。”③ 他认为不先从事于下学而妄想上达，就是躐等，便沦于空幻；专从事于下学而不求上达，则沉溺于闻见。前者是不循序而躁进，后者是虽循序而不进，都会浪费精力而不能达到目的。他认为只有循序而渐进，量力而学习，才有踏实的进步。

总之，中国古代教育家已认识到，知识的积累，智力的增长，是一个循序渐进的过程，不可能毕其功于一役。他们强调教学要注意阶段性和节奏感，要顺其自然，这是符合客观规律的。

孔子说：“博学于文，约之以礼”④，“予一以贯之”⑤。毛奇龄在《论语稽求篇》解释道：“此之博约是以礼约文，以约约博也。博在文，约文又在礼也。”孟子继承了孔子的这一思想，他说：“博学而详说之，将以反说约也。”⑥指出学习深造的正确途径，不仅要博学，而且还要善于由博返约。荀子提出“兼陈万物而中悬衡焉”⑦，教人去掉十蔽，中正地来权衡事物。他说：“多知而无亲，博学而无方，好多而无定者，君子不与。”⑧“诵数以贯之，思索以通之”，“若挈裘领，诎五指而顿之”。⑨ 这些都是讲出博返约、以约驭博的道理。

① 张载：《经学理窟·学大原下》，《张载集》，中华书局 1978 年版，第 284 页。
② 《朱子语类》卷八。
③ 《续近思录》卷二。
④ 《论语·雍也》。
⑤ 《论语·卫灵公》。
⑥ 《孟子·离娄下》。
⑦ 《荀子·解蔽》。
⑧ 《荀子·大略》。
⑨ 《荀子·劝学》。

韩愈在《进学解》中，一方面强调博学，提倡“贪多务得，细大不捐”，“俱收并蓄，待用无遗”；另一方面，他又强调精约，要求“提其要”、“钩其玄”，反对“学虽勤而不繇其统，言虽多而不要其中”。他认为只有这样进学，才可达到“沉浸醲郁，含英咀华”的教学效果。

中国古代教育家重视“博学”，同时又要求用“一贯之道”去驾驭广博的知识。博是约的基础，在博的基础上求约，即根据一定的原则去归纳、简约或精要各种知识成果，得出简明扼要的结论。这是一种重要的思维方法与学习方法，也是一种教学方法。作为教师，要把一个道理讲明白，如果没有关于这个道理的广博知识并能融会贯通，就很难把这个道理的重点、难点与关键之处向学生讲清楚。由博返约，以简驭繁，这是古人留给我们的重要教学思想，值得我们细心体会。

（四）长善救施，教学相长

长善救失的教学思想是《礼记·学记》提出来的。《学记》说：“学者有四失，教者必知之。人之学也，或失则多，或失则寡，或失则易，或失则止。此四者，心之莫同也。知其心，然后能救其失也。教也者，长善而救其失者也。”这是说，在学习过程中，有的学生表现为贪多务得，过于庞杂而不求甚解；有的学生表现为知识面太窄，抱残守缺；有的学生表现为学不专一，浅尝辄止；有的学生表现为故步自封，畏难而退。这四种类型的毛病反映了学生对待学习不同的心理状态，教师只有了解这些心理状态，才能有针对性地帮助学生克服这些毛病。教师必须掌握具体情况，因势利导，既要善于发扬学生的优点，又要善于克服学生的缺点。

多与寡、易与难并非固定不变，得与失也可以相互转化。王夫之在《礼记章句》卷十八中说：“多、寡、易、止虽各有失，而多者便于博，寡者易以专，易者勇于行，止者安其序，亦各有善焉。救其失，则善长矣。”多、寡、易、止虽各有毛病，但其中也包含有一定的积极因素。教师应全面观察学生，懂得教学的辩证法，针对不同类型的学生，依据他们“至学之难易”和“资质”之“美恶”，挖掘、培养、发扬积极因素，克服消极因素，这就是扬长补短、长善而救其失。这里既包含有重视正面教育、因势利导的含义，又包含有因材施教的思想。

中国古代教育思想中富有朴素的辩证观点，善于运用矛盾转化规律，特别强调要看到学生身上的优点和积极因素，即使是次要的、隐蔽着的也要看到，以便巩固、发扬积极因素以克服消极因素，依靠优点克服缺点。应该说，这是中国人文主义教育思想的精华。

《礼记·学记》还明确地提出了教学相长的思想。它说："虽有嘉肴，弗食不知其旨也；虽有至道，弗学不知其善也。是故学然后知不足，教然后知困。知不足，然后能自反也；知困，然后能自强也。故曰：教学相长也。《兑命》曰：'学学半。'其此之谓乎！"这里深刻地阐述了教与学之间的矛盾对立和相互依存、相互促进的关系。教因学而得益，学因教而日进。教能助长学，反过来，学也能助长教，这就叫作"教学相长"。"教学相长"不仅意味着教与学之间的对立统一关系，而且还意味着教师与学生之间平等的相互促进、相得益彰的关系。

从教师方面说，教的过程也是学的过程，教也要学，教即是学，教与学互相促进，才能提高教的水平。从学生方面说，学生从教师的教学中获得知识，但仍需要自己努力学习，才能有所提高，不限于师云亦云。一个循循善诱的教师，只有通过教学实践才能体会到教学的效果和困难，教学经验越丰富越能摸到教学的规律，并发现自己的弱点与困惑之处，"教然后知困"。"知困"可促使教者"自强"。一个积极好学的学生，只有通过学习的实践才能体会到学习的好处和困难，越学习越感到自己的学识浅薄与不足，"学然后知不足"。"不足"可促使学者"自反"，即进一步严格要求自己，努力学习以补充自己的不足。

韩愈继承和发展了《学记》的"教学相长"思想，进而提出"相互为师"的观点。他一方面肯定教师的主导作用，另一方面又提出了"弟子不必不如师，师不必贤于弟子"的新思想。他教人要向学有专长的人学习，谁在某一方面比自己强就拜他为师，树立"能者为师"的观念。他还肯定了闻"道"在先，以"先觉觉后觉"，攻有专"业"，以"知"教"不知"这一教学过程的客观规律。这些深刻的教学辩证法思想，就是在现代世界教育学专著中亦属罕见，是中国古代教育家对世界教育思想宝库的卓越贡献。

（五）言传身教，尊师爱生

中国古代教育家根据自己教育实践的经验，对教师提出了多方面的要求，以身作则，言传身教，就是其中重要的一项。

孔子说："其身正，不令而行；其身不正，虽令不从。""不能正其身，如正人何?”① 这里强调了以身作则、正己正人的“身教”的重要意义。他又说:“可与言,而不与之言,失人;不可与言,而与之言,失言。知者不失人,亦不失言。”② 他主张同时采用“有言之教”与“无言之教”两种方式进行教学,可以用“有言之教”的就用“有言之教”,如不可以用“有言之教”的,就通过暗示或自己的日常行为去影响、教育学生。这是有一定的心理学依据的。孔子称“予欲无言”,他相信“无言之教”的威力。

荀子提出:“师术有四,而博习不与焉。严师而惮,可以为师;耆艾而信,可以为师;诵说而不陵不犯,可以为师;知微而论,可以为师。”③ 他认为师必须具备四个条件(而且具有广博知识这一条还不包括在内):一、教师要有尊严,能使人敬服;二、教师要有崇高的威信和丰富的教学经验;三、教师需具备有条理有系统地传授知识的能力而且不违反师说;四、了解精微的理论而且能解说清楚。《学记》也对教师提出了严格的要求,把教师品德高尚和学业精进看作教书育人的必要条件,而且要掌握正确的教学方法和原则。晋人袁宏《后汉记·灵帝纪上》说:“经师易遇,人师难遭。”可见“人师”的标准不仅只是传授知识,更要求为人师表。这是中国古代优秀的传统教育思想。

中国古代教育家还提倡学生尊敬教师,教师热爱学生,建立良好的师生关系。孔子热爱学生,关心学生品德和学业的增进,也关心学生的生活与健康状况。他看到学生的进步,感到由衷的高兴;学生家贫,他常接济;学生有病,他去看望;学生死了,他十分伤感。他与学生建立了深厚的情谊。孔子说:“爱之,能勿劳乎?忠焉,能勿诲乎?”④ 还说:“二三子以我为隐乎?吾无隐乎尔。吾无行而不与二三子者,是丘也。”⑤ 孔子对学生做到了“无私无隐”,并寄予无限期望:“后生可畏,焉知来者之不如今也?”⑥ 他还认为当一种正义事业需要人去承担时,年青一代要敢于勇往直前,责无旁贷,即使在自己的老师面前也不必谦让,“当仁不让于师”⑦。孔子的学生敬佩孔子道德高尚,学识渊博,教人得法。颜渊说:“仰之弥高,钻之弥坚。瞻之在前,忽焉在后。夫

---

① 《论语·子路》。
②⑦ 《论语·卫灵公》。
③ 《荀子·致士》。
④ 《论语·宪问》。
⑤ 《论语·述而》。
⑥ 《论语·子罕》。

子循循然善诱人，博我以文，约我以礼，欲罢不能。既竭吾才，如有所立卓尔。虽欲从之，末由也已。”① 孔子死后，学生们在孔子墓旁搭起草房，守丧三年，分别时痛哭难舍。子贡不忍离开，独自又住了三年。子贡说：“夫子之不可及，犹天之不可阶而登也。”②表达了学生对孔子无限的怀念和敬仰。

墨子在教育实践中也强调尊师爱生，墨家师生之间能生死相依，患难与共。墨子和他的学生们“以裘褐为衣，以跂蹻为服，日夜不休，以自苦为极”③。学生追随墨子“赴火蹈刃，死不旋踵”，这种师生关系是在同生死、共患难中逐步建立起来的。

荀子把是否“贵师重傅”提到国家兴衰的高度来认识，并提倡学生超过老师。他说：“国将兴，必贵师而重傅……；国将衰，必贱师而轻傅。”④ 他认为学生对于老师不仅有知识学问的承袭关系，而且还担负着超越前人已有智慧、推进学术水平的责任。他以形象的语言说：“学不可以已。青，取之于蓝而青于蓝；冰，水为之而寒于水。”这说明学问是没有止境的，“青出于蓝而胜于蓝”是学术发展的规律。

西汉韩婴《韩诗外传》卷五上有一句话：“智如泉涌，行可以为表仪者，人师也。”扬雄《法言·学行》上有一句话：“师哉！师哉！桐（童）子之命也。务学不如务求师。师者，人之模范也。”

宋代一些教育家也是尊师爱生的典范。胡瑗一方面提倡“严师弟子之礼”，另一方面也倡导师生之间感情深厚、关系融洽。他平日视诸生如子弟，诸生也敬他如父兄。程颢和善可亲，学生们和他相处，常感到“如坐春风和气中”。程颐则威严刚毅，有的学生见他瞑目静坐而不敢惊动，立于门内等候至雪深尺余，留下了“程门立雪”的佳话。朱熹曾批评过官学师生关系淡漠的缺点，“师生相见，漠然如行路之人”。他发扬孔子“诲人不倦”的精神，循循善诱，孜孜不倦，对学生有深厚的感情。他的学生黄榦在其编撰的《朱子行状》中说：“朱子讲论经典，通贯古今，率至夜半。虽疾病支离，至诸生问辨，则脱然沉疴之去体，一日不讲学，则惕然常以为忧。”这反映了一个伟大教师的情操。朱熹对学生的要求是严格的，但不是消极的防范，而是积极的引导，不重

①② 《论语·子罕》。

③ 《庄子·天下》。

④ 《荀子·大略》。

形式的条文规定，而重在启发学生自觉遵守。热心教人，方法得当，才能加深师生情谊，密切师生关系。朱熹的这些经验，包含了普遍的规律，体现了中国古代教育史上尊师爱生的优良传统，常为后人所称道和借鉴。

古代教育家论道德教育的作用*

中国古代教育家一般都强调道德教育，重视道德教育，把道德教育放在培养人的首要地位。

孔子认为具有高尚的道德品质，是成为贤能君子的首要条件。他说："君子怀德。"① 君子所思念的就是道德，这是最根本的问题。君子要专心致力于根本方面。"君子务本，本立而道生。孝弟也者，其为仁之本与!"② 根本树立了，仁道之德也就由此而生。孝顺父母敬爱兄长，就是仁道的根本。因此，当谈到知识教育和道德教育的关系时，他就十分明确地说："弟子入则孝，出则弟，谨而信，泛爱众，而亲仁。行有余力，则以学文。"③学生回到家里要孝顺父母，外出要敬爱兄长，做事谨慎小心，说话讲究信用，要广泛爱护大众而亲近有仁德的人，这样做了之后还有多余的精力，就用来学习文化知识。这就是说，首先是道德教育及其实践，其次才是知识教育。孔子主张德育要通过智育来进行，知识教育主要地也是为道德教育服务，使学生"知德"，对道德规范具有一定知识，有分辨社会行为的是非善恶的能力。孔子很重视学生的道德认识，要求学生知礼、知仁、知道、知德。他从理论上论述了德育与智育的关系，并且将德育置于首要地位。他的这些思想为后来教育家们所继承，历代相袭，重视道德教育成为我国古代的教育传统。

那么，为什么古代教育家如此重视道德教育呢？根本原因是古代教育家重视道德教育所产生的巨大作用。他们认为只有培养符合古代统治阶级所需要的贤能君子，才能完成治国平天下的历史任务。他们总是把道德教育与政治紧密联系起来。他们认为政治上的成功失败、社会上的安定动乱、国家的统一分

---

* 本文原载《教育评论》1985 年第 2 期。

① 《论语·里仁》。

②③ 《论语·学而》。

裂，往往决定于道德教育的好坏。一个社会进行了良好的道德教育，这就是政治上的成功，就会促进社会的安定前进，进而促进国家的统一、巩固和发展；相反，一个社会不重视道德教育，这就是政治上的失败，就会促使社会动乱、倒退，进而导致国家分裂、衰败。他们重视道德教育，就是重视道德教育对社会、对国家、对政治所产生的巨大作用。

孔子主张“德治”，就是主张用道德教育来治理国家。他说：“为政以德，譬如北辰，居其所而众星拱之。”① 国君用道德教育来治理国家，就会像北极星一样处于一定的方位而群星环绕着它，比喻国君受到人民拥戴。他还说：“道之以政，齐之以刑，民免而无耻；道之以德，齐之以礼，有耻且格。”②用行政命令来领导治理，用刑法来整齐制约，老百姓只是勉强克制自己纠正错误。在这里，孔子重视道德教育的作用，认为提高人们的道德水平，比行政命令和刑罚措施更重要，因为通过道德教育形成“羞耻之心”，即形成“道德信念”的力量，从而认识到了道德的社会作用。

孟子主张“仁政”，即用“仁爱之心”来从政，把道德教育贯彻到政治上去。孟子说：“善政不如善教之得民也。善政民畏之，善教民爱之；善政得民财，善教得民心。”③ 善政是什么呢？指的一般政治手段，行政禁令，用以防止于外，“民畏”而不敢不服从。善教是什么呢？指的道德教育，说服感化，用以改革其心。善教的中心内容是“人伦明于上，小民亲于下”④。善教能使民自己乐于为善。善政，只能得到百姓的财富；善教，可得到百姓的心。善于进行道德教育，使在上位的人明人伦，在下位的民亲爱相处，这是行仁政、得民心的重要手段。他还说：“上无礼，下无学，贼民兴，丧无日矣。”⑤ 在上位的人不懂礼义，在下位的人不知学习礼义道德，则易于为乱，违法乱纪的人都起来了，害民之事层出不穷，国家灭亡即在旦夕，没有期日了。

荀子主张“礼治”，即用“礼教”来治理国家。他说：“不教诲，不调一，则入不可以守，出不可以战。教诲之，调一之，则兵劲城固，敌国不敢婴也。”⑥ 这就是说，不用“礼教”，不进行道德教育，人民没有统一的意志，则

①② 《论语·为政》。
③ 《孟子·尽心上》。
④ 《孟子·滕文公上》。
⑤ 《孟子·离娄上》。
⑥ 《荀子·强国》。

退不可守，进不可以攻。重视道德教育，人民有统一的意志，协调一致，则兵劲城固，敌人不能侵犯了。

《礼记·学记》："建国君民，教学为先"，"化民成俗，其必由学"。道德是教学的中心。通过道德教育培养国家所需要的人才，通过道德教育化民成俗，形成社会良好的道德风尚。这里也是讲道德教育对"建立国家，统治人民"、对"化民成俗"所起的巨大作用。

《礼记·大学》："自天子以至于庶人，壹是皆以修身为本。"从天子一直到普通的民众，一心所要行的，都是把自身的道德修养看成根本。"身修而后家齐，家齐而后国治，国治而后天下平。"这里着重说明了道德教育，个人的道德修养与齐家治国平天下的一致性。也就是道德教育对社会、对国家、对政治所发挥的巨大作用。

《礼记·乐记》说："礼以道其志，刑以防其奸。"

西汉的贾谊说："礼者禁于将然之前，而法者禁于已然之后。"①

这两句话说明道德教育与刑罚法律是不同的。刑罚法律不能代替道德教育，道德教育也不能代替刑罚法律，它们各有各的作用，各有各的职能，这里有已然、未然之别，这里有暴力、感化之分。

总起来说，道德教育的作用：一是培养贤能君子（君子儒、大丈夫、大儒、贤士等）；二是"得民心"、"近悦远怀"，受到人民拥戴，"固国齐民"、统一人民的意志，"化民成俗"、形成社会良好的道德风尚。这两条合起来就是"修齐治平之道"。也就是说，道德教育和道德修养的作用是为了齐家、治国、平天下。

从以上叙述中，我们可以看到以下两点。

一是古代教育家都是从维护统治阶级利益，巩固统治阶级专政的立场出发看待道德教育的。他们把道德教育与培养统治阶级的统治人才、与统治阶级的政治紧密联系起来观察道德教育的地位和作用，把道德教育当作维护统治阶级利益的主要工具。

二是古代教育家从当时的社会政治生活出发，对道德教育的社会作用作过许多探讨。他们都相当重视道德教育的作用，都把道德教育放在首位，认为道德教育能起到政治、法律所起不到的作角，有其独有的社会功能，是不可缺少

① 《治安策》，见《汉书·贾谊传》。

的。在这些思想中，不仅包含着丰富的历史经验和教训，而且也包含着一些合理的见解，有的已经接触到道德规律和特点，有的至今还可以作为宝贵的思想资料，对我们今天还有一定的参考价值。

老子论道德教育*

戒骄戒贪，有道德的人是朴实的

老子的生平事迹不很清楚，司马迁在《史记》里给他写了一个简单的传记，说他姓李名耳字聃，楚国苦县（今河南鹿邑）人。曾任周朝“守藏室之史”，即管理国家藏书的史官，相当于国家图书馆与历史博物馆的馆长。后来人都称他为老子，“老”是年高德重的意思，“子”在古代是对男子的美称，一般有学问有德行的人都称“子”。相传孔子曾经向老子请教过学问，所以人们估计老子的年岁应当长于孔子。

据《史记》载，当时孔子才年过三十，学问渊博，又注意道德修养。好学的孔子来到历史悠久的京城洛邑要拜见老子，老子听说孔子来了，也亲自到郊外迎接。孔子向老子请教了很多问题。老子比孔子年龄大得多，经历也丰富得多，他深深器重像孔子这样虚心求知的年轻人。老子和孔子都是中国历史上极其杰出的人物，他们的会见是灿烂的古代文化教育史上饶有意义的一页。

孔子要返回鲁国了，临别时向老子辞行，老子送了几句话，作为临别赠言。老子语重心长地说：“第一，你所钻研的，多半是古代的事情，可是这些古人已死了，连骨头也烂了，只不过剩下几句遗言，你不能把这些遗言看得太死，不要太拘泥于古人的话。第二，一个有道德、有学问的人，按理说是应该有一定的地位和待遇，但也要看他生活的时代，如果有条件改善一下生活，是可以的，如果没有条件，就不必强求，一味强求，只会给自己带来苦恼。第三，会做买卖的都不把好货摆在外面，有极高道德的人都是很朴实的。你还应当注意去掉骄傲、贪恋，去掉妄想与架子，不要任性，道德修养上更严格要求自己。不然的话，会阻碍自己前进，同时也会给自己招来是非。我要告诉你的

* 本文原载《中小学管理》1994 年第 21 期。

就是这些话了。”

孔子深深地回味了老子的叮嘱，怀着感激的心情离开了洛邑，开始了他的新的人生旅程。而老子的这一番话，言有尽意无穷，在中国古代道德教育史上留下了美谈。

顺其自然，保持人类原有的天真

《道德经》传说是老子讲授，由他的弟子一代代口耳相传，后人整理而成的。在这本书里，老子否认天帝的存在，提出了一个“道”来作为天地万物的来源，而“德”则是万物体现“道”的自然本性和表现。对人类来说，“道”是人类活动的最高原则、人类共同遵循的规范；而“德”则是人类体现最高原则规范的本性或品质。

老子认为，“德”就是顺其自然，“德”就是承认客观自然规律，“德”就是承“天意”，“德”就是顺“大道”。保持人类原有的天真，勿虚伪，勿矫揉，勿斫丧，勿机巧变诈，勿权谋术数，推赤心置人腹中，这就是“德”，就是符合“道”的本性和品质。老子说：“见素抱朴，少私寡欲。”“素”是没有染色的丝，“朴”是没有雕琢的木。“常德乃足，复归于朴”，“我无欲，而民自朴”。常德充足，便可回复到真朴的状态；有道的人没有贪欲，就可以起到正面的导向作用，因而人民就自然朴实。人们处于天真纯朴的境界，自然就少私寡欲，浑然元善，无丝毫物欲之私，未曾斫伤，没受污染，如同婴孩一样。“专气致柔，能婴儿乎?”“如婴儿之未孩”，“含德之厚，比于赤子”。老子认为婴儿是最纯朴的，人们的“德”深厚的程度，应该比得上无知无欲的婴儿赤子，这就保持了人类原有的天真了。人人都在极纯正的天真中生活，人人胸中不要存着“机心”——智巧变诈的心计，无须防范，无须机诈，这就是庄周（老子之后的又一位道家思想家）所说的：“天下无失其朴。”

怎样才能达到保守天真的目的呢？老子说：“恬淡为上。”对外来事物淡泊些，不要以人灭天，以身殉物，凡对外物太追求了，天真就难免于损伤。老子并不反对物质生活，主张“甘其食，美其服，安其居，乐其俗”，不过所谓“甘、美、安、乐”都不要过分，不要达到“甚、泰、奢”的程度。老子说：“五色令人目盲，五音令人耳聋，五味令人口爽，驰骋畋猎令人心发狂，难得之货令人行妨。是以圣人为腹不为目，故去彼取此。”缤纷的色彩使人眼花缭乱，纷杂的音调使人听觉不敏，饮食餍饫会使人舌不知味，纵情狩猎使人心放荡，稀有货品使人行为不轨。因此圣人不逐声色之娱，屏弃物欲的诱惑而保持安足的生活。“祸莫大于不知足，咎莫大于欲得，故知足之足，常足矣。”祸患没有过于不知足的了，罪过没有过于贪得无厌的了。所以知道满足为止的人永远是满足的。知足自然就淡泊，淡泊就能保真。庄周也说：“平易恬淡，则忧患不能入，邪气不能袭，故其德全而神不亏。”

淡泊并不是糊涂，亦不是对人间世事都以马马虎虎的态度去敷衍应付，更不是见他人富贵荣华而我不能有，遂唱高论，而是以人的精神生活源于物质生活但高于物质生活的眼光评价富贵荣华的价值：“金玉满堂，莫之能守？”“富贵而骄，自遗其咎？”现代社会高度物质文明给人们带来了幸福，但同时也带来了现代“城市病”，芸芸众生，只求动物性的满足与发泄，灵性的斫伤到了骇人的地步，心灵方寸之地，良知自我之所，已告沉沦，失去了心灵的归乡与故园。读了老子的描述，令人感慨系之！

贡献自己，人只有活在责任义务里

老子说：“自见者不明，自是者不彰，自伐者无功，自矜者不长。”自逞己见的，反而不得自明；自以为是的，反而不得彰显；自我夸耀的，反而不得见功；自我矜持的，反而不得长久。自矜其德，自伐其功，是平常人易犯的毛病。因为人有了欲望，有了“机心”，就不免要炫耀，则其势必出于争。故老子主张“弃智”（弃“机心”）、“去欲”、“主静”、“守柔”。人到柔静的地位，则不趋势，不慕外，外物不得而浸，不为物先，不为物后，浑然与万物同体，根本就不自觉有什么长处，有什么异于他人的地方，更何有于矜伐呢？

“为而不有”，就是要尽自己力量，为社会服务，而不责望社会的酬报。“万物作焉而不辞，生而不有，为而不恃，功成而弗居。”“不辞”即不主宰的意思，“道”让万物兴起而不主宰万物，生养万物而不据为己有，作育万物而不自恃己能，功业成就而不自我夸耀。正因为“道”不自我夸耀，所以他的功绩是不会泯没的。

老子说：“圣人不积，既以为人己愈有，既以与人己愈多。”圣人不私自积藏，他尽量帮助别人，自己反而更充足；他尽量给予别人，自己反而更丰富。人苟寄身于精神事业，则只求精神上的慰藉，而不求物质上的酬报。英国近代学者罗素佩服老子“为而不有”的主张，说老子提倡创造的冲动，故老子的学说是最高尚最有益的哲学。

老子说：“修之于身，其德乃真；修之于家，其德乃余；修之于乡，其德乃长；修之于国，其德乃丰；修之于天下，其德乃普。故以身观身，以家观家，以乡观乡，以国观国，以天下观天下，吾何以知天下之然哉？以此。”修身犹如巩固根基，修养个人身心，他的德才会是真实的；贯彻到一家，他的德才可以有余；贯彻到一乡，他的德才能受尊崇；贯彻到一国，他的德才会丰盛；贯彻到天下，他的德才会普遍。所以要从我个人观照其他的个人，从我家观照其他人的家，从我的乡观照其他的乡，从我的国家观照其他的国家，从我们的天下观照其他的天下。我怎么知道天下的情况呢？就是用这种道理。

老子觉得凡道德必能实施于家国天下，才算是真正的道德。看你的实际行动是否真能修之于身、家、国、天下，才能论断你的德行是否真实、是否坚定。

老子说：“上德不德，是以有德；下德不失德，是以无德。上德无为而无以为，下德无为而有以为。”上德的人因任自然，不表现为形式上的德，所以实是有德。这说明最高尚的德是自然的、无形的，无迹象可睹，无端倪可察，是内在的、含蓄的，不显露的、无意的，天然而出的。如果是人为的、故意炫露的、形式上的那就是“下德”了。下德之人处处显示自己很有“德”，其实算不上德。上德之人顺应自然而无心作为，下德之人却是有心作为。保真与淡泊，戒矜与为而不有，仁慈与怜悯，爱心与互助，这些美好的东西在具有“上德”之人身上完全是下意识的，甚至可以说是他的一种本能、本分。这也就是说，上德之人是符合“道”的，是按照“道”的本义去做的，是“道”的真实体现。屏弃私欲、功利，追求的应该是贡献自己的机会，而不是自我标榜、自我功利，如果抱着这种心态去工作，就是“为而不有”，就是“上德”。我们应努力创造，但是并非为了自己占有更多。人绝对不是活在功利里边，人只有活在责任义务里。这是老子道德教育思想之核心，无论如何对现代社会的现代人的情绪，无疑是一剂清凉消毒剂，值得我们深思。

略论《管子》的教育思想*

《管子》是我国古代的一部综合巨帙，也是我国文化宝库中的一朵奇葩，素有“论高文奇”之赞。

《管子》是依托管仲之名而成书的。管仲（约公元前725—前645），名夷吾，字仲，颍上（今安徽颍上）人。自公元前685年至公元前645年，管仲相齐达四十年。他任相期间，在政治、经济、军事等诸多领域都有重要的改革和建树，辅佐齐桓公“九合诸侯，一匡天下”，成为春秋五霸之首，因此说，管仲是我国古代著名的政治家、经济家、军事家，也是一位卓越的改革家。由于他在我国历史上有着深远的影响，所以后人依托管仲之名而成《管子》之书，也就并非偶然。《管子》一书中的多数篇章假借管仲的名义来分别论述作者们在政治、经济、军事、教育、哲学、社会以及自然科学方面的思想内容，还有部分篇章是以齐桓公与管仲一问一答的形式，记载了管仲（当然也可能有作者自己）的思想和治国业绩，全书自始至终都与管仲保持一定的联系。

关于《管子》的作者及成书年代，学术界众说纷纭。张岱年先生说：“《管子》一书是齐国推崇管仲的学者依托管仲而写的著作的汇集，可称为‘管仲学派’的著作。”① 赵守正先生说：“《管子》书的大部分成于战国时代的齐国稷下学宫，出自许多佚名的稷下先生之手”，而且“又有秦汉时代的作品”。② 我们赞同这两位先生的意见。

本文试图就《管子》书中独具特色的教育思想作一些尝试性的探讨，恳请读者赐教。

---

* 本文系与赵发中同志合作，原载《教师教育研究》1990年第4期。

① 张岱年：《齐学的历史价值》，《文史知识》1989年第3期。

② 赵守正撰：《管子通解》，北京经济学院出版社1989年版，“前言”第2页。

一、《管子》论教育的地位与作用

首先，“国犹是国也，民犹是民也，桀纣以乱亡，汤武以治昌。章道以教，明法以期，民之兴善也。如此，汤武之功是也”①。《管子》认为国家的治乱兴废在很大程度上是教育、教化的结果。“国有四维（即‘礼’、‘义’、‘廉’、‘耻’），一维绝则倾，二维绝则危，三维绝则覆，四维绝则灭。”又言：“四维不张，国乃灭亡。”②《管子》强调了“礼”、“义”、“廉”、“耻”的教育问题对国家政治统治的重要性，并极力劝导君主将其作为一个基本国策予以高度重视。“审居处之教，而民可使居治、战胜、守固者也。”③ 这样国家便可以长治久安。与此同时，《管子》也承认政治对教育的制约作用。它说：“夫君人之道，莫贵于胜。胜，君道立；君道立，然后下从；下从，故教可立而化可成也。”④ 这说明，凡是政治清明，人君有为，必然要重视教育问题，这样教育才能顺利开展并卓有成效。

其次，教育是实现富国强兵、称霸诸侯的重要途径和手段。要富国必先发展经济，要发展经济，就必须重视教育对经济发展的促进作用。《管子》认为经济是礼义教化的物质基础，经济发展了，人民的文明程度就会提高，“仓廪实则知礼节，衣食足则知荣辱”⑤。同时认为，教育对经济的发展也有促进作用，“不告之以时而民不知，不道之以事而民不为”⑥。只有教育农民“务在四时”⑦并积极从事生产，他们才会尽力而为，进而实现家给人足、国强民富的理想。《管子》还论述了士、农、工、商四民分业的社会职业教育对经济的促进作用。《管子》主张通过教育手段推动国民经济的发展，这反映了教育对发展经济有着巨大的促进作用，但在生产力水平较为低下的古代社会，这种作用表现得并不明显，相反，经济水平对教育的决定作用却表现得十分突出。

再次，《管子》还认识到教育对形成良好的社会道德风尚、移风易俗有着

---

① 《管子·宙合》。

②⑤⑦ 《管子·牧民》。

③ 《管子·君臣下》。

④ 《管子·正世》。

⑥ 《管子·乘马》。

重大作用。它说："必先顺教，万民乡风。"① 只有先对百姓施以礼义廉耻等道德教育，他们才会趋向好的风化。又说："凡牧民者，使士无邪行，女无淫事。士无邪行，教也；女无淫事，训也。"② 通过教育和训诲，社会上的"邪行"和"淫事"就会大大减少，社会风气就会好转，百姓也才会有一个稳定的生活秩序。一个国家的兴衰治乱可以从社会风尚的好坏上体现出来。所以《管子》说："入州里，观习俗，听民之所以化其上，而治乱之国可知也。"③ 那么，如何变俗易教呢？它说："乡置师以说道之"④，"人啬夫任教，教在百姓"⑤。由"乡师"主管教育，由"人啬夫"来向人民具体实施教育内容，然后"百姓皆说为善，则暴乱之行无由至矣"⑥。这反映了私学产生以前的"学在官府"，政教合一，教师由国家的一些官员兼任的时代特征，同时也说明了通过地方基层组织及地方官吏对人民群众实施教育的传统在我国教育史上是由来久远的。接着，它又提出了"化"："渐也、顺也、靡也、久也、服也、习也，谓之'化'。"⑦ 就是说，"化"是渐进、驯服、磨炼、熏陶、适应、习惯这样一个教育和感化的循序渐进的基本过程。同时又提出："不明于化，而欲变俗易教，犹朝揉轮而夕欲乘车。……变俗易教，不知化不可。"⑧ 明确强调了教育对于移风易俗的重要作用。

再者，教育对人的个性发展也有着不可低估的积极影响。在道德修养方面，《管子》很重视教育对人的感化作用。它说："若夫教者，标然若秋云之远，动人心之悲；蔼然若夏之静云，乃及人之体；窎然若皜月之静，动人意以怨；荡荡若流水，使人思之，人所生往。"⑨ 教育好像"秋云"、"夏之静云"、"皜月"、"流水"一般激励并感化着人的内心世界，催人向善，促人从良，去做一个品质高尚的人。由于教育有感化人的特征，君主所处的至高无上的特殊地位决定了他的人格和道德行为具有上行下效的导向与感化作用，所以《管子》认为，君主要想治官化民，移风易俗，使国家呈现出一个良好的社会道德风尚，自己首先必须在言谈举止、人格修养上处处以身作则。它说："御民之

---

① 《管子·版法》。
②④⑥ 《管子·权修》。
③ 《管子·八观》。
⑤ 《管子·君臣上》。
⑦⑧ 《管子·七法》。
⑨ 《管子·侈靡》。

轡，在上所贵；道民之门，在上所先；召民之路，在上所好恶。”① 又言：“上好勇，则民轻死；上好仁，则民轻财。故上之所好，民必甚焉。”② 故《管子》极力劝导君主务必垂范于民。

此外，《管子》对教育的“树人”、育人方面的作用也有十分明确的认识。《权修》篇说：“一年之计，莫如树谷；十年之计，莫如树木；终身之计，莫如树人。一树一获者，谷也；一树十获者，木也；一树百获者，人也。”人们常说的“十年树木，百年树人”即源于此。这里不仅强调了树人的长期性及其重要意义，而且还充分肯定了“树人”将会带来巨大的社会效果。这种对教育作用的深刻认识，至今仍放射着璀璨的光芒。总之，《管子》强调并充分肯定了教育对治国安民、富国强兵、移风易俗及“树人”、育人等方面的重大作用是很值得我们重视的。

二、《管子》的道德教育思想

《管子》书中关于道德教育的内容比较丰富，主要包括礼、义、廉、耻、孝、悌、慈、惠、仁、信等道德规范。而礼、义、廉、耻这四者又是其中心的道德教育内容。

《牧民》篇对礼、义、廉、耻道德规范的内涵作了解释。它说：“礼不逾节”，即不要超越应守的规范；“义不自进”，即不以不正当的门路谋求官位和财产；“廉不蔽恶”，即不要掩饰过错；“耻不从枉”，即不趋从坏人。其中，《管子》把礼义作为其道德的最基本内容。关于“礼”，《五辅》篇作了较详尽的论述。它说：“上下有义，贵贱有分，长幼有等，贫富有度，凡此八者，礼之经也”，“知礼然后恭敬，恭敬然后尊让，尊让然后少长贵贱不相逾越，故乱不生而患不作。故曰：礼不可不谨也”。“礼”这一重要的道德规范，能使人们相互恭敬，相互谦让，帮助人们正确认识自己在社会上所处的位置，互不逾越，社会就会秩序井然，太平稳定。可以看出，《管子》对“礼”的论述相当完备，同孔孟对“仁”的论述一样，在我国封建社会伦理道德规范的形成过程中，占有重要地位。《五辅》篇还对“义”作了详细的解释。它把孝悌慈惠、

① 《管子·牧民》。
② 《管子·法法》。

恭敬忠信、中正比宜、整齐撙诎、纤啬省用、敦懞纯固、和协辑睦看作“义”的基本内容。

在《管子》看来，“礼”是一种以社会为本位的道德规范，它是以社会的尊卑等级为既定前提，把是否逾节作为衡量每个人是否合乎道德的标准，“义”则是以“礼”为内容的行为准则。《管子》这种以“礼”、“义”为中心的伦理道德教育思想，与孔孟以“仁”、“义”为中心的伦理道德教育思想是不同的。在孔孟那里，是由“仁”及“礼”，即从个人的道德修养上升到对社会道德规范的自觉遵循。《管子》则主张用社会伦理道德规范约束个人道德行为规范。但二者对于维护社会等级制的“礼”的目的却是一致的，诚可谓相辅相成。

管子学派在他们自身的道德教育实践活动的基础上，借鉴并吸收融合了儒家、道家、墨家等的道德教育思想，最后总结出了以下几条道德教育原则。

第一，反怠倦。《管子》认为人们在接受道德教育时应有积极主动的精神，不能懒惰。它说：“怠倦者不及，无广（旷）者疑（拟）神；神者在内，不及者在门；在内者将假（暇），在门者将待（殆）。曙戒（黎明）勿（忽）怠，后稚（迟）逢殃；朝忘其事，夕失其功。”① 又说：“解惰简慢，以之事主则不忠，以之事父母则不孝，以之起事则不成。故曰：怠倦者不及也。”② 怠倦者是根本培养不出道德意识的。

第二，忌伐矜。《管子》反对骄傲自满，居功自伐，积极提倡谦虚处世。它认为，独擅其美，自恃其盛，自奋其能，而以骄傲放荡的姿势去欺凌他人，失败就会从这里开始。它说：“盛而不落者，未之有也。故有道者不平其称，不满其量，不依其乐，不致其度。爵尊则肃士，禄丰则务施，功大而不伐，业明而不矜。”③《管子》的作者们深明物极必反的真理性，认为“日极则仄，月满则亏”是“天地之纪”。④ 因此，它以“盛必失而雄必败”⑤来提醒那些居功自大的人注意，不然则大事难成，“矜物之人，无大士焉”⑥，并认为“矜者，细（小人）之属”⑦，故“不可与交”。

第三，慎言。《管子》把慎言列为道德修养的重要原则。说话要分场合，

① 《管子·形势》。

② 《管子·形势解》。

③⑤⑥ 《管子·宙合》。

④ 《管子·白心》。

⑦ 《管子·法法》。

有原则，即“可正而视，言察美恶，审别良苦，不可以不审”。该发言时就直抒胸臆，否则就保持沉默，“可言可默”，如果言不周密，有时还会给自己招来祸患，即“言轻谋泄，灾必及于身”。① 故与其“多言而不当”，诚“不如其寡也”。② 一个人如果动辄口出恶语狂言或空话连篇，不仅表现出这个人缺乏起码的道德修养，而且还会害人害己，甚至给社会带来危害。所以说：“言不可不慎也。”③

第四，从小处做起。《管子》认为一个人要想修养好道德情操，最重要的是时时刻刻从小处严格要求自己，只有这样经过日积月累的培养，最后才能修成大德。对于一个国家来说，要形成一个良好的社会风尚，统治者就必须教导人民注意“修小礼，行小义，饰小廉，谨小耻，禁微邪”④。它说这是“厉民之道”，“治之本”。如果道德教育不从小处做起，不去防微杜渐，那么“微邪”就会变成“大邪”，“大邪”最终也会危害到国家。“凡牧民者，欲民之正也。欲民之正，则微邪不可不禁也。微邪者，大邪之所生也。微邪不禁，而求大邪之无伤国，不可得也。”⑤在禁邪问题上，《管子》主张采取积极的态度，不能等问题发生了才去解决，而是防患于未然，“备患于无形”⑥。它认为“杜事之于前，易也”⑦。这是十分深刻的。

第五，自我反省。《管子》教导人们要经常反思自己的所作所为。它说：“退而修诸己，反其本也。”⑧“反本”与“修己”就是要从多方面严格要求自己，不断提高自己的道德修养。经常要像睁着眼睛睡觉，像在黑夜里明察一样反省自己，这是它所谓的“大揆度仪，若觉卧，若晦明”⑨。另一方面，还要从“绝理者”身上记取教训，从“不及者”（努力不足的人）身上取得借鉴，以能更清楚地反思自我。所以，它说：“能以所闻瞻察，则事必明矣。”⑩

此外，《管子》在道德教育上很重视道德的感化及自觉性，认为道德教育是以启发和感化为特征的，是要人们动于衷曲，内心受到感化，从而自觉地遵

①③⑨ 《管子·宙合》。

② 《管子·戒》。

④⑤ 《管子·权修》。

⑥ 《管子·牧民》。

⑦ 《管子·侈靡》。

⑧ 《管子·君臣下》。

⑩ 《管子·禁藏》。

守道德规范。

从以上的分析中可以看出，管子学派的道德教育思想从形式到内容都在一定程度上吸收、借鉴了儒、墨、道等家的部分道德教育思想，并将其融合到自身道德教育的实践活动之中，从而提出了具有齐文化特色的道德教育思想。

三、《管子》四民分业的社会职业教育思想

《小匡》篇中说："士农工商四民者，国之石民也，不可使杂处，杂处则其言咙，其事乱。"据此，它又提出了改革社会行政组织的方案，即"三国"、"五鄙"。"三国"即在国都城郊以内按士、农、工、商四业而"制国以为二十一乡：商工之乡六，士农之乡十五"，并规定"处士必于闲燕，处农必就田野，处工必就官府，处商必就市井"。至于"五鄙"就是将野划分为五属，使农业人口定居之。

四民为什么要分业聚居呢？主要有以下几方面的原因。第一，四民分业"群萃而州处"，有利于形成一个良好的生产和流通环境，促进士农工商四业全面发展。相同职业的人居住在同一"社区"，同行之间可以经常相互模仿以及彼此交流、切磋生产技艺和货物的流通信息（即市场行情），从而促进生产的发展、技艺的提高和货物的流通，以实现家给人足、通货积财的目标。第二，有利于子弟形成良好的职业观。《管子》认为，应从小对子弟经常进行有关学习与修养、操作方法、经营技巧等方面的教育和指导，同时又教育他们热爱这些行业，即"旦夕从事于此，以此教其子弟，少而习焉，其心安焉，不见异物而迁焉。是故，其父兄之教，不肃而成；其子弟之学，不劳而能"。如此的早期教育，对子弟形成稳定的职业观就会产生积极作用。所以，经过长期的环境熏陶和父兄的言传身教，再加上子弟有意识的耳闻目睹，然后就能做到"士之子常为士"，"农之子常为农"，"工之子常为工"，"商之子常为商"。由此可见，《管子》在教育观上基本上属于环境论者，并且偏重于环境的积极影响。第三，"士农之乡十五"，"作内政而寓军令焉"，寓兵于农，兵农合一，有利于强兵。第四，有利于加强社会管理，严格社会控制，以求能有一个稳定的生产、生活秩序。第五，四民"群萃而州处"还有利于国家有针对性地对各个"社区"分别实施不同的社会教育内容。具体包括以下几个方面。

1.“士”的教育

在《管子》中，“士”为四民之首，之所以如此，主要是因为“士”阶层中含有两种重要成分：(1) 军士，也即由他们组成的军队，直接关系到国家的安危；(2) 文士，即官吏，直接影响到国家的治乱。将“士”放在首位是春秋战国攻伐兼并、称雄称霸的时代需要，故对“士”的作用不能不予以充分重视，因此对“士”的教育也就显得十分重要了。这里仅就其文士教育思想作一简单的分析。

《小匡》篇曰：“令夫士，群萃而州处，闲燕则父与父言义，子与子言孝，其事君者言敬，长者言爱，幼者言弟。”经常对“士”及其子弟实施“义”、“孝”、“敬”、“弟”等方面的教育，要求他们“处靖，敬老与贵，交不失礼”①，从而提高他们的伦理道德水平，使这部分“士”成为知情达礼、有一定素养的文明阶层。与此同时，《管子》还教导“士”注意教育他们的子弟，以保证“士之子常为士”这一目标的实现。

2. 农事教育

从第二部分的“政在富民”教育思想的论述中可以看出，《管子》是十分重视农业的，认为农业是“本”，它对一个国家的兴衰成败起着至关重要的作用。在它看来，农业问题是治国安民的根本问题，解决好了，人民就可以安居乐业，国家还可以稳定发展，“国多财则远者来，地辟举则民留处”②。如果农业得不到发展，那么百姓就不会识“礼节”知“荣辱”，也就不会具有“礼”、“义”、“廉”、“耻”等道德规范。而“礼”、“义”、“廉”、“耻”又为“国之四维”，“四维不张，国乃灭亡”。因此，《管子》极力规劝吏民重视并大力发展农业。

它在《牧民》篇中开宗明义提出了农业的两大方面——“务在四时”与“守在仓廪”，认为“不务天时则财不生，不务地利则仓廪不盈”。③至于如何耕耘，它在《小匡》篇中作了很详细的说明：“审其四时，权节其用，备其械器，比耒耜枷芟。”论述了春耕、夏耘的具体方法。值得说明的是《管子》还明确提出了分田到户、分户经营的思想，认为这样做可以把农民的责任心、积极性充分调动起来，农民就会自觉地早起晚归，不辞劳苦地从事农业生产。

---

① 《管子·大匡》。

②③ 《管子·牧民》。

为了更有效地向百姓推行农事教育，发展农业生产，《管子》还主张设“虞师”、“司空”、“司田”、“乡师”等官职，并明确划分了各自的职责范围。由这四个官员常年分别负责向农民实施农事教育、视察农业生产状况、及时为农民解决困难，这样，农业就不愁发展不起来。这一点也是很值得今天我们的农业部门借鉴的。

3. 工商业教育

《管子》虽以农业为“本”，以工商业为“末”，并且有“饬末”、“禁末”之说，但并非反对一般的工商业，它所反对的只是“刻镂”、“文巧”及游食之民，即反对对国家富强不利的工商业。这同《管子》的“尚俭”思想是一致的。

在谈到对于“工”即手工业者或工匠的教育时，它说：“相良材，审其四时，辨其功苦，权节其用，论比，计制，断器，尚完利。”① 要求工匠们按季节的需要制造出种类齐全、工艺精致的手工业产品来，以满足社会需要。同时，《管子》还教导工匠们“相语以事，相示以功，相陈以巧，相高以智”，彼此经常切磋生产与操作技艺。对于商人的教育，它也提出了具体的办法：“观凶饥，审国变，察其四时而监其乡之货，以知其市之贾。负任担荷，服牛骆马，以周四方；料多少，计贵贱，以其所有，易其所无，买贱鬻贵。是以羽旄不求而至，竹箭有余于国，奇怪时来，珍异物聚”，以促进商品的流通和市场的繁荣。同对，它还教导商人们要“相语以利，相示以时，相陈以知贾”，彼此经常交流一下市场的行情。不仅如此，《管子》还要求做父兄的工匠、商人担负起教育、培养其子弟的任务，以便世业相传。

以上可以看出，《管子》四民分业的社会职业教育思想具有这样几个特点。(1) 具有鲜明的政治性和生产性。它是为巩固齐国的政治统治及富国强兵这一根本目标服务的，是为发展生产力、提高劳动效率服务的。(2) 注重环境对职业技术教育的积极作用，至于教育过程、内容、方法等方面没有作具体规定，基本上采取顺其自然的态度。(3) 子承父业，家业传世。这样，个体家庭不仅是物质再生产、人身再生产的社会细胞，而且也成为精神再生产的社会基本单位，就是说个体家庭变成了知识技术教育的基本单位。其中，父兄为师长，子弟为学徒。子承父业是中国古代社会职业技术劳动力更新的一贯传统，也是整

① 《管子·小匡》。

个封建社会的特点。从当代教育社会学的角度来看，重视环境影响主要是突出“地缘关系”，子承父业、家业世传强调的则是“血缘关系”及“业缘关系”。随着社会生产力的发展，“地缘关系”一方面有被打破的必然性，使“社区”变得更加开放；另一方面又有被强化的趋势，使得该“社区”成为某一行业的专业化基地。与“地缘关系”紧密相连的“业缘关系”在职业教育中也有不断被强化的趋势。相反，“血缘关系”则会逐步地受到削弱。因为职业教育同学校基础教育一样，必须充分尊重受教育者的主体性，否则其教育就不可能成功。（4）四民分业的社会职业教育是一种终身教育，符合职业教育的终身性要求。

《管子》四民分业的社会职业教育思想固然意义极大，对后世影响深远，但无可否认，它同时也有一定的局限性。四民分业定居，家业代代相传，使各个“社区”向着专业化方向发展，这样久而久之，就会使人孤陋寡闻，并限制着人的全面发展。由于严格的社会管理和控制，“非诚贾不得食于贾，非诚工不得食于工，非诚农不得食于农，非信士不得立于朝”①。除优秀的农民子弟可以晋身于“士”阶层，实现垂直的社会流动外，其他各社会阶层（或群体）甚至几乎没有水平流动（即职业交换）的可能。“鸡犬之声相闻，老死不相往来”是对封闭、保守的封建社会的一个真实写照。再者，子承父业，家业传世，使得生产技术、操作工艺中的“绝招”、“秘方”只在父子之间口传心授（传子不传女）。这样，许多先进的生产技术和管理经验不仅无法得到推广，反而有失传的可能。

总之，四民作业的社会职业教育思想具有很强的时代性，是当时社会生产关系的反映并为之服务的，是中国古代教育史上最早的职业技术教育，它具有自身的特色，所以应给它以应有的历史地位。

① 《管子·乘马》。

文种思想研究*

文种姓文名种，字禽（或少禽、子禽），楚国郢人。生年不可考，卒于公元前472年。楚平王时曾任宛令，是当时楚国著名的才士。任宛令时，结识了“狂人”范蠡，成为密友。

当时的政治形势是许多国家分立，齐国曾经强大，但这时已经衰落了，晋楚继而强大起来，为了称霸诸侯经常打仗。晋为了战胜楚，便派人联络吴，并带上中原先进的战车、武器和战术，鼓励吴叛楚（吴当时是楚的属国），侧击楚国。当时楚越关系也很密切，楚也派人助越攻吴，以减轻吴对楚的压力。文种、范蠡就是在这种情况下，到越国去的，经过“十年生聚、十年教训”的风风雨雨，文种锻炼成为一位善于谋略、擅长内政外交、善于理国的卓越的战略家、思想家，为越国的繁荣富强作出了重大贡献。

文种的政治谋略

越王勾践在栖于会稽之前，是不大信任文种、范蠡的，直到困于会稽，始悔而召文种问如何应对危机。在这国破军残的紧急关头，文种临危不乱，从容机敏，表现出清醒的政治家的气魄和胆识。第一，他批评了勾践的军事冒险和不能任用贤臣的政策。“今君王既栖于会稽之上，然后乃求谋臣，无乃后乎?”① 第二，他用历史事实教育勾践在山穷水尽的时候要镇定，坚持斗争，积极进取，坚信福祸总有一天会转化的。“汤系夏台，文王囚羑里，晋重耳奔翟（狄），齐小白奔莒，其卒王霸。由是观之，何遽不为福乎?”② 第三，他从

* 本文原载《浙江学刊》1987年第5期。

① 《国语·越语上》。

② 《史记·越王勾践世家》。

实际出发，认为越国人力物力损失惨重，吴越力量相差悬殊，再战更为不利。于是献计卑辞厚礼，忍辱求和。“王不如设戎，约辞行成，以喜其民，以广侈吴王之心”①，“委管籥，属国家”②，甚至不惜以勾践夫妇为吴王之臣妾为代价。正如伍子胥所说：“大夫种勇而善谋，将还玩吴国于股掌之上，以得其志。夫固知君王之盖威以好胜也，故婉约其辞，以从逸王志，使淫乐于诸夏之国，以自伤也。使吾甲兵钝弊，民人离落，而日以憔悴，然后安受吾烬。”③这是一种保存越国并进而“还玩吴国于股掌之上”的策略，一种利用吴王夫差淫乐好胜，促使吴向中原争霸的策略。第四，他“来而复往”④，以机动灵活的穿梭外交，来往于越吴之间。一方面贿赂伯嚭，“乃以美女宝器”，请他求情。另一方面又对吴王夫差说：“愿大王赦勾践之罪，尽入其宝器。不幸不赦，勾践将尽杀其妻子，燔其宝器，悉五千人触战，必有当也。”⑤“与其杀是人也，宁其得此国也，其孰利乎?”⑥ 迫使夫差在利（和）害（战）两种前途上作出不含糊的抉择。同时也表现出越国军民准备背城死战的决心和英雄气概。

夫差衡量得失，终于决定舍害而取利，允许越国求和，条件是越“委国为臣妾”，企图把越置于吴的绝对控制之下，使越不得翻身。条件虽极其苛刻，但越终究被保存下来，为越复国报仇创造了休养生息的机会。勾践夫妇与范蠡被吴拘囚三年，“于是举国政属大夫种”⑦。文种在极其艰难的条件下，领导越国人民恢复生产，医治战争的创伤；同时常给吴王贡献玉帛、子女等。文种通过贿赂伯嚭，说服吴王，终于使夫差拒绝伍子胥的谏诤，把越王夫妇及范蠡放回越国。

先秦诸子对于文种的政治谋略评价甚高。《墨子·非攻中》认为文种的卑辞厚礼、忍辱求和的策略麻痹了吴。《孟子·梁惠王下》认为让勾践入吴是“以小事大”，赞许其策略为“智”。《荀子·王霸》认为由于策略得当，导致最后勾践取胜而能与齐桓、晋文、楚庄、吴阖闾相比。《韩子·喻老》说：“勾践入宦于吴，身执干戈，为吴王洗马，故能杀夫差于姑苏。……故曰：守柔曰强。”“将欲翕之，必固张之；将要弱之，必固强之。”这些评论是恰当的，指出了越最后取胜之道在于政治上策略的正确，麻痹敌人，造成敌人的错觉，利

①③ 《国语·吴语》。
②④ 《国语·越语下》。
⑤⑦ 《史记·越王勾践世家》。
⑥ 《国语·越语上》。

用并加深敌人的内部矛盾，迎合敌人急于好胜称霸的心理。这是一个经济不发达、军事力量处于劣势的弱国最后能覆灭强吴的重要原因。历史已证明了文种“守柔曰强”的政治谋略是正确的。

当然勾践的主要决策者是两人：文种与范蠡。究竟二人谁的作用大？从《国语·越语下》来看，勾践问计于范蠡五次，似乎范是勾践入臣及其后复仇灭吴的主要决策人。但按《吴越春秋》看来，则主要决策人是文种，勾践返国后在重大问题上多取决于文种。《史记》则使种蠡平分秋色，然而在《越王勾践世家》，记载灭吴后勾践赐文种剑曰：“子教寡人伐吴七术”，似乎主要决策又出于文种。

《国语·越语下》有范蠡这样的话：“四封之内，百姓之事，蠡不如种也；四封之外，敌国之制，立断之事，种亦不如蠡也。”《史记·越王勾践世家》也有范蠡这样的话：“兵甲之事，种不如蠡；填抚国家，亲附百姓，蠡不如种。”这说明在灭吴复仇整个历史进程中，范蠡主管治兵，兼管外交，文种主管内政，包括经济，也办外交。二人分工合作，共辅越王。《汉书·艺文志》著录兵书共五十三家，其中权谋家著录有《范蠡》二篇、《大夫种》二篇，今已不存。班固把他们二人的著作同归于权谋家，说明二人所学所用大致是相同的，都是善于谋略的。

文种的经济思想

文种善于谋略，不仅表现在他关于政治和外交方面运用策略的正确和灵活，而且也表现在他关于发展经济与改革经济方面具有战略眼光。

茅盾说：“夫差如要争霸中原就应当从发展经济充实国力入手，而不应该从事于军事冒险。如果不发展经济充实国力而亟亟从事于军事冒险，则虽先灭越，吴国最后仍然会失败——不亡于越，将亡于楚。这一点，无论伍子胥或伯嚭都没有看到，但范蠡、文种却是看到了的，故有灭吴七策（或九策），如《史记》及《吴越春秋》所记。”① 茅公之言甚是。

《史记·越王勾践世家》载：“越王乃赐种剑曰：‘子教寡人伐吴七术，寡

① 茅盾：《关于历史和历史剧——从〈卧薪尝胆〉的许多不同剧本说起》，《文学评论》1961年第5、6期。

人用其三而败吴。’”究竟“七术”的具体内容是什么，没有写明。《越绝书》与《吴越春秋》都有文种献“伐吴九术”，其具体内容“皆后人传说，多不足信”①，“而语益荒诞”②。但从《越绝书》说的“邦家富而备器”，《吴越春秋》说的“夫内修封疆之役，外修耕战之备，荒无遗土，百姓亲附，臣之事也”，《国语·越语下》范蠡说的“四封之内，百姓之事，时节三乐，不乱民功，不逆天时，五谷睦熟，民乃蕃滋，君臣上下交得其志，蠡不如种也”，以及《史记·范睢蔡泽列传》中蔡泽说的“大夫种为越王垦草创邑，辟地殖谷，率四方之士，专上下之力”，《战国策·中山策》中白起说的“使得耕稼以益蓄积”等，可以看到文种为了振兴越国，报仇复国，采取的是发展农业生产、充实国力、强国富民的政策。

越国的经济是在吴国对它进行剥削掠夺战争中发愤发展起来的。文种重视发展农业生产的思想是在这样的背景下提出的。经过一个时期的艰苦努力，仓库充实了，百姓有余粮了，国家也日益富足了，出现了《吴越春秋》上说的“内实府库，垦其田畴”、“民富国强，众安道泰”的局面。这对于浙江地区的开发、安定人民的生活、促进越国的繁荣以及实现报仇复国的计划起了极大的推动作用。农业经济的发展也促进了商业经济的发展，新建起来的首邑会稽，成为商贾奔赴的早期城市。

文种提出了商业经济的原则：“夏则资皮，冬则资絺，旱则资舟，水则资车……譬如蓑笠，时雨既至必求之。”③ 认为必须根据这个原则来掌握，当前价格虽低贱，而今后将为社会所急需的物资，“论其有余不足，而知贵贱”④。在商品贱的时候，要看到它向贵的方向转化的可能性。商品的价格变化的特点是：“贵上极则反贱，贱下极则反贵。”⑤ 这样买卖商品必须把握有利时机。他还说：“贵出如粪土，贱取如珠玉。”⑥意见是说，在某种商品的价格已经很贵时，要将它看得如粪土一样及时抛售，在某种商品的价格已经很贱时，要将它

---

① 杨伯峻编著：《春秋左传注》，中华书局 1981 年版，第 1607 页。

② 钱穆著：《先秦诸子系年考辨》三四，商务印书馆 1935 年版，第 99 页。

③ 《国语·越语上》。

④ 《史记·货殖列传》计然语。笔者认为计然即文种。详见赵捷民：《计然即文种》，《光明日报》1962 年 5 月 9 日。下同。

⑤⑥ 《史记·货殖列传》计然语。

看得如珠玉一样及时收购。马克思说："贱买贵卖，是商业的规律。"① 文种这些看法正是这种规律的反映。

文种还提出了"务完物，无息币，以物相贸易"、"货勿留，无敢居贵"②的经济思想。他已经认识到商业经济应注意货物质量和品种规格，做到贱卖快卖，加速资金周转，"行如流水"，在把商品变成货币与把货币变成商品这一转手之间，做到像以货易货一样迅速，不要囤积惜售。还要及早准备货源，底货充足，自然能够保证及时供应，进货成本低，卖出的商品价格自然容易做到便宜些、合理些，如果质量好、品种多样、规格合适、价廉物美，必然受到消费者的欢迎。如果资金周转得迅速，一个钱能顶两个钱用，资金就更加雄厚，多财善贾，买卖自然兴旺。这些认识，即使现在看来，也还有其合理性。

文种还十分重视平衡物价的工作。他主张国家用调节供应的办法来控制粮食价格，以促进生产，繁荣经济。他说："夫粜，二十病农，九十病末。末病则财不出，农病则草不辟矣。上不过八十，下不减二十，则农末俱利，平粜齐物，关市不乏，治国之道也。"③他已经看到商品价格，特别是粮食价格对商品生产与流通的影响，认为粮食与其他日用百货之间应有一定的比价。粮价如果太贱则影响农业经济的发展，粮价如果太贵则又影响了手工业与商业的发展。所以他主张实行平粜政策，由国家控制，在粮价过高时，以低于市场的价格出卖粮食，粮价太低时，用高于市场的价格收购粮食，将粮价的波动维持在每石三十钱至八十钱的幅度之内。这样就做到"农末俱利"。由于粮食在各种商品中具有特殊的地位，粮价稳定以后，则能促进其他商品价格的稳定，那么生产和流通都会得到保障，市场上的货物便不会缺乏，所以他说："平粜齐物，关市不乏。"他把平粜政策叫作"治国之道"。在平衡物价这一问题上，他不主张依靠直接的行政命令的办法，而是主张用经济本身的内部调节的办法做好物价的综合平衡工作。尽管他当时还不可能掌握价值规律，但在领导经济工作中，实际上他是顺应着经济规律的作用的，这在当时来说，确是难能可贵的。

文种是越国重臣，主管内政，包括经济，掌握国家行政大权，他把经济工作与报仇复国的伟大斗争紧密联系起来，充分估计到发展经济的战略意义。他说："知斗则修备，时用则知物。"④意思是说，如果懂得报仇复国斗争的严重

① 《马克思恩格斯全集》第二十五卷，人民出版社 1974 年版，第 368 页。

②③④ 《史记·货殖列传》计然语。

性，就要充分利用天时的变化尽可能多地储备必需的物资，即必须有充分的物资储备以作应对。这是他发展经济、充实国力的基本指导思想。“知斗”是“修备”的原因，由于“知斗”才可能明确“修备”的必要。认识了“修备”的必要，才可能去注意天时的条件和变化，发展生产，搞活经济，以掌握更多的必需的物资。这就把发展经济提高到为报仇复国伟大斗争而服务的高度，具有一定的政治意义和战斗性。这说明他的经济思想与他的政治谋略是一致的。发愤图强，强国富民，发展农业生产，改革商品经济，为报仇复国的伟大斗争服务，这种战略眼光是他经济思想的灵魂。

文种的哲学思想

文种相信天命。谈到吴越关系，他常以传统的天神报应为根据。他说：“夫吴之与越，唯天所授”，“吾以卜之于天，天若弃吴，必许吾成而不吾足也”。① 这说明他仍摆脱不了传统的天命观的束缚，“天”、“神”在他的意识中仍占有肯定的地位。

不过，他的“天”、“神”观念已与西周人不大相同了，即天意之中包含着民意，“天”、“神”也依赖着“民”进行活动。“天占既兆，人事又见，我蔑卜筮矣。”②在整个复国报仇灭吴斗争中，他始终以“填抚国家，亲附百姓”为重，相信越国人民意志的巨大力量。《吴越春秋》载，他曾规劝勾践：“愿君悉心尽意以说国人。”当时越之所以内部团结，政治清明，可能与勾践接受了文种的民本思想有关。

《吴越春秋》有这样一段记载：“越王遂师八臣与其四友，时问政焉。大夫种曰：‘爱民而已。’越王曰：‘奈何？’种曰：‘利之无害，成之无败，生之无杀，与之无夺。’越王曰：‘愿闻。’种曰：‘无夺民所好则利也，民不失其时则成之，省刑去罚则生之，薄其赋敛则与之，无多台游则乐之，静而无苛则喜之，民失所好则害之，农失其时则败之，有罪不赦则杀之，重赋厚敛则夺之，多作台游以罢民则苦之，劳扰民力则怒之。臣闻善为国者，遇民如父母之爱其子，如兄之爱其弟，闻有饥寒为之哀，见其劳苦为之悲。’越王乃缓刑薄罚，省其赋敛，于是人民殷富，皆有带甲之勇。”

---

① ② 《国语·吴语》。

《国语》载，勾践能“施民所善，去民所恶”①，“吊有忧，贺有喜，送往者，迎来者，去民之所恶，补民之不足”②。于是形成一系列国策，如广收民心、宽刑施惠、薄其赋敛、优待臣属、安富救贫、节用富民、奖励生育等等。这是符合饱经战乱创伤而又不甘心为吴奴役的越国人民的要求和愿望的。所以当越兴师伐吴、报会稽之耻时，“国人皆劝，父勉其子，兄勉其弟，妇勉其夫”③，出现了全国一致、上下齐心的动人场面。所有这些，不能不说与文种的重民思想有关。所以我们说，在文种传统的唯心主义的“天命观”的外壳下却包含着民本思想的进步因素。

文种的思想中还包含有对立统一、矛盾转化的观点。如在他的经济思想中，就含有强调事物内部的矛盾性与差异性的见解。他认为在“夏资皮”与“冬资絺”、“旱资舟”与“水资车”、“本”与“末”、“贵”与“贱”、“珠玉”与“粪土”、“知斗”与“修备”之间应处于一种对立统一的关系，这样经济才能得到发展。他不孤立地看待农业，也不孤立地看待商业，而是把各种经济现象联系起来作为一个整体来把握，进而正确地看出它的发展趋向。

前面我曾引过《史记·越王勾践世家》一段话，当“勾践之困会稽”时，文种讲了商汤、文王、晋重耳、齐小白的故事，“由是观之，何遽不为福乎?”联系到他在整个越国复国报仇中的政治谋略，明显地看到他的思想中包含了祸与福、弱与强、柔与刚、翕与张、退与进、屈与伸之间矛盾互为条件、互相转化及对立统一的观点。它们当然不是明晰思辨的概念辩证法，却是维护生存的生活辩证法。

文种主张在忍让和委屈中求得生存的可能，并尽量保存与积蓄力量，不要过分地暴露了自己的力量和优势，善于隐藏优势，这样就能保持自己，就能持久而有韧性，就能战胜对方而不致被对方吃掉。他屡次劝诫性急的勾践伐吴不能贸然行事，必须等待时机，提醒勾践：“我不可以怠。”④ 重政治更重于军事，重谋略更重于拼力量，重人事更重于天地鬼神，重繁殖生息积蓄力量更重于暴露自己的才能、力量和优势……这些都包含有深刻的哲理，丰富了中国人的智慧。

---

① 《国语·吴语》。

②③ 《国语·越语上》。

④ 《吴越春秋·勾践伐吴外传第十》。

总之，由于文种直接指导并亲自参与现实的物质生活资料的生产活动和极其复杂的政治、军事、外交、经济的斗争，他所讲的矛盾转化与那些只讲转化不讲客观条件的唯心主义辩证法（例如老子）和相对主义诡辩论（例如庄子）就大不相同。这反映出他的朴素的辩证法思想与自发的唯物主义是密切结合着的。

文种的人才和军事训练思想

文种比较重视发现人才与培养人才。他早年在楚任宛令时，就礼贤下士，注意发现人才。如果不是他积极扶持和大胆启用，范蠡这样难得的人才，有可能被埋没。

在勾践“栖于会稽之上”时，文种就批评过勾践不能重用人才：“夫虽无四方之优，然谋臣和爪牙之士，不可不养而择也。”① 他提出只有平时重视教育，积极培养人才、发现人才、选择人才、延揽人才，当国家处于生死攸关的紧急关头，才会涌现出大量的“谋臣”与勇敢的将士，“以待乏也”。这些“谋臣和爪牙之士”才可担负起挽救国家危亡的重任。这里他看到了“养士”与“择士”对于国家社会的重大作用，其见解是深刻的。

在文种的积极赞助与推动下，为了复国报仇，勾践改弦易辙，招贤礼达，内修其德，使贤任能：“其达士，洁其居，美其服，饱其食，而摩厉之于义。四方之士来者，必庙礼之。”②对于那些通达的贤士，关怀他们，注意改善他们的生活条件，把他们的住所收拾干净，供给他们华美的衣服与较好的饮食，信任他们，和他们一起切磋研究国家复兴的道理。并重视人才交流，对于到越国来的四方有名之士，一定要在庙堂上以隆重的礼节接待他们。关于士兵的军事训练方面，文种强调信赏必罚，以激励士气。《韩非子·内储说上》有这样一段记载：“越王问于大夫种曰：‘吾欲伐吴，可乎？’对曰：‘可矣。吾赏厚而信，罚严而必。君欲知之，何不试焚宫室？’于是遂焚宫室，人莫救之（火）。乃下令曰：‘人之救火者，死，比死敌之赏。救火而不死者，比胜敌之赏。不救火者，比降北之罪。’人之涂其体、被濡衣而走火者，左三千人，右三千人。此知必胜之势也。”关于试士入水火的故事，

①② 《国语·越语上》。

还见于《墨子·兼爱中》及《吕氏春秋·用民》等。说明文种对子士兵的军事训练极重视信赏尽能。这些记载，可能有些事实根据，亦可能有些夸张，尤经韩非子一描述，则含有一些法家的思想味道了。不过，文种强调的这种军训方法，对于激励士气，从难从严从实战出发培养士兵勇敢善战，仍有积极作用。

后人对文种的评价是颇高的。《韩非子·说疑》把文种、范蠡与后稷、皋陶、伊尹、周公旦、太公望、管仲等并列，说文种等人“皆夙兴夜寐，卑身贱体，竦心白意，明刑辟、治官职以事其君，进善言、通道法而不敢矜其善，有成功立事而不敢伐其劳……此谓霸王之佐也”。蔡泽说：“大夫种为越王深谋远计，免会稽之危，以亡为存，因辱为荣，垦草入邑，辟地殖谷，率四方之士，专上下之力，辅勾践之贤，报夫差之仇，卒擒劲吴，令越成霸。”“大夫种之事越王也，主虽困辱，悉忠而不解，主虽绝亡，尽能而弗离，成功而弗矜，贵富而不骄怠。若此三子（指文种、商鞅、吴起）者，固义之至也，忠之节也。是故君子以义死难，视死如归；生而辱不如死而荣。士固有杀身以成名，唯义之所在，虽死无所恨，何为不可哉?”① 蔡泽把文种、商鞅、吴起归为一类，高度评价了这三位进步的社会改革家与思想家的历史功绩和崇高的献身精神，为了振兴国家，坚忍顽强，发愤图强，锐意改革，“成功而弗矜，贵富而不骄怠”，“以义死难，视死如归”，“唯义之所在，虽死无所恨”。这是我们中华民族的“国魂”、“民魂”！这种高尚的情操与胸襟，曾在我中华民族的历史上教育、感染、熏陶了多少志士仁人，成为中华民族进步的思想家、社会改革家的光荣传统，闪烁着灿烂的光华。

文种死后，成后人尊称为“文子”。陆机说：“文子怀忠敬而齿剑。”② 人们对文种的死愤愤不平。桑弘羊说：“伍员相阖闾以霸。夫差不道，流而杀之……人臣尽节以徇名，遭世主之不用。大夫种辅翼越王，为之深谋，卒擒强吴，据有东夷，终赐属镂而死。骄主背恩德，听流说，不计其功故也。岂身之罪哉?”③ 桑弘羊已把勾践、夫差放在同一水平上，都是胜而骄、骄而背恩德的人。

① 《史记·范雎蔡泽列传》。
② 《文选·豪士赋序》。
③ 《盐铁论·非鞅》。

文种的著作遗失了。他的思想散见在《国语》、《史记》及先秦诸子著作之中。今存《文子》一书，不是文种本人的著作，而是后人依托文种的名字写的一部汉初黄老学派的著作。① 文种是为勾践谋划复国报仇的战略家、思想家，对后世具有深远影响，所以文种就完全有可能被后人作为写书的依托对象，于是文种被当作《文子》一书的依托对象也就不会令人奇怪了。

① 吴光：《〈文子〉新考》，《河北师院学报》1984 年第 2 期。

颜之推的道德教育观*

颜之推（531—约590），字介，梁朝金陵（今南京）人，祖籍琅琊临沂（今山东临沂）。出身于世代精通儒学的仕宦之家，早年得到家学的熏陶，奠定了一生的学术思想基础。他博览群书，通晓古今，长于写作，“词情典丽”，得到梁湘东王萧绎的赏识，十九岁任湘东国左常侍，后来随萧绎之子萧方诸出镇郢州，掌书记。侯景之乱时，他被囚送建业，险些被杀。侯景之乱平息后，重新回到江陵。萧绎称帝（梁元帝）以后，他任散骑侍郎，参与校订史籍。不久，西魏攻破江陵，他被俘送长安。次年投奔北齐，颇受重用，官至黄门侍郎、平原太守；齐亡后入周，为御史上士。隋开皇年间，太子召他为学士，不久，因病而卒。

颜之推一生遭遇三次亡国之变，历仕四朝之官，多次险遭杀身之祸，因此深怀忐忑之虑。晚年，为了教训子孙，鼓励子孙继承家业，扬名于世，遂根据自己的经历和体验，写出了中国古代第一部系统完整的家庭教育经典著作——《颜氏家训》。

《颜氏家训》内容丰富，议论横生，文笔生动，趣味隽永，是一部古典名著。全书以说理为主旨，每篇都不是长篇巨制的专论，而是围绕一个中心集合若干随笔、札记。其写法是先提出思想观点，然后列举例证；往往正反对比，爱憎分明。语言通俗易懂，朴素无华；文字深入浅出，语短意长。范文澜说：“《颜氏家训》的佳处在于立论平实。平而不流于凡庸，实而多异于世俗，在南方浮华北方粗野的气氛中，《颜氏家训》保持平实的作风，自成一家之言，所以被看作处世良轨，广泛地流传在士人群中。”①

有人用“一个父亲的叮咛”这样一句话来概括《颜氏家训》的内容和主

* 本文原载《中小学管理》1994年第11期。

① 范文澜著：《中国通史简编》第二编，人民出版社1964年版，第528页。

旨，颇能得其精神。颜之推是一位老于世故的长者，聪明睿智的学人，机灵权变的政治活动家。在平安地渡过乱世风云之后，他向其家族子弟讲述自己经历的风险、教训、体验、心得，作为一种思想、道德、文化、政治的训导。颜氏是个大家族，其所处的时代，政权频繁更迭，风云时时变幻；人命如草，不少显赫家族暴兴暴亡，而颜氏一家却乱云飞渡，从容不迫，趋利避害，维持住了家族的生存、体面与尊严，确属不易，确需有一种思想、原则来支持，确需有一种手段、方法来应付。书中贯穿了道德与精神的说教，但作者将它有机地寄寓于丰富的学识、优美的言词和动人的故事之中，谈时事，话风俗，讲掌故，论哲理……侃侃而论，娓娓动听，尤其书中的一些故事趣闻，更是引人入胜，动人心扉，确实不愧为千古名著。

《颜氏家训》把家庭道德教育放在首要地位。从家族利益出发，为了“整齐门内，提撕子孙”，使颜氏家族在社会动荡中不致衰败，需要依靠家庭教育训导子孙，晓之以立身处世之道。

《颜氏家训》认为家庭教育应从胎教开始，纵然做不到胎教，也要及早从幼儿开始，越早越好。孩子在婴幼时期性情纯洁，未染恶习，可塑性最大，比较容易接受影响，所以早期教育的效果最佳。应当在孩子的婴儿时期，在其刚刚懂得看人的脸色、辨别喜怒的时候，就加以教诲：让他做什么，就得做什么；不让他做什么，就不能做什么。要使儿童成长为一个有道德的人，不能错过良机，必须重视早期教育，抓住婴儿时期、幼儿时期，先入为主，奠定一个良好的基础。

颜之推认为，家庭教育应当严格要求、勤于监督；父母在子女面前应当庄重严肃，对孩子不能一味地溺爱和放任。他说，只有父母既威严又慈爱，子女才会畏惧谨慎而有孝心。世上有些父母，常常做不到这一点，而是对子女不加教诲，一味溺爱。父母对孩子的饮食起居、言行举止过于迁就，任其为所欲为；应该训诫的，反而予以奖励；应该诃责的，反而一笑了之。孩子懂事以后，以为从前的所作所为符合规范，骄横轻慢的习性已经养成，这时再去管教他们，即使将他们捶打、鞭挞至死，父母也难以树立威信。于是，父母越来越愤怒，孩子对父母也越来越怨恨。这样的孩子长大以后，终将要败德破家。颜之推还引用了孔子的话作为理论根据：“少成若天性，习惯如自然。”意思是说，少年儿童时期形成的品德，就会习惯成自然，影响一辈子。

颜之推总结家庭道德教育的经验教训说，人们疼爱自己的孩子，很少能做到一视同仁，从古到今，这方面的弊病很多。贤能俊秀的孩子固然值得赏识和爱惜，顽劣愚笨的孩子也应当予以同情与怜爱。有偏心的家长，本想宠爱某个孩子，但反倒因此而害了他。溺爱偏爱，等于害了孩子，反而给孩子带来了祸害；严于要求，勤于督训，子女才能成器。

颜之推很注意周围环境对子女的影响。他说，人在少年时，思想性格尚未定型，与贤人密切交往，亲密融洽地相处，就会受到熏陶濡染；即使无心仿效，言谈举止也会受到潜移默化的影响，从而与贤人有许多相似之处。操行品德受贤人的影响就更明显了。因此，与好人相处，如同进入种满芝兰的房屋，时间久了，自然会变得无比芬芳；与坏人相处，如同进入满是鲍鱼的店铺，时间久了，自然也会染上臭味。

他认为，在家庭道德教育中，重要的不在于说教，而在于长辈示范。他把长辈的道德榜样的作用称为“风化”。认为所谓“风化”就是由上面先实行，然后让下面效仿；是自己先带头，而后让别人实施。因此，父亲不慈爱，儿子就不孝顺；兄长不友爱，弟弟就不恭敬。这是一种自然的仿效，丝毫不需强制。良好的环境与“风化”有利于儿童从小养成良好的道德行为习惯。

颜之推认为，人的一生都要勤奋学习，学习的目的是成为圣贤，成为“德艺周厚”、品德高尚而有学问的人。他反对骄傲自大、盛气凌人，主张虚心学习。他说，有的人读了数十卷书，就自高自大，轻慢长辈，鄙薄同学。如果有了一点学问反而使自己的道德品行受损，那还不如没有学问。

他认为，既然人的一生都要接受教育，都要加强道德修养，那么就一定要珍惜时光。年幼“固须早教”，少年也不可“失机”。若失掉了幼年的学习机会，也不必过分失望，只要自己不自暴自弃，坚持学习，还是能够有所成就的。这就是他关于“晚学”的观点。他还说，小时候好学，就像旭日东升放出的光芒；老的时候好学，就像手持蜡烛在夜里行走，也比闭上眼睛，什么都看不见的人强多了。他的这一生动恰当的比喻，使那些不肯学习的人感到惭愧，使那些努力学习的人受到勉励。这种珍惜时光，不因老废学、终生接受教育、坚持道德修养的思想是很有见地的。

他强调，学习要勤勉努力，认为勤学是品德高尚的表现。他鄙视那些只会高谈阔论、吟诗作赋、悠闲自在、无所事事的“悠闲”之士，认为即使是迟钝的人，只要勤学不倦，也可以达到精通和熟练的程度，从而成为道德高尚的人。他对专靠耳闻得来的学问持怀疑态度，认为耳闻未实，眼见为真；主张无论是言谈话语还是撰写文章，所援引的古今例证必须是从书中亲眼所见的，不要相信耳闻；坚决反对那种“贵耳贱目”、以讹传讹的学风。他还推崇《学记》“独学而无友，则孤陋而寡闻”的说法，提倡在师友之间相互切磋，反对“闭门读书，师心自是”。他说，朋友之间相互切磋问题，不仅能解决疑难，丰富知识，而且还可以纠正谬误，涵养德行。因此，良师益友共同研究切磋，相互启明，取长补短，与人为善，共同进步，是很有价值的。

韩愈论教师*

韩愈（768—824），字退之，河南南阳（今孟州西）人。祖籍昌黎，人们称他为昌黎先生。著作有《昌黎先生集》四十卷。

韩愈生活在安史之乱后的中唐时期，他是当时复兴儒学、反对佛教的旗手，也是新古文运动的中坚，还是热心干教育事业的著名的教育活动家和教育思想家。他曾担任过中央国子学博士、四门学博士和国子祭酒，对地方教育也很重视，并一贯热心奖掖后进，鼓励青年求师成才，有较丰富的实际教育经验。他写过《师说》、《进学解》、《子产不毁乡校颂》、《潮州请置乡校牒》等教育论文，在中国古代教育史上有一定的影响。其中最为突出的是《师说》，提出了他对教师问题的见解。

韩愈认为当时儒学削弱，教育衰败，社会上出现了不重师道的现象。人们“耻学于师”，以向老师学习为可耻；教师们以为自己的任务只不过是“习其句读”，教学生识字断句而已。“士大夫”贵族们一谈到老师学生的称呼时，“则群聚而笑之”，嘲笑那些求师请教的人。为了改变“师道之不传也久矣”的社会风气，他极力提倡师道，这和他推动复兴儒学和新古文运动是一致的，其根本目的是崇儒卫道，为恢复与捍卫儒家的道统而斗争。

他对教师的见解，可以概括为三个方面。

（一）教师的任务。韩愈说：“师者，所以传道、授业、解惑也。”他认为这是教师的基本任务。所谓传道，是指传播儒家道统、传儒家的修身齐家治国平天下之道，使学生受到封建主义的政治思想教育和道德教育。所谓授业，是指讲授古文六艺之类的儒家经典，使学生掌握一定的古文典籍，具有一定的读写能力，受到文化知识技能方面的教育。所谓解惑，是指教师在教学过程中不断解答学生在“道”与“业”两方面的疑惑。他认为这三项任务是紧密相连

* 本文原载《人民教育》1984 年第 3 期。

的，但以传道为首，授业为次，“道”统率“业”，“业”体现“道”，“道”是主导方面，“业”是从属方面。在他看来，教师的任务在传道，古文六艺只不过是载道的工具，授业是为传道服务的，传道是通过授业完成的。如果教师只是“习其句读”而不传道，那是因“小”而失“大”，忘掉了自己的根本任务。很明显，韩愈重师是为了卫道，强调教师的基本任务是为当时的政治服务的。我们今天的教师仍具有传道（传授马列主义、毛泽东思想，进行共产主义思想教育）、授业（授文化科学知识技能）以及解惑的任务。虽然同韩愈讲的“道”与“业”有了本质的不同，但他所分析教师的任务，还是很有意义的。把“传道”作为第一位的任务，把“授业”当作第二位的任务，还把“解惑”提到应有的地位，这样排列也是明确的。这里不仅包含了在传道、授业、解惑的整个教学过程中，教师应起主导作用的意思，而且还包含了寓德育于智育中、德育通过智育进行的思想。

（二）教师的标准。韩愈认为“道之所存，师之所存”。哪里有道，哪里就有师。谁掌握了道，谁就是师。如果一个教师没有一定的道，那就不成其为教师。学生“从师”，即“从师道”，向老师学其道。要为人师，必须忠于道，必须传道卫道，而传道又是通过授业来实现的。所以衡量教师的标准首先是“道”，其次是“业”。凡具备了“道”与“业”的，就可以做教师。教师就是要在“道”与“业”两方面加强自己的修养。他的这种看法，也是有意义的。

（三）教师与学生的关系。韩愈把“道”与“业”作为衡量教师的标准，认为谁先懂得“道”，谁有学问，谁就是师。“无贵无贱，无长无少”，无论社会地位是高或是低，无论年龄是长还是少，闻道在先，术业有专攻，就可以为师。即“弟子不必不如师，师不必贤于弟子，闻道有先后，术业有专攻，如是而已”。由于对“道”的某方面的造诣不同，由于对“业”的某方面的专攻不同，也许学生不一定不如老师，老师不一定处处比学生高明。他的这一思想是很深刻的，不仅说明了教师不一定是万能的人，不一定是完人，破除了对教师的盲目迷信，解除了“弟子必不如师，师必贤于弟子”的老教条，而且还反映了闻“道”在先，以“先觉觉后觉”，攻有专“业”，以“知”教“不知”这一教学过程的客观规律。

韩愈还强调“圣人无常师”、“不耻相师”，并引孔子拜郯子、苌弘、师襄、老聃为师作例证，提倡人们要向道行高尚、学有专长的人学习，提倡互为师，谁在某一方面比自己强就拜他为师。这既有“能者为师”的思想，又有“教学相长”的含义。他的这种观点，有利于扩大师资的来源，有利于推动文化教育事业的发展。

总之，韩愈在阐述教师的任务、教师的标准及师生关系的问题中，看到了道与师、道与业、师与生之间的既矛盾又统一的关系，包含有朴素辩证法的颗粒。他提出了教师既应忠于理想、传播真理，又要学有专长、认真授业。他暗示了教师既要起主导作用，又要重视教学相长、能者为师。这些卓越的见解，不但大大丰富了我国古代的教育理论，而且对我们今天正确理解教师的职责，正确处理政治与业务、德育与智育、教书与育人、教师与学生之间的关系，也具有一定的参考价值与启发意义。

略论宋代教育流派的勃兴及其教育思想的特色*

两宋时代是中国封建社会继续发展的时代，由于政治、经济、思想、文化、教育诸方面的原因，促成了具有独特风格的教育流派群体并兴、教育家人才辈出、教育思想丰富多彩的局面，这是继春秋战国“诸子百家”之后的又一个文化、学术、教育的多元的时代，是一个教育流派激烈竞争、教育思想繁荣发展的时代。其教育流派勃兴、教育思想繁荣丰富的原因是多方面的。

第一，复杂的社会矛盾、政治斗争、民族冲突，为教育流派的产生、发展提供了契机。一些具有强烈忧患意识的有识之士，“以天下为己任”，正视现实，要求改变现实，或主张变法图存，改革教育，改革科举，或着手建立一套能把自然观、认识论、教育观、道德观等有机地联系在一起的新的理论形态，以便全面地对自然、社会、人生、教育问题等作出有利于解决社会矛盾、政治斗争、民族冲突的解释。于是形成了不同的学术流派和教育流派，从不同的角度探讨了社会问题和教育问题，为教育学派的勃兴和教育思想的繁荣丰富创造了极为有利的条件。

第二，经济的繁荣为教育流派的产生提供了物质基础。两宋时代的农业、手工业、商业在唐代的基础上进一步得到发展，经济的全面发展又促进了科学技术的进步，促进了新的教学手段的产生。如活字印刷术的发明和广泛使用，大大促进了教育与学术的交流、传递，从而使各学派的学术思想和教育观点得以储存、积累和进一步传播。这就是说，繁荣的经济、发达的物质文明为两宋时代的文化教育的建设和精神文明的发展提供了丰厚的物质基础。

第三，儒、佛、道并存的开放政策，为这三者的进一步融合、为教育流派的产生和发展提供了必要的思想条件。传统儒学充分吸收和消化了佛道的思想营养，从而构起理学的思想体系及濂、洛、关、闽、湖湘、心学、婺学以及荆

* 本文原载《教育史研究》1994 年第 2 期。

公新学、事功学派等派别，使这一时期的学术、教育流派异彩纷呈，以崭新的姿容在奔腾澎湃的文化教育高潮的激流中绰约闪耀，从而达到了前所未有的水平。

第四，智力资源的开发和积累为教育流派的产生提供了赖以生存发展的土壤。如宋初帝王都嗜书成癖，强调“广闻见，增智虑”，认为这是“教化之本，治乱之源”，并重视文化遗产的整理和建设，在民间广收亡书，校勘整理经史子集，重建史局和“三馆”，编纂类书，新修史书，发展学校教育和书院，等等。这种大力进行文教建设和培养勤学之风气，为社会文化素质的提高，为社会智力资源的开发和积累创造了条件。智力资源是一个社会里的人所有知识的总和，一个民族的知识分子越多，社会知识总的储存就越丰厚，涌现的杰出人才也就越多。这也就为文化教育学术群体的繁衍及教育思想的层出不穷提供了赖以生存的土壤。

第五，多形式、多层次的教育实践是教育流派的产生和教育思想丰富多彩的渊源。两宋时期教育组织形式多种多样，有中央官学、地方官学，有私学、书院，尤其是书院的兴盛，形成了多形式、多层次的教育并存的局面，名师巨儒在多种教育组织形式中讲学任教，辛勤耕耘，潜心著述，并在此基础上相互研讨，自由论争，为人才的培养开拓了新的基地，并大大推动了不同学派的发展和各学派学术信息的传递，也有利于教育思想的交流、积累和创新，有利于自由讲学之风的再起。《宋史》卷一五五《选举志》说“学校之设遍天下，而海内文治彬彬矣”①，即是最好的写照。

两宋时代的教育思想是悠久的中国教育思想历史长河中波澜壮阔的一段，有其自己的特色，并在整个中国教育思想发展史上有它的显著地位和重要影响。

第一，先秦时期的教育思想和教育传统在这个时代得到了进一步的发扬。先秦时期奠定了中国教育思想发展的基础，重视教育，充分发挥教育的社会功能和对人才培养的作用，各学派教育家强调一种积极淑世的精神，如孔子所说，教育的社会作用在于使“老者安之，朋友信之，少者怀之”，表现出先秦时期教育家们的一种顽强的执着精神。汉代的经学教育，以儒经为追求功名富贵的工具，曾一度脱离了这一传统。魏晋南北朝时期的门阀士族的教育，与这

① 《宋史》，中华书局1977年版，第3604页。

种积极的淑世精神相去甚远。而两宋时期却不然，一些忧国忧民之士，滋长了一种“以天下为己任”的思想。范仲淹所说的“先天下之忧而忧，后天下之乐而乐”①，李觏所说的“诵孔子、孟轲群圣人之言，纂成文章，以康国济民为意”②，张载的不朽格言“为天地立心，为生民立命，为往圣继绝学，为万世开太平”③ 就是这种思想的体现。这说明先秦时期教育家们积极淑世的精神，在两宋时期大大弘扬，并成为这个时代教育思想的重要特色。

第二，作为新儒学的理学教育思想成为这个时代教育思想的主流。理学的产生，是中国教育思想史上的大事。理学的产生，为中国传统教育思想构建了一个新的哲学基础，为两宋以后封建教育重新树立了明确的方向。从宇宙论到教育论，理学通过“人性论”把它打通了。上接天道，下连伦常，天人同理，天人相通，天人一贯。理学既不停留于先秦时代那种缺乏理论色彩的伦理说教，又扬弃了那种认为天可以直接干预人事的过时的神学目的论。理学不是那么露骨的人格化、简单化，而是更多地表现为人性化、理性化，这使得理学教育思想更加精致，具有思辨哲理的色彩，比起传统的教育思想是大大地前进了。这是这一时代教育思想的又一显著特色。理学还把传统的“内圣外王”之学统一起来，在理学教育家看来，“内圣”无非是“明天理”的过程，“外王”无非是实现“天理”的过程，这是统一的教育过程的两个方面。如朱熹所说的“修身以上，明明德之事也；齐家以下，新民之事也”④，即是指这统一过程的两个方面。这不仅对明末清初的实学教育思潮有重大影响，对现代教育思潮亦有影响，当代港台及海外“现代新儒家”提出的所谓“内圣开出新外王”之说，即是证明。

第三，商品经济的发展，促进了社会改革与教育改革的思潮的发展。两宋时期城市、商品、货币关系的空前发展，不能不对社会生活、教育改革、教育思想等产生重大影响。从胡瑗的“苏湖教法”到王安石的“荆公新学”，再到陈亮、叶适的“事功学派”，都明显地反映了这一切。陈亮就把官、民、农、商并列，认为四者的关系是：“民病则求之官，国病则资诸民，商藉农而立，

① 范仲淹：《岳阳楼记》，《范文正公集》卷七，四库丛刊本。
② 李觏：《上孙寺丞书》，《李觏集》，中华书局 1981 年版，第 296 页。
③ 《宋元学案·横渠学案》黄百家按语，《宋元学案》，中华书局 1986 年版，第 664 页。
④ 朱熹：《大学章句》，《四书章句集注》，中华书局 1983 年版，第 4 页。

农赖商而行，求以相补而非求以相病。”① 叶适也认为：“四民交致其用而后治化兴，抑末厚本，非正论也。”② 在此思想基础上，事功学派提出了一系列实学教育主张，成为经世致用的实学教育思潮的代表，给明末清初早期启蒙教育思潮以直接的影响，如颜元、傅山就接受了胡瑗、张载以及荆公新学和事功学派的影响。

第四，形成了新的教风、学风。两宋时期，各个教育学派及其代表人物都刻苦笃学，闻见广博，铢积寸累，在学术、教育生涯上倾注过艰苦持久的工夫，终于成为学识渊博的教育大家和学派的领袖，如胡瑗、王安石、邵雍、张载、二程、朱熹、陆九渊、吕祖谦、陈亮、叶适等等，都奋意纵笔，精思著文，兴论立说，讲学别出心裁。他们一致反对以追逐科举及第为直接目标的学校教育和社会风气，强调教育的首要任务在培养人的德性，教师的责任重在陶冶人的品格。他们都以“人师”自律，以“醇儒”自策，首先感情甚笃，还主动向弟子推荐比自己高明的教师。他们不仅博览群书，刻苦勤学，而且还极为重视师生、师友之间相互探讨。各学派不仅内部相互切磋，不同学派之间也相与讲论，友好往来。这反映了两宋时期教育思想家们的心态、风貌、教风与学风，对后世也产生了深远的影响。

两宋时期学派林立，又各具特点。如理学与心学各派着眼于心性修养、义理玩索，强调修养心性，所提倡的精神境界和人格修养，所尊崇的气节操守和道义担当，所重申的做人原则和治世原则，所阐扬的人生意义和生命价值，所提出的教育原则方法，有较浓厚的理论色彩，大大提高了中华民族教育思想的理论水平和精神文明的层次。而湖湘、荆公及事功学派等，不仅主张通晓儒家经义，更重视经世致用，强调解决社会现实矛盾，注意效果与应用。认为只要有“救时之志，除乱之功，则其所为虽不尽合义理，亦不自妨为一世英雄”③，强调把内在的道德修养化为治国安邦、经世济民的事功。这两种风格对后世的教育理论水平和教育实用价值均有深远的影响，即使在今天，仍有一定的借鉴意义和参考价值。

---

① 陈亮：《四弊》，《龙川文集》卷十一，商务印书馆 1936 年丛书集成初编本，第 117 页。

② 叶适：《习学纪言序目》卷十九，中华书局 1977 年版，第 273 页。

③ 朱熹：《答陈同甫》引，《晦庵先生朱文公文集》卷三十六，商务印书馆 1922 年四部丛刊初编本。

总之，两宋时期的教育思想可称得上是丰富多彩、成就极高、影响极大。两宋时期教育思想在整个中国教育思想发展史上的地位，则可以说是承上启下、继往开来，结束了一个旧的阶段，同时又开辟了一个新的阶段，它不仅直接影响明清时期，而且对近代中国也产生了影响。如严复在给熊纯如的信中就说："古人好读前四史，亦以其文字耳！若研究人心政俗之变，则赵宋一代历史最宜究心。中国所以成为今日现象者，为善为恶，姑不具论，而为宋人之所造就，什八九可断言也。"① 台湾已故宋史专家赵铁寒说："元、明、清以来的政教大经，以至社会现象，人群的生活意识形态，除去近百年来受到西方文化的冲击变动的成分不算，若在我国文化史上找它的根源，那么，宋代的三百二十年，便是中继线上的一个新的起点了。严几道（严复）的几句话，道出实情，一点也不过分。"②

当代哲学家冯友兰的"新理学"，港台和海外的"现代新儒学"，就曾公开宣称是"'接着'宋明以来底理学讲底"③。这说明两宋的学术、文化、教育不仅影响了明清时期，而且影响到当代。正是这个原因，所以对两宋时期教育思想和学术文化的研究，已引起了国内外学者的广泛重视，成为一门国际性的学问，我们不能不重视。为弘扬民族文化振兴中华所必需，为建设社会主义精神文明提供可贵的借鉴，这就是我们研究两宋教育思想的现实意义。

---

① 《严几道与熊纯如书札节钞》，《学衡杂志》第 13 期。

② 赵铁寒：《〈宋史资料萃编〉第一辑代序》，《宋史资料萃编·靖康要录》，文海出版社 1970 年版，第 1 页。

③ 《三松堂全集》第四卷，河南人民出版社 1985 年版，第 5 页。

宋明理学道德教育思想散论*

理学又名道学，是我国宋明时期封建统治阶级的正宗思想，是一种渗透到社会生活各个领域的意识形态，是儒家在宋明历史条件下的一种新的理论形态。

宋明时期，我国封建社会已进入中后期。封建统治阶级企图以“正人心”、“整顿纲纪”来改变“伦常败坏”、“礼仪松弛”的状况。如果这个时期仍然依靠传统儒学那一套简单粗糙的“天命论”来挽救社会危机，显然是不行了。自汉以后，以“天意”作为封建纲常的理论根据的经学，在历代唯物主义的批判与农民起义的冲击下，破绽百出，苍白无力，逐渐削弱了在思想界的权威，不能再完成其作为上层建筑的任务了。并且，经学还受到佛教、道教的严重挑战。经过长时期的探索和总结，形成了以传统儒学伦理道德思想为核心、批判地吸取了一些佛道思想资料的新的儒学——宋明理学。宋明理学比之于佛道思想更能直接为封建统治作论证，较之于传统儒学则有比较精巧思辨的理论，具有哲理的色彩。这个特点在理学道德教育思想体系结构上有着明显的体现。

道德教育的理论基础

宋明理学，无论是它的奠基时期、成熟时期，还是崩溃时期，无论是“气”一元论者、“理”一元论者，还是“心”一元论者，在他们的著作中，开头总是要大讲一通理、气、无极、太极之类的宇宙生成、万物化生的宇宙论，然而他们的宇宙论是为重建孔孟之道服务的。他们从宇宙论出发，进而论证封建社会的道德教育，是通过“人性论”为中介的。理学“人性论”是联络、沟通理学宇宙论与道德教育论的桥梁。

---

* 本文原载《北京师范大学学报（社会科学版）》1984 年第 3 期。

张载认为人与天地万物同出一源，都是同一材料——“气”构成的。因此，他认为人的本性也就是天地万物的本性。他把人与天地同体共性的本然之性叫作“天地之性”。这是人所共有的、至善的，是宇宙普遍必然的永恒秩序和规律在人性上的体现。然而，每个具体的人，有了生命之后，就具有他自己的个性，这种个性是和他的生理条件、身体特点紧密联系的，他把这种具体的每个人的本性叫作“气质之性”，这是各人不同的、后天的、有善与不善的。他认为“天地之性”是管辖、支配“气质之性”的，而“天地之性”又需依赖“气质之性”才可能存在和发挥作用，如果没有“气质之性”，“天地之性”也就落了空。但由于“气质”的偏蔽，可能障碍“天地之性”的正常发展，所以张载认为，道德教育的作用就在于“变化气质”，去掉偏蔽，使“气质之性”完全受到“天地之性”的主宰、支配，这样就可以“顺性命之理”，防止“灭理穷欲”了。

朱熹完全接受了张载的这些思想，还继承了程颐的“性即理”的思想。他把张载的“天地之性”改为“天命之性”或“义理之性”。认为“天命之性”即是“理”，是封建道德的必然要求和规范。但由于“天命之性”常受形气的私情所蒙蔽，微妙而难显现，“气质之性”来自人的形体，对外界的反应常产生过与不及的偏向，不容易适得其中，故危殆而不安。所以朱熹认为，道德教育的作用在于发挥“气质之性”中那一部分先验的“善性”，按照“仁义礼智”四德去做，才能“变化气质”，改变“气质之性”中那“不善”的部分，使危殆的“气质之性”由危转安，微妙的“天命之性”由隐而显，从而使“天命之性”得到完整的表现。理学“人性论”的重点在于论证先秦儒学提出的封建道德规范是“天命之性”，来自“天理”。人见小孩坠井去救援，不是为了要功图誉，而是“应当”必须如此去做，人人都应自觉服从“天理”，人人都不可以违反“天理”。只不过由于气质的偏蔽，使得有些人没有很好地把这个“天命之性”充分体现出来而已。

经过理学的论证，先秦儒学提出的“性善论”与“性恶论”得到了新的综合解释。理学认为，孟子主张性善，是指“天命之性”，但孟子不知道人还有“气质之性”，因而不能很好地说明人性既善而恶从何来的问题，荀子主张性恶，是指“气质之性”，但荀子不知道人极本穷源的“天命之性”是浑然至善的。所以孟荀对人性的解释都不圆满。理学“人性论”，一方面吸收了荀子“性恶论”对人改造的观点，强调道德教育的作用在于“变化气质”，从理论上论证了人人接受封建道德教育的必要性；另一方面又发挥了孟子“性善论”思想，强调人人都具有“天命之性”，具有“仁义礼智信”这些先天的道德品质，又从理论上指出了人人都有培养成为圣贤的可能性。这就为封建社会后期的道德教育重新树立了明确的方向，使那些暂时还不完全符合封建道德标准的人特别是青少年增强了信心。

从宇宙论到道德教育论，理学通过“人性论”把它打通了。上接天道，下连伦常，天人同理，天人相通，天人一贯。理学既不停留于先秦儒学那种缺乏理论的单调的道德伦理的说教，又扬弃了汉唐经学那种认为天可以直接干预人事的过时的神学目的论。理学不是那么露骨的人格化、简单化，而是更多地表现为人性化、理性化，这使得理学道德教育理论更加精致，具有思辨哲理的色彩，比起传统儒学的道德教育理论是大大前进了。这是理学道德教育思想的一个显著特点。

道德教育的目的任务

理学承认世界是真实的，不是虚幻的。这一点不同于佛道。理学认为佛教追求寂灭，道教企求长生，是违反常识的。每个人都在现实生活中活动，穿衣吃饭，“戴天履地”，生、老、病、死、苦，都是实实在在存在着的。理学承认和肯定人作为感性物质存在的实在性，这里也就包含着“理”的规定性，是“理”的表现，是“理”的“应当如此”的反映，因之它是合理的、必然的。正由于这些现象的实际存在，才组成了一个“完美”、“和谐”的封建专制主义的人间天国。人生在这个天国之中，只应该顺着这个“理”的决定而“各安本分”地生活。理学就是这样从现实的日常事理中，去寻找和论证社会的普遍原则，把社会的普遍原则贯彻到自然中去，又把自然中的普遍原则扩展到社会中来。

张载以为“气”是天地万物的本原，而“气”的聚散变化表现为“理”。“气”凝聚而成万物，万物有一定的秩序。这种自然的秩序如同社会的既定秩序一样，便是宇宙万物的普遍规律和原则。张载是从宇宙论的高度来论证封建社会等级秩序和封建道德伦理的必要性、合理性的。

程颢、程颐以“理”为天地万物的本原。他们强调的“理”即是父子关系、君臣关系的原则。“父子君臣，天下之定理，无所逃于天地之间。”① 程颢、程颐也是从宇宙论的高度来为封建社会等级秩序及封建伦理作辩护的。

朱熹发挥了以上的观点，宣称君臣上下的等级秩序是“理所当然”。他说：“宇宙之间，一理而已……其张之为三纲，其纪之为五常，盖皆此理之流行，无所适而不在。”② “所谓天理，复是何物？仁、义、礼、智岂不是天理？君臣、父子、兄弟、夫妇、朋友岂不是天理？”③ “天理流行，触处皆是。暑往寒来，川流山峙，‘父子有亲，君臣有义’之类，无非这理。”④ 凡是合乎“三纲五常”的道德思想意识和行为，他都说成合乎“天理”，是“天理之自然”；凡是违背“三纲五常”的思想感情和物质欲望，他都说成是“人欲”，属于该去掉之列。他主张道德教育的任务，是“人欲净尽，天理流行”，“革尽人欲，复尽天理”。这实际上是为封建社会的等级秩序和伦常道德大唱赞歌。

王守仁认为“心”是世界的本原。他认为人是天地万物的“心”，“心”是天地万物的主宰。“心即理”，“三纲五常”的封建统治之“理”就是人的“本心”，就是宇宙的主宰。“致良知”，只要人们把自己心中所固有的道德观念充分发挥出来，“见父自然知孝，见兄自然知弟，见孺子入井自然知恻隐”⑤，就能从人心深处“存天理，去人欲”，从而维护封建社会的既定秩序和纲常伦理。

理学是反映封建时代中后期社会等级秩序的意识形态，它把封建地主阶级的道德原则看作是永恒的绝对的最高原则。一方面要求尽可能广泛地博地主阶级之爱，另一方面要求尽可能严伦常等级之分。重血缘、崇宗法、讲名分、别尊卑，使人们在宗法血缘和与之相适应的封建伦常道德的心理情感中去冲淡政治经济的不平等和受剥削压迫的苦痛，从而维护封建制度的永世长存。因此，理学把“天理流行”，即加强封建地主阶级的道德伦理思想的统治地位和消灭人们对物质生活的追求，即“人欲”，作为道德教育的目的任务，这是宋明理学家论述道德教育的一个共同的特点。

---

① 《河南程氏遗书》卷五，《二程集》，中华书局1981年版，第77页。

② 朱熹：《读大纪》，《晦庵先生朱文公文集》卷七十，商务印书馆1922年四部丛刊初编本。

③ 朱熹：《答吴斗南》，《晦庵先生朱文公文集》卷五十九，商务印书馆1922年四部丛刊初编本。

④ 《朱子语类》卷四十，四库全书本。

⑤ 《传习录》上，《王文成公全集》卷一，商务印书馆1924年四部丛刊初编重印本。

道德教育的精神境界

理学强调加强道德教育与修养，提高觉悟，在“人伦日用”中体现“至理”，在平时践履中“尽性至命”①，从而达到崇高的精神境界。

理学认为实现“天理”必须是高度自觉的，具有自我意识的，既不靠有意志的上帝指令，也不靠物质功利的刺激。朱熹说：“义理不明如何践履?”“若讲得道理明时，自是事亲不得不孝，事兄不得不悌，交朋友不得不信。”② 所谓“不得不”，即必须履行、无价钱可讲的“绝对命令”。所谓“讲得道理明时”，即是对这一“绝对命令”的自觉意识。这有点类似德国古典哲学家康德提出的追求道德的“自律”，而反对“他律”。人们表现“自律”，即自我意识强，道德修养的自觉性主动性程度高，精神境界也就越高。理学把这种由自觉而达到的崇高的精神境界叫作“孔颜乐处”。

孔子曾经说过：“饭疏食饮水，曲肱而枕之，乐亦在其中矣。”③“一箪食，一瓢饮，在陋巷，人不堪其忧，回也不改其乐。贤哉，回也!”④

周敦颐曾对他的学生程颢、程颐提过这样一个问题：“寻孔颜乐处，所乐何事?”这是理学道德教育的一个重要问题。谁能回答这个问题，谁就算是踏进了理学的门槛。谁从理论上回答了这个问题，谁就算是懂得了理学。谁从实际上回答了这个问题，谁就算是进入了崇高的精神境界。

程颢有两首诗，表明他不仅知道有这种乐，而且实际感到这种乐：“闲来无事不从容，睡觉东窗日已红。万物静观皆自得，四时佳兴与人同。道通天地有形外，思入风云变态中。富贵不淫贫贱乐，男儿到此是豪雄。”⑤“云淡风轻近午天，傍花随柳过前川。时人不识余心乐，将谓偷闲学少年。”⑥

朱熹也有首诗，表明他实际感到这种乐：“胜日寻芳泗水滨，无边光景一

---

① 《河南程氏遗书》卷十八，《二程集》，中华书局1981年版，第193页。

② 《朱子语类》卷九，四库全书本。

③ 《论语·述而》。

④ 《论语·雍也》。

⑤ 程颢：《秋日偶成二首》之二，《河南程氏文集》卷三，《二程集》，第482页。

⑥ 程颢：《偶成》，《河南程氏文集》卷三，《二程集》，第476页。

时新。等闲识得东风面，万紫千红总是春。”①

理学认为，整个宇宙是大生命，充满和谐，具有创造性，它是有意义有价值的。人是宇宙间渺小的生命，人的生命的意义是由宇宙而来，人的思想和宇宙的精神是相连的，宇宙的生命要在人的生命中表现出来。所谓“民吾同胞，物吾与也”②，所谓“仁者，以天地万物为一体”③，所谓“大人者以天地万物为一体者也”④。理学要求每个人的先天的“善性”在日常生活的道德修养中充分体现与自觉完成，能满足这要求，就是“仁”，就是“尽性至命”，就能达到“赞化育”、“与天地参”的“天人合德”、“物我一体”的境界。

在理学看来，生命本身并非最高的价值，还有比生命更重要的价值在。生命本身，有时为了更大的价值要作出牺牲。所以，理学特别重视“立志”，提倡“舍生取义”的精神，对于世俗间的富贵贫贱以及一切个人得失，都不介意。由此产生出来的“乐”，即是“孔颜乐处”。这是一种“民胞物与”与“天人合一”的襟怀，是一种精神状态，是一种高度自觉，是一种道德理想，是一种不畏艰苦而充满生意的崇高境界。

在这里，理学家们喋喋不休地讲到唯心主义、先验主义的人的“善性”，讲到人生的意义离不开“安贫乐道”，掩盖了人与人之间的阶级差别，有很大的欺骗性。显然，理学讲的精神境界具有历史的局限和阶级的局限。

但理学充分肯定人的精神生活和道德教育道德修养的重要，强调道德情感、心理愉悦的陶冶和培育，重视由自觉达到崇高精神境界的道德理想，以及如何在道德教育与修养中，正确认识自我及其社会责任、历史使命等方面，确实具有重要的理论意义，给我们留下了精神的启迪和丰富的资料。与过去中国封建社会流行的“人不为己，天诛地灭”、“人生在世，吃穿二字”、“争名于朝，争利于市”等境界相比，与当今资本主义世界出现的“精神空虚”、“价值崩溃”、“金钱万能”、“享乐至上”等观念相比，理学的“孔颜乐处”对于提高人类的精神价值、开拓生命的远景、宣扬人生的光明面，不也还有一定的意义么？

---

① 朱熹：《春日》，《晦庵先生朱文公文集》卷二，商务印书馆1922年四部丛刊初编本。

② 张载：《西铭》，《正蒙·乾称篇》，《张载集》，中华书局1978年版，第62页。

③ 《程氏遗书》卷二上，《二程集》，中华书局1981年版，第15页。

④ 王守仁：《大学问》，《王文成公全集》卷二十六续编一，商务印书馆1924年四部丛刊初编重印本。

道德教育的修养工夫

如前所述，理学认为天人间的和谐是自然的，人对宇宙和谐的实现是可以通过道德教育与道德修养来完成的。人们通过自我修养，灭绝万恶的人欲，恢复纯善的天理，达到“情理谐和”、“天人合一”的理想境界。

理学认为道德教育的修养工夫，最重要的是一个“敬”字。程颐说：“涵养须用敬。”① 朱熹说：“敬字工夫，乃圣门第一义，彻头彻尾。不可顷刻间断。”② 所谓“敬字工夫”，并不是主张与外界隔绝，闭门静坐，而是要求无事时敬在心上，有事时敬在事上，“整齐收敛这身心，不敢放纵，便是敬”③。所谓“无事时敬在心上”，是指平时注意“慎独”，精神专一，“内无妄思，外无妄动”，使自己不受外在环境、利益、观念、因素所影响和支配。所谓“有事时敬在事上”，是指处理各项事务，高度自觉，固守不易，反对盲目性与自发性，时时处处以封建道德观念为准绳。朱熹说：“人之心性，敬则常存，不敬则不存”，“人能存得敬，则吾心湛然，天理粲然”。④

“主敬”和“存养”是分不开的。所谓“存养”，就是“存其心，养其性”。朱熹说：“如今要下工夫，且须端庄存养，独观昭旷之原，不须枉费工夫，钻纸上语。待存养得此中昭明洞达，自觉无许多窒碍。恁时方取文字来看，则自然有意味，道理自然透彻，遇事自然迎刃而解，皆无许多病痛。”⑤ 从另一方面说，“存养”即不要失忘此心，“心若不存，一身便无所主宰”，“圣贤千言万语，只要人不失其本心”。⑥由于人的“心”交杂着物欲和义理，因此，理学认为“存养”就是要收敛此心，“若收敛都在义理上安顿，无许多胡思乱想，则久久自于物欲上轻，于义理上重”⑦。这就是说，“存养”即保存住人先天所固有的善性，不要让它丧失掉，不被物欲所吸引。

理学认为“主敬存养”是做人的基本修养，是立身处世的正常起步。理学还认为，平日多做些“省过察非”的体认，养成“省过察非”的习惯，是有利

① 《河南程氏遗书》卷十八，《河南程氏文集》卷三，《二程集》，中华书局 1981 年版，第 188 页。

②④⑥⑦ 《朱子语类》卷十二，四库全书本。

③ 《朱子语类》卷一百二十，四库全书本。

⑤ 《朱子语类》卷一百一十五，四库全书本。

于“主敬存养”的。

“省”是反省，“察”是检察。理学认为，一个人应该“无时不省察”①，“一事之微，不加精察之功，则陷于恶而不自知”②，“涵养愈熟，则省察愈精矣”③。朱熹主张，当人欲之私意在“将发之际”和“已发之后”进行“省察”，以便把一切违背封建伦常道德的意念消灭在萌芽之中或已发之后。王守仁认为，“省察”应像猫捉老鼠一样，把不符合封建道德的意念“扫除廓清”，“一毫不存”，如果让“人欲之私”留下一丝一毫，那么，其结果必将前功尽弃，“众恶相引而来”。④

理学强调的这一套“主敬存养”、静心思过的修养工夫，是唯心的、形式主义的、脱离实际的，含有浓厚的禁欲主义的色彩，在历史上，对于造成我们民族性格上的许多弱点曾起过作用，如愚忠愚孝、窒欲守节、压抑个性、逆来顺受等等，这无疑是应批判的。但理学重视道德修养的经常性、长期性，讲求以理统情、自我节制、意志锻炼，强调道德修养的力量正是与个体私利和快乐幸福相矛盾、相冲突中显示出来的意义，这些都包含有某些合理因素，是不应该完全抹杀的。

道德教育的自我完成

除了重视修养、讲求控制而外，理学道德教育的另一特征是强调道德意识与道德行动的统一。程颐说：“人既能知见，岂有不能行?”⑤“学者须是真知，才知得是，便泰然行将去也。”⑥ 朱熹说：“知行常相须。”⑦ 朱熹的学生陈淳也说：“致知、力行二事，当齐头著力并做，不是截然为二事，先致知然后行，只是一套底事。行之不力，非行之罪，皆知之者不真。须见善真如好好色，见

① 《朱子语类》卷六十二，四库全书本。

② 《朱子语类》卷一百一十七，四库全书本。

③ 朱熹：《答胡季随》，《晦庵先生朱文公文集》卷五十三，商务印书馆 1922 年四部丛刊初编本。

④ 《传习录》上，《王文成公全集》卷一，商务印书馆 1924 年四部丛刊初编重印本。

⑤ 《河南程氏遗书》卷十七，《二程集》，中华书局 1981 年版，第 181 页。

⑥ 《河南程氏遗书》卷十八，《二程集》，第 188 页。

⑦ 《朱子语类》卷九，四库全书本。

恶真如恶恶臭，然后为知之至，而行之力，即便在其中矣。”① 这里所说的“知”，主要指的是人的道德意识和思想意念；这里所说的“行”，主要指的是人的道德践履和实际行动。理学主张这二者密切配合统一，以道德意识和观念指导人们的道德践履和行为，反过来，人们通过道德践履与行为又加深了对道德意识和观念的认识、信守。朱熹说：“方其知之，而行未及之，则知尚浅。既亲历其域，则知之益明”②，指的就是这个意思。

在理学家中，王守仁最为突出地把一切道德归结于个体的自觉行动。他说：“真知即所以为行，不行不足谓之知。”③ “知之真切笃实处即是行，行之明觉精察处即是知。”④ “知是行的主意，行是知的功夫。知是行之始，行是知之成。”⑤ “就如称某人知孝，某人知弟，必是其人已曾行孝行弟，方可称他知孝知弟；不成只是晓得说些孝弟的话，便可称为知孝弟了。”⑥ 在王守仁看来，“知”与“行”是不可分割的，是“合一”的。有知在即有行在，有行在即有知在，知不离行，行不离知，二者互为表里，不可分离。知必然要表现为行，不行不能算真知。“良知”无不行，而自觉的行也就是知。“知行合一”观念形成了，到王守仁才把这精神及功能予以充分地发挥。

理学道德教育思想突出了“知而必行”与“知行合一”，反对“知行脱节”与“知而不行”，目的是为了落实“天理流行”、“存天理，灭人欲”这个道德教育的目的任务的，是有鲜明的阶级内容的。但是，理学的“知而必行”与“知行合一”的道德教育思想，窥测到了道德意识和道德行为之间相互联系、相互转化的作用，表现了对道德的自我意识感的重视及对道德行为的能动性的极大强调，这一点在道德教育理论的发展上还是有意义的。

理学对“行”的极端重视，从根本上说来，就是重在道德意志行为是道德教育的自我完成。离开了自觉的道德行为，离开了理性意识的主宰作用，道德教育的完成就变成了一句空话。这些对我们来说，也是有启发意义的。

理学道德教育思想在中国社会和教育史上产生过巨大的作用和影响。

---

① 《宋元学案》卷六十八，商务印书馆 1929 年万有文库本。

② 《朱子语类》卷九，四库全书本。

③④ 《传习录》中，《王文成公全集》卷二，商务印书馆 1924 年四部丛刊初编重印本。

⑤⑥ 《传习录》上，《王文成公全集》卷一，商务印书馆 1924 年四部丛刊初编重印本。

理学道德教育的目的任务是“存天理，灭人欲”，这就大大加强了封建纲常伦理的统治地位和作用，勒紧了君权、父权和夫权的封建绳索，强化了束缚人民思想的枷锁，压制和扼杀了人民追求物质利益的愿望。一句“饿死事极小，失节事极大”，给历代妇女带来了多少苦难。一顶“名教罪人”的帽子，又压制了多少要求革新和进步的仁人志士。“人死于法，犹有怜之者，死于理，其谁怜之?”① “酷吏以法杀人，后儒以理杀人。”② “数千年来，三纲五伦之惨祸烈毒，由是酷焉矣。”③ 理学道德教育思想的确给中国社会和中国人民带来了历史性的损伤。

理学道德教育思想也还有一些积极影响。理学重视崇高的精神境界，讲究气节与操守，提倡“立志”与“舍生取义”的献身精神，强调道德责任感与历史使命感的培养，在形成我们民族的优良道德传统上留下了重要的痕迹。从一些坚贞不屈的民族英雄和社会革命家的成长来看，理学道德教育的熏陶和影响曾起过一些作用。

理学不借助于宗教信仰，而充分肯定道德教育和道德修养的重要，充分肯定人的精神文明的意义，注重道德意识与道德行为的互相转化和作用，重视道德信念的建立与道德情感、心理愉悦的培育，以及对自觉意志行为和理性意识的能动性的强调，所有这些，为人类崇高的道德教育学说提供了丰富的思想资料。这对于我们今天建设社会主义的精神文明和建立具有中国特色的社会主义道德教育思想体系，不能不说也有一定的借鉴意义和参考价值。

---

① 戴震:《孟子字义疏证》卷上，《戴震集》，上海古籍出版社 1980 年版，第 275 页。

② 戴震:《与某书》，《戴震集》，第 188 页。

③ 谭嗣同:《仁学》卷上，《谭嗣同全集》，生活·读书·新知三联书店 1954 年版，第 14 页。

程颐《颜子所好何学论》教育思想引证与疑义 *

一、程颐《颜子所好何学论》的写作时间

朱子《伊川先生年谱》载：伊川（程颐）"皇祐二年，年十八，上书阙下。……不报。闲游太学。时海陵胡翼之先生方主教导，尝以《颜子所好何学论》试诸生。得先生所试，大惊，即延见，处以学职"①。朱子将程颐上书阙下、闲游太学和作《颜子所好何学论》皆定为皇祐二年（1050年）事。然而，据《续资治通鉴长编》，胡瑗为国子监直讲是在皇祐四年（1052年），"冬，十月，甲戌，殿中丞胡瑗落致仕，为光禄寺丞、国子监直讲"②。则《颜子所好何学论》肯定不能作于皇祐二年，朱子《伊川先生年谱》显然有误。历来学者对比多所考证，但对确切何年，意见不能统一。民国时姚名达《程伊川年谱》考证最为精审，他将程颐游太学和作《颜子所好何学论》定为嘉祐元年（1056年）。该年"太中公为国子博士，赐绯鱼袋。先生兄弟随至京师，入国子监读书。[考证] 此两事，究系何年发生，颇难确定。据《文集》卷四《颜子所好何学论》题下小注：'先生始冠，游太学，胡安定以是试诸生。'似是二十岁之事。但是年方丁母忧，不应出游。《遗书》附录中刘立之所述：'逾冠应书京师'亦未确指何年。但从下列三证，可断定为嘉祐元年之事。一、《龟山语录》明载'伊川年二十四五时吕原明首师事之'。二、《吕氏童蒙》记荥阳公（即吕原明）'在太学，与先生邻斋，首以师礼之'。三、《文集》卷十二《先公太中家传》既言'迁国子博士，归监，在京西染院'，又明言'嘉祐初，公卜葬祖考于伊川，始居河南'。可见太中公在国子监乃嘉祐初之事，而先生兄弟

* 本文系与徐卫红同志合作，原载《江南大学学报（人文社会科学版）》2003年第5期。

① 朱熹：《伊川先生年谱》，《二程集》，中华书局1981年版，第338—339页。

② 李焘：《续资治通鉴长编》卷一百七十三，中华书局1995年版，第4175页。

入国子监，当亦同时也”。就此断定游太学和作《颜子所好何学论》为嘉祐元年，完全无视朱子《伊川先生年谱》和文集中《上仁宗皇帝书》题注所说的“皇祐二年”，是不恰当的。即便“皇祐二年”有误，但其提供的信息还是有意义的。姚名达将《上仁宗皇帝书》系于嘉祐二年（1057年）①，其考云：“诸星杓《程子年谱》仍列此书于皇祐二年，似嫌过于谨慎。然其小注已‘疑皇祐为嘉祐之误’。且引宗稷辰云：‘此必至太学后，已受学职所上。朱子文必误刻，宜改正。此见极是。……皇祐与嘉祐只有一字之差，题下小注偶尔误刻，朱熹据以推定为‘年十八’，而《宋史》遂沿讹袭误，故在情理之中也。”② 既然《上仁宗皇帝书》题下小注之“皇祐”可能是“嘉祐”之误，我们也可以认为朱子作《伊川先生年谱》时，所见有关程颐游太学和作《颜子所好何学论》的材料，都是“嘉祐”误作“皇祐”。这样，上书阙下、闲游太学和作《颜子所好何学论》都在嘉祐二年，其先后顺序仍依朱子的说法。③ 当然，这仍然只是推论，不敢断定。

二、《颜子所好何学论》包含的程颐教育思想

嘉祐二年，程颐二十五岁，其思想已经成熟，《颜子所好何学论》已经奠定了程颐思想的基本框架。遍观语录和文集，正是对《颜子所好何学论》的深入阐述。而且，从结构上看，《颜子所好何学论》也正是一篇教育学论文，除“格物致知”外，程颐的整个教育思想表述得完整而清晰。下面是我们援引程颐语录和文集，对《颜子所好何学论》的程颐教育思想逐次作一分析。

> 圣人之门，其徒三千，独称颜子为好学。夫《诗》、《书》六艺，三千子非不习而通也，然则颜子所独好者，何学也？学以至于圣人之道也。

“学以至于圣人”，这是理学教育的共同目的。学什么？“学以至于圣人之道”的“道”，是途径、方法的意思，“学以至于圣人之道”，就是说学习达到圣人的途径。④ 虽然程颐这里是在回答“颜子所好何学”，但实际上也是夫子

①② 姚名达著：《程伊川年谱》，商务印书馆1936年版，第20、27—28页。

③ 蔡方鹿著《程颢程颐与中国文化》（贵州人民出版社1996年版）即持这种观点。

④ “学以至于圣人之道”的“道”，不理解为“夫子之言性与天道，不可得而闻也”中“天道”的“道”，途径、方法一意，正与后文“学之道如何”、“学之之道也”两“道”字意思相同。

自道，正是自己要“学以至于圣人之道也”。程颐曰：“人皆可以至圣人，而君子之学必至于圣人而后已。不至于圣人而后已者，皆自弃也。”①

为什么要学以至于圣人？这个问题，程颐没有直接回答。也许，从理学家反复讨论观“圣贤气象”和寻“孔颜乐处”可以得到间接的回答。

《河南程氏遗书》卷二上《语录》载：“昔见周茂叔，每令寻颜子、仲尼乐处，所乐何事。”二程子师事周濂溪是在宋仁宗庆历六年（1046年）。据张伯行《周濂溪年谱》载：“庆历四年，濂溪先生为南安军司理参军。庆历六年，大理寺丞知虔州兴国县程公珦，假倅南安，视先生气貌非常人，与语，果知道者，因与为友，令二子师事之。”② 程颢说：“从汝南周茂叔问学，穷性命之理，率性会道，体道成德，出处孔、孟，从容不勉。”所以，刘蕺山在《颜子所好何学论》后说：“此伊川得统于濂溪处。”③

《论语·述而》：“子曰：‘饭疏食饮水，曲肱而枕之，乐亦在其中矣。’”《论语·雍也》：“一箪食，一瓢饮，在陋巷，人不堪其忧，回亦不改其乐。贤哉，回也！”程颢解释第二条说：“箪、瓢、陋巷非可乐，盖自有其乐耳。‘其’字当玩味，自有深意。”④ 第一条孔子所说，“乐亦在其中矣”的“其”字，也有深意。两条的“其”字都是说，并不是穷有什么乐，而是说穷还“自有其乐”。这个乐从何而来？⑤ 这个问题，就是“寻孔颜乐处，所乐何事”这个问题。

圣人可学而至欤？曰：然。

从孟子、荀子起，儒家基本上都持“圣人可学而至”的观点。“圣人可学而至欤”的问题，在教育学上，就是教育的可能性问题，或者教育的功能问题。就历史起源来考察，“教育”的事实是先在，可能性问题被超越了。但是，当“人性”问题被反思后，“人的可教性问题也就接踵而来了。每一种教育理论常常都要以一种人性论作为理论基础。众所周知，理学家的教育思想也都有

① 《河南程氏遗书》卷二十五，《二程集》，中华书局1981年版，第318页。

② 卢连章著：《二程学谱》，中州古籍出版社1988年版，第2页。

③ 《宋元学案》卷十六《伊川学案下》，中华书局1986年版，第644页。

④ 《河南程氏遗书》卷十二，《二程集》，第135页。

⑤ 冯友兰著：《中国哲学史新编》第五册，人民出版社1992年版，第122页。

其人性论基础"①。

程颐人性论的核心命题是"性即理"。理是对天（自然）而言，性是对人而言。

程颐曰："性即理也，所谓理性是也。天下之理，原其所自，未有不善。"② 性即理，故性善。那么，理是什么呢？理又叫道，道是形而上者。"一阴一阳之谓道，道非阴阳也，所以一阴一阳者道也。"③ "天有是理，圣人循而行之，所谓道也。"④ 因此，性即理，也可以说性即道。"称性之善，谓之道。道与性，一也。以性之善如此，故谓之性善。"⑤ 理亦称天理。"自理言之谓之天，自禀受言之谓之性，自存诸人言之谓之心。"⑥ "莫之为而为，莫之致而致，便是天理。"⑦

道、理、性本一，故善。

那么，既然性主于心为善，人之行为又为什么会有不善呢？程颐认为性即理，即天命之谓性，理无不善，不善的是因为气禀之才。"问：人性本明，因何有蔽？曰：此须所理会也。孟子言人性善，是也。虽荀扬亦不知性。孟子所以能出诸儒者，以能明性也。性无不善，而有不善者，才也。性即是理，理则

---

① 对于人性问题的研究，常常是教育哲学的出发点。如奥尔波特（Gordon W. Allport）曾说："学习理论（像心理学的许多其他理论一样）是以研究者对人性的概念为依据的。换句话说，每一个学习理论家都是一位哲学家，尽管他也许并不认识这一点，如果把问题表述得更具体些，那就是：研究（和建立）学习理论的心理学家们，是从某种关于人的动机的本质的成见开始的。"［*Patterns and Growth in Personality*（《个性的模式与成长》），New York：Holt，Rinehart，and Winston，1961，p. 84］莫里斯·L. 比格（Morris L. Bigge）对西方古代、现代教育家的学习理论进行了比较研究后，总结了人性论对于学习理论的意义："某种学习理论，特别当它被应用到学校去的时候，他们对于作为人的学生的道德和行动的基本天性，必然要作某些假设。"（《学习的基本理论与教学实践》，文化教育出版社 1983 年版，第 17 页）张岱年先生也曾说："自来论性者，并非专为研究性而研究性，而是为讨论修养、教育、政治，不得不讨论性。应如何施教，应如何为政，须先看人之本来状态是如何，于是便提起性的问题；而亦由此，乃特别注重人本来是好或不好，即性与善恶之关系。"（《中国哲学大纲》，中国社会科学出版社 1982 年版，第 250—251 页）

②⑥ 《河南程氏遗书》卷二十二，《二程集》，中华书局 1981 年版，第 292、296—297 页。

③ 《河南程氏遗书》卷二，《二程集》，第 67 页。

④ 《河南程氏遗书》卷二十一下，《二程集》，第 274 页。

⑤ 《河南程氏遗书》卷二十五，《二程集》，第 318 页。

⑦ 《河南程氏遗书》卷十八，《二程集》，第 215 页。

自尧舜至于涂人，一也。才禀于气，气有清浊。禀其清者为贤，禀其浊者为愚。又问：愚可变否。曰：可。孔子谓‘上智与下愚不移’，然亦有可移之理。惟自暴自弃者，则不移也。曰：下愚所以自暴自弃者，才乎？曰：固是也。然却道它不可移不得！性只一般，岂不可移。却被他自暴自弃，不肯去学，故移不得。使肯学时，亦有可移之理。”① 其旨意，天命所受之理为性，故性本善。然而，人之所生，乃气禀而成，故有才质之不同。才质之善与不善，则根于所禀受之气的清浊。

程颐所说的“性”与“才”，与横渠所说的“天地之性”与“气质之性”相同。横渠曰：“形而后有气质之性。善反之，则天地之性存焉。故气质之性，君子有弗性者焉。”② 这就是说，人在气聚而有形以后，所有可以称为“我”的那一种或那一部分的性，就是“气质之性”，不受气所决定的那一种或那一部分的性，是“天地之性”。严格地说，只有“天地之性”才是性，对“气质之性”，君子有理由不认为它是性。③ “气质之性”是“天地之性”在具体的个人上的体现，受到形体（气质）的限制。“变化气质”即是突破限制，回复到“天地之性”的无限和自由，也就是“善反之，则天地之性存焉”，这个过程就是学习过程，修养过程，也就是教育的过程。

学之道如何？

所谓“学之道”，就是学习的方法、途径。程颐对“学之道如何”问题所作的回答，就是他的学习方法论、学习过程论。

曰：天地储精，得五行之秀者为人。其本也真而静，其未发也五性具焉，曰仁义礼智信。形既生也，外物触其形而动于中矣，其中动而七情出焉，曰喜怒哀乐爱恶欲。情既炽而益荡，其性凿矣。是故觉者约其情使合于中，正其心，养其性，故曰“性其情”。愚者则不知制之，纵其情而至于邪僻，梏其性而亡之，故曰“情其性”。

此段程颐将“性”、“情”对举，指出觉者“性其情”，愚者“情其性”。

程颐对“心”、“性”、“情”作过严格仔细的区分。“伯温又问：‘孟子言心、性、天，只是一理否？’曰：‘然。自理言之谓之天，自禀受言之谓之性，

① 《河南程氏遗书》卷十八，《二程集》，中华书局1981年版，第204—205页。
② 张载：《正蒙·诚明篇》，《张载集》，中华书局1988年版，第23页。
③ 冯友兰著：《中国哲学史新编》第五册，人民出版社1992年版，第142页。

自存诸人言之谓之心。’”[①] 心是理、性的寓所，近于日常生活所说的“心里难过”、“心里有事”之“心”。而且“心”为个体之“心”[②]，分我的“心”、你的“心”，所以“心”受气质的限制。“问：‘人之形体有限量，心有限量否?’曰：‘论心之形，则安得无限量?’又问：‘心之妙用有限量否?’曰：‘自是人有限量。以有限之形，有限之气，苟不通之以道，安得无限量?孟子曰：尽其心，知其性。心即性也。在天为命，在人为性，论其所主为心，其实只是一个道。苟能通之以道，又岂有限量?’”[③] 苟能通之以道，则心与理为一，与性为一，“尽其心，知其性”，则“心即性也”。“性之本谓之命，性之自然者谓之天，自性之有形者谓之心，自性之有动者谓之情，凡此数者皆一也。”[④]“孟子曰：‘恻隐之心，仁也。’后人遂以爱为仁。恻隐固是爱也，爱自是情，仁自是性，岂可专以爱为仁?”[⑤] “禀于天谓性，感为情。”[⑥] 禀受天命为性，感于外物为情。“问：‘心有善恶否?’曰：‘在天为命，在义为理，在人为性，主于身为心，其实一也。心本善，发于思虑，则有善有不善。若既发，则可谓之情，不可谓之心。譬如水，只谓之水，至于流而为派，或行于东，或行于西，却谓之流也。’”[⑦]天理自然，所以本善，命与人为性，则性也善，也就是“其本也真而静，其未发也五性具焉，曰仁义礼智信”。心为性之寓所，心感于外物而为情，有善有不善，所以说“形既生也，外物触其形而动于中矣，其中动而七情出焉，曰喜怒哀乐爱恶欲”。“情既炽而益荡”，就是说情会像洪水一样泛滥。“凿”为穿木工具，《庄子·天道》：“桓公读书于堂上，轮扁斫轮于堂下，释椎凿而上。”“椎凿”之“凿”就是这种工具。这种工具又成为一种刑具，《汉书·刑法志》：“中刑用刀锯，其次用钻凿。”“其性凿矣”，也就是“性”受到伤害。“是故觉者约其情使合于中，正其心，养其性，故曰‘性其情’。”所谓“性其情”，就是以性制情，使七情纳入五性的轨道。相反，“愚者则不知制之，纵其情而至于邪僻，梏其性而亡之，故曰‘情其性’”。“梏”，《宋元学案》卷十六《伊川学案下》作“牿”。“梏其性而亡之”，义同《孟子·告子上》：“其日夜之所息，平旦之气，其好恶与人相近也者几希，则其旦昼之

① 《河南程氏遗书》卷二十二，《二程集》，中华书局1981年版，第296—297页。

② “心”的不同，正是二程区别之所在，也是程朱、陆王分歧之所自。

③⑤⑦ 《河南程氏遗书》卷十八，《二程集》，第204、182、204页。

④ 《河南程氏遗书》卷二十五，《二程集》，第318页。

⑥ 《河南程氏遗书》卷二十四，《二程集》，第312页。

所为，有梏亡之矣。”“梏”，就是圈禁；“梏亡”，就是圈禁消灭之。“情其性”，就会伤害性，消灭性，也就是灭天理。“性”、“情”虽然对立，但“性其情”正是追求“性情统一”。“喜怒哀乐未发，何尝不善？发而皆中节，则无往而不善。”①

> 凡学之道，正其心，养其性而已。中正而诚，则圣矣。君子之学，必先明诸心，知所养，然后力行以求至，所谓“自明而诚”也。故学必尽其心，尽其心则知其性。知其性，反而诚之，圣人也。故《洪范》曰：“思曰睿，睿作圣。”

“学之道”，程颐一言以蔽之，“正其心，养其性而已”。“正其心，养其性”，乃“性其情”，是觉者之所为，就是“约其情使合于中”，就是“喜怒哀乐发而皆中节”。“中正而诚”，是圣人的境界。“真近诚，诚者无妄之谓。”②“无妄”就是没有虚假，就是实实在在，就是真实，宇宙间的事物及其演化和规律，都是实实在在如此，并没有一点虚伪，这就是“无妄”，③ 这就是“诚”。圣人达到了“诚”的境界，普通人则没有。《中庸》曰：“诚者，天之道也；诚之者，人之道也。”“诚之”就是未诚而求诚。能如此，正以人有“心”，“心”有知觉灵明，人要达到“诚”的境界，须得发展他的心的知觉灵明。所以说，“君子之学，必先明诸心，知所养，然后力行以求至”，这就叫“自明而诚”。《中庸》曰：“自诚明，谓之性；自明诚，谓之教。诚则明矣，明则诚矣。”朱子注道：“德无不实，而明无不照者，圣人之德，所性而自有者也，天道也。先明乎善，而后能实其善者，贤人之学，由教而入者也。诚则无不明矣，明则可以至于诚矣。”所以“学必尽其心，尽其心则知其性”。孟子曰：“尽其心者，知其性也。知其性，则知天矣。存其心，养其性，所以事天也。”“尽其心”，就是发展他的心的知觉灵明。发展了心的知觉灵明，人所本有的“仁义礼智信”五性就可以显现出来，发挥作用，所以说“尽其心者，知其性也”。能“知其心，反而诚之”，就达到了圣人的境界。“思曰睿，睿作圣”，“睿”是通达的意思，“思曰睿”，就是思虑要通达；“睿作圣”，思虑通达，就会圣明。“伯温问：‘如何可以自得？’曰：‘思。’”“思曰睿，睿作圣。”须是

① 《河南程氏遗书》卷二十二上，《二程集》，中华书局1981年版，第292页。
② 《河南程氏遗书》卷二十一下，《二程集》，第274页。
③ 冯友兰著：《中国哲学史新编》第五册，人民出版社1992年版，第60页。

于思虑间得之，大抵只是一个明理。① “尽其心者，我自尽其心；能尽其心，则自然知性知天矣。如言‘穷理尽性以至于命’，以序言之，不得不然，其实，只能穷理，便尽性至命也。”② “穷理尽性至命，只是一事。才穷理便尽性，才尽性便至命。”③

> 诚之之道，在乎信道笃。信道笃则行之果，行之果则守之固，仁义忠信不离乎心，造次必于是，颠沛必于是，出处语默必于是。久而弗失，则居之安，动容周旋中礼，而邪僻之心无自生矣。故颜子所事，则曰“非礼勿视，非礼勿听，非礼勿言，非礼勿动”。仲尼称之，则曰“得一善则拳拳服膺，而弗失之矣”，又曰“不迁怒，不贰过”，“有不善未尝不知，知之未尝复行矣”。此其好之笃，学之之道也。

“诚之之道，在乎信道笃”，“信道笃”，当在“理之明”后，这点程颐没能阐明，理不明则信道笃，恐有未妥。但是，程颐也说过：“如眼前诸人，要特立独行，煞不难得，只是要一个知见难。人只被这个知见不通透。人谓要力行，亦只是浅近语。”④ 有人向朱子询问这段话的意思，朱子作了解释：“或问：‘力行若何是浅近语？’曰：‘不明道理，只是硬行。’又问：‘何以为浅近？’曰：‘他是见圣贤所为，心下爱，硬依他行。这是私意，不是当行。若见得这理时，皆是当恁地行。’”⑤ “行之果则守之固，仁义忠信不离乎心，造次必于是，颠沛必于是，出处语默必于是。久而弗失，则居之安，动容周旋中礼，而邪僻之心无自生矣。”这两句是讲“敬以存之”的功夫。程颐曰：“敬是闲邪之道。闲邪存其诚，虽是两事，然亦是一事，闲邪则诚自存矣。天下有一个善，一个恶，去善即是恶，去恶即是善。”⑥ “闲”，是防止。“闲邪存其诚”，出自《易·乾·文言》。程颐认为“敬”是防止邪念和保持“诚”的修养方法。开始时，一定要有“敬”的意念，久而久之，心中自然而然地无不敬了，即达到了诚。程颐曰：“忘敬而无不敬。”⑦ “问：‘敬还用意否？’曰：‘其始安得不用意？若能不用意，却是都无事了。’”⑧ 开始时要用意，要努力为之，也就

---

①② 《河南程氏遗书》卷二十二上，《二程集》，中华书局1981年版，第296、292页。

③⑥ 《河南程氏遗书》卷十八，《二程集》，第193、185页。

④ 《河南程氏遗书》卷十七，《二程集》，第161页。

⑤ 《朱子语类》卷九十五，中华书局1994年版，第2456页。

⑦ 《河南程氏遗书》卷三，《二程集》，第66页。

⑧ 《河南程氏遗书》卷十八，《二程集》，第189页。

是后文所说的“必思而后得，必勉而后中”。“颜子所事”，都是“敬以存之”。

视听言动皆礼矣，所异于圣人者：圣人则不思而得，不勉而中，从容中道；颜子则必思而后得，必勉而后中。故曰：颜子之与圣人，相去一息。孟子曰：“充实而有光辉之谓大，大而化之之谓圣，圣而不可知之谓神。”颜子之德，可谓充实而有光辉矣；所未至者，守之也，非化之也。以其好学之心，假之以年，则不日而化矣。故仲尼曰：“不幸短命死矣!”盖伤其不得至于圣人也。所谓化之者，入于神而自然，不思而得，不勉而中之谓也，孔子曰“七十而从心所欲，不逾矩”是也。或曰：“圣人，生而知之者也。今谓可学而至，其有稽乎?”曰：“然。孟子曰：‘尧、舜，性之也；汤、武，反之也。’性之者，生而知之者也；反之者，学而知之者也。”又曰：“孔子则生而知也，孟子则学而知也。后人不达，以谓‘圣本生知，非学可至’，而为学之道遂失。不求诸己而求诸外，以博闻强记、巧文丽辞为工，荣华其言，鲜有至于道者，则今之学与颜子所好异也。”

这一段，程颐说明“颜子之与圣人，相去一息”的境界之别，比较“生而知之”与“学而知之”。“充实而有光辉之谓大，大而化之之谓圣，圣而不可知之谓神”，出自《孟子·尽心下》。内心充实，美德能光辉地表现出来，就叫作“大”；既光辉地表现出来，又能融会贯通，就叫作“圣”；圣德到了神妙不可测度的境界，就叫作“神”。程颐曰：“充实而有光辉，所谓修身见于世也。”① “内充，故退让而不矜，安履乎谦，终身不易，自卑而人益尊之，自晦而德益光显，此所谓君子有终也。”② “尧、舜，性之也；汤、武，反之也”，也出自《孟子·尽心下》。程颐区别二者，“所谓‘尧、舜性之’，是生知也。‘汤、武反之’，是学而知之也”③。然而，说“孔子则生而知也”，明显违背事实。《论语》开篇即是：“子曰：‘学而时习之，不亦说乎?’”④ 这分明是夫子自道。孔子明确地说：“吾十有五而志于学，三十而立，四十而不惑，五十而知天命，六十而耳顺，七十而从心所欲，不逾矩。”⑤ 孔子认为自己是通过学习不断进步的。尽管一生努力学习，孔子仍对自己不满意，“默而识之，学而不厌，诲

① 《河南程氏遗书》卷二十四，《二程集》，中华书局1981年版，第135页。

② 《伊川易传》卷二，《二程集》，第773页。

③ 《河南程氏遗书》卷二十二上，《二程集》，第292页。

④ 《论语·学而》。

⑤ 《论语·为政》。

人不倦，何有于我哉?”① 程颐认定圣人是生而知之，虽然是颂扬圣人之意，但从程颐反复论证“颜子之与圣人，相去一息”的区别时，分明设定了圣凡的先天之别。这样一来，对于“圣人，生而知之者也。今谓可学而至，其有稽乎?”这样的问题，程颐的回答难以令人满意。而且，对“后人不达，以谓‘圣人生知，非学可至’，而为学之道遂失”的批评，也是无力的。

三、程颐及理学教育思想的几个问题

1. 立志问题

理学家都一致地强调立志。

程颐曰：“人皆可以至圣人，而君子之学必至于圣人而后已。不至于圣人而后已者，皆自弃也。”如果有一个喜欢追问的人在此，问“人为什么要立志”，“为什么立志就要以圣人为目标”，该怎么回答？因为，用程颐（以及其他理学家）的标准来看，事实上，“自暴自弃者”占绝大多数，有志于学者很少，立志学以至于圣人者更少。

所以需要回答：“志的动力”来自哪里？“志的方向”如何确定？“志的方向”问题，就是问“为什么‘学必至于圣人而后已’，而不是学必至于盗跖而后已”。这个问题，是我们教育实践中实际存在的问题，而且关系到我们整个教育的自信。理学家的回答，可以是“理当如此”，“自然而然不容已”。但这样的回答，不能使我们满意。因此有第二个疑问。

2. 形而上学的道德预设问题

19 世纪法国哲学家居友，在质疑形而上学的道德时有这样一段话，也可以引起我们的思考：“现实的形而上学道德承认一种‘本善’，一种有别于快乐和幸福的自然的善，承认本性上是善的东西有一种可能存在的等级，正因为如此，不同的存在物也有等级之分。这回到了一句古老的格言‘按自然生活’。那么，到自然中去寻求一种被我们认识到的善，并且我们对它负有责任，这不虚幻吗？认识事物的基础和自然的真正意图以便我们在同一方向上活动，这可

① 《论语·述而》。

能吗？从科学上看，自然真有其意图吗？”①

程颐说“理无不善”，“性无不善”，“天下之理，原其所自，未有不善”。其“理”、“性”都是形而上学的范畴，“性”本于“理”。既然“莫之为而为，莫之至而至，便是天理”，天理既是自然，又是必然，这样很容易就滑向“决定论”，人的无所作为就无可厚非了，人又如何对自己的行为负有责任。

3. 道德责任问题

如果以觉与不觉区分世人，觉者知性，明理，自知当循理而行。在意志自由论者看来，其正当为自己的行为负责，得“天爵”，受“天谴”，都是“自求多福”和“自取其咎”。但对于愚者，其“愚昧无知”，所行由义，也是“日用而无知”，所行不义，也不能以自弃责之。

《易·恒·六五》爻辞之《象》曰：“妇人贞洁，从一而终也。”程颐《传》曰：“夫以顺从为恒者，妇人之道，在妇人则为贞，故吉。”“在妇人则为正而吉，妇人以从为正，以顺为德，当终守于从一。”② 这样的道理，匹夫匹妇很难了解，现实中的妇人从一，并不是认识到理当如此，而是明显感到环境的压力。③

“问：‘孀妇于理似不可取，如何？’曰：‘然。凡取，以配身也。若取失节者以配身，是己失节也。’”“又问：‘或有孤孀贫穷无托者，可再嫁否？’曰：‘只是后世怕寒饿死，故有是说。然饿死事极小，失节事极大。’”④

从程颐的话来看，他是反对后世有人以“怕寒饿死”为借口。如果理当如此，必自然而然，是绝对命令，则无所用借口。但后来的历史事实是，他反对后世人用借口的话反倒成了后世人的借口。

西方伦理学十分强调意志自由，其“自由”至少包含有两个条件：一为选择，在某一情景中应有不同的道路可供选择；一为自主，我选某一条路，须完全由自己的意志决定，否则无所谓自由。中国古代所强调的道德自觉，则正与此相近似（当然不能等同），所以朱子主张“先知后行”。“致知、诚意，是学者两个关。致知乃梦与觉之关，诚意乃善与恶之关。透得致知之关则觉，不然

---

① ［法］居友著，余涌译：《无义务无制裁的道德概论》，中国社会科学出版社 1997 年版，第 25 页。

② 《伊川易传》，《二程集》，中华书局 1981 年版，第 864 页。

③ 社会学者常常能看到这一点，然而道德家往往忽视这样一种压迫。

④ 《河南程氏遗书》卷二十二下，《二程集》，第 301 页。

则梦。透得诚意之关则善，不然则恶。”①

致知之“知”是主客体相互作用的结果，因各人位分、情境的不同，“知”的个性色彩是很浓的。戴东原指理学家之“理”为“意见”②，就事实来说，是不错的。“心之所同然始谓之理，谓之义；则未至于同然，存乎其人之意见，非理也，非义也。凡一人以为然，天下万世皆曰‘是不可易也’，此之谓同然。举理，以见心能区分；举义，以见心能裁断也。”③ 看来戴东原也很重“心”，但要有“凡一人以为然，天下万世皆曰‘是不可易也’”的同然，却也过于理想化了。④ 哲学解释学认为偏见是由理解的历史性造成的，既不可能消除，也不必要消除，也是这个意思。

4. 审美和实用问题

理学家追求“孔颜乐处”，这是一种审美追求。圣人境界是一种生命审美境界。这种境界是即道德而超道德的。⑤ 超道德的，是审美的。审美的，是不实用的，而道德是实用的，道德的现实规范（礼）是具体的。理学家的审美是不纯粹的，是拖泥带水的，原因在于理学家的审美是以道德为核心的。意大利哲学家克罗齐认为：“艺术就其为艺术而言，是离效用、道德以及一切实践的价值而独立的。”⑥ 克氏所说的艺术不同于我们一般理解的艺术，他以艺术为“一种完全特殊的直觉”，“如果艺术是直觉而直觉为观赏，仅涉纯理，则艺术不能为一种功利的活动”。⑦“艺术既是直觉，就不是一种道德的活动。道德的活动本来就是实用的活动，和实用以及快与不快的感觉有必然的联系，不过它

---

① 《朱子语类》卷十五，中华书局1994年版，第299页。

② 戴东原曰：“自宋以来始相习成俗，则以理为‘如有物焉，得于天而具于天’，因以心之意见当之。”（戴震著：《孟子字义疏证》卷上“理”条，中华书局1982年版，第4页）

③ 戴震著：《孟子字义疏证》，第3页。

④ 戴东原批评理学意气用事，但其定义“理”、“欲”时，意思又往往近于理学。此处重“心”即是一例。

⑤ 冯友兰先生所说的“天地境界”，大致也若此。

⑥ ［意］克罗齐著，朱光潜译：《美学原理》，《朱光潜全集》第十一卷，安徽教育出版社1989年版，第143页。

⑦ ［意］克罗齐著，朱光潜译：《艺术是什么》，《朱光潜全集》第二十卷，安徽教育出版社1989年版，第24页。

的直接的目的，却不在功利，不在快感，它是在较高级的心灵的范围之内活动的。”① 也许程颐以及其他各理学家都不会同意我们这里的说法。但“内圣外王”② 断为两节，却正是“内圣”的审美性质所造成的。

格物、致知、诚意、正心、修身，如果走向审美之途，则永无止境。治国、平天下，非不为也，是不能也。颜习斋批评理学家，“宋儒偏处只是废其事；事是实事，他却废了，故于大用不周也”③。他完全不理解“内圣”的审美境界。他评程朱、陆王之争时说：“两派学辩，辩至非处无用，辩至是处亦无用。盖闭目静坐、读、讲、著述之学，见到处俱同镜花水月，反之身，措之世，俱非尧舜正德、利用、厚生，周孔六德、六行、六艺路径。虽致良知者见吾心真足以统万物，主敬著读者认吾学真足以达万理，终是画饼望梅。画饼倍肖，望梅倍真，无补于身也，况将饮食一世哉。”④ 颜习斋为代表的明清实学以经世致用为核心宗旨，追求客观效果的时候，忽视了生命体验的内在指向性。体验是一种指向意义的活动，意义不在体验之前或之外。“内圣”的审美性质存在于这种直觉体验中。

理学和明清实学的分别，正是审美和实用的分别。

---

① ［意］克罗齐著，朱光潜译：《艺术是什么》，《朱光潜全集》第二十卷，安徽教育出版社 1989 年版，第 25—26 页。

② “内圣外王”虽语出《庄子·天下篇》，但儒家却向来是以此自任的。宋代理学进而从本末内外的角度论述内圣与外王、修身与治平的关系。伊川曰：“学莫大于知本末终始。致知格物，所谓本也，始也；治天下国家，所谓末也，终也。治天下国家，必本诸身。其身不正，而能治天下国家，无之。”（《河南程氏粹言》卷一，《二程集》，中华书局 1981 年版，第 1197 页）现代新儒家仍汲汲于此道，提出“由内圣开出新外王”或“返本开新”。牟宗三将其使命归结为：“一、道统之肯定，即肯定道德宗教之价值，护住孔孟所开辟之人生宇宙之本原。二、学统之开发，此即转出‘知性主体’以容纳希腊传统，开出学术之独立性。三、政统之继续，此即由认识政体之发展而肯定民主政治为必然。”（牟宗三著：《道德的理想主义》，台湾学生书局 1985 年版，“序”第 6 页）

③ 颜元：《朱子语类评》，《颜元集》，中华书局 1987 年版，第 258 页。

④ 颜元：《阅张氏王学质疑评》，《习斋记余》卷六，《颜元集》，第 493 页。

评朱陆之争*

朱熹（1150—1200）、陆九渊（1139—1192）为同时代的两大学者，泰山北斗，秀出群伦。朱熹所谓“南渡以来，八字着脚，理会着实工夫者，惟某与陆子静二人而已！”① 朱陆之间在学术思想与教育思想上，互见奋激，如冰炭之不相容，而私情方面则彼此尊敬、互相敬慕，反映了一代学人的心态与风貌。现就其有关学术思想与教育思想方面的争论简评如下。

一、易简与支离

淳熙二年乙未（1175 年），吕祖谦访朱子于寒泉精舍，编定《近思录》。吕踏上归程，朱子送行到信州（今江西广信）之鹅湖寺。这时吕约陆九渊、九龄兄弟来会，辩论学术异同。据《象山全集》卷三十六载：“鹅湖之会，论及教人。元晦之意，欲令人泛观博览，而后归之约。二陆之意，欲先发明人之本心，而后使之博览。朱以陆之教人为太简，陆以朱之教人为支离，此颇不合。”②

《象山全集》卷三十四则有更详细的报道：“吕伯恭为鹅湖之集。先兄复斋（九龄）谓某（九渊）曰：‘伯恭约元晦为此集，正为学术异同。某兄弟先自不同，何以望鹅湖之同。’先兄遂与某议论致辩，又令某自说，至晚罢。先兄云：‘子静之说是。’次早，某请先兄说，先兄云：‘某无说。夜来思之，子静之说极是。方得一诗云：孩提知爱长知钦，古圣相传只此心。大抵有基方筑室，未闻无址忽成岑。留情传注翻榛塞，着意精微转陆沉。珍重友朋相切琢，须知至乐在于今。’某云：‘诗甚佳，但第二句微有未安。’先兄云：‘说得恁地，又道

---

* 本文原载《北京师范大学学报（社会科学版）》1990 年第 6 期。

①② 《陆九渊集》卷三十六《年谱》，中华书局 1980 年版，第 507、491 页。

未安，更要如何？’某云：‘不妨一面起行，某沿途却和此诗。’及至鹅湖，伯恭首问先兄别后新功，先兄举诗才四句，元晦顾伯恭曰：‘子寿早已上子静船了也。’举诗罢，遂致辩于先兄。某云：‘途中某和得家兄此诗云：墟墓兴衰宗庙钦，斯人千古不磨心。涓流积至沧溟水，拳石崇成泰华岑。易简工夫终久大，支离事业竟浮沉。’举诗至此，元晦失色。至‘欲知自下升高处，真伪先须辨只今’，元晦大不怿，于是各休息。翌日，二公商量数十折议论来，莫不悉破其说。继日凡致辩，其说随屈。伯恭甚有虚心相听之意，竟为元晦所尼。”①

这是一场“论及教人”之争，也可说是一场教育程序与教育哲学之争。

在朱子看来，教人要循序而渐进，坚持做小学的洒扫进退应对式的涵养、读书、致知穷理工夫，即由小学而大学，由涵养而致知而力行，先泛观博览而后归之约。朱子强调一草一木，莫不有理，由这里开始，逐渐积累，今日格一物，明日格一物，久自有得，教育终必会有成效的。

在陆子看来，教人做小学的涵养工夫，至多不过是助缘而已，不足以立本心。所以说：“易简工夫终久大，支离事业竟浮沉。”陆子坚持在先天上立本心，他之所谓存养，也只是存此养此而已。他强调猛力向上，辨分义利，践履笃行。他对这种简易工夫的体证是深入的，认为朱子只是在外缘上盘旋，未能鞭辟入里。

按教育程序而言，如果劈头就讲本心，那么让人根本摸不着头脑，难以接受，特别是对青少年儿童，难免兜圈子、走弯路，过于拘执一途，缺少因材施教、从实际出发及其他教育途径，不易取得明显的教育效果。而且立本心德性之知，也并不是要人尽废见闻，也需要在知识文化等各方面有所开拓，所以在这些方面，陆子不如朱子立论精细、容量宽阔。

按教育本质而言，真正要教人自觉作道德修养工夫，当然首先要立本心，抓根本，抓方向。陆氏兄弟讲的“孩提知爱长知钦，古圣相传只此心”等，完全是儒家传统——孟子学的精神。“易简”二字也出自《易传》：“乾知大始，坤作成物。乾以易知，坤以简能。”可见陆子是继承与发扬了儒家的传统精神，不是异端。朱子批评说：“子寿早已上了子静船了也”，实则陆子的船即孟子的船，这是古今儒学血脉一贯相通处，朱子这样批评陆子显然又是太过分了。

---

① 《陆九渊集》卷三十四《语录上》，中华书局1980年版，第427—428页。

陆子一贯坚持“易简”的教育哲学，曾说过“夫子之言简易，有子之言支离”①。在实际教学中，陆子“所以诲人者，深切著明，大概是令人求放心，其有志于学者，数人相与讲切，无非此事，不复以言语文字为意”②，他强调的所谓“求放心”，也就是他的“立本心”的“易简”教育哲学中心思想之所在，然而其教育效果或未免失之于空。

鹅湖会后，朱子也感觉到陆子的意见对他有相当冲击。他说：“子寿兄弟气象甚好，其病却是尽废讲学，专务践履，却于践履之中，要人提撕省察，悟得本心，此为病之大者。要其操持谨质，表里不二，实有以过人者。惜乎其自信太过，规模窄狭，不复取人之善，将流于异学而不自知耳。”③ 可见朱子也还是看到陆子的长处的。

据《宋元学案》中《象山学案》之黄宗羲案：朱子与吴伯丰书自谓：“欠却涵养本原工夫。”朱子与周叔谨书：“某近日亦觉向来说话有太支离处，反身以求，正坐自己用功亦未切耳。”又答吕子约云：“觉得此心存亡，只在反掌之间，向来诚是太涉支离。若无本以自立，则事事皆病耳。”“年来觉得日前为学不得要领……若只如此支离，漫无统纪，展转迷惑，无出头处。”④ 观此可见朱子作为一代学人表现了相当的风度，在一定程度上接受了陆子的批评。

到辛丑年（1181 年）吕祖谦病逝，陆子作祭文：“鹅湖之集，已后一岁，辄复妄发，宛尔故态。公虽未言，意已独至，方将优游，以受砭剂。……比年以来，日觉少异，更尝差多，观省加细。追维曩昔，粗心浮气，徒致参辰，岂足酬义。”⑤ 如此则陆子也追悔当时之意态太过。

朱子和陆子都承认自己各有所偏，并深以此为戒：“博杂之病，朱子尝以之戒大愚，则诋穷理为支离之末学者，陋矣！以读书为充塞仁义之阶，陆子辄咎显道之失言，则诋发明本心为顿悟之禅宗者，过矣！夫读书穷理，必其中有主宰而后不惑，固非可徒以泛滥为事。故陆子教人以明其本心，在经则本于孟子扩充四端之教，同时则正与南轩察端倪之说相合。心明则本立，而涵养省察

①② 《陆九渊集》卷三十六《年谱》，中华书局 1980 年版，第 483、489 页。

③ 朱熹：《答张敬夫》二十一书之第十八书，《晦庵先生朱文公文集》卷三十一，商务印书馆 1922 年四部丛刊初编本。

④ 《象山学案》黄宗羲按语，《宋元学案》卷五十八，中华书局 1986 年版，第 1887 页。

⑤ 陆九渊：《祭吕伯恭文》，《陆九渊集》卷二十六，中华书局 1980 年版，第 306 页。

之功于是有施行之地，原非若言顿悟者所云‘百斤担子一齐放’者也。”①

如此朱陆的“易简”与“支离”之争，最后有殊途同归、汇合统一之势：“紫阳晚年，乃有见于学者支离之弊，屡见于所与朋友之书札，考全集内不啻七八九通。而陆子亦有‘追维曩昔，粗心浮气，徒致参辰’之语，见于奠东莱之文。以是知盈科而后进，其始之流，不碍殊途，其究朝宗于海，同归一致矣。乃谓朱陆终身不能相一，岂惟不知象山有克己之勇，亦不知紫阳有服善之诚，笃志于为己者，不可不深考也。”②

从教育程序而言，应注意从小处着手，从具体处着手，从更广处着手，不可空喊口号，不着边际；从教育本质而言，应旗帜鲜明，坚持根本，不可淡化教育方向。烦琐支离，容易模糊教育涵养之本原；粗率易简，难免失之于空。如何避其所短，吸取所长，把二者辩证统一起来，如何从朱陆的“易简”与“支离”之争中总结经验教训，这对我们今天教育理论与教育哲学的发展是有意义的。

二、尊德性与道问学

尊德性与道问学是教育哲学的另一争论问题。朱子自己也承认朱陆之争的焦点在此。他说：“大抵子思以来，教人之法惟以尊德性、道问学两事为用力之要。今子静所说，专是尊德性事，而熹平日所论，却是道问学上多了。所以为彼学者多持守可观，而看得义理全不仔细，又别说一种杜撰道理遮盖，不肯放下。而熹自觉虽于义理上不敢乱说，却于紧要为己为人上，多不得力。今当反身用力，去短集长，庶几不堕一边耳。”③

朱子又说：“陆学固有似禅处，虽鄙意近觉婺州朋友专事闻见，而于自己身心全无功夫，所以每劝学者兼取其善，要得身心稍稍端静，方于义理知所抉择。非欲其兀然无作，以冀于一旦豁然大悟也。吾道之衰，正坐学者各守己

① 全祖望：《淳熙四先生祠堂碑文》，《象山学案》按语，《宋元学案》卷五十八，中华书局 1986 年版，第 1888—1889 页。

② 《梭山复斋学案》黄百家按语，《宋元学案》卷五十七，第 1873—1874 页。

③ 朱熹：《答项平父》八书之第二书，《晦庵先生朱文公文集》卷五十四，商务印书馆 1922 年四部丛刊初编本。

偏，不能兼取众善，所以终有不明不行之弊，非是细事。”①

这里朱子既肯定陆子坚持尊德性的儒学方向，也指出了其毛病是“近禅”、“杜撰”；既肯定了自己坚持“心静理明”之学的长处，也承认自己“于身心不得力”的短处。虽然朱子还认识不到陆学所继承的是孟子之学，所谓“仁义由本心流出”是对传统孟学的发展，但朱子要求学者们超越门户之见，兼取众善，吁其集两家之长、去两家之短，表现了他作为一代学人的宽阔胸怀。

其实陆子的“心即理”之观点与朱子的“心具众理”之观点是有明显差别的。虽然陆子也欣赏朱子胸襟之宏大广阔，然总觉得观点不同，不免有一间之隔，认为朱子学不见道，枉费精神。据《象山全集》卷三十四载：

> 一夕步月，喟然而叹。包敏道侍问曰：“先生何叹？”曰：“朱元晦泰山乔岳，可惜学不见道，枉费情神，遂自担搁，奈何？”②
>
> 或谓先生之学，是道德、性命，形而上者；晦翁之学，是名物、度数，形而下者。学者当兼二先生之学。先生云：“足下如此说晦翁，晦翁未伏。晦翁之学，自谓一贯，但其见道不明，终不足以一贯耳。吾尝与晦翁书云：‘揣量模写之工，依放假借之似，其条画足以自信，其节目足以自安’，此言切中晦翁之膏肓。”③
>
> 吾之学问与诸处异者，只是在我全无杜撰，虽千言万语，只是觉得他底在我不曾添一些。近有议吾者云：“除了‘先立乎其大者’一句，全无伎俩。”吾闻之曰：“诚然。”④

在陆子看来，朱子是弥近理而大乱真，最中心一点把握不住，故见道不明。而陆子自认为恰恰在尊德性这一点上体证深入、体会真切。所以他说：“朱元晦欲去两短，合两长，然吾以为不可。既不知尊德性，焉有所谓道问学？”陆子的尊德性是继承了儒家的传统，其“辨志、明本心、立其大”以及“溥博渊泉而时出之”之立体直贯型的基本精神不变。自孔子之践仁知天，到孟子之尽心知性知天，“万物皆备于我矣，反身而诚，乐莫大焉”，再进一步发展则必至于心性与天人合一。陆子强调尊德性，并非不讲学，亦非不读书。只

① 朱熹：《答陈肤仲》六书之第一书，《晦庵先生朱文公文集》卷四十九，商务印书馆1922年四部丛刊初编本。

②③④ 《陆九渊集》卷三十四《语录》，中华书局1980年版，第414、419—420、400页。

是相应道德本性而为道德实践确是以孟子义理为谛为实，读书讲学亦不过是启发此义理，深明此义理，以达人品之挺立。

朱子批评陆子脱离了儒家的传统，由“近禅”到“杜撰”，则是过分了。但说陆子的尊德性之说是继承了儒家的传统，并不等于说陆子的尊德性之说就十全十美了。陆子的尊德性之说的毛病在于过于粗略笼统，大而化之，缺乏具体分析，其分解工夫不够，缺乏逐步引导人们对“心即理”、“吾心即宇宙”、“宇宙即吾心”等之体证，对尊德性的长期性、艰苦性也缺乏精微细密的估计。道德本心不滞于见闻，却也不离于见闻。陆子不重视乃至排斥见闻之知也是片面的。

相形之下，朱子强调道问学，要人注重气禀，要人穷理，要人开拓文化与现实层面的活动，而且朱子道问学的规模宏大，义理、考据、辞章无一不精，概念分析也相当细密详精，所有这些都是无可非议的。可惜朱子对于最中心的一点“为学先立其大”把握不紧，落实不够。对于一般经验知识即见闻之知与德性之知之间缺乏明确的分疏。见闻之知与德性之知，本属于两个不同的层次，离之则双美，合之则两伤。朱子没有能断定这二者的特质，更没有肯定这两个不同层次的价值和地位。所以朱子道问学强调的是经验知识即见闻之知的积累，用这样的方式则只能训练人们去符合社会共许的外在道德规范，所立的也只不过是一套习熟足以自安的他律道德而已。正如刘述先先生所云：“故朱子有理弱气强之说。其优点在能正视现实之恶而思有以对治之，其缺点却在超越面提不上去，终于失落一贯之旨。故象山不许其为见道。象山之斩截固然太过分，然朱子对于终极之体验则确有一间之隔，此固不容讳言者。”①

从道德教育而言，强调辨志、明本心、自发自动，启发德性之知，以激发道德自律，这是无可厚非的。如果只一味强调经验知识即见闻之知的积累，那只不过是一套习熟足以自安的他律道德，即是不成功的道德教育。然而如果完全排斥见闻之知，不注意开拓文化知识各个层面的认识活动，或者完全排斥道德的结果，只一味强调道德行为的动机，亦是不成功的道德教育。如何断定德性之知与见闻之知二者不同的特质，在一个更广阔的格局中，同时肯定这两个不同层次的价值和地位，又如何把道德行为动机与道德结果辩证地统一起来，如何从朱陆的尊德性与道问学之争中吸取经验教训，对我们今天教育哲学与道

① 刘述先著：《朱子哲学思想的发展与完成》，台湾学生书局1984年版，第478页。

德教育的理论发展也是十分有意义的。

三、太极与无极

朱陆关于太极的学术思想论战是从周敦颐的《太极图说》引起的。周子说："无极而太极，太极动而生阳，动极而静，静而生阴，静极复动。一动一静，互为其根。分阴分阳，两仪立焉。阳变阴合，而生水火木金土，五气顺布，四时行焉。五行一阴阳也，阴阳一太极也，太极本无极也。"① 起先是陆九渊之兄梭山（九韶，字子美）写信给朱子，说："《太极图说》与《通书》不类，疑非周子所为，不然，则或是其学未成时所作；不然，则或是传他人之文，后人不辨也。"② 而朱子则不以为然，力为周子辩护道："不言无极，则太极同于一物，而不足为万化根本，不言太极，则无极沦于空寂，而不能为万化根本。"③陆九渊认为朱子迹近强辩，于是挺身而出，代乃兄出面和朱子展开了一场激烈的笔战。

"无极"一词，出自老子《道德经》第二十八章，陆子坚持主"无极"是道家，不能容许于新儒学中有任何地位，陆子从几个方面攻朱子：一则以《太极图说》与《通书》不类；二则以"极"字只能训作"中"，不可训作"形"；三则曰太极图之来源出于老氏；四则曰二程（程颢、程颐）亦未尝一及"无极"字。这正是以道统的观点来攻击朱子之学为异学。然而陆子只抓住"无极"一词大做文章，其实《太极图说》与《通书》并无不贯通之处，所谓"无极而太极，太极动而生阳"即与《通书》中"静无而动有"一语一脉相承，《通书》还多言"无思"、"无为"，所以说周子言"无极"也不是不可能的。且"极"字也不一定只训作"中"字。太极图源出道家，朱子虽未否认，但《太极图说》之义理却是儒家之义理，这一点也是毫无疑问的。至于二程未尝言"无极"二字，更不能成其为理由。陆子平时本不太重视文义解释，空所依傍，直由本心流出，此则沾滞如是，殊不可解。

朱子曰："伏羲作易，自一画以下，文王演易，自乾元以下，皆未尝言太极也，而孔子言之。孔子赞易，自太极以下，未尝言无极也，而周子言之。夫

① 《周子全书》卷一，商务印书馆 1937 年国学基本丛书本，第 4—13 页。

②③ 陆九渊：《与朱元晦》引，《陆九渊集》卷二，中华书局 1980 年版，第 22、23 页。

先圣后圣，岂不同条而共贯哉？若于此有以灼然实见太极之真体，则知不言者不为少，而言之者不为多矣，何至若此之纷纷哉？”①

“至于大传既曰‘形而上者谓之道’矣，而又曰‘一阴一阳之谓道’，此岂真以阴阳为形而上者哉？正所以见一阴一阳虽属形器，然其所以一阴而一阳者，是乃道体之所为也。故语道体之至极则谓之太极，语太极之流行则谓之道。虽有二名，初无两体。周子所以谓之‘无极’，正以其无方所，无形状，以为在无物之前，而未尝不立于有物之后；以为在阴阳之外，而未尝不行乎阴阳之中；以为通贯全体，无乎不在，则又初无声无臭影响之可言也。”②

朱子据以力争，谓无极是“无声无臭”，“太极无方所，无形体，无地位可顿放”③，“太极只是一个‘理’字”④，此为朱子理的哲学之中心思想，思想的分际极为明确。朱子并非不知道太极图与道家有关，只是他断定《太极图说》的思想是儒家式的思想，不是道家式的思想。依朱子则“无极而太极”，实只是一太极，太极为主，无极并非一独立之实概念，只是形容太极之无方所形态而已！就正面立言，只太极乃是存有的超越之根据。

相比之下，陆子在这场辩论之中立于不利之地位，因为陆子平日只用力于本心之体证，对于概念之分疏非其所长，其思路远不如朱子之明澈、精细。如陆子说：“至如直以阴阳为形器而不得为道，此尤不敢闻命，《易》之为道，一阴一阳而已，先后、始终、动静、晦明、上下、进退、往来、阖辟、盈虚、消长、尊卑、贵贱、表里、隐显、向背、顺逆、存亡、得丧、出入、行藏，何适而非一阴一阳哉？奇偶相寻，变化无穷，故曰：‘其为道也屡迁，变动不居，周流六虚，上下无常，刚柔相易，不可为典要，唯变所适。……今顾以阴阳为非道而直谓之形器，其孰为昧于道器之分哉？’”⑤

陆子由阴阳以识道则可，而直以阴阳为道则不可。陆子此辩只是借题发挥，甚至亦以禅学攻朱子，其人身攻击处未免太过。不过，问题真正的症结在于，陆子不以为朱子真正能够把握到理，故判之为异端。在实质上，陆子之

---

①② 朱熹：《答陆子静》六书之第五书，《晦庵先生朱文公文集》卷三十六，商务印书馆1922年四部丛刊初编本。

③ 《朱子语类》卷九十四第十九条，中华书局1986年版，第2369页。

④ 《朱子语类》卷一第四条，中华书局1986年版，第2页。

⑤ 陆九渊：《与朱元晦》之二，《陆九渊集》卷二，中华书局1980年版，第23页。

“心即理”的理论系统，与朱子之“心具众理”的理论系统是有根本差别的。①

太极与无极之争，反映了朱陆哲学观点的对立。其辩论的风度，陆子不免给人盛气凌人的感觉，有失厚重的君子之风，而朱子则较温和，且以理服人，有长者的风范和涵养，赢得人们的钦敬。

四、禅学与儒学

陆子之学以发明本心为主，而禅学的宗旨主要也在直指人心，见性成佛。因此朱子指责陆子之学是佛教禅宗的翻版。朱子说：“子静一味是禅，却无许多功利术数。目下收敛得学者身心，不为无力。然其下梢无所据依，恐亦未免害事也。”②

《宋元学案》中《南轩学案》之黄宗羲案：“朱子生平相与切磋得力者，东莱、象山、南轩数人而已。东莱则言其杂，象山则言其禅，惟于南轩，为所佩服。”③

其实在当时那种环境和条件下，不受禅学的影响几乎是不可能的事。宋儒在表面上排禅，但暗地里却结交许多禅师禅友，就是朱子本人也是如此。《朱子语类》卷一百四载：“某年十五六时，亦尝留心于此。”“某也理会得个昭昭灵灵底禅。”“某旧时亦要无所不学，禅、道、文章、楚辞、诗、兵法，事事要学。”④

至于陆子当然亦不例外，他说：“某虽不曾看释藏经教，然而《楞严》、《圆觉》、《维摩》等经，则尝见之。”⑤

陆学曾受禅学的影响，但毕竟还是与禅学有本质的区别。陆子说：“某尝以义利二字判儒释，又曰公私，其实即义利也。儒者以人生天地之间，灵于万物，贵于万物，与天地并而为三极。天有天道，地有地道，人有人道。人而不尽人道，不足与天地并。人有五官，官有其事，于是有是非得失，于是有教有

① 参见刘述先著：《朱子哲学思想的发展与完成》，台湾学生书局1984年版。

② 朱熹：《答刘子澄》十六书之第十一书，《晦庵先生朱文公文集》卷三十五，商务印书馆1922年四部丛刊初编本。

③ 《宋元学案》卷五十八，中华书局1986年版，第1635页。

④ 《朱子语类》卷九十四第十九条，中华书局1986年版，第2620页。

⑤ 陆九渊：《与王顺伯》之二，《陆九渊集》卷二，中华书局1980年版，第19页。

学。其教之所从立者如此，故曰义曰公。释氏以人生天地间，有生死，有轮回，有烦恼，以为甚苦，而求所以免之。其有得道明悟者，则知本无生死，本无轮回，本无烦恼。故其言曰：'生死事大。'……其教之所从立者如此，故曰利曰私。惟义惟公，故经世；惟利惟私，故出世。儒者虽至于无声、无臭、无方、无体，皆主于经世；释氏虽尽未来际普度之，皆主于出世。……释氏之所怜悯者，为未出轮回，生死相续，谓之生死海里浮沉。若吾儒中圣贤，岂皆只在他生死海里浮沉也？彼之所怜悯者，吾儒之圣贤无有也。然其教不为欲免此而起，故其说不主此也。故释氏之所怜悯者，吾儒之圣贤无之；吾儒之所病者，释氏之圣贤则有之。试使释氏之圣贤，而绳之以《春秋》之法，童子知其不免矣。从其教之所由起者观之，则儒释之辨，公私义利之别，判断截然，有不可同者矣。"①

陆子从本质上辩论他的学说不是禅学而是儒学。朱子攻击陆子是禅，其根据也是不充分的。陆子强调"辨志"，是本之于孔孟义利之辩及孟子之言"士尚志"；陆子的"先立其大"说，是本之于孟子"大体小体"之辩；陆子的"明本心"之说，是本之于孟子之言"四端之心"；陆子的"心即理"之说，也是本之于孟子之言"仁义内在"、"心之所同然"乃至"理义悦心"等等；陆子的"易简"，则《易传》有明文，其精神实本之于孟子之言"良知良能"、"道在迩而求诸远，事在易而求诸难"及"学问之道无他，求其放心而已矣"；陆子的"存养"，也是本之于孟子之"操则存，舍则亡"及"存其心，养其性"；等等。应该说，陆学的基本精神是儒学而不是禅学。

但反过来，陆子亦曾以禅学攻朱子，说朱子曾学禅学，用禅宗的话头，这些只是夹带出来，出于反激之语，并无实义。其实陆子真正应该辨的是朱子不识本心，失落了孟子学说的真精神，所谓"不见道"是也。

朱陆曾互相指责对方为禅，但又都表白自己不是禅，力求和禅学划清界限，这都说明朱陆双方都有维护民族传统文化心理的一面，又都有争当儒学内圣之学的正统的一面。

其实禅学对朱陆都有深刻影响，这是客观存在的事实，也并非不光彩的事。如叶水心（叶适）曾指出："陆子静晚出，号称径要简捷，或立语已感动

① 陆九渊：《与王顺伯》，《陆九渊集》卷二，中华书局1980年版，第17页。

悟入，为其学者澄坐内观。”[1] 所谓禅坐，即与禅的打坐无多大区别，主要是顿除妄念，求心之安静纯一。所谓内观，实即内省直觉之意。陈北溪（陈淳）说：“象山教人终日静坐，以存本心，无用许多辩说劳攘。此说近本，又简易直捷，后进易为竦动。若果是能存本心，亦未为失。但其所以为本心者，只是认形气之虚灵知觉者。以此一物甚光辉灿烂，为天理之妙，不知形气之虚灵知觉，凡有血气之属，皆能趋利避害，不足为贵。此乃舜之所谓人心者，而非道心之谓也。”[2] 这段话也说陆子教人方法与禅宗的禅定比较近似。又据《慈湖学案》记载，象山门人杨简在未悟本心之前，陆子还辅之以“当头棒喝”之法，厉声斥喝门人，使其猛省。以上说明陆子重静坐、直觉、顿悟以及“棒喝”之法，与禅宗教学有同工之妙。

其实朱子的主敬说，也是与禅学或明取或暗合也。朱子所言“居敬穷理二者不偏废”。居敬近定，穷理近慧。而禅者，静虑也。止观双修，定慧平等。定是慧体，慧是定用。朱子所言“敬之一字，万善根本”。而禅者摄一切善法，乃大善根众生之所共修。朱子所言“心主乎一身，而无动静语默之间。是以君子之于敬，亦无动静语默而不用其力”。而禅者行住坐卧皆是禅定。所谓“一切处心不动，则语默动静无往不禅”。朱子所言“提撕便敬”。“敬是常惺惺底法，以敬为主，则百事皆从此做去。”而禅者“提撕”、“惺惺”、“惺觉”乃禅门术语也。朱子所言“若是敬时，自然主一无适”。而禅者云：“专心敛念，守一不散之谓也。”如此等等，不一而足。

禅是当时之显学。禅有一条修养工夫的途径，又有一套系统的理论架构，所以连朱陆这样的大儒都不免被其吸引。然而朱陆又都要维护儒学之正统地位，故又都严儒佛之分。陆子之言如上所述。朱子更猛烈抨击禅学剽窃老子、列子，作用见性之说又近于告子之类，这些批评不一定都很准确，但朱子在直觉上清楚地把握了儒佛之分疏处，指出了佛家的空理与儒家的实理确是两条不同的思路，这是十分深刻的，其见识远远超过了陆子及当时一般学者，对后世亦有深刻的启示。

---

①② 《宋元学案》之《象山学案》附录，《宋元学案》卷五十八，中华书局 1986 年版，第 1918 页。

蒙　学*

一、蒙学历史源远流长

蒙学是指中国古代人们研究对儿童进行早期启蒙教育的学问。中国古代人们十分重视对儿童进行早期启蒙教育。《周易》有“蒙卦”，“蒙卦”实际上是讲启蒙教育的。“蒙”即蒙昧、幼稚之意。《周易·蒙卦》有“蒙以养正，圣功也”之说，意思是说，蒙要养正，这是作圣的功。程颐传曰：“未发之谓蒙，以纯一未发之蒙而养其正，乃作圣之功也。发而后禁，则扞格而难胜，养正于蒙，学之至善也。”① 王夫之发挥了这一思想，认为：“圣功久矣大矣，而正之惟其始。蒙者，知之始也。其始不正，未有能成章而达者。”② 按《周易·蒙卦》的意思，当万物生长之后，接着来的是幼稚蒙昧的时期，教育就成为当务之急。

教育就是为了培养正道，这是神圣庄严的事业！这就是说从儿童时期起，就要对他们进行良好的教育，这是做圣人的功夫。教育从儿童幼小时就着手进行，使他们从小受到好的陶冶，耳濡目染，就会自然地养成良好品德。这充分阐明了教育在儿童早期的重要作用。

中华民族自古以来就有重视蒙学的传统。古代一般将十五岁以下的儿童教育称为“蒙养”教育时期，亦称为“小学”教育阶段，对十五岁以下的儿童进行启蒙教育之所也称为“蒙学”或“蒙养学校”、“小学”，所用之教材称为“蒙养书”或“小儿书”。

中国古代的蒙学教育源远流长。早在殷周时期，就已经为贵族子弟设立了

* 本文原载《国学通览》，中华孔子学会编辑委员会组编，群众出版社 1996 年版。

① 《程氏易传·蒙卦》。

② 《张子正蒙注序论》。

小学。春秋战国时期，随着私学的产生，民间也开始出现了对儿童进行启蒙教育的机构。汉代时，这种机构已渐趋成熟，称作“书馆”，教师称为“书师”，而且规模也较大，在一个书馆学习的学童多达百人以上。

《礼记·王制》：“天子命之教，然后为学。小学在公宫南之左，大学在郊。”《王制》这里说的“小学”，即对十五岁以下儿童进行启蒙教育的学校；这里说的“大学”，即对十五岁以上的人进行教育的学校。西周时“大学在国，小学在西郊”。

《大戴礼记·保傅》曰：“古者八岁而出就外舍，学小艺焉，履小节焉。束发而就大学，学大艺焉，履大节焉。”这里说的“外舍”，即对八岁到十五岁的儿童进行启蒙教育的小学。“束发”谓成童，古代以年十五为成童，成童便可入大学了。

《汉书·食货志》曰：“先王之制，八岁入小学，教六甲五方书计，始知室家长幼之节。十五入大学，学先圣礼乐，而知朝廷君臣之礼。养之有渐而教之甚豫也。”这里继《大戴礼记·保傅》之后，进一步记载了古代蒙学的入学年龄、教育内容及其所达到的目标。

班固在《白虎通德论·辟雍》中云：“古者所以年十五入太学何以为？八岁毁齿，始有识知，入学学书计，七八十五阴阳备，故十五成童志明，入太学学经术。”这里所谓“毁齿”与“阴阳备”是就儿童身体条件、生理成熟状况而言的，而“识知”与“成童志明”则是从心理条件、心理成熟的角度而言的，这是古代最早从儿童的心智发展水平来看待儿童启蒙教育的，从而将教育区分为两个阶段——蒙学（小学）及“大学”（大人之学）。

《礼记·学记》云：“古之教者，家有塾，党有庠，术有序，国有学。”这是对西周时代学校教育制度的追记。这里的“国学”包括国立的“大学”与“小学”。“术”、“党”、“家”均指当时的地方基层组织，塾、庠、序为相应的各级教育组织的名称。按照清毛奇龄的归纳，乡以下乃有四学，即“乡校”、“州序”、“党庠”、“家塾”，这四种教育组织形式，实际标明了西周时代的地方教育体系与教育结构。其中“塾”通常被认为是一种蒙学教育机构。

殷周以来，严格了“蒙学”（小学）教育与“大学”（成童以上）教育的区分，从而突出了与“大学”教育相对的蒙学教育，赋予了蒙学教育以独立的个性，这在中国古代的蒙学教育发展史上产生了很大的影响。

从现存的史料来看，古代蒙学教育中专门教材的采用可追溯到西周。《汉书·艺文志》载《史籀》十五篇，周宣王太史所作，“周时史官教学童书也”，又云“建武时已亡六篇”。《史籀》到汉时仍被采作蒙学教材。

据《汉书·艺文志》载，秦时蒙学教材有李斯《仓颉》、赵高《爰历》、胡毋敬《博学》，“其文字多取《史籀篇》，而篆体复颇异”。“汉兴，闾里书师合《仓颉》、《爰历》、《博学》三篇，断六十字以为一章，凡五十五章并为《仓颉篇》。武帝时司马相如作《凡将篇》，无复字。元帝时黄门令史游作《急就篇》。成帝时将作大匠李长作《元尚篇》，皆《仓颉》中正字也。《凡将》则颇有出焉。”

汉代的蒙学，称书馆或书舍，主要从事识字和书法教育，也传授一些数学常识。后期则开始进入儒学的基础教育。识字教育所用之教材，主要有《仓颉》、《凡将》、《急就篇》等。《急就篇》采用三、四、七字一句的形式，将两千左右的单字串起来，形成既便于记诵，又切合实用的韵文，内容包括姓氏、衣着、农艺、饮食、器用、音乐、生理、兵器、飞禽、走兽、医药、人事等方面的应用字，没有重复字。《急就篇》为历代编写蒙学教材提供了宝贵的经验。这一阶段，学童练习书法，和当时在录用官吏的选举考试中重视书法有关。蒙学教育的后期，一方面继续进行读写训练，另一方面加强儒学的基础教育，培养学生的思想观念和伦理道德。教材主要使用《孝经》、《论语》，让学童接受儒家学说的基础部分。另外还有《尔雅》。

《尔雅》是从语辞学的角度对汉字的构造、组词及名物术语进行解释，能够形成学生对汉字的系统认识，扩大识字面。汉代蒙学实行个别教学，重视口授和背诵。学童从蒙学结业后，其中少部分人可进入地方官学乃至太学或更高一层次的私学——“经馆”从事专经学习，大部分学童则从此中断学业，从事农工商活动。

据考古学家所发现的汉代木简中有《仓颉篇》，都是四字为句的韵语。扬雄著《训纂篇》，乃《仓颉篇》的续作。司马相如的《凡将篇》，协韵易读。史游仿《凡将篇》体裁作《急就篇》，是日常生活应用的童蒙字书。清顾炎武说：“汉魏以后，童子皆读史游《急就篇》。”①

汉代在法律上曾明文规定：“太史试学童，能讽书九千字以上，乃得为史。又以六体试之，课最者以为尚书御史、尚书令史。”汉平帝时，“征天下通小学

① 《日知录·急就篇》。

者以百数，各令记字于庭中”。这一点，无疑反映了当时对蒙学教育的重视，这对蒙学教育质量的提高起了很大的推动作用。

据王国维考证：“汉时教初学之所名曰书馆，其师名曰书师，其书用《仓颉》、《凡将》、《急就》、《元尚》诸篇，其旨在使学童识字习字。……汉人就学，首学书法，其业成者，得试为吏，此一级也。其进则授《尔雅》、《孝经》、《论语》。”①

从汉到隋，蒙学教育之教材有了很大的发展。《隋书·经籍志》载这个时期出现的蒙学教育教材共108部447卷，其中有《说文》、《字林》、《玉篇》、《千字文》等，直接影响到唐朝以后的蒙学教育教材的建设。

魏晋时期，魏人邴原在“书舍”，“一冬之间，诵《孝经》、《论语》，自在童龀之中，嶷然有异”②。晋人束皙撰《发蒙记》、顾恺撰《启蒙记》，梁周兴嗣撰《千字文》，后齐颜之推作《训俗文字略》，都是当时蒙学教育活动的反映。

在唐代，初等教育机构的蒙学教育便已开始以法定形式而扩展于平民了。如唐玄宗开元二十一年（733年）“许百姓任立私学，其欲寄州县受业者亦听”。

开元二十六年（738年）敕：“古者乡有序，党有塾，将以宏长儒教，诱进学徒，化民成俗，率由于是。其天下州县，每乡之内，各里置一学，仍择师资，令其教授。”③ 由此可见，后代乡里遍设社学，其实在唐代已发其端了。唐德宗贞元三年（787年）“右补阙宇上炫上言，请京畿诸县乡村废寺，并为乡学，并上制置事二十余件，疏奏，不报”。建议京畿诸县乡村以废寺立蒙学，尽管此议未被采纳，但至少表明，在唐代对于平民子弟施行蒙学教育已被官方提上了议事日程。唐代诗人元稹在《居易集》的序上说：“予常于水平市见村校诸童竞习歌咏，召而问之，皆对曰：‘先生教我乐天、微之诗。’”可见唐代农村遍设蒙学，且学诗之风气已深入到农村的蒙学之中。

在宋代，蒙学教育之扩展于平民子弟较唐又有了进展。宋神宗熙宁四年（1071年）“州给田十顷为学粮。仍置小学教授”④。宋徽宗崇宁元年（1102

① 《观堂集林》卷四《汉魏博士考》。

② 《三国志·魏书·邴原传》。

③ 《唐会要》卷三十五。

④ 《文献通考·学校考七》。

年）“令州县均设置小学，十岁以上入学”，崇宁五年（1106 年）“立课试法”，这是对蒙学实施管理的具体规定。耐德翁《都城纪胜·三教外地》说，宋代“都城内外……乡校、家塾、舍馆、书会，每一里巷，须一二所。弦诵之声，往往相闻”。南宋诗人陆放翁《秋月郊居》诗：“儿童冬学闹比邻，据案愚儒却自珍。授罢村书闭门睡，终年不着面看人。”作者自注：“农家十月乃遣子入学，谓之冬学。所读‘杂字’、《百字姓》之类，谓之村书。”①

在元代，一方面，路、县学内设立小学，元世祖至元二十八年（1291 年）“令江南诸路学及各县学内，设立小学，选老成之士教之，或自愿招师，或自受家学于父兄者，亦从其便”②。又令蒙古、色目人年小质聪者置蒙古小学，选儒士为学正，令诵读《孝经》、《小学》，习汉字。③ 另一方面，至元二十三年（1286 年）据大司农卿张文谦所奏，命乡里各社“每社立学校一，择通晓经书者为学师，农隙使子弟入学。如学文有成者，申复官事照验”④。元代的“小学”与“社学”都同属蒙学教育程度，所不同的是，“小学”在更大程度上被作为官学教育的一种构成成分而设置于路县一级，而“社学”则属于乡里之教，标志着元代蒙学教育进一步扩展于平民子弟。

明清时期社学设立更普遍，数量更多，在教学的各个方面也更趋成熟。明太祖洪武八年（1375 年）命天下均立社学。明英宗正统元年（1436 年）“诏有俊秀向学者，许补儒学生员”，把社学与府州县等儒学衔接起来。明孝宗弘治十七年（1504 年）又“命各府州县建立社学，选择明师，民间幼童十五以下者送入读书”。清康熙九年（1670 年）下令各直省设置社学、社师。雍正元年（1723 年）又重新申定办理社学规定。社学与府州县学在学制上相互联系，凡在社学中肄业者，学业成绩优秀，经考试可升入府、州、县学为生员；反之若成绩不佳，则被遣退回社学。

明清时期蒙学沿着社会基层推广的方向发展，出现了越来越多的学塾。一种叫坐馆或教馆，指有钱人——地主、士绅、豪富聘请教师在家进行教学；一种叫家塾或私塾，指教师在自己家内设学教学；另一种叫义学或义塾，指地方或个人出钱资助设立小学招收贫寒子弟学习，带有慈善事业的性质。义学最初

① 钱大昕《十驾斋养新录》卷十六。

② 《新元史·选举志》。

③ （明）黄佐《嘉靖广东通志》卷二十七。

④ 《元史·食货志》。

设在京师，教师称塾师，后来各省府、州、县纷纷设立，成为孤寒生童，或苗、黎、瑶等族子弟秀异者接受教育的机构。明清时期的学塾已较定型，有了一般固定的教学制度和教学程序，也有了一大批以教蒙学学塾为职业的教师队伍。《清稗类钞》第四册《嘲私塾诗》："一阵乌鸦噪晚风，诸生齐放好喉咙。赵钱孙李周吴郑，天地玄黄宇宙洪。《三字经》完翻《鉴略》，《千家诗》毕念《神童》。其中有个聪明者，一目三行读《大》《中》。"生动地勾画出了古代蒙学教学活动的情景。

二、蒙学教材丰富多彩

对蒙学的研究是从对蒙学教材（或课表）的研究开始的。中国蒙学教材的确丰富多彩，对蒙学教材的研究大致经历了以下几个时期。

（一）编目与考订时期

蒙学教材书目主要载于《汉书·艺文志》、《隋书·经籍志》、《旧唐书·经籍志》、《新唐书·艺文志》、《宋史·艺文志》、《明史·艺文志》、《补三国艺文志》、《补南北史艺文志》、《隋书经籍志补》、《隋书经籍志考证》、《宋史艺文志补》、《补元史艺文志》、《补辽金元史艺文志》、《四库全书总目提要》、《四库未收书目提要》等。清代有几种蒙书辑录本，如任大椿辑《小学钩沉》、顾震福辑《小学钩沉续编》、马国翰辑《玉函山房辑轶书》、黄奭辑《黄氏逸书考》、龙璋辑《小学搜轶》等，尤其是古轶蒙书书目较多。

此外，宋晁公武撰《郡斋读书后志》、宋陈振孙撰《直斋书录解题》、宋王尧连等撰《崇文总目》、宋尤袤撰《遂初堂书目》等，以历代蒙书分类列目，并有所评述，考其蒙书之源流，故称解题。这实际上是对古代蒙学教材研究之开始。如《郡斋读书后志》卷二《类书类》：

《蒙求》三卷，唐李瀚撰。纂经传善恶事实，类者两两相比，为韵语。取蒙卦"童蒙求我"之义名其书。盖以教学童云。

清人顾炎武在《日知录》卷二十一，详细考订了《急就篇》：

汉魏以后，童子皆读史游《急就篇》。晋夏侯湛抵疑乡曲之徒，一介之士，曾讽《急就》习甲子。《魏书》崔浩表言太宗即位元年敕臣解《急就》章，刘芳撰《急就篇续注·音义证》三卷。陆暐拟《急就篇》为《悟蒙章》……《儒林传》刘兰始入小学，书《急就章》……《北齐书》李绘六岁未入学，伺伯姊笔牍之间辄窃用，未几遂通《急就章》；李铉九岁入学，书《急就篇》月余便通。自唐以下，其学渐微。

顾炎武《亭林文集》卷二载有《吕氏千字文序》，他提到过两种讲历史的千字文，可惜书皆不传，但为后人研究提供了历史线索。

谢启昆的《小学考》（咸丰壬子树经堂重刊本）是一本蒙学考证书。该书卷十四考证了《千字文》，曾引宋王应麟在《玉海》中的话：

太祖谓近臣曰：千文盖梁得钟繇破碑千余字，周兴嗣次韵而成，词理无可取。

《宋史·李玉传》的说法相同。据阎若璩的判断，《梁书》应该更可信些。《小学考》引：

《千字文》本有二篇，一周兴嗣，一萧子范。子范制久失传。而所次韵之书，《梁书》以为羲之，《宋史》以为钟繇。要《梁书》近而得其真。

章炳麟的《论篇章》（载《说文月刊》）亦是蒙学教材的考证文章：

《急就》、《三仓》，由章句以组成，由此上推《史籀篇》以教学童，必为韵语，若弟子职之伦。其书十五篇，建武时亡六篇，许君所见尚有九篇。《说文序》即云合以古籀，则此九篇，必全行收入，而今计之，亦属寥寥，疑其文多亦不能逾《仓颉》。至后进以韵语编字之书，实无不祖《仓颉》者。

王国维在《观堂集林》卷四《汉魏博士考》一文中，着重对汉代流行的蒙学教材作了全面考证。在《观堂集林》卷二十一，又专写了《唐写本太公家教跋》与《唐写本兔园册府残卷跋》等文，对唐代流行的蒙学教材作了深入专门的考订，对后世的研究影响甚大。

（二）综合研究时期

民国以后，对蒙学教材的研究突破了搜集书目和单纯的考订的阶段，进入了把蒙学教材当作研究对象的时期，或者说，开始进入了对蒙学教材进行综合研究分析的时期。

章炳麟、王国维都是国学大家，他们对蒙学的研究也并非停留在单纯的考证，考证其实也是一种研究，他们还进一步在考证基础上进行分析比较的研究。如章炳麟在《重订三字经》的“题辞”里说到《三字经》的特点：

其书先举方名事类，次及经史诸子，所以启导蒙稚者略备。观其分别部居，不相杂厕，以较梁人所集《千字文》，虽字有重复，辞无藻采，其启人知识过之。

这就把《三字经》和《千字文》作了比较分析，这当然也是一种研究方式。1928年章炳麟作《重订三字经》，他说：

余观今学校诸生，几并五经题名、历朝次第而不能举，而大学生有不知周公者。……若所以诏小子者，则今之教科书，固弗如《三字经》远甚也。间常举以语人，渐有信者。然诸所举人事部类，其切者犹有未具，明清人所增尤鄙。于是重为修订，所增入者三之一，更定者亦百之三四，以付家塾，使知昔儒所作非苟而已。

这些话反映出章炳麟对当时新式教科书一味赶时髦、搬洋书，丢却民族特色的忧虑心情，提出继承蒙学教材的优良传统问题。所以他在深入研究了蒙学教材之后，作了重订《三字经》的工作。

翁衍桢发表了《古代儿童读物概观》（载《国学季刊》1936年3月第10卷第1期），揭开了全面综合研究分析蒙学的序幕。该文研究了蒙学十个问题："一曰教育旨趣，二曰入学年龄，三曰训蒙课本，四曰教学方法，五曰学塾仪规，六曰日常管训，七曰功过考核，八曰课余陶养，九曰塾师待遇，十曰女子教育。"作者认为：

古人养蒙，施教之方，周矣详矣；督责之道，严矣紧矣；监护之心，至矣切矣。子始能食，教以右手，能言，男唯女俞，至八岁，入小学，学小艺焉，履小节焉。教之习洒扫应对进退之节，留意于食息言动之际，使之从容周旋，动而中节，潜移默化，养蒙以正。今述此篇，虽时移势异，而采摭旧闻，要亦可以考见。古之所谓儿童教育者，分次立品、明伦、知礼、服劳四者。

此文还深入研究了"训蒙课本"——"就各种家训、学规中有关于讨论儿童读物之文字者"进行了探讨，包括《颜氏家训》、《童蒙训》、《朱子读书法》、《学范》、陆桴亭《论小学》、《丽泽堂学约》、《义字约》、《平林义塾规条》、《蒙养针度》等等。

郑振铎发表了《中国儿童读物的分析》（载《文学》1936年7月第7卷第1号"儿童文学特辑"），认为：

大抵，在学校未兴，或新式的教科书和《无猫国》、《玻璃鞋》一类的童话未输入中国以前，我们的儿童读物，约略的可分为：（一）学则、学仪、家训以至《小学》、《圣谕广训》一类的伦理书（并包括《小儿语》一类的格言韵语)；(二)《三字经》、《百家姓》、《千字文》一类的作为识字用的基本书；(三)启发儿童智慧的聪明的故事，像《日记故事》一类的书；(四)浅近的历史、地理以及博物的常识书，像《高厚蒙求》、《名物蒙求》、《史学提要》等等；(五)所谓陶冶性情的诗歌集，像《神童诗》、《千家诗》等等。而在这些儿童读物之中，没有一部不是彻头彻尾提倡着“顺民教育”的，就像在《神童诗》、在《三字经》一类的书里，也还是如此。

常镜海发表了《中国私塾蒙童所用课本之研究》(载上海《新东方》1940年9—10月第1卷第8—9期)，认为：

> 课本之编制，除本照培植学识、修养道德、在求识字三项原则外，在编制课本之时尚宜注意，其字句务要简单明了，或三字，或四或五六言不等。文体则有类长体古歌，或通篇用韵，或但求顺口，在有韵无韵之间，或四句八句一换韵，总之在求顺口易诵易记而已。

这就深入到蒙学教材编写的原则和特点等问题，进行了饶有价值的探讨。此文还就通用之蒙学课本十六种进行了详细的考订，包括《千字文》、《百家姓》、《三字经》、《名贤集》、《朱子治家格言》、《弟子规》、《孝经》、《二十四孝图说》、《神童诗》、《千家诗》、《龙文鞭影》、《幼学故事琼林》、《字课图说》、《万事不求人》、《杂字》、《朱子小学节本》等。对选用之蒙学课本三十余种也进行了详细考订，包括《教儿经》、《女儿经》、《小学韵语》、《蒙求》、《急就篇》、《小学集注》、《弟子职》、《小学绀珠》、《续千文》、《十三经不二字》、《养蒙针度》、《字学举隅》、《万字文》、《三续千字文》、《四言对相》、《童蒙记诵篇》、《幼学歌》、《左氏蒙求注》、《五千字文》、《四字童训》、《女四书》、《尔雅》、《三字文》、《便蒙家用必读》、《杂字撮要》、《国民必读》、《三字鉴》、《史鉴节要》、《分类七言蒙求鼓词》、《十字各言杂字》等。

此外，胡怀琛还写过一本《蒙书考》(上海震旦大学1941年出版)，开列了大约一百种所见所知的蒙书，辑录了几十条有关的资料。张政烺在《讲史与咏史诗》(《历史语言研究所集刊》1948年第10本第1分册)探讨了“自晚唐至明人，常用咏史七言绝句为小学课本”，并指出“胡曾《咏史诗》盛行于日本，常与《千字文》、《蒙求》合刻，称为‘明本排字增广附音释文三注’。盖三者皆训蒙之书，性质相近，故合刻之。此风气不知起于何时，疑明代始传入日本，故标目冠明本二字”。这些对于蒙学课本的探索工作，虽只是一些初步尝试，但已为后世深入研究打下坚实基础。

（三）深入研究时期

1956年以后进入了深入研究蒙学教材的时期。先是郑振铎的旧著《劫中得书记》重版（上海古典文学出版社1956年版），继而商务印书馆1958年4月出版了《善本书所见录》（罗振常著，周子美编订），同年6月商务印书馆又出版了王重民的《敦煌古籍叙录》。中华书局还出版了《教科书以前的童蒙读物》（见《中国近代出版史资料》初编），为蒙学教材的书目进行了进一步的挖掘与考订。孟宪承等编的《中国古代教育史资料》（人民教育出版社1961年版）和舒新城编的《中国近代教育史资料》（人民教育出版社1961年版）提供了有关蒙学的著述与资料。

瞿菊农的《中国古代蒙养教材》［《北京师范大学学报（社会科学版）》1961年第4期］、张志公的《传统语文教育初探（附蒙学书目稿）》（上海教育出版社1962年版）以及张铁弦的《启蒙读物种种》（1963年11月30日《光明日报》），影响较大，是深入研究蒙学教材的代表作。

瞿菊农认为，传统的蒙养教材的发展，可以分为三个阶段：从周秦到唐末是第一个阶段，从北宋到清中叶是第二个阶段，从清中叶以后到新学校和新教科书的出现是第三个阶段。

这些蒙养教材，就其内容偏重之点说，大体上可以分为以下五类：（一）综合性的主要为掌握文字工具并灌输一般知识的课本；（二）培养封建道德和封建社会里所谓律己待人的原则；（三）历史与历史故事书和“蒙养说”；（四）诗词与歌诀；（五）制度名物与自然知识。

封建社会的教育是为封建政治服务的。这是古代教育的方向；这种教育方向，决定了古代蒙养教育的内容和方法。并且，过去教材的内容还是相当广泛的，如何以经济简要的方法，进行教学，扩大知识面等等问题，我们觉得应当结合古代对儿童的教学与课程安排，进行研究分析。

其次可以从教育心理的角度研究过去的教学和如何使用这些教材的问题，实际上如何进行教学的问题、知与行如何结合的问题以及识字教学的特点等等，这里或者有一些可以参考或批判继承的东西。

张志公的《传统语文教育初探（附蒙学书目稿）》，可以说是这一阶段蒙学研究的最高成就。一是把传统语文教学的有关资料广为收集，进行了初步的整理，作为研究的基础。在资料方面下了功夫，编写了《蒙学书目稿》。二是从传统语文教学的做法中深入探讨其经验教训。首先是关于汉字的教学，包括集中识字教学的做法和写字教学的做法；其次是关于阅读训练和作文训练的一些做法。

《蒙学书目稿》包括“古轶蒙书”、“急就篇”、“千字文”、“百家姓”、“三字经”、“杂字”、“小学和类小学”、“以思想教育为主的韵语读物”、“兔园册”、“李翰蒙求”、“多种蒙求和类蒙求”、“历史类蒙求和类蒙求”、“散文故事”、“咏史诗”、“千家诗、神童诗及其他”、“对类及其他”、“蒙用文字、声韵、语法书”、“蒙用工具书”、“古文选本”、“丛书”等，其分类之细，其收集之广，其工力之深，都是空前的。所以此书 1962 年 10 月第一版第一次印刷就是 3 万册，1964 年 8 月重印一次，1979 年再印过一次，可见影响之大。

（四）“蒙学热”时期

历史进入了 20 世纪 80 年代之后，对于蒙学教材的研究进入了一个新的时期——“蒙学热”时期。①

首先表现为传统蒙学教材的大量出版。如由喻岳衡主编的《传统蒙学丛书》（岳麓书社出版），徐梓、王雪梅编注的《传统启蒙教育资料》（山西教育出版社出版），乔桑、宋洪主编的《蒙学全书》（吉林文史出版社出版），汪茂和、蔡翔主编的《白话蒙学精选》（知识出版社出版），陆忠发等编译的《蒙学要览》（浙江古籍出版社出版），郗政民、杨春霖主编的《中国传统语言文化普及丛书》（陕西人民出版社出版），吴蒙标点的《三字经·百家姓·千字文》（上海古籍出版社出版），台湾学者李牧华编注的《传统文化启蒙丛书》（甘肃人民出版社出版），夏初、惠玲编注的《蒙学十篇》（北京师范大学出版社出版），依然、晋才编辑的《中国童蒙读物大全》（中国广播电视出版社出版），李修松编注的《昔时学童启蒙》（黄山书社出版），等等，印刷量大，行销颇广。其他单篇蒙学读物如《幼学琼林》、《龙文鞭影》、《千家诗》、《唐诗三百首》、《蒙求》等也有多家出版社出版。

其次，对蒙学的研究有了新的认识，认为传统蒙学是传统文化中最有代表性的方面，通过研究蒙学来研究中华民族传统文化的人越来越多。

在产生或流传于某个时代的蒙学读物中，往往潜藏着这个时代文化的秘密，并且比其他类型的读物反映得更加典型、充分和鲜明。正如周谷城在

① 见徐梓：《“蒙学热”透视》，《中国典籍与文化》1992 年第 3 期。

1985 年为岳麓书社出版的《传统蒙学丛书》作序时所说："研究唐五代文化，除了《北堂书钞》、《监本九经》，还不妨研究今存《兔园册》残篇；研究宋代文化，除了《困学纪闻》、《剑南诗稿》，也不妨研究研究《三字经》和《百家姓》。虽然《兔园册》不必为虞世南所编，《三字经》不必为王应麟所撰，而且《三字经》也不一定只为村夫牧子诵读，但当时普通人所受的教育，以及通过教育而形成的自然观、神道观、伦理观、道德观、价值观、历史观，在这类书中，确实要比在专属文人学士的书中，有着更加充分而鲜明的反映。"

再次，对蒙学的研究有了新的成果。如熊承涤在《谈谈中国古代的儿童教材》(《课程·教材·教法》1985 年第 1 期）一文中指出：

> 中国古代的儿童教材有两点值得注意：一是中国古代知名的知识分子很重视教材的编写工作；二是中国古代儿童教材流行的时间长、范围广。……由于我国是一个有较长时间统一的国家，有比较统一的文化，一些较好的儿童教材，几乎是全国采用的。不只如此，有些教材还流传到国外，被长期采用。如《太公家教》在朝鲜用到十七世纪末年；朝鲜李氏王朝"甚至把朱子《小学》作为殉葬品"。胡曾的《咏史诗》盛行于日本，常与《千字文》、《蒙求》合刻。流传最广的还要数《三字经》。

1982 年去世的日本著名汉学家诸桥辙次，1888 年五岁的时候就开始读《三字经》，七岁读四书（见 1983 年 2 月 6 日《人民日报》）。这时距日本颁布《新学制》的 1872 年已经十多年了，《三字经》还在作为儿童教材，可见《三字经》在日本影响之深。《三字经》在国外还翻译成多种文字，如 1835 年美国传教士裨治文的英译本，1864 年法国人儒莲的法译本，1873 年英国驻宁波领事翟理斯的英译本，1879 年左托立的拉丁文译本，1892 年香港督学艾泰尔的英译本，1900 年翟理斯的第二次英译本。

据《中国思想文化典籍导引》（张岱年、牟钟鉴主编，中共中央党校出版社 1994 年版）披露：联合国教科文组织将《三字经》列为"儿童德育教科书"向全世界推广，《三字经》将对世界各民族儿童教育作出贡献。

《中国大百科全书》中的《教育》卷，于 1985 年 10 月由中国大百科全书出版社出版，在《中国古代教育内容和方法》内列出了"蒙学课本"、《程氏家塾读书分年日程》、《教童子法》、《五种遗规》、《女四书》等条目，可见其对蒙学研究的重视。毛礼锐、瞿菊农、邵鹤亭编的《中国古代教育史》（人民教育出版社 1979 年版），毛礼锐、沈灌群主编的《中国教育通史》第一、第二、第三卷（山东教育出版社 1985—1987 年版），高时良著的《中国教育史纲（古代之部）》（人民教育出版社 1991 年版），孙培青主编的《中国教育史》（华东师范大学出版社 1992 年版）等书都分专节研究了蒙学教材。

郭齐家、毕诚、崔相录主编的《中外教育名著评介》（山东教育出版社 1992 年版）一书，还就《千字文》、《颜氏家训》、《百家姓》、《三字经》、《二十四孝》、《小四书》、《女四书》、《千家诗》、《五种遗规》、《小学韵语》、《教童子法》等教育名著的作者、成书的时代背景、主要内容和观点、学术价值及其影响等作了较为深入较为系统的评介。

徐梓、王雪梅在《传统启蒙教育资料》之四《蒙学要义》（山西教育出版社 1991 年版）书后附录《中国传统蒙学书目》（初稿）中将古代蒙学书籍分十二类整理：（一）文字（288 种）；（二）三、百、千（125 种）；（三）综合（188 种）；（四）历史（184 种）；（五）经学·理学（99 种）；（六）蒙求（91 种）；（七）韵对（99 种）；（八）小学（105 种）；（九）故事、图画、诗歌（84 种）；（十）文选（53 种）；（十一）丛书（26 种）；（十二）其他（43 种）。这是继张志公《传统语文教育初探（附蒙学书目稿）》后，花费的心血最大，收录的数量最多，也最为齐备的一个蒙学书目。

张志公的《传统语文教育教材论——暨蒙学书目和书影》（上海教育出版社 1992 年版）对 1962 年的《传统语文教育初探》一书作了幅度相当大的改动。内容的编排作了调整，“述”的部分精简了一些，“论”的部分增强了一些。《蒙学书目》也作了调整和补充，成为独立的一部分，不再作为附录。“书影”增加到 64 幅。还附录了作者两篇论文。这本书突出了蒙学研究的科学精神和研究方法中的科学理性，坚持了对待历史遗产的理性原则，作者把童蒙教材中体现的编者那些若明若暗的思想，以及前人对于语文教学的见解，用现代的理论、眼光和语言去整理和把握，努力给予科学的评价。作者认为，研究历史上的语文教育，求之于教材往往比求之于史传记载的章程、条例更可靠可信一些。教材是实际使用的，而其余则往往是作出来的文章，说得头头是道，但与实际不见得相符。……古今中外，语文教材对社会的发展变化最为敏感。它反映产生它的社会背景，包括文化传统、风土习俗等等，反映当时社会主导的思想意识，以及教育观点、教育政策，可以说语文教材是语文教育、思想教育、知识教育的综合性教育读物。语文教材充分体现本国母语的特点，使得思想教育、知识教育以及语文教育便于为儿童、少年所接受。语文教材又受母语特点的制约，如果使用教材得法，语文教材又会起到规范语言、纯化语言、促进语言发展的作用。所以，研究教材的意义很大，收获会是多方面的。本书可以说是以研究教材为主要线索编写的，正是如此。

张志公的《传统语文教育教材论——暨蒙学书目和书影》既是目前研究蒙学教材的重大成果，又为今后的蒙学教材研究开拓了新路。

三、蒙学思想理论的探索

传统蒙学教育的思想理论与实践，训蒙的意义、方法及蒙学教师经验总结的著作也很多，如宋王日休的《训蒙法》，元许衡的《小学大义》，明王守仁的《训蒙教约》，清张伯行的《小学辑说》、崔学古的《幼训》和《少学》、张行简的《塾中琐言》、石天基的《训蒙辑要》、陈芳生的《训蒙条例》、唐彪的《父师善诱法》、王筠的《教童子法》、计良的《训蒙条要》等等，对于蒙学研究来说，这些著作往往比蒙学教材更加关系重大。

关于这方面的研究，虽不及蒙学教材那样深入，有那么多的成果，但应该说，关于蒙学思想理论的探索也已开始起步。

熊承涤的《我国古代的儿童早期教育》（《人民教育》1983 年第 4 期）一文探讨了中国古代关于儿童早期教育的思想观点，认为“蒙以养正”的观点、“少成若天性，习惯如自然”的观点、“以预为先”的观点、“受之天”与“受之人”二者统一的观点、反对“无教有爱”的观点、“小儿有记性”可以学习知识的观点等等应该值得我们重视。古人在蒙学实践上，注意环境对儿童早期的影响、注重行为的训练、注意思想品德教育、注意识字和书本的学习、主张用诗歌来教育儿童、寓教育于游戏之中等等是很符合教育原则的，值得我们认真总结与研究。

蔡雪冰在《我国古代儿童早期教育思想初探》（《求索》1984 年第 6 期）一文中认为：“我国古代儿童早期教育思想源远流长，丰富多彩，总结‘中国历来教育儿童的方法’，对于指导我们今天的儿童早期教育，不无裨益。”作者总结以下几点：（一）以预为先，及时而教；（二）教育婴孩，早就人才；（三）循序渐进，量力而行；（四）因材施教，不可躐等；（五）习与正人，潜移默化；（六）启发自觉，鼓舞乐趣；（七）教之以事，习练立基；（八）蒙当正导，养教结合。

武杰、蔡鼎文在《我国古代早期教育思想初探》一文中（《教育研究》1984 年第 3 期）指出：一般地说，人们以为儿童早期教育是 18 世纪后期随着幼儿园在西方国家的兴办，才逐以受人重视的。其实，灿烂辉煌的中国古代教育早就阐述过这一理论。

诸如胎教、儿童心理、儿童智力、环境作用、教育方法、道德教育的论述，至今犹如颗颗明珠，光彩夺目！即便把这些明珠摆放在现代发达国家儿童教育理论面前，也是相映生辉，毫不逊色！

（1）我国古代早期教育的思想，无论是理论上还是实践上都有着十分丰富的宝藏，我们有责任把它们挖掘出来，特别是在“早期教育”已风靡全球的今天，使之重放异彩，更有其不可估量的理论和现实意义。

（2）关于早期教育思想，既远非来源于西方，也并非产生在近代，这在本文中已得到充分的论证。将中国古代早期教育思想视为现代早期教育理论的源泉之一是应该得到肯定的，我们并以此为荣，从而提高我们的爱国主义思想与民族自信心。

（3）因为受社会生产方式的影响和约束，古代的早期教育思想理论与实践既有其精华所在，也有它糟粕之处。我们必须用马克思主义的辩证唯物主义和历史唯物主义观点剖析它们，扬其精华，摈其糟粕。

（4）探讨中国古代早期教育思想，旨在总结历史经验，古为今用，切不可停滞不前，甚至倒退，而要勇于探索，力求创新，特别是我国古代早期教育实践中就已经有了许多现代外国的东西，我们更应该在此基础上，结合现代早期教育理论，在中国早期教育的道路上攀登新的高峰，为人类教育事业作出我们应有的贡献。

文章总结的这几点为今后蒙学思想理论的研究指明了方向。

刘虹在《我国古代有关童稚教育的思想与实践》（《河北教育》1982 年第 2 期）一文中指出：“在我国古老文明史上，童稚教育的思想与实践源远流长，可为我们今日借鉴。”（1）“教儿婴孩”，充分发掘人的智力潜力；（2）早期教育可以早出人才；（3）根据儿童活泼好动的特点，积极引导，唤起他们奋发向上的激情；（4）为儿童创造良好的生活学习环境，做父母的要作表率；（5）抓紧儿童的品德教育，打好终生品行的基础。

江铭写了一篇“读《教童子法》”的文章，题目为《“教弟子如植木”》（《上海教育》1981 年第 4 期），文中说“王筠的《教童子法》是专门研究儿童教学方法的，值得一读”。

“《教童子法》虽非浩帙巨著，全篇正文仅 4 925 字，但它所反映的蒙学教学观点，有的却相当精辟。”（1）教学要发展儿童的天赋。王筠认为，在教学工作中，教师的责任是要充分发展儿童的天赋潜力，就如同植树一样，目的是要用它来制作器具，但是应当让树木尽量地生长，等它纷纷地生长以后，大材有大用，小材有小用，决不能在树木还没有得到充分地生长时，为了求得像茶几那样的小器材，就去夭折它的生机，使树木枯萎。（2）教学要注意儿童的特点。王筠说：“学生是人不是猪狗。读书而不讲，是念藏经也，嚼木札也。钝者或俯首受驱使，敏者必不甘心。人皆寻乐，谁肯寻苦。读书虽不如嬉戏乐，然书中得有乐趣，亦相从矣。”（3）教学要“多方诱之”、“步步着实”。王筠认为不管学生有什么差别，教学都要采取启发诱导的方式。王筠重视蒙学教育，认为蒙学教育在人的发展中占有很重要的地位，因此他主张要慎重地选择蒙学教师，不能聘用“无知之师”，以免贻误学生的成长。王筠称得上是清末的一位蒙学教育专家，他的教学法观点已显露出新教育思想的端倪。

这就把王筠的《教童子法》的研究向前推进了一步。

1992 年 6 月华东师范大学出版社出版了清唐彪辑著的《家塾教学法》，选注者赵伯英、万恒德在该书的“前言”上说：

> 我们认为《家塾教学法》是我国第一部以“教学法”命名的教学法著作。……著中《父师善诱法》，以论教法为主，遵循“善诱”的原则，处处体现指导学习方法、养成学习习惯、讲求教学效率的根本精神；而《读书作文谱》，则是以论学法为主，要求把学习心理的修养作为“学基”，然后分论训练读写基本功的诸法，旨在提高读写基本能力。这两个分册是姊妹篇，是不可分割的整体，既相联系而又各有所侧重，总书名题为“教学法”是恰当的，是对教和学两者关系的明确化。

《家塾教学法》虽是语录体著作，但已形成较完备的教学法体系，不能以零章片言视之。这部书总结了历代教学法理论精髓，其内容重在对宋元以来的教学法理论的归纳和提要，著中除了推崇二程、朱熹等理学家的教学观，也还博采了许多文章学家、写作学家、书法家、文学家、文字学家的精辟言论，辅以一些个人的教学经验和教学调查研究，草创了一种包含教法和学法指导的教学法体系。……其著在材料取舍上精益求精，在见解上也是新意迭出、独具卓见。尤其需要提出的是著中提出的两个命题：一是“不习举业子弟工夫”，另一是“村落教童蒙法”，涉及了普及教育的范畴。在科举盛行的时代，将这样的命题放在著作中，是有胆识的。这是唐彪自成一家之说最可贵的地方，也是我们认为今天应该重视唐彪著作的重要理由。

蒙学是祖国文化遗产的一个重要组成部分，研究者们有的是从研究历代蒙学教材入手，以研究蒙学教材为主要线索来深入研究蒙学；也有的是从研究历代蒙学教育思想理论与教学方法入手，以研究蒙学思想理论和教学原则方法为主要线索来深入研究蒙学；还有的是将这二者结合起来深入研究蒙学，这些都是可取的，都会促进蒙学研究的繁荣和深入。

然而现在还有人从另一角度深入研究蒙学，那就是对蒙学进行断代研究。

四、对蒙学的断代研究

近年来，对蒙学的断代研究越来越多。如熊承涤写了《明代的蒙学教材》（《课程·教材·教法》1991年第11期），徐勇写了《元代的蒙学》[《北京师范大学学报（社会科学版）》1993年增刊]，孙培青主编的《中国教育史》（华东师范大学出版社1992年版）列了专节，深入研究了“宋元的蒙学”，高时良著的《中国教育史纲（古代之部）》（人民教育出版社1991年版）列了专节，深入研究了“清代的蒙学”。

孙培青主编的《中国教育史》第七章第四节“宋元的蒙学”是这样概括的：

> 宋元蒙学在长期的教学实践中，积累了一些成功的经验，最突出的有以下三点。
>
> 第一，强调严格要求，打好基础。蒙学教育是基础教育，在这个阶段严格要求，打好基础，对于儿童日后的发展将会长期起作用。因此，宋元蒙学教育十分强调对儿童进行严格的基本训练。例如，在生活礼节方面，要求儿童居处必恭，步立必正，视听必端，言语必谨，容貌必庄，衣冠必整，饮食必节，堂室必洁等。在学习方面，要求儿童读书必须字字响亮，“不可误一字，不可少一字，不可多一字，不可倒一字”，且要熟读成诵；写字必须“一笔一画，严正分明，不可潦草”。而且尤为重视良好学习习惯的培养。如要求：“凡读书，须整顿几案，令洁净端正。将书册整齐顿放，正身体，对书册，详缓看书，仔细分明读之”，“凡书册，须要爱护，

不可损污皱折”，“读书有三到，谓心到、眼到、口到”等。良好的生活、学习习惯一经形成，不仅有利于儿童的成长，而且还会使他们终身受益。

第二，重视用《须知》、《学则》的形式培养儿童的行为习惯。蒙学阶段的儿童可塑性大，为了培养儿童的行为习惯，宋元时期的教育家制定了各种形式的《须知》、《学则》等，以此作为规范儿童行为的准则。如朱熹的《童蒙须知》，对儿童的衣服冠履、语言步趋、洒扫涓洁、读书写字、杂细事宜等都作了详密的条文式规定。程端蒙、董铢的《学则》，也对儿童生活、学习的各个方面提出了具体的要求。这些规定和要求虽不免烦琐，且有压抑儿童个性发展的缺陷，但使儿童的一言一行，一举一动，都有章可循，有规可依，对于培养他们的行为习惯，有一定的积极作用。

第三，注意根据儿童的心理特点，因势利导，激发他们的学习兴趣。蒙学阶段的儿童活泼好动，宋代教育家已经注意到儿童的这个特点，积极引导，唤起他们的学习兴趣。程颐曾说：“教人未见意趣，必不乐学。”朱熹亦主张用历史故事、道德诗歌来教育儿童，并开展“咏歌舞蹈”等文娱活动，以引起他们的乐趣，增加他们学习的自觉性，达到“习与智长，化与心成”的境界，在他为儿童编写的教材《小学》中，充分体现了这一主张。他在书中辑录了“古圣先贤”不少格言、故事、训诫诗等，以此来激发儿童的学习兴趣。同时，他们又根据儿童记忆力强、理解力弱的特点，强调对学习内容要熟读牢记。这些经验值得我们重视。

华东师范大学古籍研究所李国钧教授的博士生池小芳于 1993 年 5 月写出了《明代小学教育研究》的博士论文，得到了专家学者们的好评，后被授予博士学位。这部博士论文有 20 多万字，对明代蒙学的发展、明代蒙学的职能、明代蒙学的课程、教材、教法、教师、学生及明代蒙学的管理等问题都作了全面、深入、系统的历史考察。可以说这部博士论文对明代蒙学作了全方位的专门研究。

池小芳认为明代蒙学教育实践在中国古代蒙学教育发展史上占有重要地位。一方面，作为初等教育机构的蒙学以超越以往各朝的速度迅速发展起来；另一方面，基于对蒙学教育理论的探讨，明代在蒙学教育方面产生了相当数量的小学学规。这些学规不仅在当时对明代蒙学教育实践起过直接的促进作用，而且对清代的蒙学乃至近代的小学教育均有着相当大的影响。

明代的蒙学教育实践形式多种多样，有社学、义学、义塾、社塾、小学、乡校、武塾、家塾及蒙学性质的书院等。

明代蒙学发展主要受政治、经济、学术、蒙学教育自身等方面的因素的影响。在政治方面，明中央政府的蒙学教育政策对明代蒙学的发展起着直接的促进作用，而各级官员对蒙学教育的重视与否亦在较大程度上影响到蒙学的兴衰。在经济方面，影响农耕、蒙学学校经费的有无、地方经济的衰退等都影响到蒙学学校的兴建；而家贫不能上学，对明代蒙学教育的普及亦相当不利。在学术方面，其影响表现为两方面：一是通过一些作为学者的官员兴办蒙学而贯彻自己的学术思想，从而促进了蒙学教育的发展；二是深化了蒙学教育思想理论的探讨，从而对指导明代蒙学教育实践起到了积极的作用。在蒙学教育自身的因素方面，蒙学教育目标上的偏差，科举制及蒙学教师素质等都对蒙学教育的发展产生了一定的影响。

明代蒙学一是作为蒙养的机构，这一点决定了明代蒙学教育的蒙养职能。具体表现为：强调儿童的道德品格培养，注重行为方式的训练，倡导知识技能培养，注重教育的实用性。二是作为社会教化的直接承担者，这一点决定了明代蒙学教育的社会教化职能。具体表现为：明王朝的蒙学教育政策将社会教化作为蒙学教育的主要任务之一，明代蒙学教育对象的平民化对社会教化具有直接的促进作用，蒙学教育本身亦兼作社会教育场所而直接面对社会。三是作为官学的补充。明代蒙学之作为府州县学的补充，乃是因为它具有基础教育的性质，而不是因为它是明代学制的一个必然的、连续的组成部分。

明代蒙学的课程编制在整体上是较为灵活的，不同的教育家对蒙学课程的设计是不完全相同的。其基本特点表现为两方面：一是在课程中心内容上表现出强烈的道德化倾向，二是在科目设置上体现了多样化的特征。

明代蒙学教材的基本类型有两种：其一是行为方式训练或道德规范学习类。包括由朱子《小学》发展而来的教本，由《孝经》、《家礼》等构成的教本，由圣谕等构成的教本。其二是知识技能教育类，包括《三字经》、《百家姓》、《千字文》、《九章算术》、名人法帖、《律诗训》、《对类》等。

教材选用方式有以下几种：一是采自前人蒙学成书，二是采用时人著作或政府法令条文，三是自编教材。

明代蒙学教育的组织形式大体上有三种类型，即类复式教学、分堂教学、社学大馆与小馆复合教学。在日课程安排上，大体上按早、中、晚顺序排课，各教学时间单位内安排不同的教学内容。

各科目的具体教学方式是有所不同的。在授书课教学上，一是要求教学分量上给予限定并留有余地，二是要求深度上循序渐进、逐渐加深，三是要求讲背结合。在习礼课教学上，采用直观教学和审查指导的方式。在诗歌课教学上，主要采用轮班歌诗、唱和及诵诗歌诗相结合三种方式。在习算课上主要有设堂教习和讲习两种方式。书法课以临摹书法家法帖练习为主。

明代蒙学教师基本上由国子监生、儒学生员、儒士及闲居退职官员等构成。充任教师的条件除通常的品德与才学方面的要求外，还要求教师要掌握一定的教育技能。教师的选派方式有由提学官或地方官员聘任、乡民推举、自己求任等方式。其中在由政府官员聘任方面，又有对教师先行考核再聘任及先行培训再派任两种方式。

明代蒙学学校教师结构一般为一校一师，这种分布对蒙学教学方式、课程编制和教材选用都具有一定的影响。教师的待遇基本上有三种类型，即免除杂泛差徭、取纳束脩和承种官田或取给社学田。其中免除杂泛差徭为纯粹的官方给予的待遇。

明代蒙学在招生条件上，对学生年龄、智力、出身、外貌、品德等方面均有具体的规定，但不同的蒙学在具体要求上是不同的。如在年龄方面，有8—14岁、8—15岁、6—20岁等的差异，招生的范围包括民间各类儿童、本族子弟、特殊身份子弟、市民子弟、军籍子弟、胥吏、土官、土著子弟等。

在蒙学学生待遇方面，不同的蒙学情形有所不同。就有些蒙学学生能享受一定的待遇而言，其主要形式便是免交束脩。在学生出路方面，蒙学的优等生一般可以升入儒学。但对这一点，明政府并未作统一的规定。不过在明代，也出现了要求以儒学生源限于社学一途的主张，这一主张将社学作为儒学，从而使社学、府州县学、太学三者之间处于一种相互依存的链条当中，而使代表蒙学教育的社学成为太学、府州县学之学校教育的一个必然的、连续的组成部分，对传统学校教育体系的发展具有重大意义。

明代蒙学的学期基本上有三个月、八个月、一年的划分方法。对学生的管理一般表现为行为管理与学业管理两方面。学生行为管理包括设立功过簿、父老轮坐左右塾督导诸生、师友相劝、挞罚等。在学业管理上，学业考试是其中的重要形式，这种考试往往由督学或地方官员举行。明代蒙学的经费主要来源于学田收入、租赁店房或收取市税等。其中租赁房店或收取市税表明了明代商品经济发展对蒙学发展是具有一定的影响的。

明代蒙学对教师的管理基本上是由提学官或地方政府官员实施的，其中主要是对蒙学教师的职责范围进行限定以及对蒙学教师的品德与业绩进行考核。

在明代的蒙学教育实践中，有一个现象是特别应予注意的，这就是在儿童入学问题上采取强制性措施。弘治十七年（1504 年）令府州县建社学，“民间幼童年十五以下送入读书”①，代表了最高统治者对蒙学教育的看法。由于中国过去皇帝的圣旨具有比法律更高的权威，故弘治十七年的这一令谕可以说是从法律上对蒙学儿童入学进行了规定，至少在儿童入学上是具有一定程度的强迫性的。

“义务教育”又称“强迫教育”，是指国家根据法律规定，对不同年龄阶段的儿童所实施的强迫教育。在西方最早涉及“义务教育”思想的是德国的马丁·路德（1483—1546），他在《遣送子女求学的责任》（写于 1530 年）一文中说道：“我认为，市政当局有责任强制人民送其子女上学。毫无疑问，确保上述官职和其他职务后继有人，使传教士、法学家、书记、牧师、医生、教师等人不至于中断，是当局者的责任。因为我们不能没有这些人。”② 而最早实施此种教育的是德国的魏玛邦国。1619 年魏玛邦在颁布的教育法令中，明确规定儿童八岁时必须入学，并要牧师和儿童父母将八岁的儿童名单送交政府。如果家长违反此法，就要由政府强迫其履行此一义务。

如果说“义务教育”是如上所述的这种教育，那么在中国，这种教育思想的出现并得到实施的时间，至少可以推溯到明代。《明史·杨继宗传》载：成化初，杨继宗任嘉兴府知府，“大兴社学，民间子弟八岁不就学者，罚其父兄”。又明武宗正德十六年（1521 年）魏校在广东兴建社学，亦倡此议：“父兄如有故违，不送子弟入社学者，提问坐罪。”③ 杨继宗、魏校等作为一个政府对学校教育的管理者，要求父母履行送子女入学的义务，恰恰合乎路德对“强迫教育”主张的基本精神。同时，其所颁布的一些命令虽不是国家法律，却是可以称为“地方法规”的。池小芳的博士论文通过同西方义务教育发展的比较，认为在明代蒙学教育实践中所出现的强迫入学实为义务教育的最早形式。

---

① 《大明会典》卷七十八。

② 戴本博主编：《外国教育史》上册，人民教育出版社 1989 年版，第 356 页。

③ 《庄渠遗书》卷九《谕民文》。

通过对近代三次学制改革与三次政治和教育运动的比较，池小芳指出明代蒙学教育实践对近代大、中、小学三级学校体系的产生起了很大的作用。并认为：一种新的教育制度的形成，总是奠定于它自身发展的传统之上，而教育改革之取得成功与否，在一定程度上要依赖于传统教育为它提供了多少文化心理上的准备。在具体的教育实践中，明代蒙学在课程、教材、教法、管理等方面都为后代提供了相当多的有益经验，其影响是不可低估的。

对蒙学的断代研究是十分重要的。如果我们对古代的重要朝代都像池小芳这样作深入细致的专门研究，那么我们在专门研究的基础上，再进行更高层次的综合研究，其内容就将会更充实，我们便有条件对蒙学发展的历史作出更深刻、更科学、更真实的研究和总结。

第三编

教育的转型与更生

西学东渐与中国教育目标的近代化*

教育目标是对人才培养性质和规格的价值限定。中国教育目标的近代化，主要表现为培养目标从“圣贤君子”到资产阶级“共和国民”的转变，人才的素质要求从注重德行到对“五育并举”和谐发展的强调，教育目标的表述形式从人才观经教育宗旨发展为教育方针等方面。这些方面，共同促成了中国传统的封建主义教育向着资产阶级教育的性质变革。中国教育目标的近代化，是近代中国经济、政治和文化等多方面因素发生急剧变化，而相互作用下的共同结果。本文仅从西学东渐与中国教育近代化之关系的角度，来考察中国教育目标的近代化过程，并对该过程的上述方面略作简要概括。

一

自从孔子创立儒学以来，中国人就非常重视社会人伦问题的解决，并注重个体德性的养成，视科技为“奇技淫巧”，重德性而轻技艺，教育以培育有道德的“圣贤君子”为目标。1840 年鸦片战争以后，亡国灭种的危机，迫使中国人不得不重新思考德行与技艺的关系，审定科学技术在强国富民中的价值。正是在此背景下，从洋务教育开始，以德艺关系的调整为突破口，中国的教育目标发生了最初的变化。

德艺关系的调整，主要是西学冲击的结果。这一调整在顽固的纲常礼教捍卫者曾国藩（1011—1872）那里，就已初露端倪。在西方列强的炮口威逼下，他的价值观发生了微妙的变化。这表现在一方面他从传统儒学中发掘“经世致用”的思想资源，在义理、考据和辞章中加入“经济”之学，开始重视“一技一艺之流”；另一方面，则表现为他吸取魏源（1794—1857）“师夷长技以制

* 本文系与葛新斌同志合作，原载《教育研究》1997 年第 7 期。

夷”的看法，提出“师夷智以造船制炮”和学习西方先进军事技术的教育思想。更为重要的是，他在祖述传统德才关系的前提下，把周济时用作为人才培养的根本标准，认为“虽有良药，苟不当于病，不逮下品。虽有贤才，苟不适于用，不逮庸流”①。他认为，“当战争之世，苟无益于胜负之数，虽盛德亦无所用之”，并感慨地说：“余生平好用忠实者流，今老矣，始知药之多不当于病也。”②从曾国藩对德才、才用关系的感叹中，不难看到他对传统德艺关系的怀疑甚至否定。他从人才应“当其时，当其事”的观念出发，支持开办新型技术学堂，推动了选送幼童出洋计划。这时他的教育目标已从培养“圣德贤才”，开始转向培养新式洋务人才。

师事曾国藩多年的李鸿章（1832—1901）指出：“中国欲自强，则莫如学习外国利器。欲学习外国利器，则莫如觅制器之器，师其法而不必尽用其人。”③ 他的这一认识，一是承认了西学在物质技艺层面上的先进性；二是看到了先进科技结晶的机器在富国强兵中的重要作用；三是他意识到必须培养“制器之人”，即掌握了西方近代先进科技的新型人才，再由他们制造“制器之器”，才能摆脱对西方“制器之人”的依赖，真正富强起来。由此出发，他批判传统教育所培养的人才“所用非所学，所学非所用”④，认为这种人根本无法适应“千古未遇之变局”，抵御“外国利器”之进攻。相反，他盛赞西方对科技及其发明者乃至普通“制器之人”的尊崇，要求开设各类洋务学堂，以便造就既有传统道德观念又有西学技能、“学艺结合”的洋务人才。他创设的洋务学堂，大都开风气之先，最大的特征就是实用。李鸿章重视普通的“制器之人”（实即机器制造工人）的培育，这表明他的人才价值观，已经基本实现了从德行到技艺的重要转变。

作为洋务派的后起之秀和洋务理论的系统阐释者，张之洞（1837—1909）的教育人才观同样也有一个从重德到重艺的变化。他开始任学政时，认为学政之责“不仅在衡校一日之短长，而在培养平日之根柢；不仅以提倡文学为事，而当以砥砺名节为先”⑤。显然在他看来，学校教育主要应为朝廷培养知耻廉正、注重节操的士大夫。这与传统的看法很少有区别，也和当时洋务派大倡西

①② 《曾文正公杂著》卷一，清光绪四年上海醉六堂刊本。

③④ 江苏巡抚李鸿章致总理衙门原函，《筹办夷务始末》（同治朝）卷二十五，文海出版社 1971 年版，第 2494、2491 页。

⑤ 许同莘：《张文襄公年谱》卷一，舍利函斋 1939 年版。

学培养新式人才的潮流格格不入。然而为时不久，面对着内忧外患的晚清社会，他就痛感“圣经贤传”不足应对时局，这使他迅速转向以“富国强兵”为号召的洋务运动。因为他已认识到，“方今万国盟聘，事变日多，洋务最为当务之急”；洋务是自强之道，而“自强以储才为先”。① 所以，自从转向洋务之日，他就非常重视新型人才的延揽和培养。从他的《延访洋务人才启》以及《劝学篇》来看，这种新型人才就是掌握“西政”（有学校、地理、度支、赋税、武备、律例、劝工、通商等科目）和“西艺”（包括算、绘、矿、医、声、光、化、电等内容）的实用人才。张之洞对于各类专门人才的培养非常重视，并且论述甚为详尽。如他认为训练新军须先练将，而练将则须通过研习兵法、行阵、地利、测量、绘图、算术、营垒、桥路等学问，操练马步炮各种阵法，方可成功；又提出新的农民也应掌握地学、化学等知识，并能运用农业机器。在他看来，“中国不贫于财而贫于人才”，而“人才之贫由于见闻不广，学业不实”。② 因此他提出：“中学考古非要，致用为要；西学亦有别，西艺非要，西政为要。”③ 极力主张培养“习知西事，通体达用”的实用人才。从上可知，这类人才的西学素养，已经突破了单纯的自然科技应用领域，进入经济、教育、军事和法律等制度的层面。这就体现了张之洞注重实用技能和西方经济、教育、法律等制度的倾向。

二

洋务派的培养目标，虽然实现了从德到艺的价值转换，却固守了“中体西用”的根本前提。就洋务教育的人才素养而言，即使是饱学张之洞所谓的“西政”，也决不涉及西方的根本政治制度和深层的观念问题。1895 年中国在甲午战争中的惨败，使洋务派富国强兵的理想化为灰烬，却把资产阶级维新派推上了 19 世纪末的中国政治舞台。维新派从其初步的资产阶级世界观和政治观出发，汲取西方资产阶级的政治社会学说，在抨击封建教育目标的基础上，提出

① 张之洞：《延访洋务人才启》，《张文襄公全集》卷八十九公牍四，文华斋 1928 年版。

② 张之洞：《变通政治人才为先遵旨筹议折》，《张文襄公全集》卷五十二奏议五十二，文华斋 1928 年版。

③ 张之洞：《劝学篇》“序”，光绪二十四年两湖书院刊本。

教育应培养具有初步资产阶级性质的“新民”。这就从根本上突破了“中体西用”的封建主义藩篱，实现了中国教育史上教育目标的重要转换。

维新派普遍重视教育在培养变法人才中的作用。戊戌变法的主要推动者康有为（1858—1927），猛烈抨击科举的空疏无用及其对人才的戕害，指出在传统教育体制下，人们“目不通古今，耳不知中外，故致理财无才，治兵无才，守令无才，将相无才，乃至市井无才商，田亩无才农，列肆无才工”①，而“以国民之愚，而人才之乏也，非别制造新国之才，不足以救国”②。因此，他极力主张变科举、开学校、开学会、派游学等，以“通世界之识，养有用之才”③，把培养人才作为变法的第一要务。1891 年康有为创设万木草堂，以期制造救国之才。在草堂讲学中，他“内讲中国文学，以研经义、国闻、掌故、名物，则为有用之才；外求各国科学，以研工艺、物理、政教、法律，则为通方之学”④。具体来看，他在义理、考据、经世和文学中，引入泰西哲学、万国史学、地理、格致、万国政治沿革得失、政治学原理、政治应用学、群学和外国语言学等西方的政治、哲学和历史文化学说。从康有为万木草堂的设学目的和讲学内容来看，他欲培养的人才不再是一些掌握了西方近代科技的皇朝顺民，而是具备一定的资产阶级政治观念和从政能力的维新变法之士。在 1902 年写成的《大同书》中，康有为认为“有家之私”构成了社会进化的障碍，主张彻底废除家庭制度，解除封建伦常对人的羁绊，以造就人人平等的“天民”。他还为此提出了一个理想的培养“天民”的系统教育方案。这就从根本上否定了以封建政教纲常为依归的封建教育目标。

梁启超（1873—1929）在戊戌变法失败后流亡日本，大量接触了西方资产阶级的政治社会和哲学学说，直接体验了资本主义的政治经济和文化生活，因而“思想为之一变”。在教育上，他要求确立正确的教育宗旨，认为“他事无宗旨，犹可苟且迁就，教育无宗旨，则寸毫不能有成”⑤。在他看来，教育应“以造就国民为目的”，即要求通过教育普遍提高国民素质。1902 年，梁启超

①④　康有为：《请废八股以育人才折（代徐致靖拟）》，汤至钧编：《康有为政论集》，中华书局 1981 年版，第 286、271 页。

②　陆乃翔、陆敦骙撰：《新镌康南海先生传》上编，万木草堂 1929 年版。

③　康有为：《请广译日本书派游学折》，汤至钧编：《康有为政论集》，第 301 页。

⑤　梁启超：《论教育当定宗旨》，《饮冰室文集》之十，第 53 页，《饮冰室合集》，中华书局 1989 年版。

在日本写成《新民说》一文，指出：“新民云者，非欲吾民尽弃其旧以从人也。新之义有二：一曰淬厉其所本有而新之；二曰采补其所本无而新之。二者缺一，时乃无功。”① 梁启超所欲造就之“新民”，是一代既有资产阶级思想道德意识，又有传统文化修养和近代政治社会生活技能的新型国民。他在《新民说》中所列“新民”的人格特征，竟有国家观念、权利思想、政治能力、冒险精神以及自由、自治、自尊、尚武、合群、生利、毅力等十八种之多。这些特征充分体现了近代资产阶级的奋发进取精神。梁启超明确教育宗旨为培养资产阶级“新民”的思想，无疑是他接受西方影响的结果。作为中国教育史上较早提出要明定教育宗旨的思想家，梁启超的“新民”说在内容上深化了教育目标的探讨，同时也给教育目标带来了新的表述形式。

严复（1854—1921）作为中国近代史上著名的启蒙思想家，其西学素养比康梁更为系统、深厚。他早年赴英国学习海军，接触了大量的西方资产阶级政治哲学思想。他崇奉达尔文的进化论和斯宾塞的社会有机体理论，认定救亡强国首先必须改造民种，而民种强弱，在于“血气体力”、“聪明智虑”和“德行仁义”之高低。他认为，西方国家的政教大纲在此，强盛原因也在此；而中国衰微不振，就在于“民力已茶，民智已卑，民德已薄”②。欲使国家强盛，就必须改造民种，即通过教育“鼓民力”、“开民智”和“新民德”。严复认为通过教育提高国民素质，是国家富强的根本，而开矿、练兵、筹饷、通铁路和兴商务等，只是治标不治本的具体措施。他认为教育“常分三宗：曰体育，曰智育，曰德育”③。这实际上是对人才提出的素质要求。严复重视体育，认为身体好坏是民智高低的先决条件，国民的身体素质直接关系到国家的盛衰。他还援引英国洛克的话说，教育的目的就在于使人能以康健之体，贮精湛之心。严复留学西欧期间，亲身感受到西方科技和物质文明的进步性，使他认识到中国若欲富强，“开民智”为最急之务。所以，他非常重视智育，但反对八股试帖，而强调智育内容应以学习西方的先进科学技术为主。严复强调德育的重要性，而“新民德”的主要内容，就是以资产阶级的“自由、平等、博爱”来取代封建的政治伦理纲常。从上可见，严复已经明确提出了培养德智体几方面都得到

① 梁启超：《新民说》，《饮冰室专集》之四，第 5 页，《饮冰室合集》，中华书局 1989 年版。

② 严复：《原强修订稿》，《严复集》第一册，中华书局 1986 年版，第 20 页。

③ 严复：《论教育与国家之关系》，《严复集》第一册，第 67 页。

发展的资产阶级国民的教育目标，这是中国教育思想史上的一大进步。

三

1889年戊戌变法的失败，标志着资产阶级改良路线的破产。资产阶级民主革命力量，随之登上了历史舞台。革命派全面吸收西方资产阶级的政治社会学说，效法西方资产阶级革命的经验，正确处理了政治革命与教育启蒙的关系。辛亥革命以前，革命派主张教育应以唤醒民众，培育革命人才为目标；建立共和政权之后，革命派又及时确立了培养人格健全“共和国民”的教育方针。这就使中国近代的教育目标，最终实现了从封建主义向资产阶级的性质转换。

伟大的民主革命先行者孙中山（1866—1925），在他从事民主革命事业之初，即以“教育便是宣传”相号召，主张用“三民主义”作为教育的基本内容，唤醒民众，提高他们的政治觉悟，激发他们的革命热忱。在他看来，“革命成功极快的方法，宣传要用九成，武力只可用一成”，因为“攻心”比“攻城”更为重要。① 与此同时，他还提出要使学校成为培养革命人才的重要场所，教育应该培养出革命所需的各种人才。在长期的革命生涯中，他身体力行，多次创办学校，培养了大批的革命骨干。如1879年，他在日本横滨创办“中西学校”，培养华侨子弟，并借以联络同志；1903年在东京创设青山军事研究所，“养成革命军事人才”；1914年“中华革命党”成立后，他又在东京设立讲习所，“以培养政治人才”，在大森设立“浩然庐”，“以培养军事人才”。1924年孙中山创办黄埔军校，在开学典礼上他指出：创办黄埔军校“独一无二的希望，就是创造革命军，来挽救中国的危亡”②。

辛亥革命胜利后，著名资产阶级民主革命家和教育家蔡元培（1868—1940），及时提出了培养健全人格“共和国民”的教育宗旨，并且很快就被确立为新生资产阶级共和国的教育方针。蔡元培早年留学德国，深受康德哲学的熏染，服膺于康德“现象世界”和“实体世界”的二元划分；政治道德观上崇

① 孙中山：《在广州对国民党员的演说》，《孙中山全集》第八卷，中华书局1985年版，第568页。

② 孙中山：《在陆军军官学校开学典礼上的演说》，《孙中山全集》第十卷，中华书局1986年版，第292页。

尚法国大革命“自由、平等、博爱”的原则；教育观上信服卢梭和裴斯泰洛齐的自然主义与民主主义思想。他针对辛亥革命后中国教育的现状，在1912年出任教育总长时即明确提出：“民国教育应以养成共和健全之人格为根本方针。”同年2月他在《对于教育方针之意见》中，又对“健全人格”作了详尽阐述，提出了以“五育并举”和谐发展来养成“健全人格”的教育主张。所谓“健全人格”之教育，实质上是对西方资产阶级“自由、平等、博爱”之教育的肯定，也是对清末“忠君、尊孔、尚公、尚武、尚实”的专制主义教育宗旨之否定。为实现“健全人格”之教育，蔡元培首倡军国民教育、实利主义教育、公民道德教育、世界观教育和美感教育，体现了“共和国民”的基本素质要求。“健全人格”教育的资产阶级性质，不仅体现在军国民教育和实利主义教育中，而且尤其体现于公民道德教育的内容上。蔡元培所谓的“公民道德”，就是法兰西大革命所标榜的“自由、平等、博爱”，他认为“道德之要旨，尽于是矣”①，主张以“自由、平等、博爱”取代“三纲五常”为主要内容的封建道德教育。同时，他又非常重视汲取中国传统伦理的精华，试图以此为基础来消化和吸收西方资产阶级的政治道德观念。如他把“自由、平等、博爱”比作儒学传统中的“义”、“恕”、“仁”，用意是十分深刻的。他所重视的世界观教育和美感教育，更是直接导源于他对“现象世界”与“实体世界”的截然二分。蔡元培培养健全人格“共和国民”的教育目标，基本是受西方资产阶级影响的产物。

四

中国近代教育目标演变的根本动力，是救亡图存这一时代的主题。无论洋务教育的“中体西用”之才，维新教育的资产阶级“新民”，还是民主革命教育的军政人才和健全人格的“共和国民”，皆以外御列强、内富国民为目的。这就使中国近代教育目标的转换，与历次政治斗争紧密联系。中国教育目标的近代化，也是中西文化教育全面接触、冲突、吸收和融汇的过程，其中交织着被迫接受与主动探索的许多矛盾和痛苦。

---

① 蔡元培：《对于新教育之意见》，《蔡元培全集》第二卷，中华书局1984年版，第131页。

如果就其内容来看，西方文化对于中国近代教育目标的影响，经历了一个从物质技术层面开始，到制度设施层面然后再到深层观念形态的过程，这反映在不同时期的教育目标对人才素质的不同要求之中。具体言之，洋务教育要求“中体西用”之才学习西方的先进科技，以解决物质层面落后的问题；维新教育主张仿效君主立宪政体，培养有初步资产阶级政治意识和参政能力的“新民”，涉及制度改造的层面；民主革命教育完全抛弃了封建主义的政教体制，要求培养具有全新资产阶级政治道德意识、人格健全的“共和国民”，并把“五育并举”和谐发展作为“共和国民”的素质要求，这就更多地借鉴了西方文化中深层的政治、道德和哲学观念。上述状况既与中国近代教育界对于西方文化认识的不断深化有关，又是近代中国各个历史时期所需解决的迫切问题使然。

此外，在西方文化的强烈冲击下，如何确定中国传统文化教育的地位与价值，也是一个对教育目标演变有着重要影响的因素。从洋务派的“中体西用”到民主革命派以“义”、“恕”、“仁”比附“自由”、“平等”和“博爱”，都在试图解决此一问题。具体来看洋务教育的立场，是固守“中学之体”而兼采“西学之用”；维新派则在保留君主政体的形式下，援引西学来阐发中国的传统文化和教育；革命派则以西学为主，又不放弃传统文化教育中的精华。对于中西方文化的价值定位，直接影响到各种派别对于中西文化的价值选择，从而影响到他们人才培养的规格要求。这一问题，至今仍然值得我们认真去思考。

中国近代教育目标的演变，在不同历史时期有不同的侧重和形式。具体说来，教育目标在洋务教育中主要表现为人才观问题，洋务派调整了传统人才观中重德轻艺的价值倾向，实现了从形上到形下的价值转换；维新派强调明定“教育宗旨”，普遍关注国民素质的提高问题；革命派确立“五育并举”的“教育方针”，要求培养人格健全、和谐发展的“共和国民”。从人才观到教育宗旨再到教育方针，中国近代的教育目标不仅实现了内容和性质的价值转换，而且获得了近代化的表述形式。在西方文化的猛烈冲撞中，从曾国藩到蔡元培，中国的教育目标终于在性质、内容和形式上都完成了自身的近代化进程。

西学东渐与中国近代道德教育观的演变*

宋代以降，中国传统的道德教育以“存天理，灭人欲”为人性论基础，以培养注重私德的“圣贤君子”为根本目标，把封建专制制度支柱的“三纲五常”上升到“天不变，道亦不变”的高度，作为道德教育的指导纲领，借以维护日益衰颓的封建统治。鸦片战争以后，面对着亡国灭种的危机和汹涌而入的西方文化，先进的中国人接续明末清初启蒙思想的薪火，汲取西方近代文化的有益养分，开始了传统道德教育观的近代化进程。

中国道德教育观的近代演变，表现在其哲学基础的人性论和天道观等诸多方面。由于篇幅所限，这里仅从其纲领、侧重点和教科书等侧面，简要考察其演变情况，并讨论西学东渐在其中的重要影响。

一、纲领性革命：从“三纲五常”到“自由、平等、博爱”

中国传统封建道德教育的根本纲领，是以“三纲五常”为核心的封建伦理道德。近代以来，随着中国资本主义的发展和西方资产阶级思潮的传入，一方面，是顽固派和洋务派顽固坚守着封建统治“本原”的“三纲五常”；另一方面，则是先进的中国人不断地对纲常名教发起猛烈冲击。他们试图以法国大革命为代表的“自由、平等、博爱”的人道主义思想，取代封建的伦理纲常，以之作为道德教育的指导纲领。这就使近代中国对于西方文化的学习和汲取，最后进入到伦理价值观的内核层面。

在早期改良派那里，就已开始对封建伦理纲常的批判。维新志士更是对其展开了猛烈抨击，并大力鼓吹具有西方近代资产阶级气息的“自由、平等、博

* 本文系与葛新斌同志合作，原载《华东师范大学学报（教育科学版）》1999 年第 1 期。

爱”观念。其中，康有为（1858—1927）所表达的“博爱”观念，谭嗣同（1865—1898）鼓吹的“平等”思想，以及严复（1854—1921）对“自由”的深刻阐发，“完整地构成了当时反封建的启蒙强音”①。康有为推重孔子之“仁”，并特别在“不忍人之心”的“博爱”意义上来规定和解说“仁”，要求广泛发扬“仁者”的“博爱之德”。② 谭嗣同重视平等问题，认为“朋友”是“五伦中于人生最无弊而有益”的一伦，它体现了“自由”、“平等”、“节宣惟意”和“不失自主之权”的精神。③ 为破除违反“仁”道的纲常名教罗网和锁链，谭嗣同要求废除“三纲五常”，而以最能体现“仁”的要求、最为合乎自然和人的本性的“朋友”一伦来替代之。严复早期非常重视自由问题，他在批判“中体西用”的基础上，明确提出了“自由为体，民主为用”的观点，从而把自由看作是比“坚船利炮”、民主政体更为重要和根本的东西。康有为、谭嗣同和严复等人对封建伦理纲常的激烈批判，以及对“自由、平等、博爱”的崇尚，成为后来资产阶级民主革命者批判封建伦理道德、提倡新道德的基本线索。

孙中山（1866—1925）结合“三民主义”的革命纲领，竭力提倡与之相应的“自由、平等、博爱”观念，以之作为道德教育的指导思想。在他看来，人道主义是“人类的福音”，“自由、平等、博爱”则是人道主义的精髓，人道主义与三民主义密不可分，它们本身就包含在三民主义之中。孙中山把自己的“民族主义”、“民权主义”、“民生主义”分别比作法国大革命的“自由”、“平等”、“博爱”，认为“法国的自由和我们的民族主义相同，因为民族主义是提倡国家自由的。平等和我们的民权主义相同，因为民权主义是提倡人民在政治之地位都是平等的，要打破君权，使人人都是平等的。……博爱……和我们的民生主义是相通的。因为我们的民生主义是图四万万人幸福的，为四万万人谋幸福就是博爱”④。因此，“自由、平等、博爱”就成为孙中山进行道德教育的

① 李泽厚：《论严复》，《中国近代思想史论》，人民出版社 1979 年版，第 281—282 页。

② 康有为：《中庸注》，中国图书公司和记 1916 年印本，第 20 页反面。

③ 谭嗣同：《仁学》卷下，《谭嗣同全集》，生活·读书·新知三联书店 1954 年版，第 66 页。

④ 孙中山：《三民主义·民权主义》，《孙中山全集》第九卷，中华书局 1986 年版，第 283 页。

根本纲领。

辛亥革命后，蔡元培（1868—1940）明确主张打破封建道德的束缚，养成“自由、平等、博爱”的“优美习惯”，为“未来之新道德开一新径”。[①] 为此，他把“法国革命时代所标举的自由、平等、博爱”作为“公民道德教育的纲领”。因为在他看来，“自由、平等、博爱”之义，乃“道德要旨”之所在和“一切道德之根源”。[②] 而他所谓的“自由、平等、博爱”，实质上就是西方近代的人道主义。对此，蔡元培通过比较中国和法国的社会历史现况，反复阐明说：“中国教育之不受君政、教会两障碍，故与法国为同志也。”“教育界之障碍既去，则所主张者，必为纯粹人道主义。法国自革命时代，既根本自由、平等、博爱三大义，以为道德教育之中心点，至于今且益益扩张其势力范围。”[③] 这样，他就明确把“自由、平等、博爱”与人道主义联系了起来，并对后来的道德教育产生了很大影响。

从上不难看出，早期改良主义者对“自由”和“平等”，仅有一些朦胧的认识和向往；维新志士则开始自觉地运用“自由、平等、博爱”的武器，来批判封建伦理道德；资产阶级革命派则直接引入法国大革命“自由、平等、博爱”的人道主义，作为道德教育的根本纲领。从顽固派对西方文化的一概排斥，到洋务派“中体西用”中对于西方物质文明的接纳，都表现出对西方伦理道德的坚决抵制；而从早期改良主义到资产阶级民主革命派，“自由、平等、博爱”的人道主义却得到了逐步重视，并最终被确立为道德教育的指导纲领。道德教育至少在指导纲领上，实现了从封建主义的纲常名教到资产阶级人道主义的革命性转换。

二、侧重点转移：从崇尚“私德”到关注“公德”

中国的道德教育传统，非常重视个人私德的养成，道德教育以培养“圣贤君子”为目标。近代以来，由于特定社会历史背景的激发，先进的中国人不得

① 蔡元培：《在南开学校全校欢迎会的演说词》，《蔡元培全集》第三卷，中华书局1984年版，第47—48页。

② 蔡元培：《对于新教育之意见》，《蔡元培全集》第二卷，中华书局1984年版，第131—132页。

③ 蔡元培：《华法教育会之意趣》，《蔡元培全集》第二卷，第415页。

不考虑中国何以如此落后的问题。在与西方文化的碰撞和比较中，他们几乎不约而同地注意到：中国人在私德不昌的同时，更是严重缺乏公德意识，并认定这是中国国力衰败、落后挨打的一个重要原因。由此，他们提出了国民性批判和国民公德建设的课题，认为如要国家富强，就必须开展“新民德”的艰巨工作。相应地，中国近代道德教育的侧重点，也在重视私德的同时开始转向国民公德建设方面。

严复是一位终生不渝的“教育救国论”者，对于近代意义上国民道德教育的关注，正是从他开始的。在比较中西方文化教育后，严复认为：“盖生民之大要三，而强弱存亡莫不视此：一曰血气体力之强，二曰聪明智虑之强，三曰德行仁义之强。”① 但是，中国当时却处于“民力已堕，民智已卑，民德已薄”的状态，要摆脱贫弱落后面貌，当务之急就是“鼓民力”、“开民智”和“新民德”。与西方先进国家相比，改造中国人落后的道德观念又需要一个长期复杂的过程，所以，“新民德”是上述三者之中最为困难的。梁启超（1873—1929）是中国近代第一位明确提倡国民公德教育的人，他接续严复的上述思路，同样把中国贫弱的根本原因归结为民力、民智、民德等方面的素质低下。由此他以“新民为今日中国第一急务”② 相号召，认为要使中国走向富强，就必须在民力、民智、民德三个方面痛下一番自新的功夫；国民道德建设，则是“新民”的重要组成部分。孙中山则通过比较中西方的社会结构后认为：“各个家庭，都要靠国家才可以生活。国家是合计几千万家庭而成，就是大众的一个大家庭。学生受先生的教育，知道对于学校有尊敬师长、爱护学校的责任；对于家庭有孝顺父母、亲爱家庭的责任。对于国家也有一种责任，这种责任是更重大的，是四万万人应该有的责任。”③ 从此出发，他提出了培育爱国心和社会责任感的紧迫课题。

严复在比较中西方文明后指出：西人享有自由平等之权，人们把国家看作自己的国家，有非常自觉的爱国心；中国则相反，封建统治者历来把人民看作奴隶，并禁止人们关心国事，人们很难产生自觉的爱国心和社会义务观念。因

① 严复：《原强修订稿》，《严复集》第一册，中华书局1986年版，第18页。

② 梁启超：《新民说》，《饮冰室专集》之四，第2页，《饮冰室合集》，中华书局1989年版。

③ 孙中山：《在广东第一女子师范学校校庆纪念会的演说》，《孙中山全集》第十卷，中华书局1986年版，第19页。

此，严复认为："欲进吾民之德，于以同力合志，联一气而御外仇，则非有道焉使各私中国（即爱国心）不可也。"① 所谓"新民德"，重要的就是要通过国民道德教育来培育国民爱国心等公德意识。梁启超严厉地批判当时的国民劣根性，提出中国人普遍存在着"爱国心薄弱"和"公共心缺乏"等问题。针对中国国民公德的缺陷，他把爱国心视为"公德"的最高标准，认为"夫人必真有爱国心，然后可任大事"②，大力提倡近代国家观念和国民意识教育。孙中山认为，鸦片战争以后中华民族沦于落后挨打的悲惨局面，主要原因之一就在于人心涣散，民力不能凝结为一体。为了恢复民族地位，就要把"大家联合起来组成一个国族团体"一致对外，并恢复中华民族传统道德中的爱国主义等优秀内容。他甚至把三民主义直接看作是爱国主义，要求人们保家就要卫国，爱国必须救国，才能最终保障每个家庭的幸福生活。孙中山还提倡"替众人服务"、"为主义奋斗"的人生观，反对自私自利思想，要求人们"为国家、为人民、为社会、为世界来服务"。③ 从资产阶级革命的迫切需要出发，孙中山强调爱国主义、社会责任感和牺牲精神的重要性，是近代中国注重国民公德培育的一种特殊表现形式。

辛亥革命后，蔡元培首次提出"五育并举"来培养健全人格"共和国民"的教育方针。"五育"之中，他非常重视公民道德教育，主张"五者以公民道德为中坚，盖世界观及美育皆所以完成道德，而军国民教育及实利主义，则必以道德为根本"④。在公民道德教育中，蔡元培又非常关注国民公德的建设，强调"爱国心"和"责任感"的培养。他从两个方面论述了国民公德建设的重要性：首先，从个人与社会的关系来看，社会逃不出世界，个人逃不出社会和国家，所以，个人首先就应考虑自己对世界、国家、社会应负的责任，"人类所最需要者，即在克尽其种种责任之能力，盖无可疑"⑤。由此，他要求教育家完成培养受教育者克尽社会责任的能力。其次，当时中国的实际处境，也要求尽快培育起国民的公德意识。在他看来，中国难免为贫困落后，就是"因人民无道德心，不能结合为大事业，以与外国相抗"⑥。国民公德心的缺乏，诚

① 严复：《原强修订稿》，《严复集》第一册，中华书局 1986 年版，第 31 页。

② 梁启超：《论保全中国非赖皇帝不可》，《清议报》第 9 期，1899 年 3 月 22 日。

③ 孙中山：《在岭南大学黄花岗纪念会的演说》，《孙中山全集》第十卷，中华书局 1986 年版，第 156 页。

④⑤⑥ 蔡元培：《全国临时教育会议开会词》，《蔡元培全集》第二卷，中华书局 1984 年版，第 263 页。

与封建专制的摧残有很大关系，然进入民主共和时代后，就必须“立于国民之地位，而体验其在世界、在社会有何等责任，应受何种教育”①，培育国民的爱国心、责任感和公德意识。因此，蔡元培要求在道德教育中破除封建时代“一姓所独擅”的君主专制模式，转而注重国民公德的培育。

辛亥革命后的黑暗社会现实，迫使先进的中国人重新关注国民性改造问题，从而在“打倒孔家店”的同时，再次展开了对“国民性”的深入批判。其中，吴虞（1872—1949）、陈独秀（1879—1942）、鲁迅（1881—1936）、李大钊（1889—1927）、胡适（1891—1962）等人大都涉及了国民公德心薄弱的问题，要求培育国民的爱国心和公德意识。如陈独秀指出：“爱国心为立国之要素”，“国人无爱国心者，其国恒亡”。② 但当时中国人心散乱，国民视公共安危为不关己身痛痒之事，毫无爱国心可言。为挽救国家危亡，他要求大力培养国民自觉的爱国心和责任感。李大钊同样对中国人的“群德”衰败痛心疾首，认为自“神州光复之后，吾群德之堕落，乃反有江河日下者哉!”③ 他呼吁重视国民爱国心、公德意识和责任感的培养，使国民能够担负起复兴中华民族的重任。鲁迅一生努力为之不懈奋斗的目标，就是“国民性”的重新塑造。他深刻揭露并批判了国民的麻木、卑怯、屏弱、冷酷、自私、自欺和奴性等劣根性，希望能够唤醒广大国民。直到 1925 年他还坚持认为：“此后最要紧的是改革国民性，否则无论是专制，是共和，是什么什么，招牌虽换，货色照旧，全不行的。”④ 从鲁迅对“国民性”改造的深切关怀中，不难看出他对国民公德建设的无限期待。

从上可以看出，中国近代国民公德问题的提出，是对中西方文化进行比较的结果。透过这一比较，人们发现了中国国民素质普遍低下的事实，并把国民道德的建设作为解决这一问题的重要途径。另外，由于当时特定社会历史条件的影响，在国民道德建设中，“爱国心”和“责任感”等国民公德的培育，成

---

① 蔡元培：《全国临时教育会议开会词》，《蔡元培全集》第二卷，中华书局 1984 年版，第 263 页。

② 陈独秀：《爱国心与自觉心》，《陈独秀著作选》第一卷，上海人民出版社 1993 年版，第 13 页。

③ 李大钊：《暗杀与群德》，《李大钊文集》上，人民出版社 1984 年版，第 22 页。

④ 鲁迅：《两地书》第一集八，《鲁迅全集》第十一卷，人民文学出版社 1981 年版，第 29 页。

为近代道德教育中人们的关切点，从而显示出道德教育的侧重点从私德向公德的转移。

三、制度化反映：近代教科书和教育宗旨中的道德教育观变化

在洋务学堂中，中国的课程和教科书开始了近代化进程。然而，限于其办学目的和性质，其课程基本上是西方的工程制造之学和一些自然科学知识；在道德教育中，仍以中国传统的“圣经贤传”为主要内容。清朝末年，由于西方教育科学的传入，人们开始仿行西方，在新式学堂中设置“修身”这一专门的道德教育课程，这就推动了道德教育教科书的编写工作。其实，早在清末自编教科书的最初尝试中，就显示出近代道德教育观变革的迹象。如南洋公学所编《蒙养课本》“二编”的课文中，编者在道德教育的故事选材上，就认为传统教材“或高远难行，或简淡无味，如二十四孝之类，半涉迂诞，尤不足以为教，故概不登录”，而是“大半译自西书，略加点窜”，① 表现了学习西方伦理观念的倾向。

在反清革命的过程中，商务印书馆出版、蔡元培等人合编的《最新修身教科书》，在 10 册 200 课小学修身课文中，无一处涉及“忠”和“君”字；它讲“爱国”，不是从君权神授的角度谈“忠君报国”，而是从养育之恩来讲报效祖国；它强调“国与己之关系”，提出国家沦亡，个人就不能生存，应该战死而马革裹尸，不能助桀为暴而求个人富贵；它讲家庭关系，不以传统的“夫为妻纲”为基础，而是要求家庭成员“人人当自尽其职分，而不可苛求于人”，提倡建立民主对等的家庭关系；它还直接宣传了一些“自由、平等、博爱”思想，认为“使以贵贱贤愚之别，而有所厚薄于其间，非博爱之道也”②。这套教科书所宣扬的伦理道德与传统教材完全不同，体现了一种民主爱国的新型伦理观念。

这一时期的历史教科书中，也洋溢着一些新的道德观念。文明书局出版、丁宝书编写的《蒙学中国历史教科书》，主导思想就是“以促进文化改良社会

① 南洋公学：《蒙学课本二编编辑大意》，舒新城编：《近代中国教育史料》第二册，中华书局 1928 年版，第 250 页。

② 蔡元培等编：《最新修身教科书》，商务印书馆 1907 年版。

为主”、“以卫种族长国威为主”。编者希望，通过学习历史，人们能够“识古今并合之由，以起近今丧亡之痛，长学识，雪国耻”，全书充满了强烈的爱国主义感情。东新译社编纂的《中国历史》站在反对封建帝制的立场上，旗帜鲜明地宣传资产阶级的革命和伦理思想，具有很强的鼓动性和感染力。如在叙述中国历史上的“商汤革命”后，编者加以评论说：“所谓贤君贤主者何？牺牲自身，以为国民求幸福者也。所谓暴虐无道者何？牺牲其国民，以恣己之所欲者也。故今日西洋各国，谓其国王公曰奴隶，而自称主人翁。王者之为国民作牺牲，公理上应有之务也。”① 其他如论法制、论革新变法、论民风、论学术思想等，也都洋溢着民主自由的革命精神，体现出一种崭新的伦理价值观念。

辛亥革命后，根据南京临时政府教育部颁定的教育宗旨，中小学废止读经课程，大学取消了“经学”一科，各地教科书也被要求“务合于共和民国宗旨”。这一时期，中华书局在范源濂（1875—1927）主持下编写的《新制中华教科书》，就比较全面地贯彻了南京临时政府的教育宗旨，体现出新的道德教育观念。该局在编纂《新制中华初等小学语文教科书》时，明确提出“阐发共和及自由平等之真义”、“提倡国粹以启发国民之爱国心”，以及“兼采欧化以灌输国民之世界知识”的编辑方针，以期达到“养成独立、自尊、自由、平等、勤俭、武勇、绵密、活泼之国民”的目的，② 从中不难看出西方自由、平等和注重爱国、公德等伦理观念的影响。商务印书馆也在“注重自由平等之精神，守法合群之德义，以养成共和国民之人格”，以及“注重博爱主义，推己待人爱生等事，以扩充国民之德量”的伦理价值观引导下，③ 编写出一套《共和国新教科书》。即使在袁世凯统治时期（1912—1916 年），教育部规定的“修身”科方针，也把“注重道德之实践，养成国民公共心及自治习惯”④ 放在首要位置上，体现了对于国民公德教育的重视。

1906 年，晚清学部在奏请宣示教育宗旨时，认为当时中国之大病就在于

---

① 东新译社编：《中国历史》，转引自臧嵘：《我国最早的一批历史课本》，《课程·教材·教法》1983 年第 4 期。

② 中华书局：《新制中华初等小学国文教科书》“编纂旨趣”，《中华教育界》第 9 卷第 9 期，1913 年。

③ 商务印书馆：《编辑共和国小学教科书的缘起》，《教育杂志》第 4 卷第 1 期，1912 年。

④ 教育部：《修身科采取方针》，《教育杂志》第 6 卷第 6 期，1914 年。

"私"、"弱"、"虚"，中国要富强，则非提倡"尚公"、"尚武"、"尚实"的教育宗旨不可。该奏折在解释"尚公"时进一步指出：近代西方列强"所恃以立国者，乃全国之民之心力如潮如海如雷霆而不可遏，相亲相恤相扶助而不可解耳；其所以能致此者，皆在上者教育为之也"①；而当时中国却是"群情隔阂，各自为私"。如欲凝聚支离涣散之国民，荡涤自私自利之习气，"则必于各种教科之中，于公德之旨，团体之效，条分缕析，辑为成书，总以尚公为一定不移之标准，务使人人皆能视人犹己，爱国如家；盖道德教育莫切于此矣"②。正是由于对西人"立国以公"的认识和中国公德不昌的现实，清末颁布的"钦定教育宗旨"中，才在把"忠君"和"尊孔"确定为教育之宗的纲领的同时，又把"尚公"规定为道德教育的指导思想。1912年，民国政府教育部公布的"教育宗旨"，则是"注重道德教育，以实利教育、军国民教育辅之，更以美感教育完成其道德"。其中对于道德教育的规定，基本上反映了蔡元培的道德教育观念，因此，它对国民公德的重视自然不待多论。1912年，袁世凯颁定"爱国、尚武、崇实、法孔孟、重自治、戒贪争、戒躁进"的"教育要旨"。他在解释"爱国"和"戒贪争"之义时，也以自己的方式，为着自己的目的，大谈"爱国"和"责任心"等国民公德问题的重要性。如他指出："国借人而成立，人借国而保护，未有国能无人而强，人能离国而立者"，鼓吹"故当今日时局，惟以万众一心，全体一致，激发天良，真诚爱国，为第一义"。③ 在解释"戒贪争"时，他又提出竞争是国家进化的必由之路，但无责任之竞争，反而会使国家陷入退化状态。国家进化退化，全在国民竞争时有无责任心。所以，他要求出于"国民责任心"而竞争，"自今以后，深愿我政界、学界、军界、农工商界以及女界诸国民，须为利己利人利社会国家计，其各尽心责任，切戒贪争"。④

从上可以看出，尽管近代的三个教育宗旨性质各异，但它们对于"爱国"和"尚公"等国民公德问题的关注，却至少有形式上的一致之处。另外，近代的"修身"注重个人道德的修养，而1922年"新学制"取消"修身"、增设"社会"一科，就体现了对培育国民公德的关切。综上所述，可以说，近代教

①② 学部：《奏请宣示教育宗旨折》，舒新城编：《近代中国教育史料》第二册，中华书局1928年版，第99页。

③④ 《大总统颁定教育要旨》，舒新城编：《近代中国教育史料》第二册，第104、105—106页。

科书和教育宗旨中表现出的“自由、平等、博爱”观念，以及对爱国心和国民公德问题的强调，是中国近代以来道德教育观变动的制度化反映。

四、冲突中融合：西学东渐对中国近代道德教育观演变的影响

1916年初，陈独秀无限感慨地写道：“自西洋文明输入吾国，最初促吾人之觉悟者为学术，相形见绌，举国所知矣；其次为政治，年来政象所证明，已有不克守缺抱残之势。继今以往，国人所怀疑莫决者，当为伦理问题。此而不能觉悟，则前之所谓觉悟者，非彻底之觉悟，盖犹在惝恍迷离之境。吾敢断言曰：伦理的觉悟，为吾人最后觉悟之最后觉悟。”① 陈独秀上述论断表明，虽然在向西方学习的行列中，伦理道德观落在了最后的位置上，但在西方文化大潮的猛烈冲击下，它却不能不迈出自己的沉滞步伐。而从上述中国近代道德教育观演变的历史考察中，不难发现西方伦理观念的重要影响。

首先，西方近代“自由、平等、博爱”的人道主义理念，成为引导中国近代道德教育观变革的基本纲领。如果说，在早期改良主义思想家那里，西方自由、平等观念的影响还只是表现为一种零散的、游离于伦理道德观之外的个性和经济要求，在康有为、谭嗣同、严复那里，又表现为在中国传统的伦理道德观的形式下，注入西方“自由、平等、博爱”的崭新内容，那么到了资产阶级革命派，则是明确要求以“自由、平等、博爱”的西方人道主义理念来引导国民道德教育。从早期改良主义者到资产阶级革命派，“自由、平等、博爱”的西方近代人道主义观念，逐步从游离到内在、从零散到系统地转变为中国近代道德教育的指导性纲领。

其次，中国近代道德教育观在侧重点上的转移，同样是西学东渐影响下的结果。这主要表现为：一方面，近代中国人对于公德问题的关注，正是激发于西方强盛的压力并与西方进行比较的结果；另一方面，中国近代道德教育观演变中对于“爱国心”和“责任感”的高度重视，已不同于传统上囿于“一己之私”的“忠君爱国”观念，而贯注了西方近代民族国家兴起后才产生的近代国家意识。从崇尚“私德”转向注重“公德”，与兴起于近代西方以民族国家意

① 陈独秀：《吾人最后之觉悟》，《陈独秀著作选》第一卷，上海人民出版社1993年版，第179页。

识为核心的国民道德观念紧密相关，使中国近代的道德教育观中出现了传统上从来不曾有过的崭新因素。因此，基本上可以断言：西学东渐有力地从外部推动并内在引导了中国近代道德教育观的历史性变革。

不过，西学东渐对于中国近代道德教育观演变的影响，却不可以被理解为西方文化顺利占领中国传统道德教育观的过程。在中国道德教育观的变革中，时刻面临着来自内外两个方面的挑战：一是顽固分子对于西方伦理道德观念的极端仇视和阻挠；再就是先进的中国人在汲取西方文化观念时，自身存在的中西方道德价值观的冲突。近代以来，由于中西方两种异质文化的碰撞接触已成为一个不可逆转的事实，所以，以一味拒斥的态度来处理中西方伦理道德的关系，就显得非常愚顽而无力；真正能为传统伦理道德开一新境者，恰好是对西方文明的充分开放和汲取。而在中国近代道德教育演变中，先进的中国人对待中西方伦理道德价值，又有两种基本方式。

一种是立足于中国文化传统，来吸收消化西方近代的伦理道德观念。如康有为、谭嗣同就是借助于传统的“仁”学范畴和“朋友”伦理，来表述“自由、平等、博爱”的伦理道德要求，从而给传统价值形态注入了新的时代精神；严复晚年主张以“去其旧染，而能别择其所故善者葆而存之”① 的态度对待中学，重新肯定了传统伦理道德的现代价值。梁启超则在 1902 年《新民说》中，主张既不尽守其固有传统，也不盲目照搬外国，而是以我为主、推陈出新，采补所无、助我成新；并倡言：“吾辈生于此群，生于此群之今日，宜纵观宇内之势，静察吾族之所宜，而发明一种新道德，以求所以固吾群、善吾群、进吾群之道，未可以前王先哲所罕言者，遂以自画而不敢进也。知有公德而新道德出焉矣，而新民出焉矣。”② 希望以儒家立身处世之道为民德根基，再融汇西方的国民公德，从而形成一种崭新的国民新道德。正基于此，梁启超在肯定中国传统伦理中私德价值的同时，盛赞西方的“自由、平等、博爱”观念，重视西方基于个人权利和自由之上的国民意识，强调学习西方社会成员普遍具有的国民公德。应该说，这种处理中西方伦理道德关系的思路，至今仍有其重要借鉴价值。

① 严复：《与外交报主人论教育书》，周振甫选注：《严复诗文选》，人民文学出版社 1959 年，第 143 页。

② 梁启超：《新民说》，《饮冰室专集》之四，第 15 页，《饮冰室合集》，中华书局 1989 年版。

处理中西方伦理价值关系的另一种思路，则是以西方“自由、平等、博爱”的人道主义伦理纲领，来融会中国传统的伦理道德。在孙中山、蔡元培那里，都可以看到这种不懈的努力。应该说，孙中山奋斗一生的目标，就是在中国建立以法美为楷模的资产阶级共和国，所以，他又把自己的“三民主义”比作法国大革命时提出的“自由、平等、博爱”，来表达他对西方近代人道主义伦理纲领的认同和崇尚。然而，另一方面，他对“国—家”关系的定位及其对爱国主义的说明，他对“忠、孝、仁、爱、信、义、和、平”等传统伦理价值的现代阐发，虽说也是服务于三民主义的奋斗目标的，却显示了他对中国传统伦理道德的高度重视。蔡元培更是明确把“自由、平等、博爱”作为公民道德教育的纲领，但他却又在多种场合下，以中国传统伦理中的“义”、“恕”、“仁”等道德遗产来说明之，显示出他力图以西方伦理价值观来融会中国传统道德的愿望和尝试。

最后，需要略加说明的是，新文化运动时期，基于反驳当时尊孔复辟的逆流和国民性批判的要求，先进的中国人开始表现出完全拒绝传统伦理和“全盘西化”的激进态势。这一时期，陈独秀、李大钊①、胡适、鲁迅和吴虞等人，都从历史进化论的角度出发，对以“孔教”所代表的旧道德展开全面攻击，并倡言建设以西方文化价值观的精髓——“科学”和“民主”——为依托的“新道德”。至此，在中国道德教育观的近代演变中，对于中西方伦理价值关系的把握，走到了与“中体西用”完全相反的另外一个必要的极端上。随着新文化运动的大潮骤歇，这场运动的“弄潮儿”有了各自不同的去路，从而他们对于中西方伦理关系的价值定位，也就不可避免地进行了新的选择。

① 笔者直观地感受到，在新文化运动中，李大钊对于包括伦理道德在内的传统文化，有着比他人更多的“同情”和理解。

“五四”新文化教育思潮的回顾与反思*

一场以反封建为核心和以救亡图存为主旋律的思想启蒙运动。在“科学”与“民主”的旗帜下聚集着一代政治、文化、教育精英，他们以排山倒海之势，雷霆万钧之力，横扫封建纲常名教，荡涤腐朽落后的思想意识，搏击帝国主义侵略势力，以积极的向上人格，开放的民族心怀，革命的战斗姿态，救亡图存的爱国激情，在理论和实践上，在批判民族传统文化积累下的消极负担的同时，大力提倡“新学”与“新教育”，重新发现和重新铸造民族灵魂。这一启蒙运动，不仅开启了我国反帝反封建的思想革命的新纪元，而且由此而孕育、形成、发展乃至主导了时代思想解放运动方向的新文化教育思潮，对于唤醒人们的主体意识、改造国民的传统文化教育模式和心理结构，对于大胆学习引进西方先进科学文化和全面改革中国旧教育，产生了深广而久远的影响。在纪念“五四”运动七十周年际，我们重新回顾与反思近代这一新文化教育思潮，总结其历史经验教训，无疑是有益于今天的社会主义物质文明与精神文明建设，有助于当前的教育改革的。

新文化教育思潮的缘起

“五四”运动，以反抗腐败政府卖国行径的学生运动形式表现为反帝反封建的革命运动，这一运动点燃了反叛封建传统的启蒙之炬，代表着中国新的觉醒和新的理性。冰冻三尺，非一日之寒。它的爆发绝非偶然，实际上它是中国自鸦片战争以来中西文化猛烈碰撞、冲突、融汇、吸收乃至中国文化主体性得以全面展现和重新整合的必然要求与结果。

在鸦片战争以前，中华封建帝国不仅是一个自我封闭的文化大国，而且它

* 本文原载《教师教育研究》1989年第3期。

在东亚地区建立了以儒家文化为轴心的中国文化势力范围。长期以来，由于东西文化未曾发生正面冲突较量，使得中国文化和教育在东方文明范围内居于优势地位，形成了中国封建士大夫阶层以及中华民族居高自大、抗拒外来文化的封闭心态和唯我独尊的中心价值优势标准。然而，由于西方资本主义工商业的迅猛发展，并把争夺商品和原料市场的殖民地战争扩张到东方时，中国的势力范围日益缩小。同时，由于西学东渐，在中国文化圈的边缘劣势地区，东西文化发生了正面冲撞与较量。特别是在17、18世纪，日本和东南亚地区广泛接触西方优势文化和教育，接受其影响，日渐在中国文化圈中形成西方文化取代中国文化的亚中心优势地位的格局。这一新格局的形成，使得中国文化走向两个悲剧性的歧路：一是中国文化的中心优势地位必然丧失，以汉文字为特征的东方文化体系必然解体，中国不仅失去抗拒西方文化吞噬中国文化的保护层，而且原来作为中国文化的边缘地区，在文化体系上接受西方文化中心优势价值标准，早期投向西方文化的怀抱；二是中国文化由于传统的拒外心理和不识时务的闭关锁国政策的影响，在人类社会急剧变革的时代，这种愈保守就愈拉大了文化发展的距离，愈落后于时代和世界。在中国文化拒绝世界化的过程中，原来作为中国文化圈边缘地区的日本等国却捷足先登，进入近代化殿堂，在科学技术、文化教育以及国民性改造方面，都走在中国的前面。日本不仅从中国文化圈中挣脱出来，而且由于它的历史主动性作用，作为西方文化体系的劣势边缘地区，却取得了影响中国文化的中心优势地位。自洋务运动至“五四”运动之前，模仿日本或照抄日本的“西化”，曾为中国近代化的滥觞。

甲午战争的惨败，教训了中国人。有识之士越来越认识到造成日本强大的最根本的原因是教育改革的成功。这种教育改革关键在于大胆学习西方文化和倡办“新教育”。于是出现了戊戌变法中的教育改革和清末的“新教育制度”。资产阶级改良派主张向西方学习，提倡“西学”、“新学”，并在文化教育战线上与顽固派展开了一场新学与旧学之争、西学与中学之争、学校与科举之争。由此文化教育问题的论战成为关系国家前程与民族危机的头号紧迫问题。尽管维新派仿效日本明治维新的变法运动失败了，但是在百日维新中的教育改革成果和教育改革方向却被肯定下来了。后起的洋务派代表人物张之洞、张百熙等人，尽管在政治上恪守“中体西用”的原则，但在清末“新政”中却把改革教育的问题提到十分突出的位置，并且在废除科举制度、建立新学制、重厘教育宗旨、改革教育行政机构和派遣留学生等方面，调整了清朝的保守主义的文教政策，改变了学习西方和兴办教育的态度。

在张之洞《劝学篇》的鼓动下，出国留学热潮久盛不衰。大批留学生带着新的价值观回到祖国，与其说西方和日本改变了他们，不如说留学期间为他们提供了透视外部世界的机会，为他们改造中国社会、政治、经济、文化、教育寻找出路提供了广阔的参照背景。虽然他们对西方的认识和理解还是初步的，但是在国人普遍地被笼罩在“世界主义”的魔影之中而陷入不知所措的困境时，他们发现了中国国民性的劣根性之改造在于中国封建文化和民族灵魂的根本改造，而封建文化和民族灵魂的根本改造手段又在于社会政治革命和教育改革。20世纪初活跃在中国政治舞台上的资产阶级革命家如孙中山、蔡元培、邹容、陈天华、秋瑾、章太炎、严复、杨廷栋等人，多是留学生中的精英，他们在国内外结成社团党派，创办报刊百余种，大力传播民主革命思想，创办新教育。他们大声疾呼：“中国此时尚不广兴学堂，真是无从救了”①，迫切要求“以全国之精力，养成今日切用之人才”，强调指出，“无学问，无教育，则无民智，无民气；无民智，无民气，则无政治，无法律；无政治，无法律，则无武备，无实业。学问、教育者，三累而上，强国势之起点也”。② 尽管资产阶级革命派所主张的新教育和创办各种新型学校不同于维新派和洋务派，但在客观上它把“教育救国”、“广开民智”和“文化决定”论的思想提升到时代主题的高度，这对于形成“五四”运动前的新文化教育思潮，确乎起了不可否认的铺垫作用。

辛亥革命推翻了清朝贵族在中国的封建统治，使得两千余年的封建帝国专制统治下的教育体系走向全面崩溃。南京国民政府颁布的“壬子癸丑学制”，虽然外在模式上仍是模仿日本，但与清末“癸卯学制”相比具有明显的反封建精神，反映了资产阶级的要求。如基本废除了教育权利上的男女差别，取消了清朝专门为贵族设立的贵胄学堂，废除封建特权和等级限制，废止了清末按等级奖给毕业生科举出身的规定，对课程进行了重要改革，废除了读经科，加强小学的实业学科和职业教育，禁止使用清朝学部颁布的教科书，缩短了学制，在客观上提高了劳动人民享受教育的权利和机会，等等。辛亥革命以后，尽管

① 陈天华：《猛回头》，舒新城编：《中国近代教育史资料》下册，人民教育出版社1961年版，第1031页。

② 《与同志书》，《游学译编》第七册，光绪二十九年四月十五日版。

“共和”政治理想很快幻灭了，但它所揭示的以教育改革开路、广开民智、发展民族资本主义工商业、从文化根基上来重铸民族灵魂的道路，为中国先进的知识分子所共识，并为中国文化的社会选择机制提供了新的价值取向。

早在1902年，蔡元培、章太炎等人在上海创立“中国教育会”。1903年由“中国教育会”支持的“爱国学社”开始出版《童子世界》、《学生世界》等革命刊物，宣传资产阶级革命思想和提倡留学教育。爱国志士以“重精神教育，以自由独立为主”作为教育宗旨，大开思想革命风气。由此沿海沿江各省学生“沾染习气，肆行无忌”，批判旧文化、仰慕新文化之风席卷知识界。他们认为“惟游学外洋者，为今日救吾国惟一之方针”①。“那时，求进步的中国人，只要是西方的新道理，什么书也看。向日本、英国、美国、法国、德国派遣留学生之多，达到惊人的程度。”② 1906年留学生达万人以上。中国留学生不仅在外接受西方文化的教育和熏陶，而且在国外秘密结成革命团体。这些政治、文化精英不仅在辛亥革命中为祖国的前途和民族的复兴作出了革命的实践选择，而且为民族文化的改造和教育革命方向作出了思想的启蒙贡献。辛亥革命失败后，袁世凯等复辟势力企图借助孔子的偶像和封建的纲常名教愚弄人民，开历史倒车；一些保皇派也为虎作伥，极力鼓吹尊孔读经，恢复封建教育。这一历史的反动，激起了资产阶级革命派及其知识分子对中国封建统治和封建教育的无比仇恨，他们对此展开猛烈批判。如章太炎针对保皇派倡导的孔教及其封建教育，指出：“我们今日想要实行革命，提倡民权，若夹杂一点富贵利禄之心，就像微虫霉菌，可以残害全身，所以孔教是断不可用的。”③ 并揭露“尊事孔子，奉行儒术”是“便其南面之术，愚民之计”。④ 孙中山亦指出封建教育竭力培养人民的奴隶性和盲从之性，“是学问反为贼民贼国之根”⑤，提倡铲除封建教育，建立新的平等国民教育，以重铸民族心理。

---

① 《劝同乡父老遣弟子航海游学业》，《游学译编》第六册，光绪二十九年三月十五日版。

② 毛泽东：《论人民民主专政》，《毛泽东选集》第四卷，人民出版社1960年版，第1474—1475页。

③ 《东京留学生欢迎会演说辞》，《章太炎政论选集》，中华书局1977年版，第273页。

④ 《驳康有为论革命书》，《章太炎政论选集》，第195页。

⑤ 《民国教育家之任务》，舒新城编：《中国近代教育史资料》下册，人民教育出版社1961年版，第1016页。

然而由于中国民族资产阶级的软弱性，辛亥革命没有也不可能完成反帝反封建的任务。正如毛泽东所说："这种资产阶级思想只能上阵打几个回合，就被外国帝国主义的奴化思想和中国封建主义的复古思想的反动同盟所打退了……所谓新学，就偃旗息鼓，宣告退却，失了灵魂，而只剩下它的躯壳了。"① 资产阶级在政治、思想上的失败，外国帝国主义奴化思想与中国复古思想同盟的嚣张，不但没有停滞或窒息中国文化精英群的反帝反封建思想，反而更加激发了他们彻底否定中国封建复古思潮和抗击奴化政策的爱国热情，于是掀起了一场比辛亥革命更为猛烈的反封建的新文化运动。这就是"五四"前的思想启蒙运动。所谓"启蒙"，英文叫 illumination，基本含义是"照亮"。这就是说，用先进的理性之光照亮人们愚昧、黑暗的头脑。李大钊、陈独秀、鲁迅、吴虞等人反对旧教育和奴化教育，提倡新教育和民族爱国主义教育要求铲除封建礼教，对封建军阀提倡的复古主义教育和奴化教育进行猛烈抨击，把近代以来的文教方面的论战推向新的高潮。这是中国近代史上启蒙思想运动的前奏曲，也是近代文化教育新思潮发展进程中的第一个里程碑。

新文化教育思潮的历史走向

如果说"五四"前的新文化教育思潮只囿于文学革命和对传统中国封建文化教育的激烈批判的话，那么"五四"后的新文化教育思潮则由激情走向理性，由抨击走向启蒙，由思想学术上的论战走向社会实践。一批先进知识分子，特别是一些归国留学生、大学教授及从旧学营垒中冲决出来的热心青年学子，顺应时代进步潮流，走上与工农大众相结合的道路，献身于中国的社会革命和文化教育改造，为全面推动中国近代化改造，开启了新的天地。

平心而论，过去我们对"五四"运动本身的评价似乎偏高。"五四"作为一次规模巨大的爱国学生运动，实际上只是达到迫使腐败政府拒签不平等条约的目的。学生们的爱国激情和献身精神之所以给中国近代社会革命造成如此深广久远的影响，主要在于通过"五四"新文化教育思潮，使知识分子认识了自己和中国文化与教育在改造中国前途和命运上的地位与作用。

---

① 毛泽东：《新民主主义论》，《毛泽东选集》第二卷，人民出版社 1952 年版，第 668 页。

由于知识分子共识的重大转变，“五四”以后新文化教育运动实际转变为启蒙教育运动。随着这一运动全面而深入的展开，各种教育流派如雨后春笋，破土而出。各家各派所倡导的教育主张因其对中国社会的认识与解决问题的立场、观点不同，由此而发展成为以改良或革命为旗帜的两大阵营。概括说来，各种改良主义在“五四”后略占优势，对1922年学制改革及民国时期国统区的教育实践影响颇大；而以革命为指归的教育流派虽在“五四”以后其影响不及前者，但在中国共产党建立革命政权之后，亦自成系统。无论后来教育流派的思想与实践分歧有多大，总其根源乃在于“五四”新文化教育思潮影响下知识分子的自觉。在形式上都是以提倡平民教育为文化改良，而实质上则是启蒙主义的教育理论与实践。在表层上它与当时的学校教育改革高潮相呼应，但在里层上乃是“教育救国”和“科学与民主”思想的新发展。在实践上以学习西方以促进中国社会、中国文化和教育的近代化为目的，在理论上则受中国儒家的民本主义思想、资产阶级改良主义思想、杜威实用主义哲学和马克思主义的阶级斗争学说的影响。

“五四”后新文化教育思潮发生重大转向。首先与文化教育界的群体意识的形成和民间社团的迅速发展密切相关。如全国教育会联合会、中华职业教育社、中国科学社、中华教育改进社和中华平民教育促进会等社团成为当时影响教育改革浪潮的主导力量。以后文化教育社团出现了数百上千个，囊括了全国各地的知识分子。当时在文化教育界的活跃人物，如蔡元培、李大钊、陈独秀、胡适、范源濂、黄炎培、张伯苓、陶行知、梁启超、张謇、任鸿隽、赵元任、蒋梦麟、黎锦熙、邓中夏、朱其慧、许德珩、朱自清、俞平伯、罗家伦、晏阳初等，都是这些社团的组织者或领导人。他们吸引了广大知识分子观察社会的注意力并领导了改革社会的实践方向。其次，知识分子的文化批判意识日渐转移到对现实社会的全面检讨和反思，从认识社会问题着手，开始进入社会改造的实践领域。他们普遍认为，中国社会的根本改造，必须通过民众自觉的社会实践才能取得成功。他们看到近代以来的资产阶级革命，只限于少数知识分子，其失败原因亦在于此。他们认识到文化思想启蒙教育对于唤醒民众觉悟的重要性，这是新社会建设的基础，亦是社会革命取得胜利的保证。

如果说“五四”之前新教育思潮主要表现为学校与科举之争的话，那么“五四”之后新教育思潮则突出了民众教育运动与社会革命、社会改造问题。平民教育思潮是随着民主思潮而演进的，蔡元培早就提出过普通教育的目的在于“养成共和国民健全之人格”。梁启超提出“新民说”，意即通过教育造就新的国民。1915年李大钊、陈独秀等也提出过劳工教育和平民主义的思想，要求平民教育以工农为主要对象，以唤醒工农的革命觉悟为目标。蒋梦麟认为，在第一次世界大战后，“平民主义愈发达，则其和平之基础愈巩固，故欲言和平之教育，当先言平民主义之教育”①。胡适早就接受并大力宣传杜威的民主教育和社会改良思想。杜威来华后，详细阐述了平民主义教育思想，提出：“（1）确保机会之均等；（2）发展个人社会的精神与社会的能力。现在要想纠正现社会之不平等，而达到以上目的，教育乃是其中之最好方法。”② 提倡通过平民教育发展人的个性和推动民主运动。以上这些思想影响了整个中国知识界，适应了资产阶级和小资产阶级知识分子、革命民主主义者的“教育救国”论及重铸民族灵魂以实现民主政治理想的心理。

总的说来，平民教育思潮和平民教育运动是“五四”以后新文化教育思潮走向社会化、世俗化、民族化和革命化的桥梁。这种新的文化走向，从价值取向上影响了人们对中国文化改造、对教育社会职能的新认识和对社会革命及社会改良方法、途径的新探索。首先，使人们认识到中国社会的落后主要是社会制度的落后，而社会制度的落后又在于民众政治、文化、心理等素质的落后，人民没有国家观念，没有民主意识，没有文化素养，民众的愚昧落后是造成封建制度长期存在的文化根源之一。由此，平民教育的倡导者抱着教育救国的思想，为了改造社会，实现国家民主，在广大城市、乡村、工厂等推行平民启蒙教育。这种启蒙教育，主要是识字教育和民主思想的启蒙。广大贫苦大众识字读书，是接受反帝反封建的民主和科学思想及改造自身文化、心理结构的基础；有了文化，才能睁开眼睛看世界，才能从旧思想、旧观念、旧制度中解放出来。其次，使人们认识到平民教育运动有助于建立稳定的社会秩序，有助于社会改良。“五四”后平民教育运动从城市推向乡村，由市民发展到农民，社会改良和社会革命互相交织在一起，文化演进与教育改革相互制约与促进，形成了我国20世纪20年代到30年代新的文化教育高潮，涌现出工农教育运动、乡村建设运动、实业教育运动、教育独立运动、科学教育运动等等。教育改革

① 《和平与教育》，《教育杂志》第11卷第1号，1919年1月20日。

② 常道直译：《平民主义与教育》，商务印书馆1922年9月初版，1932年10月印行，国难后第一版，第77页。

运动从此由专治到民治，由模仿到自觉，由单一到多元，由平面到立体，有力地推动了启蒙教育思想运动和文化教育运动向纵深发展，而且还促进了思想解放、阶级斗争、乡村社会改造和民族资本主义工商业的发展。

由于我们过去受“左”的思想影响，忽视或完全抹杀资产阶级和小资产阶级知识分子的平民教育理论与实践的历史贡献，这是不客观不科学的。我们认为“五四”以后的新文化教育思潮其主题是认识、探寻中国现代化道路的问题。所谓现代化，尽管在当时未曾明确提出，但按一般学者的理解，它本身就是发达的中心社会加诸落后的边缘社会上的一种“发展模式”的意识形态，事实上反映了落后的边缘社会文化形态的重新整合与塑造。如前所述，中国近代沦为落后的边缘社会，社会革命、经济建设、文化教育所追求的目标在一开始就是以西方发达的资本主义国家（包括日本和后来的苏联）为未来“发展模式”的。如果说“五四”前的“中体西用”是维护封建传统的保存主义的文化改良运动，那么“五四”后的新文化教育运动则是以反封建为目标的文化建设运动，它旨在突破乃至完全推翻中国传统的社会制度、文化制度和教育制度，促使中国文化形态的重新塑造。从对具有某种专制主义特征的日本和德国的模仿中超脱出来，直接以欧美资本主义发达国家和苏联社会主义国家作为中国现代化的模式。从改造中国乡村人口素质、社会结构、阶级地位和文化体系等方面着手，发展民族经济、恢复民族文化和政治方面的活力，从而使中国在民族独立的前提下实现现代化。为了实现这一目标，改良派和革命派都从事了不同的教育改革实践与理论探索。在长期的实践与探索过程中，改良派又分为以实业教育为代表的工业（或实业）派和以社会改造运动为代表的农业（或乡村建设）派，它们对于如何改造中国社会和对于发展工业与农业何者为基本前提条件等问题发生了分歧，并形成不同的学派的教育实践和教育思想体系。革命派认为中国社会问题的解决需要教育的改良，但改良主义救不了中国。因为这种改良在民族矛盾和阶级矛盾尚未解决的前提下是不能解决中国落后问题的。因此暴力革命必须走在经济建设和文化建设的前面，启蒙教育应为革命的任务和目的服务。只有当革命成功后，教育才能作为社会经济建设和人本身发展的手段。总之，尽管各派观点不同，但都在探索中国现代化与教育的关系问题。

中国现代化，这在当时的人看来，也绝不仅是指经济的增长，而是包括高技术、政治民主和非封建主义意识形态、人本身得到全面发展等多项社会发展指标在内的经济—政治—文化—人的全面现代化。“五四”后的新文化教育思潮，虽然各家各派所追求的发展模式在理论和实践上都存在这样或那样的局限性，但是如果我们把这个思潮作整体观察，则这一文化教育思潮所追求探索的和努力实践的正是中国现代化。如共产党人的工农教育，启发民众阶级斗争觉悟，为人自身的发展而作各种艰苦的努力；黄炎培的职业教育，提倡以高技术发展民族工业，要求科学技术成为社会生产力的因素；蔡元培的完全人格教育论，主张人的全面整体发展，同时又主张学术自由，兼包并蓄，以推动中国学术思想和社会意识形态的变革；梁漱溟的乡村建设和晏阳初的平民教育实验，要求从中国社会的基础——乡村建设与改造开始，重构社会基层组织，重建家庭、伦理、文化等根基，铲除国民的各种劣根性，从平民开始形成现代社会、伦理、组织、家庭、政治等现代观念，养成现代社会生活与生产的能力与习惯，陶行知的生活教育理论与实践，要求以普及教育来提高国民文化素质，培养人民的政治民主观念和参与政治实践的能力，“探讨最合理最有效之新教育原理与方法，促进自觉性之启发，创造力之培养，教育之普及，及生活之提高”①。凡此种种，都从某一方面或某一角度为探寻中国现代化道路作出了历史贡献，都在理论与实践方面冲决了封建教育的束缚，开创了中国近代新文化教育的新天地。

反思和启示

“五四”时期是一个充满希望的启蒙时代，也是中国教育改革通往现代化的历史走道。那么我们回顾和总结“五四”新文化教育思潮，应当从中得到哪些启示呢？应当从中继承和发扬什么呢？应当从中吸取哪些经验教训呢？

“五四”前后的新文化教育思潮是中国近代化进程中的历史产物，它有深厚的社会政治、经济、文化等方面的根源和广阔的世界关系背景。当时一批具有新思想的精英已经着手进行理性的、文化心态塑造型的新启蒙主义运动，在文化教育领域引起了巨大反响。作为一种进步思潮，它是不断发展和演进的，在客观上推动了中国社会的全面变革和思想意识形态的革命，在“五四”以后新文化教育思潮流向广阔的社会改造和社会革命的实践领域，从而有力地促进

① 《生活教育运动十三周年纪念告同志》，《陶行知全集》第三卷，湖南教育出版社1985年版，第417页。

了中国反帝反封建的群众运动，同时使知识分子与工农民众紧密地结合在一起，使得思想启蒙运动从少数知识分子圈子里突破出来，从而扩大并巩固了启蒙运动所产生的力量和实际社会效果。从这里我们可以得到启示的东西很多，譬如不断超越传统的探求精神，大胆学习和引进西方先进科学文化的同时注重社会实践和科学实验，反对仪型他国和照抄照搬的全盘移植，开拓创新重铸民族灵魂的实践精神，这些对于我们今天的现代化建设和文化教育改革都有借鉴意义，亦值得继承和弘扬。

在“五四”新文化教育思潮中，各家各派之间的学术争鸣与探索，建立在不同的社会实践或科学实验基础之上，学术风气民主，同时以客观成果作为科学论证的依据。他们没有条条框框，没有权威压制，没有拜金主义，在学术价值标准上以实事求是为检验真假正误的尺度，注意相互学习和吸收，注重对现实问题的探讨。在共同关心的问题上，如1922年学制改革等，通过民主的学术讨论和比较科学化的程序来制订符合国情的改革方案及计划，从而把各家各派的研究成果纳入总体计划之中并付诸实践，以促进社会的全面改革，这种做法中的民主与科学精神，在今天社会改革和教育改革中是值得重视、值得继承和发扬的，它将有利于纠正我们今天改革过程中的一些失误。

封建教育与中国传统文化并不是一回事。“五四”时期的精英群往往对中国传统文化持简单化的否定态度，把发扬民族文化传统的努力与封建复古主义混为一谈。如陈独秀、胡适等人对传统文化采取了一律排斥的极端态度，吴稚晖主张把一切线装书丢到粪坑里去，鲁迅也沉重地呼吁青年们不要读中国书，钱玄同甚至提出废除汉字、采用拼音。这种片面的做法在当时还是有意义的，其意义如同郭沫若在一首诗中所描绘的“凤凰涅槃”一样，一对凤凰在烈火中自焚，烧去旧我，以求新生。然而“五四”新文化教育思潮以引进西方文化教育思潮来全面否定中国传统文化，而没能从世界现代文化教育高度重新认识传统文化。凡带“中”字的一概否定，凡带“西”字的一概肯定。这种偏向在以后的岁月里有着严重的发展，或者全盘西化，或者把马克思主义教条化，结果都没有把中国人民引向解放。只有马克思主义的科学理论和中国具体实际相结合，才使中国人民走完了新民主主义革命的战斗历程。

我们必须重新认识传统文化与现代化的关系。传统与现代化既有一种对立、对抗的关系，也还有一种包容、延续的关系。传统可以帮助现代，现代亦可以帮助传统。传统可以作为现代人的一种“资料”、“资源”，如果运用得好，还可以变成现代发展的一个“动力资源”。现代化不能经由全盘打倒传统而获得，只能经由对传统的创造性转化而逐步得到。我们不能形而上学地对待传统与现代化的关系，而应从更深的理论层次、更多的视角来对传统与现代化关系问题作深入而具体的研究。我们应很好地吸取“五四”新文化教育思潮给我们留下的宝贵的经验教训。

今天的社会改革与教育改革已不同于“五四”时期了。今天的思想启蒙任务尽管还要继续进行，但以现代化建设为根本任务的时代课题要求我们继承“五四”，超越“五四”，要求我们面向未来、面向世界、面向现代化，开创我国现代化建设的新道路、新天地，使社会主义制度和社会主义文明日益完善。具有现代观念的新时代的精英，肩负的任务更为艰险、复杂，更需要继承发扬“五四”时期精英群那种勇于追求真理，为真理而献身的韧性战斗精神。绝不因为自己已“居庙堂之高”而玩物丧志，泯灭了锐意进取的精神，也绝不因为自己仍“处江湖之远”而颓废消极，窒息了革新创造的热忱。让我们在“科学”与“民主”的旗帜下，用自己的脚，走自己的路，一起驶向那魂牵情绕的彼岸！

中国近代女子学校教育的兴起及其社会影响*

清末民初是中国女子学校教育兴起的重要时期，1907年，伴随《女子小学堂章程》和《女子师范学堂章程》的问世，教育为男子独霸的局面终于被打破，女子学校成为教育这块园地的一枝新秀，受到世人的关注。近代女子学校教育的出现，造就了一大批德才俱佳的女性，对中国近代社会变革产生了极大的影响。

一

1840年鸦片战争之后，西方列强用他们的大炮强行打开了中国关闭已久的大门，清政府的软弱无能，外国侵略者的疯狂掠夺，使中国内外交困，日益贫弱。中国社会的各种矛盾日益激化，社会危机日益加深。这一时期太平天国运动、义和团运动等相继爆发，反帝反封建运动可谓此起彼伏，从而大大动摇了封建专制政权的统治。1911年的辛亥革命最终推翻了中国两千多年的封建统治，使中国进入了一个新的历史发展阶段。近代是中国历史上的大变革时期，近代社会的政治变革，以及伴随而来的经济的变革，开阔了人们的视野，冲击了人们的旧有观念，并且引发了其他领域的变革，教育变革便是其中一项很重要的内容。废科举、兴办新式学堂、向女子开放教育之门，这一系列举措将中国社会带入了一片新天地。

近代社会政治经济的变革是中国近代女子学校教育兴起和发展的根本原因，但不容忽视的是，中国近代女子学校教育的兴起和发展还有其独特的动因。

第一，中国一批先知先觉的进步人士是兴女学的中坚力量。

---

* 本文系与谷忠玉同志合作，原载《教育研究》2002年11期。

生活在近代这一备受外来势力欺凌的特殊历史时期，中国的先知先觉者们有感于中国国力的衰弱，在睁眼看世界的时候，意识到造成中国居于弱势的原因之一是中国人口的一半——女性的无知无识，他们在变革社会的过程中，便开始关注起千百年来无人问津的女子学校。从舆论的宣传到具体学校的创办，他们对女子学校教育的兴办倾注了大量的心血。为中国女子学校教育的兴起和发展起到了引航指路的作用。他们打起强国、平权的大旗，不停地宣传、呐喊，要求取法他国，变革教育。

1891年宋恕在其《变通篇·开化章第四》中，1892年郑观应在其所写的《女教》一文中，都曾提及效仿他国，兴办女学。梁启超是中国近代社会著名的政治家和思想家，他曾经专门撰写《论女学》一文，试图为积贫积弱的中国寻找复兴之路。在文章中他对世界上一些国家的教育发展状况和国家强弱之间的关系进行了比较介绍，指出女学之兴与强国之间存在密切的关系。“欲强国，非造国民不可；欲造国民，非兴女学不可！”① 这已经成为中国近代社会先知先觉者们的共识。

20世纪初，西方资产阶级的女权理论被传播到中国，并逐渐为中国知识界所接受，还女性以人权的呼声此起彼伏。亚庐在《哀女界》一文中引用传尊纱德夫人之言：“女子者，文明之母也，凡处女子于万重压制之下，教成其奴隶根性既深，则全国民皆奴隶之分子而已。大抵女权不昌之国，其邻于亡也近。”② 如何才能真正恢复女权，丹忱撰文明确提出：“盖教育者，女权之复之预备也。”③ 女性与男性应该是平等的，还女性以平等地位就必须给女性以应有的教育这一观念，在近代中国得到空前程度的传播。

舆论为实践之先声，正是在这些先知先觉者们的宣传呼吁之下，中国近代女学得以创立。中国第一所自办女学堂是创立于1898年的经正女学堂。尽管从经正女学的教育宗旨中可以看到，它并没有完全摆脱传统教育的藩篱，而且其存在的时间也很短，只有近两年的时间，但它却是中国人自己创办女子学校的开始，在女子学校的办学及管理方面作了许多有益的尝试，对后来女子学校

① 张国燕：《中国近代女学发展探析》，西北师范大学硕士学位论文，2001年。

② 朱有瓛主编：《中国近代学制史料》第二辑下册，华东师范大学出版社1989年版，第577页。

③ 王美秀：《中国近代社会转型与女子教育的发展》，《北京大学学报（哲学社会科学版）》2001年第3期。

教育的发展起到了积极的推动作用。之后，又有一些女子学校开始创办，如1902年上海开明绅士吴怀疚在上海西门生生里创办了务本女塾，1902年，蔡元培等人创办了上海爱国女学。女学兴办之风渐兴于中国大地，最终促使清政府在1907年颁布了《女子小学堂章程》和《女子师范学堂章程》，女子学校被正式纳入学制之中，中国女子学校教育的发展终于翻开了新的一页。女子学校的建立，使有关女子教育问题的讨论重心发生了转移，从原来关注于该不该兴办女学，转向了应该如何兴办女学。女子教育问题的探讨与以往相比已经更加具体、更加深入了。

第二，外国传教士的宣传、教会女学的兴办，客观上推动了中国近代女子学校教育的发展。

清朝末年，伴随着西方资本主义势力的入侵，一些西方人所持有的男女平权观念，以及有关西方女子教育制度等情况也被西方传教士传播到中国。这些对中国近代女学的兴办也产生了一定的影响。

1889年韦廉臣在复刊后第一期《万国公报》上发表《治国要务论》，从国家发展的角度阐述了女子教育的重要性，认为“坏其国之半，几将通国之人而尽坏之矣”，“教训妇女一端，尤国之所万不可缺者矣”。①《万国公报》的创办者林乐知在宣传西方女子教育，批判中国传统女子教育方面用力颇多，他称“愚女术”是中国传统文化思想的两大害之一，“愚女术”所带来的危害便是造成“其家庭决不能清洁而安康，其社会决不能和乐而高尚”②。他特别批判了中国传统上对妇女地位的轻视，指出妇女受教育程度的高低与国家强弱有着密切关系。

西方传教士一方面在中国宣传女子教育的重要性，另一方面还寻找各种机会在中国兴办女学。中国最早的一所女子学校就是由西方传教士创办的，它建立于1844年，创办者是东方女子教育协进社社员爱尔德塞。在一个长期以来一直奉行“女子无才便是德”的封建国家中，教会创办女子学校的阻力还是相当大的。他们为此采取了种种措施，如为学生提供食宿，免除学费等，以吸引中国女孩到教会学校就读。

随着帝国主义侵略的深入和社会风气的渐开，教会女学得以在中国各地设

①② 孙邦华：《〈万国公报〉与晚清教育现代化——报刊传媒与现代教育》，北京师范大学博士后论文，2001年。

立，数量不断增加。教会女学创办的最初意图是为了加强对中国的文化侵略，其宗旨是通过女校培养中国的基督教宣传者。西方传教士批判中国传统的女子教育，目的只是为其传教扫除障碍。但在一个对女性抱有很深偏见的国度里，在女性地位十分低下的中国，传教士们的做法，无疑在客观上促进了中国女子学校教育的发展，成为中国近代女子学校教育兴起和发展不容否认的推动力之一。

第三，近代知识女性自身的觉醒是女子学校教育获得进一步发展的内在动力。

在中国近代有一批女性，她们由于特殊的家世背景，或随父、或随夫、或随兄在国内甚至在国外接受了一定程度的知识教育，成为中国近代社会如凤毛麟角般的知识女性。可贵的是，这些知识女性并不仅仅满足于自身的发展，她们还要改变中国绝大多数女性无知无识的状态，她们积极投身于为兴办女学而摇旗呐喊的队伍当中，成为兴办女子学校教育的有力倡导者。

她们积极撰写文章，对"女子无才便是德"这一传统观念大加挞伐，大力宣传女子教育的重要性，强调女子要自立，认为女子要与男性平权，必须仰仗于接受与男性同样的教育，大力呼吁女性进入学校学习。如方均瑛曾撰文《兴女学以复女权说》，在文中她提到，"我国女子之失权也已数千年。……中国女子之无权，实由于无学。即以无学而无权，则欲倡女权，必先兴女学"①。以女性的视角，以女性这一独特的身份倡导兴办女子学校教育，要求还女性以受教育权，这在当时对于女子学校教育的发展无疑具有十分重要的意义。

更为可贵的是，这些知识女性对于女子学校教育并没有仅仅停留在口头的宣传倡导上，她们中有些人还克服种种困难亲自创办女子学校，从而极大地推动了女子学校教育的发展。如著名的女界人物林宗素、陈撷芬等都曾积极参与上海爱国女校的创办。此外，宗孟女学堂、淑慎女学、贞文女学等的创办者也都是女性。她们为兴办女学付出了极大的代价，有的甚至牺牲了自己的生命。如杭州贞文学校长惠馨女士，就曾为"感动当局，请办学经费，兴女学，图自强"而以身殉校。②

中国近代大学开放女禁，是女子学校教育发展臻于完善的一个重要标志。

---

① 周一川：《清末留日学生的女性》，《历史研究》1989年第6期。

② 王美秀：《中国近代社会转型与女子教育的发展》，《北京大学学报（哲学社会科学版）》2001年第3期。

而女性自身对大学女禁的开放发挥了无可置疑的作用。甘肃的邓春兰女士是要求大学开放女禁的第一人，她在 1919 年 4 月给北京大学校长蔡元培写信，希望自己能为女界开一先例，到北大去读书。她还在报上发表了一封《告全国女子中小学毕业生书》，从而引发了全社会对大学开放女禁的关注，使女性的双脚终于跨进了大学的门槛，中国近代教育朝着男女同教的目标又迈进了一大步。

二

女子学校教育的兴起和发展，使中国社会产生了一个规模可观的女性学生群体，她们的出现冲击着传统的女性观，改造着落后、保守的社会习俗，她们在变革社会的过程中发挥了巨大的作用。

第一，近代女子学校教育的兴起和发展，使千百年来生活在社会最底层的中国女性的身体及精神获得了一定程度的解放。

长期以来生活在父权制社会下的中国女性，受压迫极深，这种压迫既有来自身体的，也有来自精神的。

在近代，许多新设立的女学都明确规定只招收已放足或不缠足的女子，到 1907 年时，清政府颁布《女子小学堂章程》也明令各学堂一律禁止缠足。报刊的积极宣传，"不缠足会"、"天足会"等组织的相继成立，使备受封建专制摧残的中国女性终于能够扔掉裹脚布，在通往自由解放的大道上向前迈进了。

近代女子学校建立之后，不仅大大推进了禁缠足运动，而且还将体育逐渐引进女子学堂。1907 年清政府颁布的章程中指出"女子必身体强健"，须常"留意卫生，勉习体操"。① 之后女学堂举办运动会的情况在报端频有介绍。体育运动在女子学校中开始得到一定程度的发展。

女子学校教育的兴起和发展不仅对女性的身体解放起到了重要作用，而且对女性的精神解放也有积极的影响。中国传统社会奉行"女子无才便是德"，女性因此而不能与男性一样接受学校教育，中国的女性长期以来一直处于无知无识的蒙昧状态。中国近代女子学校教育的兴起，造就了中国社会上又一个重

---

① 朱有瓛主编：《中国近代学制史料》第二辑下册，华东师范大学出版社 1989 年版，第 668 页。

要的学生团体，即女性学生团体。她们是中国社会的新兴知识妇女群。她们改变了中国长久以来的只有男子有知有识，而女子却无知无识的局面。中国近代自办的女子学校中的女学生数，据光绪三十三年（1907 年）清政府学部总务司编的《第一次教育统计表》统计的资料，当时全国绝大多数省份都设立了女学堂，全国共有女学堂数为 428 所，女学生数为 15 498 人。① 此后女子教育不断发展，根据 1918 年至 1919 年全国教育统计，初等小学女生数为 190 882 人，高等小学女生数为 24 744 人；1907 年到 1919 年的 12 年的时间里，女生人数占总人数的比例由 2%增加到 5%。根据中华教育改进社的调査统计，1922 年至 1923 年，初等小学女生人数为 368 560 人，高等小学女生人数为 35 182 人。短短几年的时间里，不仅女子受教育的数量在呈上升趋势，而且女子受教育的层次、受教育的形式也在不断地发生变化。1907 年全国只有女子小学堂和女子师范学堂的设立，而且是与男子教育各为一轨，由于社会上要求各层次男女同校的呼声日益强烈，男女教育的双轨制才逐渐为一轨制所取代，到 1920 年前后大学已经逐渐开放女禁。女子学校教育的不断发展，开阔了女性的视野，使她们有机会自由地呼吸新鲜的空气，吸纳智慧的养料，成为具有文化知识的新女性。其中有许多知识女性还积极投身于社会活动之中，成为变革社会的新兴力量，对移风易俗起到了积极的作用。女性的解放是反映一个社会文明的天然尺度，中国近代女子学校教育的兴起和发展，大大加快了中国女性的解放步伐，推动了中国社会文明化的进程。

第二，近代女子学校教育的兴起和发展不断改造着中国传统的伦理习俗。

男女之大防是旧伦理的一把利剑，它长久以来一直制约着女性前进的脚步，女子学校教育的兴起和发展，逐渐摧毁了这把利剑，男女同校，大学开放女禁，男女社交公开，这一系列变革使封建礼教之大防逐渐被破除。

“婚俗作为一种文化现象，从一个侧面折射出特定文化环境中女性的价值定位和女性社会地位的变动。”② 长期以来，中国女性作为婚姻的当事人，却无权参与和决定自己的婚姻大事。一直到近代，女子学校教育兴起和发展之后，婚姻自由、文明结婚的观念才开始为人们所接受。“其论婚也，选择则归

① 王美秀：《中国近代社会转型与女子教育的发展》，《北京大学学报（哲学社会科学版）》2001 年第 3 期。

② 罗敏著：《女性与中国近代社会》，上海人民出版社 1992 年版，第 48 页。

之父母，而可否仍决于一己，男女相悦，即可请命于父母以成其事。日后如何治家营业，如何教育儿女，和舟共济，不相牵制。”① 多妻纳妾、早婚、父母包办、婚姻论财、陈腐的婚姻仪式等不良的婚俗在逐渐改变，自由结婚、文明结婚之风开始流行。

家庭伦理观念的变革及其深化同样得益于近代女子学校教育的兴起和发展。由于女性在学校中接受了一定的知识教育，新的观念与其头脑中固有的传统观念发生强烈的碰撞，冲击和动摇着她们的旧有观念。学校中所获得的文化知识使她们有能力接触和接受一些新式报刊上所宣传的思想，使她们“从中吸取了不少反对旧文化旧道德的进步思想。……开始与旧道德决裂”②。封建孝道、男尊女卑的观念越来越受到人们的唾弃，节孝名教逐渐被破除。吴弱男女士在其《论中国家庭应该改组》一文中对中西家庭进行了比较，指出中国的家庭是“社会中万恶的泉源，也是一个造奴隶的厂所”。“若是我们中国的少年要改造这国家和社会，定不可不先把这样腐败的家庭推翻；若要人民人人有独立精神和自立人格，亦不可不先把旧家庭制度打破。如不先从个人和家庭着手，那社会革新的事业，就更没办法了！”③ 黄蔼女士在其《模范家庭为社会进步之中心》一文中也号召大家：“要同这恶社会宣战，非先从恶家庭战起不可。”④中国传统的伦理规范主要集中于家庭伦理，女子学校教育的兴起和发展使女性开始了家庭伦理的觉悟，陈独秀曾经说过“伦理的觉悟，为吾人最后觉悟之最后觉悟”⑤。女子学校教育的兴起和发展是女性家庭伦理觉悟的催化剂，它加快了女性自觉解放的步伐。

第三，近代女子学校教育的兴起和发展提高了中国女性参与社会生活的能力，增强了改造社会的力量。

中国近代女子学校教育的建立与发展对经济发展起到了一定的促进作用。在中国近代所设立的女子学校当中，有相当一部分是以对女性进行职业训练为

① 黄新宪著：《中国近现代女子教育》，福建教育出版社1992年版，第48页。

② 隋灵璧等：《五四时期济南女师学生运动》，中国社会科学院近代史研究所编：《五四运动回忆录》（下），中国社会科学出版社1979年版，第690页。

③④ 北京市妇女联合会编：《北京妇女报刊考（1905—1949）》，光明日报出版社1990年版，第134页。

⑤ 陈独秀：《吾人最后之觉悟》，《陈独秀著作选》第一卷，上海人民出版社1993年版，第179页。

宗旨的女子学堂，它们涉及的职业领域包括蚕业、纺织刺绣、医学护理等。这类学校的设立，对养成女性自立的资格，提高参与社会活动的能力，最终实现其经济的独立奠定了基础。近代的中国女性正是在接受了学校教育之后，才能勇敢地冲出旧礼教所设置的藩篱，才能不再游离于社会之外，而是积极地投身于社会生活之中。1912 年在孙中山“今日共和初成，兴实业实为救贫之药剂，为当今最要之政策”① 的号召影响下，中国出现了一次兴办实业的热潮，一些知识妇女便积极投身于这一热潮。她们不仅在报刊上撰文大力宣传妇女兴办实业，而且有一些知识女性还积极致力于实体的创建。湖南的王扬庄，曾在 1912 年将女子游艺社扩建为女子工艺厂，北京的孔劳缃、刘世宜等创办了女子工艺研究所，神州女界协济社实业部长陈鸿璧创设女界蓄植试验所，曾参加女子国民军的林宗雪等人在上海创办女子植权物产公司。为了发展女子实业，上海的汪赵润等 10 位女士在 1912 年 5 月联名发起中华女子实业进行会，该会“以振兴女子工艺，提倡女子经商，结合女工团体，俾我国实业大昌，以立富强之基础为宗旨”②。这些知识女性的做法虽然由于种种原因而不能持久，但是她们的活动却如一抹新绿，成为近代社会发展进程中一方绝美的风景。

辛亥革命时期妇女运动风起云涌，妇女社团不断建立。这与女子学校教育的出现，女性受教育群体的扩大也有着密切的关系。蔡元培先生曾经说过：“辛亥革命时，本校学生多有从事南京之役者，不可以非教育之成效也。”③ 辛亥革命时期，女子军的发起者多是有胆有识的女学生。如在湖北首先举起女子军义旗的吴淑卿，就曾在奉天师范学堂读过书。孙中山先生曾对辛亥革命时期的妇女运动评价很高。他说：“此次革命，女界亦与有功。”“女界多才，其入同盟会奔走国事百折不回者，已与各省志士媲美。至若勇往从戎，同仇被伐，或投身赤十字会，不辞艰险；或慷慨助饷，鼓吹舆论，振起国民精神，更彰彰在人耳目。”④ 活跃在中国近代历史舞台上的女性团体，如“女子参政同盟会”、“神州女界共和协济社”、“万国女子参政会中国分会”，它们的发起人及参与者都是知识女性，她们的宣传与行动，冲击着中国社会的保守势力，震撼着古老的中国大地。中国女性从依附转为自立，从卑弱转为平等，一步一步，虽然走

①②④ 刘巨才编著：《中国近代妇女运动史》，中国妇女出版社 1989 年版，第 378、382、352 页

③ 王美秀：《中国近代社会转型与女子教育的发展》，《北京大学学报（哲学社会科学版）》2001 年第 3 期。

得艰难，但是一直在向前迈进，而其前进的动力源头就在于她们接受了一定程度的学校教育。

不可否认，中国近代女子学校教育的发展无论是数量还是质量与同时期的世界其他国家相比还有很大差距，其发展并不十分理想。但也应该看到，中国近代女子学校教育的出现，终于改变了传统中国女性的存在形态。接受一定教育，具备一定知识的新女性增强了适应社会的能力。新知识的拥有，活动领域的拓宽，改变着她们原有的价值观，女子学校教育，使她们可以逐渐摆脱对他人的依赖性，努力追求作为一个独立人的存在形态，使她们有能力走上崇尚自由、追求自由之路。中国女性从身体形态的变革——摆脱缠足之苦，到精神的变革——追求女子有才有德，虽然步履维艰，却是一步一个脚印地向前迈进。她们所付出的努力与取得的成绩在不断改变着社会对女性的传统看法，她们用新知识充实和武装自己，勇敢地冲破浓厚的封建阴霾，对变革社会风气作出了极大的贡献。

在中国，近代女子学校教育的兴起和发展，在引领中国女性走向自由和推动中国社会走向进步的过程中发挥了至关重要的作用。21 世纪的今天，中国社会又处于一个快速变革的时期，处于改革的攻坚阶段和发展的关键时期，社会现实对女性教育、女性发展又提出了许多新的挑战。以史为鉴可以知道，只有以科学的态度对待女性教育问题，使女性教育与时代共进，充分利用学校教育资源的作用，加大对女性的培训力度，不断提高女性的素质，扩大女性群体的内在张力，才能够不断扩充变革社会的动力，推动社会向前发展。这是因为改革开放和现代化建设是与每一个中国人都息息相关的事业，它需要集合男女两性所有人的智慧，有赖于男女两性共同的努力。

论唐文治教育思想的历史价值和现实意义*

唐文治先生（1865—1954）是中国近代高等工程教育的开拓者，是中国近代著名的高等理工大学——交通大学教育体制的奠基人之一，是中国近代改革封建旧教育的杰出代表。他的一生绝大部分时间是从事教育文化和高等工程教育事业。他除旧布新，锐意改革，积极进取，勇于开拓，为发展中国教育文化和近代高等工程教育事业作出了不可磨灭的贡献，在中国近现代教育史上具有举足轻重的地位。他的教育思想作为一份珍贵的教育遗产，内涵丰富，具有重要的历史价值和现实意义。

锐意改革，谋求中国社会和教育的近代化

毛泽东同志在《论人民民主专政》一文中曾说："自从一八四〇年鸦片战争失败那时起，先进的中国人，经过千辛万苦，向西方国家寻找真理。"唐文治先生正是当时的一位"先进的中国人"。1902 年他出使英、法、比、美、日五国，使他有更多机会接触许多海外奇闻。他在《由英回京条陈》等著述中，对西方国家"致治保邦之略"有较深的感受，"其中切近易行为中国所万不能缓者，厥有三事"。第一件是兴商务。他认为整顿商务，奖劝兼施，是"民生命脉所关，箴膏起废之良药"。第二件是办路矿。他认为创办路矿可以收海外之赀财，拯斯民之困厄，通四方之风气，辟数世之利源，一举而数善。第三件是开学堂。他认为，"国运隆污必与学校盛衰相消息，此断然无可疑者。"① 从唐文治先生的《英轺日记》中可以看到，他在考察中深感中国要富强必须走实业救国之路，首要的是大办自己的民族工业，培养科技人才，大兴教育事业。

---

* 本文原载《教育研究》1996 年第 10 期。

① 唐文治：《职思随笔》第十五卷。

他感叹英国教育发达，称伦敦的学堂“一隅之地共有学堂四百九十八所”，“英自学堂盛行而囚徒日减，堂中多一儒冠，狱中即少一赭衣”。

他在清廷商部任职期间，做了不少有益于中国民族工商业发展的工作。在他的推动下，清政府批准了一批民族资本主义企业的立案，这是近代中国最早的一批民族资本主义企业。1907年唐文治先生弃官从教，同年8月出任上海高等实业学堂（原名为南洋公学）监督。当时该校“前任监督久不到校，颇形废弛”，经过他力加整顿，对专科设置进行调整，把铁道工程班改设为铁路专科；又停办商科，增设电机专科，使该校转为培养工程技术方面的专才。1908年他当选为江苏省教育总会会长。1909年主持在校内增设航海专科。1911年8月航海专科独立为吴淞商船学堂，兼任该校监督。武昌起义爆发后，宣布更改校名为南洋大学堂。1912年“南北和议”达成后，又改校名为交通部工业专门学校。此后改铁路科为土木科、电机科为电气机械科，增设铁路管理科。铁路管理专科的诞生，标志着中国高校的系科设置由工科转向“工管结合”，这无疑是一大进步。与此同时，对各科的课程设置亦作了改革，新的课程设置以工科大学为蓝本，学生修完这些课程后，实际水平可达到工科大学学生的程度，铁路科开设的课程共18门，改为土木科后，又增加了10门课，达到28门课程。电气、机械增加了9门，均达到了工科大学的要求。为了创办工科大学，他还努力提高附中、附小的水平，加强了附中附小的建设和教学改革，以保证大学有合格的学生。他决定在附中、附小增加数学、物理、化学、国文、外语等教学内容；中学的课本直接从美国购买，课堂上用英语讲授，毕业后接着升入本校工科造就，以保证工科大学学生的质量。至1916年高等实业学校“粗具大学规模”，其专业设置、课程建设、实验实习、考试考察等各个教学环节以及试验厂、图书馆等配套设施所具备的程度，学生的学习质量，均可与当时西方著名的高等工程学府齐步。唐文治先生从1907年至1920年任该校监督、校长达十四年之久，为培养中国第一代高级工程技术人才作出了巨大贡献。

1920年他辞去工业专门学校校长职务，旋在无锡创办国学专修馆，后改名国文大学、国学专门院、国学专修学校，历任校长，长期主讲于该校，致力于阐扬中国的传统文化，为抢救祖国的文化遗产、培养古文献的研究人才作出了重大贡献。同时采用学分制，实行军训，并非一味拘泥于成法。1939年设分校于上海，名师荟萃一校。

唐文治先生一生殚精竭虑，锐意改革，积极进取，兴实业，办教育，育人才，其主旨在于认识、探寻中国社会与中国教育的近代化道路问题。所谓近代化，尽管在当时未曾明确提出，但按一般学者的理解，它本身就是发达的中心社会加诸落后的边缘社会上的一种“发展模式”的意识形态，事实上反映了落后的边缘社会文化形态的重新整合与塑造。鸦片战争以后，中国近代沦为落后的边缘社会，社会革命所追求的目标在一开始就是以西方发达的资本主义国家为未来“发展模式”的。如果说辛亥革命前的“中学为体，西学为用”是维护封建传统的保存主义的文化改良运动，那么辛亥革命后的新文化教育运动则是以反封建为目标的文化建设运动，它旨在突破乃至完全推翻中国传统的社会制度、文化教育制度，促使中国文化教育形态重新塑造。

中国近代化，这在当时的人看来，也绝不仅是指经济的增长，而是包括高技术、政治民主和非封建主义意识形态、人本身得到全面发展等多项社会发展指标在内的经济—政治—文化教育—人的全面近代化。辛亥革命以后到“五四”前后的新文化教育思潮，虽然当时各家各派所追求的发展模式，在理论和实践上都存在这样或那样的局限性，但是如果我们把这个思潮作整体观察，则这一文化教育思潮所追求探索的和努力实践的正是中国社会和中国教育的近代化。如蔡元培的完全人格教育论，主张人的全面整体发展，同时又主张学术自由、兼包并蓄，以推动中国学术思想和社会意识形态的变革。梁漱溟的乡村建设和晏阳初的平民教育实验，要求从中国社会的基础——乡村建设与改造开始，重构社会基层，重建家庭、伦理、文化等根基，铲除国民的各种劣根性，从平民开始形成近代社会、伦理、组织、家庭、政治等近代观念，养成近代社会生活与生产的能力与习惯。陶行知的生活教育理论与实践，要求以普及教育来提高国民文化素质，培养人民的政治民主观念和参与政治实践的能力，“探讨最合理最有效之新教育原理与方法，促进自觉性之启发，创造力之培养，教育之普及，及生活之提高”①。黄炎培的职业教育，提倡以高技术发展民族工业，要求科学技术成为社会生产力的因素。张謇的实业救国论，认为教育与实业有着密切的关系，办教育须有经费，而经费来源则依靠发展实业，实业的改造和发展，又必须依靠教育培养出各门各类的专门人才。唐文治先生则强调学

① 《生活教育运动十三周年纪念告同志》，《陶行知全集》第三卷，湖南教育出版社1985年版，第417页。

以致用，“试以制造器械之法与夫测量勾股之学”，“实心实力求实学，实心实力务实业”，培养造就“体用兼备”的人才。他大力贯彻“尚实”的教育思想，宣传教育的目的是“正人心，救民命”，是要培养振兴中华实业、挽救民族命运的专门人才。如此等等，都从某一方面或某一角度为探寻中国近代化道路，为谋求中国社会与中国教育的近代化作出了历史贡献，都在理论与实践方面冲决了封建旧教育的束缚，开创了中国教育近代化的新天地。

挽救世风，倡导中华民族崇高之人格

唐文治先生为了维持人道，挽救世风，积极倡导中华民族崇高之人格。他说：“诗有之：‘风雨如晦，鸡鸣不已。’今日吾国是何等景象？外人方讥我为无礼义、无教化之国，痛心曷已。剥极而复，当在此时。愿吾学者共雪此耻，更愿吾国民共雪此耻也。”①

1912 年他著成《人格》一书，示人以立身处世之标准。他在自编的《年谱》中说：“著《人格》成，余初欲作校训，后因胸中欲言者甚多，爰著此书，定子弟、学生、师友等凡五格，为一卷。”后一年又增《军人格》。他说：“人格者，人道也，人道有标准，合乎此者为人，不合乎此者非人；譬之学校试验然，若何而及格，若何而不及格。《礼记·缁衣》孔子曰：‘言有物而行有格也。’是谓之人格。”“是书宗旨，专在发明人道，示以当然之格。”在《学生格》一文中，阐述了作为学生应具备的基本品格，应分“诚”、“有恒”、“有耻”、“尚志”、“爱敬”、“尊师”、“公德”、“勤”、“俭”、“游息”等。在《师友格》一文中，阐述了对教师的要求和取友的重要，指出“务实”、“教法”、“爱护学生”三端，而最重要者，尤在以身作则。在《社会格》一文中，他反复申诫提高国民道德水平的重要性，他提出一是要重“信”，这是做人的根基；二是要“责己者严，责人者恕”，做到勿偏私，勿争名争利，而要多为他人着想；三是要讲求操守，在辞受取与之间，要合于道义。

他针对当时人心披靡、公德不明、礼义扫地、学风不正之通病，提出教育宗旨应以民德为先，然后于民智、民生、民力，次第注意，要有所先后。1913 年 3 月规定上海工业专门学校章程第一章宗旨曰：“本校隶属交通部，为国立

① 《茹经堂文集》一编卷二，文海出版社 1974 年版，第 207 页。

专门学校，教授高等工业专门学科，养成工业人才，并极意注重道德，保存国粹，启发民智，振作民气，以全校蔚成高尚人格为宗旨。”他针对当时社会混乱，有似二千四百多年前的战国时代，救之之道当以孟子之学为先。孟子提倡气节，斥绝贪利，故他以“人生惟有廉节重，世界须凭气骨撑”二语，勉励学生，做有益于国家民族的人。① 他说：“为直，为义，为严毅，为干固，此所谓真气节是也。”“世道衰微，吾人当转移风气而不为风气所转移。”② 他谆谆教导说：“处今世而言教育，必以尊崇人道为惟一宗旨。在座诸君，《孟子》所谓必有名世者，他日出而救人心，救民命，是吾国学会（按指苏州国学会）之光荣矣。”③ 他要求学生切记“正人心，救民命”六字，强调人道教化，教育为先，提倡取人为善，与人为善，先要有克己功夫，要能躬行实践，在日常行事中修养身心。④ 他反复陈说立国的本源在于继承发扬我国优秀文化，提出“欲拯民命，先救人心；欲救人心，先明正学”⑤。他论述人的道德行谊，出于专长之外，品行心术端正，才堪做领导，即为其人之“表”。论天下兴亡，古今得失，皆在一“表”字，有师表而后有君表，无师表不能治学校，无君表不能治国家。⑥ 他说：“君子教育，心术为先。”君子教育的目的，最终要达到“为天地立心，为生民立命”。⑦

他在1923年为《南洋大学年刊》作的序言中曾这样说：“夫人心正，而后有真正之学问，而后有真正之是非，而后有真正之人才。”又说：“政者，正也，未有身不正而能正人者也，未有心不正，而独能正其身者也。”⑧ 他还说过：“余平素讲学宗旨，惟以正人心，救民命为急，然？诸空谈无益也。”⑨

唐文治先生是著名的国学家，他对中国传统文化与传统道德有深刻的研究，有真实的体验，认为它是研究人的心性、提高人格、净化心灵的学问，它探讨的是人生的方向，它触及的是人的心灵的最深层次，它涵盖的是人的真性

① 《茹经堂文集》六编卷五，文海出版社1974年版，第2182页。

② 《茹经堂文集》五编卷六，文海出版社1974年版，第2038—2039页。

③ 《茹经堂文集》三编卷三，文海出版社1974年版，第1317页。

④ ⑦ 《茹经堂文集》四编卷四，文海出版社1974年版，第1632—1637、1610—1613页。

⑤ 《茹经堂文集》五编卷五，文海出版社1974年版，第1955—1956页。

⑥ 《茹经堂文集》三编卷二，文海出版社1974年版，第1278页。

⑧ 《茹经堂文集》一编卷四，文海出版社1974年版，第282页。

⑨ 《无锡国专三十七年度毕业纪念刊序》。

情、真生命、真智慧，对于学习中国传统文化与传统道德，应当强调时代的悲情和个人真实修养的感受，对它的理解与把握，取决于人们对人类的关切所达到的深度。认为必须以自己的生命去体验，以自己的身心去研究，以自己的心灵去撞击，以自己的人格去呼应与契接，从安身立命、提高人格、净化心灵的角度去领悟，路数就对了。如果仅把它当作一般的知识、学问、哲理去学习，与自己心灵深处不相干，那肯定不会有真正的收获，肯定不会达到“正人心，救民命”、“为天地立心，为生民立命”的目的。

现在人们有感于思想的滑坡、道德的沉沦，我们的传统文化与传统道德面临着新的挑战，尤其是金钱至上、贪污腐败的挑战。一个人，一个民族，生活在世界上总是要有“家”可归的。然而工业化、商品化，带给当代人的病痛主要是精神上流落街头，无家可归。一些人心灵方寸之地，良知良我之所，已告沉沦，失去了心灵的归乡与故园，因此，唐文治先生所弘扬的中华民族的传统美德和崇高人格，所讲求的人之所以为人之道，所提倡的精神境界和人格修养，所尊崇的气节操守和道义担当，所重申的做人原则和治世原则，所阐述的人生意义和人生价值，在今天不仅没有过时，而且还有普遍价值和深远意义。

一个民族不可能没有道德生命、文化生命。一个民族糟蹋道德生命、文化生命，同时也就糟蹋民族生命。道德生命、文化生命不可摧残太甚，一个民族是经不起这样摧残的。真正的有识之士所考虑的是应如何领悟唐文治先生反复强调的“正人心，救民命”的真实含意，应如何回复人的本位，保持人的尊严，建立自己的道德人格，挺立自己的道德人品，调治当下的人文环境，孕育出能够担起中国未来现代化所需要的德业俱健、素质极佳的跨世纪的人才。

就全世界范围的现代化来说，包括西方的现代化，不借重于自己民族传统的精神文化资源和传统美德，是根本不可能成功的。西方现代化以古希腊罗马文明、基督教精神和近代人文主义作为自己的源头活水，东亚现代化则以中国古代的儒家文化作为自己的源头活水。那么中国的现代化也必定不可能将传统优秀文化和中华民族的传统美德、崇高之人格弃之如敝屣，否则，那就是无本无根的现代化。人们在当今的现代化建设中，已开始惊呼中国物质资源的匮乏，然而还没有更多的人认识到中国精神资源由于近世以来片面地践踏传统所造成的严重匮乏。物质资源的短缺是一个有形的问题，精神资源的匮乏则是一个无形的问题。无形的问题无所不在，无孔不入。所以我们说，当前重温唐文治先生“正人心，救民命”的呼唤，重新发现、发掘、回采中国传统美德和崇高人格丰富的精神资源，并加以调适上遂的发展是有重大意义的。因为它所提供的根源意识和人文睿智，对于现代人际关系日益疏离、当代人“无家可归”的病痛，有着治疗学的意义，对于现代人生的安立和维护国内安定团结、统一中华，弘扬一种博大的同情心和责任感、历史使命感，具有较高的价值。这是当前社会主义的物质文明与精神文明建设中不容忽视的问题。

振兴中华，高举爱国爱民的伟大旗帜

唐文治先生始终把国家、民族乃至天下苍生记在自己的心坎上。他办教育的指导思想就是为国贮才。他在《蓄艾编》的《论整理学部》一文中指出：“人才者，国家之命根也；学堂者，又人才之命根也。”他把培养人才的学堂，看成国家、民族的命根子。他要培养的人才是：“中国最要者，在造就领袖人才……故鄙人办学时不自量力，常欲造就领袖人才，分播吾国，作为模范。”他所说的领袖人才，即为有领导才能的人才。他又说：“须知吾人欲成学问，当为第一等学问；欲成事业，当为第一等事业；欲成人才，当为第一等人才。而欲成第一等学问、事业、人才，必先砥砺第一等品行。”① 只有这样才能“他日出而宏济艰难，救我中国”②。又说：“唯余平日之志愿，在造就中国之奇才异能，冀与欧美各国颉颃争胜。”③ 他要贮备的是“将来为救我中国之用”的第一等人才。在他看来，唯有造就大量奇才异能的第一等人才，才能救中国，才能超过欧美各国，才能振兴中华。他说：“要知限制我之人才，即限制我之国力。”④“人才之兴废，乃国家盛衰之几。”⑤ 他苦口婆心劝勉学生：“吾国情势，日益危殆，百姓困苦已极。此时为学，必当以正人心、救民命为惟一主旨，务望诸生勉为圣贤豪杰，其次亦当为乡党自好之士，预储地方自治之才，惟冀有如罗忠节、曾文正、胡文忠其人者，出于其间，他日救吾国，救吾民，是区区平日之志愿也。”⑥ 此亦表达了他爱国爱民之情怀。

“九一八”事变之后，唐文治先生目睹国难深重，在中华民族存亡之际，

---

①② 《茹经堂文集》三编卷一，文海出版社 1974 年版，第 1238、1239 页。

③ 《茹经堂文集》三编卷六，文海出版社 1974 年版，第 1401 页。

④ 《茹经堂文集》四编卷四，文海出版社 1974 年版，第 1649—1650 页。

⑤ 《茹经堂文集》二编卷七，文海出版社 1974 年版，第 997 页。

⑥ 《茹经先生自订年谱》庚申五十六岁，文海出版社 1974 年版，第 2325 页。

他提出了“明耻教战，振兴中国”的立教方针。他在国专学生食堂挂了一块匾，上面写道：“世界龙战，我惧沦亡，卧薪尝胆，每饭不忘。”时刻提醒学生不忘雪耻。他说：“深望吾国青年，从事修养，动心以至其灵警，忍心以致其深沉，上之为圣贤，次之为英雄，振兴中国，深望诸生勉之。”“鄙人常谓智勇二字，为求学要素，然智不深，勇不沉，浮躁浅露则不足成事，适足害事。试观越王勾践之事吴，生聚教训，卧薪尝胆，何等韬晦。”①

他从爱国爱民的思想出发，提倡为国贮才，主张正人心，救民命，其目的就是为了挽救危亡，振兴中华。他认为教育的重要任务是培养人才，这是振兴中华、建设国家的命根子。认为只要有了砥砺品德、擎天拔地的人才，就不怕外来帝国主义的侵略，不怕祖国不能富强起来。他为了挽救世风，提出正人心，救民命，号召人们以天下为己任，人人从自己做起，克己自律，转变世风。他特别重视对学生进行爱国爱民的气节教育，他在学校大礼堂里曾悬挂一副对联，作为砥砺学生品德的座右铭。

好学近乎智，力行近乎仁，知耻近乎勇，虽愚必明，虽柔必强；

富贵不能淫，贫贱不能移，威武不能屈，所存者仁，所过者化。

他平时讲授文章，如诸葛亮的《出师表》，欧阳修的《泷冈阡表》、《五代史伶官传序》，李华的《吊古战场文》，范仲淹的《岳阳楼记》等，确实是至性至情之文，激发学生爱国爱民之感。中华民族在长期的民族生存和发展中，逐步凝结巩固起了对祖国深厚的爱国主义情感，形成了精忠报国的浩然正气和民族气节。“见义勇为”，“当仁不让”，“杀身成仁”，“舍生取义”，“以天下为己任”，“先天下之忧而忧，后天下之乐而乐”，“居庙堂之高则忧其民，处江湖之远则忧其君”，“国家兴亡，匹夫有责”，“落红不是无情物，化作春泥更护花”，“天行健，君子以自强不息”，“地势坤，君子以厚德载物”，这些都是唐文治先生生态良心的永恒咏叹，这些都是振兴中华的精神原动力！从他的教育思想和教育实践中，彻始彻终体现了他是一位近代爱国爱民的伟大教育家。

唐文治先生的教育思想是非常丰富的，集中到一点，那就是教育为立国之本，教育要为振兴中华而服务，教育不应被片面地理解为科学技术知识的传递，还应强调道德人格和人文精神的重建。中国传统教育的终极目的是培育民族精神，淳化代代人风，提高人的心灵素质，帮助人们修养身心，达到一种真

① 《唐蔚芝先生演讲集》第一集上卷，交通大学出版处1929年版。

善美统一和谐的人格境界。不管现代社会科技、商业如何发达，不管我们从事的现代职业如何先进、精密，人性的培育，心灵境界的提扬，人们从实然的人向应然的人的超越，总是不可替代的。这对于人类、国家与人的自身来说，都是生死攸关的大问题。因此人类现代化事业的一个重要的建设层面是人性的培育、道德人格的提扬。从长远的观点来看，应当把人的心性建设放到一定的高度，对人类心性的关怀，才是终极的关怀、最根本的关怀。这就是唐文治教育思想的历史价值和现实意义。

陶行知关于社会大学的思想和实践*

陶行知（1891—1946），安徽歙县人，我国现代伟大的人民教育家、坚定的民主战士、大众诗人。他毕生致力于人民教育事业和民族民主革命运动，创建了南京晓庄试验乡村师范学校（即晓庄学校）、山海工学团、育才学校和重庆社会大学等颇具影响的学校，系统提出和阐述了独具特色的生活教育理论，不仅在当时国统区、老解放区有很大影响，而且也影响到国外。时至今日，陶行知教育思想的光辉仍熠熠闪烁，为我国教育现代化事业提供了宝贵的借鉴。适逢陶行知先生诞辰一百周年纪念之际，我们更加缅怀、追思陶行知先生的不朽功绩。为了更好地学习陶行知，我们应加强对陶行知教育思想和实践的研究。在此，我们仅就陶行知先生关于社会大学的思想和实践进行一些初步的探讨，抛砖引玉，愿有更多的有志者加入我们的行列，为全面、深入、准确地理解和把握陶行知先生教育思想和实践的精髓并与现实相联系作出新的努力。

一

陶行知关于社会大学的思想有一个发展的过程。它的源头就是生活教育理论的提出，“生活即教育”、“社会即学校”的本质含义中就有这样的意思：教育为人类社会生活所原有，教育在种种生活中进行，教育是终身性的活动，人人都是教师，也都是学生，随时随处都是课堂、教材。1936 年《中国大众教育问题》的发表标志着陶行知关于社会大学思想的初步形成，其中“新大学”的构想为社会大学思想的前身。1945—1946 年是社会大学思想明确提出、系统阐发并实际实践的时期，是陶行知先生关于社会大学思想和实践的最后阶段。

陶行知先生关于社会大学的论述是全面、系统、深刻的。他把社会大学分

* 本文系与王文宝同志合作，原载《高等师范教育研究》1991 年第 1 期。

为两种：无形的社会大学和有形的社会大学，并分别论述了两种社会大学的方方面面以及它们共同具备的办学指导思想——社会大学之道。

首先，陶行知先生认为“无形的社会大学，是只有社会而没有‘大学’之名。它是以青天为顶，大地为底，二十八宿为围墙，人类都是同学，依‘会的教人，不会的跟人学’之原则说来，人类都是先生，而且都是学生，新世界之创造，是我们的主要的功课”①。寥寥数语，明确地道出了无形的社会大学的性质、规模、教师、学生、教学原则、学习内容。很显然，这是陶先生一贯倡导并长期实践的生活教育理论的新的综合运用。

陶先生非常重视无形的社会大学，给予它很高的评价：“它是一个最伟大的大学，最自由的大学，最合乎穷人需要的大学。”②并进而规定了社会大学运动的第一个任务就是“要给无形的社会大学一个正式的承认，使每一个人都承认这无形的社会大学之存在”，“把它当作我们自己的宝贝，运用它来教育我们自己，使自己和同伴近邻养成好学的习惯，活到老，学到老，进步到老。把这个意思打进每一个人的心里”③。还以老教育家黄齐生先生“因这无形的社会大学而有所成就”④为例证证明无形的社会大学的伟大作用。

这里需要特别指出的是，陶行知先生关于无形的社会大学的论述是从当时绝大多数劳苦大众不能享受正规学校教育的情况下提出的，是进行全民社会教育探索的一种尝试，而决不可等同于“学校消亡论”。陶行知先生一生的教育实践证明他绝不是“学校消亡论”者，他一生创办了多所学校，并且都获得了重要的历史地位。他关于无形的社会大学的论述用意在于唤起人们自觉的求学意识，指导人们建立起互相帮助、互教互学的新型人际关系，推动学校教育与实际生活相联系的教育改革。

其次，关于有形的社会大学，陶先生认为它有多种多样的形式，有夜大学、早晨大学、函授大学、新闻大学、旅行大学、电播大学等。他还建议“先办夜大学，夜间求学无人管”⑤，与夜大学相对的是早晨大学，“有些地方的职业青年，早晨要到九点钟才上工。早晨可以进行二三小时的学习，便可以开办早晨大学，以应这种青年之需要”⑥。“可能进夜大学、早晨大学的青年，依我估计中国足足有四百万人。”⑦“次办函授大学，文化交流信来往。”“再办新闻

①②③④⑤⑥⑦ 陶行知：《社会大学运动》，中央教育科学研究所编：《陶行知教育文选》，教育科学出版社1981年版，第343、343、343、343、339、344、339页。

大学，运用报纸助座谈”①，即“以好报为中心，辅以好杂志，并助以经常的座谈会”②。“再办电播大学，广播教育范围广。太太和老妈，在家里也能听讲。电影教育更深刻：谷子变成秧，秧又变谷子，可以见生长。原料出矿山，走进机器房，几个弯一转，飞机出工厂。”③极其生动、具体、形象地说明了广播、电影的特殊教育功能，设电播大学的思想确具预见性，实属难能可贵。“最后办旅行大学”④，“包括海陆空三方面”⑤，“东南西北和中央，还要渡海漂洋。跟老百姓学习，陪着老百姓向前向上长”⑥。

有形的社会大学在社会大学运功中占有重要的地位。“普及与发展夜大学、早晨大学，是社会大学运动的第二个任务。”⑦而有效地发挥函授大学、电播大学、新闻大学和旅行大学“是社会大学运动的三个任务”⑧。

陶行知先生还指出：“要真正把社会大学办起来……它的条件就必须‘简单’，只有简单才易实行，普遍起来。”⑨ 而所谓“简单”，即只包含三个要素：热心的教授、好学而有大学学力的失学青年、大学之道。并举中外教育史上的著名人物孔子、苏格拉底的办学实践为例证，强调指出：“特别是中国，他是不需要弄一些不必要的东西来阻挠大学之发展的，什么洋房哪，基金哪，立案哪……有了这些就不可能顾到这么多的广大青年求学，惟其易行，就容易普遍。”⑩认为社会大学的创办方式应是独特的，可有三种：第一种，“好学的青年团结起来，自己发起，自己筹备、筹款，自己推董事，选校长，开出聘请教授名单”⑪；第二种，热心的教授团结起来，找好学的学生和自己的朋友，合力创办；第三种，社会贤达团结起来，找热心的教授、好学的学生，共同创办。

陶行知对有形的社会大学从形式、创办次序到办学原则、办学方式都作了周到的论述，既具有理论意义，又具有指导实践的作用。它既具有鲜明的时代特色，又不乏对教育发展趋势的先见之明。

最后，陶行知先生重点剖析和阐述了社会大学的办学指导思想——大学之道。认为“社会大学，无论是有形的无形的，要有一个共同的大学之道”⑫。

陶行知最早论述大学之道的是1936年5月发表的《新大学》，文中引用了

---

①②③④⑤⑥⑦⑧⑫　陶行知：《社会大学运动》，中央教育科学研究所编：《陶行知教育文选》，教育科学出版社1981年版，第339—340、344、340、340、344、340、344、344—345、345页。

⑨⑩⑪　陶行知：《谈社会大学》，华中师范学院教育科学研究所主编：《陶行知全集》第三卷，湖南教育出版社1985年版，第592、593、593—594页。

儒家“四书”之一《中庸》里的话“大学之道在明明德，在新民，在止于至善”。但他根据自己的见解改变为“大学之道在明大德，在新大众，在止于大众之幸福”，① 并解释说“大德”是大众之德，其内涵有觉悟、联合、解放三项，“明大德”就是要教大众明白大学；“新大众”是与大众自新，教大众在真理的大海里洗澡，保持头脑常醒，认识痛苦之源和克服痛苦之路；“止于大众之幸福”则要求一切课程设施都要服务于人民大众的幸福。但陶行知在1939年9月30日《行知备忘》中提出了一种新说法：“新大学：明大德，亲大众，止于大众之幸福。”② 1945年1月又在《行知备忘》中提出：“社会大学之道在明大德，在亲民众，在止于大众之幸福。”③ 1946年创建重庆社会大学时形成定论：“大学之道：在明民德，在亲民，在止于人民之幸福。”④

与《中庸》比较，陶行知先生所论大学之道具有全新的内涵和历史进步意义。其主要表现在：第一，“明民德”，“首先要明白人民的大德”⑤，以人民的利益为根本，突出地体现了陶行知教育思想的人民性。“人民的大德”主要有四个方面：(1) 觉悟，即人民的民主觉悟。(2) 联合，即全国四万万五千万人民的有力团结。(3) 解放，即陶行知先生长期倡导的“六大解放”——头脑解放，双手解放，眼睛解放，嘴解放，空间解放，时间解放。(4) 创造，即运用通过“六大解放”而培养出来的创造力创造新自己，创造新中国，创造新世界。第二，改“新民”为“亲民”，含义更深刻、确切，更符合生活教育理论的精神。据1945年1月27日《行知备忘》中所提“下凡——亲民”的课题，“下凡”是包括“教育下凡”、“艺术下凡”、“科学下凡”和“哲学下凡”在内的全面的“文化下凡”，“下凡”的步骤分为四个：(1) 加入老百姓的队伍；(2) 跟老百姓学，改造自己；(3) 产生老百姓需要之教育，改造百姓；(4)“引导老百姓自己办教育，共同创造”。⑥ 也就是说“我们要钻进老百姓的队伍里去和老百姓亲近，变成老百姓的亲人”⑦，“要跟民众学，和民众站在一条战线，改造民众，改造自己，改造世界”⑧。在此，陶先生还严厉批评了当时的“一

---

① 《新大学》，华中师范学院教育科学研究所主编：《陶行知全集》第三卷，湖南教育出版社1985年版，第72页。

②③⑥ 《行知研究》1990年第3期。

④⑤⑦ 陶行知：《社会大学运动》，中央教育科学研究所编：《陶行知教育文选》，教育科学出版社1981年版，第345页。

⑧ 《行知备忘》第四十八册，1945年1月27日。

般民众教育，没有民众，也不为民众所有。一般平民教育，没有平民，也不为平民所有”① 的现象，重申了“社会大学有群众，并为群众所有”② 的主张。第三，“止于人民之幸福”，就是要求“一切的学问，都要努力向着人民的幸福瞄准……照着人民所愿望的福禄寿喜四大幸福进行，我们的学习才于人民有益，才配称为社会大学”。③ 而人民的“四大幸福”的具体内容是：“福——和平，安全，乐业，自由，兼相爱，学习机会均等。禄——吃得饱，穿得暖。寿——健康，长寿。喜——娶媳妇，生儿子，生孙子。”④

显而易见，陶行知先生关于社会大学之道的表述虽仅寥寥十数字，却具有异常丰富的内涵，它是陶先生批判性地继承传统并进行大胆革新的结果，是他在历经平民教育、乡村教育、普及教育、国难教育、抗战教育时期之后于民主教育时期取得的一个综合性成果，凝聚了他几十年在教育思想和实践上努力探索的心血，是一帧反映陶先生教育主张的全息缩影，是社会大学思想的核心内容和生活教育理论的重要组成部分。

社会大学的思想是从生活教育的基本理论中引申出来的，是生活教育理论的新发展、新阶段。而1946年建立的重庆社会大学则是在社会大学的思想指导下开展和进行的，在实践中的多方面、多形式的具体探索又进一步验证和丰富；社会大学思想，扩大了生活教育理论的实际应用范围，把生活教育运动推向了一个新的境界。因此，对重庆社会大学的个案具体研究，也就获得了十分重要的地位。

二

抗战胜利之初，全国人民强烈要求结束国民党的一党专政，建立和平、民主的新中国，但国民党反动派却掠夺胜利果实，蓄意发动内战，强化法西斯统治。1945年8月，毛泽东、周恩来、王若飞来到重庆，经过激烈的谈判斗争，签订了《双十协定》，不久召开了各党各派参加的政治协商会议（旧政协）。在这期间，重庆的民主运动空前高涨，反对国民党独裁专制、阴谋内战的倒行逆

①②④ 《行知研究》1990年第3期。

③ 陶行知：《社会大学运动》，中央教育科学研究所编：《陶行知教育文选》，教育科学出版社1981年版，第345页。

施行径。当时为中共中央南方局支持、由陶行知主持的生活教育社等社团出面组织举办的星期六“民主讲座”（地点在重庆和平路管家巷二针八号育才学校驻渝办事处），邀请各方面的知名进步人士讲演政治时事，吸引一大批进步青年。很快地，这些如饥似渴的进步青年不满足于内容比较零散、时间间隔较长的星期六讲座形式，迫切要求进一步组织起来，系统而又深入地学习、研究关于马克思主义和中国革命的理论。在中共中央南方局周恩来、董必武、吴玉章等同志的支持下，由陶行知、李公朴、方与严直接领导，几位经常听“民主讲座”的积极分子金采堤、翁维章、王性容、陈作仪、李企实、周西平等人多方奔走，经过商量筹划、发起创办“社会大学”的倡议，成立校董会、募集经费、借用校舍及办理招生等一系列事务，从开始筹备到正式开学仅用了二十多天时间（1945 年 12 月 23 日—1946 年 1 月 15 日），一所崭新的民主大学——重庆社会大学创立起来了。

陶行知先生深知教师质量对于学校教育工作的决定性意义，一贯重视选聘、任用有真才实学、品德高尚的教师。从晓庄到育才办学的成功经验中，建立一支精良的教师队伍始终是重要的一条。在社会大学，他把“有热心的教授”、“有学问的教授”列为立学必要条件之一，在中共中央南方局、中国民主同盟及知名进步人士的大力支持下，迅速地聘请到了几十位著名的专家、学者，其教师队伍阵容之强为当时国内文科大学所罕见。如为各系开设共同必修课的为翦伯赞、华岗、邓初民，任政治经济系教授的有许涤新、王昆仑、侯外庐、罗克汀、章乃器、何思敬，任文学系教授的有徐荇、宋云彬、杨晦、胡风、何其芳、骆宾基、艾芜、黄芝岗、力扬、曹靖华，教育系教授为孙起孟、潘菽、李公朴、陶行知、方与严、孙铭勋，新闻系教授为陈翰伯、张友渔、宣谛之、于刚、章汉夫、潘天觉。来社会大学举行专题讲座和作专题报告的也都是著名人士，如秦邦宪、邓发、田汉、于怀（乔冠华）、柳湜、郭沫若、冯玉祥、沈钧儒、章伯钧等。这些老师不仅学识渊博，而且热心支持社会大学，他们来社大讲课、作报告基本是尽义务的，不仅不要课酬，许多人连社大给的往返车马费都捐给了社大。

重庆社会大学的招生遵守这样的原则：“只要能听讲而又能记笔记，便有入学资格。”① 应考者多为职业青年，有小报童、公共汽车售票员、中小学教

① 陶行知：《社会大学运动》，中央教育科学研究所编：《陶行知教育文选》，教育科学出版社 1981 年版，第 344 页。

师、小公务人员、小工商业者，还有少数失业青年和在校学生。因当时政治斗争形势尖锐、复杂，为防止国民党特务分子混入社会大学，社大采取了必要的防范措施：不公开招生，报考者须有中国共产党党员或民主党派知名人士的介绍，举行统一的入学考试。笔试内容为：论文1篇，中文自传1篇，英文自传1篇，口试。先后经考试录取的第一期学生共197名，其职业分布为教员56人，文化工作者38人，公务员44人，工商业者27人，失业者26人，在校学生4人；性别分布为男生130人，占76%，女生67人，占24%；年龄分布为：18—25岁为161人，26—35岁为61人，35岁以上者1人；学生籍贯分布在当时全国的17个省，还有南洋、朝鲜等外籍学生。因此，社会大学又有"国际难童学校"之誉。

社会大学的学校管理实行民主自治制度。学校设有校董会，冯玉祥任董事长，董事有冯玉祥、张澜、沈钧儒、饶国模、任宗德、史良、周宗琼、陶行知、李公朴，校长陶行知，副校长兼教务长李公朴（后由方与严任教务长）。学生组织起学生自治会，负责学校各项具体事务，并参与学校最高决策机构——由校董、校长、学生自治会三方组成的联席会议。从学校建制、学生日常行为管理到学习小组的活动、期终考试方法甚至考试与否等重要问题，学生自治会都拥有很大的决策建议权甚至可以完全自决。这无疑又是陶行知先生生活教育理论和实践的体现，是探索新型民主办学模式的有益尝试，为当时国内所仅见，具有巨大的历史进步意义。

重庆社会大学初设政治经济系、文学系、新闻系、教育系、民间艺术系等5个系，但不久即由于民间艺术系学生人数过少而经师生共同议定并入文学系，因此尚有4个系。各系学制均为2年8个月。一年分为3个学期，每个学期为4个月16周，每周6个晚上上课，每晚4节课，每节课45分钟。修业年限根据事实需要可以适当延长或缩短。第一期即因复员关系提前2周结束。

各系课程由三个部分组成：共同必修课、专业课、临时特约专题讲座。据统计，第一期各系共同必修课科目及周课时为：中国通史，2；中国近百年史，3；政治问题，3。政治经济系专业课科目及周课时为：经济学，2；现代政治问题讲话，2；中国学术思想史，2；哲学，2；现代经济问题讲话，2；宪法，2。文学系专业课科目及周课时为：语文学，2；中国文学史，3；文艺思潮，2；创作方法，2；作品选读，2；民间戏剧，2；诗与习作，2；苏联文学，2。教育系专业课科目及周课时为：教学法，2；普通心理，2；十字教育（此课包括教育思想史及比较教育），2；民主教育，1；生活教育，3；幼稚教育，2。新闻系专业课科目及周课时为：新闻学概论，2；时事分析，2；社论研究，2；报馆管理，2；美国新闻事业，2；苏联新闻事业，2。临时特约专题讲座的题目有《辩证唯物论的几个法则》、《解放区民主政府的工业和劳工政策》、《欧洲职工运动》、《西南地区的文化活动》、《国内局势问题和国际局势的关系和影响》、《边区民主教育的新气象》、《我怎么研究古代史》等。由此可以看出，社会大学课程设置的知识性、战斗性、针对性都是很强的，不仅使学生们提高了基本理论知识，也使他们认清了当时时局中的种种问题。

为了明确新的培养目标、端正学习方向，陶行知与李公朴协商提出了社会大学的教育方针，它包括人格教育、知识教育、技术教育、组织教育四个方面，而以人格教育为重心。各育的任务既有区别而又密切相关。人格教育要树立革命的人生观和正确的宇宙观，知识教育要完成政治、经济、科学的基本知识的学习，组织教育要培植并发展每个人的组织才能，技术教育要以自动的、集体的、随时随地的学习方式掌握学习的规律。

为贯彻教育方针，社会大学创造地采用了新的学习方法、考试方法和实习制度。在学习方法上提出了四个基本的要求，即主动的、实践的、集体的、正规的。全校学生按系、按地域划分组成若干个10人左右的学习小组，每个小组有正、副组长各1人负责领导、组织学习活动，有的小组长派任学生自治会干事。在学生自治会系统中设有按学习兴趣组成的研究小组，如读书研究组、笔记组、时事研究组、戏剧研究小组、音乐研究小组等。教授既负指导个别学生之责，也回答学习小组提出的问题。真正做到“自学为主，教授为辅”，着重培养学生的独立思考、集体钻研、互相帮助的精神。

社会大学废除了一般学校的考试制度，建立了一个全新的学习进度考查办法。它包括五个部分。(1) 对本学期的每门课程，根据生活教育理论的“教学做合一”原则写出心得，说明学到了什么、教给了别人什么、做到了什么，作一个完整的学习总结。(2) 问题回答。实行开卷考试，可以翻阅资料，允许交换意见，留给撰写时间，但要求须写出自己的真正认识。(3) 各学习小组写出小组学习总结，作为集体的答卷。(4) 集体的专题研究。由3—7人组成一个专题研究组，自由组合，自选课题，分别准备，集体研究，写出一篇专题研究的论文。(5) 每人写一篇一学期来的学习、生活的态度和作风上的自我反省。考查结果不打分数，至多只是评定一个等级，说明各位同学的学习进度，增强其继续努力学习的信心。

这种新的学习和考试方法，有效地调动了社大学生学习的积极性，促进了良好学风的形成。一时间专题研究在社大风行起来，许多同学选择了与实际生活相关联的课题，如“中国封建社会问题”、“哲学问题”、“文学上的现实主义问题”等。同学们觉得虽然“在白天沉重的工作负担之余，夜上又有浩繁的学习任务，却都进行得生动活泼，表现得生龙活虎，感到‘日新又新’，收获很大”①。可见社大的教学取得了极大的成功。

社会大学的实习由于受政治环境的限制不能有系统、有计划地进行，但在中共中央南方局和中国民主同盟的支持下，除了积极参与当时各种民主活动以锻炼实际的革命才干外，还以中国共产党主办的《新华日报》和民盟的《民主报》为阵地，发表社会大学师生联系实际的消息、通讯、文章、影评、剧评，甚至通过某些所谓“民主报纸”中的中共地下党员和民主进步人士发表社大学生的调查报告、政治经济论文和文学艺术作品。新闻系学生还曾前往《新华日报》社实习，实地了解报社运营的全过程，增长实际的新闻工作能力和报业经营能力。

由于社会大学是民主教育实践的初步尝试，因此它的生存状况和发展前途自然就与当时国内民主进程息息相关。其实，在社大成立伊始，一场与反动派捣乱、破坏作斗争的序幕就拉开了。因为社大的教育方针、教育内容和当时的政治情况，社会大学不可能获得合法的地位，社会大学也没有向国民党政府办理登记注册手续，只是本着陶行知先生的“简单”原则办起学校，条件自然很艰苦。社大开始招生不久，就有两个神态异样的青年要求报名，他们拿着国民党重庆市社会局局长包国华署名盖章的介绍信。为了对付这个挑衅，社大根据中共中央南方局青年组组长刘光的建议，以公事公办的形式通过英文考试把他们淘汰掉。还有一次，冯玉祥将军来作专题讲演，墙外有人向里扔石头，打着旁听的人。为了同学们的安全，社会大学采取措施，下课后以同学住地分片，一道离校回家。最严重的还是 1946 年 3 月 7 日重庆市教育局受国民党教育部“训令”来社会大学视察之举，“视察人员”要社会大学筹备基金、履行立案手续，并且有“设备简陋”的批语。社大的生存面临严峻考验。陶行知则据理力

① 重庆社会大学育才学校校史研究会编：《大后方青年运动参考资料——重庆社会大学》，重庆出版社 1984 版，第 24 页。

争，他承认社大“简单”，但认为“简单才易行”①。“简单”正是社会大学的立学原则。他对“陋”则加以批驳，认为“有学问的人当教授，好学的青年做学生，又有新的大学之道来贯彻作指针，可以说得是‘君子办之，何陋之有’？”②陶行知先生为社会大学的辩护确实有理有据，但反动派对社会大学的忌恨并不因此而消解，他们越来越想尽快拔掉社大这颗“眼中钉”。

陶行知先生对社会大学的命运与民主政治的紧密关联非常清楚。他说：“我这个计划（指创办社会大学的计划——引者注）是已经有了十年，从前未提出来，是因为在那么一个政治的环境里不可能。现在，政协会成功了，而且这一计划也正符合了政协决议中的要求，才试办。”③“假如政治民主了，政府就一定会顾虑到这一些青年，给他们以受大学教育的机会，办大学来普及这一类的高等教育的。将来还不止是一个社会大学，而遍地都会办起来的。”④但将来“如果是法西斯政治，这一个学校是不可能存在。所以社会大学之前途，将来是决定于政治是否走上民主之路，或停留在法西斯主义，或真假不明的阶段”⑤。

后来的历史事实证明，陶行知先生的预见是非常正确的。在国民党法西斯统治之下，社会大学副校长李公朴惨遭特务暗杀，大批民主进步人士受到残酷迫害，陶行知本人也被列入特务暗杀的“黑名单”，终因过度劳累和激愤，于1946年7月25日患脑溢血逝世。在这严重的形势下，史良、邓初民两先生挺身而出，继任校长、副校长之职，领导社大师生继续斗争。1946年9月13日社会大学第二期正式开课，有学生100多人。1947年3月国民党当局终于查封了社会大学。为期一年两个月的重庆社会大学被迫关闭后，部分学生骨干先后建立了地下的社会大学校务委员会和社会大学革命行动委员会，积极投入人民解放战争的各项活动。

重庆社会大学公开存在的时间纵然很短，但它在历史上的功绩却不可磨灭。从当时的历史条件看，社会大学得到了中国共产党、中国民主同盟和许多进步民主人士的支持，积极参与了当时的民主活动，成为国统区人民民主运动的一座营垒，发挥了积极、可贵的政治作用。社会大学作为对进步青年进行马克思主义革命教育的基地，培养了近300名各种革命人才，在人民解放事业和

---

①②③④⑤ 陶行知：《谈社会大学》，华中师范学院教育科学研究所主编：《陶行知全集》第三卷，湖南教育出版社1985年版，第594、594、594—595、594、595页。

新中国建设事业中发挥了重要的作用，至今仍有部分社大学生活跃在各条战线上；社会大学吸引、团结和教育了一批青年投身人民民主革命，成为坚贞不屈的革命者，在新中国成立前被国民党反动派逮捕并杀害的14位社大学生中，已知其中11人是中共党员，2人是党的外围组织成员，这14人无一叛变投敌，都从容就义，这是社会大学的光荣和骄傲。这一切都说明了重庆社会大学的实践取得了巨大成功，它的光辉业绩将永远彪炳史册。

三

陶行知先生关于社会大学的思想和实践不仅具有重要的理论意义和历史意义，而且还具有很强的现实意义。在改革浪潮汹涌澎湃的今天，我们不难从陶行知先生关于社会大学的思想和实践中获取许多有益的启示，现仅罗列其大者如下。

第一，以“生活即教育，社会即学校”为理论基础，树立大教育观念，切实做到陶先生所说的“社会教育以社会为大学”、“社会大学以全社会人为先生、同学、学生”①。充分认识和承认无形的社会大学的伟大作用，注重随时随地随事随人地学习，形成全社会尊重知识、热爱学习的良好风气，促进社会主义精神文明建设。并注意充分运用现代化手段有效地开办各种各样的函授大学、新闻大学、电视广播大学及夜大学、早晨大学等有形的社会大学，务使教育普及面日益扩大，形成多层次、多方位的立体的全民教育网络，提高整个中华民族的文化水平。

第二，更新办学观念，打破依靠国家办教育的模式，多方面、多渠道兴办学校。陶先生曾主张社会大学可由教师、学生或社会各界贤达人士发起创办，我们今天还以探索和试行正规大学附设、多所大学合作、大学与社会合作、民办公助、利用侨资外资以及多方面集资等形式来开拓社会主义教育道路，繁荣社会主义教育事业。

第三，从中国实际出发办学。根据目前大部分地区社会经济发展状况还比较落后的具体国情，尤其要注意从“简”办学。陶先生曾提出“简”的三要素：热心的教授、好学的学生、新的办学指导思想。当前需要重视的是要坚决贯彻社会主义教育方针，坚持为人民服务的方向，切切实实地为人民谋幸福，

① 《行知研究》1990年第3期。

而决不能允许以办教育为幌子招摇撞骗、坑害群众的现象存在。

第四，高度重视和大力发展成人高等教育。陶先生在当时就认为，中国至少有 800 万人需要受高等教育，“但正规大学数量不多，无法容纳，且大多数都无力进正规大学。因此，解决他们的教育问题，的确是件大事。国家应对他们负责，社会也应对他们负起责任来”①。据测算，1990—2000 年我们各类高中阶段的毕业生直接进入社会的总数将超过 7 000 万人，其中相当一部分人的深造问题，只有靠发展成人高等教育才能解决。因此有必要借鉴重庆社会大学的成功经验大力发展成人高等教育，为社会主义现代化建设事业培养更多更好的人才。

第五，确立以通过“六大解放”培养创造力作为当前教育改革的核心，并相应地改革教学制度。山西永济卿头小学提倡“六大解放”取得成功的经验可资借鉴。这所学校根据陶行知先生的思想，在教育中做到：(1) 解放学生的眼睛，让他们多看，开阔视野，丰富生活，学生收益甚大，发表了不少科技小文章，并曾荣获省、地青少年科技作品奖和全国创造杯奖；(2) 解放学生的双手，让他们多做，学生都学会了很多科技常识和操作技能；(3) 解放学生的头脑，让他们多想，以科学思想武装学生头脑，驱除封建迷信的影响；(4) 解放学生的嘴巴，让他们多问，培养学生的语言表达能力；(5) 解放学生的空间，让他们与万物为友，把学生从“鸟笼式”的学校里解放出来，到大自然、大社会里去取得更多更丰富的学问；(6) 解放学生的时间，让他们得到学习自主权，克服片面追求升学率的倾向，让学生从死记硬背和“题海战术”中解放出来，着重发展学生的潜能，培养他们的科学创造精神。②

第六，改革学校管理制度，实行民主治校。根据重庆社会大学的经验，学校管理应扩大学生的民主权利，让学生会参与学校决策过程，减少不必要的学校工作人员，尽量让教师、学生兼任学校具体事务工作。创造民主的氛围，贯彻民主精神，按照民主原则办事，使学生在民主实践中而不是限于政治课、政治学习中学会民主。这样必定会稳步推动我国民主政治建设的进程，有利于我国社会的长治久安。

---

① 中央教育科学研究所编：《陶行知教育文选》，教育科学出版社 1981 年版，第 569 页。

② 参见周华卿、吕自诚：《提倡“六大解放”让儿童从“鸟笼式”学校解放出来》，中国陶行知研究会基金会编：《为中国教育改革探路》，江苏教育出版社 1988 年版。

现代教育主体理论与陶行知的乡村教育思想*

陶行知是我国现代伟大的人民教育家。本文尝试从现代教育主体理论的角度，来研究陶行知的乡村教育思想，窥探它的深层意义，以寻求对于我们今天深化农村教育改革的有益思路。

教育主体思想是近年来在教育理论界讨论的一个热点问题。综观各种观点可以看出，教育主体思想有两方面的含义：一种指的是教育的主体性，即教育作为一个独立的系统、独立的活动在社会大系统及整个社会发展中的相对独立性和主动性，表现为教育对于社会各子系统的影响和作用；另一种指主体性的教育，即以承认受教育者的主体地位、尊重受教育者主体尊严为前提的受教育者主体意识和主体能力的培养。这两方面含义，在陶行知乡村教育理论和乡村教育实践中都有一定的体现。

首先，关于教育的主体性。陶行知早在他的大学毕业论文《共和精义》中就指出，教育在拯救国家和民族发展中起着举足轻重的作用。他说："人民贫，非教育莫与富之；人民愚，非教育莫与智之；党见，非教育不除；精忠，非教育不出。……同心同德，必养成于教育；真义微言，必昌大于教育。……可见教育实建设共和最要之手续，舍教育则共和之险不可避，共和之国不可建，即建亦必归于劣败。"① 他把教育当作建设民主共和国的必要手段。尽管教育隶属于社会的政治、经济，但教育又有它的独立性。对于政治，陶行知说："政治与教育原是不能分离的，二者能同时并进，同时革新。"② 教育是建设民主

---

* 本文系与何光锋同志合作，原载《陶行知与中外文化教育》，人民教育出版社 1999 年版。

① 华中师范学院教育科学研究所主编：《陶行知全集》第一卷，湖南教育出版社 1984 年版，第 51 页。

② 陶行知：《晓庄试验乡村师范学校创校概况》，华中师范学院教育科学研究所主编：《陶行知全集》第二卷，湖南教育出版社 1985 年版，第 17 页。

政治的重要手段，政治又可为教育提供支持和帮助，二者互相依赖，互相促进。对于经济，陶行知说教育的使命是：“（一）是教民造富；（二）是教民均富；（三）是教民用富；（四）是教民知富；（五）是教民拿民权以遂民生而保民族。”① 教育是教人生利的工具，是提高人民生活水平的工具，它有积极主动的一面，在打破旧世界、建设新世界的过程中始终是一个积极主动的因素。关于乡村教育，他说：“我们要想建设新中国，必须用教育的力量来唤醒老农民，培养新农民，共同负担这个伟大的责任。”② 为此，他发出了伟大的宏愿：“要筹建一百万元基金，征集一百万位同志，提倡一百万所学校，改造一百万个乡村”，“一心一德的为中国乡村开创一个新生命”。③ 正是基于对教育作用及地位的这种主体认识，他才舍弃了优裕的生活，穿上布衣草鞋，投入到乡村教育中去。以乡村教育改造乡村社会，以实现他改造一百万个乡村的宏愿。可以说，陶行知看到了教育在改造社会中的伟大作用及其主动性、独立性，这一点应给予肯定。他作为一名教育家，只是从教育的角度透析了传统旧教育的弊病，没有认识在当时特殊环境下，帝国主义、封建主义的势力是阻碍社会发展的主要因素，所以不免带有“教育救国”论的倾向，这是他早期的局限。但若仅此而否定了他对教育主动作用的认识，不仅歪曲了他的思想，同时也违背了教育的规律，都会给教育带来危害。

陶行知看到了教育在改造乡村社会中的伟大作用，但同时他也没有把教育的作用无限扩大。他指出，教育要发挥它自己的力量，还必须联合其他势力。他说：“乡村学校是今日中国改造乡村生活之唯一可能的中心！他对于改造乡村生活的力量大小，要看他对于别方面势力联络的范围多少而定。”④ 学校只是一个中心，而不是唯一机关，教育必须联合其他伟大势力，才能完成它改造乡村社会的伟大使命。现代教育主体理论认为，教育要想发挥它在社会中的主

① 陶行知：《晓庄三岁敬告同志书》，华中师范学院教育科学研究所主编：《陶行知全集》第二卷，湖南教育出版社 1985 年版，第 212 页。

② 陶行知：《改革乡村教育案》，华中师范学院教育科学研究所主编：《陶行知全集》第二卷，第 117 页。

③ 陶行知：《中华教育改造社改造全国乡村教育宣言书》，华中师范学院教育科学研究所主编：《陶行知全集》第一卷，湖南教育出版社 1984 年版，第 646 页。

④ 陶行知：《再论中国乡村教育之根本改造》，华中师范学院教育科学研究所主编：《陶行知全集》第二卷，第 3 页。

体作用，是有条件的。它要求社会其他部门给予支持和协助，教育只靠孤单的势力是很难取得好的效果的。所以，社会在要求教育给予社会服务的同时，教育也要求社会给教育以服务，只有认识到这一点，才能有意识地去联合，才能共同发展、进步。过去我们只看到了社会其他系统如政治、经济对教育的决定作用，只要求教育给社会服务，把教育置于一个附属地位而不关注它的需要，从而导致教育的落后，政治、经济也发展缓慢。陶行知看到了这些系统之间的内在关系，大声呼吁"联合"，他甚至提出要培养县长，以获得各方面的支持。这种教育思想，今天在许多农村教育实验点得以实施，使当地的经济、文化都获得了空前的发展。

其次，关于主体性的教育。教育的主体性要想充分表现出来，必须通过主体性的教育，培养具有主体性的人。所以在教育的培养目标上，必须以主体性的人作为主体性教育的出发点和归宿。在这一点上，陶行知首先提出，乡村教育要培养改造乡村社会的活的灵魂。这种人才具有五大特征：健康的体魄、农夫的身手、科学的头脑、艺术的兴趣及改造社会的精神。其中，改造社会的精神是乡村教育培养目标的最重要的特征，也是主体性教育的一个重要特征。因为教育要面向未来社会，不仅为我们现存社会培养人才，同时也要为未来的社会培养人才，所以，仅仅培养适应现存社会的人才已不是教育的全部，还应该培养主动地改造现存社会、创造新社会的人才，这是教育发展的趋势，也是社会发展对教育的要求。陶行知看到了教育这一发展的特质，明确提出培养具有改造社会精神的活的灵魂。至于普通学校的培养目标，陶行知提出了培养新农民的口号。他说："要叫学生在征服自然、改造社会上去运用环境的活势力，以培养他自己的活本领"①，把自己造就成能叫中国乡村得到彻底改造的"最有生活力的农民"②。他还说："活的乡村教育要教人生利，他要叫荒山成林，叫瘠地长五谷。他教人人都能自立、自治、自卫。他要教乡村变为西天乐园，村民都变为快乐的活神仙。"③教育的作用在于培养自主、自立、自动的国民。可以看出，陶行知同样把能够彻底改造乡村社会看作是新农民的特点，把改造乡村社会的能力及精神放到核心地位。当代教育主体理论所倡导的培养人的主

①③　陶行知：《再论中国乡村教育之根本改造》，华中师范学院教育科学研究所主编：《陶行知全集》第二卷，湖南教育出版社 1985 年版，第 2 页。

②　陶行知：《中华教育改造社改造全国乡村教育宣言书》，华中师范学院教育科学研究所主编：《陶行知全集》第一卷，湖南教育出版社 1984 年版，第 646 页。

动性、能动性和创造性，其含义与陶行知的这一思想是一致的，只不过陶行知的这一思想表现在乡村教育之中，体现得更为具体、实际，因此可以说，培养人的主体性是陶行知教育目标的一大特征。

再次，教育目的决定了教育的内容、方法。陶行知把培养具有主体性的人改造乡村社会看作是教育的根本目的，这种教育目的观决定了他的教育场所、内容和方法都具有不同于传统教育的特质。

在教育的场所上，陶行知提出了“社会即学校”的命题，教育目的是为了培养学生的生活力，这种生活力不仅仅只会读书，还能够改造社会，是一种活的能力，必须在广阔的环境中来培养。他用诗一般的语言，描述了学校的特征：“他头上顶着青天，脚下踏着大地，东南西北是他的围墙，大千世界是他的课室，万物变化是他的教科书，太阳月亮照耀他工作，一切人，老的、壮的、少的、幼的、男的、女的都是他的先生，也都是他的学生。”① 这种大气磅礴的教育观，体现了他教育场所的开放性。在晓庄，学生不仅在学教学做合一的命题。教学做合一“做”是核心，教与学都要以“做”为中心。他说：“教的法子根据学的法子，学的法子根据做的法子。事怎么做就怎么学，怎么学就怎么教。比如种田这件事要在田里做，就要在田里学，也就要在田里教。教学做有一个共同的中心，这个中心就是‘事’，就是实际生活；教学做都要在‘必有事焉’上用功。”② 他还说，教学做既是教学法，也是生活法，教学就像生活一样，强调的是个体的参与。在晓庄，他主张自治，学校的一切活动都由学生来承担，教师只起指导作用；在工学团，其主体也是真农人，指导员只处于推动和帮助的地位。他说：“推动之宗旨在求本村之自动；赞助之宗旨在求本村之自助；辅导之宗旨在求本村之自导。”③ 这种教育方法旨在培养学生、农民的主体能力，发扬他们的独立自主的精神。他一贯强调：“做民众运

---

① 陶行知：《晓庄三岁敬告同志书》，华中师范学院教育科学研究所主编：《陶行知全集》第二卷，湖南教育出版社 1985 年版，第 206 页。

② 陶行知：《试验乡村师范学校答客问》，华中师范学院教育科学研究所主编：《陶行知全集》第一卷，湖南教育出版社 1984 年版，第 666 页。

③ 陶行知：《乡村工学团试验初步计划说明书》，华中师范学院教育科学研究所主编：《陶行知全集》第二卷，第 595 页。

动，是要陪着民众一起干。不要替民众干。”① 可以看出，陶行知极力主张让学生自己去做，去实践。现代主体教育理论认为，主体意识和主体能力只有在现实的实践中才能得以提高，学生也只有在认识世界改造世界的过程中，才逐步地认识自己，提高自己。因此必须让学生独立地去感知、观察、思考和探索，必须让学生有独立“做”的机会，只有在这个能动的过程中，他们才能够逐步认识自己，提高自己的主体性。陶行知主张教学做合一，主张让学生亲自去做，和农民一起做，其目的是让他们在做的过程中得到锻炼，以养成他们独立地改造农村的能力。

最后，关于师生关系。在这一点上，他一贯突出他的民主特色，指出师生之间是一种平等互助的关系。这也体现了主体性教育的特点。学生是主体，教师起指导作用。在晓庄，所有的教师都称指导员，借以提高学生的主体地位。在工学团时期，为了解决普及教育的师资问题，陶行知提出了他的小先生制和艺友制，把学生称作先生，把先生称作朋友，师生互教互学，以朋友之道相处，充分体现了他的平等民主思想。

总之，陶行知的乡村教育理论所体现的主体性教育思想，表现为他对教育改造乡村社会作用的认识。教育为了实现这一使命，必须具有以上叙述的几个特征，即教育场所的开放性、教育内容的科学性和生活化、教育方法的实践性及教育过程中师生关系的民主平等等特征。这些特征，是陶行知从事乡村教育实践的科学结论，也是现代教育发展的大趋势，对于我们今天的农村改革，有着重要的启示。

第一，学习陶行知的教育理论，重视农村教育的作用。农村教育是改造农村社会的重要工具，今天的农村已与陶行知时代的农村有很大区别，摆脱了封建势力、帝国主义势力的影响，走上了生机勃勃的发展道路，正如徐特立所说：“伟大的计划只有在伟大的政权下才能贯彻。”② 在我们社会主义国家，教育更易于发挥它的作用，陶行知所主张的联合各种伟大势力的计划更易于实现。所以重视农村教育，重视教育与其他势力的联合，以此来发展农业、发展

① 陶行知：《大众的力量伟大》，华中师范学院教育科学研究所主编：《陶行知全集》第二卷，湖南教育出版社 1985 年版，第 717 页。

② 徐特立：《陶行知的学说》，中央教育科学研究所编：《徐特立教育文集》，人民教育出版社 1986 年版，第 152 页。

农村，已是时代的趋势。从中国的国情来看，我国80%的人口住在农村，而我国农村人口的平均受教育水平只相当于小学文化水平，所以农村仍存在着丰富的智力宝库需要教育来采掘。因此，加快普及农村教育，促进社会的整体发展，是教育的当务之急。

第二，学习陶行知的教育理论，培养农民的主体意识。农村的发展离不开农业，农业的发展离不开农民，因此必须重视培养农民的主体意识和主体能力。许多社会学家认为，我国农村的贫困，不仅仅是一种经济贫困，而是一种社会综合病，因此解决贫困问题不应该只是一味地发展经济，还要重视人的精神和文化素质的培养，农民的保守、愚昧、依赖和满足现状的恶习制约着农村经济的发展，教育必须把这些东西根除掉，才能使经济腾飞。另外要变传统农业的经验型为科学型、体力型为脑力型，更需要农民有自主意识，先入为主，主动去改造落后的劳动对象。目前，农村教育的弊端是升学教育，升学教育说白了其实就是“跳出农门”的教育，农村的人才经过这种教育，都纷纷留守城市，而农村所需要的人才却迟迟得不到满足，这极不利于农村的发展。所以，农村教育的培养目标，第一个特征就是具有主体意识。陶行知曾写过一首《自立歌》，其中“滴自己的汗，吃自己的饭。自己的事，自己干。靠人，靠天，靠祖先，都不算好汉”① 的思想，充分体现了他激发农民自主精神的主张。但改造农村社会的主体毕竟是农民，我们只有培养他们的责任感、使命感、积极进取的精神，才能为农村的改造奠定人才基础。

第三，学习陶行知教育理论，重视科学教育、生活教育，培养农民改造农村社会的活的能力。升学教育的模式注定了少数人跳出农门的同时，也造就了一批不能升学又不能从事农业生产的愚人。要培养学生的活的能力，就必须改变这种教育模式，加强教育与农村生产、生活的联系。在基础教育方面，增加与农业生产、生活相关的内容，不局限于课堂、书本、教师这样单一的模式，而是把农村教育办得生动活泼。同时增办各级职业学校，尤其是与农业相关的职业学校，以培养学生从事农业生产的技能。当前，农业的原始操作造成的高投入、低收效的局面，使农业对农民的吸引力日趋降低，产生了许许多多的进城民工，而留在土地上的则是些老弱病残，这种劳动群体难以使得农业迅速发

① 陶行知：《学做一个人》，华中师范学院教育科学研究所主编：《陶行知全集》第一卷，湖南教育出版社1984年版，第595页。

展。因此，必须加强科学教育，培养农民的科学头脑，以促进农业生产技术的改进和生产工具的现代化，实现农业的现代化。

总之，陶行知先生所创造的乡村教育理论，内容非常丰富。从教育主体这一角度分析，可以看出其教育理论和实践中的现代教育的特征，尤其对我们今天的农村教育改革有重要启示。农村教育不能走升学教育之路，而是要培养富有主体意识、主体能力的新型农民，这是农村教育深化改革的一个方向。目前，许多主体性教育实验在城市中进行，取得了显著的成果，在相对封闭、发展相对缓慢的农村，主体性教育更应该提倡。因为单单传授一些致富的知识技术给心灵麻木的农民，而不调动他们的积极性、主动性，总是会产生事倍功半的效果。所以，我们认为农村教育的第一要点，是培养农民的主体意识，培养农民改造农村的责任心和能力。这是陶行知乡村教育思想的现代价值。

雷沛鸿

——从整体上探索中国教育出路的先行者*

雷沛鸿先生20世纪20年代至40年代在中国现代教育界叱咤风云，直至今日才为我们重视，迄今还有相当多的教育工作者对他知之甚少，这不能不说是件憾事。究其原因，除政治因素外，主要还是因为我们对雷先生在中国教育史上的功绩了解不够，对其教育理论和实践研究不够。毫不夸张地说，雷先生是中国现代教育史上唯一系统地对中国教育体制改造进行理论和实践探索的先行者，是对中国教育的民主化、“土化”、现代化作出巨大贡献的教育家。

一

百余年的中国近现代史是中华民族受尽凌辱的历史，也是中国志士仁人寻找救国救民之道的历史。雷沛鸿先生就是这些志士仁人中的一位优秀知识分子。他早年深受专家政治和技术政治的影响，决心投身于教育事业，试图通过教育事业培养既具有专业技术知识，又具有强烈的爱国心和社会责任感的知识分子，拯救、治理灾难深重的中国。自1921年留学回国至1949年，雷沛鸿一生的黄金岁月都贡献于中国的教育事业。他曾在暨南大学、中央大学、江苏教育学院、浙江大学、中山大学等高校执教，还利用他在广西担任省政府委员兼教育厅长职务之际，对广西的地理、人文、经济和文化进行实地调查，于1933年开办广西普及国民基础教育研究院，创设广西教育研究所，在广西全省范围内开展国民基础教育普及运动。后于1936年春制定《广西国民中学办法大纲》、《广西国民中学组织规程》、《广西国民中学设立标准》，提出国民中学制，对当时的中等教育进行改造。同时，致力于高等教育的改造，建立国民

* 本文原载《中国教育学刊》1993年第3期。

大学——西江学院，从而完成了“国民基础学校—国民中学—国民大学”这一完整的国民教育体系的构建。这一有计划、有目的、有组织、有实践的民族教育体系是雷沛鸿对中国现代教育改造的尝试，是中国教育从盲目抄袭模仿外国学制到建立适合本地本土社会环境、地理环境、经济文化建设，连接初、中、高等教育的民族教育体系的实验。这是中国现代教育史上唯一从全省范围内构建教育体制的实践。

二

雷沛鸿立足于中国教育的改造，大规模开展国民基础教育运动，建构民族教育体制。他认为现代教育必须具备以下特点：“其一，是生长性；其二，是普遍性；其三，是现代性。”① 所谓生长性，是指教育必须给人提供从出生到老死、从不间断的终身教育，这“教育决不因个人生活之中止而中断”；所谓普遍性，是指教育必须普及于全体民众，“不论贫富，不论贵贱，不论性别，不论老少”；所谓现代性，在雷先生看来是指教育的世俗性，即教育脱离宗教束缚，与世俗生活密切联系。②

雷沛鸿一再强调：“其一，人间的知识不应作为秘传的东西；其二，学问不应作为导人的工具；其三，学校制度不应失去社会的立场；其四，教育事业不应与普通社会互相离异，更不应失去社会的立场；其五，教育事业不应做成政治上之装饰品及经济上之奢侈品，它应该做成人类社会所有一件普遍的平凡的事业。”

基于上述思想，雷沛鸿从 1921 年起，回到故乡广西，利用其四度任广西省政府委员兼教育厅长之职，致力于中国教育的改造，立志建立一个适于中国国情、广西省情，为社会发展服务的民族教育体系。

为了使教育普及于民众，使教育成为广大民众欢迎的、立足于广大民众经济承受能力的、为本地区社会发展服务的事业，雷沛鸿首先在广西大规模地开展国民基础教育运动。1933 年，他创立国民基础教育研究院，对广西的地理、人文、文化、经济、政治等状况进行深入调查，在此基础上制定了广西普及国

①② 雷沛鸿：《广西国民基础教育运动的时代使命》，韦善美、马清和主编：《雷沛鸿文集》下册，广西教育出版社 1990 年版，第 3—4、4 页。

民基础教育五年（后增为六年）计划大纲，计划在全省乡、村、街普设中心国民基础学校和国民基础学校。这些学校面向全体民众（儿童、成人），参与本地的政治、经济、文化、社会建设，使国民基础学校成为整个地区的政治、经济、文化、社会的中心，推动广西全省的政治、经济、文化、社会建设。为使普及教育得以切实有效地实施，雷沛鸿规定国民基础教育年限：成人四至六个月，儿童两年。除进行识字教育外，还传授生产技术知识，进行爱国主义教育，并规定各村街乡镇的民团后备队队本部及村街乡镇公所都设于国民基础学校内，校长兼队长或村长，使国民基础学校成为完密的民主的村街乡镇组织。同时，利用政治手段，把推行国民基础教育当作衡量一个官员政绩的标准之一奖惩官员。在设施上本着因陋就简的原则，利用本地区原有的校舍及庙宇，充分利用现有师资并挖掘潜力，使广西国民基础教育动大规模展开，成绩斐然。至1938年，广西全省2 400个乡中已有2 301个乡成立乡中心国民基础学校，村街国民基础学校为19 699所。除少数交通不便、人口太散的山乡外，各地皆设立国民基础学校，使大部分人接受了国民基础教育。在全省范围内广设国民基础学校，使全省大部分人接受免费的教育，这在全国属首次。1940年全国国民教育会议以雷先生的实践成果为基础，通过了《国民教育实施纲领》，为在全国范围内推行国民教育提供了宝贵的经验教训。

为了使教育保持连续性、一贯性，培养具有一定科学技术文化知识的农村建设人才，复兴农村经济，改造以升学为唯一目标、不顾中国文化经济基础、盲目抄袭“三三制”的中等教育，雷沛鸿在实施国民基础教育基础上又建立了国民中学。国民中学旨在改造不合理、不符合实际的中学教育，以继续国民基础教育，衔接高等教育，培养广西的政治、经济和文化人才。

1936年，雷沛鸿制定《广西国民中学办法大纲》、《广西国民中学组织规程》、《广西国民中学设立标准》，提出国民中学制。其主要目标是培养继承及创造民族文化之健全国民，培养基层组织之干部及其他公务人员。因此，规定国民中学以县立为原则，设立点以农村为原则，使其成为一县的文化中心，负责督导国民基础教育，参与县内的各项建设。因此，国民中学修业年限和教学内容与普通中学不同，以四年为限。开始将四年分为二二制（前两年为基础教育，后二年为专业教育），开设农、工、商、师范各科，后改为三一制，使升学和就业并重。教学内容上强调与实际生活结合，适应社会各项建设。

由于国民党法西斯统治残酷控制国民中学，同时由于没有相应的其他教育改造和社会改造，使国民中学制与全国学制及社会用人制相冲突，导致最终停办。国民中学制虽然最后流产。但为广西培养了相当数量的中层次的建设人才，提高了国民文化水准，参与、影响了地方建设。

1944 年，雷沛鸿开始建设民族教育体系的最后一环，即国民大学。国民大学以当地的经济、政治为立足点，研究交流学问，培养高级专门人才，传播民主，参与地方的政治、经济、文化、社会建设，使之成为本省的政治、经济、文化中心，促进广西乃至全国走向民主、富强的道路。1944 年，雷沛鸿创办西江学院，其与一般大学不同之处在于这所学院分预科教育、专科教育、大学教育，成为文理兼通的大学教育基础与中心，又在此基础上建立包罗万象之各专业学校，从而构成西江大学，培养具有高深、广博知识，又学有专长的专门人才。西江学院提倡大学“扩张运动”，不拘形式，以创造未来民主生活为目标，以启发民智、改善人生为目的，校内设图书馆、美术馆、天文台、植物园、农场、畜牧场、工厂、医院，以造成一个民主、活泼、切实的教育社会，便于研究传播知识，促进生产技术，增进民众幸福。

由于经济等原因，西江学院只实现了国民大学的初级目标，并未实现以文理相通的通博教育为基础又包罗各专科教育的西江大学这一理想。西江学院的建立标志着雷沛鸿先生民族教育体系的初步完成。

三

雷沛鸿先生从普及国民基础教育运动到构建民族教育体系，意在改造中国传统教育和现实教育的弊病，把无能僵化的教育改变成有用、活泼、具有生产性的教育，把作为少数人“奢侈品”和“装饰品”的教育变成为多数人的人生必需的教育，并使教育真正成为实现社会全面进步的“原动力”，使其成为创造未来民主、富强、文明新社会的向导，其功不可没。

雷沛鸿不是仅仅在教育的某一领域着手教育的改造，而是从整体出发，把现实的目标（培养适应本地区建设适用人才，促进本地区发展）和长远目标（“促进民主社会新秩序的形成”，“创建民主、和平、文明新世界所需要的新文化的教育体系”）结合起来，在这种宏观背景下改造中国教育。他对中国教育的探索不仅仅限于理论上，而是脚踏实地从实际出发，在调查研究的基础上，进行大规模的实验，建立了各级学校。正是这样苦心经营才使得民族教育体系从理论到实践血肉丰满，翘楚南北。

雷沛鸿一生的教育理论建树和办学实践极富特色。他的目光所在是探索中华民族整个的教育出路问题，或者说是命运问题，他的贡献具有总体意义和全局意义，其民族教育体系正是从这总体意义出发的。

雷沛鸿的民族教育体系第一次把劳动群众放在教育的主体地位，以政治和教育相结合的方式，从实际出发制定灵活多样的教育制度，使当时广西，这样一个穷省 80％以上的人受到不同程度的教育，基本实现了教育普及的理想。雷沛鸿的民族教育体系，突破了狭隘的教育价值观，建立了全时空的教育观念。首先，他力图使每一个中国人从出生到老死都能接受教育，为此改造教育制度，缩短学制，最大限度地吸收每个人入学。其次，在教育内容上，能与实际相联系，用最常用的字和最实用的知识充实国民基础教育的内容，用现代科技知识丰富中、高等教育内容，根据社会的实际需要培养各类实际有用的建设人才。再者，把教育改造与社会改造结合起来，使各级学校成为社会文化的中心。

雷沛鸿的民族教育体系由于经济、人力等因素限制，还存在一些不尽理想的地方：教育立足点低、学业年限短、师资质量不高，教育质量也因社会政治动荡而深受冲击。但他以“敢采未发明之新理，敢入未开化之边疆”的勇气，深入边疆地区，创建了富有特色的民族教育体系理论，开展了轰轰烈烈的实践运动，在现代中国教育史上应占有一个特殊的位置。

雷沛鸿师范教育思想研究发微*

雷沛鸿先生是我国现代教育史上一位卓有建树的教育家，一生志在建立民族教育体系，作为其中的一部分，师范教育自然也是在雷先生考虑之内的。事实上，雷先生对于师范教育发表过许多精辟的见解，除了《改良及推广师范教育草案》和《请推广女子师范教育草案》两篇专文外，还有不少论述散见于各类文章之中。笔者谨就自己的学习体会，对雷先生的师范教育思想作一评述。

一、论师范教育的重要性

“本来此类师范制度，在一国学制中，至为重要。”① “师范教育为国民基础教育成败的关键。”② “师范教育本为国民教育之母。”③ “在大规模普及国民教育运动历程中，师范教育当然决定一切。”④ 在论述师范教育的重要性时，雷沛鸿先生用了“国民教育之母”、“成败的关键”和“决定一切”这样的字眼，是不是有点对师范教育评价过高呢？当然不是，师范教育的重要性无论怎么强调都不过分。当我们联系雷先生面对的实际情形时，就会给予充分的理解和赞同。雷先生曾云：“本省各级学校，都同样地感觉师资缺乏，国民基础教育为着急求普及，自然更感觉师资问题的严重。本来原有初级师资已极感缺乏，这在过去有钱始办教育的场合，尚可勉强支持；但在普及教育运动之下，则师资在数量方面，固感不敷，而在质地方面，更成问题。”⑤不仅在当时师范教育是极其重要的，就是现在，师范教育对社会的重要性也是丝毫没有改变，

---

* 本文系与王建梁同志合作，原载《教育史研究》1998年第2期。

①②③　韦善美、马清和主编：《雷沛鸿文集》上册，广西教育出版社1989年版，第56、198、85页。

④⑤　韦善美、马清和主编：《雷沛鸿文集》下册，广西教育出版社1990年版，第245、258页。

从这里可以发现雷先生所具有的真知灼见。

二、批判了当时师范教育的弊病

雷沛鸿先生在推行国民基础教育运动之时，一方面发现师资上量的缺乏，另一方面更痛感师资上质的低劣，于是对当时的师范教育作了无情的批判。这种批判可以说是全方位的，从师范教育的培养目标、教学内容及缺乏实习等都有深刻的剖析。

（一）对当时师范教育培养目标的批评

培养目标是各级教育的关键所在，对于师范教育就更为重要。但旧中国的师范教育对于培养目标虽有理论上的界定，在实施中可以说是问题众多。雷沛鸿先生对此是痛加批评，有过相当精辟的论述："试想过去的师范学校招收学生三五十人，设立一班，免收一期费用之外，甚或尚有津贴。来学者既未先具有一定方向，复缺乏为民众服务的心愿，毕业之后或是升学，或是就业，而教书者，他所教的是学生，不是老百姓。师范生教学生，他的学生又教学生，一代不如一代，一蟹不如一蟹，这样循环的教学生的办法，足使孟子长叹：'人之患在好为人师！'这实在是师范教育失败的一大原因。"① "因之师范毕业生出校后，多不忠于所学，而不愿去小学教席，如有所就仍属暂局。"② "过去师范教育之失败，是养成老师之老师之老师，只是造成一般寄生虫。"③ "所谓'人之患在好为人师'只是教人做教师，从事于教育的人，每逢要办一种新的事业，便从师资训练人手。要普及职业教育，便要举办职业师范学校来训练师资，要办乡村教育便举办乡村师范来训练师资。诸如此类，不一而足。推其所以，只在于培养老师之终点，做老师的老师。"④

综上所述，雷先生认为师范教育在培养目标的定向上有两大失误：其一是培养做教师的教师，只能教学生，而不是去教民众；其二是缺乏精神陶冶，对物质待遇斤斤计较。

---

① 韦善美、马清和主编：《雷沛鸿文集》下册，广西教育出版社 1990 年版，第 180 页。

②③④ 韦善美、马清和主编：《雷沛鸿文集》续编，广西教育出版社 1993 年版，第 207、302、308 页。

（二）对当时师范教育教学内容的批评

教学内容可以说是各级师范学校的核心所在，当时师范教育和其他各种教育一样，教学内容方面有着严重的弊病："而中国师范学校通病，大率所授者纯为通论、原理等等抽象过甚，把捉不易，大率学生不能彻底领会，以致一出校门，困难问题立即横卧于前，求之所习书册亦不得一完全解决方法，怎能不偾事耶?"① 雷先生认为师范教育的教学内容只注意书本知识的传授，缺乏应用课程的训练，并有针对性地指出："故今后师范课程宜注意应用方面。凡高中可适用之课程，固宜加以审定或摈除，即对于教学训练等科科目，亦不宜纯授原则之玄论，同时应兼授实际应用上所发生之问题与解决之方法。如是，学生亦不致感受枯燥而鼓起研讨之趣味，庶几数年间之陶冶不致蹈从前学不能用之覆辙。"②

（三）对当时师范教育缺乏实习的批评

师范生最终要走向讲台，为人师表，故实习为不可缺少之一环。但当时中国师范教育是不重视实习的，雷先生有言："查今日中国之师范学校不仅忽视实习，而且对于实习二字之涵义，亦未有确定认识，故误以试教即为实习者，往往有之。于是仅规定学生毕业前一学期或三个月为试教期，即谓已尽实习之能事，学生出校易致偾事者宜也。不知实习这真正涵义实包含参观、参加教授暨实地教授二者在内，误认试教为实习之全体已属不可，况对于试教一项规定时间，复如此短促，又何济于事，安望其成效乎!"③ 雷先生是十分重视实习的，"实习者师范教育成功或失败之大关键也"④。因为他认为师范教育的特点就在于："盖师范教育之所以别乎普通中等教育者，非以三教科目不同之故，实以一则仅授普通知识，一则注重于知识和应用技能交相为用之故耳。"⑤ 所以，雷沛鸿先生认为："师范学校苟漠视实习，则其价值将等于零。"⑥ 雷沛鸿先生不仅对当时师范教育各个方面的弊病作了揭露和批评，同时，提出相应的有建设性的见解，这是殊为可贵的。

三、提出《改良及推广师范教育草案》和《请推广女子师范教育草案》

雷先生深深明白师范教育的重要性，又在推广国民基础教育运动时痛感师

①②③④⑤⑥　韦善美、马清和主编：《雷沛鸿文集》续编，广西教育出版社 1993 年版，第 416、416、416—417、416、416、416 页。

资的缺乏，所以主张积极设立新的师范学校。为此，雷先生提出两项议案《改良及推广师范教育草案》和《请推广女子师范教育草案》。

在《改良及推广师范教育草案》中，雷先生首先指出："苟师范现状不改良，良善之小学师资，必难以产生；师范教育不推广，小学师资的来源必短。"① 然后雷先生又论述了应改良的三个方面：（一）学程方面；（二）实习方面；（三）实习指导教师、附属小学教师方面。前面两个方面应予改良可以说是当时教育界同仁的共识，但第三方面却显示了雷沛鸿先生的过人之处：重视担任指导师范生实习之教师，并提出了相当高的要求。雷先生这样写道："所有担任指导实习之教师，大率均有相应教授经验者，即证之我国教育较为发达之各省，凡师范附属小学主任，均为本校担任教授法之教师，非富于教授之经验者，不得充当，即其他之附小教师，亦非有相当之经验者，不能担任。"② 即便是目前我国的中小学多注重老教师对新教师的"传帮带"，而忽视对师范生在实习时的充分指导。而雷先生的设想是在实习这一阶段就完成师范生向教师的角色转换工作，可以说是"发前人所未言"。

在《请推广女子师范教育草案》中，开篇雷先生从女子教育的重要性而提出推广女子师范："本省女子教育现方萌芽，蓬勃蓊郁，正资灌溉。查本省女子之最高学府，仅为梧州、桂林之第一、第二女子师范而已。以本省幅员之广，而又交通未便，欲举全省有志研究教育之女生尽纳诸桂、梧二校，不独路远艰阻者不敢冒险而来，设尽量而来，二校亦岂能容纳，徒负学者上进之心耳。故为提高女子教育计，本省应逐渐推广女子师范教育者一也。"③

接着，雷先生从女子的特点出发，认为小学教员以女子充任为最当："其一因女子性情温柔，较能明白儿童心理，使儿童乐与接近；其二因女子具有忍耐心，较能体察儿童之个性，而加以诱掖奖进，故吾人不欲增加小学师资则已，如曰欲之，自应奖励女子学习师范，使以之为专业。"④ 这是说女子比较适合担任小学教师。然后，雷沛鸿先生又从经济方面考虑，来论述应推广女子师范教育的重要性：当时小学教师薪俸微薄，教师生活至为清苦，男子有宜家之累，便不愿任小学教师，即便任小学教师，也是过渡而已。既为过渡，男教师便不能尽责。增加教师薪俸又一时难以做到，故只有多用女子为小学教师。还

①②③④ 韦善美、马清和主编：《雷沛鸿文集》续编，广西教育出版社 1993 年版，第 415、417、419、419 页。

有“缘女子在家庭经济所负之责任，无论在任何国家，均较男子为轻，故未婚者，则有父兄维持，已婚者则有丈夫肩任，女子所得薪俸不过属补助费耳。故以目前小学教师薪俸论，男子视之则不足，女子视之则有余，不足则心灰，有余则志壮”①。

总之，这篇文章从提高女子教育的重要性、女子的特点较适合于担任小学教师以及减轻经济压力三个方面，论述了推广女子师范教育的重要性，对于提高女子的教育水平都是有相当积极意义的。

四、论师范生之人格修养

师范教育之为师范教育，对师范生的训练重点当然在专业训练方面，以便胜任以后之教学。但是，雷先生认为对师范生人格之修养也不可忽视。他在多次论述中提到墨西哥师范生的宏愿、热忱和毅力，为民众服务的努力，同时也批评了当时师范生重物质待遇而不愿去乡村任教师的现象，并对如何提高教师人格修养水平提出了自己的见解。

雷沛鸿先生列举墨西哥师范生尽瘁教育的实例来激励师范生：“墨西哥的师范学生，在修业或毕业后，就完全到乡村去活动。”② 但是，“老百姓初则怀疑，继则恐惧，终乃反抗，把教育当作有害的东西。师范生到乡村去，非但不受欢迎，反而遇到拒绝，没有地方可住，只好找村中没有人住的破屋来安身，招三五个小孩来教育。老百姓初时把他们赶走，并且把破屋都烧掉”③。虽有如此艰难险阻，“他们有宗教家的精神，有十字军东征的勇气，对人世间的物质观念，可说是微乎其微，与民国以前中国同盟会的革命志士一样，没有想到未来的荣辱，没有一点利禄的观念”④。功夫不负有心人，终得到老百姓的信赖，“在师范生力量所及的地方，都有老百姓合力来建筑学校，以供给教师的活动场所，大家都翕然向风，诚意接纳”⑤。最后，雷先生希望“要有墨西哥师范生那样的宏愿、热忱和毅力，那样的努力为民众服务”⑥。

雷先生还有两篇文章专门论述师范生应具备的人格修养以及人格修养的方

① 韦善美、马清和主编：《雷沛鸿文集》续编，广西教育出版社 1993 年版，第 420 页。

②③④⑤⑥ 韦善美、马清和主编：《雷沛鸿文集》下册，广西教育出版社 1990 年版，第 180、181、180、181、181 页。

式。在《须注意教师人格上的修养》一文中提出了应具备的十种条件："1. 一个良好的教师，应该有多个丰富的经验；2. 一个良好的教师，应有平易近人的外表；3. 有富于创造的力量；4. 有良好的教学方法；5. 有感动儿童的人格；6. 有维持秩序的本领；7. 有一种接受他人贡献的虚心，或者说有接受良言箴规的态度；8. 有和学生打成一片的精神；9. 有一种继续求进步的兴趣；10. 有社会的群性，彼此都能营群居的生活。"① 这样的条件是相当高的，为达到这样的高度，雷沛鸿先生又讲述了人格修养的几个基本原则："1. 自己必须有求进步的欲望；2. 自己必须不断地去修省自己，不断地批评自己，尤其是在理想——精神——方面；3. 自己必须选择适当的环境。"②

雷先生在另外一篇文章《态度·精神·责任心》中，根据切身体会，指出师范生之人格修养上应着重在三个方面下功夫：一、态度修养方面，要"遇事认真"；二、精神修养方面，要"淡泊以明志"；三、责任心问题，要"宁静以致远"。③雷先生如此重视师范生的人格修养是有道理的，因为师范生就是未来的教师，而教师的职责不仅是教书，更重要的是教人。因此，师范生人格修养水平的高低就是相当重要的。同时，雷先生这种重视师范生人格修养的思想有着极其重要的现实意义。目前，师范生在选择职业时，也存在着不愿吃苦，不希望到条件差一点的学校任教，而是希望到政府机关去工作，以混个一官半职，或是到三资企业去就业，以谋求较高的收入，这些想法不能说没有道理，但正如雷沛鸿先生所指出的，"不应该以报酬为从事教育的出发点"。要改变这种现象，就要特别重视师范生的人格修养水平。雷先生提出的要重视师范生的人格修养的三个方面也还是有借鉴作用的。

雷沛鸿先生的师范教育思想，可以说是高瞻远瞩、富于远见卓识的，有些见解至今仍闪烁着夺目的光芒，如注重师范生之人格修养、对师范教育书本教育教学方法的批评、对师范生实习的特别重视等等，都有相当重要的现实意义。

注重师范生之人格修养，前面已有论述，此处不再重复。对师范教育书本教育教学方法的批评，今天也还是适用的。师范学校的教学方法依然还是以书本为主，师范生只知死记硬背书本知识，而忽视了其他能力的培养，以至于毕

①②③ 韦善美、马清和主编：《雷沛鸿文集》续编，广西教育出版社 1993 年版，第 255、256、264 页。

业后并不能胜任教师这个神圣而又光荣的职业，令人遗憾。雷先生对师范生实习的特别重视，也可供现在参考。现在的实习又是怎样的一种状况呢？在中小学里待上一个月，讲上一到两次课，实习即告结束，师范生受到的锻炼是远远不够的，可以说就是雷先生所指出的“误以试教为实习”，自然应该听取雷先生的建议：“宜将授课与实习时间均匀分配，务令学生除上课外，由参观学校，而参加教授，而实地试教，积数年间之经验，一旦出而就职，必能驾轻就熟，不致茫无头绪矣。”① 就是说师范生在师范学校几年间，都要进行实习，才能甫一走出校门便成为合格的教师。这种不间断地进行实习的思想，尤值得加以研究。

重温雷先生的师范教育思想，感觉颇受教益。如果雷先生的正确见解能够付诸今天的师范教育实践，则师范教育培养出来的合格人才就会更多，我国的教育事业就会更加兴旺发达，社会主义现代化建设的道路也就会越走越宽广。

① 韦善美、马清和主编：《雷沛鸿文集》续编，广西教育出版社 1993 年版，第 417 页。

《中国大学精神的历史与省思》序*

该书是作者在其博士论文《中国大学精神的历史研究》的基础上整理而成的。该书集中研究了中国大学精神的基本内涵及其历史演进，把大学精神界定为大学发展的价值取向，使大学精神的研究范畴有所明晰；对中国大学精神作了历史考察，梳理出传统大学精神的若干表征及其变迁；探讨了中国古代和现代大学精神与国外大学精神的异同与融合，为现代大学的建设和发展提供了有益的启示和借鉴。

黄枏森、蒙培元、黄济、周桂钿、丁钢、杨东平等多位知名专家都对这部书给予了较高评价，主要有以下几点：

一是将当前教育理论界十分关注而又难以界定的“大学精神”纳入研究视野，对全球化背景下中国大学的民族化、本土化发展以及中国大学精神与文化的建设有积极的理论意义和实践价值。

二是运用语义分析、理论辨析，历史研究、个案研究和文化研究等多种方法加深了对“大学精神”的理论认识，在理论化、科学化方面体现出新颖性与开拓性，得出了一些有新意且令人信服的研究结论。

三是通过中西比较以及古今对比，凸显出中国大学精神的特性，在不得不涉及众多问题时，作者能从众多问题中理出一个连贯古今中外的架构，即认为中国大学精神可以简明地概括为“士志于道，明道济世”，这是难能可贵的。

四是选择了独特的视角，提出了独立的见解，使大学精神落实到中国文化的语境中，具有中华民族的文化品质，从中可以看出作者的理论建树，对中国大学的发展有启迪意义。

故此，该书各位专家一致评定为“富于创新精神”。

作为储朝晖的导师，我也感到该书有许多可圈可点之处：

---

* 储朝晖著：《中国大学精神的历史与省思》，山西教育出版社2006年版。

一是立意高远。立意为中国大学“立心”，通过系统收集与“大学精神”相关的研究成果，在实证分析与理论辨析的基础上将大学精神界定为：关于大学发展的价值取向及其在大学设置与运行中的体现。并以此作为立论的基点，对大学精神展开了理论化、科学化的研究。

二是论证翔实。通过对北大、清华、西南联大、南开等个案的研究，阐明了它们所体现出的精神都与救亡图存密切相关，带有明道救世特征；都是以中国学人为主体，以中国文化为根基，以中西文化融合进行自主创新的结晶；论证了近代中国大学精神的中西融合是一个中国学人自主、民主与科学为核心的全面深刻过程。这个概括真实地反映了中国大学在20世纪上半叶诞生、变化、发展的过程，资料极为丰厚翔实，涉及中外古今，结论真实，有重要的参考价值。

三是论点新颖。提出并论证了中国大学精神源于“道”的理念产生，“士志于道”、“明道济世”是其千年一贯性的体现，德治是其久远根基，做人是其首要论题，合一是其结构特征，明道—变道—弘道是其发展路向。

此外，该书文字流畅，表述恰当，观点明确，结构合理。

上述创新使本书成为这一领域研究的最新成果，有助于纠正长期以来对“士”的浮浅之见，更准确地确立知识分子的人格定位；有利于弘扬中国传统教育中合理的内容，以澄清当前的大学教育改革浮躁；有利于在全球化的大学发展浪潮中警惕西方文化霸权，形成中国大学富有自己民族文化品质的发展风格与模式。

在三年的交往中我感到储朝晖人如其文，为人正派，学习认真刻苦，尊敬师长，心态平静，志向高远，学术视野广阔，个性鲜明，勇于创新，有一定的理论修养和比较丰富的实践积累，独立研究能力较强，文理两科功底都不错，既严谨又活跃，组织能力较强，社会交往面广。

当然，该书还有尚待进一步完善的地方，希望作者在今后的学习工作中更加完善其研究。

《中国近代大学精神史》序*

十年前，在储朝晖的博士论文开题的时候，他提出要为中国大学“立心”。作为他的导师，当时感到这个目标是否有点高了。他 2004 年完成的以大学精神为主题的博士学位论文，在匿名评审时就被北京大学黄枬森教授等多位知名专家给予较高评价，被认为富有创新精神，并很快以《中国大学精神的历史与省思》为书名出版，受到社会各界的关注，并于 2010 年再版，获得第四届全国教育科研成果二等奖。这说明他当初的选择瞄准了中国大学发展的关键问题，切中了社会需要，不仅是正确的，而且是十分有意义的。

十年后，当他将《中国近代大学精神史》的书稿电子版发给我看时，我感到他沿着这个方向迈出了扎实的第二步。

在本书中，作者沿用了在博士论文中对大学精神的界定，聚焦于近一百余年中国大学精神的发展与变化，采取整体研究与个案结合的方法，有了一些创新。

一是作为第一本较为全面系统研究中国近代大学精神的著作，首次比较完整地展现出近代中国大学精神发展的历史轮廓，以及从生成到初曙、完形、患难中转生的发展过程。

二是通过中国近代大学精神发展的历史研究，揭示出中国大学精神和大学文化建设的历史轨迹、发展走向、核心内容、基本规律。在阐明历史事实的基础上，探索事实背后的逻辑，例如，揭示出学人必须自主、弱势也能生长、异道相容、兼容并包、逐级生成的规律，中国近代大学精神的内构原理能为现今大学精神的弘扬提供深刻的启示。

三是对大学精神健全的环境条件作了全面的分析，在揭示出政治、经济和民间社会环境发挥一定作用的同时，认为更为决定性的因素在于教授群体的状

* 储朝晖著：《中国近代大学精神史》，人民教育出版社 2013 年版。

况，在于是否有一批真正的传道和弘道者，在于大学是否有一部好的章程，在于是否能依章办学，党化教育则对大学精神构成直接挑战。西南联大则由于国民党、共产党、中国民主同盟等组织同时存在，能够形成多方制衡，使得师生们没有丧失理性和独立自主性，依然还能作出属于自己的清醒判断，并构筑起民主的堡垒，为西南联大精神的健全提供了良好的基础。这些都比较接近历史真实。

四是将香港、台湾纳入中国近代大学精神发展整体框架进行历史研究，因而形成了一个较一般教育史学著作相对完整的中国近代教育史轮廓，也就自然是相对完整的中国近代大学精神史。

五是研究过程不仅仅是纯历史的研究，而是在进行历史文献研究的同时采取调查、研讨、讲座等方式与现在校的大学师生进行交流、沟通、互动，提高了对历史研究的针对性和对现实的影响力，特别是与金耀基先生等知名学者的访谈拓宽了研究视野，深化了研究内容。

当今中国大学的发展正走向一个十分关键的十字路口，弘扬大学精神，建立现代大学制度是大学健全发展的关键。解决中国大学在发展的道路上所遇到的自我认同的迷茫问题，需要对中国大学精神的历史有更清晰、更准确的认识，以正本清源来消除这种迷茫，找到其自我认同真正应有的归属。本书有助于解决这一制约中国大学发展的关键问题。

大学确实需要精、气、神，大学发展和兴盛需要灵魂，大学师生需要对中国近代大学精神有一个大致的了解才能真正成人，大学的管理者、研究者、评价者需要对这些历史有清晰的认识才能作出正确的决策。从这个角度说，本书又不仅仅是一般的历史，而有着极强的现实针对性，对当今中国大学质量和品质提升有着极强的现实意义。

唐君毅先生所作新亚书院校歌道："手空空，无一物，路遥遥，无止境。"道出了弘扬现代大学精神之路的状况。储朝晖还想在大学精神这一领域继续写《大学精神论》，这将会成为他通过学术研究为中国大学"立心"的第三步。我为他这样锲而不舍的精神感到高兴，并祝他在学术之路上不断进步，为中国乃至世界大学发展作出更大贡献。

2012 年 10 月 18 日

《中国近代德育课程史》序*

重视道德教育是中华民族的优良传统。在风雨多变的近代中国，社会的急剧变迁直接导致了古今中外文化的冲突与交融。在此背景之下，如何落实道德教育，使之完成由传统向现代的转变，以求发挥其在救亡图存、“自强求富”中的重要作用，就成为新式教育体系需要充分考虑的核心问题之一。以此作为研究课题，从课程的角度切入，是一种全新视角。

郑航同志的论著《中国近代德育课程史》，正是这样一部专门著作。该书以近代文化变迁的阶段为基本线索，通过史实陈述上的纵横比较方法，从德育课程形态及其编制的主要侧面，探讨了中国近代尤其是20世纪前期文化变迁背景下中小学德育课程的演变状况，力图揭示德育课程在思想、制度和活动三方面的动态关系中的自主建构轨迹。该研究对于深刻认识文化变迁与学校德育改革之间的关系，深入探索中国学校德育课程的改革之路，具有重要的学术理论价值和现实借鉴意义。

综览全书，论著大致在这样几个方面显示出其优点：

其一，对本领域的文献资料的发掘和掌握比较充分。这些资料包括当时的中小学教材、反映时人对于德育问题的研究及不同观点的历史文献、各种教育文件、近人的相关研究成果等，尤其是对有关中小学德育课程的教材的掌握比较全面。这样就使得研究具有坚实的史料基础。

其二，秉承实证方法，重视纵横比较。研究以史实为基础和直接依据，围绕德育课程形态及其编制的主要侧面进行具体陈述和细致分析，突出“变革”、“自主建构”之所在，而不是拘泥于从史料出发进行简单抽象的做法；与此同时，还针对近代德育课程由承袭传统到简单模仿再到逐步近代化、中国化的演进历程，较为成功地运用了跨文化的比较方法，先后对中日、中美的中小学德

* 郑航著：《中国近代德育课程史》，人民教育出版社2004年版。

育课程进行了比较研究，文风平实，结构严谨，论据可靠，说服力强。

其三，研究内容较为新颖，并取得了一些具有创造性的研究成果。如对中小学德育课程的演变历程进行的阶段划分，对近代文化变迁对于学校德育及课程改革影响的探讨，对中小学专门的道德课程及其他相关课程的教材和训育体系的形成与变革的分析，对中小学德育课程自主建构的基本表现及道德教育和公民教育相联系、全面主义主导的课程编制模式的形成的阐述，以及对当代学校德育改革所作的几点思考，等等。

该书是郑航同志在博士学位论文基础上完成的。1998 年底，当他从自己研习的主要领域——道德与公民教育出发，提出以“近代文化变迁与学校德育改革”作为学位论文选题时，我作为他的指导教师，自然是予以鼓励，希望他能够对近代德育史做一些具体、深入的研究，同时也存有一丝顾虑，毕竟此种课题的展开具有相当难度。然而，他的勤奋、踏实和持之以恒，体现了年轻人的进取之心和不畏困难的勇气与毅力。2001 年 6 月，论文评阅和答辩时，得到了专家们的一致好评。现在，论文在作出相应的调整和修改之后能够正式出版，我感到由衷的高兴。尽管该论著有一些有待改进的地方，诸如如何使材料的运用显得更加精练、如何对文化变迁与德育改革的复杂关系进行更深层次的把握等，但本书毕竟在中国教育史研究方面开辟了一条新路。我希望郑航同志以此作为一个新的起点，能够沿着自己选定的学术之路，坚实地向前走下去。

是为序。

2003 年 11 月于北京

《来自山沟的大智慧》序*

《来自山沟的大智慧》记述了一百年前一个目不识丁的农民女学教育家王凤仪光辉的一生。他自1906年创办了中国第一所义务女子学校之后，在他的带动和影响下，到1937年全国各地兴办女子义学竟达760余处，成为中国近代教育史上创办女子义学的高峰。

王凤仪女学教育思想的出发点是“女子是齐家之本，清国之源”，想要“齐家”，想要社会安定和谐，必须“振兴女教，重立人根”，使女子“明道”，使女子“自强、自立、自尊、自爱”。他还提出破旧“三从”，提出“性从天理、心从道理、身从情理”的新“三从”，提出“善、德、功”三字真言，以及提倡“崇俭结婚”与“储金立业”观点。为培养理想的下一代，他还强调要学习根本教、胎教、婴儿教、儿童教等家庭教育。所有这些，大大改变了女子的家庭地位和社会地位，提高了女子教育的社会功能，有助于社会的进步、安定、和谐，有助于国家的繁荣昌盛。

当前我们国家提出要构建一个和谐社会，这是十分重要的，家庭是社会的细胞，是社会的基层单位，首先是家庭的和谐才能构建一个社会的和谐。

中国传统文化强调人伦之道，重视家庭内部各成员之间的关系。如夫妻、父子、母女、兄弟、姐妹等，这些关系建立于仁义基础之上，父慈子孝、兄友弟恭、夫仁妻义。《礼记·礼运》曰：“父子笃（相亲），兄弟睦（相睦），夫妇和（相和），家之肥（健康）也。”《周易·序卦》云：“有天地然后有万物，有万物然后有男女，有男女然后有夫妇，有夫妇然后有君臣，有君臣然后有上下，有上下然后礼义有所措。”《礼记·中庸》云：“君子之道，造端乎夫妇；及其至也，察乎天地。”《诗经·周南》讲“文王之化”熏陶出“后妃之德”，而“后妃之德”又是“正道之始，王化之基”，人类的一切良好的政治、历史、

---

* 以志著：《来自山沟的大智慧》，中国华侨出版社2010年版。

文化都建立在夫妇关系必须符合“正道”上，夫妇关系一坏一切坏。在世界上各种文化、宗教、哲学思想中，没有比中国传统文化更重视夫妇之道和家庭伦理、家庭教育了。

当今世界的人类，除面临环境污染、生态失衡、资源枯竭、财富浪费等外部危机外，还面临着深刻的人性异化、精神下陷、意义丧失、生命迷茫的内部危机。科学累积的成果愈多，人心愈向外贪婪奔驰，工具理性和技术统治愈强大压抑，生命意义及精神自由的空间愈狭小。人在现代化的过程中，感到的却是自我的“物化”。如何从高瞻远瞩的角度使人一念觉悟，从根本上关怀人的生命本质及具体成长呢？重新回到富有生机的文化传统，走向人类精神生命的深层，挖掘能够净化人性的人文资源，建构有利于每一个体生命全面成长的现代教育，在合乎人性、人道的前提下，创造21世纪的历史，从而回应现代人类面临的问题，应该说中国传统文化和教育在这方面是可以有所作为的，从孔子到王凤仪，他们的真思想、真精神，他们所表达的人文关怀在这方面是可以有所作为的，这就是我们今天之所以重视研究并努力挖掘、整理、学习王凤仪女学教育思想的现实意义。是为序。

乙酉年七月初一于北京师范大学

第四编

教育的传承与创新

中国传统教育哲学与全球伦理*

一、中国传统教育哲学的基本特点

中国传统教育哲学，是中国传统哲学的一部分，是在中国历史上形成的，经过不断创造和革新并以变化了的形式存在于现代教育之中的教育哲学观念和思考教育问题的方式。①

从中国传统教育哲学的发展历程看，中国古代基本上是以儒家教育哲学为主体，其中又以思孟学派的教育哲学占主导地位。关于中国传统教育哲学的基本特点，众说纷纭。有的学者从整体构架探讨中国传统教育哲学的基本特点是：天人合一、政教统一、文道结合、知行一致。② 有的学者从中西教育哲学比较角度探讨中国传统教育哲学的基本特点是：重世俗而轻神性、重道德而轻功利、重政务而轻自然、重和谐而轻竞争、重整体而轻个体、重积累而轻发现、重趋善而轻求真、重综合而轻分析。当然，这是就其教育哲学整体特征而言的，并不意味着绝对地偏向一方或绝对地忽视另一方。③

我们还可以换一个角度，通过对中国传统教育哲学的观念和思考教育问题的方式及其教育价值观的透视来探讨中国传统教育哲学的基本特征。一是综合观，即大教育观。中国传统教育认为教育这一系统是整个社会大系统中的一个子系统，许多教育问题实质上是社会问题，必须把它置于整个社会系统中加以考察和解决。如孔子十分重视教育，把人口、财富、教育当作“立国”的三个要素，认为在发展生产使广大人民群众富裕之后，唯一的大事就是“教之”，即发展教育事业。他从“国之本在家”的思想出发，重视社会道德和家庭伦

* 本文原载《教育研究》2000年第11期。

① 于述胜、于建福著：《中国传统教育哲学》，江苏教育出版社1996年版，第3页。

② 黄济著：《教育哲学通论》，山西教育出版社1998年版，第16—22页。

③ 朱永新著：《中华教育思想研究》，江苏教育出版社1993年版，第44—58页。

理——“孝悌忠信”的教育，孔子看到了教育对于治理国家、安定社会秩序所发挥的重大作用。这种把教育放在治国治民的首要地位的认识，把个人的道德修养和提高社会道德水准看成是治国安邦的基础的思想，是十分深刻的。《礼记·学记》则把教育的社会功能概括为十六个字：“建国君民，教学为先”、“化民成俗，其必由学”，认定教育的社会功能包含相互联系的两个方面：一是培养国家所需要的人才，一是形成社会的道德风尚，形成良风美俗。这可称得上是中国传统教育关于教育的社会功能的经典性的概括和总结，至今仍不失其借鉴意义。二是辩证观，即对立统一观。中国传统教育强调把道德教育放在首要地位，但同时也不忽视知识教育的作用。如孔子说：“君子怀德”，“君子务本，本立而道生”①，“行有余力，则以学文”；又说：“好仁不好学，其蔽也愚”，“仁者安仁，智者利仁”，“未知，焉得仁?”董仲舒也说：“仁而不智，则爱而不别也；智而不仁，则智而不为也。”这就是中国传统教育的德智统一观，首先是道德教育及其实践，其次才是知识教育，德育要通过智育来进行，智育主要地也是为德育服务。德育与智育之间存在着相互依存、相互渗透、相互影响、对立统一的关系，知识与才能之间也存在既矛盾又统一的关系。唐人刘知几说，一个人如果有学问而无才能，好比拥有巨大的财富却不会经营它；如果有才能而无学问，则像本领高超的工匠，没有刀斧和木材，也无法建造宫室。长期以来，有一种观点是：“鸳鸯绣出从君看，不把金针度与人。”明人徐光启反其语曰：“金针度去从君用，未把鸳鸯绣与人。”徐光启强调培养人的思考能力与习惯，进而掌握科学的方法。《礼记·学记》深刻地阐述了教与学之间的矛盾，并要求教与学辩证地统一，明确地指出了教与学之间相互依存、相互促进的关系，认为教与学是不断深入、不断发展的同一过程的两个方面。教因学而得益，学因教而日进。教能助长学，学也能助长教，教学相长不只意味着教与学之间对立统一的关系，还意味着教师与学生之间平等的相互促进的关系。中国传统教育中这些深刻的辩证法，即便在现代教育学专著中亦属罕见。三是内在观，即强调启发人的内在道德自觉性、心性的内在道德功能观。中国传统教育的显著特点是启发人的内心自觉，教育人如何“做人”，如何在现实生活中实现其“治国平天下”理想的入世精神，强调的是对自身的肯定，人不仅与天地相参而且顶天立地，追求“同天人”、“合内外”（即殊相与共相统一、主

① 《论语·学而》中孔子的弟子有子所说。

观与客观统一)。在这种“天人合一”之中得到一种最高的理智的幸福。中国传统教育提出了“做人”的道理、“做人”的要求、“做人”的方法，并让人从中得到“做人”的乐趣，表现出人的崇高的精神境界。与西方传统教育不同，中国传统教育不是悲观型的，而是乐观型的；不是“罪感教育”，而是“乐感教育”；不是消极无为、逃避现世，而是刚健有力、自强不息；不是以个体为本位，而是以群体为本位；不需要依靠宗教信仰和祈祷，不主张离开社会和家庭，而是强调在家庭、学校和日常生活之中积累道德行为，加强自我修养，即“极高明而道中庸”；不用到上帝面前而是在自己内心中寻找美丑善恶的标准，追求道德的“自律”而不是“他律”。中国传统教育强调人内心中具有一种价值自觉的能力，“为仁由己”，“自我修养”，“自省”，“自反”，“慎独”，直到“自我完善”，自我求取在人伦秩序与宇宙秩序中的和谐。中国传统教育追求价值之源的努力是向内、向自身而不是向外、向上，不是听上帝的召唤，亦不是等待外在的指令。重视其内在的力量，重内过于重外，这是一个很值得我们注意的教育特色。

二、中国传统教育哲学的基本范畴

牟宗三先生在《中国哲学的特质》第一讲《引论》中指出：“中国哲学特重‘主体性’与‘内在道德性’。中国思想的三大主流，即儒释道三教，都重主体性，然而只有儒家思想这主流中的主流，把主体性复加以特殊的规定，而成为‘内在道德性’，即成为道德的主体性。西方哲学刚刚相反，不重主体性，而重客体性。它大体是以‘知识’为中心而展开的。它有很好的逻辑，有反省知识的知识论，有客观的、分解的本体论与宇宙论，它有很好的逻辑思辨与工巧的架构。但是它没有好的人生哲学。”他还说，中国哲学“是以‘生命’为中心，由此展开他们的教训、智慧、学问与修行”。①

《礼记·中庸》对此论述最为详备，提出了“尽人性”和“尽物性”的课题，并提出了“成己成物”之具体要求，最终归宿于“赞天地之化育、与天地参”的至高至善境界。教育在此过程中起着极大的作用，它唤醒人发扬善性之自觉性，向着完善自我之方向迈进。体现中国传统教育哲学基本精神的范畴很

① 牟宗三著：《中国哲学的特质》，上海古籍出版社 1997 年版，第 4—6 页。

多，如道与德、性与习、知与行、理与欲、义与利、善与恶、美与丑、真与伪、爱与憎、忠与奸、刚与柔、是与非、进与退等等，① 现简略加以论述。

（一）道与德。明于道而修于德。所谓明于道者，即是对人在宇宙发展中之地位与人之所以为人者有正确的认识，对人与物之关系，对物我之完善有正确的认识，从而推动物我完善以见自己之品行，使自己合乎道而发之为具体之品德。如孔子所说："志于道，据于德，依于仁，游于艺。"②"道之以政，齐之以刑，民免而无耻；道之以德，齐之以礼，有耻且格。"③ 中国传统教育重视维护人伦秩序与宇宙秩序和谐的"道"以及遵循这种"道"而形成的"德"，即《礼记·大学》中强调的"明明德"。德是道之体现，德是依据道而形成的品行和修养工夫。尽毕生之力以修德，使自己日渐于善以尽人之性，因人而及物，亦以尽物之性，使成己成物一体化，在致知中以明道，在事功中以立德。可见，中国传统教育认为人生之最大意义在于明道修德。

（二）性与习。性是一个标志人的先天本性的范畴，即指人与生俱来的本质或特征；习是一个表示人的后天经验活动的范畴，指人与人、人与物相互作用的活动或过程。孔子说："性相近也，习相远也。"④"性相近"强调的是每一个人都有相近的本质，因而都有达到理想人格的可能；"习相远"强调的是每一个人究竟能不能成就理想人格，最终取决于他后天的经验活动。熊十力先生把中国传统教育哲学的性习关系论称为"性修不二"。他说："天人合德，性修不二，故学之所以成也。《易》曰：'继之者善，成之者性。'全性起修名继，全修在性名成。本来性净为天，后起净习为人。故曰：人不天不因，天不人不成。故吾人必以精进力创起净习，以随顺乎固有之性，而引令显发。"⑤ 人如果没有天然具足的本性，就失去了为人的可能性；但是如果不"习"，即不从事于修为，则天性也不能显发。所以说，"性"是成人的先天根据，"习"是成人的后天根据，二者是内在地统一的。

（三）知与行。"知"是道德教育的认识问题，"行"是道德教育和道德修养的实践问题。知者，知人之所以为人之理也，知道之所旨，知德之所归也。

① 何光荣著：《中国古代教育哲学》，北京师范大学出版社 1997 年版，第 371—389 页。

② 《论语·述而》。

③ 《论语·为政》。

④ 《论语·阳货》。

⑤ 熊十力著：《新唯识论》，中华书局 1985 年版，第 622 页。

知者，行之先导也。行者，行所知也，行所求也，行其志也，行其德也。知与行一体也，知与行同原也。孔子说：“知及之，仁不能守之，虽得之，必失之。”① 仁不能守之，是知而不能行者也，是知行脱节。道德行为总是对知的实行。“行者不是泛然而行，乃行其所知之行也。”“致知力行，互相发也。盖致知以达其行，而力行以精其知，功深力久，天理可得而明，气质可得而化也。”② 中国传统教育强调“行”在知行关系中的主导作用，但同时也很重视知对于行的指导作用。“知”和“行”的目的都不是为了获得对外在客观世界的认识，而只是认识和躬行伦理道德，以实现主体的道德人格。

（四）理与欲。原出于《礼记·乐记》：“夫物之感人无穷，而人之好恶无节，则是物至而人化物也。人化物也者，灭天理而穷人欲者也。”天理者，自然之道也，人之所以为人之理也；人欲者，亦人之所以为人之理也，随人之生存而表现之欲望也。天理人欲同一体也。然群体之中，个体所表现之人欲，必得无害于群体，无损于个体，始可相安以生、相护以存。否则相争、相夺，天理与人欲就发展为对立之矛盾。解决之法无他，外以立法以资维系，内以唤醒道德理性，以为克制。自觉地以理制欲，持之以恒，则德称而道著，内洽于心而外适于群。

（五）义与利。义指思想行为符合人类的道德准则，利指利益、功利。《易·乾·文言》：“利者，义之和也。”认为义和利是统一的，一定的道德行为必然给人带来利益。孔子强调“君子喻于义，小人喻于利”③，“见利思义”④，“见得思义”⑤，反对“不义而富且贵”⑥。孟子主张先义后利、以义统利，反对后义而先利，坚持培养“配义与道”的浩然正气。⑦ 荀子则提出：“先义而后利者荣，先利而后义者辱。”⑧ “义胜利者为治世，利克义者为乱世。”⑨ 董仲舒提出了“正其义不谋其利，明其道不计其功”的道德格言，还提出圣人应“为

---

① 《论语·卫灵公》。
② 《南轩文集》卷十五《送钟尉序》。
③ 《论语·里仁》。
④ 《论语·宪问》。
⑤ 《论语·子张》。
⑥ 《论语·述而》。
⑦ 《孟子·公孙丑上》。
⑧ 《荀子·荣辱》。
⑨ 《荀子·大略》。

天下兴利”。① 宋明理学在把义利与公私联系的同时，又把义利与天理人欲等同，一方面强调“正义不谋利”，另一方面认为“正其义而利自在，明其道而功自在”，得出了“利在义中”、“义中有利”的结论。以义为人的根本特点和价值取向，是中国传统教育哲学的基本特色，它升华为“生以载义”、“义以立生”的人生观，确实给人以正面的价值导向，在培养崇高的道德节操、人生境界等方面，发挥了积极作用，往往具体化为“富贵不能淫，贫贱不能移，威武不能屈”的道德追求，由此形成了“以身任天下”的坚贞之志。

三、中国传统教育哲学与现代社会

西方的现代化取得了很大的成功，然而西方文化教育存在很多现实问题，其中有过度发展的个人主义、漫无限制的利得精神、日益繁复的诉讼制度、轻老弱幼的社会风气、紧张冲突的心理状态等等，所有这些不但未必能适合于其他国家，而且也已引起西方人自己的深刻反省。②

现在一些西方有识之士要求到中国来，对中国古老的传统人生哲学感兴趣，他们要学习东方传统人生哲学，而我们则要学习西方现代化的科学知识与经验。这个现象，从整个人类历史来看，可以给我们一个启示，这就是东方与西方应该是相辅相成、相依相存，东方的人生哲学、道德理性恰好是西方所需要的，西方的科学技术、管理知识恰好是东方所需要的，这是很自然的两极。看来，整个世界的教育是一个系统，分两类，一类是科技教育，一类是人文教育。人文教育假若没有科技，有缺陷；科技教育缺少人文的价值，也有它的问题。

从西方国家来看，现代化在某一阶段就需要重新调整人与物、人与人、人的自身与内心的关系，所以他们要向中国的传统文化伦理——中国的儒家、道家、墨家学习，追求道德理性，追求和谐，追求人的价值，也就是说他们要从中国古老的传统文化教育中寻找重新调整他们的社会关系、人伦关系、人类与宇宙自然关系的方法原则。比如西方国家普遍存在子女与父母的沟通问题，青

---

① 《春秋繁露·考功名》。

② 余英时：《从价值系统看中国的传统文化》，中国孔子基金会学术委员会编：《近四十年来孔子研究论文选编》，齐鲁书社 1987 年版，第 649—650 页。

少年犯罪与道德教育问题，老年人的赡养和精神上的孤独问题，环境污染与生态失衡的问题，等等。出于解决这些西方现代化社会的焦点问题，他们觉得中国的一些社会伦理和家庭教育原则可能有用，进而从中国家庭伦理教育检讨到社会伦理教育和社会人际关系以及人与自然之间的关系。

中国社会与西方社会正好形成一个相反的潮流。当代中国青少年要肯定自我，从家庭里面走出来，提出参与社会现代化的要求，这与西方对比是一个相反的发展。现在西方社会出现了后现代化的要求，这种要求刚好就是中国传统伦理和传统教育可以提供的；在中国社会里出现了现代化的要求，这种要求刚好就是西方文化和科技教育可以提供的。这是世界发展的一个很自然的趋势，虽然它是多源头的，但最后总要统合在一起，也就是说要把一个现代化的要求与一个后现代化的要求整体化。当然并不是说，因为西方人要学习中国的传统伦理和传统教育，我们就要马上回到中国的传统社会中去，而是说他们了解到中国传统伦理的人文价值，启发我们也应该重视自己的人文教育的传统，对中国的传统教育作一番新的认识。

当代著名的英国历史学家汤因比说："自从人类在大自然中的地位处于优势以来，人类的生存没有比今天再危险的时代了"①，"不道德程度，已近似悲剧。而且，社会管理也很糟糕"②。他认为中国传统文化，特别是儒家、墨家的仁爱学说，是解决现代化社会伦理问题所急需的。他说儒家的仁爱"是今天社会之所必需"，"墨子主张的兼爱，过去只是指中国，而现在应作为世界性的理论去理解"。③

75位诺贝尔奖获得者在一次集会后发表的宣言中认为，如果人类要在21世纪继续生存下去，避免世界性的混乱，就必须回首二千五百年，去汲取孔子的智慧。④ 1989年底联合国教科文组织在中国召开"面向21世纪教育国际研讨会"后发表了一篇《学会关心》的宣言，列举了当代道德的危机，提出"恢复具有早期时代特征的关心价值观已势在必行"，并发出"关心家庭、朋友、同行、社会、国家、其他物种乃至地球"的号召，这些正好是中国传统教育哲学的内核和精神。

①②③ ［日］池田大作、［英］汤因比著，荀春生、朱继征、陈国梁译：《展望21世纪——汤因比与池田大作对话录》，国际文化出版公司1999年版，第376、375、411页。

④ 参阅新加坡吴德耀：《古今人对孔子的评价》，《走向世界》1989年第5期。

现代社会要关心人的问题，肯定人的生命生存的价值和意义，西方的“工具理性”不能完全代替“价值理性”，因此我们应深深挖掘中国传统教育哲学丰富的思想资源，这对于加强现代人文主义思潮和影响，遏制科学主义片面发展“工具理性”所造成的种种现代弊病，可以起到一定的积极作用。从这个意义上说，中国传统教育哲学可以给予现代人以相当重要的启迪。越是科技高度发达的现代化社会，中国传统哲学的人文关切和“天人合一”的理想对人类的启迪和警示作用则越大。①

20 世纪是人类社会大发展的时期，也是人类社会经受各种困扰的时期。当前世界各国，不论其社会制度如何，不论其经济发展程度如何，都普遍认识到人类社会发展到 21 世纪必然会遇到不少难题，如能源大量需求、资源日益耗竭、环境污染加剧、不治之症泛滥、人口恶性膨胀、生态严重失调、自然灾害频频发生、人与自然的同盟关系遭到严重破坏等等。这些难题如不及早重视解决，势必给人类社会的生存带来极大的危害；如及早重视克服，将使人类社会及其赖以生存的自然环境得到和谐稳定的发展。产生这些难题的根本原因是，20 世纪科学技术发展给人类社会带来了繁荣，同时也带来了许多难题，特别是高科技的发展模式基本上是建立在高温、高压、高能耗基础上的，如不改变这种高科技发展模式，依靠现有的科学技术不能根本解决这些难题。

如何改变科学发展模式，从根本上解决这些难题？1989 年《温哥华宣言》已明确提出：为了改善 21 世纪科学、文化和人类生存发展，要更新思想、更新观念，要展示一个不受机械硬性制约的、具有持续创造力的宇宙形象。于是西方科学界又一次把眼光转向了中国，求助于东方传统哲学。“天人合一”，“天人相应”，这是最大的生命整体观。

中国传统教育哲学追求的是人的身与心、人与人、人与社会、人与宇宙自然的统一与和谐。这对于 21 世纪完善人的性格、情操、行为和心态，净化心灵，净化社会，促进现代科学技术中局部与总体、客体与主体、精神与物质、人与宇宙自然相沟通相统一的新的发展模式和方法论有重大意义。所以，挖掘中国传统教育哲学中有价值的观念，对于促进人类、社会和生态协调发展，从根本上解决当代几大难题和全球伦理中的种种困惑是很有帮助的，这已经成为

① 参阅方克立：《展望儒学的未来前景必须重视的两个问题》，《天津社会科学》1991 年第 1 期。

时代的呼唤和历史发展的要求。

中国传统教育以教育为立国之本。教育不应被片面地理解为科学技术知识的传递，还更应强调道德伦理和人文精神的重建。中国传统教育的终极目的是培育民族精神，淳化代代人风，提高人的心灵素质，帮助人们修养身心，达到一种真善美统一和谐的人格境界。不管现代科技如何发达，人性的培育，心灵境界的提升，人们从实然的人向应然的人的超越，总是不可替代的。因此，人类现代化事业的一个重要的建设层面是人性的培育、道德伦理的建设。从长远的观点来看，未来的教育应当把人的心性建设放到一定的高度，对人类心性的关怀，才是最根本的关怀。

当 21 世纪宣告黎明时，中国不仅要在物质层面，还要在伦理建设层面为世人瞩目。我们应和世界各国人民一道，互相学习，互相支持，吸取各国优秀传统文化和传统教育哲学中有价值的观念，把人文教育与科技教育统合起来，共同创建现代世界文明，维护世界和平和生态平衡。这必将成为导引人类历史的动力，被寄予极大的期待。

关于中国教育传统与现代化关系的理论思考*

中国的教育现代化，是起源于西欧扩散到中国的现代化的“全球化”进程的一个组成部分。在今天，面对着伴随现代化的“全球化”而来的西方文明模式的全面渗透，自然不乏竭诚欢呼之士；但在另一方面，自20世纪60年代以来，世界各地也出现了各式各样的“反现代化”声音。其中一个重要原因，就是担忧现代化的“全球化”会带来民族文化传统及其特性的式微甚至灭绝。这就使像中国这种被“命定地现代化”的国家陷于一种两难境地：如何在加速本国现代化的同时，又能维护自己民族文化之特性？具体到教育领域内，又如何处理教育传统与现代化之间的现实关系呢？下面，本文就以“全球化”为背景，简要探讨中国教育现代化进程中的传统与现代化的关系及其基本模式问题。

一、内生与外源：教育传统与现代化关系的两种类型

正如有人指出的那样：“尽管教育发展相对于社会的经济与政治发展而言，具有独立性，但从根本上看，教育现代化的全面展开与充分实现有赖于社会主体结构的现代化，教育现代化具有依附性。”① 所以，绝对不能离开社会现代化的整体进程，孤立地谈论教育传统与现代化之间的关系问题。而要讨论教育传统与现代化之间的关系，首先应弄清楚中国社会现代化的基本特征是什么，这又要求把它放到现代化的全球化进程中去考察。

发展社会学家认为，根据一个国家现代化发展起始时间及其最初的启动因素，可以把所有卷入现代化浪潮的国家分为两种类型，即早发内生型与后发外

* 本文系与葛新斌同志合作，原载《华东师范大学学报（教育科学版）》2003年第4期。

① 褚宏启：《教育现代化若干问题论纲》，《教育理论与实践》2000年第5期。

源型。比较起来，早发内生型与后发外源型现代化之间存在着显著不同的特征：（1）早发内生型现代化是一种自然而然的发展过程，后发外源型现代化则是人为启动的结果；（2）早发内生型现代化的主要手段是创新，而后发外源型现代化的主要手段是借鉴，并在借鉴的同时有所创新；（3）在早发内生型现代化的发展进程中，现代化的诸项任务是逐步提出来并逐渐得到解决的，而后发外源型现代化的任务具有“突发性”的特征，并迫切要求“一揽子”予以解决。由此，这两种类型的现代化在发展战略和模式选择方面，都存在着许多不同的特点。① 正是由于上述差异，才使不同类型国家的教育传统与现代化之间的互动关系，表现出不同的特点来。

具体来看，在早发内生型的国家，教育现代化启动时没有其他成例可资借鉴，所以，教育现代性的萌生，主要是对传统性因素继承后又加以创新的结果。因此，在这些国家教育现代化的进程中，教育传统性因素与现代性因素之间，呈现出一种较好的互动状态。例如，英国是世界上第一个早发内生型的现代化国家，早从文艺复兴时期开始，英国就走上了教育现代化的道路。早发内生型现代化道路由于无多少他人经验可以借鉴，于是从传统中继承合理因素并在新的历史条件下加以培植、创新，就成为必然之事。如作为“新教育运动”主体的“新学校”，就是在英国传统“公学”的基础上承前启后自然进化的结果。这又具体表现在两个方面：一是公学的寄宿制传统，有利于教育环境和条件的控制，而这正是“新学校”产生所必需的前提；二是19世纪的英国公学也正处于不断变革之中，它不仅恢复了人文主义传统，而且依据时代精神时时更新，使“新学校”的幼芽能够孕育其中。另外，“新学校”在教育目的和课程设置等方面，都体现了在继承传统的基础上不断创新的特点。② 所有这些，都显示出早发内生型的教育现代化与传统之间的良性互动关系。

当然，这并非说早发内生型国家的教育传统与现代性之间不存在任何冲突。实际上，在现代化的强烈冲击下，每一文化都曾经过一个传统与现代互相激荡的历史阶段。并且，由于各民族的文化背景不同，这种激荡的过程与结局也彼此殊异。具体表现在早发内生型的国家，只是教育传统与现代性之间的冲

① 张琢、马福云著：《发展社会学》，中国社会科学出版社2001年版，第222页。

② 吴明海：《继承与创新——英国新教育运动的历史研究》，北京师范大学教育系博士学位论文，1999年，第91页。

突不是那么剧烈，而且在性质上也较为单纯而已。其根本原因在于，早发内生型的教育现代化，是在各种社会现代性因素“因缘际会”后自然而然发生的一个过程，其教育现代性因素的产生与成熟，是逐渐累积而非人为促成的结果。此外，早发内生型国家得天独厚的特定历史条件，也使其传统与现代性之间存在着一种较好的兼容性。如英国的教育传统势力虽然一直比较强大，但因现代政治制度成熟较早，故可借助政治妥协的方式，来调和互相冲突中的传统与现代性。而美国也因其建国较晚，传统势力本来就较小，因此教育现代化进程中传统与现代性的冲突也就不那么显著。

相反，在后发外源型国家，教育传统与现代化之间则存在着严重的冲突与对抗。这是因为，首先，后发外源型国家的教育现代化，往往是从外部引入与本土完全异质化的现代性因素时开始启动的。这时，“横向移植”外来文化，自然会受到人们习以为常的传统因素的激烈抗拒。其次，后发外源型国家的教育现代化，也大多是在外部压力下启动的，这就使其很容易被视为一种赶超先进国家的工具。在此意图指引下，国家主政者往往急于求成，加大引入外部现代性因素的速度和力度，从而导致本土传统性因素的强烈“反弹”。最后，后发外源型国家在启动教育现代化时，一般都不具备成熟的社会和政治整合机制。当面临着“二元社会结构”的分裂状态所带来的传统与外来现代性因素交错复杂的冲突局面时，由于社会整合机制乏力，国家政权往往难以把冲突控制在可以允许的范围之内。① 这也从一个侧面，加剧了教育传统与现代性冲突的激烈程度。

不过，在后发外源型国家的教育现代化进程中，传统与现代性的冲突在不同国家中，其具体情况也不尽相同。如在日本，由于“明治维新”后较好地利用了传统资源，虽在学校课程方面进行了现代化变革，但在伦理道德上却又坚守传统。“和魂洋才”口号的提出，表明日本教育与传统的决裂仅限于物质层面上；天皇颁布《教育敕语》则显示，日本依然坚守着传统上“忠君爱国”的教育宗旨。② 而在印度，由于古老的社会结构与现代政治制度之间长期持续并存，少数都市与广大乡村几乎隔绝，整个社会呈现出极强的“二元结构”形

---

① ［以］S. N. 艾森斯塔德著，张旅平等译：《现代化：抗拒与变迁》，中国人民大学出版社 1988 年版，第 88 页。

② ［日］永井道雄著，王振宇、张葆春译：《近代化与教育》，吉林人民出版社 1984 年版，第 124 页。

态。这就使其现代化的教育制度，虽从殖民地时期便被以西方模式建立起来，但在面对着强大的传统势力时，至今影响依然十分有限。于是，人们不禁要问：何以同是后发外源型的国家，教育传统与现代性的互动却又如此大不相同呢？

相关研究表明，这既关涉到后发外源型国家在启动教育现代化时的传统特征、发展模式和策略选择等因素，更与这些国家的社会政治整合能力密切相关。因为，“从分化和整合的时序看，教育现代化的先行者与后来者是不同的。先行者的进程是先有分化，然后通过整合来协调解决由于分化而造成的混乱和冲突，逐步形成良性循环，使传统适应现代性的要求，在比较平和的状态中使现代性不断增长。而后来者的时序与此大相径庭，往往先通过建立整合机制并运用整合机制所具有的国家权力去推动分化，与传统的惰性抗衡”①。所以，国家整合机制的强弱，直接关系到教育现代化的成败问题。由此来看，建立有力的整合机制以调控传统与现代性的互动关系，便成为后发外源型国家教育现代化进程中的一个重大课题。

二、古今与中西：中国教育传统与现代化关系的复杂内涵

在现代化的全球化进程中，中国是一个典型的后发外源型国家。正是“后发外源”的特点，决定了其教育现代化不可能在一个相对封闭的环境中来完成。这就使教育传统与现代性的时间性关联，往往与中西文化的空间性互动纠缠在一起。所以，在分析中国教育传统与现代化之间的现实关系时，就会发现其中蕴藏着丰富而又复杂的内涵。首先，中国教育传统与现代化之间，表现为一种“古与今”的关系。这种“古今关系”，不仅包含着时间序列上的前后相继和相对差异，而且更主要地体现为一种教育上“旧质”与“新质”的差异与更迭。“古今关系”的圆满解决，就是要处理好教育现代化进程中对中国教育传统的继承与转化问题。诚然，从一般意义上看，传统是从过去的历史中发展出来的一价值系统，它是一个民族发展的全部历史积淀，是一种民族精神的集中体现和延续，是一种活着的民族精神的生命体；与传统相对应，“现代化就是对传统的改造，完成人们的思想观念、道德观念、思维方式、行为方式、心

① 褚宏启著：《教育现代化的路径》，教育科学出版社 2000 年版，第 52 页。

理意识的全面转变和更化，最终实现整个社会的改革”①。在此意义上可以说，中国教育传统虽与现代化之间存在着质的差异，但又相互联结；它既是教育现代化时不可逾越的前提和基础，也是教育现代化的对象和内容。然而，令人遗憾的是，由于中国近代以来面临的特殊境遇，使中国的教育现代化一开始就带有全面“反传统”的激烈色彩。而历史正反两方面的经验教训却昭示：“反传统在现代化的启动阶段是完全必要的，不如此就不可能为大胆革新开辟道路，但作为思想遗产的传统文化决不能在现代化进程中加以抛弃。文化遗产不能在丢掉之后再重新建立，而应从现在就加以保护与清理。”② 然而，迄今为止，除了一些口号式的提法外，中国人在转化教育传统资源上的实绩并不多。因此，在中国启动教育现代化将近一个半世纪后，我们面临的历史使命之一，就是如何把中国教育传统这一历史前提和资源，创造性地转化为教育现代化的“活水源头”。

其次，中国教育传统与现代化之间，还表现为一种“中与西”的关系。这是因为，中国是在外力逼迫下，靠输入西方现代性因素才启动教育现代化进程的。这就使教育传统与现代性之间的互动，不期而然地呈现出中国传统因素与西方现代性资源的一种联结。这也使中国的教育现代化，“不仅要完成文化的时代性转移，还要面对文化的民族性传承问题”③。所以，“中西关系”要解决的问题是：如何在保持民族特性的前提下，通过吸纳与消化西方教育的现代性资源以促进“中国式样”的教育现代化？一般而言，既然许多民族都曾为世界文化作出过自己的独特贡献，那么，文化的引进或输出，只要有利于本民族的生存与发展，都应该得到肯定和支持。然而，一个令中国人屈辱的情境是，中国近代以来教育的现代化，主要表现为随暴力入侵而来的西方文化的强势输入。这种单向的“文化入侵”，强化了中国人民族文化传统的危机感。一方面，屡战屡败的痛苦现实，使中国人无法怀疑西方教育的先进性；另一方面，“天朝大国”传统上的文化优越感，更使中国人难以真正割舍对民族教育传统的眷

① 李道湘：《传统与现代在文化层面上的定位与诠释》，北京东方道德研究所编：《文化反思与文化建设》，中华工商联合出版社 1998 年版，第 154 页。

② 罗荣渠著：《现代化新论续篇——东亚与中国的现代化进程》，北京大学出版社 1997 年版，第 149—150 页。

③ 冯天瑜：《序》，湖北大学中国思想文化史研究所主编：《中国文化的现代转型》，湖北教育出版社 1996 年版，第 3 页。

恋之情。这就使中国教育传统与现代性的互动，彰显出一种“爱恨交加”的紧张局面。在西方几乎拥有全部现代性资源的强势背景下，从京师同文馆的开设直至今天，每引入一项教育的新设施或新制度，都无法摆脱“夷夏之辨”的激烈争论。即使在今天，无论是人们对中国教育传统向现代化转换可能性的关注，还是对教育现代化进程中所谓“中国特色”的反复强调，都依然蕴含着抵御西方强势文化的深沉忧思。这在实质上，就涉及在中国教育现代化进程中，如何处理教育的民族性与外来文化关系的问题。

应该看到，在马克思所谓的“世界历史”① 进程开始之前，虽然也有不同民族文化之间的碰撞与沟通，但没能形成真正具有世界性影响的民族文化体系。具有世界历史意义的民族文化之间的互动，开始于西方工业化以后的世界性殖民扩张运动。由此引发的不同民族文化之间的大规模碰撞与交流，促使人们开始思考文化的民族性与世界性关系的问题。当然，从一般意义上说，文化的“世界性”是指在民族文化的特殊性中所包含的具有世界性意义的普遍性，它具体表现为民族文化中某些部分或内容，也能够为其他民族借鉴或利用；同时，民族文化既然能接受其他的民族文化，亦表明在不同民族文化之间具有可以沟通的共同点。然而，现代化毕竟起始于西方，在今天，虽然现代化理论上的“西方中心论”已经遭到多数学者的摒弃，现代化的所谓“东亚模式”也曾为一些人津津乐道，但都无可否认如下之事实：“现代化的‘全球化’乃是西方的文明模式向世界扩散的过程。”② 作为全球化背景下的弱势者，最为关心的问题只能是：全球化对自己究竟是“福”还是“祸”？如果单纯从逻辑上看，由于根本不存在脱离民族文化的世界文化，推进全球化就是在扩张民族文化的世界性，所以可以说，“发展文化的世界性或世界文化，不但不与发展文化的民族性或民族文化相矛盾，而且只有通过繁荣和发展各民族的民族文化才能使之得到发展”③。但是，在经过现代化的全球化后，许多民族的文化都已被淘汰出局。除对这些已经衰亡的文化一掬同情之泪外，我们应得出的一个教

---

① 丰子义：《全球化研究的方法论——从马克思“世界历史”思想谈起》，《新华文摘》2000 年第 7 期。

② 金耀基：《论中国的“现代化”与“现代性”》，方克立主编：《走向二十一世纪的中国文化》，山西教育出版社 1999 年版，第 215 页。

③ 王树人：《论文化的民族性与世界性》，方克立主编：《走向二十一世纪的中国文化》，第 492 页。

训是：尽管从民族感情上，人们往往难以接受“西方中心论”的一元价值观，但仅仅从“文化价值多元论”出发，主张自己民族文化的生存权利还很不够，人们必须为自己文化的生存提供更加充分的理由。因为，历史事实早已证明：不同民族的文化并不具有同等的“世界性”，也就不具备同等的“生命力”。那么，全球化究竟要推进哪个民族文化的“世界性”，不是早就昭然若揭了吗？这是在全球化的背景下，不同的民族文化互动中容易预见的一个前景。

综上可见，在中国教育传统与现代化的现实关系中，实际上蕴藏着“古今中西”的复杂内涵。其中，“古今关系”要解决的是继承与转化中国教育传统的问题；“中西关系”则要解决吸纳与消化外来先进文化的问题。而解决“古今中西”问题之目的，则在于创造中国教育现代化的新模式，以增强其在全球化背景下的生命力。

三、多元共生观：创造中国教育现代化新模式的基本思路

在谈到中国文化的重建问题时，余英时先生指出：“如果我们所期待的文化重建无可避免地要包含着新的内容，那么西方的价值与观念势将在其中扮演重要的角色。事实上，由于近百年来各种西方的价值与观念一直不断地侵蚀着中国，中国文化早已不能保持它的本来面目了。现在的问题只是我们怎样能通过自觉的努力以导使文化变迁朝着最合理的方面发展而已。”① 同样，当今中国教育也早已踏上现代化的征程，不再是原初的“旧模样”。所以，在全球化的背景下，关键是如何才能恰当把握中国教育传统与现代化关系的复杂内涵，以便在融通“古今中西”的基础上，创造出中国教育新模式。对此，美国学者英格尔斯在给“社会学”下定义时，所提示的三条路径是很有启发意义的。它们具体包括：一是历史的途径，即前人已经说了什么；二是经验的途径，即现在人们做了什么；三是分析的途径，即理性指示了什么。② 下面就从上述三个方面入手，简要分析一下创造中国教育现代化新模式的问题。

① 余英时著：《中国知识分子论》，河南人民出版社 1997 年版，第 109 页。

② ［英］亚历克斯·英克尔斯著，陈观胜、李培茱译：《社会学是什么?》，中国社会科学出版社 1981 年版，第 1—2 页。

首先，回顾历史容易发现，近代以来中国人在思考中国文化教育的出路问题时，最典型的不外乎以下三种观点。（1）以胡适为代表的“全盘西化论”。他主张：“我们必须承认我们自己百事不如人，不但物质机械不如人，不但政治制度不如人，并且道德不如人，知识不如人，文学不如人，音乐不如人，艺术不如人，身体不如人。”① 从此出发，胡适提出了著名的“全盘西化”口号。这种观点认为，中国文化已经全面地、从根本上落后于西方文化；中西文化之间的地域性区别，实质上就是一种时代性差异。因此，中国文化的根本出路，只能是抛弃古老过时的传统，全面地、毫无保留地向西方学习。（2）以梁漱溟为代表的“东方文化派”。他认为：“假使中国的东西仅只同西方化一样便算可贵，则仍不及人家，毫无可贵！中国化如有可贵，必在其特别之点，必须有特别之点才能见长！”② 这一“特别之点”，就是中国传统的伦理道德精神，它不仅是中国的“国粹”中最优秀的东西，而且，还具有全人类普遍的价值意义。在其他方面尤其是科学技术上中国应该学西方；但在这一点上，西方反过来还应学中国。据此，梁漱溟坚决反对“全盘西化”的观点。（3）以蔡元培为代表的“融合创新论”。他主张：不同民族的文化各有长短，学习西方的目的在于“发达我性”而不被人“同化”；对人类文化的一切有益养分，都应“择善而从”吸收和消化它们，以便创造出新文化和新教育。为此，他还提出一个“以不同文化教育的接触为前提和动力，以人类为善为文化选择标准，以吸收和消化为基本方式，以留学西方先进国家为捷径，以创新文化教育为目标”③ 的文化融合之模式。

其次，让我们看一下近代以来中国教育所走过的实际历程。虽然从京师同文馆创设之时起，“古今中西”的剧烈冲突就不曾停止过，但即使反动如慈禧太后者，在扑灭戊戌变法后，也只能维持京师大学堂的教育改革措施于不废。及至 1905 年“废科举，兴学校”，中国更是大规模引入西方各种教育制度和设施，中间虽经保守势力的屡次“反弹”，但到改革开放后，教育界已经有人开始以“建立现代教育制度”以便“与国际接轨”相号召。今天，当人们举目张

① 胡适：《介绍我自己的思想》，白吉庵、刘燕云编：《胡适教育论著选》，人民教育出版社 1994 年版，第 291 页。

② 梁漱溟著：《东西文化及其哲学》，商务印书馆 1999 年版，第 22 页。

③ 葛新斌：《融合与创新——蔡元培中西文化教育观的历史研究》，北京师范大学博士学位论文，1999 年，第 75 页。

望中国教育的现状时就会发现，无论是宏观的教育制度、教育管理和课程设置，还是微观的班级授课、教学方法甚至是教育观念和语言等，无不是输入西方教育经验的结果，以致使我们从表面上，几乎难以再看到中国教育传统的一点影子。但在另一方面，如果深入观察教育系统的运作过程就会发现，传统上中国教育高度政治化和伦理化的特征，却又依然如故！① 这就显示，中国教育现代化，其实一直就是一个“古今中西”不断融合的过程。尽管在初期，它更多地表现为外来现代性因素的“横向移植”，以及由此引发的“中西冲突”局面，但在同时，传统资源却以“得意忘形”的方式，转化为深层的精神性因素保留在教育现代化的进程中。并且，随着中国教育现代化进程的深化，中国教育传统资源必将在其中发挥更大的作用。因此，中国的教育现代化，既不是“东方文化派”之展开，又没走“全盘西化论”之道路。实际上，它一直沿着“融合创新论”预示的方向前进。而且，真正为当今中国教育现代化事业奠定基础的，还是那些沿着“融合创新”之路的前行者。中国近代教育发展已经表明，只有在坚持“发展我性”的前提下，大胆吸收消化人类文明的一切优秀成果，才是创造中国教育现代化新模式的唯一出路。

最后，再让我们从理性指引的方向看，创造中国教育现代化的新模式应走一条什么样的道路。“全盘西化论”虽然看到了中西文化之间存在着时代性落差，却否定不同文化之间客观存在的民族性差异，这是其根本弊端之所在。另外，它还存在着逻辑上难以自圆其说的问题。因为，它不能不承认，中国文化传统同样存在着人类文明的共同美德，这样，就没有必要“全盘西化”；它也无法否认，西方文化中存在着缺陷，而如果西方文化也有不足，中国就不应该“全盘西化”。所以，以“西方文化中心主义”为基础的“全盘西化论”，其主观武断是难以令人信服的。至于“东方文化派”，虽然看到中西文化间的民族性差异，却忽视其中的时代性距离。一方面，伦理道德是否中国文化传统的精髓之所在，本来就是见仁见智之事；另一方面，沿此思路而行，它预设前提与划定范围的做法，虽有保持文化教育民族特性之企图，但结果只能是在吸纳外来文化时画地自限。另外，它把东方文化凌驾于西方文化之上的做法，虽是从“文化多元主义”的立场出发，最终却陷于“东方文化中心论”之中。“融合创

① 葛新斌：《传统伦理的特征与当今道德教育问题》，《华东师范大学学报（教育科学版）》1997 年第 1 期。

新论”则大不相同，它既看到中西文化的共同处而主张学习西方，又看到古今之间的连续性而主张继承传统；既看到中西不同的民族性中包含着时代性差异，又不把这种差异全部判定为时代性距离；它坚持文化发展的多元论却不放弃民族性，既坚持文化的独特性又推重人类普遍的价值观。与“东方文化派”不同，它不预设前提和范围；与“全盘西化论”迥异，它坚持融合与会通。在“融合创新论”中，既没有对西方文明的一味迷信和顶礼膜拜，也没有以中国固有文化拯救世界的迷妄心态。比较而言，它更好地把握了在文化教育创新中学习与创新、继承与发展以及民族性与时代性之间的一系列重大关系。在表彰“融合创新论”时，张岱年先生曾经说：“蔡元培的这种观点和主张，显然远远高出于同时的先进人物，特别是他反对被人同化之说，是半殖民地人民最可宝贵的性格。”① 这就从一个侧面，充分肯定了“融合创新论”在理论上具有更多的合理性。

综上所述，结合“异质发展认识论”，可以提出一个较为抽象的创造中国教育现代化模式的一般思路。在描述这一思路前，有必要先来介绍一下作为其哲学基础的“异质发生认识论”的内涵。“异质性”（heterogeneity）源自希腊文 heterogenes，其基本含义有三：一指质或种的多样性，二指质或种的变化性，三指无关联的质或种的杂合并存。“异质发生认识论”主张：事物之间可以互为因果关系，相同条件可以产生不同结果，不同条件也可以产生相同结果；异质性能够导致异质化、共生化和新模式的发生；进化不具有预定的永恒目标、新目标会不断发生，宇宙表现为一个异质性不断生长的系统。异质性普遍地存在于自然界、生物界和社会生活的各领域之中。异质性是系统演化不可缺少的因素，而且是事物共生互利的基本条件。② 显然，“异质发生认识论”对思考全球化背景下的“古今中西”问题，无疑具有重大启迪价值。据此思考中国教育现代化新模式，可以描绘出一个“多元共生观”的基本框架。其要点如下：

首先，确认中国教育传统与现代化之间所牵涉的“古今中西”资源，是存在着既有连续性更有异质性的不同因素，这就是所谓“异质多元性”；其次，

① 张岱年、程宜山著：《中国文化与文化论争》，中国人民大学出版社 1990 年版，第 376—377 页。

② 陈健著：《科学划界——论科学与非科学及伪科学的区分》，东方出版社 1997 年版，第 75—76 页。

在中国教育现代化的历史进程中，这些异质性的教育资源多元化地共处于一个社会政治整合系统之中，它们共处共生，互为因果，相互融合，共同构成中国教育现代化所必需的养分，这就是所谓“多元共生关系”；最后，在异质性教育资源的多元共处中，在“古今中西”的冲突与融合中，通过社会政治制度的有效整合，必将创造出中国教育现代化的新模式，这就是所谓“多元共生互融观”。概言之，思考中国教育现代化新模式的基本框架是：“异质多元—共生互融—创造新模式”。而这也正与中外教育现代化进程所昭示的历史真相相一致。

继承与弘扬中国古代教育的精华*

灿烂辉煌的古代文化是靠教育一代一代传递下来的

一提起中国古代的教育，就有人说，中国古代的教育是“落后的”、“封建的”、“封闭的”、“僵死的”；也有人说，搞现代化建设要靠西方的现代化的教育，中国古代的教育还有什么价值呀!？凡此种种，不一而足。其实，这是由于对中国古代的教育缺乏深刻了解。

大家知道，中国在几千年的发展过程中，创造了灿烂辉煌的古代文化。中国古代文化，是中华民族长期延续、不断发展的精神支柱。中国古代的教育就是这灿烂辉煌的中国古代文化的一部分，而且还是中国古代文化赖以延续和发展的基础，是中国古代文化不断创新的动力。因为灿烂辉煌的古代文化是靠中国古代的教育一代一代传递下来的。中国古代的学校教育、社会教育、家庭教育是中国古代文化、科学、技术薪火相传、继往开来的保证。没有古代的教育，古代的物质文明和精神文明是难以创造、难以延续、难以发展的。

中国古代是十分重视教育的。大家知道，古代的西方，往往以宗教为精神生活的支柱，而古代的中国，则视教育为民族生存的命脉。由于我们祖先很早便知道教育的重要，所以远在四五千年以前，就开始了有组织的教育活动。根据历史文献记载，中国古代教育的起源，可以追溯到夏、商、周三代以前。传说中的伏羲、神农、黄帝、尧、舜等，就十分重视教育。据《尚书·舜典》载，虞时即设有学官，管理教育事务，如命契为司徒“敬敷五教”，即负责对人民进行父义、母慈、兄友、弟恭、子孝等五种伦理道德的教育责任；命夔“典乐”，即负责对于人民进行音乐和诗歌的教育责任。由于我们中华民族具有重视教育的优良传统，所以四五千年以来，中国古代灿烂辉煌的文化不仅能一

* 本文原载《北方工业大学学报》1992 年第 4 期。

脉相承，历久弥新，而且我们中国古代文化的内涵，也较世界上其他古老的民族，更加充实而光辉。

商、周时代，中国文化已有相当的积累，知识大体具备规模，这就为学校教育的发展兴盛创造了条件。西周时不仅有国学，还有乡学，不仅有大学，还有小学，不仅有官庭教育，还注意幼儿教育，逐渐形成了一个以“礼、乐、射、御、书、数”为主体的“六艺”教育体制。到了春秋战国时代。文明的果实成熟了，中国文化进入了“古典时代”。私学作为一种新兴的教育形式开始发展起来，出现了一批闪烁着智慧光芒的私学大师，如孔子、墨子、孟子、荀子、老子、庄子、商鞅、韩非等等，他们在教育思想上都有所建树，这是私人自由讲学带来的成果。不仅《论语》、《墨子》、《孟子》、《荀子》、《管子》、《吕氏春秋》等典籍中记载了大量的教育资料，而且还出现了像《大学》、《学记》、《劝学》、《弟子规》等这样的教育专著。《学记》与《大学》就是这一时代丰富的教育经验与教育思想的总结，成为世界上最早出现的自成体系的教育学专著，奠定了中国古代教育理论的基础。

到了西汉，中国就有了规模相当完备的以传授知识、研究专门学问为己任的太学。汉武帝元朔五年（公元前124年）开创太学，设在京都长安的西北城郊，规模相当可观。作为中国当时的最高学府，太学与欧洲的雅典大学、亚历山大里亚大学等同处于最古老的地位。太学选聘年高德劭学优者任教授，称为“博士”，招收的学生，随教授学习，称为“博士弟子”。太学的课程以通经致用为主，学生分经受业，经考试及格，任用为政府官吏。政府给予学生以极为优厚的待遇。西汉平帝元始四年（4年）为太学生建筑校舍，能容太学生万人，其规模十分庞大，是中国历史上大规模地建筑大学校舍的开始。东汉太学生曾达三万多人，京师形成了太学区。东汉太学有内外讲堂，讲堂长十丈，宽三丈，同时听讲的人数总在数百人以上，出现了“大都授”——集体讲授的教学形式。班固赞颂汉代“学校如林，庠序盈门”，可以想见学校发展的盛况。

唐代政治、经济、文化发展到我国封建社会的鼎盛时期。复兴汉代教育的传统，同时继承魏晋以后的教育制度，全面地加以发挥，使学校教育达到新的发展高峰。唐代建立健全了科举考试制度，学校教育从属于科举考试制度，选拔人才与培育人才的标准和要求一致起来，促进了唐代学校教育的发展。唐代建立了从中央到地方完备的学制体系。中央设国子监总辖各学。国子监具有双重性质，既是大学，又是教育行政管理机构。下设国子学、太学、四门学、书学、算学、律学等，此外还有弘文馆、崇文馆。地方官学——府州县学和专门学校也很发达，出现了律学、书学、算学、医药学、兽医学、天文学、音乐学校等等门类多、范围广的专门实科及艺术学校。医学分医针、按摩两个专业。医学专业包括五科：体疗，相当于内科，七年制；疮肿，相当于外科，五年制；少小，相当于儿科，五年制；耳目口齿，相当于五官科，二年制；角法，拔火罐等疗法，二年制。针学专业教学生了解经脉和穴位，熟识各种症候，掌握九种针法的运用。按摩专业教学生消息导引的方法，学会治疗风寒暑湿饥饱劳逸等八项疾病，还兼习正骨术。药学与药园设在一处，教学生识别各种药物，掌握药材的种植和收采贮存制造等项技术，教学与劳动结合在一起，医药学重视精读医学经典著作，教学结合实际，注重实习以培养动手能力，根据学习与实习成绩和治疗效果来决定工作分配。这是好的教育传统，说明中国早在7、8世纪时就已建立了实科学校教育制度，而欧洲这类实科学校的出现，是在资本主义已经相当发达的17、18世纪之际，晚了近千年。

唐代周边各国先后派来留学生，如日本、新罗、百济、高丽等派留学生的数量更多，到中国学习经史、法律、礼制、文学和科技。日本随正式遣唐使来过十三批留学生，每批少则一二十人，多则二三十人，他们都进入国学学习，有的留学数年，有的甚至留学二三十年。日本留学生对移植唐代文化发挥了重要的作用。新罗派来留学生也很多，仅唐文宗开成五年（840年）一次从中国归国的留学生就有105人。当时的国都长安不仅是全国政治、经济、交通、文化教育中心，而且也成为东西方各国文化教育交流的集中点。唐朝对友好国家派来的留学生，在学习和衣食住方面尽量照顾其需要，给予优惠待遇。中国传统文化通过留学生的来往而传播到东西方各国，留学生在中国与各国发展友好关系、开展文化教育交流中发挥了桥梁作用。

唐宋以后又出现了新的教育组织——书院。书院原为藏书、校书之地，或私人治学之所、隐居之地。宋代书院大兴，著名的有江西庐山的白鹿洞书院、湖南衡阳的石鼓书院、河南商丘的应天府书院、湖南长沙的岳麓书院、河南登封的嵩阳书院、江苏江宁的茅山书院等。书院院址多选于山林名胜之地，主持人称“洞主”或“山长”，大多为一方著名学者。建制有民办、官办、民办官助等多种形式。书院教学富有特色：教育、教学与学术研究相结合，既是教育机关，又是学术研究机构；教学注重讲明义理、躬行实践；允许不同学派互相讲学，学者亦可往来问学，并建立“讲会”制度，作为学术交流的重要形式；

教学方法采取个人自学、集众讲解和质疑问难相结合，尤重读书指导；师生以道相交，关系融洽，感情深厚，教师学识渊博，品德过人，且献身教席，热心育人，学生慕师而来，虚心求教，立志成人，尊重教师。书院的这些优良的教育传统对后世影响极深。

中国古代的教育思想至今仍然具有不衰的魅力

在中国古代的历史发展过程中，产生了无数著名的教育家，从孔夫子到朱熹到王夫之，有如群星璀璨，他们各自体现了时代的精神面貌，代表着教育实践与教育思想发展演变中的各个阶段，他们为传播灿烂辉煌的中国古代文化、形成中华民族的共同文化和共同心理作出了历史性的贡献。

中国古代重视道德教育，重视道德培养，注重气节与操守，讲究崇高的精神境界，提倡发奋"立志"与"舍生取义"的献身精神，强调道德责任感与历史使命感，宣扬那种孜孜不倦、临事不惧、不计成败利钝、不问安危荣辱、以天下为己任的宽广胸怀，把个人完成的社会责任作为个人道德的自我完成，容易形成一股强大的社会凝聚力，逐渐形成了一个长远而深厚的教育传统，上起孔孟老庄，中经禅宗，下迄宋明理学，都特别注重道德教育与自我修养，都是以自我的认识和控制为努力的主要目的。立志有恒、克己内省、改过迁善、身体力行、潜移默化、防微杜渐……形成了一系列具有独特风格的道德教育与道德修养的手段，中国古代教育家重视培育真实的精神修养，树立道德风范，其影响力是不能低估的。他们曾在漫长的中国古代历史上教育、感染、熏陶了多少仁人志士，成为中国教育史上经常起进步作用的重要传统，闪烁着灿烂的光华，为我中华民族的精神文明投上了一层层光环。

人性中除了自私自利外，是不是还有光辉高尚的一面？又如何发挥光辉高尚的一面，控制黑暗的一面？中国古代教育家对于这类问题的认识与解答，认为并不全靠知识和逻辑，然而也不否认经验知识和逻辑有助于人的自我寻求与自我完善。格物致知、读书求学、温故知新、学思并重、循序渐进、由博返约、启发诱导、因材施教、长善救失、教学相长、言传身教、尊师爱生……形成了一系列具有独特风格的知识教育与教学的手段，形成了比较系统、比较深刻的知识论、教学论、教师论、自学深造与人才成长的理论。此外，在社会教育、家庭教育、幼儿教育及艺术教育方面，在科学技术教育方面，也积累了丰富的经验和教育理论。这些是地地道道的中国模式、中国特色、中国学风、中国气派，其中许多已成为中国古代的优秀教育遗产，至今仍然具有不衰的魅力。

总的来说，中国古代的教育思想，大致有以下三个显著特点。

一是综合观，即大教育观。中国古代教育家很早就认识到教育这一系统是整个社会大系统中的一个子系统，许多教育问题实质上是社会问题，必须把它置于整个社会系统中加以考察和解决。而教育问题的解决，又必然促进整个社会的发展和进步。如孔子十分重视教育，把人口、财富、教育当成“立国”的三个要素。认为在发展生产使广大人民群众富裕之后，唯一的大事就是“教之”，即发展教育事业，他从“国之本在家”的思想出发，重视家庭伦理和社会道德——“孝悌忠信”，他看到教育对于治理国家、安定社会秩序所产生的重大作用。这种把教育放在治国治民的首要地位的认识，把个人的道德修养和提高社会道德水准看成是治国安邦的基础的思想，是十分深刻的。《学记》把教育的作用概括为十六个字：“建国君民，教学为先”，“化民成俗，其必由学”，认定教育的作用包含相互联系的两个方面：一是培养国家所需要的人才，一是形成社会道德风尚，形成良好美俗。这可以称得上是中国古代关于教育作用思想的概括和总结，至今仍不失其借鉴意义。

二是辩证观，即对立统一观，中国古代教育家强调把道德教育放在首要地位，但同时也不忽视知识教育的作用。如孔子说：“君子怀德”，“君子务本，本立而道生”，“行有余力，则以学文”；同时，孔子又说：“好仁不好学，其蔽也愚”，“仁者安仁，智者利仁”，“未知，焉得仁?”董仲舒也说：“仁而不智，则爱而不别也；智而不仁，则智而不为也。”这就是中国古代的德智统一观，首先是道德教育及其实践，其次才是知识教育。德育要通过智育来进行，智育主要地也是为德育服务，德育与智育之间存在着相互依存、相互渗透、相互影响、相互统一的关系。道德教育也是这样，道德观念的认识与道德信念的建立之间也存在着互相矛盾、对立统一的关系。如孔子说：“知及之，仁不能守之，虽得之，必失之。”认为道德观念虽认识了，如不能保持它，即使得到了，也定会丧失。这就是说，道德观念如果只停留在认识阶段，而不能转化为信念，那么道德就失去了规范行为的作用。知识与才能之间也存在既矛盾又统一的关系。唐人刘知几说，一个人如果有学问而无才能，好比拥有巨大的财富却不会经营它；如果有才能而无学问，则像本领高超的工匠，没有刀斧和木材，也无法建造宫室。明人徐光启说："古人云：'鸳鸯绣出从君看，不把金针度与人。'……因反其语曰：'金针度去从君用，未把鸳鸯绣与人。'"徐光启强调培养才能的重要，认为数学不仅只是讲一些现成的知识，而且还要培养学生的思辨能力，掌握科学的方法。教与学、师与生之间也存在着既矛盾又统一的关系。《学记》说："学然后知不足，教然后知困。知不足，然后能自反也；知困，然后能自强也。故曰：教学相长也。"这深刻地阐述了教与学之间的矛盾，并要求教与学之间辩证地统一，明确地指出了教与学之间相互依存、相互促进的关系。认为教与学是不断深入、不断发展的同一过程的两个方面。教因学而得益，学因教而日进。教能助长学，反过来，学也能助长教，这就叫作"教学相长"。"教学相长"不只意味着教与学之间对立统一的关系，还意味着教师与学生之间平等的相互促进的关系。如韩愈所说："弟子不必不如师，师不必贤于弟子。闻道有先后，术业有专攻，如是而已。"这不但破除了"弟子必不如师，师必贤于弟子"的陈腐观念，而且还反映了闻"道"在先，以"先觉觉后觉"，攻有专"业"，以"知"教"不知"这一教学过程的客观规律。这些深刻的教育辩证方法，就是在现代世界教育教学专著中亦属罕见。

三是内在观，即强调心的内在道德功能或内在自觉性。中国古代教育思想的显著特点是启发每一个人的内心自觉，教人如何"做人"，如何在现实生活中实现其"治国平天下"理想的入世精神。强调的是对自身的肯定，人不仅与天地相参而且顶天立地，追求"同天人"、"合内外"（即殊相与共相统一、主观与客观统一）。在这种"天人合一"之中得到一种最高的、理智的幸福。中国古代教育家们提出了一种"做人"的道理、"做人"的要求、"做人"的方法，并让人从中得到"做人"的乐趣，表现出人的崇高的精神境界。与西方基督教和印度佛教教育不同，中国古代教育思想不是悲观型的，而是乐观型的；不是"罪感教育"，而是"乐感教育"；不是消极无为、逃避现世的，而是刚健有力、自强不息的；不是以个体为本位，而是以群体为本位的；不需要依靠宗教信仰和祈祷，不主张离开社会和家庭，而是强调在学校、家庭及日常生活之中积累道德行为，加强自我修养，即此岸即彼岸，"极高明而道中庸"；不用到上帝和佛祖面前而是到自己内心中寻找美丑善恶的标准，追求道德的"自律"，而反对"他律"。中国古代教育思想强调人心中具有一种价值自觉的能力，"自我修养"，"自省"，"自反"，"慎独"，最后是"自我完善"，自我求取在人伦秩序与宇宙秩序中的和谐。中国古代教育思想追求价值之源的努力是向内、向自身而不是向外、向上，不是听上帝的召唤，也不是等待佛祖的启示。重视其内在的力量，重内过于重外，这是一个值得注意的教育特色。

李瑞环同志在《关于弘扬民族优秀文化的若干问题》一文中指出："中华民族文化对于人类的进步和发展产生了广泛深远的影响。我国古代四大发明对于人类文明的贡献自不待言，若干领域的学术思想成就也丰富了世界思想文化宝库。中国古代的辩证法、教育思想、军事理论等，在当今的世界上仍然具有不衰的魅力。"① 这个论断是符合实际的。

孔子和儒家的教育思想，对世界东西方都产生过广泛深远的影响，自不待言。远在16、17世纪来华的耶稣会的传教士利玛窦、殷铎泽等人翻译了《四书》、《五经》，并合编了《中国之哲人孔子》，给西方学者研究中国古代教育思想提供了重要的原始资料，他们尊称孔子是"国学仲尼，天下先师"。当时西方学者常把"中国"、"孔子"、"政治道德"这三个名词联系在一起，孔子的思想，特别是他的道德教育思想便成为中国文化的象征，给当时西方的进步人士很大的影响，他们常把孔子作为欧洲启蒙运动的"守护尊者"，孔子的这些影响一直延续到现在。《学记》也一样，日本谷口武在《学记论考》序言中说："《学记》是中国最早的一部教育经典著作，在我国古代学术界也是备受推崇的名著。当我们浏览到山崎闇斋、山鹿素行、细井平洲、贝原益轩及其他我国杰出的教育家的教育学说和教育实践的遗著时，随处都能看出有关《学记》的章句及生动而蓬勃的精神。像这样一本名书，对日本教育史所产生的影响，是极为罕见的。"美国明尼波利斯市明尼苏达大学副教授和东亚图书馆主任威廉·S. 王在1976年夏季出版的《教育史季刊》（第16卷第G号）上刊登了他用英文翻译的《学记》全文，并写了序言，说："我翻译《学记》，是试图向读者介绍中国历史上有关需要教育的理由、有关为促进教育而建立专门制度方面的最早文献，虽然自从孔子以来，中国发生了许多变化，但教育是组织社会和进行统治所必不可少的这种精神仍然存在。"从以上简述中我们可以窥见中国古代的教育思想对世界东西方的广泛深远的影响，所以说"在当今的世界上仍然具有不衰的魅力"是不为过的。

① 《求是》杂志1990年第10期。

批判历史虚无主义，继承与弘扬中国古代教育的精华

前几年曾出现过一股资产阶级自由化思潮，出现过轰动整个社会的电视片《河殇》，认为只有西方的所谓“蔚蓝色”文化才有价值，他们极力往中华民族优秀的传统文化教育的母体上抹黑，企图减弱对中国优秀传统文化教育的传承力，削弱我们的文化教育认同与历史根源，使我们在现代化的整体构架上模糊了着力点，导致历史虚无主义的泛滥，导致民族自尊心与自信心的降低。不能想象，一个缺乏自尊与自信的民族能够自立于世界民族之林。中国传统文化教育及其价值系统，精深而博大，弥漫着一种强力磁场，导发出诱人的魅力。现代西方一些有识之士认识到中国传统文化教育的宽厚雄宏，开始在中国传统文化与教育思想中寻找智慧的源泉。当代著名科学家、美籍华人李政道先生说：“一个只依赖过去的民族是没有发展的，但是一个抛弃祖先的民族也是不会有前途的，五千年的黄土文化值得我们骄傲。”“我们必须团结，发扬民族理想，建立自尊、自信。”“盼能启新自兴，望弗河殇自丧。”① 杨振宁先生1988年在南开大学发表的演说中指出：“中国的文化传统是世界最悠久的文化传统之一，中国的文化传统是世界唯一在同一个地区，从古时候一直延续到今天的文化传统。中国的文化传统是西方人非常羡慕的。为什么呢？因为它里面有非常良好的部分，教育传统就是其中之一。”中国的真正崛起和为世人所瞩目，应该建立在对整个中国古代文明（包括中国古代优秀教育遗产在内）的再发现与新认识的基础之上，忽视了这一点我们将要犯极大的错误。历史虚无主义思潮会泯灭民族精神的再殖力，民族的创造力将会枯萎，它不但使我们丧失社会主义意识形态对国家利益与人民生活的保护，同时也将使我们丧失一国人民赖以生存于世的基本精神资源。中国古代优秀的教育遗产，也是一种“资料”，一种“资源”，或称之为“历史资源”，甚至还可能是一种“动力资源”，就好像煤、木柴一样，假如能把它用得很好的话，它就可以变成现代发展的一个动力。

历史虚无主义的要害在于割断历史，在于把现代传统完全割裂开来。这样做，我们就没有起点，没有基础。我们应该从自己的历史出发向前发展，要从已经有的去发展更多更好的东西。为此，我们一定要以历史唯物主义的眼光看

① 李政道：《读〈河殇〉有感》，《光明日报》1988年11月14日。

待中国历史，才能把现代意义掌握得更好，我们的现代化有赖于一个有生机的传统，僵化的传统和激烈的全面抛弃传统都是违背历史唯物主义的。毛泽东同志说："学习我们的历史遗产，用马克思主义的方法给以批判的总结，是我们学习的另一任务，我们这个民族有数千年的历史，有它的特点，有它的许多珍贵品，对于这些，我们还是小学生。今天的中国是历史的中国的一个发展，我们是马克思主义的历史主义者，我们不应当割断历史。从孔夫子到孙中山，我们应当给以总结，继承这一份珍贵的遗产。这对于指导当前的伟大的运动，是有重要的帮助的。"①

当前我们就是要根据历史唯物主义的基本精神，批判对待民族文化教育的历史虚无主义，这具有深远的历史意义与重大的现实意义。

首先，批判历史虚无主义，这对于增强和明确中国教育史学科的科学性、方向性，对于促进中国教育史学术工作者学习、掌握和丰富、发展马克思列宁主义的教育科学有重要意义。马克思列宁主义的教育科学是研究教育发展规律的科学。批判历史虚无主义，可以使我们紧紧把握历史唯物主义的基本原则，尊重历史的本来面貌，从历史的角度深入探讨各种教育现象是在什么样的历史条件下产生的，产生以后对社会发展起了什么样的作用，历史上旧有的教育制度与教育思想是怎样被新的教育制度与教育思想所代替的，过时的教育制度与教育思想在各个历史时期是怎样拖历史后腿、纠缠着人们的头脑的，而一些符合时代发展的、具有人民性、民族性、民主性和科学性的教育改革经验及优秀的教育遗产，又是怎样被后人所继承和发展的，如此等等。探讨这些可以加深认识文化教育与经济基础之间的关系，教育与政治及其他上层建筑、意识形态之间的关系，教育的阶级性和社会性之间的关系，教育与人性、人的发展之间的关系，可以进一步深入认识教育的本质和规律性，总结历史经验教训，并借以预测未来教育发展的方向。这就增强了中国教育史学科的科学性，明确了方向性，对于我们深入探讨、掌握乃至于丰富、发展马克思列宁主义教育科学是颇有益处的。

其次，批判历史虚无主义，对于借鉴和继承、弘扬我国古代的优秀教育遗产有重要意义。中国教育史记录了伟大的中华民族在漫长的岁月里，有目的、

① 毛泽东：《中国共产党在民族战争中的地位》，《毛泽东选集》第二卷，人民出版社1952年版，第496—497页。

有计划、有组织的教育活动的历程，反映了中华民族的智慧。中华民族优秀的教育传统和独具特色的教育模式，有较深厚的根基，有较持久的影响力。中国古代优秀的教育遗产，不但是我们中国教育史中的精华，也是对世界人类文化宝库和世界教育史的重大贡献，对于这些我们应当以历史唯物主义观点批判地加以继承，并使其在新的科学理论的基础上弘扬和发展。列宁说："马克思主义的这一革命的无产阶级思想体系赢得了世界历史性的意义，是因为它并没有抛弃资产阶级时代最宝贵的成就，相反地却吸收和改造了两千多年来人类思想和文化发展中一切有价值的东西。"① 列宁讲的"吸收和改造了两千多年来人类思想和文化发展中一切有价值的东西"，当然也包括了中国古代教育遗产中有价值的东西，我们批判历史虚无主义，就是不应当妄自菲薄，不要以为自己民族传统的东西统统不如人，中国古代教育遗产中有许多好的东西应当去发掘和整理，那是一个无限丰富的宝藏。可以设想，建立具有中国特色的社会主义教育理论体系，很有可能是兼有中国古代传统教育精华的崭新的教育理论体系，它必将在世界教育史上放出异彩。

再次，批判历史虚无主义，对于深入洞察国情有着重要意义。因为"今天的中国是历史的中国的一个发展"，批判历史虚无主义，可以使我们深入探讨中国古代社会政治、经济、哲学、宗教、文化、科技与教育之间的关系及其教育自身发展的历史规律，探讨中国历史上长期形成的民族心理、民族习惯、民族传统及其与文化教育之间的关系，有助于我们对国情的深度了解。我们民族的教育传统中的优秀东西，易激发人民特别是青少年一代的爱国主义精神和民族自尊心、自信心、自豪感，对于培养他们的历史感、时代感、责任感以及振兴中华的献身精神有重要意义。当然我们民族的教育传统中也有一些消极落后的东西，今天仍然有形无形地影响着人民的行为，仍然是我们中国走向工业化、现代化的严重障碍，如果我们不注意古代教育的糟粕曾给予中华民族在心理上、观念上、习惯上所带来的深重印痕，那也将是一个极大的错误。

批判历史虚无主义，将使我们更感到中华民族中间的深厚的蕴藏，培养既宽阔又深邃的洞察历史的能力，提高素养，拓宽视野，增长历史智慧，使我们能站在中国及世界教育的高峰之上，纵观教育历史的、现实的、未来的发展，具有高瞻远瞩的见识，以便更好地检验过去、执着现在、创造未来，为社会主

① 列宁：《论无产阶级文化》，《列宁选集》第四卷，人民出版社1972年版，第362页。

义现代化的教育事业作出自己的贡献。

无论国际风云如何变幻，继承和弘扬中华民族的优秀文化教育遗产总是有意义的。苏联的解体、东欧的蜕变是当代重大的历史事件，它可以激发人们去思考、去研究、去反思，我们既可以从苏联、东欧自身中寻找原因，也可以从时代背景和历史渊源、民族关系中寻原因，这是一个错综复杂的历史现象。苏联费德林院士在1991年7月参加了中国南京大学召开的“中国传统思想文化与二十一世纪国际学术研讨会”之后，十分感叹地说：“苏联干了七十多年社会主义，所以没搞好的重要原因之一在于没很好继承发扬传统思想文化，我通过会议认识到过去对现在、对未来尚有价值。”① 费德林院士的感叹或许能为我们思考苏联、东欧问题提供一个新的思路，或许能为我们批判历史虚无主义的意义提供一个新的认识。

我们要运用辩证唯物主义与历史唯物主义的理论和方法，批判历史虚无主义，加强中国教育史的学科建设。我们要将中国教育史的研究范围进一步拓宽，今后一方面要继续加强综合性研究，即把历史上的教育现象放到中国社会极其复杂的系统网络中进行综合考察，加强中国教育通史的研究，加强中国教育史学科的教材建设与资料建设；另一方面则更要加强专门课题的深层研究，既要从教育历史发展的纵向进行深层研究，撰写各个历史时期的教育专史，又要从教育历史发展的横向进行开拓，创建新颖的教育专题史，还要将中国教育史放在世界教育发展的广阔背景与人类文明的全景的相互关系中进行比较研究，创立与其他学科相结合的交叉性的教育史学科体系。中国教育史学科建设的领域是十分广阔的，随着时代的发展，它的内容越来越丰富，专门研究越来越深入细致。如果我们在专门研究的基础上，再进行更高层次的综合研究，那么我们高层次的综合研究的内容就将会更充实，我们便有条件对中国教育发展的历史规律作出更深刻、更科学、更真实的总结。中国教育史研究也将更能充分发挥其社会功能。

加强中国教育史的学科建设，还必须开展横向联合，加强学术间跨学科、跨地区甚至跨国度的学术协作。中国教育史学科的发展已经进入新的时期，它需要更为广阔的学术背景作为基础，既要在内容、范围上拓宽，更要在理论和方法上革新，因此除了与国内社会科学、人文科学和其他学科建立横向联合

① 南京大学中国思想家研究中心《动态信息》第45期。

外，还应与海外、国外有关的学术团体和学者专家进行广泛的合作。我们要特别注意台港澳的学术发展方向，因为维系台湾海峡两岸炎黄子孙的主要纽带，是中国民族的传统文化和传统教育。中国教育史研究对于促进祖国统一大业的完成，将有一定的现实意义。我们应促进中国教育史学者与国内外学术界进行学术交流与协作，促进中国教育史研究走向世界、走向未来。

1989 年 10 月中共中央总书记江泽民同志在接见出席“孔子诞辰 2540 周年纪念会”的外国著名学者时指出，新加坡教育部编写儒家伦理教科书，在中学设置儒家伦理课，这种做法很好，值得我们借鉴。江泽民同志的这番话，对我们中国教育史学术工作者及其他学科的学者提出了一个新课题，值得我们认真研究。

中国教育事业与教育思想未来发展的方向是：立足本国，面向世界，超越传统，综合创新。立足本国国情，继承与弘扬民族传统中的精华，是建设具有中国特色的现代化的教育思想理论的基础和前提条件，但这并不意味着闭关锁国，妄自尊大，以消极的防范以求自身的生存和发展。在今天“地球越变越小”的时代，更是不可能的。在海禁大开的今天，我们积极的态度，应是以马克思主义为指导，以开放的胸襟，面对挑战，广采博收别人的长处，实现自身的变异和革新，以获得外来文化的营养丰富自己，发展自己。我们的口号是：“两脚踏中西文化，一心评宇宙华章。”“他山有石可攻玉，公海无礁好行船。”我们要有远大的志向，中华民族曾经作为人类文明的发源地之一，一直走在世界的前列，今天我们仍要以自己独特的创造，为世界文化教育理论的发展和进步作出贡献。立足本国，必须面向世界，继承传统，必须综合创新。我们必须从更深的理论层次、更多的视角来对传统文化教育进行创新性的转化，从而对传统的思维模式有真正的突破与超越，走向现代化，走向世界，走向未来。让我们满怀信心地去迎接中国教育的新曙光。

“安身立命”说与大学教育改革*

在大学教育的改革和发展过程中，传统文化的影响、作用是不可忽视的，尤其对于大学教育的培养目标，对于受教育者的世界观、人生观的影响更为重大。

大学教育担负着大学生人格塑造的不可推卸的责任。它不仅使学生能够适应社会、服务社会的需要，还要让他形成独立的人文理性和道德品质，形成承担社会责任的能力。而中国传统文化的一个显著特点就是启发人们的内心自觉，教人如何“做人”，如何在现实生活中实现其“治国平天下”的理想，强调的是“同天人”、“合内外”，即个体人格与社会需求的统一，主观与客观的统一，在这种“天人合一”之中得到一种崇高的幸福。中国传统文化提出了“做人”的道理、“做人”的要求、“做人”的方法，并让人从中得到“做人”的乐趣，教人“安身立命”。在当今大学教育中，也同样存在着教会学生“安身立命”的重大课题。

“安身”一词，最早出现在《易·系辞下》第五章，孔子云：“精义入神，以致用也。利用安身，以崇德也。”意思是说，用个人所学，安顿好自身，并以此来提高德性。“立命”一词最早出现在《孟子·尽心上》，孟子云：“夭寿不贰，修身以俟之，所以立命也。”意思是说：短命也好，长寿也好，我都不三心二意，只有修养身心，等待天命，即通过主观努力以求“立命”获得生命之果。这就是“安身立命”的思想。

“安身立命”讲的是人应如何安排自己的生命以及在社会中实现生命的价值，它探讨的是“人生的方向”，它触及的是人的生命中最深的层次——“心灵”与“心性”的根本问题。历代的大学教育，培养目标有异，教育宗旨不同，但从属于统治阶级的意志不变，追求“安身立命”的理想也不变。当我们

* 本文原载《河北师范大学学报（教育科学版）》1998 年第 1 期。

为大学生设计全面的整体的人生导向时，必须尽心设想既普遍妥当而又有永久价值的基本素质，尽力摆脱民族、宗教等宗派性的偏见，只有这样，才可以免于误人子弟的罪过，从长远的观点看，应当把人的心性建设放到一定的高度，对人的心性的关怀，才是最根本的关怀，在当今大学教育中，注入中国传统的“安身立命”的观念，无疑是十分必要的。

儒家的基本精神，是创造性的生命精神，是人对天地宇宙的一种根源感。《易·系辞下》第一章云：“天地之大德曰生。”《易·系辞上》第五章云：“生生之谓易。”意思是说，天地最伟大的德行，就是使万物生生不息，具有永恒的生命；生生不息的功能，也就是《易经》的基本精神。天地把这种广大悉备的生命创造精神和“元亨利贞”等生成长养、流衍创化的能力，都赋予了人类，成为人类生命的源泉。因此人效法天地，德配天地，弘大天性，人就具有刚健自强、生生不已的主体精神，能够开拓创新，穷通变易，发挥创造性的生命精神，发挥人的禀赋与潜能。孔子说：“人能弘道，非道弘人。”① 就是说，人的生命能够把道发扬光大，而不是以道来扩充人的生命，这是一种“尊生”、“主动”的传统，是对人的生命创造精神的肯定。《礼记·中庸》说：“唯天下至诚，为能尽其性；能尽其性，则能尽人之性；能尽人之性，则能尽物之性；能尽物之性，则可以赞天地之化育；可以赞天地之化育，则可以与天地参矣。”大意是说，只有天下至诚的人，才能尽量发展自己的本性；能尽量发展自己的本性，才能尽量发展一切人的本性；能尽量发展一切人的本性，才能尽量发展万物的本性；能尽量发展万物的本性，就可以赞助天地的变化和生长；可以赞助天地的变化和生长，就可以和天地并立为三了。这就是说，天地宇宙是人类生命之本，一切价值之源。

儒家的精神，是一种“极高明而道中庸”的精神，既要有高明的理想，又要有合于中庸的行为，人不一定要做什么惊天动地的大事业，但在日常生活中，每个人都可以有非常崇高的生活，不苟且，不偷堕。作为一个人，能否成就某种外在的功业，那是不重要的，只要能顺着天地宇宙的禀赋，有所体悟，有所发挥，有所创造，内心就会得到某种精神的满足，也就实现了生命的价值。

儒家认为，人存在的价值，在于成就道德人格。只要树立了道德自我，以

① 《论语·卫灵公》。

良知作主宰，人就能超越世间各种境遇，超越本能欲望，以出世的精神，干入世的事业。《礼记·中庸》云："天命之谓性，率性之谓道，修道之谓教。道也者，不可须臾离也，可离非道也。"大意是说，上天所赋予的叫作性，顺着本性行动的叫作道，把道加以修明和推广，使人实行的叫作教。道是人一刻也不能离开的。这就是说，人的个体生命是根植于天地宇宙的，人有物质欲求，情感欲求，人离不开平凡的生活。但人为社会为人类尽道德义务，就是率性，就遵循天性，这就是"道"。所谓"教"，不过是"修道"，让每个个体生命觉悟"道"，在履行实践中，培养道德人格。一旦人能充分护持自己的生命理性、道德理性，人就能全面发挥其本性，可以回应天地宇宙的生命精神，这就是儒家"安身立命"学说，其实质是要落实到人的生命价值和意义上来。

事实上，除了儒家以外，中国古代的道家和佛教也都强调"安身立命"的重要意义。从根本上说，道家与儒家是殊途同归，最终都是追求个体生命与宇宙生命的契合无间。庄子云："天地与我并生，万物与我为一。"① 与儒家努力尽自己的社会人伦义务和社会责任、积极入世的主张不同，道家通过否定的方式，否定知识、名教，甚至一切外在形式的束缚，化解人的生命之忧，道家追求的自由是人的精神生命的超脱解放，达到"独与天地精神往来"之境界。中国佛教主张消除人们心灵上的执着，使人自知其限制，自虚其心，自空其说，以求容纳别人，教人反观自己心灵的"无明"，扩充自己的心灵，从种种狭隘的偏见中超脱出来，使自己日进于高明之境。

大学教育的目标，在于培养有用之才，但这种人才必须具备完善的人格，能充分发挥自己的道德理性。大学生学做人，绝不只是学做读书人或者当一名专家学者那么简单，而是要学做能"安身立命"的、有道德的人，并能够领悟生命的真谛。《礼记·大学》提出："大学之道，在明明德，在亲民，在止于至善。"大学教育的宗旨就是把人天生的"明德"发扬光大，推己及人，修己治人，达到思想行动上的至善，这一目标，无论何朝何代，都必须始终不渝地坚持。

儒家从来不把宇宙看成是一个封闭的系统，相反，把它看成是开放的、有机联系的整体；从来不把宇宙看成孤立、静止、不变、不动或机械排列的，而是创进不息、常生常化的。它包举万有，统摄万象，无限丰富，无比充实，而

① 《庄子·齐物论》。

宇宙大化流行的生命景象，又不是与人了无相涉的。正因为人参与了永恒无限的创化历程，并逐渐在这一“健动”的历程中取得中枢地位，因而个体的生命与宇宙的生命一样，具有了无限的价值和意义。所以说，宇宙的真相、宇宙的全体，不在于宇宙自身，而在于人与宇宙之关系，在于在这种关系中人的生命创造活动，以及在这种活动中所把握的真善美的价值，所体验的崇高的精神境界。这是一种“大度”，更是一种高明的精神，非知识人士，是很难体验得到的，因此，我们提倡在大学教育中加强“安身立命”之教育，有利于大学生综合素质的提高。

从古代的“安身立命”学说大体上可以看出，一个充实完备的生命个体，应当与宇宙大化冥合为一，一个真正的人的博大气象，乃是以自己的生命贯通宇宙全体，努力成就宇宙的一切生命，这就是人类的价值与归宿。在高科技的当代，我们还来再三强调道德精神，绝不只是面对现实的近忧，而且是遥想未来的远虑。

可以肯定，今后大学教育的发展，应该是全力去培养道德与才干同时兼顾的新人才，也就是仁者与智者合体的新人才。与人生脱节的纯书生教育固然不对，与人生脱节的纯道德教育也不行，只有与人生紧密结合的教育，才是大学教育的发展方向。

中国传统文化中的“安身立命”学说，强调时代的悲情和个人真实修养的感受，对它的理解与把握，取决于人对宇宙、对人类生命的关切所达到的深度，如果没有“兴慈运悲，不舍众生”的理解态度，没有很强的历史文化意识，没有长期刻苦的修炼体验，是很难把握其思想义理的真谛的，只有坚持修炼的人，才能逐渐使自身与外界得以绝对的统一与协调。

新时期的大学生，必须积极地参与人类社会服务的伟大潮流，决不能为个人自身的利益考虑，只有彻底地超越自我，从而消除心灵中一切邪恶和自私的念头，发扬人生所具有的崇高品德，这样，他的生命就不会徒劳地消耗在欲念和烦恼之中了。

一位哲人说，如果我们把每个人的人生境界抽象一番，划分几个等级的话，那么大致可以分成自然境界、功利境界、道德境界、天地境界。如果一个人只能顺其本能或社会习俗去做，对自己所做之事毫无觉解，他的人生境界就是自然境界；如果一个人所做的事，动机是利己的，其事对于他有功利的意义，他的人生境界就是功利境界；如果一个人自觉他是社会整体之一员，自觉地为社会利益做各种事，所做的事都有道德的意义，那么他的人生境界就是道德境界；如果一个人了解到超乎社会整体之上，还有一个更大的整体，即宇宙，觉解自己不仅是社会的一员，而且还是宇宙的一员，即孟子所说的“天民”，他自觉地为宇宙的利益而做各种事，并且觉解其中的意义，这种觉解就构成了最高的人生境界，即天地境界。前两种境界的人是实然（事实的）的人，后两种境界的人是应然的（价值的）人。道德境界有道德价值，天地境界有超道德价值。中国传统文化中“安身立命”学说的基本精神，就是帮助人们达到道德境界和天地境界，实现人的生命的道德价值和超道德价值。

这种“安身立命”的观念，体现了中国传统文化的深层内涵，作为中华民族的一员，当今大学生应该把这一观念根植于深层的心理结构之中，自觉地接受本民族文化的熏陶。而作为大学教育工作者来说，也应该以振兴民族传统文化为己任，在教育过程中，有意无意地教会学生树立“安身立命”的思想观念，帮助他们努力提高精神境界。

中国传统文化重视道德伦理与人文理性，其终极目的是培养民族精神，淳化代代人风，提高人的生命素质，达到一种真善美统一的心灵境界。不管我们现代的科学技术如何发达，不管我们从事的现代职业如何先进、精密，人性的培育，心灵境界的提高，生命价值的实现，人们从实然的人向应然的人的超越，是任何高科技所无法替代的，这对于全人类、各民族与人类个体来说，都是生命攸关的大问题。同样，在大学教育的改革过程中，也要注意在精神领域、人的心性层面的建设，提高当今大学生的综合素质，使之成为跨世纪的栋梁之材。从这个意义上来说，中国传统文化中的“安身立命”学说，对于21世纪的大学教育改革，也仍然具有一定的借鉴启发意义和参考价值。

借鉴历史经验，探索我国私立高校的办学新路*

自改革开放以来，在中华大地上沉寂三十余年的私立高校（也称民办高校）再度复兴。邓小平同志的南方谈话和中共十四大的精神，又给私立高校增添了新的活力。在私立高校勃兴的今天，如何看待社会主义的私立高校，如何引导并管理这些私立高校，促其健康发展，在社会主义教育事业中发挥应有的作用，是教育界普遍关注的问题。本文着重谈三方面内容：一是私立高校复兴的历史必然性和现实必要性；二是中国私立高校发展的历史回顾及其经验；三是借鉴历史经验，解决现阶段私立高校存在的问题。

一

在我国教育历史上，存在着两种办学形式。一种是官学，指历代王朝各级官府所办的学校。一种是私学，指非官府所办的学校。按其程度高低，又可分为两类：一类是进行启蒙教育的私学，如蒙学馆、私塾等，大体上相当于现在的基础教育；另一类是进行高等教育的私学，如汉唐时进行专经教育的私学及宋元后私立的书院，此即今天所说的私立高校。在教育历史的长河中，官学常伴随着历代帝王和王朝之盛衰更替而兴废无常，私学则自产生之日起就很少间断过。

私学的兴衰，既有其自身规律，又同深刻的社会背景紧密相连，是各种因素不断组合的结果，而归根结底是社会生产力的发展所决定的。正因为社会生产力的发展，奴隶制到了春秋末年就瓦解了，西周时代“学在官府”的垄断形式失去了原有的经济支柱，造成了“学在四夷”之局面；也因为社会生产力的发展，才使体脑进一步分工，产生了单纯的脑力劳动者——“士”阶层，各诸

* 本文系与施克灿同志合作，原载《高等师范教育研究》1993 年第 4 期。

侯国为扩大政治势力，大兴养士、用士之风，给庶民开辟了一条“学而优则仕”之路，士的兴起，成了办私学的基础，所以侯外庐先生称之为“由‘学在官府’向‘私学’过渡的桥梁”①。

私学的兴衰，并不取决于国家政策、政治制度。秦始皇建立专制政权，采用法家政治，禁私学，以吏为师，但学校的社会职能仍由私学承担，私学名亡实存。刘邦引兵围鲁时，“鲁中诸儒尚讲诵习礼，弦歌之音不绝”②。北魏太武帝明令禁设私学，犹有徐遵明讲学二十余年，生徒达一万余人。官学废弛，教育必赖私学方可存在。

私学的兴衰，也不取决于社会形态。在同一社会形态下，由于生产资料的具体占有形式的不同，其办学形式也不同，同是奴隶制社会，中国与希腊由于生产资料的具体占有形式不同，其办学形式各异。中国奴隶社会的主要生产资料——土地的占有形式，用马克思的话说，“不存在土地私有制”③ 而只是土地氏族公有制，那么，在教育上是“学在官府”；而古希腊土地是私人所有，工商业也属个体经营，故其教育是“学在私门”。古希腊的兴盛时期，正是私学的繁荣时期，绝非偶然；中国也曾有过奴隶制的极盛时期——西周的“成康之世”，但未能出现私学，也绝非偶然。直到春秋末私有制的出现，士阶层的兴起，才使私学有了生根发芽的土壤。

所以，生产资料私有制的存在和官学的废弛或不能满足社会的需求，是私学兴盛的两大条件。

我国私立高校经过新中国成立初期的接收、调整而趋于消亡，虽然与当时高度集中的社会主义计划经济体制相适应，但采取一刀切的办法，将所有私立高校改为公立，未免考虑欠周。既然民族资产阶级还存在，私营企业还存在，私人资本主义还存在，为什么要在教育上过早取消私立高校呢？

现阶段，随着改革开放的深入，多种所有制形式并存而且私营经济的蓬勃发展，尤其是十四大确立社会主义市场经济体制之后，原先单一的办学体制显然已落后于时代，这就必然要求改革过去完全由国家包办高等教育的格局，调动社会各方面力量办学的积极性。从官学现状看，现行公立高校既不能满足社

① 侯外庐主编：《中国思想史纲》，中国青年出版社 1963 年版，第 40 页。

② 《汉书·儒林传》。

③ 《马克思致恩格斯》（1853 年 6 月 2 日），《马克思恩格斯全集》第二十八卷，人民出版社 1973 年版，第 256 页。

会对人才的需求，又存在本身的诸多弊端。我国有五亿多受教育人口，这么庞大的受教育队伍，仅靠国家办学是不能解决问题的，国家根本没有这么大的经济力量办更多的学校，而经济建设又迫切需要大幅度提高劳动者素质。据统计，到20世纪末，我国经济建设至少需要五千万受过高等教育的人才，而现有大学和成人高校届时只能培养出一千五百万人，即使今后八年大量增设高校，恐亦难以满足实际之需。这就必然要求以大批的私立高校作补充。

此外，现有公立高校又存在诸多弊端。其一，在办学上，国家包得过死过多，高校受到“官本位”的影响，学生从入学起，包学费、包分配、包当干部、包终身，缺乏活力，必然束缚大学的发展。其二，高校大多隶属于中央各部委及省、自治区、直辖市，为中央及省、自治区、直辖市培养人才，而大批地、县、乡镇企事业单位却缺乏自己的人才来源，尤其是近年来地方经济及乡镇企业的蓬勃发展，迫切需要各方面的人才，发展地方高校已迫在眉睫，而国家却无能为力，这就使私立高校有了广阔的活动场所。其三，国家对高校管得过细，统得过死，使高校缺乏自主权，高校专业结构、层次结构比例失调，课程教材内容与社会实际需要存在脱节现象，忽视技能训练，随着市场经济的发展，尤其是社会科学的高校毕业生将面临就业危机。

而私立高校的最大特点，就是能够自主配置各方面教育资源。一是经费配置，学校可按适当标准通过收费来获取办学所需经费，不再单纯依靠国家财政拨款，可缓解国家教育经费的危机；二是生源配置，学校按照育人标准自行招生，不再受限于国家统一的考试招生制度；三是师资配置，学校不再受缚于原来的劳动人事制度，可自行聘任、解聘教师，不存在终身制、包办制；四是专业层次结构配置，可根据市场经济的需要进行调节、灵活设置专业与课程，以吸引学生和家长，把教育与社会需求紧密结合起来。这种信息传到公立高校，有利于刺激公立高校的内部革新，也就是说，在一个信息流通比较自由的教育市场中，私立高校比公立高校更能强烈、敏感地反映供需情况。在竞争的环境下，各校还会努力改善教育管理，合理利用人力、物力、财力，改进教学方法，调动教师教学和学生学习的积极性，达到提高教学质量的目的；在竞争的环境下，私立高校毕业生必须同公立高校毕业生竞争就业市场，这就必然激发出学生发愤向上、学一技之长的学习积极性。

总之，无论是从私学发展历史的规律性看，还是从现阶段高等教育发展、改革的必要性看，我国私立高校的复兴都是不可避免的，是社会主义市场经济在高等教育领域的必然反映。在社会主义的初级阶段，可以也应该大力提倡私立高校的创办。正像江泽民总书记在十四大报告中所指出的那样，我们必须“鼓励多渠道、多形式社会集资办学和民间办学，改变国家包办教育的做法”。

二

中国私立高校自春秋末产生以来，经过汉代专经私学、宋元明清书院、近代教会大学、现代私立大学，已有两千余年历史，积累了丰富的办学经验，是我们兴办私立高校的宝贵财富。

孔子被公认为私学创始人，他创办儒家私学，规模较大，墨子也创办私学，儒墨并称“显学”。据说春秋末年，孔墨弟子“充满天下”①，这说明当时的私学已比较兴盛。

汉代是我国政治、文教制度的形成期。其私立高校之发达，堪称古代私学之典范，在其四百余年的历史发展中，有诸多经验。

其一，课程上的灵活性。汉代经学重师法、家法，相对于官学而言，这种倾向在私学中较为淡薄，受限制较小，许多私学大师兼通古文经学与今文经学，东汉时，私学又突破了古今文经学界限，跳出师法、家法束缚，体现其课程上的灵活性。

其二，重自学。私学大师在教学中大抵只是提纲挈领，由学生自行体会，主要讲授研习方法和心得，提倡学生质疑问难。又创立高业弟子转相传授的方法，既扩大了教育对象，也使高业弟子受到实际锻炼，还调动了学生的积极性。

其三，重视学风教育。汉代私学特别强调认真刻苦的学习态度，力求精通经典章句。夏侯建师事夏侯胜和欧阳高，“左右采获，又从五经诸儒问与《尚书》相出入者，牵引以次章句，具文饰说”，“卒自颛门名经”。② 桓荣与其弟子隐匿山谷，专攻经书，虽常饥困而讲论不辍，这种刻苦钻研、认真探索的学风成了中国私学教育的优良传统。

但汉代私学缺乏严格的管理，教师、教材往往得不到保证，有师则有学，

① 《吕氏春秋·尊师》。

② 《汉书·夏侯胜传》。

无师则学废，同时，也缺乏稳定的经济来源和必要的规章制度。

这一缺点到了宋元明清的书院阶段得到了克服。书院是我国私立高校发展到新的历史时期的变种，虽不列入国家学制，但它往往享有学田，其中一部分已成为实质上的官学。

宋元以后的书院在管理上更为严格，掌教的称“山长”，书院往往订有教条与规约等教学规章。书院讲学极有特色，亦堪学习，一是学术传授的讲学，二是讲会式的讲学，三是宣传教化的讲学。第一种讲学，是在书院内进行的。第二种是讲会，其目的在于相互探讨争辩，或发挥一个学派的精义，或辨析不同学派之间主张的异同，不一定在书院内进行。宋淳熙二年著名的鹅湖讲会，就是由吕祖谦主持的朱陆论辩会。东林书院的讲会也驰名遐迩，其特色是议论时政。第三种讲学是宣传教化式的，听讲人不限于书院生徒，目的在于为统治者起训官化民的作用。王阳明讲学，宣扬“致良知”，要人们“破心中贼”，这实际上是把学校教育和社会教育结合起来的一种做法。

书院既是一个教育教学机关，又是一个学术研究所。有的因宿学鸿儒之主持，而望重士林，自成学派，对于学术之影响甚大。随着私立高校的发展，重视理论、学术之研究也是不可或缺的。

近世私立高校，以教会大学最为典型，成就最大，办学最有特色，几乎遍及全国各大城市。倘若撇开其办学之政治动机与宗教目的，不能不承认，近世教会大学对我国高等教育发展有极大的贡献。我国近代，在辛亥革命前，仅有京师大学堂等三所大学，而教会大学著名者就有东吴大学、震旦大学、圣约翰大学、金陵大学等八九所。

教会大学课程完备，尤其是近代西学的传播，是古代任何私立高校所望尘莫及的；而学生英语程度之高，数学、哲学、格致、医学、经济等知识之博，亦足使当时国民耳目一新。

教会大学管理有方，教育质量高，教学设施一应俱全，讲求学以致用，学生于演讲、辩论、任事诸方面，莫不精明强干，因此当时上流社会子弟多入教会大学就读，近世大批学者、著名科学家均出自教会大学。

中华民国建立后，1912 年公布的《大学令》中第一次明文规定：“私人或私法人亦得设立大学。”此后，政府开始承认私立大学的合法地位，并运用法律手段、行政手段、财政手段、专业手段对私立大学进行监督、管理、控制，把私立大学纳入国家统一的教育体系中。有以下几方面值得我们注意。

其一，重视教育立法。继1912年《大学令》承认私立大学合法地位后，1913年又公布了我国第一部关于私立大学的专门法规——《私立大学规程》，以后虽经1929年、1933年、1943年、1947年几度修订，而基本未变，保障了法规的连续性和稳定性。此外，自1928年起，国民政府还颁布了《私立学校条例》等十几个专门性法规，先后七次颁布《捐资兴学褒奖条例》。所有这些法令的颁布和实施，使国家对私立大学的管理有了法律依据。在1931年《中华民国训政时期约法》和1935年"五五宪章"的教育专章中都明确了私立大学的教育任务："全国公私立之教育机关一律受国家监督，并负责推行国家所定教育政策之义务。"1947年《中华民国宪法》教育专节第162条写道："全国公私立之教育文化机关，依法律受国家监督。"公立、私立大学在法律上处于完全平等地位，私立大学的组织、课程及其他一切事项须遵照当时推行的教育法令办理。

其二，鼓励捐资兴学，辅以经费补助。中国私立大学一般设有独立的经费来源以负担全部经费开支中的大部分，经费不足一直是困扰私立大学发展的一大难题。即使是以善筹资金著称的南开大学，初建校时也常常捉襟见肘，入不敷出。政府一方面给私立大学以财政上的部分资助，另一方面鼓励私人或团体向学校等文化事业单位捐款，给予捐款者以奖状、奖章、匾额等奖励。

其三，严格立案制。私立大学开办一年后呈报开办后经过情形、经费来源及经常开办各费预算表、组织编制及课程、参考书或教科书目录、图书馆全部图书目录及实验室全部仪器、标本目录及其价值，校长或院长及教职员履历表、学生一览表、训育实施情形，符合立案条件者，方可立案。立案之私立高校毕业生与公立高校毕业生受同等待遇，而未立案之私立高校，其毕业生国家不承认学历，在校生亦不得转入立案之私立高校或公立高校，这就使私立高校的存在和发展受到国家政策影响，自觉或不自觉地被统筹于国家教育体系中。

其四，国家除了通过提供经费来影响私立大学，还规定了私立专科以上学校经费分配的统一标准，即每年扩充设备费至少应占经常费的15%，每年行政费不得超过经常费10%；事实上，战前大多数的私立大学设备费支出均超过15%，足见其重视设备投入以提高教学质量。

国民政府关于私立高校的诸多法令条文可谓完备，手段可谓齐全，但由于当时国民党的独裁统治，以及战争爆发，政局基本处于动荡之中，故徒具虚文者多，实施者少。

中国私立高校走过漫长而崎岖的历程，对于继往开来、薪火相传、传播中华民族灿烂文化和精神文明，有着不可磨灭的历史功绩，对于中国文教、科学的发展，起了一定的推动作用，同时，它也为现阶段或未来的私立高校提供了大量有益的经验。

三

史为纲鉴，古为今用，总结我国私立高校的历史经验，对于今日的高教改革是有参考和借鉴价值的。当前我国私立高校虽然有蓬勃发展的趋势，然而毕竟是刚刚起步，一些亟待解决的问题十分现实地摆在我们面前。

从教学形式看，大多数私立高校都是业余性质的，全日制的不多；各类函授、刊授、广播、电视大学或自修大学是目前公立高校之外进行高等教育的主要形式，面授的不多。

从办学者情况看，大多私立高校是由民主党派、报社、社会团体、文化机构发起创办的，私人、企业、公司创办的不多。

从生源素质看，私立高校普遍不如公立高校。社会上家长与学生对私立高校的认识不足，习惯用“私不如公”的偏见视之，认为只有考不上公立高校才去私立高校；而国家又缺乏鼓励私立高校的具体政策和优惠措施，这就使私立高校一时吸收不到优秀的青年入学。

从经费看，目前私立高校经费来源主要是学生学杂费、社会捐赠、集资等，而由于整个社会的经济发展水平不高，经费来源仍是相当匮乏的，私人办学的能力尚不具备。

从师资看，目前私立高校教师主要来自各公立高校的离退休教师和一批兼职教师，没有其自身的相对稳定的教师队伍，而前者年老体衰，后者精力分散，必将影响私立高校的质量和声誉。

在管理上，目前还缺乏一整套从中央到地方管理私立高校的体制，私立高校内部也往往缺乏正常的教务、财务制度，易产生混乱。在教学设施上，校舍、办公室、图书馆、实验室、教学仪器设备等大量匮乏，相当一批私立高校赖租借校舍而生存。

如何解决这些问题？途径有二：一是借鉴历史经验，总结历史教训；二是结合现实实际，探索符合社会主义初级阶段国情的办学新途。

从总体看，我国社会主义的性质是生产资料公有制占主体的，这就不允许私立高校成为我国高等教育的主体，而只能是公立高校的有益补充。但是通过教育立法手段，从法律上确立我国私立高校应有的合法地位，仍然是十分必要的。

针对私立高校缺乏管理机制的问题，必须建立从中央到地方一整套管理私立高校的机构，逐步制定对私立高校开办、立案、甄别、评估、奖惩的制度。不符合开办条件者，坚决制止，未经主管教育行政部门核准开办者，不准擅行招生；私立高校办理不善或违背法令时，主管教育行政机关可以撤销其立案或令其停办；为确保私立高校的教育产品——毕业生，合格地服务于社会，可用合理的考试证书制度来验收私立高校修业期满的学生。李铁映同志曾在1992年全国成人高等教育工作会议闭幕式上指出："国家为此广开学路，要建立一个完善的国家考试制度，不管哪种教育方式，谁办的，只要通过考试，达到标准，国家就承认。……这种考试制度有利于人才的成长，是一种有利于社会积极办学和积极学习的制度。"①

解决经费困难问题，途径是多方面的。一是国家给予适当而有差别的补助。国家可以设专款，对办学成绩优良且经费来源匮乏的私立高校，给予延聘教师和添置设备费用的补助，又由于中国高等教育地区分布不均的现状，这种补助费的分配还必须顾及地域之分布。二是广开财路，调动一切社会力量和海外巨商捐资兴学，通过改革和试验，使我国逐步形成民办自费、企业公司兴学、国际合作兴学等等形式的私立高校新格局。三是收取学生的报考费、入学费、学杂费以及借贷，取之于"私"而用之于教育事业。四是合理分配、使用有限的经费，坚持少聘、精聘教师，以节约人力、财力，努力做到勤俭办学。

针对生源素质差的困难，除了在观念上改变"私不如公"的偏见，在体制上打破公立高校包办一切的做法外，私立高校也要努力办出特色、办出高质量，凭借实力、凭借向社会提供高质量的学生，凭借学术和研究成果等硬指标去赢得社会的认可。私立高校的声誉不是由政府来确定的，而是要靠自己的办学实绩去赢得。私立高校可以利用其办学的灵活性，把学科重点放在培养社会急需的技术人才上，以吸引优秀青年人学。

针对师资队伍不稳定的问题，除了提高工资待遇、改善福利条件外，给教

① 《中国教育报》1992年10月8日。

师创造发挥才能的合适环境，也是很重要的一点，作为校长或院长，要独具慧眼，识别并重用人才。1929年夏，清华大学以充裕的基金、较完备的设备和优厚的待遇吸引教师，当时私立南开大学许多骨干教师前往清华任教。而著名经济学教授何廉等，却不惜放弃国立大学的优厚待遇，自愿到薪金低的南开任教，是因为南开校长张伯苓的独具慧眼。在1931年时，南开大学师生比为1∶11.1，并不算高，但教师中有76%是留美生，教师队伍精干，个人素质较高。

总之，对于解决当前私立高校存在的问题，我们并不是一筹莫展的，论资金、论师资、论设备，私立高校都无法同公立高校竞争，这是事实，但尺有所短，寸有所长，扬长避短才是私立高校的发展战略。成功的私立高校必须因地制宜，采用灵活机动的办学方法，及时调整专业结构和课程结构，以特色取胜，以质量取得社会认可，承担起为国育才的任务。

20世纪初，我国近代私立高等教育事业的一位先驱者曾写下遗言："考各国学术之进化，莫不有民立学堂与官立学堂相竞争、相补救。……民立大学……若日进不已，其成就将能驾耶鲁大学与早稻田大学而上之。"① 将私立高校纳入整个社会主义的高教体系，使我国高等教育逐步建立起公立、私立"相竞争、相补救"的模式，不仅是老一辈创业者们的夙愿，也是我们社会主义初级阶段发展高等教育的必由之路。

① 胡适：《中国公学校史》，白吉庵、刘燕云编：《胡适教育论著选》，人民教育出版社1994年版，第259页。

一本有特色、有价值的中国现代大学校长研究的学术著作

——评孙邦华所著《身等国宝 志存辅仁——辅仁大学校长陈垣》*

中国现代大学已走过一个多世纪的风雨历程。凡是办学卓有成效的著名大学背后都有一位或多位伟大的校长，曾经在那里呕心沥血，陈垣（1880—1971）先生就是中国现代著名大学校长中的一位。他从事教育活动七十年，先后做过蒙馆、小学、中学、大学教师。特别是他把自己一生的黄金时代都投入到了辅仁大学的创办之中，并担任校长达二十五年（1927—1952），经历了辅仁大学的创建、发展、鼎盛、结束等全过程。1952 年 9 月，又出任北京师范大学校长，直至 1971 年 6 月逝世为止，献身于新中国高等师范教育事业。他的大学教育理念、办学实践活动以及人格魅力等，无疑是中国高等教育史上一笔十分宝贵的精神财富。学术界已经发表了不少研究陈垣的著作、论文，并召开过几次学术研讨会，但是，截至目前，过去学者们大多集中在对他的史学成就、史学思想、史学方法等方面进行研究，对他的教育活动与思想，特别是大学教育思想与实践重视不够，进行专题研究的成果很少。这种研究现状与陈垣在中国现代高等教育史上的地位与影响是不相称的。孙邦华撰写的《身等国宝志存辅仁——辅仁大学校长陈垣》一书，把研究的视角投射到了陈垣的辅仁大学校长身份上，挖掘陈垣的大学教育思想、办学经验。该书由从教七十年的教育家、办学实践、人格魅力、高等教育思想、在中国高等教育史上的地位等五章组成。概括起来说，该书有以下几大特色。

第一，把陈垣准确地定位为一名学者型的大学校长。作者把中国现代大学校长主要划分为思想家型、管理者型、学者型等几种类型。思想家型的大学校

---

* 本文原载《教育史研究》2005 年第 1 期。

长以北京大学校长蔡元培为典型。蔡元培于 20 世纪初两度留学于德国莱比锡大学，深受西方高等教育思想的影响，因而在他担任北京大学校长期间，用西方现代高等教育思想改造北京大学，从而为北京大学乃至现代中国高等教育的整体发展产生了深远的思想影响；管理者型的大学校长以南开大学校长张伯苓为典型。张伯苓曾于 1917—1918 年留学于美国哥伦比亚大学师范学院，受业于美国著名教育家杜威、孟禄等名师，深受当时美国进步主义教育思想的影响，回国后创办南开大学。张伯苓以擅长管理著称，事无巨细，事必躬亲。他在担任南开大学校长期间，把大学教育理念与大学教育实践结合起来，并且自觉地运用于学校管理，从而构建起了有特色的中国私立大学管理体系。陈垣没有出国留学的经历，没有直接受到西方教育思想和高等教育管理经验的影响。他所掌教的辅仁大学又是一所天主教大学，学校的经费主要来自教会，学校的日常管理也主要由天主教司铎负责。因此，陈垣并不从事大学具体事务的管理，用他自己的话说，是一位“甩手校长”。但是，这并不是说陈垣对辅仁大学的发展毫无影响。陈垣在担任辅仁大学校长期间始终没有放松自己的学术研究，并写出了《元西域人华化考》、《通鉴胡注表微》、《二十史朔闰表》、《中西回史日历》、《元典章校补释例》等一部又一部“动世界而垂久远”的学术论著，成为 20 世纪享誉世界的史学大师，在青年学子心目中产生了很大的影响。不少青年，特别是历史、国文等人文学科的青年报考辅仁大学就是奔陈垣的大名而来的。在教师的聘任方面，陈垣一方面利用他在北京大学、北京师范大学、燕京大学等著名大学担任兼职教授的身份，直接从以上名校网罗名教授担任专职或兼职教师，也非常注意吸取留学归来的学者。另一方面又非常注意从社会上挖掘没有教学经历、但有真才实学的名学者到辅仁执教。通过以上手段，使辅仁大学成为名师荟萃的大学，从创办之初起点就很高，并较快地跨入中国名校的行列。陈垣在辅仁大学的作用和地位，正如该书作者在“结束语”中所总结的那样：“陈垣作为史学大师、国学家，堪称辅仁大学的一面旗帜。正是由于他的影响力，学校不断网罗一批又一批名教授、名学者，并使一批又一批青年把辅仁大学作为向往的知识殿堂。”

第二，全面准确地概括了陈垣的大学教育思想和办学实践经验。任何一位著名大学校长都应该有一套带有自我特色的大学教育理念，并把它付诸办学实践当中，如果长期坚持下去，便形成了该大学的办学传统和特色。陈垣在辅仁大学教师聘任、课程设置、教学与科研实践等大政方针上有自己的思想和主张，形成了丰富而有特色的办学经验和思想。譬如，在课程设置和教学方面，陈垣始终坚持把“发展中国固有文化”、重视国学教育作为办学的核心，并首先表现在重视国文教育。当时社会上存在着过分重视外国语和自然科学而轻视国文的风气，由此造成“中国人不会作中国文”的后果，“一个高中毕业生写不通一封家信，看不懂一篇浅易的文言文”。针对这种情况，陈垣认为提高大学生的国文水平是一件刻不容缓的大事情。因此，他规定“国文”为辅仁大学所有文理科各专业一年级学生共同必修课，每周 2 学时，4 个学分。陈垣作为校长直接抓全校的国文课教学。从教材的编选、教师的遴选到结业考试，陈垣都亲自负责，并亲自担任国文课的教学工作，以便引起全校师生对国文课的重视。全校使用的统一教材《国文选本》，由陈垣选自《史记》、《战国策》、《汉书》等历代正史著作和曹丕、韩愈、王安石、司马光、苏轼等历代文史大家的文章，约计 30 余篇，绝大部分为文言文，要求学生背诵如流。陈垣确定国文课的教学目的“使学生既掌握必要的语文知识（包括古文基础知识），又要培养较高水平的写作能力”。因此，他规定学生每两周要写一篇文章，学生作文经过国文课教师批改后，进行讲评。并且在教学楼开设墙报专栏，由任课教师从学生作文中挑选出好的文章，分期在专栏里张贴，同时公布教师的评语，供全校同学阅读，“以收观摩之效”，激励学生学习国文的积极性。陈垣亲自选聘国文教师，除顾随、褚圣麟、刘盼遂、赵万早、孙楷第等人为知名教授外，其余大多为年轻教师。陈垣选聘年轻教师承担国文课教学任务，是为了让他们在教学中训练文史方面的基本功，从而达到教学相长的目的。在 20 世纪 30—40 年代，在陈垣的领导下，辅仁大学在教学制度形成了这样一个传统，刚到学校任教的文史方面的青年教师，总要先担任几年国文课教学工作，进一步打好古文和国学基础后，方可承担文史专业课的教学任务。

第三，突出了陈垣教学与科研并重的办学思想。辅仁大学所有的名教授都始终活跃在教学第一线，身为校长的陈垣也不例外。陈垣主张“在高等学校一定要教学和科研并重”。他率先垂范，从自我做起，“几十年，他年年亲临教学第一线”。除了亲自担任全校“大一国文”教学外，还为史学系本科生、研究生讲授史学名著选读、史学名著评论、史源学实习等专业基础课和选修课，并担任毕业论文指导。他对待教学工作非常认真负责，一丝不苟。在每门课程的教育活动开始前，总是要制订周密的教学计划，并严格执行。在教学过程中，总是认真备课，即使是教过几次的课程，也都是如此。平时无论行政事务、科研工作、社会活动有多忙，他也总是非常认真批改学生作业。

所谓教学与科研并重的办学思想，是对教师和学生双方的要求。一方面对教师来说，教学与科研相辅相成、相互促进。教师不能只是单纯地讲课，必须进行科学研究，而且从事专精科学研究。在博与专的关系上，陈垣提倡做精深的研究专家，反对从事“空泛而弘廓”的学科研究和教学。以史学研究和教学为例，陈垣主张从事断代史和专题史研究。他首先作出表率，集中精力进行元史、中国宗教史、中国历史文献学等学术研究，并以此为学术标准聘请教师。在他的影响下，辅仁大学史学系基本上不聘用通史、文化史方面的学者承担研究和教学工作，每位教师都只负责某一段历史时期或某一二个专题性的教学和研究。另一方面对学生而言，学生学习每一门基础课或专业课，不能片面以学完课程、获取学分为目的，而注重学生的知识掌握与科研能力培养，“以养成研究高深学术之人才”。为了达到这一教育目的，在陈垣主持下，辅仁大学采取了一些富有创建性的措施。譬如，在课程体系上，既注意传授基本知识，更注重于“启发学生自动研究之能力”；在教学方法上注重学生研究能力的培养；为了对学生的课外学习与研究活动提供指导，在本科生中试行导师制；各学院根据各教授学术研究领域和本科学生的实际能力，公布一些研究课题目录，由学生自愿选择其中的一个问题，在教授指导下进行研究，取名“特别研究工作”。辅仁大学教师大量开展研究性、学术性教学活动，并且对学生要求很严格，取得了很好的教学效果。事后同学们回忆说这样的学习平时尽管很苦，但是收获确实很大。辅仁大学办学规模不大，每年招收和毕业的学生不是很多，但是精英辈出，这与陈垣等人实行教学与科研并重的办学思想有密切关系。

第四，写出了陈垣多方面的立体化的形象。该书并不局限于陈垣的校长身份，而是紧扣主题，从他的人生道路、事业选择、治校理念、教学方法、治学方法与精神、对待同事朋友同学青年敌人的态度等角度，展示了陈垣先生的校长、教授、教育家、学者、大师、诤友、志士等多种形象，写出了陈垣先生的精气神。比如，书中写道陈垣是一位非常廉洁的大学校长，反对利用职务之便谋求个人的私利；陈垣作为一代宗师、国学家，写出了不少有世界影响的学术名著，但是，在治学上，他总是非常谦虚。他每次写出文章后，并不急于发表，而是进行多次修改加工。其间，他总要把文章主动拿给三种人看：老师辈（比自己高明的人）、朋友辈（与自己同辈的人）、学生辈，并且说这样做“可以从不同角度得到反映，以便修改”。陈垣称这些帮助他修改论文的人为学术上的“诤友”，他认为“文成必须有不客气之诤友指摘之”。在文章发表以后，即使是不相识的人给他的论著指出错误，他不仅虚心接受，而且深表感谢。陈垣先生谦逊的学风还表现在对待别人出现的学术错误的态度上。他常常教育学生“前人文章中偶有疏漏差错，写文章指出以使读者注意则可，万不可自鸣得意，或得理不让人”。陈垣在与胡适、陈寅恪、伦明、杨树达、梁启超等学术名家之间长期进行的学术交流中，常常进行学术的论辩、争鸣，相互指摘，共同进步，在中国现代学术史上留下了一段段学术交往的美好佳话；在抗日战争期间，北京沦于日伪之手。陈垣为了辅仁全体师生，为了他心爱的教育事业，一直坚持留在辅仁大学。在群魔乱舞、日伪横行的恶劣环境里，他与日伪进行巧妙周旋。他置个人生死于度外，不惧敌伪的威逼利诱，怒斥日伪汉奸。并发挥自己的特长，进行学术抗日，把史学研究和教学与现实斗争结合起来，不断阐发热爱祖国和抗敌不屈的精神，鞭挞认贼作父、助纣为虐的变节卖国行为，以一个校长、教师和学者的特有方式，把抗日的战场延伸到了著作、课堂、学校，树立了一个“傲骨撑天地，奇文泣鬼神”（辅仁大学文学院院长、语言学大师沈兼士给陈垣的赞扬语）的志士形象和高尚人格。在陈垣等人的领导和坚持下，辅仁大学成为当时中国沦陷区唯一不悬挂日伪旗帜、不用日文课本、日语不作必修课的大学。该书所揭示的陈垣先生的学而不厌、诲人不倦、学识渊博、谦虚审慎、廉洁奉公、德高望重、抗敌不屈等人格力量，将给读者以很强的感染力、震撼力、影响力，成为当代教师、学者、大学管理者们学习的楷模。

总之，孙邦华所著《身等国宝　志存辅仁——辅仁大学校长陈垣》尽管不可避免地有一些不足或疏漏之处（相信读者对这一点自有评说），但是，这确是一本既有特色又有学术价值和现实意义的著作，值得读者特别是教师、学者、大学管理者阅读，从中获得有益的启示和借鉴。并且，我们相信该书的出版将会对学术界进一步开展对陈垣的大学教育思想与实践、辅仁大学史等学术问题的研究起到一定的促进作用。

俄国学者眼中的中国教育传统与现代化

——《中国学校与教育思想史概要》述评*

俄罗斯科学院远东研究所中国问题学者、历史学博士 H.E. 鲍列弗斯卡娅女士潜心研究中国教育发展历史，把时跨数千年的中国教育传承与变迁浓缩在一部仅有146页的专著之中。这本名为《中国学校与教育思想史概要》的专著于2002年由俄罗斯科学院远东研究所出版社公开出版。

这部专著在俄罗斯堪称第一本简明而全面地揭示中国古今学校制度和教育思想史的书籍。全书共分四章。第一章阐述传统中国教育的社会作用和哲学依据，其中论及孔子对人的教育和人之本性的见解、中国哲学家和教育家对人性理想和教育目的的诠释以及传统中国教育的社会功能。第二章介绍传统中国教育体系的设制，其中分别论及国家古典教育机构、职业训练传统、私立教育机构、国家科举考试等。第三章论述中国传统施教过程的特点，包括论述中国古典教育的内容和教学大纲，对教学方法进行了梳理，并对中国传统中的教师地位及其作用予以解析。第四章论述近代和现代的中国教育学说，其中涉及三方面的问题：一是现代化初始阶段的教育学说，二是关于马克思主义教育学说民族化的新民主主义教育理论，三是全球化条件下的具有中国特色社会主义教育体制的构想（20世纪80—90年代）。

该专著的一个明显特点，就是持厚今薄古宗旨，并体现了严谨的治学精神，这从其参阅和引用的文献就可看出，其所用文献共计98件，其中中文文献27件，俄文文献34件，英文文献37件。中文文献中属于近现代著名教育家原著的有《康有为全集》、《陶行知全集》、《蔡元培全集》等，属于教育史论著的有《大教育家孔子》、《中国书院制度》、《中国教育思想史》（郭齐家著）、《中国近现代教育家传》（陈景盘主编）、《中国近现代教育思潮与流派》（北京

* 本文系与肖甦同志合作，原载《比较教育研究》2003年第7期。

1997 年版）等，属于当前教育文献的有《邓小平理论指导下的中国教育二十年》（福州 1998 年版）、《2001 年中国教育绿皮书》（北京 2001 年版）等。

该书的厚今薄古宗旨还尤其体现在作者对中国当前的教改如何处理民族文化传统与现代化之间关系的问题予以高度关注。按照作者的分析，中国新的教育构想是在 20 世纪 20—30 年代中国民主主义教育家们的思想影响下形成的，但在中国新的教育构想中还可看到中国资产阶级民主主义者的思想影响，包括梁启超关于发掘民族潜质和开民智的思想，因此有理由认为，中国是在按照民族传统精神并基于现代化理论之上宣布了教育的优先战略地位的。作者认为，中国今天的素质教育的主要内容之一乃思想道德教育，而这一教育建立在忠于民族精神珍品之上，即用符合中国精神传统的思想来教育年轻一代。作者敏锐地注意到，发展个性是在传统的中国教育学说框架内未曾研究过的。而现今的中国教育学者在研究发展个性问题时，既依据了 20 世纪前半期中国教育先行者们的人道主义著作，也依据了外国教育家和心理学家们如布卢姆、马斯洛、皮亚杰、苏霍姆林斯基、赞科夫等人的著作。事实表明，这比 20 世纪前半期中国改革者们的作为前进了一步。作者还发现，如今的中国教改过程中越来越频繁地提出要培养有人格的人，并把人格特征与人才特征结合于人一身。她提出，将来还应把现代化了的儒家精神中的人文型的人的特征结合进来。作者洞察到，90 年代的中国学者在恢复 20 世纪之初的教育革新家们探索的同时，又在辨析知识与认知关系的背景之上开始推翻对仅仅作为知识之化身的专家的崇拜，进而把重视人对生活、对人际关系的准备性训练提到了首位。在恢复了中国传统上的注重人与自然之和谐的同时，重新强调审美教育，顺应教育先驱蔡元培和陶行知的教育观念，把美育的功能解释为首先是为了人格的道德完善和为了养成欣赏美并创造美的能力，为此逐渐增加了美育在教学大纲中的分量，并鼓励学校师生在教育实践中积极开展特色性的校园文化运动。作者还注意到，当前的中国教育界对个性及全面发展作出了更广泛的解释，并展开了诸如愉快教学、成功教育、和谐教育以及体现发展性教学、合作教学思想的众多实验，其目的是抵制权威化教育的传统观念，培养富于创造性和首创精神的个性。作者认为，如今的中国学者把个性的发展理解成是个人亲自从事创造性活动的结果，这就其哲学内容讲，几乎是在抵制儒家学说而遵从情感教育的理论，但这种抵制不是否定全部而是在辨析之后的补充。

作者最后的评析是：中国教育现代化过程具有对远东地区各国而言均为典

型的特征：国家在推行改革及确定改革目标上发挥着“父道主义者”的作用；作为兴国之基的教育具有为儒学传统所尊崇的特殊功能；在借鉴西方做法的同时保持本民族的道德和文化珍品。而其最后结论是：中国，也如许多亚洲国家一样，将为准备人力资源付出高昂的社会代价；但中国教育史提供着这样的希望：未来各代人会具备更高的素质，终将保证中国冲刺到后工业公民社会。

有理由说，该专著不失为珍馐之作，不论对中国同行还是对俄罗斯同行，甚至对世界同行，都有一定的参考价值。

第五编

国学经典教育研究

中国中小学教育
重视继承与弘扬中国优秀的传统文化*

中国在几千年的发展过程中，创造了灿烂辉煌的古代文化。中国古代文化是中华民族长期延续、不断发展的精神支柱。中国古代的教育就是这辉煌的中国古代文化的一部分，而且还是中国古代文化所赖以延续和发展的基础，是中国古代文化不断创新的动力。因为灿烂辉煌的中国古代文化是靠中国古代的教育一代一代传递下来的。中国古代的学校教育、社会教育、家庭教育是中国古代文化和科技薪火相传、继往开来的保证。没有古代的教育，古代的物质文明和精神文明是难以创造、难以延续、难以发展的。

中国古代是十分重视教育的。大家知道，古代的西方，往往以宗教作为精神生活的支柱，而古代的中国，则视教育为民族生存的命脉。由于我们祖先很早便知道教育的重要，所以远在四五千年以前，就开始了有组织的教育活动。根据历史文献记载，中国古代教育的起源可以追溯到夏、商、周三代以前。由于我们中华民族具有重视教育的优良传统，所以四五千年以来，中国古代灿烂辉煌的文化不仅能一脉相承，历久弥新，而且我们中国古代文化的内涵也较世界上其他古老的民族，更加充实而光辉。

中国古代重视道德教育，重视道德培养，注重气节与操守，讲究崇高的精神境界，提倡发奋“立志”与“舍生取义”的献身精神，强调道德责任感与历史使命感，宣扬那种孜孜不倦、临事不惧、不计成败利钝、不问安危荣辱、以天下为己任的宽广胸怀，把个人完成的社会责任，作为个人道德的自我完成，容易形成一股强大的社会凝聚力，逐渐形成一个长远而深厚的教育传统，上起孔孟老庄，中经禅宗，下迄宋明理学，都特别注重道德教育与自我修养，都是以自我的认识和控制为努力的主要目的。立志有恒、克己内省、改过迁善、身

* 本文原载《中美教育问题研讨会论文集》，北京，1992年。

体力行、潜移默化、防微杜渐等，形成一系列具有独特风格的道德教育与道德修养的手段，中国古代教育家们重视培育真实的精神修养，树立道德风范，其影响力是无法低估的。他们曾在漫长的中国古代历史上教育、感染、熏陶了多少仁人志士，成为中国教育史上经常起进步作用的重要传统，闪烁着灿烂的光华，为中华民族的精神文明投上了一层层光环。

传统文化和教育是一个民族经过长期的历史演变而沉淀下来的，同民族的历史和人民有密切的联系，即使在今天，任何一个国家或民族，在其发展中，都不能完全抛弃传统文化。当前我们中国的中小学教育，开始重视继承与弘扬中国古代的优秀传统文化。

1. 中国古代教育家具有鲜明的大一统思想和国家民族的整体观念，在历史上对于中华民族的形成和中华民族大家庭各族人民的融合起了重要作用。这些对于我们今天团结各族人民共同建设具有中国特色的社会主义现代化的事业仍有积极意义，如孔子和儒家提出的“仁”学思想，虽然带有时代和阶级的烙印，但已在长期发展中造就了中国人民的一种崇高的精神境界和完善的人格理念，鼓舞许多仁人志士，在民族危亡之际，不怕牺牲利益以至个人生命，捍卫民族尊严和国家独立，出现了像文天洋、岳飞、林则徐那样的民族英雄，这在今天仍然闪耀着光芒，鼓舞着中华民族各族人民为民族尊严和国家独立进行不懈的斗争。这是对中小学生进行爱国主义教育的一项重要内容。

2. 中国古代教育家注重道德修养，重视理想人格的培养，提出了不少积极的道德教育思想和高尚的行为规范，如“尊老爱幼”、“天下为公”、“杀身成仁”、“舍生取义”、“仁者爱人”、“尊贤容众”、“自强不息”、“积极进取”、“己所不欲，勿施于人”、“己欲立而立人，己欲达而达人”、“老者安之，朋友信之，少者怀之”、“其身正，不令而行；其身不正，虽令不从”等，仍有合理因素，对于我们建立崇高的道德风范，培养中小学生的道德情操，仍具有重要作用。此外，中国古代教育家们还强调培养一种以国家民族利益为重的忧患意识，如“忍辱负重”、“忧道不忧贫”、“居庙堂之高则忧其民，处江湖之远则忧其君”、“先天下之忧而忧，后天下之乐而乐”的高尚意识。这些意识，使中国历代知识分子从对国家民族的责任感转而为以民为本的积极的入世态度和献身精神，在今天仍是难能可贵的，在今天中小学教育中应该重视发扬这种精神。

3. 中国古代教育家注重人的价值、人格培养和人的主体意识的发挥，强调个人善于处理人际关系并在人际关系中完善自己，主张用“仁”、“爱”、

"忠"、"孝"、"恕"、"智"、"勇"、"恭"、"敬"、"宽"、"信"、"惠"、"敏"、"中庸"等道德规范，建立人与人的和谐关系。强调通过内在的修养以培植"德"（道德）、"知"（智慧）、"志"（意志）、"美"（审美）的人格要素。重视人生价值，"三军可夺帅也，匹夫不可夺志也"、"富贵不能淫，贫贱不能移，威武不能屈"、"岁寒然后知松柏之后凋也"、"朝闻道，夕死可矣"、"仁以为已任，不亦重乎；死而后已，不亦远乎"等，这些对于我们教育中小学生认识人生价值，发挥积极进取的精神，仍具有重要意义。

4. 中国古代教育家提出治国兴邦必须以修身和齐家为基础，认为在道德修养上没有达到"内圣"，在治道上就不可能实现"外王"，他们注重"内圣外王"之道和"修齐治平"之方，强调把内在的道德修养化为治国安邦、经世济民的事功，他们主张为政以德，实行廉政，持身立节，洁身为民，效忠职守，崇敬辛勤劳动和服从领导权威，提倡"躬行实践"，主张"富民"、"养民"、"轻赋"、"薄敛"、"为民制产"、"除弊立新"等。这些有利于我们教育中小学生，从小培养务实精神，埋头苦干，艰苦奋斗，廉洁奉公，是有重要意义的。

5. 中国古代教育家肯定知识经验和逻辑有助于人的自我寻求与自我完善，他们提出"有教无类"和"学而优则仕"，提出"志于道，据于德，依于仁，游于艺"，在教育实践中，他们总结了丰富的教育原则和方法，如格物致知、读书求学、温故知新、学思并重、循序渐进、由博返约、启发诱导、因材施教、长善救失、教学相长、言传身教、尊师爱生等，他们强调学习的重要性，"君子学以致其道"，提倡发愤图强，刻苦学习，"知之为知之，不知为不知，是知也"，"毋意，毋必，毋固，毋我"，"学而时习之"，"博学之，审问之，慎思之，明辨之，笃行之"，"后生可畏，焉知来者之不如今也"，"当仁不让于师"，"学而不厌，诲人不倦"等，形成了一系列具有独特风格的知识教育与教学的手段，其中一些具有方法论因素的格言警语，实际上已成为一个优秀教师不可缺少的营养，在今天仍有指导意义，对今天我们发展中小学教育事业和提高中小学师资质量仍有现实意义。

中国古代教育家，不借助于宗教信仰，充分肯定教育的作用，充分肯定人的精神文明的意义，重视教育价值、智能价值、道德价值、美育价值，注意目的方法的配合、理想现实的兼顾、个性群性的满足，所有这些，给我们留下了精神的收获和丰富的资料，具有重要的理论意义，对于我们建立具有中国特色的现代教育理论体系，对于我们培育 21 世纪的建设者，不能不说有一定的借鉴意义和参考价值。

中国的现代化是在几千年思想文化背景下的现代中国进行的，我们不能抛弃、割断历史，也不能抛弃、排斥历史文化。中国古代优秀的传统文化和教育遗产，是重要的“历史资源”，甚至可能还是一种“动力资源”，就好像煤、木柴一样，假如能把它用得很好的话，它就可以变成现代发展的一个动力。成功的现代化应是一个双向运动的过程，传统因素与现代因素相反相成。成功的现代化运动既要善于克服传统因素对改革的阻力，又要善于利用传统因素作为革新的动力。我们要坚持实事求是、批判继承、推陈出新、古为今用的原则，对中国古代传统文化与传统教育，继承、弘扬其积极有用的方面，努力贯彻到中小学教育中去，这是我们培养 21 世纪的建设者所不可缺少的。

寻回民族智慧　重植文化之根

——重视对中华文化元典的诵读和教育*

江泽民主席2002年9月8日在庆祝北京师范大学建校一百周年大会上发表了重要讲话，指出："在继承中华民族优秀教育传统的基础上，积极吸收人类文明的一切优秀成果，借鉴世界上先进的办学经验和管理经验，提高我国教育的国际竞争力。"

学习了江主席的最新讲话，使我想起了1995年3月在第八届全国政协会议上，由九名德高望重的全国政协常委提出议案，以焦急迫切的文字，表达了对传统文化教育的忧思："我国文化之悠久及其在世界文化史上罕有其匹的连续性，形成一条从未枯竭、从未中断的长河。但时至今日，这条长河却在某些方面面临中断的危险。……（传统经典）是我们的民族智慧、民族心灵的庞大载体，是我们民族生存、发展的根基，也是几千年来维护我民族屡经重大灾难而始终不解体的坚强的纽带。如果不及时采取措施，任此文化遗产在下一代消失，我们将成为历史的罪人、民族的罪人。"提出议案的这些老一代知识分子，"以风烛之年，未敢忘继承民族的文化"，他们希望学校、社会能重视对传统经典的诵读和教育，"在有生之年重听弦歌，到古典学校中去走一走，看看后继之人"。

早在20世纪40年代，朱自清先生在《经典常谈》序中就说道："在中等以上的教育里，经典训练应该是一个必要项目。经典训练的价值不在实用，而在文化。"① 叶圣陶提出："经典训练不限于学校教育的范围而推广到整个社会，是很有必要的。"② 国学大师南怀瑾也说："从儿童时期开始诵读历史经典

---

* 本文原载《北京教育》2002年第11期。

① 朱自清：《序》，朱自清著：《经典常谈》，生活·读书·新知三联书店1980年版，第5—6页。

② 叶圣陶：《重印〈经典常谈〉序》，朱自清著：《经典常谈》，第2—3页。

名著，是我们一贯的基本教育方法。据我所知，欧美国家也开始反思现代教育中的流弊而逐渐恢复传统的诵读法了。”

有人说，我们现在推行素质教育是“轰轰烈烈”，但在有些地方“应试教育”仍搞得“扎扎实实”。主要表现在教师的“教”和学生的“学”更加趋向于功利主义，学生的全面发展受到了严重的束缚，甚至畸形发展。学生的母语水平不高，心量不广，涵养不深，人生态度无所依归，理想不敢坚持，君子之风渐行渐远。

今天，我们大力提倡儿童青少年诵读传统文化经典，是想使他们被“应试教育”所埋葬的良知和自尊有一扇可以透光的门。我们知道，中华民族传统文化中包含有丰富的民族智慧和人生哲理，有“己欲立而立人，己欲达而达人”的仁道，有“己所不欲，勿施于人”的恕道，有“和为贵”、“和而不同”的共生共处之道，有“自强不息，厚德载物”的个人与社会健康互动之道，有“天地之大德曰生”、“富有之谓大业，日新之谓盛德，生生之谓易”的创生之道、与时俱进之道。中国传统文化提出了“民吾同胞，物吾与也”的人文关怀，提出了做人的道理、做人的要求、做人的方法，并让人从中得到做人的乐趣，让人追求崇高的精神境界。所有这些都是我们中华民族优秀文化的精神，也是我们今天实施素质教育，不断推进创新教育的源头活水。

如果一位留学西方的中国学生，先具有深厚的中国文化素养，应该不会妨碍他的专业成就，反而会因此有更丰富的创造及文化心灵，如杨振宁、李政道、丘成桐就是这样。有自我文化素养的人才有鉴识别国文化的眼光，才有吸取别国文化精髓的能力，否则他的学习将是肤浅的，或者是工匠式的。一个没有自我文化的民族，一个丧失了自我文化的个人，纵然有再大的本事，终究不能参与世界文明的创建，并为他人所轻贱。

要增强自我的文化体质，我认为，诵读传统经典正是便捷有效的路径。提倡儿童青少年读经，正是恢复中华民族传统文化活动的契机，或许我们也可以从这里找到真正实施素质教育、不断推进创新教育的突破口。中国传统文化具有极强的内聚力、渗透力、融合力和再生力，元典的根本精神当中也蕴含着原创力，它必将根据系统进化的功能而不断形成新的结构，并依靠自身的活力，向异彩纷呈的现代化形式转化发展。东方西方汇通、传统现代结合、科技人文配合是理性文化的复活，这样的中华文化的复兴是可以期待的。那样的中国将是真正的礼仪之邦，是一个有“天地之心”、有“生民之爱”的民族，会真正地“仁者无敌”。

让我们承接文化，开启生命，寻回民族智慧，重植文化之根，“为天地立心，为生民立命，为往圣继绝学，为万世开太平”！

中国传统教育思想精华与当今素质教育*

一、当今为什么要提出“素质教育”

“素质教育”问题已成为当今教育领域最受关注的问题，它关系到我国各级教育在培养目标、培养模式及人才规格等诸多方面的重要问题，这是21世纪我们国家、民族迅速发展壮大的关键所在。因此，上到党和国家领导层，下到普通大中小学各级各类教育部门，以及社会各界人士、亿万学生及其家长，都对素质教育给予了热切的关注和深入的探讨。

所谓“素质”，大致包括两方面的内容，一是指个人先天具有的生理、心理特点，二是指后天经过环境、教育获得的基本品质。这就是孔子讲的“性”与“习”的问题。孔子说：“性相近也，习相远也。”① 意思是说，人的性情本是相近的，只因为习染不同，便渐渐地相差很远了。孔子说的“性”，是人们的本性，即先天的素质，先天具有的生理、心理特征；“习”就是习染，指的是人们在后天环境和教育的影响下所获得的基本品质。“性相近”强调的是每一个人都有相近的本质，因而都有达到理想人格的可能；“习相远”强调的是每一个人究竟能不能成就理想人格，最终取决于他后天的经验活动和受教育的程度。当代著名学者熊十力先生把中国传统教育中“性”与“习”的关系称为“性修不二”。熊先生说：“天人合德，性修不二，故学之所以成也。《易》曰：‘继之者善，成之者性。’全性起修名继，全修在性名成。本来性净为天，后起净习为人。故曰：人不天不因，天不人不成。故吾人必以精进力创起净习，以随顺乎固有之性，而引令显发。”② 意思是说，人如果没有与生俱来的本性，

---

* 本文原载《江南大学学报（人文社会科学版）》2002年第1期。

① 《论语·阳货》。

② 熊十力著：《新唯识论》，中华书局1985年版，第622页。

就失去了为人的可能性；但是如果不“习”，即不从事于修为，则天性也不能显发。所以说，“性”是成人的先天根据，而“习”是成人的后天根据，二者是内在统一的。

“素质教育”的提出，是时代发展的需要，是时代发展的产物。当今世界变化和发展潮流，提出了实施素质教育的紧迫性、必然性和必要性。当今国际社会主要发生了哪些变化呢？

第一，冷战结束后，世界向多极化方向发展，为了抢占经济和科技的制高点，全球的竞争日趋激烈，这种竞争又是以合作为前提的，民族经济之间越来越相互依赖、相互补充，一国一地区的经济发展日益取决于他国和他地区的经济发展，这种国际趋势的出现，对我们的人才素质提出了挑战。日本较早提出了“国际人”的人才培养要求，提出“为培养具有国际社会生活能力的日本人，应加强国际理解的教育”。美国一个由33位大学校长和权威人士组成的迎接挑战委员会在一份致总统的建议书中建议：(1) 支持加强国际问题的研究和学习；(2) 鼓励教师和学生的国际互换；(3) 加强各级各类学校的外语教学；(4) 帮助美国高校与外国高校开展教育与科研的合作交流。1994年4月联合国教科文组织成立的“国际21世纪教育委员会”提出了一份题为《教育——财富蕴藏其中》的报告，指出教育应该具有四个支柱，即学会认知、学会做事、学会共同生活、学会生存。

第二，科学技术迅猛发展既推动了社会的进步，也带来了对社会的危害和负面的影响。人类社会已发生了几次科技革命，带来了人类物质文明的巨大进步与飞跃，但也产生了一系列世界性的问题，如资源危机、环境污染、生态失衡、心病加剧、价值标准失范、道德滑坡等等。科学技术是一柄双刃剑，对善和恶都会带来无限的可能性。这主要反映在社会问题和人文精神的失落两个方面。

第三，文化时代的到来。其特点如下：一是知识已渗透到政治、经济等社会生活中的一切领域并处于中心的位置；二是知识制约并决定了经济、产业发展的方向、结构和水平，并且成为一种产业；三是知识已成为权力的象征，成为能影响财富、政治权力的最重要权力的来源。可以说，发达国家与发展中国家的差距就是“知识的差距”。

当前提出“素质教育”，从积极方面说，就是要使我们的教育积极适应当今国际社会发生的变化，培养时代所需要的人才。法国《回声报》2000年5

月 9 日发表题为《人才战加剧》的文章，指出："现在已进入人才时代，企业的价值取决于它的人才，领导干部的素质至关重要。"① 从消极方面说，是针对当前愈演愈烈的"应试教育"而言的，其主要表现是教师的"教"和学生的"学"更加趋向功利主义，学生的全面发展受到了严重的束缚，甚至是畸形发展。有些学生成了接受知识的容器，将自己所有的时间和精力都局限于课本知识，通过各种机械的学习和训练来获取考试成绩的高分，但作为现代人应有的素质却非常贫乏，手拿高分成绩单，却缺少应有的适应社会的能力。重理轻文造成学生素质低下。学生只看重自己的学习成绩，缺少对他人和社会的关心。学生缺乏良好的道德观念和道德素养，甚至身心得不到健康发展。学生缺少丰富的个性和创造性，缺少创造性思维和活动，独立思考能力和动手实践能力较差。过弱的文化陶冶，使学生人文素质不高；过窄的专业教育，使学生的学术视野不宽，学术基础不牢；过重的功利主义导向，使学生的全面素质培养与基础训练不够；过强的共性制约，使学生的个性发展不足。

为什么要提出"素质教育"？因为素质教育更加接近于教育的本质，更加符合教育发展和培养人才的客观规律，素质教育是千百年来人类教育发展和改革历史经验的深刻总结。教育的根本目的，不在于传授知识，而在于提高人的素质。但人的素质的提高终究是需要一定媒介的，知识就是提高人的素质的最重要媒介之一，包括经验。对两者关系的不同处理，形成了不同的教育观。一是重知识。认为只要有了知识也就有了能力，也就提高了素质。这一观念在教育中被逐渐强化了，并影响到学生，使他们的学习较多地停留在知识的层面。二是重能力。相对而言，人的能力远比知识重要。因此教育不仅要向学生传授知识，更重要的是促进他们将接受的知识转化为自身的能力。三是重素质。能力一方面不能覆盖人的全面素质，容易导致对非智力因素的忽视。另一方面，能力和素质比较而言，素质更内在、更根本，而能力只是素质的一种表现。因此教育应当把注意力和着重点落在提高学生的素质上，注意整体的人格的提高，把以往重知识、重能力的教育认识水平再提高一步，提高到更加注重人的素质的新水平上来，使学生所学的知识得以最大限度地"内化"，身心潜能得到更好的开发，人格整体水平得到进一步的升华。这种认识应当说既包括了对能力培养的重视，同时也肯定了知识的基础作用。这种认识更接近于教育的本

---

① 《参考消息》2000 年 5 月 22 日第 1 版。

质和教育发展的客观规律。

江泽民主席 1992 年 9 月 9 日在北京师大庆祝建校九十周年之际为北师大题词："吸收和借鉴人类文明的一切优秀成果，谱写中国教育的新篇章。"江泽民主席在 1995 年 10 月 6 日为《中国传统道德》一书题词："弘扬中国古代优秀道德传统和革命道德传统，吸收人类一切优秀道德成就，努力创造人类先进的精神文明。" 1997 年 9 月 12 日江主席在党的十五大报告中指出，有中国特色的社会主义文化，渊源于中华民族五千年的文明史。这一系列重要论断，阐明了社会主义新文化与传统文化之间的历史联系。社会主义文化是个大概念，包括社会主义教育及今天提倡的素质教育，及其与传统教育之间的历史联系。1997 年 11 月 1 日江主席在美国哈佛大学作了一个著名的演讲，他说从历史文化角度来了解和认识中国，是一个重要角度，因为现实中国是历史中国的发展，"四大发明"改变了世界的面貌，中国的文化传统，一直影响着中国人的思维方式、价值观念、理想追求，乃至中国的发展方向。这些论断不仅阐述了中国传统文化对世界文明进程的价值，而且说明中国的优秀文化传统，至今仍然是实现中国社会主义现代化的精神动力。江主席一系列的讲话，深刻阐明了中国传统教育的优秀成果与当前素质教育之间的关系，说明 1999 年 6 月《中共中央国务院关于深化教育改革全面推进素质教育的决定》是完全正确的，素质教育是千百年来人类教育发展和改革历史经验的深刻总结，它吸取了几千年来中国传统教育的优秀成果，更加接近于教育的本质，更符合教育发展和培养人才的客观规律。

二、孔子与素质教育

蔡元培先生 1921 年在美国考察时发表演说，着重介绍了中国古代教育家孔子和墨子。他说："孔墨教育含有三种性质：（一）专门教育；（二）陶养德性；（三）社会教育。孔子有普通学六种，即礼、乐、射、御、书、数。专门学四种：甲、修辞学；乙、伦理学；丙、政治学；丁、文学。孔子主张陶养性情，发达个性。其教人之法，为因材施教。其总的道德主义为中庸，与西哲亚里士多德相似，又极注重社会教育，故其收学生，无年龄界限及职业界限。"蔡元培先生考察欧美后得出的结论是，理想的教育应包括中国传统的孔墨精神，加之英之人格教育，德法之专深研究，美之服务社会等，"大学教育应采欧美之长，孔、墨传授之精神”，“照以上所述之欧美教育新法，与中国古代教授法……应参酌兼采”。①

当代著名的英国历史学家汤因比说：“自从人类在大自然中的地位处于优势以来，人类的生存没有比今天再危险的时代了”②，“不道德程度，已近似悲剧。而且，社会管理也很糟糕”③。他认为中国传统文化，特别是儒家、墨家的仁爱学说，是解决现代化社会伦理问题所急需的。他说儒家的仁爱“是今天社会之所必需”，“墨子主张的兼爱，过去只是指中国，而现在应作为世界性的理论去理解”。④

西方75位诺贝尔奖获得者在一次集会后发表的宣言中认为，如果人类要在21世纪继续生存下去，避免世界性的混乱，就必须回首二千五百年，去汲取孔子的智慧。⑤

孔子曰：“有教无类。”⑥ 马融注曰：“言人所在见教，无有种类。”皇侃疏曰：“人乃有贵贱，宜同资教，不可以其种类庶鄙而不教之也；教之则善，本无类也。”⑦ 所谓“类”，即指政治地位的贵贱、庶鄙等种类。西周的学校为世袭的奴隶主贵族所垄断，不仅奴隶主贵族与平民、奴隶之间有严格的阶级界限，就是奴隶主阶级的内部也等级森严，有贵贱尊卑之分。孔子这句话的意思是：任何人我都可以给他以教育，不分贵贱、庶鄙等界限，使教育及于平民。孔子以前的教育是有“类”的，教育大权把持在少数贵族手里，那时叫“学在官府”。孔子的时代，“天子失官，学在四夷”⑧。“有教无类”，即打破了“学在官府”的垄断局面，适应了“士”阶层的兴起及文化学术下移的历史潮流，其实质是要求将教育对象从贵族扩大到广大平民，扩大了学校教育的社会基础和人才的来源。把学校由“官府”移到“民间”，这是中国古代教育史上具有划时代意义的大事。

---

① 蔡元培：《在卜技利中国学生会演说词》（1921年7月19日），高平叔编：《蔡元培教育论著选》，人民教育出版社1991年版，第346—347页。

②③④ ［日］池田大作、［英］汤因比著，荀春生、朱继征、陈国梁译：《展望21世纪——汤因比与池田大作对话录》，国际文化出版公司1999年版，第376、375、411页。

⑤ ［新加坡］吴德耀：《古今人对孔子的评价》，《走向世界》1989年第5期。

⑥ 《论语·卫灵公》。

⑦ 《论语义疏》。

⑧ 《左传·昭公十七年》。

这就是蔡元培先生讲的孔子“其收学生，无年龄界限及职业界限”。

当今“素质教育”讨论很热烈，有人认为其重要精神就是：面向全体、全面培养、全面发展，人人有得，学会高质量地生存。也有人把“素质教育”归纳为：“从孩子出发，一切为了孩子，为了一切孩子，为了孩子的一切。”

所谓孔墨的精神，就是仁爱兼爱，有教无类，面向全体，为了一切孩子，人人有得。孔子的教育目的是培养“士”，而“士”的标准是“君子”或“君子儒”。孔子对“君子”的要求是：“修己以敬”，“修己以安人”，“修己以安百姓”。① 修养自己，保持恭敬谦逊的态度；修养自己，使一般人安乐，使老百姓都得到安乐。

修己——讲的是“德”。孔子尤注意把握仁者爱人的忠恕之道。用肯定的方式说，便是“己欲立而立人，己欲达而达人”②。也就是关心人帮助人，认真为社会做事，这便是忠。用否定的方式说，便是“己所不欲，勿施于人”③。也就是要宽待人，体谅人，尊重人，不损害人，这便是恕。假如你不能自觉帮助他人，至少你不要有意去损害他人，这个“他人”既指个人，也指群体，包括民族和国家。道德行为都是相互的，普遍伦理必须普遍适用，忠恕之道便是可以普遍适用的道德原则。而且恕道比忠道更具基础性和普遍性，是人类社会维持正常秩序的起码准则，被称为黄金规则。孔子说：“君子学以致其道”④，“笃信好学，守死善道”⑤。就是说，君子应该有坚定的信仰和好学的精神，应该用生命去追求真理，实现理想，捍卫正义。孔子说：“德之不修，学之不讲，闻义不能徙，不善不能改，是吾忧也。”⑥ 即品德没有培养，学问不去讲习，听到道义在那里却不能以身赴之，自己有缺点却不能立即改正，这些都是我所忧虑的呀！

安人——讲的是“才”。孔子强调君子应有治国安民之术，治国安邦的才干，具有一定的才智和从政的能力，能治“千乘之国”，能长“千室之邑”，“使于四方，不辱君命”。

---

① 《论语·宪问》。
② 《论语·雍也》。
③ 《论语·颜渊》。
④ 《论语·子张》。
⑤ 《论语·泰伯》。
⑥ 《论语·述而》。

孔子还说，君子应有“智、仁、勇”三方面的修养，强调只有具备了这三方面修养，才能“仁者不忧，智者不惑，勇者不惧”①，即仁德的人不忧虑，智慧的人不迷惑，勇敢的人不惧怕。

此外，孔子还注意美育陶冶，他提出君子要追求“尽善尽美”②。“美”指声音，就艺术形式而言；“善”指内容，就艺术实质而言。还提出君子应“文质彬彬”：“质胜文则野，文胜质则史。文质彬彬，然后君子。”③ 即朴实多于文采，就未免粗野；文采多于朴实，又未免虚浮。文采和朴实，内容和形式，配合适当，这才是君子之修养。

由此可见，孔子是中国教育史上第一个提出要使受教育者在“仁”（德）、“知”（智）、“勇”（体）、“美”（乐）、“才”等几方面都得到全面修养和发展这一教育目标的“先师”。

孔子教学的基本方法是启发诱导。他认定掌握知识、形成道德观念，应该是一个主动探索领会的过程，因此在教学中他特别重视学习的主动性。他说：“学而不思则罔，思而不学则殆。”④ 认为只读书而不思考，就容易上当受骗；只思考不读书，问题仍疑惑不解。也就是说，学习不能脱离思考，不思考就不能将学来的知识消化吸收，那样学了也无用处；如果只思考而不学习，会流于空想，那也是有害的。几年前山东教育出版社在北京召开了一个小型座谈会，吴阶平副委员长说，他 20 世纪 30 年代在英国留学时，无意中翻开一位英国青年学生的笔记本，在其扉页上用英文写了两段语录。一段就是孔子说的：“学而不思则罔，思而不学则殆。”另一段是韩愈说的：“业精于勤荒于嬉，行成于思毁于随。”⑤ 一位英国青年大学生在 30 年代就用这两段话作为座右铭，使吴阶平先生十分感动。

孔子有句名言：“不愤不启，不悱不发，举一隅不以三隅反，则不复也。”⑥“启发”一词由此而来，“举一反三”成语亦由此而来。孔子还认为思

① 《论语·宪问》。

② 《论语·八佾》：“子谓《韶》：‘尽美矣，又尽善也。’谓《武》：‘尽美矣，未尽善也。’”

③ 《论语·雍也》。

④ 《论语·为政》。

⑤ 韩愈：《进学解》，《韩昌黎全集》，世界书局 1935 年版，第 186 页。

⑥ 《论语·述而》。

考的主动性具体表现在遇到问题时就问“怎么办”，说：“不曰‘如之何，如之何’者，吾末如之何也已矣。”① 对于一个遇事不问怎么办的人，我也不知道该怎么办了。

孔子经常运用启发式的教学教育学生，例如当子夏读到“巧笑倩兮，美目盼兮，素以为绚兮”几句诗（巧妙的笑容真好看啊，美丽的眼睛真明亮啊，洁白的底子上画着花卉啊），问孔子是什么意思时，孔子就启发子夏说：“绘事后素”（先有白底然后画花，作画须先有素洁的底子）。子夏领会到孔子是说“礼”须建立在“仁”的思想感情的基础上，但子夏对这个想法还不能十分肯定，于是进一步问孔子：“礼后乎？”（是说礼在后吧？）孔子听了很高兴，称赞说：“能够阐发我意思的是子夏呀！现在可以和你谈论《诗经》了！”② 这首诗的原意如何且不去究论，只是从教学法的角度分析，显然孔子在这里运用的是启发式而不是注入式。他避免了用简单的道德说教，而是利用形象思维的作用，由生动具体的画面，引向抽象的道德观念，以便使学生留下深刻的印象，主动地去认识“仁”的意义，从而自觉地接受礼的约束。

孔子通过长期的讲学实践，创造出了因材施教的教学方法，把因材施教与启发诱导结合起来，即从学生的个人实际出发，运用启发诱导的方法，发挥学生学习的主动性和积极性，以保证培养目标的实现。

宋儒说：“夫子教人，各因其材。”孔子注意从学生的具体实际出发进行教学，不用千篇一律的说教，往往学生问同样的问题，而孔子的回答却不尽相同。如，孟懿子问孔子：“怎么才算孝？”孔子答：“无违。”意思是说，无论在父母生前死后，都要依照周礼的规定，不能僭越，这才算是孝。孟武伯问怎么才算孝，孔子答：“父母唯其疾之忧。”意思是说，要关心父母的健康情况，这是针对这位阔少爷不关心父母的冷暖疾病而说的。子游问孝，孔子认为子游对父母的生活还注意照顾，于是就提出加强对父母的恭敬，所以说：“犬马皆能有养，不敬何以别乎？”子夏问孝，孔子回答曰：“色难。”意思是说，仅知道代替父母做事，有酒食供给父母吃，还算不得孝，重要的是对父母的态度要和悦亲切。③

① 《论语·卫灵公》。
② 《论语·八佾》。
③ 《论语·为政》。

三、书院与素质教育

书院之名始于唐代，书院制度的形成在宋代。唐代的书院是藏书、校书的场所，相当于一个图书馆或博物馆。书院也起源于私人讲学。宋以后科举考试盛行，官学教育成为科举考试的附庸，更趋于形式化，造成了人才的危机；五代以后雕版印刷被广泛采用，印书藏书之风广为流行，指导读书也成为社会的普遍要求；宋代形成了新的理学教育思潮，一些著名的理学家和知名学者，效法佛教徒于山林名胜之地修习讲经。于是传统的私人授徒、家学，在具备充分藏书的基础上，在理学教育思潮推动下，出现了一种高于蒙学的高级的教育组织形式，即宋代的精舍和书院。宋初含教育性质的著名书院有石鼓书院（湖南衡阳）、白鹿洞书院（江西庐山）、嵩阳书院（河南登封）、岳麓书院（湖南长沙）、应天府书院（河南商丘）、茅山书院（江苏江宁）等。书院经历了宋、元、明、清四代数百年之久。

书院的类型有官办的，有民办官助的，也有私人办的。书院的创立，可以补官学之不足，书院的办学目标，首先是要求士子学做人，追求人格之完善，而不是像官学那样以科举入仕为官作为主要目标。书院的教学内容和方法多样化，不只是为了应考科举，可以适应社会多方面的需要，培养不同专业和不同层次的人才。

书院教育德行、学问并重。朱熹在《白鹿洞书院学规》中明确提出“为学”的目的首先是“修身”，而“修身”之要义是“言忠信，行笃敬；惩忿窒欲，迁善改过”；“接物”的要义是“己所不欲，勿施于人；行有不得，反求诸己”。在“修身”与“学问”之间，是以“修身”为本。这是以德行为先、求知为后的中国儒学传统。用今天的素质教育的话来说，就是重视德育，培养学生高尚的志趣和道德情操，增强其心灵素质和道德素质，而不是单纯地传授知识。

书院的山长（院长）或主讲，往往就是知名学者或是一个学派的大师，书院一般来说即成为该学派的学术研究和教育活动基地。如朱熹修复白鹿洞书院和岳麓书院，陆九渊建象山书院，明代王守仁、湛若水各标其学术主旨，纷建书院，明末顾宪成、高攀龙主持东林书院，发扬“讽议朝政，裁量人物”的精神，提出“风声雨声读书声，声声入耳；家事国事天下事，事事关心”。清代阮元建诂经精舍，重经史训诂，倡汉学。清末俞樾主持诂经精舍（杭州），王闿运主持尊经书院（成都），黄以周主持南菁书院（江阴），都培养出一些博学通识、成绩卓著的学者。古人说“务学莫如务求师”，要培养人才，选择师资是最重要的。而且每个书院都有自己独特的风格、内容，重视自己的特色，这是很重要的。

书院教学注重讲明义理，躬行实践，多采用问难论辩式，注意启发学生思维，培养学生学习兴趣与学习能力，并倡导学术争辩和学派交流。宋代已倡“会讲”，类似今天的学术讨论会，进行学术交流和争论，但没有固定的形式和组织。如朱熹在白鹿洞书院曾请陆九渊去讲学，陆九渊讲“君子喻于义，小人喻于利”章，听众有感动流涕者。朱熹把陆所讲的刻在石碑上。朱陆学派不同，请不同学派学者来讲学，并且这样重视，既体现了百家争鸣的学风，也表现出学术上互相尊重的高尚风格。明代书院从“会讲”发展为“讲会”，即将会讲制度化，形成组织，并订会约，类似今天的民间学会、民间学术研究团体。

书院教学以自学、独立研究为主，以答疑形式进行教学。宋以后流行的各家语录，即是师生间问答的纪录。师生关系融洽，以道相交，师生之间感情深厚，朝夕相处，同学互相切磋，从起居生活到学习研究都在一起。大师以“人师”自律，学生则以“醇儒”自策。弟子视师长如父兄，师长视学生如子弟，互学互助，和谐共进，团结和睦，亲如一家，这也是书院制的特点，很值得我们今天教育上重视和借鉴。

书院影响到国外，促进了中外文化的交流。如英国最早来华的基督教新教传教士马礼逊曾派米怜在马六甲创办英华书院，培养来华的欧籍传教士与华侨学生，马礼逊把《圣经》译成中文，并编辑出版《英华字典》。1840 年理雅各继任英华书院院长，他也是一位汉学家，曾将《四书》、《五经》译成英文。清末民国初教会书院达数十所，其主要目的是培养传教士，但对中西文化交流及人才培养也起了一定作用。如上海美国基督教圣公会办的圣约翰书院（由培雅、度恩两书院合并而成）就是圣约翰大学的前身，广州格致书院就是岭南大学的前身，南京的金陵大学也是由宏育书院与汇文书院合并而成的。这些书院和大学都曾为中西文化交流和人才培养作出了贡献。至于书院对日本、朝鲜的影响就更大一些。

湖南自修大学是毛泽东、何叔衡等 1921 年创办的最早的一所革命干部学校。在《湖南自修大学创立宣言》中要求“自修大学学生不但修学，还要有向上的意思，养成健全的人格，煎涤不良的习惯，为革新社会作准备”。在《湖南自修大学组织大纲》中提出，注重学员自学，反对灌注式施教，强调自己看书，自己思索，共同讨论，共同研究，“采取古代书院与现代学校二者之长，取自动的方法，研究各种学术，以期发明真理，造就人才，使文化普及于平民，学术周流于社会”。

20世纪20年代清华国学研究院成立，其办学宗旨是：“延名师，拓精舍，招海内成学之士。”它虽未用书院之名，但颇具书院的性质，延聘了王国维、梁启超、陈寅恪、赵元任“四大导师”。虽然只办了四年，但培养出好些知名学者。1924年清华校长曹云祥向胡适请教如何创办研究院，于是“胡氏略仿昔书院及英国大学制，为研究院绘一蓝图”①。1925年3月6日清华学校校务会议通过的《研究院章程》中第六章“研究方法”第一则称：“本院略仿旧日书院及英国大学制度：研究之法，注重个人自修，教授专任指导，其分组不以学科，而以教授个人为主，期使学员与教授关系异常密切，而学员在此短时期中，于国学根柢及治学方法，均能确有所获。”②

同年，胡适的好友、留美归来的任鸿隽、陈衡哲夫妇联名发表《一个改良大学教育的建议》，特别标举中国的书院精神，希望将其与欧美大学制度相结合：“我们以为当参合中国书院的精神和西方导师的制度，成一种新的学校组织。中国书院的组织，是以人为中心的，往往一个大师以讲学行谊相号召，就有四方学者翕然从风，不但学问上有相当的研究，就是风气上也有无形的转移，如朱文公的白鹿洞，胡安定的湖州，都是一例。但是书院的组织太简单了，现在的时代，不但没有一个人可以博通众学，满足几百千人的希望，而现在求学的方法，也没有一个而贯注几百人的可能。要补救这个缺点，我们可以兼采西方的导师制。就是一个书院以少数教者及少数学者为主体；这个书院的先生，都有旧时山长的资格，学问品行都为学生所敬服，而这些先生也对于学校（生）的求学、品行两方面，直接负其指导陶熔的责任。”③ 任、陈《一个改良大学教育的建议》中心思想是取西方大学管理之组织与中国古代书院教学

① 蓝文徵：《清华大学国学研究院始末》，《清华校友通讯》（台北）新32期，1970年。

② 《清华周刊》第360期，1925年11月。

③ 《现代评论》第2卷第39期，1925年9月。

之精神，使二者合而为一。

钱穆先生说："新学校兴起，则皆承西化而来。皆重知识传授，大学更然。一校之师，不下数百人。师不亲，亦不尊，则在校学生自亦不见尊。所尊仅在知识，不在人。"① 为师的不自尊，求学的不重道，所谓"全人格的教育"根本无法落实。我们今天提倡"素质教育"，要求教师"教书"与"育人"并重，所以书院的特点与优势，应引起有识之士的重视。

清华大学校长梅贻琦是首批"庚款"留美生，留美学电机工程，1931 年任国立清华大学校长。他认为中国的大学教育，不是由中国本土的高等教育演化而来，而是自西方移植而来。但中国本土的高等教育与西方的大学教育，制度不同，精神相通。教育的最大目的，属于人文精神，人文精神古今中外相通。在梅看来，大学精神之所寄，在于教师之树立楷模与学子之自身修养。他说："孟子说：'所谓故国者，非谓有乔木之谓也，有世臣之谓也。'我现在可以依照说：'所谓大学者，非谓有大楼之谓也，有大师之谓也。'我们的知识，固有赖于教授的教导指点，就是我们的精神修养，亦全赖有教授的 inspiration."② 这一思想，在 1941 年他所发表的《大学一解》中，得到更加精彩的发挥："古者学子从师受业，谓之从游，孟子曰，'游于圣人之门者难为言'，间尝思之，游之时义大矣哉。学校犹水也，师生犹鱼也，其行动犹游泳也，大鱼前导，小鱼尾随，是从游也，从游既久，其濡染观摩之效，自不求而至，不为而成。反观今日师生之关系，直一奏技者与看客之关系耳，去从游之义不綦远哉！"③ 此语若出于章太炎、梁启超，或者马一浮、梁漱溟，一点也不奇怪，而出于中国最为西化的清华大学校长之口，则非同寻常。他掌握的事实，是现实与历史的统一，理论与实践的统一，人文与科学的统一。

我们希望蔡元培先生的大学理想能够实现：中国传统的孔墨精神，加之英国之人格教育，德国法国之专深研究，美国之服务社会。但在此之前，如何协调西方教育体制与东方传统精神、政府行为与民间学术、人文修养与专才教育、大学规模与教学水平、思想自由与兼容并包，乃至大学的结构与主体、功用与义务等等，值得认真研究。

---

① 钱穆著：《现代中国学术论衡》，岳麓书社 1986 年版，第 168 页。

② 梅贻琦：《就职演说》，《国立清华大学校刊》1931 年第 12 期，第 341 页。

③ 《清华学报》1941 年 4 月第 13 卷第 1 期"清华三十周年纪念号"上册。

中国传统教育思想精华及其现代意义*

习近平主席就中华优秀文化的传承与弘扬多次作出重要指示。2014 年 2 月 24 日，习近平主席在中共中央政治局第十三次集体学习时指出："要讲清楚中华优秀传统文化的历史渊源、发展脉络、基本走向，讲清楚中华文化的独特创造、价值理念、鲜明特色，增强文化自信和价值观自信。"这一指示很重要，如果我们文化研究的各个领域、各个学科，都重视本学科发展的历史渊源、脉络、走向以及对文化的独特创造、鲜明的特色，对于继承和弘扬中华文化将起到很大的作用。

中共十八届三中全会通过了具有伟大历史意义的《中共中央关于全面深化改革若干重大问题的决定》，在深化教育领域综合改革部分特别提出"完善中华优秀传统文化教育"。2014 年 3 月，教育部下发了《完善中华优秀传统文化教育指导纲要》，对大学、中学、小学如何完善中华优秀传统文化教育作了指示。为贯彻落实党的十八届三中全会关于完善中华优秀传统文化教育的精神，同时为中华传统文化教育教学提供理论基础和学理支撑，我从中国教育思想史学科角度作一些初步探讨。

我讲五个问题：第一，讲一个人——孔子的教育思想；第二，讲一篇文章——《学记》的教学原则，《学记》是《礼记》中的一篇，它概括了先秦时期中国教育的基本理念和教学原则；第三，介绍一种学校——书院；第四，介绍传统师德；第五，介绍中国传统教育思想的主要特色，及其对完善中华优秀传统文化教育有哪些借鉴和启发。

---

* 本文为 2014 年部级领导干部历史文化讲座讲稿之一，收录于国家图书馆出版社出版的《2014 年部级领导干部历史文化讲座》，又刊载于 2016 年 12 月 1 日的《京师学道》北京师范大学珠海分校建校十五周年纪念刊。

一、孔子的教育思想

大家都知道，孔子非常伟大。联合国教科文组织把他评为世界十大文化名人之首。另外九位文化名人为：柏拉图、亚里士多德、阿奎那、哥白尼、牛顿、达尔文、培根、伏尔泰、康德。每年，适逢这十大文化名人生日时，联合国教科文组织部要挂旗庆祝。孔子的生日是 9 月 28 日，很多国家的教师节就定在这一天，孔子不仅属于中国，也属于世界。

蔡元培先生 1921 年在美国考察时发表演说，着重介绍了中国古代教育家孔子和墨子。他说："孔墨教育含有三种性质：（一）专门教育；（二）陶养德性；（三）社会教育。孔子有普通学六种，即礼、乐、射、御、书、数。专门学四种：甲、修辞学；乙、伦理学；丙、政治学；丁、文学。孔子主张陶养性情，发展个性。其教人之法，为因材施教。其总的道德主义为中庸，与西哲亚里士多德相似，又极注重社会教育，故其收学生，无年龄界限及职业界限。"蔡元培先生考察欧美后得出的结论是，理想的教育应包括中国传统的孔墨精神，加之英之人格教育，德法之专深研究，美之服务社会等。"大学教育应采欧美之长，孔墨教授之精神"，"照以上所述之欧美教育新法，与中国古代教授法……应参酌兼采。"①

当代著名的英国历史学家汤因比说："自从人类在大自然中的地位处于优势以来，人类的生存没有比今天再危险的时代了"②，"不道德程度，已近似悲剧。而且，社会管理也很糟糕"③。他认为中国传统文化，特别是儒家、墨家的仁爱学说，是解决现代化社会伦理问题所急需的。他说儒家的仁爱"是今天社会之所必需"，"墨子主张的兼爱，过去只是指中国，而现在应作为世界性的理论去理解"。④

1970 年瑞典籍诺贝尔物理学奖获得者汉内斯·阿尔文博士说："人类要生

① 蔡元培：《在卜技利中国学生会演说词》（1921 年 7 月 19 日），高平叔编：《蔡元培教育论著选》，人民教育出版社 1991 年版，第 346—347 页。

②③④ ［日］池田大作、［英］汤因比著，荀春生、朱继征、陈国梁译：《展望 21 世纪——汤因比与池田大作对话录》，国际文化出版公司 1999 年版，第 376、375、411 页。

存下去，就必须回到25个世纪以前，去汲取孔子的智慧。"①

孔子的智慧是什么？就是中国文化的精神，就是仁爱，即尊重人，理解人，把人当人对待。所以，郭沫若说，孔子仁爱的思想就是“人的发现”，即发现人的价值。孔子的教育思想有以下几个特色。

（一）“有教无类”

孔子曰：“有教无类。”②“有”相当于办、治。“类”指族群或按政治地位的贵贱、庶鄙等种类。“有教无类”即办教育要本着无类，也就是我们今天讲的公平性的原则。马融注曰：“言人所在见教，无有种类。”是说，进行教育不要分类。皇侃疏曰：“人乃有贵贱，宜同资教，不可以其种类庶鄙而不教之也；教之则善，本无类也。”③ 皇侃对马融的注作了进一步的解释，即任何人都可给他以教育，不分贵贱、庶鄙等界限，使教育及于平民。

西周的学校为世袭的奴隶主贵族所垄断，不仅奴隶主贵族与平民、奴隶之间有严格的阶级界限，就是奴隶主阶级的内部也等级森严，有贵贱尊卑之分。因此，孔子以前的教育是有“类”的，教育大权是把持在少数贵族手里，那时叫“学在官府”。孔子的时代，新兴地主阶级逐渐在一些诸侯国里取得了政权，这就促进了奴隶制的解体，造成了“天子失官，学在四夷”的局面。④ “失官”，指的是官府失守学术，致使其不能世代相传。“四夷”指文化学术下移，礼流散于四野，这就为旧的官学衰落和新的私学兴起创造了条件。

孔子提倡的“有教无类”，打破了“学在官府”的垄断局面，适应了“士”阶层的兴起及文化学术下移的历史潮流，其实质是要求将教育对象从贵族扩大到广大平民，扩大了学校教育的社会基础和人才的来源，把学校由“官府”移到“民间”，这是中国古代教育史上具有划时代意义的大事，是孔子最伟大的地方。

孔子教育目的是培养“士”，而“士”的标准是“君子”或“君子儒”。孔子对“君子”的要求是：“修己以敬”、“修己以安人”、“修己以安百姓”。⑤ 意思是修养自己，保持恭敬谦逊的态度；修养自己，使一般人安乐，使老百姓都

① 1988年1月14日澳大利亚《堪培拉时报》刊登来自巴黎的报道。

② 《论语·卫灵公》。

③ 《论语义疏》。

④ 《左传·昭公十七年》。

⑤ 《论语·宪问》。

得到安乐。

修己——讲的是“德”。修养自己，提高自己的道德境界。孔子提出“仁者爱人”，这个“爱”是同情人，关怀人，用肯定的方式说，便是“己欲立而立人，己欲达而达人”①，也就是关心人，帮助人，认真为社会做事，这便是忠。用否定的方式说，便是“己所不欲，勿施于人”②，也就是要宽待人，体谅人，尊重人，不损害人，这便是恕。假如不能自觉帮助他人，至少不要有意地去损害他人。这个“他人”既指个人，也指群体，包括民族、国家、人类。道德行为都是相互的，普遍伦理必须普遍适用，忠恕之道便是可以普遍适用的道德原则。而且恕道比忠道更具基础性和普遍性，是人类社会维持正常秩序的起码准则，被称为黄金规则。大家不要小看“己所不欲，勿施于人”，联合国大厦就刻有这句话。法国1793宪法所附《人权和公民权宣言》以及1795年宪法所附《人和公民权利和义务宣言》写入了这句话。可见，西方津津乐道的人权思想早就铸上了中国文化的烙印。

孔子说：“君子学以致其道。”③“道”是规律、理想和方向。君子求学的目的是就“道”。“笃信好学，守死善道。”④就是说，君子应该有坚定的信仰和好学的精神，应该用生命去追求真理，实现理想，捍卫正义。孔子说：“德之不修，学之不讲，闻义不能徙，不善不能改，是吾忧也。”⑤品德没有培养，学问不去讲习，听到道义在那里却不能以身赴之，自己有缺点却不能立即改正，这些都是我所忧虑的呀！这句话好像是针对现在讲的，有几次开会，我遇到知名学者中华孔子学会会长汤一介先生，他都要讲这句话。孔子当时的忧也是我们现在年纪大的专家学者的忧。

安人——讲的是“才”。孔子强调君子应有治国安民之术，治国安邦的才干，具有一定的才智和从政的能力。孔子说，能治“千乘之国”，能长“千室之邑”，“使于四方，不辱君命”。“千乘之国”是指有一千辆兵车的小国。在古代，一辆战车上，站着三个人，中间一个人掌握方向，左边的人拿弓，右边的人拿矛，后面还有七十二个步兵，这是一乘。“千室之邑”即指有一千户人家

① 《论语·雍也》。
② 《论语·颜渊》。
③ 《论语·子张》。
④ 《论语·泰伯》。
⑤ 《论语·述而》。

的地方。“使于四方，不辱君命”是指派到四边当大使，他能够维护国家的主权和利益，能够当外交官。《论语·雍也》记载：季康子想在孔子三个学生中挑选人才，孔子说：“由也果”（子路果断），“赐也达”（子贡通达），“求也艺”（冉求多才多艺），均可在政位上独当一面。孟武伯曾问孔子弟子的情况，孔子说：“由也，千乘之国，可使治其赋也”（子路这个学生，如果有一千辆兵车的国家，可以叫他负责兵役和军政工作）；“求也，千室之邑，百乘之家，可使为之宰也”（冉求这个学生，千户人口的县份，可叫他当县长，百辆兵车的大夫封地，可以叫他当总管）；“赤也，束带立于朝，可使与宾客言也”（公西赤这个学生，穿着礼服，立于朝廷之中，可以叫他接待外宾，办理外交）。①

孔子还说，君子应有“智、仁、勇”三方面的修养。“仁者不忧，智者不惑，勇者不惧。”② 仁德的人不忧虑，智慧的人不迷惑，勇敢的人不惧怕。朱镕基总理 1999 年到美国去访问时，拜见他的老师顾毓琇，请老师题字，老师书写的条幅是：“智者不惑，勇者不惧，诚者有信，仁者无敌。”大家看，顾老是九十多岁的老人，在美国生活五十年了，念念不忘的是中国的文化，孔子的精神。

孔子注意美育陶冶，他提出君子要追求“尽善尽美”③。“美”指声音，就艺术形式而言；“善”指内容，就艺术实质而言。还提出君子应“文质彬彬”，“质胜文则野，文胜质则史。文质彬彬，然后君子”。④ 意思是朴实多于文采，就未免粗野；文采多于朴实，又未免虚浮。文采和朴实，内容和形式，配合适当，这才是君子之修养。

由此可见，孔子是中国教育史上第一个提出要使受教育者在“仁”（德）、“知”（智）、“勇”（体）、“美”（乐）、“才”等几方面都得到全面修养和发展这一教育目标的“先师”。

（二）启发诱导

孔子教学的基本方法是启发诱导。他认定掌握知识、形成道德观念，应该是一个主动探索领会的过程，因此在教学中他特别重视学习的主动性。孔子

① 《论语·公冶长》。
② 《论语·宪问》。
③ 《论语·八佾》。
④ 《论语·雍也》。

说："学而不思则罔，思而不学则殆。"① 意思是，只读书而不思考，就容易上当受骗，只思考而不读书，问题仍疑惑不解。这说明学习不能脱离思考，不思考就不能将学来的知识消化吸收，那样学了也无用处。如果只思考而不学习，会流于空想，那也是有害的。所以，要把学和思结合起来，这就是孔子的教学的辩证法。

孔子有句名言："不愤不启，不悱不发，举一隅不以三隅反，则不复也。"②"启发"一词以及成语"举一反三"即由此而来。朱熹注曰："愤者，心求通而未得之意；悱者，口欲言而未能之貌。启，谓开其意。发，谓达其辞。"③"不愤不启"中的"愤"不是愤怒，是心里想通但还没有通。"不悱不发"是想说说不出，不到这个时候不启发你。即启发要把握火候，要注意时机，如果完全不理解，启发是没有用的。一定是对问题有一点钻研，但还没有完全钻研透的时候给予启发；当学生对某个问题思考已有所得，但还不十分明确，还表达不出来的时候，在这个节骨眼上给予开导，效果就最好。大家看，孔子的教学艺术已经达到这样一种程度，不是随随便便地启发，而是注意启发的火候、启发的时机。

教育是个经济学问题，要投资少收获大，就要注意教育的时机，要恰到好处。如现在主张儿童读经，十三岁以下儿童的记忆力特别好，这时让他读经书，让他朗读背诵，滚瓜烂熟，一辈子不会忘。十五岁以后，他的理解力增加，记忆力逐渐下退，这个时候就教他理解消化运用知识。错过了十三岁以前最佳的时机，就"时过然后学，勤苦而难成"。中国传统文化非常重要，有好多经典，如孔子的《论语》、老子的《道德经》等，在孩子十三岁前就把它背下来，运用一辈子，影响一辈子。

孔子还认为思考的主动性具体表现在遇到问题时就问"怎么办"，这意味着学生动脑筋思考问题。孔子说过："不曰'如之何、如之何'者，吾末如之何也已矣。"④ 对于一个遇事不问怎么办的人，我也不知道该怎么办了。

---

① 《论语·为政》。

② 《论语·述而》。

③ 《四书章句集注》，中华书局 1983 年版，第 95 页。

④ 《论语·卫灵公》。

（三）因材施教

孔子通过长期私人讲学的实践，创造出了因材施教的教学方法，他把因材施教与启发诱导结合起来，即从学生的个人实际出发，运用启发诱导的方法，发挥学生学习的主动性和积极性，以保证培养目标的实现。

朱熹讲“夫子教人，各因其材”。孔子注意从学生的具体实际出发进行教学，不用千篇一律的说教，往往学生问同样的问题，而孔子回答却不尽相同。如孟懿子问孔子：“怎么才算孝？”孔子答：“无违。”意思是说，无论在父母生前死后，都要依照周礼的规定，不能僭越，这才算是孝。孟武伯问怎么才算孝？孔子答：“父母唯其疾之忧。”意思是说，要关心父母的健康情况，这是针对这位阔少爷不关心父母的冷暖疾病而说的。子游问孝，孔子认为子游对父母的生活还注意照顾，于是就提出加强对父母的恭敬，所以说：“犬马皆能有养，不敬何以别乎？”子夏问孝，孔子回答曰：“色难。”意思是说，仅知道代替父母做事，有酒食供给父母吃，还算不得孝，重要的是对父母的态度要和悦亲切。

还有一个案例，据《论语·先进》载，子路问：“闻斯行诸？”子曰：“有父兄在，如之何其闻斯行之？”冉有问：“闻斯行诸？”子曰：“闻斯行之。”公西华曰：“由也问闻斯行诸，子曰，‘有父兄在’；求也问闻斯行诸，子曰，‘闻斯行之’。赤也惑，敢问。”子曰：“求也退，故进之；由也兼人，故退之。”子路问孔子：“听到一个道理就马上去做吗？”孔子说：“你的爸爸、哥哥都在，怎么能听到道理就去做呢？”冉求问：“听到一个道理就去做吗？”孔子说：“听到道理就去做。”这两个回答都被第三个学生公西华听见了，公西华就问：“由也问闻斯行诸，您说有父兄在。求也问，您说对，听到道理就去做。我感到很迷惑，我大胆地请教您。”孔子回答得很妙，他说：“冉求性格内向退退缩缩，胆子很小，所以我鼓励他大胆地干。子路一向胆大好胜，所以，让他请示父兄，有意压压他。”这是一个非常典型的例子。

二、《学记》的教学原则

《学记》是《小戴礼记》四十九篇中的一篇，成书于战国后期，是先秦时期儒家教育经验与教育思想的总结。在中国古代教育文献中，《学记》是最早的体系比较严整而又极有价值的一篇，不仅是我国教育史也是世界教育史上一份极为珍贵的遗产。

《学记》虽只 1 229 个字，却字字珠玑，在具体分析教学中成功与失败经验的基础上，总结出了一系列教育与教学的原则方法，这是《学记》的精华所在，也是当今完善中华优秀传统文化教育应认真参考、细心体会的。

（一）教学相长

“虽有嘉肴，弗食不知其旨也；虽有至道，弗学不知其善也。是故学然后知不足，教然后知困。知不足，然后能自反也。知困，然后能自强也，故曰：教学相长也。《兑命》曰：‘学学半’，其此之谓乎！”

这段话的意思是，虽然有好的饭菜，不吃就不知道它的美味。虽然有很高深的道理，不学习它就不知道好在什么地方。所以，学了之后才知道不足。当了老师才知道有困惑之处。知道不足，才能够反省自己，严格要求自己，知道困惑才知道自强不息，所以说教学相长。

教学过程是教师传授知识的过程，又是学生掌握知识的过程，是这两方面辩证统一的互动过程，是教与学辩证统一的过程。从教师方面说，教的过程也是学习的过程，教即是学。教与学互相促进，提高教的水平。从学生方面说，学生从教师的教中获得知识，但仍需要自己努力，才能有所提高，不限于师云亦云。教因学而得益，学因教而日进。

《学记》明确地指出了“教”与“学”之间相互依存、相互促进的关系，认为“教”与“学”是不断深入、不断发展的同一过程的两个方面。“教学相长”不只意味着“教”与“学”两方面的关系，还意味着教师与学生之间的平等的相互促进的关系。特别是对当今推进素质教育的情况来说，更应提倡“教学相长”的精神。

韩愈继承与发展《学记》“教学相长”的思想，进而提出“相互为师”的观点。“弟子不必不如师，师不必贤于弟子。闻道有先后，术业有专攻，如是而已。”既肯定了教师的主导作用，又明确提出“相互为师”的新思想。教人要向学有专长的人学习，谁在某一方面比自己强就向他学习，建立新的相互为师的师生关系。提倡这种原则，就是在现代世界教学论著中亦属罕见。这个原则于我们认识教学过程的本质、提高教学质量、改善师生关系，有很大的理论意义和实践意义。

叶圣陶先生说，教是为了不教，为什么不教呢？是让学生自己有自学的能力，与老师时时互动，形成一个良性循环，那么，教学质量就真正提高了。

（二）藏息相辅

“大学之教也，时教必有正业，退息必有居学。不学操缦，不能安弦；不学博依，不能安诗；不学杂服，不能安礼。不兴其艺，不能乐学。故君子之于学也，藏焉修焉，息焉游焉。夫然，故安其学而亲其师，乐其友而信其道，是以虽离师辅而不反也。”

“藏”是已藏，指课内学习，“息”就是课下，课上和课下要互相配合。这段话的意思是：大学的教育，按规定的时间进行正课教学，课后进行课外练习，即回到家里还要学习。课外不练习好调弦，课内就完成不了乐教的任务；课外不学习好吟诵，课内就不能把《诗经》学好；课外不学好洒扫应对进退等礼节，课内礼教的学问就学不好。课下的动手能力不好，不能调弦，不会吟诵，不懂得日常的礼节，不能乐学，正课的学习就学不好。所以，善于学习的人，在掌握了已学的知识以后，进而进修未学的知识，在已知和未知之间要得到一个平衡。在休息的时候，就尽心游乐，在休息和游乐之间也得到一个平衡。按照这个样子去学习，才能巩固所学，从而亲近师长，乐于交友，恪守信念，日后即使离开了师友，也不会回到原来的水平上。这就叫课内和课外的互动，互相配合。

《学记》认为，课外活动是课内学习的继续和补充，它们之间是相互依存、相互促进的；课外活动，包括课外作业在内，并不是消极的，而是为了更有效地学习。正课教学与课外活动之间辩证地统一，已学知识与未学知识之间辩证地统一，接受知识与消化知识之间辩证地统一，学习与休息之间辩证地统一，“亲师”与“乐友”之间辩证地统一，这些朴素的教育辩证法，如果不是经过长期的教育教学实践，是锤炼不出来的。

（三）预时孙摩

“预”，即在事情未发生之前，要注意加以预防。“禁于未发之谓预”，意思是，老师要有预见性，在学生的不良行为发生之前就加以预防。“发然后禁，则扞格而不胜。”意思是，不要等事情发生以后再去禁止，那就非常难了。也就是说，在事情未发生之前，教师要注意加以预防，做到心中有数，防患于未然，这就叫预防不良倾向产生的教育原则。

“时”，即抓住适当时机，及时地进行教育。“当其可之谓时”，“时过然后学，则勤苦而难成”。意思是，抓住最佳时机因势利导，叫作及时。古代很注重时间，大家知道，儒家讲时间，道家讲空间，佛家讲时和空的联系。儒家讲如何做一个好人，道家讲如何做一个修炼的人，佛家讲做一个明白的人。所以，儒佛道是非常丰富的，是一个整体。我经常和学生讲，从小有儒佛道的修养，素养提高了，长大后各方面都会受益。所以，抓住适当时机，及时地进行教育，把握最佳学习时机，因势利导，便会取得最佳的教学效果，这就叫及时教育原则。

人的脑细胞都是一样的，有 140 亿。但是，大脑的重量不一样，刚出生的婴儿是 0.6 千克，成人是 1.6 千克，差别在哪里呢，即脑细胞之间联络的触突不一样，触突的形成与刺激有关系，三岁以前用文化刺激他，教他一些儿歌、游戏，打开他的智慧。如果三岁以前耽误了，六岁以前别耽误，教孩子背诗文，这是最好的时机。“当其可之谓时”，恰到好处的时间，就像我们种花一样，不浇水干死了，浇多了淹死了，所以“时”非常重要，要恰到好处，“时过然后学，则勤苦而难成”，时间过了叫他学太难了，中国人学外语就很花时间，把时间都用到外语上，母语水平很差，一落千丈，现在的教育质量不高，主要表现在母语方面，就是没有注意恰如其分的时间，学习中华优秀传统文化。

“孙”，即不越级，按照次序进行教育。“不陵节而施之谓孙。”不超越阶段进行教育。也就是说，要按照次序地进行教育，这就叫循序渐进的教育原则，“杂施而不孙，则坏乱而不修”。

“摩”，即相互学习，取长补短。“相观而善之谓摩。”古人很重视互相的学习，相观而善。“独学而无友，则孤陋而寡闻。”意思是，如果独自关起门来学习，没有朋友帮助，就不容易增进知识。“燕朋逆其师。”如果交不好的朋友，就会违背老师的教导。“燕辟废其学。”行为不端，行为不轨，就荒废了学习。由此，相互学习，取长补短，以文会友，以友辅仁，这就叫发挥集体教育作用的原则。

（四）善喻

“故君子之教，喻也。道而弗牵，强而弗抑，开而弗达。道而弗牵则和，强而弗抑则易，开而弗达则思。和、易以思，可谓善喻矣。”

优秀的教师总是善于用启发诱导的方法教育学生，即引导学生，而不是牵着他们的鼻子走；激励学生，而不强制使之顺从；启发学生，而不一下把结论和盘托出。引导他们而不牵着走，则教与学、师与生的关系就会和谐融洽；激励而不强制使之顺从，学生学习起来感到安易、容易；启发而又有所含蓄，就可以让学生去独立思考。

提高课堂教学质量的关键一环是教师在教学内容的选择上能够举一反三，这个“一”是能够迁移的，能触类旁通、自我扩散的知识点。教师优秀与否就是看他教的是“一”还是“三”。在教育教学方法上要遵循“道而弗牵，强而弗抑，开而弗达”的启发教育原理，只有这样才能真正减轻学生的不适当的负担，促进其素质的全面发展，全面提高教育和教学质量。

大家看，简单的几个字，把教学原则写得淋漓尽致，如果我们都能做到，那么，师生的素质就有很大的提高，整个民族的素质就会大大提高。

（五）长善救失

“学者有四失，教者必知之。人之学也，或失则多，或失则寡，或失则易，或失则止。此四者，心之莫同也。知其心，然后能救其失也。教也者，长善而救其失者也。”

学生学习存在着四种缺点，教师必须掌握具体情况，因势利导。学生在吸取知识过程中，有的缺点表现在贪多务得，过于庞杂；有的缺点表现在单打一，学习很少，知识面流于狭窄；有的缺点表现在对学习的艰巨性估计不足，浅尝辄止；有的缺点表现在畏难而退，缺乏攻关的勇气，半途而废，坚持不下来。这四种缺点类型反映着学生对待学习不同的心理状态。教师只有了解了学生这些心理状态，才能矫正这些缺点。良好的教育方法就在于：它既善于发扬学生的优点，又善于克服学生的缺点。

可见两千多年以前，中国人就懂得教育心理学，要针对学生的心理状态来补救他的过失，怎么补救呢？“教也者，长善而救其失者也。”即当老师的要长善，从依靠优点入手，用自身的本性、善性、积极因素克服受到后天环境影响产生的缺点、消极因素，这就是长善救失、扬长补短，这个原则既包含有重视正面教育的意思，又包含有因材施教的思想。大家看，正面和负面讲得多么透彻。一个人总有优点，有他的本性善良的地方，把他的本性善良的地方，他的优势，他的优点发挥出来，用他的优势来克服他的缺点，优秀的老师就是这么做的。大家到中小学去看，一个班级总有几个淘气的孩子，优秀的老师一下就可以驾驭他们。但是，没有经验的老师就没办法，叫苦连天，原因在于只看到他们的缺点，看到淘气的一面，没有看到他的本质和优点，没有把他的积极性发挥出来。用他的积极性去克服他的消极性，这是优秀老师做的工作，优秀老师的成功之处，就在这个地方。

（六）善教继志

“善歌者，使人继其声；善教者，使人继其志。其言也，约而达，微而臧，罕譬而喻，可谓继志矣。”

意思是，优秀的歌唱家会使听众不约而同地跟着他歌唱，优秀的教师会使学生自觉地跟着他指引的方向去学习。教师讲解能引人入胜，就在于语言简练而道理明彻，叙述浅近而含义深远，不多举例而富有启发。这样就能让学生按照他指引的方向去努力学习。这在中学最为明显，一个中学的理科老师很强，学生报考大学理科的就多，一个中学的文科老师很强，报考大学文科的学生就多，老师的吸引力是很强的。

《学记》以“善歌继声”作比喻，提出善教者要使学生能积极自觉地跟着老师学习，达到“继志”的要求。这说明教师应该是为一定的社会理想从事教育工作的，测量教育效果的尺度，不只是受教育者知识能力的增进，最根本的乃是理想志向给予他们的影响的深度。这是《学记》所反映中国儒家教育思想的精义之所在，是令人回味的。

两千多年以前，中国人概括的教学原则，现在看起来，仍值得我们认真地学习，认真地汲取它的营养，来丰富、改变、提高我们的教学质量和水平。

三、书院的办学指导思想

书院之名始于唐代，书院制度形成于宋代。唐代的书院是藏书、校书的场所，相当于一个图书馆或博物馆。书院也起源于私人讲学。宋以后科举考试盛行，官学教育成为科举考试的附庸而更趋于形式化，造成了人才的危机；五代以后雕版印刷被广泛采用，印书藏书之风广为流行，指导读书也成为社会的普遍要求；宋代形成了新的理学教育思潮，一些著名的理学家和知名学者，效法佛教徒于山林名胜之地修习讲经制度。于是传统的私人授徒、家学，在具备充分的藏书基础上，在理学教育思潮推动下，出现了一种高于蒙学的高级的教育组织形式，即宋代的精舍和书院。宋初含教育性质的著名书院有石鼓书院（湖南衡阳）、白鹿洞书院（江西庐山）、嵩阳书院（河南登封）、岳麓书院（湖南长沙）、应天府书院（河南商丘）、茅山书院（江苏江宁）等。书院经历了宋、元、明、清四代数百年之久，并且每个书院都有自己独特的风格、内容，重视自己的特色，这是很重要的。

书院的类型有官办的，有民办官助的，也有私人办的。书院的创立，可以补官学之不足，书院的办学目标，首先是要求士子学做人，追求人格之完善，而不是像官学那样以科举入仕为官作为主要目标。书院的教学内容和方法多样化，不只是为了应考科举，可以适应社会多方面的需要，培养不同专业和不同层次的人才。

书院教育德行、学问并重。朱熹在《白鹿洞书院学规》中明确提出“为学”的目的首先是“修身”，而“修身”之要义是“言忠信，行笃敬；惩忿窒欲，迁善改过”。“言忠信，行笃敬”是《论语》上孔子讲的，即一言一行要讲忠讲信，行为要厚重、老实、坚定、严肃认真。“惩忿窒欲，迁善改过”是《易经》的话，惩忿，就是要把个人不满的情绪、欲望去掉。“接物”的要义是“己所不欲，勿施于人；行有不得，反求诸己”。在“修身”与“学问”之间，是以“修身”为本。“己所不欲，勿施于人”是孔子讲的，“行有不得，反求诸己”是孟子讲的。也就是说，一个人的行为没有达到预期的目的，不要埋怨别人，反过来检查自己是不是有问题。这是以德行为先，求知学文为后的中国儒学传统。用今天的素质教育的话来说，就是重视德育，培养学生高尚的志趣和道德情操，增强其心灵素质和道德素质，而不是单纯地传授知识。

书院的山长（院长）或主讲，往往就是知名学者或是一个学派的大师，一般来说此书院即成为该学派的学术研究和教育活动基地，如朱熹修复白鹿洞书院和岳麓书院，陆九渊建象山书院等。明代王守仁、湛若水各标其学术主旨，纷建书院，明末顾宪成、高攀龙主持东林书院，发扬“讽议朝政，裁量人物”的精神，提出“风声雨声读书声，声声入耳；家事国事天下事，事事关心”。湖南长沙岳麓书院有一副对联，上联讲的是“修己”：“是非审之于己，毁誉听之于人，得失安之于数，陟岳麓峰头，朗月清风，太极悠然可会”；下联讲的是“安人”：“君亲恩何以酬，民物命何以立，圣贤道何以传，登赫曦台上，衡云湘水，斯文定有攸归”。如果我们天天读这样的诗，熏陶自己，无形中就能够迅速成长。

书院教学注重讲明义理，躬行实践，多采问难论辩式，注意启发学生思维，培养学生学习兴趣与学习能力，并倡导学术争辩和学派交流。宋代已倡“会讲”，类似今天的学术讨论会，进行学术交流和争论，但没有固定的形式和组织。如朱熹在白鹿洞书院曾请陆九渊去讲学，陆九渊讲“君子喻于义，小人喻于利”，听众有感动流涕者。朱熹把陆九渊所讲的刻在石碑上。朱陆学派不同，请不同学派学者来讲学，并且这样重视，既体现了百家争鸣的学风，也表现出学术上互相尊重的高尚风格。明代书院从“会讲”发展为“讲会”，即将会讲制度化，形成组织，并订会约，类似今天的民间学会、民间学术研究团体。

书院教学以自学、独立研究为主，以答疑形式进行教学。宋以后流行的各家语录，就是师生间问答的记录。师生关系融洽，以道相交，师生之间感情深厚，师生朝夕相处，同学互相切磋，从起居生活到学习研究都在一起。大师以“人师”自律，学生则以“醇儒”自策。弟子视师长如父兄，师长视学生如子弟，互学互助，和谐共进，团结和睦，亲如一家，这也是书院制的特点，很值得我们今天教育上重视。

清末民初教会书院达数十所，其主要目的是培养传教士，但对中西文化交流及人才培养也起了一定作用。如上海美国基督教圣公会办的圣约翰书院（由培雅、度恩两书院合并而成）就是圣约翰大学的前身。广州格致书院就是岭南大学的前身。南京的金陵大学也是由宏育书院与汇文书院合并而成的。这些书院和大学都曾为中西文化交流和人才培养做出了贡献。

20 世纪 20 年代清华国学研究院成立，其办学宗旨是：“延名师，拓精舍，招海内成学之士。”它虽未用书院之名，似颇具书院的性质，延聘王国维、梁启超、陈寅恪、赵元任“四大导师”。虽然只办了四年，但培养出好些知名学者。

1924 年清华校长曹云祥向胡适请教如何创办研究院，于是“胡氏略仿昔日书院及英国大学制，为研究院绘一蓝图”①。

同年，胡适的好友，同样留美归来的任鸿隽、陈衡哲夫妇联名发表《一个改良大学教育的建议》，特别标举中国的书院精神，希望将其与欧美大学制度相结合。

中国现在的大学，学习西方的东西很多，但继承中国传统书院的精神很少。中国的教育应重视德行，重视性情，重视生命，应汲取书院教学以自学、独立、研究为主，以答疑形式进行教育的思想，使大学真正具有研究的性质，这样才能形成学派。

我们希望蔡元培先生的大学理想能够实现：中国传统的孔墨精神，加之英

---

① 蓝文徵：《清华大学国学研究院始末》，《清华校友通讯》（台北）新 32 期，1970 年。

国之人格教育，德国法国之专深研究，美国之服务社会。但在此之前，如何协调西方教育体制与东方传统精神、政府行为与民间学术、人文修养与专才教育、大学规模与教学水平、思想自由与兼容并包，乃至大学的结构与主体、功用与义务等等，值得认真研究。①

四、中国传统师德的意义和价值

所谓“师德”是“教师职业道德”的简称，教师进行教育教学工作，处理各种关系应遵循的道德准则和行为规范，包括教师的道德品质、思想信念、对事业的态度和感情，以及有关的行为习惯等。中国教育史记录了伟大的中华民族在漫长的岁月里，有目的、有计划、有组织地从事教育活动的历程，反映了中华民族的智慧。

在孔子的教育思想中，教师占有特殊的位置，因为陶冶学生的品德，增进他们的学识，培养他们的才能，发展他们的专长，等等，都是教师的重大职责。孔子根据自己教育实践的体会，对教师提出了多方面的要求。

（一）以身作则，言传身教

孔子说：“其身正，不令而行；其身不正，虽令不从。”② 孔子认为教师的道德行为和作风正派，就是不发命令，学生也会执行；如果教师的道德行为和作风不正派，就是发命令，学生也不听从。

孔子还说：“不能正其身，如正人何？”③ 如果自身不端正，又怎么能端正别人呢？教师是学生的榜样，教师的一言一行，都会直接影响到学生的健康成长。孔子的学生子贡称赞孔子教人“正身以俟”，荀子颂扬孔子“早正以待”④。

孔子不仅是以身作则的提出者，而且也是这一原则的实践者。教师要以身作则，就要言传身教，把“有言之教”和“无言之教”结合起来。孔子说：“可与言，而不与之言，失人；不可与言，而与之言，失言。智者不失人，亦不失言。”⑤ 孔子认为，可以和学生谈，进行“有言之教”，不去和他谈，这叫

① 参阅陈平原：《中国大学百年》，《学人》第13辑，江苏文艺出版社1998年版。

②③ 《论语·子路》。

④ 《荀子·儒效》。

⑤ 《论语·卫灵公》。

错过了人才；不可以和他谈，却去和他谈，这叫浪费了言语。一个聪明、合格的教师既不错过人才，也不浪费言语，采用“有言之教”与“无言之教”两种方式。该用语言讲的用语言讲，不用语言讲的用行为使其模仿。道德往往是无言的力量，所以孔子讲：“君子之德风，小人之德草。”①

“言教”在于说理，以提高学生的认识；“不言教”在于示范，实际指导学生的行动。在处理二者关系方面，孔子强调的是身教，教师要以自己合乎规范的道德行为给学生作出榜样，教师提倡要学生做的，自己必须先做，不让学生做的，自己首先不做。教师所说和所做的一致，证明所说的是正确的，所做的是合理的。这样，教师才能在学生心目中树立威信，教师的榜样才能发挥作用。

孔子对学生说过：“予欲无言。”他的学生说：“您假若不说话，那我们还有什么可以传述的呢？”孔子说：“天何言哉？四时行焉，百物生焉，天何言哉？”② 天说了什么呢？四季照样运行，百物照样生长，天说了什么呢？所谓“无言之教”，就是通过暗示、榜样去影响学生，潜移默化，“其濡染观摩之效，自不求而至，不为而成”。全面提高学生的素质，这是很重要的一环。马克思讲，教人者必先受教育。

（二）学而不厌，诲人不倦

孔子说：“学而不厌，诲人不倦。”③ 这是说教师自己要努力学习，永不满足；对学生要勤奋教导，不知疲倦。孔子还说：“若圣与仁，则吾岂敢！抑为之不厌，诲人不倦，则可谓云尔已矣。”④ 如果说到圣与仁，我不敢当，只不过是学习和工作从不厌倦，教诲学生总不知疲倦。《吕氏春秋·尊师》也有相似的记载：子贡问孔子，后世将怎样称道您老人家？孔子说，“我何足以称道呢？一定要说时，就算是好学不满足，好教而不知疲倦，大概就这样吧！”

（三）爱护学生，无私无隐

爱护学生、关心学生是一个教师成功必须具备的条件，也是师德的重要内容。孔子说“仁者爱人”，“智者知人”。⑤ 意思是，仁者爱护人，关心人，把人当人对待；智者善于了解人，识别人。孔子爱护学生，了解学生，关心学生品

①⑤ 《论语·颜渊》。

② 《论语·阳货》。

③④ 《论语·述而》。

德学业的增进和他们的生活与健康状况。孔子说："爱之，能勿劳乎？忠焉，能勿诲乎？"① 爱护他，能够不叫他勤劳吗？忠于他，能够不教诲他吗？又说："二三子以我为隐乎？吾无隐乎尔。吾无行而不与二三子者，是丘也。"② 你们以为我会隐瞒什么吗？我对你们是没有任何隐瞒的，我没有什么不告诉你们的，这就是我孔丘的为人。说明孔子对学生为学与为人毫无保留，做到了"无隐无私"。

对于年青一代，孔子是寄予很大希望的。孔子说："后生可畏，焉知来者之不如今也？"③ 这里包含有"弟子不必不如师，师不必贤于弟子"的发展观点，包含有青年人超过老年人、学生超过老师、长江后浪推前浪的发展观点。尤其难能可贵的是，孔子认为当一种正义事业需要人去担当时，年青一代要敢于勇往直前，责无旁贷，即使在老师面前也不必谦让，"当仁不让于师"④，面临着实行仁德的事情，可以不必对老师谦让，就是老师也不必谦让。

就《论语》上记载的材料看来，一方面表现出孔子对弟子们的关怀爱护，另一方面表现出弟子们对老师的敬爱尊重，形成了一种严肃认真而又亲切自然的师生关系——尊师爱生的关系，这是中国教育史上的优秀传统。热爱教育，忠于学生，对教育事业表现出充沛的精力和毅力，对青少年一代表现出满腔的热情和关怀，这是教师应具备的情感意志品质，也是对学生进行素质教育的必要条件。

（四）讲究教法，循循善诱

孔子认为教师要讲究教学方法，善于启发学生的心智。他说："温故而知新，可以为师矣。"⑤ 他提出"不愤不启，不悱不发"、"举一反三"、"闻一知十"等，正如颜渊所赞叹的"夫子循循然善诱人，博我以文，约我以礼，欲罢不能"⑥。老师善于有步骤地诱导我们，用各种文献来丰富我多方面的知识，又用一定的规矩制度来规范我的行为，使我想停止学习都不可能。这说明孔子教育技巧之高超，像一块磁性很强的吸铁石，把学生紧紧吸在自己的周围，弥漫着一种强力磁场，导发出诱人的魅力。由此可见，具有良好的教育教学能

---

① 《论语·宪问》。

② 《论语·述而》。

③⑥ 《论语·子罕》。

④ 《论语·卫灵公》。

⑤ 《论语·为政》。

力、技巧，讲究教学原则方法，是教师必备的一种心理品质，也是对学生进行素质教育的必要条件。

孟子继承和发展了孔子的教育思想，他说："得天下英才而教育之，三乐也。"① 这中国教育史上第一次把"教"与"育"连用，也是第一次提出把培养天下优秀人才当作人生的乐事。孟子说，人生有三个快乐的事，父母俱存，兄弟无故，一乐也；仰不愧于天，俯不愧于人，二乐也；把天下优秀的人才都集中起来进行教育，这是人生最大的快乐。

孟子充分肯定教师的地位，认为当教师是君子的责任，他把国君和教师并列："天佑下民，作之君，作之师。"② 他甚至把教师凌驾于君之上，所谓"是王者师也"③。孟子说："中也养小中，才也养小才。"④ 认为道德修养高、有才智的教师不断以自己的德行、才智培养、影响他人，社会就会有更多的贤才，突出了教师的育才作用。"君子引而不发，跃如也；中道而立，能者从之。"⑤意思是说，教师教导学生正如射手张满了弓，却不发箭，做出跃跃欲试的姿势，以启发和诱导学生。教师要在正确道路之中站住，有能力的学生便跟随而来。他有一句名言："尽信《书》，则不如无《书》。"⑥ 要求学生独立思考，自求自得，才能深入心通，心有所得，达到运用自如的地步。

他说："君子深造之以道，欲其自得之也。自得之，则居之安；居之安，则资之深；资之深，则取之左右逢其原，故君子欲其自得之也。"⑦认为君子的高深造诣要有正确的办法，这就是要求他自觉地追求得到，自觉地追求得到的，掌握得比较牢固，牢固地掌握而不动摇，就能积蓄很深，积蓄很深，便能取之不尽，左右逢源，所以君子要自觉地有所得。"求则得之，舍则失之，是求有益于得也，求在我者也。"⑧教师不能包办代替，教师在教学过程中要起引路人的作用。

荀子是战国后期人，他继承儒家的传统，进一步提高了教师的地位，认为"天地者，生之本也；先祖者，类之本也；君师者，治之本也。无天地恶生！

---

①⑤⑧ 《孟子·尽心上》。

② 《孟子·梁惠王下》。

③ 《孟子·滕文公上》。

④⑦ 《孟子·离娄下》。

⑥ 《孟子·尽心下》。

无先祖恶出！无君师恶治！”① 他把教师与“天”、“地”、“君”、“祖”并列，宣称“天地”是生物之本，“先祖”是族类之本，“君师”是统治人民之本。体现了荀子尊师重教的思想。荀子认为，教师的作用首先表现在对国家和社会的发展方面。张载说：“天地之塞，吾其体；天地之帅，吾其性。”② 充塞天地之间的是构成我身体的元气，统帅天地的是构成我心性的物质。距离现在五千年的辽宁牛河梁地区出土的红山文化，就先祭祀天，再祭祀地，再祭祀君，再祭祀祖宗，再祭祀老师，说明天地君师传统已经五千年了。

荀子说：“礼者所以正身也，师者所以正礼也。无礼何以正身？无师，吾安知礼之为是也？”③“礼”是用以矫正人的思想行为的，是维护社会安定的根本，但如果没有教师，这种作用便无法实现，就会形成“上无哲师，下无父子”的“至乱”局面。由此看来，教师的地位和作用，直接关系到国家的前途和命运。所以，荀子讲“国将兴，必贵师而重傅”，“国将衰，必贱师而轻傅”。④

《礼记·文王世子》：“师也者，教之以事，而喻诸德者也。保也者，慎其身以辅翼之，而归诸道者也。”所谓“师”，是用具体事例教导并用它说明各种德行的人。所谓“保”，是以自己谨慎的言行来辅佐世子使之归于正道的人。

《礼记·学记》由于对教育作用的高度评价，因此要求给教师以崇高的社会政治地位。“能为师，然后能为长；能为长，然后能为君。故师也者，所以学为君也。”“师严然后道尊，道尊然后民知敬学。”尊师重道，师是道的代表，道的代言人，拥有最高的解释权。《学记》一方面要求给教师以极其崇高的地位和尊敬，对全社会提出了尊师的要求；另一方面也对教师提出了严格的要求，“是故择师不可不慎也！”

西汉韩婴的《韩诗外传》卷五上有一句话：“智如泉源，行可以为表仪者，人师也。”你的智慧像泉水的源头一样，你的行为可以当我们的表率，这样的是老师。

西汉扬雄的《法言·学行》上有一句话：“师哉！师哉！童子之命也。务

① 《荀子·礼论》。
② 《正蒙·乾称》。
③ 《荀子·修身》。
④ 《荀子·大略》。

学不如务求师。师者，人之模范也。”老师啊，老师啊，少年儿童的命运都掌握在你手里了。我们求学问，从事于学问，不如找一个好的老师。“师者，人之模范也”，“师范”即由此而来。

晋人袁宏《后汉记·灵帝纪上》说：“经师易遇，人师难遭。”讲经的老师容易找到，讲做人的老师很难找到。古代是这样，现在我们更是这样。所以，徐特立同志说：“我们的教师要采取人师和经师二者合一”，“两种人格合二为一，这应是教师的完全人格”，“每个教科学知识的人，他就是一个模范人物，同时也是一个有学问的人”。①

韩愈说：“古之学者必有师。师者，所以传道、受业、解惑也。”② 所谓“传道”，是指儒家的“修己安人”之道，儒家的道统、人生观、宇宙观、价值观，安身立命之道；所谓“受业”，是指当时读的古籍文献，掌握一定的解读古籍文献的能力；所谓“解惑”，是指教师在教学过程中不断解答学生们在“道”与“业”两方面的疑惑。韩愈认为，教师的职责重在传道，授业是为传道服务的。古文、经文只不过是载道的工具，而传道又是通过授业完成的。如果教师只是“习其句读”而不传道，那是“小学而大遗”，因“小”而失“大”，忘记了自己的根本任务。他这样分析教师的任务是有意义的，把“传道”当作第一任务，把“受业”当作第二任务，把“解惑”提到应有的地位，这样排列顺序是明确的。分析“传道”与“受业”之间的辩证关系也是合理的，这里不仅包含了在“传道、受业、解惑”的整个教学过程中教师应起主导作用的意思，而且还包含了思想道德教育于智育之中，思想道德教育通过智育进行的思想。

五、中国传统教育思想的主要特色与完善中华优秀传统文化教育

中国古代社会重视道德教育，重视道德培养，注重气节与操守，讲究崇高的精神境界，提倡发奋“立志”与“舍生取义”的精神，强调道德责任感与历

① 徐特立：《各科教学法讲座》，中央教育科学研究所编：《徐特立教育文集》，人民教育出版社 1979 年版，第 232—243 页。

② 《师说》。

史使命感，宣扬那种孜孜不倦、临事不惧、不计成败利钝、不问安危荣辱、以天下为己任的宽广胸怀，把个人完成的社会责任作为个人道德的自我完成，容易形成一股强大的社会凝聚力，逐渐形成了一个长远而深厚的教育传统，上起孔孟老庄，中经禅宗，下迄宋明理学，都特别注重道德教育与自我修养，都是以自我的认识和控制为努力的主要目的。立志有恒，克己内省，改过迁善，身体力行，潜移默化，防微杜渐……形成了一系列具有独特风格的道德教育与道德修养的手段，中国古代教育家重视培育真实的精神修养，树立道德风范，其影响力是无法低估的。他们曾在漫长的中国古代历史上教育、感染、熏陶了多少仁人志士，成为中国教育史上经常起进步作用的重要传统，闪烁着灿烂的光华。总的来说，中国古代的教育思想，大致有以下三个显著的特色。

（一）综合观，即大教育观

中国古代教育家很早就认识到教育这一系统是整个社会大系统中的一个子系统，许多教育问题实质上是社会问题，必须把它置于整个社会系统中加以考察和解决。而教育问题的解决，又必然促进整个社会的发展和进步。

孔子十分重视教育，把人口、财富、教育当成“立国”的三个要素。人口是最基本的，一个国家首先是人口，有了人口就有了生产力，就有手来生产；第二是发挥人的作用，使他们富裕起来，以满足人们消费的需要；第三是教育，有了物质生活的基础，才能发展教育，把教育搞好了，一个国家才算治理好了。孔子认为，在发展生产使广大人民群众富裕之后，唯一的大事是“教之”，即发展教育事业。他从“国之本在家”的思想出发，重视家庭伦理和社会道德——“孝悌忠信”，看到了教育对于治理国家、安定社会秩序所产生的重大作用。这种把教育放在治国治民的首要地位的认识，把个人的道德修养和提高社会道德水准看成是治国安邦的基础的思想，是十分深刻的。

《学记》把教育的作用概括为十六个字：“建国君民，教学为先”，“化民成俗，其必由学”。意思是，建立国家管理人民，教学优先发展。教化老百姓形成良风美俗，必须抓教育，这个不可忽视。认定教育的作用包含相互联系的两个方面：一是培养国家所需要的人才；一是形成社会道德风尚，形成良风美俗。这可以称得上是中国古代关于教育作用思想的概括和总结，至今仍不失其借鉴意义。

（二）辩证观，即对立统一观

中国古代教育家强调把道德教育放在首要地位，但同时也不忽视知识教育的作用。

孔子说："君子怀德"，"君子务本，本立而道生"，"行有余力，则以学文"。同时，孔子又说："好仁不好学，其蔽也愚"，"仁者安仁，智者利仁"，"未知，焉得仁?"没有智慧、没有知识，怎么得到仁德呢? 德非常重要。但是，知识也不能忽视，所以，这是辩证的统一。董仲舒说："仁而不智，则爱而不别也；智而不仁，则智而不为也。"① 这就是中国古代的德智统一观，首先是道德教育及其实践，其次才是知识教育。德育要通过智育来进行，智育主要也是为德育服务，德育与智育之间存在着相互依存、相互渗透、相互影响、相互统一的关系。道德教育也是这样，道德观念的认识与道德信念的建立之间也存在互相矛盾、对立统一的关系。如孔子说："知及之，仁不能守之，虽得之，必失之。"② 认为道德观念虽认识了，如不能保持它，即使得到了，也定会丧失。这就是说，道德观念如果只停留在认识阶段，而不能转化为信念，那么道德就失去了规范行为的作用。知识与才能之间也存在既矛盾又统一的关系。唐人刘知几说，一个人如果有学问而无才能，好比拥有巨大的财富却不会经营它；如果有才能而无学问，则像本领高超的工匠，没有刀斧和木材，也无法建造宫室。

明人徐光启说："古人云：鸳鸯绣出从君看，不把金针度与人"，反其语曰："金针度去从君用，未把鸳鸯绣与人"。过去保守的人，制作出绣花品给你，但是不把制作绣花品的方法告诉你。徐光启说现在把绣花的方法、思路告诉你，比给你一个现成的绣花品还要让你受益。徐光启强调培养才能的重要，认为教学不仅只是讲一些现成的知识，而且还要培养学生的思辨能力，掌握科学的方法。

（三）内在观，即强调心的内在道德功能或内在自觉性

中国古代教育思想的显著特点是启发每一个人的内心自觉，教人如何"做人"，如何在现实生活中实现其"治国平天下"理想的入世精神。强调的是对自身的肯定，人不仅与天地相参而且顶天立地，追求"同天人"、"合内外"（即殊相与共相统一、主观与客观统一）。在这种"天人合一"之中得到一种最高的、理智的幸福。大家看，人顶天立地，脚踏大地，头顶蓝天，这就是人。

① 《春秋繁露·必仁且智》。

② 《论语·卫灵公》。

所以，王阳明讲："人是天地的心"，只有人懂得天地的精神，把天地宇宙的精神，灌输到人当中，人就有了正能量。而"良知是人的心"，这就是中国教育的特点。在"天人合一"之中得到一种最高的、理智的幸福。

中国古代教育家提出一种"做人"的道理、"做人"的要求、"做人"的方法，并让人从中得到"做人"的乐趣，表现出人的崇高精神境界。这是教育的根本点，所以古人讲"极高明而道中庸"，既有高明的理想，又有踏踏实实的行为，强调的是"自律"，而不是"他律"。

中国古代教育思想强调人心中具有一种价值自觉的能力，中国古人讲四条：第一有慧根；第二德行好；第三缘分，就是机会、机遇，你可能遇到一个好学校，一个好老师，或者读了一本好书；第四是悟性，领悟的程度。有慧根是基础，有德行是表现，有缘分是机遇，有悟性才使你真正成长起来。这四条并列，一条都不能缺，就可以成就你的仁德，将来就成为君子。所以，"为仁由己"、"自我修养"、"自省"、"自反"、"慎独"，最后是"自我完善"，自我求取在人伦秩序与宇宙秩序中的和谐。

中国古代教育思想追求价值之源的努力是向内、向自身而不是向外、向上，不是听上帝的召唤，亦不是等待佛祖的启示。重视其内在的力量，重内过于重外，这是一个值得注意的教育特色。

我们现在的教育不是在根上浇水施肥，而是在枝叶上浇水施肥。所以，花了很多冤枉钱，没有用到根本上。根本就是人的心灵、做人、性情、生命，这一点非常重要。所以，中国人讲人性是善性，人心是良心，人情是真情，如果我们的教育都落实到这上面，就是成功的。李瑞环同志在《关于弘扬民族优秀文化的若干问题》① 一文中指出："中华民族文化对于人类的进步和发展产生了广泛深远的影响。我国古代的四大发明对于人类文明的贡献自不待言，若干领域的学术思想成就也丰富了世界思想文化宝库。中国古代的辩证法、教育思想、军事理论等，在当今的世界上仍然具有不衰的魅力。"这个论断是符合实际的。

中国传统文化教育及其价值系统，精深而博大，弥漫着一种强力磁场，导发出诱人的魅力。中国的真正崛起和为世人所瞩目，应该建立在对整个中国古代文明（包括中国古代优秀教育遗产在内）的再发现与再认识的基础之上，忽

---

① 《求是》1990 年第 10 期。

视了这一点我们将要犯极大的错误。历史虚无主义思潮会泯灭民族精神的再殖力，民族的创造力将会枯萎，它不但使我们丧失社会主义意识形态对国家利益与人民生活的保护，同时也将使我们丧失一国人民赖以生存于世的基本精神资源。中国古代优秀的教育遗产，也是一种“资料”，一种“资源”，或称之为“历史资源”，甚至还可能是一种“动力资源”，就好像煤、木柴一样，假如能把它用得很好的话，它就可以变成现代发展的一个动力。

毛泽东同志说：“学习我们的历史遗产，用马克思主义的方法给以批判的总结，是我们学习的另一任务，我们这个民族有数千年的历史，有它的特点，有它的许多珍贵品，对于这些，我们还是小学生。今天的中国是历史的中国的一个发展，我们是马克思主义的历史主义者，我们不应当割断历史，从孔夫子到孙中山，我们应当给以总结，承继这一份珍贵的遗产。这对于指导当前的伟大的运动，是有重要的帮助的。”① 列宁说：“马克思主义的这一革命的无产阶级思想体系赢得了世界历史性的意义，是因为它并没有抛弃资产阶级时代最宝贵的成就，相反地却吸收和改造了两千多年来人类思想和文化发展中一切有价值的东西。”② 列宁讲的“吸收和改造了两千多年来人类思想和文化发展中一切有价值的东西”，当然也包括了中国古代教育遗产中有价值的东西，我们不应当妄自菲薄，不要以为自己民族传统的东西统统不如人，中国古代教育遗产中有许多好的东西应当去发掘和整理，那是一个无限丰富的宝藏。可以设想，建立具有中国特色的社会主义教育理论体系，很有可能是兼有中国古代传统教育精华的崭新教育理论体系，它必将在世界教育史上放出异彩。

我们今天深入挖掘中国传统教育思想中有价值的观念和成功的理念，对于当前加强和深化教育改革，完善中华优秀传统文化教育，培养创新人才有重要的借鉴意义与参考价值，其目的是为了实现“中国梦”，实现中华民族的伟大复兴。

---

① 《毛泽东选集》第二卷，人民出版社 1966 年版，第 499 页。

② 《论无产阶级文化》，《列宁选集》第四卷，人民出版社 1972 年版，第 362 页。

弘扬和培育民族精神与国学启蒙*

一、弘扬和培育民族精神的思想，是“三个代表”重要思想的组成部分

江泽民同志在中国共产党十六大报告中把“弘扬民族精神”的习惯提法，变为“弘扬和培育民族精神”，新增加“培育”二字，标志着我党对民族精神的认识进入了一个崭新的境界。报告说：“民族精神是一个民族赖以生存和发展的精神支撑。一个民族，没有振奋的精神和高尚的品格，不可能自立于世界民族之林。在五千多年的发展中，中华民族形成了以爱国主义为核心的团结统一、爱好和平、勤劳勇敢、自强不息的伟大民族精神。”“面对世界范围各种思想文化的相互激荡，必须把弘扬和培育民族精神作为文化建设的重要任务，纳入国民教育全过程，纳入精神文明建设全过程，使全体人民始终保持昂扬向上的精神状态。”

2003年1月15日江泽民同志为人民教育出版社出版的《中华传统美德格言》一书题词：“传承中华美德，培养民族精神。”李岚清同志还为该书写了“序言”：“我们中华民族在自己的发展历程中，形成了代代传承的美德，比如：敬业乐群、公而忘私的奉献精神，天下兴亡、匹夫有责的爱国情操，先天下之忧而忧、后天下之乐而乐的崇高志趣，自强不息、艰苦奋斗的昂扬锐气，富贵不能淫、贫贱不能移、威武不能屈的浩然正气，鞠躬尽瘁、死而后已的为政风范，厚德载物、道济天下的广阔胸襟，奋不顾身、舍生取义的英雄气概，大道之行、天下为公的社会理想，等等。”“中华传统美德具有生生不息、历久弥新的品质，是永不枯竭的道德教育资源。我们在以为人民服务为核心、以集体主义为原则、以诚实守信为重点的思想道德建设中，在社会公德、职业道德、家

* 本文原载《湖南省社会主义学院学报》2004年第3期。

庭美德建设的各个道德领域中，在‘爱国守法、明礼诚信、团结友善、勤俭自强、敬业奉献’的基本道德规范中，都可以感受到中华传统美德的生命力。我们所倡导的解放思想、实事求是，与时俱进、勇于创新，知难而进、一往无前，艰苦奋斗、务求实效，淡泊名利、无私奉献的时代精神，也是同中华传统美德一脉相承的。”

胡锦涛总书记在2003年4月28日中央政治局第四次集体学习时进一步强调：“中华民族是具有伟大民族精神的民族。千百年来，中华民族之所以能够经历磨难而不衰，饱尝艰辛而不屈，千锤百炼而愈加坚强，靠的就是这种威力无比的民族精神，靠的就是各民族人民的团结奋斗，越是困难的时候，越是要大力弘扬民族精神，越是要大力增强中华民族的民族凝聚力。”

作为中华民族的灵魂的民族精神，是中华民族生存与发展的精神支撑，是凝聚中国作为一个多民族统一大国的强劲纽带，是中国的综合国力的重要组成部分，是深深熔铸在民族生命力、创造力和凝聚力之中的中华民族文化力量的重要表现形式。中华民族在五千年的历史发展中，历经磨难，百折不挠，不仅没有在历史的惊涛骇浪中沉沦，而且以东方巨人的身姿自立于世界民族之林，依靠的就是这个伟大民族精神力量。依靠这种精神，中华民族的祖先创造了灿烂辉煌的古代文明；依靠这种精神，中国共产党领导人民推翻了帝国主义、封建主义和官僚资本主义三座大山，建立了新中国；依靠这种民族精神，我们战胜了各种艰难险阻，经受了各种严峻考验，取得了改革开放和现代化建设的辉煌成就。依靠这种民族精神，我们同SARS病毒展开了顽强的搏斗，已经取得了重大胜利。总之，继续发扬光大这种民族精神，对建设中国特色社会主义、全面建设小康社会，实现中华民族的伟大复兴具有极其重要的现实意义和深远的历史意义。

我们必须认真学习党的三代领导人关于弘扬和培育民族精神的思想，江泽民同志继承了党的第一代、第二代无产阶级革命家的这些思想，并对在新的历史条件下大力弘扬和培育民族精神作出了系统阐述。江泽民、胡锦涛同志关于弘扬和培育民族精神的思想，是“三个代表”重要思想的组成部分。我们要从全面贯彻落实“三个代表”重要思想和十六大精神的战略高度，从全面建设小康社会、实现中华民族伟大复兴的战略高度，充分认识弘扬和培育民族精神的伟大意义，增强历史责任感和使命感，“纳入国民教育全过程，纳入精神文明建设全过程，使全体人民始终保持昂扬向上的精神状态”。

二、中华经典文化是“中华魂”的重要组成部分，是弘扬和培育民族精神的活水源头

十六大报告说：“中华文明博大精深，源远流长，为人类文明进步作出了巨大贡献。”的确是这样，中华优秀文化包含着丰富的民族智慧和人生哲理，有“己欲立而立人，己欲达而达人”的仁道，有“己所不欲，勿施于人”的恕道，有“和为贵”、“和而不同”的共生共处之道，有“自强不息”、“厚德载物”的个人与社会健康互动之道，有“天地之大德曰生”、“富有之谓大业，日新之谓盛德，生生之谓易”的创生之道、与时俱进之道。中华优秀传统文化提出了“民吾同胞，物吾与也”的人文关怀，提出了“做人”的道理、“做人”的要求、“做人”的方法，并让人从中得到“做人”的乐趣，让人不断提升自己的精神境界。所有这些都是我们中华民族优秀传统文化的精神，是“中华魂”的重要组成部分，也是我们今天实施素质教育、不断推进创新教育、弘扬和培育民族精神的源头活水。

“天下兴亡，匹夫有责”是中华民族的优良传统，它既表现为关心祖国、民族的命运，忧国忧民，也表现在自觉地以各种方式为国家民族效力。当国家民族利益受到侵害时，自觉地维护它；在国家民族利益与个人、家庭利益发生矛盾时，以国家民族利益为重，不惜牺牲个人的利益，甚至生命。“位卑未敢忘忧国”，“匈奴未灭，何以家为”，“捐躯赴国难，视死忽如归”，“苟利国家生死以，岂因祸福避趋之”，“国尔忘家，公尔忘私，利不苟就，害不苟去，惟义所在”，“家事国事天下事，事事关心”，“人生自古谁无死，留取丹心照汗青”，……世界文明史上，有哪一个民族创造出这么多类似“天下兴亡，匹夫有责”这样把国家民族与个人家庭如此紧密联系起来的格言警句？

《易传》说：“君子安而不忘危，存而不忘亡，治而不忘乱，是以身安而国家可保也。”君子安居而不忘倾危，生存而不忘灭亡，整治而不忘败乱，自身则可常安而国家可以永保。这就是“居安思危”，“生于忧患，死于安乐”，“乐以天下，忧以天下”，“先天下之忧而忧，后天下之乐而乐”。我们的国歌的歌词就含有“居安思危”的意识，“中华民族到了最危险的时候！”有忧患意识，并不会贬低今天社会的繁荣。当初毛泽东主席、周恩来总理等选择国歌时，就希望它唤起国民的“居安思危”意识。我们今天的社会还远没有发展到可以居

安忘忧的时候，资源日益耗竭，环境污染加剧，不治之病泛滥，人口恶性膨胀，生态严重失衡，自然灾害频频发生，人与自然的同盟关系遭到严重破坏等。所以今年在“两会”期间，全国政协委员、现代文学馆馆长舒乙提交一份提案：“两会”的开幕式和闭幕式要唱国歌，而不是奏国歌。这个提案的基本精神，就是唤起我们全民的“居安思危”的忧患意识。鲁迅说：“我们自古以来，就有埋头苦干的人，有拼命硬干的人，有为民请命的人，有舍身求法的人，……虽是等于为帝王将相作家谱的所谓‘正史’，也往往掩不住他们的光耀，这就是中国的脊梁。”“惟有民魂是值得宝贵的，惟有它发扬起来，中国才有真进步。”①

中华传统文化有一个重要的美德，以人为本。怎么树立以人为本呢？这需要人“内观”自我，孔子说：“能近取譬，可谓仁之方也已。”能够就眼下的事实选择例子一步步做之，可以说是实践仁道的方法了。这也就是我们常说的从小事做起，从我做起。《大学》说：“自天子以至于庶人，壹是皆以修身为本。”一切都以修身为根本。这句话说明了为己为国为民的关系。对内修身，对外齐家、治国、平天下，也就是内圣外王之道。从个人修养来说，修身不仅为了自己，也是为了家、国、天下；不仅是个人的私事，而且也是个人所承担的责任和义务。个人的道德修养和齐家、治国、平天下，即内圣和外王，这两个方面统一而不可分。这也是说，一切都要从自己的修身做起。以天下为己任，为国为民，都要从自己的修身做起。

三、国学启蒙，诵读经典，迎接新的“轴心时代”，实现中华民族的伟大复兴

德国哲学家雅斯贝尔斯（Karl Jagpers，1883—1969）曾经提出“轴心时代”的观念。“人类一直靠轴心时代所产生、思考和创造的一切而生存，每一次新的飞跃都回顾这一时期，并被它重新燃起火焰。”② 回顾源头，还原其最原始的形态，回复到事物最根本的精髓！然后再前进，“被它重新燃起火焰”。

① 鲁迅：《且介亭杂文·中国人失掉自信力了吗》，《鲁迅全集》第六卷，人民文学出版社 1981 年版，第 118—119 页。

② ［德］卡尔·雅思贝尔斯著，魏楚雄、俞新天译：《历史的起源与目标》，华夏出版社 1989 年版，第 14 页。

例如，欧洲的文艺复兴就是把目光投向其文化的源头古希腊，从而使欧洲文明重新燃起新的光辉，并对世界产生重大影响。在某种意义上说，当今世界多种文化的发展正是对两千多年前的轴心时代的一次新的飞跃。据此我们也可以说，将有一个新的“轴心时代”出现。在可以预见的一段时间里，各民族、各国家在其经济发展的同时一定会要求发展其自身的文化，因而经济全球化将有利于文化多元的发展。

中华优秀传统文化是我们民族的文化之根、民族之魂。在经济全球化、政治多极化、生存数字化、文化多元化浪潮汹涌发展的当今世界，如果我们不按十六大的要求，不“坚持弘扬和培育民族精神”，那么我们就很难自立于世界民族之林，就有成为文化上的流浪民族的危险。1995 年 3 月在第八届全国政协会议上，赵朴初、叶至善、冰心、曹禺、启功、张志公、夏衍、陈荒煤、吴冷西等九位德高望重的全国政协常委以 016 号正式提案的形式，发出《建立幼年古典学校的紧急呼吁》——“我国文化之悠久及其在世界文化史上罕有其匹的连续性，形成一条从未枯竭、从未中断的长河。但时至今日，这条长河却在某些方面面临中断的危险。”“构成我们民族文化的这一方面是我们的民族智慧、民族心灵的庞大载体，是我们民族生存、发展的根基，也是几千年来维护我民族屡经重大灾难而始终不解体的坚强纽带；如果不及时采取措施，任此文化遗产在下一代消失，我们将成为历史的罪人、民族的罪人。”

任何一个民族的全面复兴都必须有精神文明和道德素质的重大提高，都必须借助于本民族的优秀传统文化。早在 20 世纪 40 年代，著名教育家、文学家朱自清先生在《经典常谈》序中指出：“读经的废止并不就是经典训练的废止。”“在中等以上的教育里，经典训练应该是一个必要的项目。经典训练的价值不在实用，而在文化。”“做一个有相当教育的国民，至少对于本国的经典，也有接触的义务。”① 到了 80 年代，叶圣陶先生在重印《经典常谈》一书时，不但肯定了朱先生的意见，并进而指出：“经典训练不限于学校教育的范围而推广到整个社会，是很有必要的。历史不能割断，文化遗产跟当今各条战线上的工作有直接或间接的牵连，所以谁都一样，能够跟经典有所接触总比完全不

① 朱自清：《序》，朱自清著：《经典常谈》，生活·读书·新知三联书店 1980 年版，第 5—6 页。

接触好。”①

南怀瑾先生最近也说：“从儿童时期诵读历史经典名著，是我们一贯的基本教育方法，例如大家所熟悉的孙中山、毛泽东、周恩来、邓小平等诸位先生，又如吴大猷、苏步青等诸位先生，都是在幼年时期受过这种启蒙教育，有了中国文化的底子，然后又接受了新时代的科学思潮，才影响了这段历史。可是从 20 世纪 20 年代以后，受西方教育思想的影响，我们逐渐丧失了‘承先启后，继往开来’的文化教育精神。其实，据我所知的欧美国家也开始反思现代教育中的流弊而逐渐恢复传统的诵读法了。因此我们有责任对未来的一代，担负起这项文化断层重整的工作。需要说明的是，我们并非只偏重中国传统文化的学习，而提倡中国文化、西方文化、算术并进的教育方法。还需要注意的是，儿童读经典不是注入式的刻板教育，而是启发式的活泼愉快的学习，是符合儿童身心发展特点，有益于儿童智慧开发的一种教育方式。也有人怀疑，背诵之后会不会忘记呢？我的答复是，会忘记的。可是在心灵纯净的童年时期记诵下来的东西，如同每天的饮食，会变成营养，成为生命的一部分，长大之后学习、工作、待人接物中，会自然运用出来。”

儿童心理学家朱智贤先生曾说过：“儿童个体智力发展史是人类种系智力发展史的缩影。”在几十万年人类种系智力发展史中，很重要的一点是靠口耳相传、背诵民族歌谣、背诵民族史诗、背诵自然社会常识等等，这种诵读活动既保存了人类的文化，又发展了人类的智慧。人类的童年幼年时期就是这样度过的，它必然也反映在儿童个体智力发展史中，背诵人类历史文化名著，就可激活儿童的记忆力，发展其智力，开发其智慧。中华孔子学会会长、北京大学教授张岱年先生在《读经与读子》一文中说“‘五四’时期曾有人反对读古书，甚至有人反对读中国书，这事实上是偏激之谈。”武汉大学教授冯天瑜先生在其《中华元典精神》一书中则科学地论证了元典精神对民族文化的原创性作用。华中科技大学教授涂又光先生在《论人文精神》一文中说：“我极力主张精读经典。经典都经过历史筛选”，“读经典可先让学生‘吞’下去，以后‘反刍’，回味义理。这是中国传统良法。就用此良法，中国经典传了几千年而不坠不绝”，“中国人文经典多，先从《老子》、《论语》读起吧”。

---

① 叶圣陶：《重印〈经典常谈〉序》，朱自清著：《经典常谈》，生活·读书·新知三联书店 1980 年版，第 2—3 页。

中国科学院院士、华中科技大学前校长杨叔子教授在《高等教育的五“重”五“轻”》一文中说：“1982年我在美国的一个大学访问，有几位华人教授跟我讲内地教育有个缺陷，什么缺陷呢？内地的留学生，ABC很好，XYZ也很好，也懂得美元、英镑，就是不太了解长城、黄河，也不太了解文天祥、史可法，一点也不知道《史记》、《四书》、《资治通鉴》，请问这种学生毕业出去以后能不能为中华民族服务？我认为他们提得非常好，非常深刻，也非常生动，ABC很好——外语很好；XYZ很好——数学很好，业务很好；懂得美元、英镑——会打经济算盘；不太了解长城、黄河——不太了解祖国的地理，对祖国的地理知之甚少；不太了解文天祥、史可法——不太了解民族的历史，对民族的历史知之甚少；一点也不知道《史记》、《四书》、《资治通鉴》——对祖国与民族的悠久文化传统一无所知，这种高层人才对自己的国家、民族的地理、历史知之甚少，对悠久文化传统一无所知，可不可能对自己的国家与民族有感情？会不会为这个国家与民族很好地去服务？现实的很多例子已经证明了这个批评是很对的。”①

我们现在提倡青少年儿童乃至全民诵读中外古今的经典名著，即所谓“远离时尚，潜心经典”，是想使他们被“应试教育”和“功利主义”所埋葬的良知和自尊有了一扇可以透光的门，对于有志于此的人来说，不妨试用一法，在一段时间内将注意力集中到一个有代表性的历史经典名著上，将它读熟，甚至背诵，进而看透、研深，再由此而领悟其他，并借此来触摸一下中华民族文化的深沉积淀，深入古代圣贤的心灵世界，破译中华民族崛起的密码，寻回中华民族的深层智慧。佛家说“一花一世界，一叶一菩提”，古人说“一经通百经通”，说的都是这个意思。

如果一位留学西洋的知识分子，先具有深厚的中国文化素养，应该不会妨碍他的专业成就，反而因此有更丰富的创造及文化心灵。如杨振宇、李政道、丘成桐就是这样。因为有自我文化素养的人，才有鉴赏别国文化的眼光，才有能力学习和学好别国的文化。所以想要彻底深入地吸收西方文化，必须先打好自身中国文化的基础，否则所吸收的必是表层的、肤浅的。一个没有自我文化的民族，一个丧失了自我文化的民族，纵然有再大的本事，终究不能参与世界文明的创建，并为其他民族所轻贱。

① 杨叔子：《高等教育的五“重”五“轻”》，《中华读书报》2002年10月9日。

要健全中华民族自我的文化体质，读历史经典名著正是便捷有效之路，正是恢复中华民族优良传统文化活动的契机。国学启蒙，或许是一条真正实施素质教育、不断推进创新教育、弘扬和培育民族精神的突破口。东方西方汇通，传统现代结合，科技人文配合，是理性文化的复活，这样的中华文化复兴是可以期待的。让我们承接文化，开启生命，寻回民族智慧，重植文化之根，“为天地立心，为生民立命，为往圣继绝学，为万世开太平”，迎接新的“轴心时代”的到来，实现中华民族的伟大复兴！

少儿读经与文化传承*

一、什么是经典?

所谓“经典”,依《现代汉语词典》① 所给的第一层意思是:“传统的具有权威性的著作。”所谓“文化经典”,则是对于某个文化传统而言的最具权威性的著作,这在中国文化中就是指儒家的四书五经(或《十三经》),道家的《老子》(《道德经》)、《庄子》(《南华经》),墨家的《墨子》,兵家的《孙子》,法家的《韩非子》,医家的《黄帝内经》,佛家的《心经》、《金刚经》、《坛经》,史家的《史记》,等等。西方文化、印度文化当然有各自的经典,比如《荷马史诗》、荷西奥德的《神谱》、柏拉图的《对话集》、《新旧约全书》、《塔木德》、《莎士比亚戏剧集》、《独立宣言》、《人权宣言》、《吠陀经》、《薄伽梵歌》、《瑜伽经》、《阿含经》等等。它们在每个伟大文化的历史上起到了至关重要的奠基与引导的作用,是灵感的来源、思想运动的来源、话语的来源,甚至是习俗民风的来源。文化经典在极深刻意义上参与塑成了民族的历史和生活世界。

文化经典的表达方式几乎都是民族语言,它们起作用的方式既有“讲道理”,也有“熏陶”,还有“建立某种意义上的规则”,以及“课本、教材”等。文化经典如古典“百科全书”,包含着宗教学、哲学、政治学、法律学、经济学、伦理学、文学、艺术学、音乐学、仪式学、医药学等内容,其中蕴含着宇宙哲理、人生理想、政治智慧、历史教训、审美情趣等,是人生教育学典籍,或者说是人生的课本、教材。中国文化经典本身就是中国历史上培养、教育、塑造学生的最权威的课本和教材,靠一代代人的传承、诵读、解释,并在传承解释中发展、创新。

---

* 本文原载《湖南科技学院学报》2005 年第 1 期。

① 商务印书馆 1997 年版。

二、回溯源头，传承命脉

1995年3月在第八届全国政协会议上，赵朴初、叶至善、冰心、曹禺、启功、张志公、夏衍、陈荒煤、吴冷西等九位德高望重的全国政协委员以016号正式提案的形式，发出《建立幼年古典学校的紧急呼吁》。《紧急呼吁》以焦急迫切的文字，为我们敲响了传统文化正处于存亡续绝关键时刻的警钟。

《紧急呼吁》指出："我们文化之悠久及其在世界文化史上罕有其匹的连续性，形成一条从未枯竭、从未中断的长河。但时至今日，这条长河却在某些方面面临中断的危险。""构成我们民族文化的这一方面是我们的民族智慧、民族心灵的庞大载体，是我们民族生存、发展的根基，也是几千年来维护我民族屡经重大灾难而始终不解体的坚强的纽带；如果不及时采取措施，任此文化遗产在下一代消失，我们将成为历史的罪人、民族的罪人。"

1996年7月8日赵朴初老人又给党和国家有关领导写信说："为了中华民族的传统文化得到继承，在此存亡续绝之际，我和其他八位老人发出了'建立幼儿古典学校'的紧急呼吁，这一呼吁得到铁映、岚清两位领导的高度重视，我深表感谢。……两年前发出紧急呼吁时，夏衍老人还在世。如今夏老故去，冰心、曹禺身体都很衰弱。我们以风烛之年，未敢忘继承民族的文化，希望您们能让我们在有生之年重听弦歌，到古典学校中去走一走，看看后继之人。"

早在20世纪40年代，著名教育家、文学家朱自清先生在《经典常谈》序文中指出："读经的废止并不就是经典训练的废止"，"在中等以上的教育里，经典训练应该是一个必要的项目。经典训练的价值不在实用，而在文化"。"做一个有相当教育的国民，至少对于本国的经典，也有接触的义务。"① 到了80年代，叶圣陶先生在重印《经典常谈》一书时，进而指出："经典训练不限于学校教育的范围而推广到整个社会，是很有必要的。历史不能割断，文化遗产跟当今各条战线上的工作有直接或间接的牵连，所以谁都一样，能够跟经典有所接触总比完全不接触好。"②

① 朱自清：《序》，朱自清著：《经典常谈》，生活·读书·新知三联书店1980年版，第5—6页。

② 叶圣陶：《重印〈经典常谈〉序》，朱自清著：《经典常谈》，第2—3页。

清代学者龚自珍说：“史存而周存，史亡而周亡”，“灭人之国，必先去其史”。① 一个民族的历史和体现民族精神的优秀传统文化与优良传统道德至少应视为治国者的教材，因为它直接关系到天下兴亡、民族存灭！著名爱国人士闻一多先生在抗战时期讲过的一段话至今令人深思：“我国前途之危险不独在政治经济有被人征服之虑，且有文化被人征服之祸患。文化之被征服与其他方面征服百千倍之。”

请看美国中央情报局机密手册中对付中国之《十条诫令》（初撰于 1951 年，现已解密），如：

“尽量用物质来引诱败坏他们青年，鼓励他们藐视、鄙视，进一步公开反对他们原来所受的思想教育，特别是共产主义的教条。替他们制造对色情奔放的兴趣和机会，进而鼓励他们进行性的滥交。让他们不以肤浅、虚荣为羞耻，一定要毁掉他们强调的刻苦耐劳的精神。”

“一定要尽一切可能做好宣传工作，包括电影、书籍、电视、无线电波，核心是宗教传播。只要他们向往我们美国的衣、食、住、行、娱乐和教育方式，就是我们成功的一半。”

“一定要把他们（中国）青年的注意力从他们以政府为中心的传统引开来，让他们的头脑集中于体育表演、色情书籍、音乐、游戏、犯罪性的电影以及宗教迷信。”

“要利用所有的资源，甚至举手投足、一言一笑都足以破坏他们的传统价值观，我们要利用一切来毁灭他们的道德人心，摧毁他们的自尊、自信的钥匙，就是尽量打击他们刻苦耐劳的精神。”②

中国文化经典是我们民族的文化之根、民族之魂，是中华民族的民族精神的体现。在经济全球化、政治多极化、生存数字化、文化多元化浪潮汹涌发展的当今世界，如果我们不坚持弘扬和培育民族精神，不号召青少年儿童诵读我们传统的文化经典，那么我们就很难自立于世界民族之林，就有成为文化上的流浪民族的危险。

---

① 龚自珍：《古史钩沉论》二，《龚自珍全集》，上海人民出版社 1975 年版，第 21—22 页。

② 黎宅：《美国制定歹毒的对付中国的〈十条诫令〉》，《政工研究动态》2000 年第 15 期。

温家宝总理2003年12月10日在美国哈佛大学演讲《把目光投向中国》时说："中华文明以其顽强的凝聚力和隽永的魅力，历经沧桑而完整地延续了下来，拥有五千年的文明史，这是我们中国人的骄傲。中华民族的传统文化博大精深、源远流长……从孔夫子到孙中山，中华民族传统文化有它的许多珍贵品质，许多人民性和民主性的好东西。比如，强调仁爱，强调群体，强调和而不同，强调天下为公。特别是'天下兴亡，匹夫有责'的爱国情操，'民为邦本'、'民贵君轻'的民本思想，'己所不欲，勿施于人'的待人之道，吃苦耐劳、勤俭持家、尊师重教的传统美德，世代相传。所有这些，对家庭、国家和社会起到了巨大的维系与调节作用。……中华民族的祖先曾追求这样一种境界：'为天地立心，为生民立命，为往圣继绝学，为万世开太平。'今天人类正处在社会急剧大变动的时代，回溯源头，传承命脉，相互学习，开拓创新，是各国弘扬本民族优秀文化的明智选择。我呼吁，让我们共同以智慧和力量去推动人类文明的进步与发展。我们的成功将承继先贤，泽被后世。这样我们的子孙就能生活在一个更加和平、安定和繁荣的世界里。我坚信这样一个无限光明、无限美好的明天必将到来。"

今天为什么还要青少年儿童读中国文化经典？我想主要是温家宝总理讲的是为了"回溯源头，传承命脉"的需要。如果你不想完全抛弃自己的民族文化传统，那么诵读代表自己文化传统的典范性文本，是承继传统的一种必要的方式。其意义又不止于此。德国哲学家雅斯贝尔斯曾经提出"轴心时代"的观念，认为在公元前500年前后，在古希腊、以色列、印度和中国几乎同时出现了伟大的思想家，他们都对人类关切的问题提出了独到的看法。古希腊有苏格拉底、柏拉图，中国有老子、孔子，印度有释迦牟尼，以色列有犹太教的先知们，形成了不同的文化传统。这些文化传统经过两三千年的发展已经成为人类文化的主要精神财富，而且这些不同地域的文化，原来都是独立发展出来的，并没有互相影响。"人类一直靠轴心时代所产生的思考和创造的一切而生存，每一次新的飞跃都回顾这一时期，并被它重新燃起火焰。""轴心期潜力的苏醒和对轴心期潜力的回归，或者说是复兴，总是提供了精神的动力。"① 回顾源头，还原其最原始的形态，回复到事物最根本的精髓，然后再前进，"被它重

① [德] 卡尔·雅思贝尔斯著，魏楚雄、俞新天译：《历史的起源与目标》，华夏出版社1989年版，第14页。

新燃起火焰”。例如欧洲的文艺复兴就是把目光投向其文化源头古希腊，而使欧洲文明重新燃起新的光辉，从而对世界产生了重大影响。联合国教科文组织在《学会生存》一书中指出：“人类要发展，一方面要面向未来，另一方面要回到人类的源头，向我们的先辈吸取智慧。”在某种意义上说，当今世界多种文化的发展正是对两千多年前的轴心时代的一次新的飞跃。据此我们也可以说，将有一个新的“轴心时代”出现，在可以预见的一段时间里，各民族、各国家在其经济发展的同时一定会要求发展其自身的文化，因而经济全球化将有利于多元文化的发展。

中华文化应该成为多元文化中强劲的一元。所以说，在全球化语境中，我们的经典教育在民族文化自身建设、民族精神的培育、传统优秀思想与文化的弘扬等方面的价值不能低估。我们应当确立起强烈的民族精神自强意识、民族文化发展意识、优秀传统思想与文化的再生创新意识，把潜在的精神资源转化成现实的精神发展与建设的能源和动力。我们应以一种包容博大的文化与思想胸襟放眼世界与未来，凭借从慎重检视和细致考辨过的文化经典作品中汲取来的强大的精神原动力和民族自信心，来参与这场全球性的文化与思想的现代较量和交融。我们不是全球化的旁观者，更不甘心成为全球化的被动接受者，而应当凭借五千年灿烂文明所凝结的历史智慧和民族精神，以文化挑战者和应战者的双重身份出场。这不是狭隘的民族主义和相对主义的盲目热情，而是中华民族的文化良知与民族精神理所当然地应承担和接受的文化使命，因此全民读经，尤其是青少儿读经，这种经典教育和经典训练是主体文化精神从自在走向自觉、从潜在走向现实、从感悟转化为创造的过程，是培育、生成、壮大具有世界竞争力的中国民族精神的过程。我们应以此姿态迎接人类文化新的“轴心时代”的到来。①

三、蒙以养正，圣功也

从中国教育历史发展上看，大约经历了三个历史阶段。一是自传统三皇五帝时代至清朝末年，为“人文”阶段。公元前 26 世纪的黄帝是中国“人文之祖”。黄帝以前中国已有文化尚无文明，黄帝开始，中国既有文化更有文明。

① 参阅潘庆玉：《全球化语境中的经典教育》，《当代教育科学》2003 年第 12 期。

文化与天然相对，文明与野蛮相对。黄帝以来中国文化也是中国文明，中国文明也是中国文化。据董仲舒说，五帝时学校曰“成均”，这是中国最早的教育机构的名称。据《周礼·春官下》“大司乐掌成均之法”，郑玄注引“郑司农（郑众）云：均，调也。乐师主调其音，大司乐主受此成事已调之乐”。照此解释，则“成事已调之乐”曰“成均”，则“成均”的教育内容始于乐。

据《庄子·在宥》“昔者黄帝，始以仁义撄人之心”，《庄子·马蹄》“及至圣人，屈折礼乐以匡天下之形”，这就是说，中国教育始于黄帝时代，以仁义礼乐作为教育内容。黄帝时代之前，人与禽兽分不开；从黄帝时代开始，通过教育，人才与禽兽分开，人才脱禽兽状态。照此说来，教育的首要问题是区别人与禽兽，教育的首要任务是使人不是禽兽，这是对中国教育的启示。这点启示有如明日当空，照亮了中国教育的道路。所以《孟子·滕文公上》说：“饱食、暖衣、逸居而无教，则近于禽兽。圣人有忧之，使契为司徒，教以人伦。”

这一历史阶段的特点是道体艺用、重道轻艺。重道是对的，给我们留下了宝贵的经验，但这一阶段的后期重道轻艺，又给我们留下了遗憾。

二是近百年来为“科学”阶段，这一阶段引进西方科学教育，取得了重大成果，但也留下了严重的后遗症，其特点是重艺轻道、学艺忘道。

三是目前正在探索并发展为“人文与科学”阶段，是人文教育则是着眼于人格的养成，道德品质的提升。科学教育更多地关注现实世界的科技知识与能力，而人文教育则更多地关注精神世界与价值世界的建设问题。正在发展的阶段，是前两阶段的修正、整合而逐步探索形成的理想的教育阶段。在“人文与科学”阶段，并不只是人文教育与科学教育并重，并不只是学人文者兼学科学、学科学者兼学人文，而是人文为科学启示方向，而是学校师生体现人文精神。

蔡元培先生 1921 年应邀去美国访问，他在美国着重介绍了中国古代的教育思想，尤其介绍了孔子、墨子的教育思想，在考察欧美教育之后，他得出的结论是，理想的教育应包括以下几个方面：一是中国的孔墨的精神，二是英国的人格教育（绅士教育）的精神，三是德国、法国的专深研究，四是美国的服务社会之教育等。他说：“教育应采欧美之长，孔墨教授之精神”，“照以上所述之欧美教育新法与中国古代教授法，应参酌兼采”。① 但我们一直没有认真

① 蔡元培：《在卜技利中国学生会演说词》（1921 年 7 月 19 日），高平叔编：《蔡元培教育论著选》，人民教育出版社 1991 年版，第 346—347 页。

研究蔡元培先生的这些思想，近百年来我们移植了西方的教育，却抛弃了自己的优良传统，忽视了学习西方与自己优良传统的结合。从西方引进的教育，背后的基本理念是“实证主义”、“工具理性”，落实在教育实践中，很容易将教育活动片面发展为“技术性”问题，只讲求实用，强调效率，只关心达成目的的手段，而对目的视为理所当然，不再加以思考批判。人的物质追求与精神追求严重失衡，人的工具理性的追求与价值理性的追求严重失衡，在人的物欲动机的驱使下，已到了赤裸裸而无以复加的地步。问题就出在教育，表面上看，所有的发达国家都重视教育，但忽视了教育之本，使现代教育培养出来的人成了一架架物欲主义的机器，所有智力、知识、技能并不代表人的本质力量，只是标志着获取物质财富的水平差异。现代化建设，教育为本，这已是共识，可是本中之本又是什么呢？教育归根究底是一个“人的品质”的问题，而人的品质主要决定于“教育的品质”。由于教育本末倒置，忽略了人文教育，忽略了教育过程中价值和意义的创造，片面地把教育当成经济发展的工具，终会使整个社会付出极大的代价。

杨叔子院士发表了一篇文章《高等教育的五“重”五“轻”》①。他说：第一重理工轻人文，重理工对，轻人文错；第二重专业轻基础，重专业对，轻基础错；第三重书本轻实践，重书本对，轻实践错；第四重共性轻个性，重共性对，轻个性错；第五重功利轻素质，重功利对，轻素质错。他说80年代曾去美国的一个大学访问，有几位华人教授讲，内地教育有个缺陷，什么缺陷呢？内地来的留学生ABC很好，XYZ也很好，也懂得美元、英镑，就是不太了解长城、黄河，不太了解文天祥、史可法，一点也不知道《史记》、《四书》、《资治通鉴》，请问这种学生毕业出去以后能不能为中华民族服务？“我认为他们提得非常好，非常深刻，也非常生动，ABC很好——外语很好；XYZ很好——数学很好，业务很好；懂得美元、英镑——会打经济算盘；不太了解长城、黄河——不太了解祖国地理，对祖国的地理知之甚少；不太了解文天祥、史可法——不太了解民族的历史，对民族的历史知之甚少；一点也不知道《史记》、《四书》、《资治通鉴》——对祖国与民族的悠久文化传统一无所知，这种高层人才对自己的国家、民族的地理、历史知之甚少，对悠久文化传统一无所知，可不可能对自己的国家与民族有感情？会不会为这个国家与民族很好地去

① 见《中华读书报》2002年10月9日。

服务？现实的很多例子已经证明了这个批评是对的。”

南怀瑾先生也说过：“从儿童时期诵读历史经典名著，是我们一贯的基本教育方法，例如大家所熟悉的孙中山、毛泽东、周恩来、邓小平等诸位先生，又如吴大猷、苏步青等诸位先生，都是在幼年时期受过这种启蒙教育，有了中国文化的底子，然后又接受新时代的科学思潮，才影响了这段历史。可是从20世纪20年代以后，受西方教育思想的影响，我们逐渐丧失了‘承先启后，继往开来’的文化教育精神。其实，据我所知的欧美国家也开始反思现代教育中的流弊而逐渐恢复传统的诵读法了。因此我们有责任对未来的一代，担负起这项文化断层重整的工作。需要说明的是，我们并非只偏重中国传统文化的学习，而提倡中国文化、西方文化、算术并进的教育方法。还需要注意的是，儿童读经典不是注入式的刻板教育，而是启发式的活泼愉快的学习，是符合儿童身心发展特点，有益于儿童智慧开发的一种教育方式。也有人怀疑，背诵之后会不会忘记呢？我的答复是，会忘记的，可是在心灵纯净的童年时期记诵下来的东西，如同每天的饮食，会变成营养，成为生命的一部分，长大之后学习、工作、待人接物中，会自然运用出来。”

近代的“五四”运动对国人进行了民主与科学的启蒙，那次启蒙运动对中国社会影响深远。但是，“五四”运动把中华文化经典完全解构了，其结果是中华文化经典在教育和日常生活中消亡了，我们现在的大学生、研究生大多知道西方文化而不知道中国文化了。“五四”运动对中华文化而言，有破而无立，现在我们主张全民读经，尤其是青少年儿童读经，就是又一种启蒙运动开始了。这一启蒙是用中国传统文化经典对中国人进行启蒙，这是对“五四”运动的超越和拨正，是对“五四”文化启蒙的再启蒙。重新寻回中国的文化自我，重新确立中国的文化认同，要做到这些，就必须从少儿读经做起。

《易经》说：“蒙以养正，圣功也。”蒙童时代应培养纯正无邪的品质，这是造就圣人的成功之路。圣贤君子，堪称人格典范，达到了相当高的道德水准，让少年儿童诵读中华文化经典，即提供他们做人的思想和行为指导。如“天下为公”的理念，“宁为玉碎，不为瓦全”的风骨，“先天下之忧而忧，后天下之乐而乐”的胸怀，“富贵不能淫，贫贱不能移，威武不能屈”的操守，“已欲立而立人，已欲达而达人”、“已所不欲，勿施于人”的原则，“位卑未敢忘忧国”的精神，“无为而无不为”的智慧，“天行健，君子以自强不息”的意志，“地势坤，君子以厚德载物”的雅量，“高山流水”般的友谊，“见贤思齐”、“无欲则刚”的人生哲理等。正是这些为人之道，在中华文明史上曾哺育了无数民族英雄和仁人志士，使他们为民族进步和国家发展作出了巨大的贡献，今天让我们的少年儿童诵读中华经典，就是让他们从中汲取营养，从小学会做人，继承发扬中华民族的优良传统道德和民族精神，抵制形形色色的精神污染。中华文化经典对爱国情感的培育、人格的熏陶、习惯的养成、环境的造就、传统的形成太重要了，何况对于开拓思维、培养灵感、孕育创新的能力，人文文化经典有着巨大的作用。我国著名学者、学衡派的代表人物吴宓先生曾提出文学（文化）经典教育的作用是“涵养心性，培植道德，通晓人性，谙悉世事，表现国民性，增长爱国心，确定政策，转移风俗，造成大同世界，促进真正文明”。

刘梦溪先生说：“就个人的修养而言，阅读经典文本，是使阅读者经历一种文化濡化的过程，它可以改变人的气质。受传统文化资源熏陶得比较多的人和受熏陶比较少的人，其气质风度是截然不同的。朱熹就说过，读书的目的之一就是让人变化气质。读古人书，与古贤为伍，是一个人精神境界高尚的表现，可以提示人们不要堕入俗流。有时我们称赞一个人的文章写得好，会惊叹地说是古人的文章，这是极高的奖赏。古人、古贤、古书都是传统文化积淀的代称，接触多了，势必使一个人的气质发生潜移默化的变化。很多人都发生气质的变化，一个时代的社会风气就会随之发生变化。所以，阅读本民族的文化经典，在个人，可以变化气质，对社会而言，可以转移风气。”① 母语对于一个少年儿童的成长是非常重要的，通过诵读中华文化经典，引导他们感悟母语之美，感受正确的而自如地运用母语表达自己的快乐，建立与母语的血肉联系，将母语所蕴含的民族文化和民族精神扎根在心灵深处，并在此基础上构造自己的精神家园。

爱因斯坦说过，对世界名著、文学名著没阅读、不欣赏的人，等于高度近视的人不戴眼镜。中国著名作家郁达夫在《怀鲁迅》一文中说：“没有伟大的人物出现的民族，是世界上最可怜的生物之群；有了伟大的人物，而不知拥护、爱戴和崇仰的国家，是没有希望的奴隶之邦。”既然西方人从小诵念《圣经》，穆斯林从小诵念《古兰经》，我们中华民族有那么多的文化经典，为什么不培养少儿诵读呢？既然西方的教育理念之一是“与柏拉图同在，与亚里士多

① 见《中华读书报》2003年11月26日。

德同在，与真理同在”，那么我们是否也可以建立类似的教育理念，“与孔子同在，与老子同在，与真理同在”呢？

四、儿童个体智力发展史是人类种系智力发展史的缩影

儿童心理学家朱智贤先生曾说过：“儿童个体智力发展史是人类种系智力发展史的缩影。”在几十万年人类种系智力发展史中，很重要的一点是靠口耳相传，背诵民族歌谣，背诵民族史诗，背诵自然和社会常识、道德格言等，这种诵读活动既保存了人类的文化，又发展了人类的智慧。人类的童年时期就是这样度过的，它必然也反映在儿童个体智力发展史中。十三岁之前是人记忆力的高峰，在这个时期多背诵人类历史文化名著，就可以激活儿童的脑力，训练记忆力，发展其智力，开发其智慧。若从幼儿大脑的成长生理角度看，诵读文化经典可大大促进大脑的发育。初生的婴儿头脑里约有 140 亿个细胞，和成人的脑细胞数量一样，但脑重量却不一样，初生婴儿是 0.6 公斤，成人却是 1.5 公斤。这些增加的重量就在于细胞和细胞间网络的联结。三岁时网络联结大约完成 50%—60%，六岁时大约完成 60%—70%，所以在六岁前，甚至三岁前，要给孩子许多文化刺激，包括听最好听的音乐，看最好看的画，读最好的古代诗文等，因为每一次的刺激，都会使脑细胞多一些联结。刺激越多，联结越多，网络越完善，智力发展越快。人类终其一生，脑神经元细胞数目不变，神经突触数目决定智能高低，多刺激多使用头脑，可增加突触数目，而此作用必须在三岁前才有效。若三岁前脑神经元没受到足够的刺激，不仅不增加，连原有的脑功能都会退化。这里所说的文化刺激，其实就是早期教育，譬如两个月大的婴儿，随时让他聆听古典音乐，视线所及处挂上多彩的图片，四个月大的婴儿常让他捏玩物品，常和婴儿说话，甚至六个月开始，在小床上悬挂字词，教他看字，并且多讲故事给他听，引导他认识周围的事物、花草、桌椅、灯等等，再大一点可带他去博物馆、美术馆、植物园、科学馆等等。

当然给他听文化经典诗文，教他念唱，这就是最佳的文化刺激。经典诗文在文字上运用非常精练，而且是各门学科的高度浓缩，举凡天文、地理、物理、数学、人伦、道德、历史……包罗万象，可谓对人生、世界，甚至神秘宇宙的智慧的结晶，让儿童诵读经典将受用一生。

再从左右脑的发展来看儿童读经典，三岁以前是右脑能力最强的时期，三

至六岁，其机能渐转入左脑，到了六岁则以左脑活动为主。左脑是理性的脑，右脑是感性的脑，左脑用语言，右脑用想象力来思考、记忆、传递信息及学习。右脑记忆信息十分快速，它能将看、听、想的事物，全部图形化思考并记忆，而且不会忘记，有自动处理功能，学习容量无限。六岁以前幼儿的认知模式是直接认知外界的刺激，即“直接记忆模式的学习”。幼儿将文化经典智慧烙印在脑细胞的无意识层，以后进入思考发育期，就以才能、性格表现出来。儿童诵读经典将古圣先贤的智慧结晶存入脑中，不但可以美化身心，而且可以改变气质、净化灵魂、优化品格，儿童诵读经典不强求他理解，只要他当儿歌或广告词来念，自由自在、愉快自然地多读几遍，如此在身心放松的情况下，脑内充满知识，心情平静，心中充满爱与温柔，右脑充分开启，情绪智商全面提升。再说诵读文化经典时，文字形象经由视觉刺激右脑，念唱的音韵启动右脑，加上读字认字刺激左脑，所以是全脑的运动。经典教育非常适合幼年，而且是越早开始越能发挥启迪智慧、教化人格的功效。脑力即国力，中华文化经典训练了中华儿女，可以大大增强中华民族内在的凝聚力，增强我国的国力。“自天子以至于庶人，壹是皆以修身为本。”修身从读经开始，造成全民族的阅读风气，首先是造成阅读经久不衰的中华民族文化经典的风气，那么，中华民族的伟大复兴就一定可以实现！

重启经典教育 振兴中华传统文化*

中国教育大约经历了三个历史阶段。

一是自传统三皇五帝时代至清朝末年，为“人文”阶段。这一历史阶段的特点是道体艺用、重道轻艺。重道是对的，给我们留下了宝贵的经验，但重道轻艺，也给我们留下了遗憾。

二是近百年来为“科学”阶段。这一历史阶段引进了西方教育科学，取得了重大成果，但也留下了严重的后遗症，这就是重艺轻道、学艺忘道。

三是目前正在探索并发展为“人文与科学”阶段，是人文教育与科学教育协调发展的阶段，是使道艺统一的阶段。科学教育是以实际科技知识的掌握、各种技能的训练为根本，人文教育则是着眼于人格的养成，道德品质的提升。科学教育更多地关注现实世界的科技知识与能力，而人文教育更多地关注正在发展的阶段，是前两个历史阶段的修正、整合而逐步探索形成的理想的教育阶段。在“人文与科学”阶段，并不只是人文教育与科学教育并重，并不只是学人文者兼学科学、学科学者兼学人文，而是人文为科学启示方向，而是学校师生体现人文精神。

一、理想的教育应该继承本民族的文化

蔡元培先生在1921年应邀去美国访问，他在美国着重介绍了中国传统的教育思想，特别介绍了孔子、墨子的教育思想。在考察了欧美教育之后，他得出的结论是，理想的教育应包括以下几个方面：一是中国孔墨的精神，二是英国人格教育（绅士教育）的精神，三是德国、法国的专深研究，四是美国服务社会之教育等。蔡元培说：“教育应采欧美之长，孔墨教授之精神”，“照以上

* 本文原载《中国教师》2005年第6期。

所述之欧美教育新法与中国古代教授法，应参酌兼采”。但我们一直没有认真研究蔡元培先生的这些思想。近百年来我们移植了西方的教育，却抛弃了自己的优良传统，忽视了学习西方与自己优良传统的结合，不懂得“应参酌兼采”“欧美之长，孔墨教授之精神”。

二、片面的技术教育与传统文化的丧失

我们从西方引进的先进的科学教育使我们受益，但我们往往忽视了西方科学教育中的基本理念“实证主义”、“工具理性”，落实在教育实践中，很容易将教育活动片面发展为“技术性”问题，只讲求实用，强调效率，只关心达成目的的手段，而对目的视为理所当然，不再加以思考批判。人的物质追求与精神追求严重失衡，在人的物欲动机的驱使下，已到了赤裸裸无以复加的地步。问题就出在教育，表面上看，所有的发达国家都重视教育，但忽视了教育之本，使现代教育培养出来的人成了一架架物欲主义的机器。所有智力、知识、技能并不代表人的本质力量，只是标志着获取物质财富的水平差异。现代化建设，教育为本，这已是共识，可是本中之本又是什么呢？

教育归根结底是一个“人的品质”的问题，而“人的品质”主要决定于“教育的品质”。由于教育本末倒置，忽视了人文教育，忽略了教育过程中的意义和创造，片面把教育当成经济发展的工具，终将使整个社会付出极大的代价。杨叔子院士认为当前高等教育中存在五重五轻：第一重理工轻人文，重理工对，轻人文错；第二重专业轻基础，重专业对，轻基础错；第三重书本轻实践，重书本对，轻实践错；第四重共性轻个性，重共性对，轻个性错；第五重功利轻素质，重功利对，轻素质错。他说 20 世纪 80 年代曾去美国的大学访问，有几位华人教授讲，内地教育有个缺陷，什么缺陷呢？内地来的留学生 ABC 很好，XYZ 也很好，也懂得美元、英镑，就是不太了解长城、黄河，不太了解文天祥、史可法，一点也不知道《史记》、《四书》、《资治通鉴》。对祖国与历史的悠久文化传统一无所知，不可能对自己的国家与世界有贡献，更不会为这个国家与民族很好地去服务。

近代的“五四”运动对国人进行了民主与科学的启蒙，那次启蒙运动对中国社会影响深远。但是“五四”运动把中国传统的人文精神、人文教育完全解构了，其结果是中华文化经典在教育和日常生活中逐渐消亡了，以至于我们现

在的大学生、研究生大多知道西方文化而不知道中华传统文化了。我们现在应加强中华传统的人文教育，加强中国文化经典的教育，是新一次启蒙运动的开始，这一启蒙是用中华传统文化的人文精神对中国人进行启蒙，这是对“五四”运动的超越和拨正，是对“五四”文化启蒙的再启蒙。重新寻回中国的文化自我，重新确立中国的文化认同，这是十分重要的。

三、重建中国传统文化

德国哲学家雅斯贝尔斯曾经提出“轴心时代”的观点，认为在公元前500年前后，在古希腊、以色列、印度和中国几乎同时出现了伟大的思想家，他们都对人类关切的问题提出了独到的看法。古希腊有苏格拉底、柏拉图，中国有老子、孔子，印度有释迦牟尼，以色列有犹太教的先知们，它们各自形成了不同的文化传统。这些文化传统经过两三千年的发展已经成为人类文化的主要精神财富，而且这些不同地域的文化，原来都是独立发展出来的，并没有互相影响。“人类一直靠轴心时代所产生的思考和创造的一切而生存，每一次新的飞跃都回顾这一时期，并被它重新燃起火焰。”轴心期潜力的苏醒和对轴心期潜力的回归，或者说是复兴为发展提供了精神的动力。联合国教科文组织在《学会生存》一书中也指出：“人类要发展，一方面要面向未来，另一方面要回到人类的源头，向我们的先辈吸取智慧。”

中华传统文化经典是我们民族的文化之根、民族之魂，是中华民族的民族精神、人文精神的体现。在经济全球化、政治多极化、生存数字化、文化多元化浪潮汹涌发展的当今世界，如果我们不坚持弘扬和培育民族精神、人文精神，不加强中华文化经典的教育，那么我们就很难自立于世界民族之林，就有成为文化上的流浪民族的危险。

温家宝总理在2003年12月10日在美国哈佛大学演讲《把目光投向中国》时说：“中华文明以其顽强的凝聚力和隽永的魅力，历尽沧桑而完整地延续了下来，拥有五千年的文明史，这是我们中国人的骄傲。中华民族的传统文化博大精深、源远流长……从孔夫子到孙中山，中华民族传统文化有它的许多珍贵品质，许多人民性和民主性的好东西。比如，强调仁爱，强调群体，强调和而不同，强调天下为公。特别是‘天下兴亡，匹夫有责’的爱国情操，‘民为邦本’、‘民贵君轻’的民本思想，‘己所不欲，勿施于人’的待人之道，吃苦耐劳、勤俭持家、尊师重教的传统美德，世代相传。所有这些，对家庭、国家和社会起到了巨大的维系与调节作用。……中华民族的祖先曾追求这样一种境界：‘为天地立心，为生民立命，为往圣继绝学，为万世开太平。’今天人类正处在社会急剧大变动的时代，回溯源头，传承命脉，相互学习，开拓创新，是各国弘扬本民族优秀文化的明智选择。我呼吁，让我们共同以智慧和力量去推动人类文明的进步和发展。我们的成功将承继先贤，泽被后世。这样我们的子孙就能生活在一个更加和平、安定和繁荣的世界里。我坚信这样一个无限光明、无限美好的明天必将到来。”

健全中华民族自我的文化教育体制，加强中华文化经典的教育正是便捷有效之路，正是恢复中华民族优良传统文化教育活动的契机。这或许是一条真正实施素质教育、不断推进创新教育、弘扬和培育民族精神及人文精神的突破口。东西文化汇通，传统与现代结合，科技和人文配合，是理性文化教育的复活，这样的中华文化复兴是可以期待的。让我们承接文化，开启生命，寻回民族智慧，重植文化之根，迎接新的“轴心时代”的到来，实现中华民族的伟大复兴！

要求青少儿读经是顺潮流而动*

萧宗六先生的文章《要求少儿读经是逆潮流而动》① 点了我的名字，对我在2004年10月16日香港凤凰卫视中文台的“世纪大讲堂”讲的《少儿读经与文化传承》提出了质疑。我感谢萧老先生。下面我就萧老先生提出的有关质疑，作如下答辩，进一步向萧老先生请教。

一、关于人文教育与科学教育

华中理工大学（现更名为华中科技大学）高教研究所教授涂又光老先生写了一本《中国高等教育史论》，该书认为：“中国高等教育历史发展有三个阶段：自传说五帝至清朝末年为‘人文’阶段，近百年来为‘科学’阶段，正在发展为‘人文·科学’阶段。”“中国高等教育史的人文阶段，高度发扬了人文精神，这是其历史贡献；但其极端发展则至于‘以理杀人’；而且主流是重道轻艺。近百年的科学阶段，高度发展了科学技术，这是其历史贡献；但其极端发展则迷信科学主义；而且主流是重艺轻道。重艺轻道的恶果：不止可能丧失‘中国人’的特色，而是可能丧失‘人’的特色。所谓迷信科学主义，其主要表现就是灌输科学理论以解决精神生活问题，不是修养人文精神以解决精神生活问题，结果事与愿违，人文失落，呈现举国同忧的人文困境。物极必反，中国高等教育史的科学阶段开始向‘人文·科学’阶段迈进了。中国高等教育史只有向‘人文·科学’阶段迈进，别无选择。这是崭新的阶段，既不重道轻艺，也不重艺轻道，而是道艺统一。”②

---

* 本文原载《教育学报》2007年第2期。

① 萧宗六：《要求少儿读经是逆潮流而动》，《教育学报》2007年第1期。

② 涂又光著：《中国高等教育史论》，湖北教育出版社1997年版，第1、257—258页。

涂又光老先生在《论人文精神》中指出："近百年来，'可为痛哭'，'可为流涕'，'可为长太息'的是，中国人文，尤其是人文精神，被中国人（当然不是全部）批判、糟蹋、凌辱、摧残、横扫，没有与科学同步发展，而是濒于绝灭，沦为垃圾。于是人失灵魂，恶于癌瘤（当然也不是全部）。物极必反，剥极而复，复兴人文，呼声四起，这是极好消息，是真正值得敲锣打鼓送喜报的'特大喜讯'。"该文最后一段："前面说过，人文精神在于行，却也离不开人文知识。关于增进人文知识，我极为主张精读经典。经典都经过历史筛选，新编的教材在这一点赶不上它，读经典可先让学生'吞'下去，以后'反刍'，回味义理。这是中国传统良法。就用此良法，中国经典传了几千年而不坠不绝，新编的教材包罗万象，有几个教师吃得透、讲得清？学生听了也当作耳边风，没有反刍、回味的余地，不能转化为人文精神。中国人文经典多，先从《老子》、《论语》读起吧。"①

中国科学院院士、华中科技大学学术委员会主任杨叔子教授批评现有的大学生、研究生"精于科学，荒于人学；精于电脑，荒于人脑；精于网情，荒于人情；精于商品，荒于人品；精于权力，荒于道力"。他在《高等教育的五"重"五"轻"》一文中指出："我们教育的弊病在于应试教育，现在大家普遍感到中小学是应试教育，而我个人感到高等学校也是应试教育，是找职业的考试教育。""高等院校是工具性的东西在起作用，如果学生要找到好职业，就必须经过诸多的考试，只重视做事，不重视做人，不重视思维，急功近利，这就是应试教育，因此在高等院校，特别是理工大学，出现了五重五轻，我认为'重'是对的，但'轻'是不对的。"这"五重五轻"是：重理工轻人文，重专业轻基础，重书本轻实践，重共性轻个性，重功利轻素质。他在文章中指出一些高校轻人文，使得学生的人文陶冶很弱，人文素质很差。他举了一个例子，即20世纪80年代他在美国的一个大学访问："有几位华人教授跟我讲内地教育有个缺陷，什么缺陷呢？内地的留学生，ABC很好，XYZ也好，也懂得美元、英镑，就是不太了解长城、黄河，不太了解文天祥、史可法，一点也不知道《史记》、《四书》、《资治通鉴》，请问这种学生毕业出去以后能不能为中华民族服务？我认为他们提得非常好，非常深刻，也非常生动。ABC很好——外语很好；XYZ很好——数学很好，业务很好；懂得美元、英镑——会打经

① 涂又光：《论人文精神》，《高等教育研究》1996年第5期。

济算盘；不太了解长城、黄河——不太了解祖国的地理，对祖国的地理知之甚少；不太了解文天祥、史可法——不太了解民族的历史，对民族的历史知之甚少；一点也不知道《史记》、《四书》、《资治通鉴》——对祖国与民族的悠久文化传统一无所知，这种高层人才对自己的国家、民族的地理、历史知之甚少，对悠久文化传统一无所知，可不可能对自己的国家与民族有感情？会不会为这个国家与民族很好去服务？现实的很多例子已经证明了这个批评是对的。”①

温家宝总理2003年12月10日在美国哈佛大学作了一次演讲《把目光投向中国》：“中华文明以其顽强的凝聚力和隽永的魅力，历经沧桑而完整地延续了下来，拥有五千年的文明史，这是我们中国人的骄傲。中华民族传统文化博大精深、源远流长……从孔夫子到孙中山，中华民族传统文化有它的许多珍贵品质，许多人民性和民主性的好东西。比如，强调仁爱，强调群体，强调和而不同，强调天下为公。特别是‘天下兴亡，匹夫有责’的爱国情操，‘民为邦本’、‘民贵君轻’的民本思想，‘己所不欲，勿施于人’的待人之道，吃苦耐劳、勤俭持家、尊师重教的传统美德，世代相传。所有这些，对家庭，国家和社会起到了巨大的维系与调节作用。……中华民族的祖先曾追求这样一种境界：‘为天地立心，为生民立命，为往圣继绝学，为万世开太平。’今天人类正处在社会急剧大变动的时代，回溯源头，传承命脉，相互学习，开拓创新，是各国弘扬本民族优秀文化的明智选择。我呼吁，让我们共同以智慧和力量去推动人类文明的进步和发展。我们的成功将承继先贤，泽被后世。这样我们的子孙就能生活在一个更加和平、安定和繁荣的世界里。我坚信这样一个无限光明、无限美好的明天必将到来。”

今天为什么还要求青少年儿童诵读中国文化经典？我想主要就是温家宝总理讲的是为了“回溯源头，传承命脉，相互学习，开拓创新”的需要，如果你不想完全抛弃自己的民族文化传统，那么诵读代表自己民族文化本根的典范性文本，是承继传统的一种必要的方式，其意就在于此。

1995年3月在第八届全国政协会议上，赵朴初、叶至善、冰心、曹禺、启功、张志公、夏衍、陈荒煤、吴冷西等九位德高望重的全国政协委员以016号正式提案的形式，发出《建立幼年古典学校的紧急呼吁》。《紧急呼吁》以焦急迫切的文字，为我们敲响了传统文化正处于存亡续绝的关键时刻的警钟：

① 杨叔子：《高等教育的五“重”五“轻”》，《中华读书报》2002年10月9日。

“我们文化之悠久及其在世界文化史上罕有其匹的连续性，形成一条从未枯竭、从未中断的长河。但时至今日，这条长河却在某些方面面临中断的危险。……构成我们民族文化的这一方面是我们的民族智慧、民族心灵的庞大载体，是我们民族生存、发展的根基，也是几千年来维护我们民族屡经重大灾难而始终不解体的坚强的纽带；如果不及时采取措施，任此文化遗产在下一代消失，我们将成为历史的罪人、民族的罪人。”

1996 年 7 月 8 日赵朴初老先生又专给党和国家有关领导写信：“为了中华民族的传统文化得到继承，在此存亡续绝之际，我和其他八位老人发出了‘建立幼儿古典学校’的紧急呼吁，这一呼吁得到了铁映、岚清两位领导的高度重视，我深表感谢。……两年前发出紧急呼吁时，夏衍老人还在世。如今夏老故去，冰心、曹禺身体都很衰弱。我们以风烛之年，未敢忘继承民族的文化，希望您们能让我们在有生之年重听弦歌，到古典学校中去走一走，看看后继之人。”

九位德高望重的全国政协委员先后谢世了，但他们的拳拳之心，他们发出的“紧急呼吁”引起国人的关注：一个不能与传统和解的民族，始终是处于无根状态的。怎样与传统和解？九位老人该做的是发诸己心的努力。而我们国人，特别是知识分子、教育工作者又如何响应他们的“紧急呼吁”呢？

二、关于著名科学家、杰出人物从小读过经书的事例

杨振宁先生回忆说：“我从七岁到十五岁是在清华园里长大的，度过了一个非常美好的童年。我父亲是清华大学数学系的教授。我很小数学就念得很好，他当然知道这个情况。我父母对于我也有很殷切的期望，可是他们没有对我施加压力，尤其是我的父亲没对我施加压力，让我学习更多的数学。我现在回想起来，那时候我的接受能力很强，假如他在很早的时候就教我微积分的话，我想我一定可以很早就念得很好。但是他没有做这个事情。假如一个孩子在数学方面很有天分的话，你为什么一定要在他十岁的时候就教他微积分呢？这是将来他很容易就能学会的。我记得很清楚，我在清华园内的成志学校毕业后，就到城里的崇德中学念书，平时住校。1934 年我念完初一，暑假我父亲想找一个人来教我。他没有找一个人来教我数学，也没有找一个人来教我物理。他去找雷海宗教授。那个时候雷是清华大学的历史系教授。他跟雷先生

说，你可不可以找你的一个学生，来教振宁《孟子》。雷先生就介绍了他的一位得意的学生，叫作丁则良。丁后来是一个很有名的历史学家。我记得很清楚，每个礼拜五天，每天早上我到科学馆，我父亲的办公室里，然后丁先生也来，教我一两个钟头的《孟子》。这样持续了一个暑假，跟第二年 1935 年的半个暑假。一个半暑假里我可以把《孟子》从头到尾背出来。《孟子》里头有很多关于儒家的哲学，你可以了解整个中国的思想方式。现在回想起来，这对于我这个人整个的思路，有非常重大的影响。远比我父亲那个时候找一个人来教我微积分要有用得多。"①

《李政道和两种文化》中指出："李政道初到芝加哥大学时，由于没有大学本科学历，照理是不能进研究生院的。但芝加哥大学颇为特殊，只要学生通读过哈特金校长指定的几十部西方文化的古今名著，并通过相关考试，没有本科学历也可以读研究生。据李政道博士回忆，他当时连这些书名和作者几乎都没听说过，更不用说对柏拉图、亚里士多德以来的西方文化思想的了解了。'我向芝加哥大学招生办公室的负责人解释：我对东方文化的名著，孔子、孟子、老子等的学说尚有些造诣，而这些东方文化名著与哈特金（Hitchin）校长指定的书文化水平相当。他们信了，觉得也有其道理，就让我先进芝大的研究生院试读。'不久，李政道成为芝加哥大学的正式研究生。1948 年，李政道开始攻读博士学位，导师是物理学大师费密，世界上第一个核反应堆的发明者。费密对李政道很赏识，在李刚入学后不久，就邀请他参加他的讨论班和家庭舞会。李政道博士说，在费密的家庭舞会上，他第一次接触到了西方文化。在李政道进入物理学的堂奥前，中国文化背景非常浓重，只知孔、孟、老、庄，不知柏拉图、亚里士多德，这是很耐人寻味的。在他以后的科学发现和探索中，中国文化和民族智慧究竟起着什么样的作用，这又是一个很有意思的问题。英国科学家 C. P. 斯诺说李政道、杨振宁'思维是何等的漂亮'，就有着某种暗示：西方独自摧毁不了一座自己的神殿。在中华民族智慧和西方知识体系之间，李政道怎样取得平衡和突破，是一个应该引起文化学界和科学界同时关注的命题。"②

几年前在国家图书馆召开的有关青少儿读文化经典座谈会上，收到了南怀

① 《杨振宁眼中的中美教育》，《光明日报》1997 年 6 月 27 日。

② 舒建华：《李政道和两种文化》，《中国读书报》1999 年 7 月 7 日。

瑾先生从香港发来的贺信，他在贺信中说："从儿童时期诵读历史经典名著，是我们一贯的基本教育方法，例如大家所熟悉的孙中山、毛泽东、周恩来、邓小平等诸位先生，又如吴大猷、苏步青等诸位先生，都是在幼年时期受过这种启蒙教育，有了中国文化的底子，然后又接受了新时代的科学思潮，才影响了这段历史。可是从20世纪20年代以后，受西方教育思想的影响，我们逐渐丧失了'承先启后，继往开来'的文化教育精神。其实，据我所知的欧美国家也开始反思现代教育中的流弊而逐渐恢复传统的诵读法了。因此，我们有责任对未来的一代，担负起这项文化断层重整的工作。需要说明的是，我们并非只偏重中国传统文化的学习，而提倡中国文化、西方文化、算术并进的教育方法。还需要注意的是，儿童读经不是注入式的刻板教育，而是启发式的活泼愉快的学习，是符合儿童身心发展特点，有益于儿童智慧开发的一种教育方式。也有人怀疑，背诵之后会不会忘记呢？我的答复是，会忘记的。可是在心灵纯净的童年时期记诵下来的东西，如同每天的饮食，会变成营养，成为生命的一部分，长大之后学习、工作、待人接物中，会自然运用出来。"

三、关于少儿读经与智力的开发

儿童心理学家朱智贤先生曾说过："儿童个体智力发展史是人类种系智力发展史的缩影。"在几十万年人类种系智力发展史中，很重要的一点是靠口耳相传，背诵民族歌谣、民族史诗、道德格言及民俗民风、自然和社会常识等，这种诵读活动既保存了人类的文化，又发展了人类的智慧。人类的童年时期就是这样度过的，它必然也反映在儿童个体智力发展史中。十三岁或十五岁之前是人记忆力的高峰，在这个时期多诵读人类历史文化名著、文化经典，有助于激发儿童的脑力，培养记忆力，发展其智力，开发其智慧。

若从幼儿大脑的成长生理角度看，诵读文化经典有助于促进大脑的发育。初生的婴儿头脑里约有140亿个细胞，和成人脑细胞数量一样，但脑重量却不一样，初生的婴儿是0.6公斤，成人却是1.5公斤，这些增加的重量就在于细胞和细胞间网络的联结，三岁时网络联结大约完成50％—60％，六岁时大约完成60％—70％，所以在三岁之前，六岁之前就要给儿童许多文化刺激，包括让儿童听最好听的音乐，看最好看的图画照片，诵读最好的诗文等，因为每一次的刺激都会使脑细胞之间多一些联结。刺激越多，联结越多，网络越完善，智力发展也就越快。

人终其一生，脑神经元细胞数目不变，脑神经突触（即脑细胞之间的网络联结）数目决定智能高低，多刺激多使用头脑，可增加突触数目，而此作用必须在三岁之前才有效。若在三岁之前脑细胞神经元没受到足够的刺激，不仅不增加，连原有的脑功能都会退化。这里所说的文化刺激，其实就是早期教育。譬如两个月大的婴儿，随时让他聆听古典音乐，视线所及处挂上多彩的图片。四个月大的婴儿常让他捏玩物品，常和婴儿说话。六个月开始，可以在小床上悬挂字词，教他看字，并且多讲故事给他听，引导他认识周围的事物、花草、桌椅、灯等等。当然给他听文化经典诗文，教他念唱，这就是最佳的文化刺激。

经典诗文在文字上运用非常精练，而且是各门学科的高度浓缩，举凡天文、地理、物理、数学、人伦、道德、历史，包罗万象，可谓对人生、世界甚至神秘宇宙的智慧的结晶，让儿童诵读文化经典将使他受用一生。

再从左右脑的发展看少儿读文化经典，三岁以前是右脑能力最强的时期，三至六岁，其机能渐转入左脑，到了六岁则以左脑活动为主。左脑是理性的脑，右脑是感性的脑；左脑用语言，右脑用想象力来思考、记忆、传递情报及学习。右脑记忆情报十分快速，它能将看、听、想的事物，全部图形化思考并记忆，而且不会忘记，有自动处理功能，学习容量无限。

六岁以前幼儿的认知模式是直接认识外界的刺激，即“直接记忆模式的学习”。儿童将文化经典智慧烙印在脑细胞的无意识层，以后进入思考发育期，就以才能、性格表现出来。儿童诵读经典将古圣先贤的智慧结晶存入脑中，不但可以美化身心，而且可以改变气质，净化灵魂，优化品格。儿童诵读经典不强求他理解，只要他当儿歌或广告词来念，自由自在，愉快轻松，自然而然地多读几遍，多唱几遍，在如此身心放松的情况下，脑内充满知识，心情平静，心中充满爱与温柔，右脑充分开启，情绪智商全面提升。再说诵读文化经典时，文字形象经由视觉刺激右脑，念唱的音韵启动右脑，加上读书认字刺激左脑，所以是全脑的运动。经典文化教育非常适合幼儿，而且是越早开始越能发挥启迪智慧、教化人格的功效。

现代教育心理科学告诉我们，熟读记诵能加深我们对读物的感受，能为思维、想象积累材料，为写作提供“语言范式”，对口语中不规范“动型”起改造、规范化作用；还可以锻炼、发展和提高记忆力，养成认真读书的良好习惯。

母语，对于一个少年儿童的成长是非常重要的，通过诵读中华文化经典，引导他们感悟母语之美，感受正确而自如地运用母语表达自己的快乐，建立与母语的血肉联系，将母语所蕴含的民族文化和民族精神扎根于心灵深处，并在此基础上构建自己的精神家园。

既然西方人从小诵念《圣经》，穆斯林从小诵念《古兰经》，我们中华民族拥有那么多的文化经典，为什么不培养少儿读经呢？既然西方的教育观念之一是“与柏拉图同在，与亚里士多德同在，与真理同在”，那么我们是否也可以建立类似的教育理念，“与孔子同在，与老子同在，与真理同在”呢？

四、关于青少儿读经与建设和谐社会

建设和谐社会，原来是古今中外思想家、政治家普遍追求的一种美好理想。在西方，从柏拉图的《理想国》到法国的空想社会主义，在中国，从先秦儒家“大道之行也，天下为公”到清末康有为的《大同书》，都在致力于描述和讴歌以“和谐”为特质的理想社会。

孔子和儒家的积极入世的实践精神和它的深厚的历史感、道德感，使得历代执政者无不重视儒家的政治—文化功能，儒家的价值观也逐渐成为中国人价值观的主体。在漫长的历史发展过程中，儒家崇德贵民的政治文化、孝悌和亲的伦理文化、文质彬彬的礼乐文化、远神近人的人本取向，渗透到中国社会文化的各个方面。儒家哲学强调阴阳互补和谐与永久变易及天人合一的宇宙观成为中国古代哲学的重要基础。

中国传统文化在现代社会中有什么样的作用？它的价值和意义在哪儿？这是我们现在所关注的问题。我们要重建道德和价值观念，建设和谐社会，要从传统文化中汲取营养，不能抛弃自己的传统重新引进另外一个民族和国家的价值观念，那是没有根的。我们当然要吸收其他的优秀文化，你民族的根扎得越深，你的吸取能力也就越强，所以费孝通先生提出“各美其美，美人之美，美美与共，天下大同”。这是十分深刻的。各国、各民族弘扬、发掘自己的优秀文化，同时也学习其他民族的优秀文化，互相包容，互相吸收，取长补短，构建和谐的大同世界。

费孝通先生晚年强调“文化自觉”。所谓“文化自觉”，就是通过经常的自我反省，真正清楚自己和他人的地位、所属、所有和所求。同济大学建筑与城市规划学院郑时龄教授曾在演讲中谈道：古罗马最伟大的建筑万神殿前的广场上，麦当劳餐厅的店招仅仅是一个小小的黄色M灯，而在上海，麦当劳的店招要比世界上其他城市的更大、更显著。这样的例子说明，中国人确实需要不断思考和合理评估自己和他人的文化，评估不同文化在中国的引进价值、结合方式和创新可能。过于自信和迷信他人，是两个看似相反实则一体的不成熟民族心态的表现。

潘一禾博士在《当前国家体系中的文化安全问题》中指出："语言文化涉及更高层面的安全，如信息和思维向度问题；更深层次的安全，即如何理解和看待世界问题。语言不像今天的年轻人时不时地流行一阵染金发、穿酷装、跳街舞等，长期学习一种外语，尤其是一种时时处处展示为强势的他国语言，不仅可能让年轻人的母语水平下降，而且会让他们的思维习惯和世界观都发生根本变化，会让他们不由自主地倾心于某种外国文化。而在当今快节奏、多变化的生活方式中，他们很可能在对自身文化根本不了解或没时间了解，在不会比较也不想比较的情况下就被外国文化'俘虏'，这种精神上的被'俘虏'并不一定指精神道德的衰退或下降，而是一种与狭隘民族主义反向，但却相似的偏激、固执和忘本。学习他人本来是为了改良自身，但如果其结果是改掉了自己的身份和盲目崇拜他人，就会出现对外交流与革新自我之间的'恶性互动'，并可能进而成为一种对中国文化安全构成'威胁'的社会群体或思想力量。联邦德国总理赫尔穆特·施密特强调：'我们应当在全球泛滥的伪文化的压力面前捍卫自己的文化特征。''保护本国语言传统是生死攸关的大问题，原因在于，如果本国的语言日趋消失，或者在几代之后遭到彻底侵蚀，那么本国文化中的一大部分内容也会消失，本国特性的一些组成部分也会变没。'"①

他认为当前国家文化体系中的文化安全问题，有一个"文化认同的危机"的问题。所谓"文化认同的危机"，就是由于不再真正了解自己的传统，不再真正为自己的民族性感到自豪，不再真正信仰自己的国家意识形态和基本价值观，而导致不知道"我是谁"或不清楚自己的长处和问题，或者由于见惯了境内的各国跨国公司和用熟了各种进口产品，有人觉得自己有了多种身份或跨国

① 潘一禾：《当前国家体系中的文化安全问题》，《浙江大学学报（人文社会科学版）》2005年第2期。

意识，于是会觉得在新旧之间、你我之间，地域的或族群的、国家的与跨国的，都在变幻不定，因此不必在乎。这就有可能形成一种对中国文化安全构成“威胁”的社会群体或思想力量。近代的“五四”运动对国人进行了民主与科学的启蒙，那次启蒙运动对中国社会影响深远。但是“五四”运动把中华文化经典完全解构了，其结果是有破而无立。

现在我们主张全民读经，尤其是青少儿读经，就是又一种启蒙运动开始了。这一启蒙运动是用中国传统文化经典对中国人进行启蒙，这是对“五四”运动的超越和拨正，是对“五四”文化启蒙的再启蒙。重新寻回中国的文化自我、自尊自信，重新确立中国的文化认同，要做到这些，就必须从青少儿读经做起。

《易经》说：“蒙以养正，圣功也。”蒙童时代应培养纯正无邪的品质，这是造就圣人的成功之路，圣贤君子，堪称人格典质，达到了相当的道德水准，让青少儿诵读中华文化经典，即提供他们做人的思想和行为指导。如“天下为公”理念，“宁为玉碎，不为瓦全”的风骨，“先天下之忧而忧，后天下之乐而乐”的胸怀，“富贵不能淫，贫贱不能移，威武不能屈”的操守，“己欲立而立人，己欲达而达人”、“己所不欲，勿施于人”的做人原则，“位卑未敢忘忧国”的精神，“无为而无不为”的智慧，“天行健，君子以自强不息”的意志，“地势坤，君子以厚德载物”的雅量，“高山流水”般的友谊，“见贤思齐”、“无欲则刚”的人生哲理等。正是这些为人之道，在中华文明史上曾哺育了无数民族英雄和仁人志士，使他们为民族进步和国家发展作出了巨大的贡献，今天让我们的青少儿诵读中华经典，就是让他们从中汲取营养，从小学会做人，继承发扬中华民族的优良传统道德和民族精神，抵制形形色色的精神污染，打好建设和谐社会的思想道德基础。

德国哲学家雅斯贝尔斯曾经提出过“轴心时代”的观念，认为在公元前500年前后，在古希腊、古以色列、古印度和古中国几乎同时出现了伟大的思想家，他们都对人类关切的问题提出了独到的看法。古希腊有苏格拉底、柏拉图，中国有老子、孔子，印度有释迦牟尼，以色列有犹太教的先知们，形成了不同的文化传统。这些文化传统经过两三千年的发展已经成为人类文化的主要精神财富，而且这些地域的不同文化，原来都是独立发展出来的，并没有相互影响。“人类一直靠轴心时代所产生的思考和创造的一切而生存，每一次新的飞跃都回顾这一时期，并被他重新燃起火焰”，“轴心期潜力的苏醒和对轴心期潜力的回归，或者说是复兴，总是提供了精神的动力”。① 回顾源头，还原其最原始的形态，回复到事物最根本的精髓，然后再前进，“被它重新燃起火焰”。例如欧洲文艺复兴就是把目光投向其文化源头古希腊，而使欧洲文明重新燃起新的光辉，从而对世界产生了重大影响。联合国教科文组织在《学会生存》一书中指出：“人类要发展，一方面要面向未来，另一方面要回到人类的源头，向我们的先辈吸取智慧。”在某种意义上说，当今世界多种文化的发展正是对两千多年前的轴心时代的一次新的飞跃。据此我们也可以说，将有一个新的“轴心时代”出现，在可以预见的一段时间里，各民族、各国家在其经济发展的同时，一定会要求发展其自身的文化，因而经济全球化将有利于多元文化的发展。

中华文化应成为世界多元文化中强劲的一元。所以说，在全球化语境中，我们的文化经典教育在民族文化自身的建设、民族精神的培育、传统优秀道德与文化的弘扬等方面的价值不能低估。我们应当确立起强烈的民族精神自强意识、民族文化发展意识、优秀传统道德思想与文化的再生创新意识，把潜在的精神资源转化成现实的精神发展与建设的能源和动力。我们应以一种包容博大的文化与思想胸襟放眼世界与未来，凭借从慎重检视和细致考辨过的文化经典作品中汲取来的强大的精神原动力和民族自信心，来参与这场全球性的文化与思想的现代较量和交融。我们不是全球化的旁观者，更不甘成为全球化的被动接受者，而应当凭借五千年灿烂文明所凝结的历史智慧和民族精神，以文化挑战者和应战者的双重身份出场。这不是狭隘的民族主义和相对主义的盲目热情，而是中华民族的文化良知和民族精神理所当然地应承担和接受的文化使命。因此全民读经，尤其是青少儿读经，这种文化经典教育和训练是主体文化精神从自在走向自觉、从潜在走向现实、从感悟转化为创造的过程，是培育、生成、壮大具有世界竞争力的中国民族精神的过程。我们应以此姿态迎接人类文化新的“轴心时代”的到来。②

脑力即国力，中华文化经典培育训练了中华儿女，可以大大增强中华民族内在的凝聚力、软实力，增强我国之国力。“自天子以至于庶人，壹是皆以修

---

① ［德］卡尔·雅思贝尔斯著，魏楚雄、俞新天译：《历史的起源与目标》，华夏出版社 1989 年版，第 14 页。

② 潘庆玉：《全球化语境中的经典教育》，《当代教育科学》2003 年第 12 期。

身为本。”修身从读经开始，形成全民族的阅读风气，首先是营造阅读经久不衰的中华民族文化经典的风气，那么中华民族的伟大复兴、建设和谐社会的目标就一定可以实现！

《学记》与素质教育*

《学记》是《小戴礼记》四十九篇中的一篇。《学记》成书于战国后期，是先秦时期儒家教育经验与教育思想的总结。《学记》是中国古代教育文献中最早、体系比较严整而又极有价值的一篇，是我国教育史上的一份极为珍贵的遗产，也是世界教育史上最早出现的自成体系的教育学专著。《学记》是人类的共同财富，更是我中华民族的骄傲。

《学记》在具体分析教学中成功与失败的经验教训的基础上，总结出了一系列教育与教学的原则和方法。这是《学记》的精华所在，也是当今全力推进素质教育应认真参考、细心体会的。

一、教 学 相 长

"虽有嘉肴，弗食不知其旨也；虽有至道，弗学不知其善也。是故学然后知不足，教然后知困。知不足，然后能自反也；知困，然后能自强也。故曰：教学相长也。《兑命》曰：'学学半'，其此之谓乎！"

教学过程是教师传授知识的过程，又是学生掌握知识的过程，是这两方面辩证的统一的互动过程，是教与学辩证统一的过程。从教师方面说，教的过程也是学习的过程，教也是学，教即是学。从学生方面说，学生从教师的教中获得知识，但仍需要自己努力学习，才能有所提高，不限于师云亦云。教因学而得益，学因教而日进。《学记》明确地指出了"教"与"学"之间相互依存、相互促进的关系，认为"教"与"学"都是不断深入、不断发展的同一过程的两个方面。"教学相长"不只意味着"教"与"学"两方面的关系，还意味着教师与学生之间的平等的相互促进的关系。特别对今天推进的素质教育来说，

* 本文原载《今日教育》2010年第21期。

更应提倡“教学相长”的精神。

韩愈后来继承与发展了《学记》的“教学相长”思想，进而提出“相互为师”的观点。“弟子不必不如师，师不必贤于弟子。闻道有先后，术业有专攻，如是而已。”既肯定了教师的主导作用，又明确提出“相互为师”的新思想。教人要向学有专长的人学习，谁在某一方面比自己强就向他学习，建立新的相互为师的师生关系。提倡这种原则的即在现代世界教学论著中亦属罕见。这个原则对于我们认识教学过程的本质，提高教学质量，改善师生关系，有很大的理论意义和实践意义。

二、藏息相辅

“大学之教也，时教必有正业，退息必有居学。不学操缦，不能安弦；不学博依，不能安诗；不学杂服，不能安礼。不兴其艺，不能乐学。故君子之于学也，藏焉修焉，息焉游焉。夫然，故安其学而亲其师，乐其友而信其道，是以虽离师辅而不反也。”

《学记》认为课外活动是课内学习的继续和补充，它们之间是相互依存、相互促进的。课外活动，包括课外作业在内，并不是消极的，而是为了更有效地学习。正课教学与课外活动之间辩证地统一，已学知识与未学知识之间辩证地统一，接受知识与消化知识之间辩证地统一，学习与休息之间辩证地统一，“亲师”与“乐友”之间辩证地统一，这些朴素的教育辩证法，如果不是经过长期的教育教学实践，是锤炼不出来的。

目前教育领域学生超负现象严重，许多学校的减负工作方向和措施是正确的。但也有的走进了误区，该减的不减，不该减的减了。如课业负担不减，把课外活动、兴趣班如绘画、航模先减了；收费的减不收费的也减，一减永逸；只向 45 分钟要质量，下课放学赶学生走，关门大吉。把学生一味推向家庭和社会，游戏机厅及社会收费活动场所红火起来。一课一书不是不要课外书，有的学生课余连课外书也不读了。其实真正的素质教育无处不在。“减负”是手段，全面提高教学质量、提高学生素质才是目的。为此教育工作者要树立全方位教育目标观，不能因课程、教育途径、方法和每个人的工作分工不同而把全面素质的和谐发展割裂开来。要树立全程教育观，从入学到毕业，从活动开始到结束，从课堂教学、课外活动到社会劳动实践，从学校到社会、家庭、宿舍等都要进行教育。

三、预时孙摩

预："禁于未发之谓预"，"发然后禁，则扞格而不胜"。即在事情未发生之前，教师要注意加以预防，心中有数，防患于未然，这就叫预防不良倾向产生的教育原则。

时："当其可之谓时"，"时过然后学，则勤苦而难成"。即抓住适当时机，及时地进行教育，把握最佳学习时机，因势利导，便会取得最佳的教学效果，这就叫及时的教育原则。

孙："不陵节而施之谓孙"，"杂施而不孙，则坏乱而不修"。即孟子讲的学习如流水，"盈科而后进"，反对"揠苗助长"。亦即不越级，要按照次序地进行教育，这就叫循序渐进的教育原则。

摩："相观而善之谓摩"，"独学而无友，则孤陋而寡闻。燕朋逆其师，燕辟废其学"。即相互学习，取长补短，以文会友，以友辅仁，这就叫发挥集体的教育作用的原则。

四、善　喻

"故君子之教，喻也。道而弗牵，强而弗抑，开而弗达。道而弗牵则和，强而弗抑则易，开而弗达则思。和易以思，可谓善喻矣。"《学记》说，一个优秀的教师总是善于用启发诱导的方法教育学生，那就是：要引导学生，而不是牵着他们的鼻子走；要激励学生，而不强制使之顺从；要启发学生，而不一下子把结论和盘托出来。引导他们而不牵着走，则教与学、师与生的关系就会和谐融洽；激励而不强制使之顺从，学生学习起来感到安逸、容易；启发而又有所含蓄，就可以让学生去独立思考。提高课堂教学质量的关键一环是教师在教学内容的选择上能够举一反三。这个"一"是能够迁移的，能触类旁通、自我扩散的知识点。教师优秀与否就是看他教的是"一"还是"三"。在教育教学方法上要遵循"道而弗牵，强而弗抑，开而弗达"的启发教育原理，只有这样才能真正减轻学生的不适当的负担，促进其素质的全面发展，全面提高教育和教学质量。

五、长善救失

“学者有四失，教者必知之。人之学也，或失则多，或失则寡，或失则易，或失则止。此四者，心之莫同也。知其心，然后能救其失也。教也者，长善而救其失者也。”学生学习存在着四种缺点，教师必须掌握具体情况，因势利导。学生在吸取知识的过程中，有的缺点表现在贪多务得，过于庞杂；有的缺点表现在单打一，知识面流于狭窄；有的缺点表现在对学习的艰巨性估计不足，浅尝辄止；有的缺点表现在畏难而退，缺乏攻关的勇气。这四种缺点类型反映学生对待学习不同的心理状态。教师只有了解了学生这些心理状态，才能矫正这些缺点。良好的教育方法就在于：它既善于发扬学生的优点，又善于克服学生的缺点。

多与寡、易与难并非固定不变的，得与失也是可以相互转化的。清初学者王夫之说：“多寡易止虽各有失，而多者便于博，寡者易以专，易者勇于行，止者安其序，亦各有善焉。救其失，则善长矣。”①

“长善救失”，发扬优点以克服缺点，这也就是运用矛盾的转化规律，运用动力定型的改变规律，从依靠优点入手，发扬优点，逐步巩固，克服缺点，使缺点降级或完全克服。这便是使主要矛盾和次要矛盾互换位置——转化。我们不能形而上学地看学生，一定要辩证地看问题，看到学生身上的优点、积极因素，即使次要的隐蔽着的也要看到。用自身的优点、积极因素克服自身的缺点、消极因素，这就是长善救失、扬长补短。这个原则既包含有重视正面教育的意思，又包含有因材施教的思想。

六、善教继志

“善歌者，使人继其声；善教者，使人继其志。其言也，约而达，微而臧，罕譬而喻，可谓继志矣。”

《学记》认为优秀的歌唱家会使听众不约而同地跟着他歌唱，优秀的教师会使学生自觉地跟着他指引的方向去学习。教师讲解能引人入胜，就在于其语

① 《礼记章句》卷十八。

言简练而道理明彻，叙述浅近而含义深远，举例不多而富于启发。

这说明教师应该是为一定的社会理想从事教育工作的，测量教育效果的尺度，不只是受教育者知识能力的增进，最根本的乃是理想志向给予他们的影响的深度。

“善教者，使人继其志”，这是《学记》所反映中国儒家教育思想的精义之所在，是令人回味无穷的。

《学记》认为教学是学生主体与教师主导互动的过程，非拔苗助长，一蹴而就。教育如同制造可塑性极强的材料，而不是做现成的器具。不能把学生看成是植物或动物甚至是容器，把教育教学理解成盛装东西或育苗的工具，是随意或机械加工原料出产品的工厂模式。我们今天的素质教育不仅是传授知识，而且是引导学生并促进素质发展提高的一种活动，这是我们的教育目的观；我们今天的素质教育认为学生有自己发展的方向、可能性，有无限丰富的个性，教师要积极启发，因势利导，这是我们的学生观。《学记》很多可贵的教育思想都有助于我们建立素质教育的教育目的观和学生观。

《大学》译注本序*

刘兆伟教授负责的全国教育科学“十五”规划课题“‘四书’的现代教育价值”研究工作终于全部完成了。刘兆伟教授学而不厌，诲人不倦，潜心学问，历时十余载，他的“四书”译注本，弥足珍贵，深入浅出。透过这四本书，读者可以领悟“四书”的人生智慧、理想境界、核心理念、文化精神、生态伦理、思维模式、管理方略、教育价值、学术思想的恒久魅力。

“四书”是儒家重要的经典，也是中华文化的宝典。《论语》在汉代就是妇孺必读的书。南宋以后“四书”逐渐成为中国人必读的书，是中国人的基本信仰与信念，是中国人的安身立命之道，是家传户诵之学。不读“四书”，不知道做人的尊严、人格的力量、人生的价值与意义。宋代张载（横渠）说：“为天地立心，为生民立命，为往圣继绝学，为万世开太平。”这是中国古代知识分子的文化理想，也是他对儒学精义的概括。按梁启超的说法，“四书”等儒家经典，是两千多年国人思想的总源泉，支配着中国人的内外生活，其中有益身心的圣哲格言，一部分久已在我们全社会形成共同意识，我们既做这社会的一分子，总要彻底了解它，才不致和共同意识生隔阂。

任何一个社会、一个族群，作为其文化土壤或社会文化背景的有两个重要问题：一个叫“文化认同”，一个叫“伦理共识”。所谓“文化认同”或者叫“民族文化的自我身份认同”，讲的是“我是谁”、“我来自哪里”，是个体人所归属的民族文化的基本身份的自我定位，是精神信仰的归向与故园。所谓“伦理共识”，其实是在民众中的一个隐性的，然而又是有约束力的价值观、生活态度、对待家庭与社会的方式以及终极信念的共同点。一个社会、一个族群的生活如果没有“文化认同”与“伦理共识”，那是非常危险、非常可怕的，不免会遭受到脱序的危险。当然也就不可能有健康的现代化，健康的政治、经

* 刘兆伟译注：《中国教育名著丛书·大学》，人民教育出版社 2015 年版。

济、科技、文化的建设。实际上，一个健康的现代化社会、法治社会、工商社会的建构，不能不依赖于“文化认同”与“伦理共识”。再严密的法律，代替不了社会的伦理道德；进一步说，健康的现代化的法治社会恰恰是建立在民众的底线伦理、民众的伦理共识的文化土壤之上的。而“四书”等，正是孕育中华民族的“文化认同”与“伦理共识”的基本经典。其中所讲的包括“仁、义、礼、智、信”等，就是中华民族文化伦理的核心价值观念，一直到今天还深深扎根在老百姓之中，继续为中华民族的成长和复兴起着积极的作用。

包括“四书”在内的人类文明的经典，可以陶冶现代人的性情，治疗现代人的心理疾病。我们学习“四书”等文化经典，不是仅为了增长见闻或者是为了附庸风雅，而是为了安顿自己的身心，接上民族的传统，使自己可以在天地之间站得稳、行得正，在纷纭的世事中找到一处心灵的乐土。“四书”等文化经典所讲的，正是我们平凡的老百姓真正安身立命的精神支柱，是人之所以为人的依据。

《大学》突出了“三纲领”和“八条目”的一致性，它围绕着治国以民为本、以修身为本这一主题展开论证，简洁明了地概述了儒家内圣外王统一、政治和伦理紧密结合的一贯思想。《大学》强调“三纲领”、“八条目”的目的，就是主张从提高社会成员的道德素质入手，在中国大地上建立一个和谐的、有序的社会，使天下太平、人民安康。这种主张代表了广大民众的愿望，对于中华民族的成员具有极强的吸引力，自然会起到凝聚民族群体的作用。

孙中山先生在《民族主义》讲稿中说：“中国有一段最有系统的政治哲学，在外国的大政治家还没有见到，还没有说到那样清楚的，就是《大学》中所说的‘格物、致知、诚意、正心、修身、齐家、治国、平天下’那一段话，把一个人从内发扬到外，由一个人的内部做起，推到平天下止。像这样精微开展的理论，无论外国什么政治哲学家都没有见到，都没有说出，这就是我们政治哲学的知识中独有的宝贝，是应该要保存的。”孙先生对《大学》以民为本、以德辅政的理论评价很高，称之为中国特有的“政治哲学”。在他看来，儒家的这个政治哲学相当完整系统，有特色，且有实用价值。他要求革命党人从中受到启发，把民国的政治建设同伦理建设有机地结合起来，使二者同时并进，相辅为用，相得益彰。他认为要造就新的民国，首先应当造就出新的国民；有了新的国民，新的民国才会建立起稳固的根基。

梅贻琦先生在1941年4月发表了一篇文章《大学一解》，即用“大学之道，在明明德，在亲民（新民），在止于至善”三纲领，总结清华大学三十年之经验。以前清华大学男生宿舍有三斋：“明斋”、“新斋”、“善斋”，就是以《大学》“三纲领”命名的。梅先生《大学一解》文章中所掌握的事实，是现实与历史的统一、理论与实践的统一、人文与科学的统一。梅先生认为：“学子自身之修养为中国教育思想中最基本之部分”，“大学校对社会秩序与民族文化建树风气”。这就是说，大学校的校内任务是“明明德”，大学校的校外任务是“亲民”（新民）。他说：“大学有新民之道，则大学生者负新民工作之实际责任者也。”“窃以为大学期内，通专虽应兼顾，而重心所寄，应在通而不在专。以无通才为基础之专家临民，其结果不为新民，而为扰民。”

所以我们说《大学》的“三纲领”、“八条目”是治国的方略，建设和谐社会的方略；也是治校的方略，建设和谐学校的方略；还是管理企业的方略，建设和谐企业的方略。《大学》能把人的内心管理以至外在事业的完成一贯连续，包罗无遗，而且本末先后，有条不紊，有志之士，循序渐进，自能修己安人，成己成物。

党的十七届六中全会通过了具有伟大历史意义的《关于深化文化体制改革推动社会主义文化大发展大繁荣若干重大问题的决定》，强调“文化是民族的血脉，是人民的精神家园”，指出：“在我国五千多年文明发展历程中，各族人民紧密团结、自强不息，共同创造出源远流长、博大精深的中华文化，为中华民族发展壮大提供了强大精神力量，为人类文明进步作出了不可磨灭的重大贡献。”“大力弘扬一切有利于国家富强、民族振兴、人民幸福、社会和谐的思想和精神。”我们要大力使中华民族的优秀文化成为新的历史条件下鼓舞我国各族人民不断前进的精神力量。刘兆伟教授译注《大学》，为此作出了努力，取得了重要成果，可喜可贺。

湖南长沙岳麓书院有一对联，上联讲的是“修己”：“是非审之于己，毁誉听之于人，得失安之于数，陟岳麓峰头，朗月清风，太极悠然可会”；下联讲的是“安人”：“君亲恩何以酬，民物命何以立，圣贤道何以传，登赫曦台上，衡云湘水，斯文定有攸归”。

《大学》曰：“自天子以至于庶人，壹是皆以修身为本”，“其本乱而末治者否矣”。如果我们从中央到地方各级领导以及广大民众都能读懂并身体力行“四书”中的修己安人之道、中庸和谐共赢之道，那我们中华民族的凝聚力、向心力、软实力一定会大大增强，有利于建设中华民族共有的精神家园，中华民族的伟大复兴一定能实现！

是为序。

2015年端午于北京师范大学珠海分校

《中庸》译注本序*

“中庸”源于中国自古相传的道统。尧以“允执其中”四字心法传给舜，舜衍为“人心惟危，道心惟微，惟精惟一，允执厥中”十六字传授给禹。其基本精神乃是“执其两端，用其中于民”。中庸之道，其实就是中国自古相传的和谐共赢之道、管理之道，也是儒家所倡导的一种道德实践的原则和处事待人的方法。去除偏激，选择正确的道路，体现的是端庄沉稳、守善持中的博大气魄、宽广胸襟和一以贯之的坚定信念，是具有永久的真理性和现实主义的伟大思想。“中”就是不要偏激，不要走极端，不要不及，也不要过头。“庸”就是保持一颗平常心，做什么事都要有个“度”。

毛泽东从哲学角度肯定了“中庸”的价值，认为“中庸”是质和量的对立统一中的“度”。“过”就是超过“度”，即“左”了；不及就是还未达到“度”，便是右了。“过”与“不及”，“过”的即是“左”的东西，“不及”的即是右的东西。依照现在我们的观点说来，过与不及乃指一定事物在时间与空间中运动，当其发展到一定状态时，应从量的关系上找出与确定其一定的质，这就是“中”或“中庸”，或“时中”。说这个事物已经不是这种状态而进到别种状态了，这就是别一种质，就是“过”或“左”倾了。说这个事物还停止在原来状态并无发展，这是老的事物，是概念停滞，是守旧顽固，是右倾，是“不及”。然而是从量上去找出与确定质而反对“左”右倾则是无疑的。他说这种思想“是孔子的一大发现，一大功绩，是哲学的重要范畴”。

中庸之道是一种精深的生存智慧和生命境界。林语堂说：“我像所有中国人一样相信中庸之道。”1937 年林语堂著《生活的艺术》出版，他在书中把“中庸生活”作为一种“生活的最高典型”而大加称赞。他说：“这种学说就是指一种介于两个极端之间的那一种有条不紊的生活——酌乎其中的学说，这种

* 刘兆伟译注：《中国教育名著丛书·中庸》，人民教育出版社 2015 年版。

中庸精神，在动作和静止之间找到了一种完全的均衡。”

刘兆伟教授译注的《中庸》值得重视。是为序。

2015 年端午于北京师范大学珠海分校

《论语》译注本序*

2004年11月，中国第一所海外孔子学院在韩国挂牌成立。随后，美国、瑞典、法国、巴基斯坦、新加坡等国相继成立孔子学院。截至2014年12月7日，全世界已开设了475所孔子学院和851个孔子课堂。海外舆论称："孔子又周游列国。"

孔子是中国也是世界的文化巨人。孔子倡导的积极入世的实践精神和他创立的儒家学派深厚的历史感和道德感，使得中国历代执政者无不重视儒学的政治—文化功能。孔子和儒家的价值观也逐渐成为中国人的价值观的主体。在漫长的历史过程中，孔子和儒家的崇德贵民的政治文化，孝悌和亲的伦理文化，文质彬彬的礼乐文化，远神近人的人本取向，渗透到中国社会文化的各个方面。孔子和儒家强调阴阳互补、和谐与永久变易及天人合一的宇宙观，成为中国古代哲学的重要基础。

中国传统文化在现代社会有什么样的作用？其价值和意义在哪里？这是我们现在所关注的问题。我们要重建道德和价值观念，要从传统文化中去汲取营养，不能抛弃自己的传统；重新引进另外一个民族和国家的价值观念，那是没有根的。我们当然要吸收其他民族和国家的优秀文化，但是你的民族文化的根扎得越深，你的汲取能力也就越强。所以，当前在中国重树孔子形象和重估儒家学说是非常重要的。

刘兆伟教授历时数载，苦学苦修，广纳古圣先贤终身求道之精神，以鼓进取求学、攻治《论语》之勇气，译注了《论语》一书。这本书以阮元刻本《十三经注疏》本的《论语注疏》为底本，参以朱熹的《论语集注》，以定分章断句。全书采纳了何晏《论语集注》保留下来的孔安国、马融、郑玄、包咸、王肃、陈群、周生烈、何晏等古注，着力参考了皇侃《论语集解义疏》、朱熹

* 刘兆伟译注：《中国教育名著丛书·论语》，人民教育出版社2015年版。

《四书集注》，还参考了王夫之《船山遗书》中《论语》部分、刘宝楠《论语正义》、康有为《论语注》、杨树达《论语疏证》、钱穆《论语新解》、杨伯峻《论语译注》以及南怀瑾《论语别裁》等。作者在此基础上综览总纳，融会贯通，提出了自己的认识及体悟心得。所有这些自然有助于读者对《论语》原汁原味的理解与把握，进而有利于读者对孔子思想与儒家学说的深远意义作进一步的深入挖掘和探讨。这就是刘兆伟教授为重树孔子形象和重估儒家学说而作的可贵努力。

《论语》的特点以及《论语》留给我们的智慧是什么？《论语》一书着重告诉我们，在如何做人、如何做事、如何做学问三者之间，做人是根本。《论语》提出了做人的道理、做人的要求、做人的方法，并让人从中得到做人的乐趣，让人不断提高自己的精神境界，让人有道德要求。《论语》的显著特点是善于启发人的内心自觉，强调的是对自身的肯定。人不仅与天地相参而且顶天立地，追求“同天人”、“合内外”，在这种“天人合一”之中得到一种最高的理智的幸福。孔子说：“人能弘道，非道弘人。”这是一种尊生、主动的精神，肯定人的创造，肯定人的创造可以与天地的创造相配合、相媲美。孔子创立的儒学的天道、地道、人道思想，天地人“三才”的思想，都是讲创造的生命精神贯注于天上、地上、人间；人可以与天地相协调、相鼎立，完成自己的生命理想；并以平等精神体察宇宙间一切存在的价值，完成其生命；最终通过“正德、利用、厚生”、“立德、立功、立言”，在实际行动中实现人生的价值与意义。

《论语》突出了孔子的基本观念是仁，仁是人之所以为人的根本。“仁者爱人”，仁就是生命的相互感通，是人、我、群、己之间的普遍联系与相互滋养润泽；仁又是主体内在的意识，是自己决定自己的，所以孔子说“为仁由己”，“我欲仁，斯仁至矣”。内在的仁具有伟大崇高的道德价值，仁的具体含义是“爱人”，即是一种博大的同情心。凡是人都有仁性，天生就有恻隐之心，能对别人的痛苦与欢乐产生共鸣。有仁德的人会用爱心去对待人，既自爱又爱人，既自尊又尊人，仁就是一种宽容忠恕的精神。孔子说：“己所不欲，勿施于人”，“夫仁者，己欲立而立人，己欲达而达人”。自己要站得住，同时也使别人站得住；自己要事事行得通，同时也使别人事事行得通。

《论语》还阐发和传递了孔子与儒学的一种“极高明而道中庸”的精神，也就是伟大寓于平凡、理想寓于现实的精神。就是说人要有道德勇气，有强烈的正义感，敢于担当道义，甚至不惜杀身以成仁。但在平常的生活中，人们不一定做什么惊天地、泣鬼神的事情，在现世伦常的义务中，在某种社会角色和社会位置上，每个人都可以非常崇高地生活，安伦尽分，忠于职守，勤勉努力，奋发向上，不苟且，不偷惰。只要对生活有高度的觉解，所做的平常事就有不平常的意义。能否成就某种外在的功业，有赖于各种机缘；但只要顺着本性内在的禀赋有所发挥创造，内心得到了某种精神的满足，这就实现了人的生活目的。《论语》告诉我们，人存在的价值就在于成就道德人格。只要挺立了道德自我，以良知作主宰，我们就能超越世间各种境遇，超越本能欲望，以超越的精神，干日常的事业。

《论语》强调了儒家自修自学对人一生的重要意义。孔子十五岁而志于学，“我非生而知之者，好古，敏以求之者也”。公开承认自己不属于“生而知之者”，认为自己的知识是勤奋努力地追求而得来的。他提倡“学而知之”，主张无“常师”，“三人行，必有我师焉”，“敏而好学，不耻下问”，“学如不及，犹恐失之”。强调“发愤忘食，乐以忘忧”，反对“饱食终日，无所用心”。他把学习兴趣分成三个层次：知之、好之、乐之。“知之者不如好之者，好之者不如乐之者。”认为在学习中不断提高兴趣，是调动学习积极性的重要条件。他赞扬颜回，一箪粗粮，一瓢冷水，住在简易的小巷里，别人受不了这种困苦，颜回却不改变他苦学的兴趣。他提倡严密谨慎、一丝不苟的学风，认为“道听途说”的传闻，不能作为学习和研究的可靠资料。“知之为知之，不知为不知，是知也。”主张杜绝四种毛病：“毋意，毋必，毋固，毋我。”即不凭空猜测，不绝对肯定，不拘泥固执，不自以为是。反对那种“亡而为有”、“虚而为盈”的学习态度。认为富与贵是人人所想要的，如果不使用正当的方法而得，他是不要的；贫与贱是人人所不喜欢的，但是如果不能以正当的努力而摆脱贫贱，他宁可过贫穷的生活。孔子的愿望是过优雅的生活，“兴于诗，立于礼，成于乐”。当着晚春时节，新衣穿在身上，同着五六位二十多岁的青年人和六七位少年儿童，去那沂水里洗洗澡，在那青林下乘乘凉，玩着玩着诵诗而归。他的理想是使“老者安之，朋友信之，少者怀之”。

孔子和儒学追求的是人的身与心、人与人、人与社会、人与宇宙自然的统一与和谐，这对于21世纪完善人的性格、情操、行为和心态，净化心灵、净化社会以及促进现代科技中局部与整体、客体与主体、精神与物质、人与宇宙自然相沟通相统一的新的发展模式和方法论有重大意义。所以，深入挖掘孔子和儒学中有价值的观念，汲取其智慧，对于促进人类社会和生态的协调发展，从根本上解决当代社会人的身与心、人与人、人与宇宙自然之间的矛盾和紧张以及现代化进程中的种种困惑是有帮助的。

孔子和儒学以教育为立国之本。教育不应片面地理解为科技知识的传递，更应强调道德理性和人文精神的重建。孔子和儒学的终极目的是培养民族精神，淳化代代民风，提高人的心灵素质，帮助人们修养身心，达到一种真善美统一和谐的人格境界。不管现代社会科技如何发达、商业如何繁荣、人们从事的职业如何先进精密，人性的培育、心灵境界的提扬，人们从实然的人向应然的人的超越总是不可替代的。这对于人类、国家、民族与人的自身来说，都是生命攸关的大问题。因此，人类现代化事业的一个重要的建设层面是人性的培育和道德境界的提扬。从长远的观点来看，我们的教育应当把人的心性建设放到一定的高度。对人类心性的关怀，才是终极的关怀，最根本的关怀。

是为序。

《孟子》译注本序*

2014年9月24日，习近平主席在出席纪念孔子诞辰2 565周年大会上强调："不忘历史才能开辟未来，善于继承才能善于创新。""只有坚持从历史走向未来，从延续民族文化血脉中开拓前进，我们才能做好今天的事业。""当今世界，人类文明无论在物质还是精神方面都取得了巨大进步，特别是物质的极大丰富是古代世界完全不能想象的。同时，当代人类也面临着许多突出的难题，比如，贫富差距持续扩大，物欲追求奢华无度，个人主义恶性膨胀，社会诚信不断消减，伦理道德每况愈下，人与自然关系日趋紧张，等等。要解决这些难题，不仅需要运用人类今天发现和发展的智慧和力量，而且需要运用人类历史上积累和储存的智慧和力量。"

刘兆伟教授的力作《孟子》译注本，就是在这样的时代背景下完成的。世界上一些有识之士认为，包括孟子思想在内的中国优秀传统文化中蕴藏着解决当代人类面临的难题的重要启示。比如孟子提出"爱人"精神："仁者爱人，有礼者敬人。爱人者，人恒爱之；敬人者，人恒敬之。""民为贵，社稷次之，君为轻。""得天下有道，得其民，斯得天下矣。得其民有道，得其心，斯得民矣。得其心有道，所欲与之聚之，所恶勿施尔也。民之归仁也，犹水之就下、兽之走圹也。""善政民畏之，善教民爱之。善政得民财，善教得民心。""行一不义，杀一不辜，而得天下，皆不为也。""乐民之乐者，民亦乐其乐；忧民之忧者，民亦忧其忧。乐以天下，忧以天下，然而不王者，未之有也。"

又比如孟子的重大发现——人类天生具有对他人的同情心。孟子称此心为不忍人之心或恻隐之心。"恻隐之心，人皆有之；羞恶之心，人皆有之；恭敬之心，人皆有之；是非之心，人皆有之。恻隐之心，仁也；羞恶之心，义也；恭敬之心，礼也；是非之心，智也。仁义礼智，非由外铄我也，我固有之也，

* 刘兆伟译注：《中国教育名著丛书·孟子》，人民教育出版社2016年版。

弗思耳矣。故曰：求则得之，舍则失之。”人类生而具有的这四种善心，在开始存在于人心中时，只是作为一种萌芽状态存在的，因之称为“善端”。把这些萌芽状态的善端扩充出去，就可以为善。仁是人的心，义是人的路。人都有仁义之心，之所以丧失良心，是因为不善于保养。如果不加以保养，就会失掉。人们丢失了家中养的鸡犬，知道去寻找，然而丢失了良心却不知道去找回来。“学问之道无他，求其放心而已矣。”教育的作用就是把已丧失的善端找回来罢了。“大人者，不失其赤子之心者也。”保持赤子的良知良能，便是教育的任务。也就是说，教育的作用并不是要自外注入一个人本来就没有的东西，只是在于把人天赋的善端加以保持、培养、扩充、发展，或把已经丧失的善端找回来，排斥环境中的污染和损害，启发一个人恢复天赋的道德观念，促使对固有善端的自觉，使之发扬光大，而成为道德上的“完人”。

孟子提出了“诚”的观念。“是故诚者，天之道也；思诚者，人之道也。”以诚敬的态度对天和天道的反思与追求，就是做人之道。“尽其心者，知其性也。知其性，则知天矣。存其心，养其性，所以事天也。夭寿不贰，修身以俟之，所以立命也。”仁义礼智是天赋予人的本性，充分扩张善心，就能体知这一本性，也就可以体验天道，懂得天命。保存本心，培养本性，才能事奉上天，无论短命也好，长寿也好，我们都悉心修养身心，善待天命，这才是安身立命之道。人性是善性，人心是良心，人情是真情，“天”是人的善性、良心、真情的终极根据。

此外还提出了“舍生取义”——高尚的人生价值观；“善养吾浩然之气”——大丈夫气概；“好善优于天下”——广纳善言的执政美德；“舍我其谁”——强烈的历史责任感；“我得志，弗为也”——廉政思想；“老吾老，以及人之老”——推己及人之道；“反求诸己”——从严律己精神；“生于忧患而死于安乐”——忧患意识；“深造自得”——积极自觉追求的心态；“尽信《书》，则不如无《书》”——独立思考，多闻阙疑；“人之患在好为人师”——放下身段虚心求教；等等。

总之，孟子的人生智慧是善性的智慧，是德性的智慧，是仁义礼智、礼乐教化的智慧，是仁者无敌的智慧，通过修身、存心、养性的功夫，尽心知性而知天。

“守先王之道，以待后之学者。”所谓“待”，“持”也，指扶持后学之意。也就是说，我们应该认真学习、领会、贯彻、落实习近平主席实现中国梦系列讲话的精神，积极地继承、转化、弘扬优秀传统文化，并努力营造氛围，教育、培养、扶掖青少年一代，也就是张载所说的“为天地立心，为生民立命，为往圣继绝学，为万世开太平”。“守先待后”也正是刘兆伟教授译注《孟子》的目的。所以我郑重地推荐这本书。本书值得后学者特别是学校的老师认真学习，相信大家可以从这本书里受益。

是为序。

2015 年 9 月于珠海京师家园

光风霁月　业广惟勤

——王财贵《读经二十年》序*

王财贵博士博学多才，大智大勇，追求真理，廓然大公，胸怀洒落，光风霁月，二十年来公益演讲超过千余场，掀起全球华人地区少儿读经的风潮。

他的演讲生动活泼，妙语连珠，深入浅出，丝丝入扣，鼓动性强，诙谐自如，启发思考，震撼人心。

透过《读经二十年》，读者可以从中领略到王财贵博士的人文智慧，爱国情怀，学术旨趣，坦荡人生，还可以了解什么是中华文化经典，中华文化经典的作用和价值，当下读这些经典的重要意义，以及如何开展读经教育，等等。

这确实是一本难得的好书，值得我们文教部门的领导者、学校的教师和校长、教育科学研究者、学生家长，以及一切关心中华文化教育命运和前途的海外华人和国内广大民众细心阅读，认真思考。

读经教育的文化现象不是偶然的，有着深厚的历史背景和强烈的时代印记。

习近平主席说："实现中国梦，必须弘扬中国精神。"中共十七届六中全会指出：在我国五千多年文明发展历程中，各族人民紧密团结、自强不息，共同创造出源远流长、博大精深的中华文化，为中华民族发展壮大提供了强大的精神力量，为人类文明进步作出了不可磨灭的重大贡献。在当今世界全球化的大趋势下，民族的、本土的文化传统具有不可替代的重要价值，同时也面临被边缘、取代甚至消亡的危险。弘扬中国精神，提升文化软实力，在当下显得十分有意义。

1995 年 3 月，在第八届全国政协会议上，赵朴初、叶至善、冰心、曹禺、启功、张志公、夏衍、陈荒煤、吴冷西等九位德高望重的全国政协委员以 016

* 王财贵著：《读经二十年》，中华书局 2014 年版。

号提案的形式，正式发出《建立幼年古典学校的紧急呼吁》：

> 我国文化之悠久及其在世界文化史上罕有其匹的连续性，形成一条从未枯竭、从未中断的长河，但时至今日，这条长河却在某些方面面临中断的危险。……构成我们民族文化的这一方面是我们的民族智慧、民族心灵的庞大载体，是我们民族生存、发展的根基，也是几千年来维护我们民族屡经重大灾难而始终不解体的坚强纽带；如果不及时采取措施，任此文化遗产在下一代消失，我们将成为历史罪人、民族罪人。

其言恳切！其心悲壮！从上述这一历史背景来看，王财贵博士倡导“儿童读经”教育并非偶然，这是一切华人、一切有识之士的共识和心声，此所谓“英雄所见略同”。

清末著名学者龚自珍说：“史存而周存，史亡而周亡”，“灭人之国，必先去其史”。

著名爱国人士、学者闻一多在抗日战争时期讲过一段至今令人深思的话：“我国前途之危险不独在政治、经济有被人征服之虑，且有文化被人征服之祸患。文化之征服甚于其他方面之征服百千倍之。”国学大师钱穆先生撰写《国史大纲》时就拟定了：

> 凡读本书请先具下列诸信念：
>
> 一、当信任何一国之国民，尤其是自称知识在水平线以上之国民，对其本国已往历史，应该略有所知。（否则最多只算一有知识的人，不能算一有知识的国民。）
>
> 二、所谓对其本国已往历史略有所知者，尤必附随一种对其本国已往历史之温情与敬意。（否则只算知道了一些外国史，不得云对本国史有知识。）
>
> 三、所谓对其本国已往历史有一种温情与敬意者，至少不会对其本国已往历史抱一种偏激的虚无主义（即视本国已往历史为无一点有价值，亦无一处足以使彼满意），亦至少不会感到现在我们是站在以往历史最高之顶点（此乃一种浅薄狂妄的进化观），而将我们当身种种罪恶与弱点，一切诿卸于古人（此乃一种似是而非之文化自谴）。
>
> 四、当信每一国家必待其国民备具上列诸条件者比较渐多，其国家乃再有向前发展之希望。（否则其所改进，等于一个被征服国或次殖民地之改进，对其国家自身不发生关系。换言之，此种改进，无异是一种变相的

文化征服，乃其文化自身之萎缩与消灭，并非其文化自身之转变与发皇。）

从上述这一历史背景来看，王财贵倡导的“全民读经”并非偶然，是百余年来先进的中国人对中华文化深沉的忧患意识与强烈的复兴追求的继续和发展，实际上是期望在新的历史条件下，全球华人能够一齐努力实现先进的中国人复兴中华文化的百年梦想。

我们人类除面临环境污染、生态失衡、资源枯竭、财富浪费等外部危机外，还面临着深刻的人性异化、精神下陷、意义丧失、生命迷茫的内部危机。科学累积的成果越多，人心越向外贪婪奔驰，工具理性和技术统治越强大压抑，生命意义及精神自由的空间越狭小。

人在现代化的过程中，感到的却是自我的“物化”。如何从高瞻远瞩的角度使人一念觉悟，从根本上关怀人的生命本质及具体成长呢？重新回到富有生机的文化历史传统，走向人类精神生命的深层，挖掘能够净化人性的人文历史资源，建构有利于每一个体生命全面成长的现代文化教育，在合乎人性、人道的前提下，创造新世纪的历史，从而回应现代人类面临的问题，应该说中华传统文化中的人文精神在这方面可以有所作为，《读经二十年》就表达了古圣先贤的德行智慧在这方面早已有所作为。

如今，在铺天盖地的唯利主义的包围之下，我们已经失去了水的清澈和天的湛蓝，也没有了如颦似黛的远山和旖旎多情的湖水，草木已经失去了传情解意的灵性，山水也不再有那种饱含诗情画意的温馨。这便是盲目追求细化、过分追求经济指标的急功近利所带来的恶果。从我们自己的传统文明中去寻找智慧资源，用传统的儒道佛精神所成就的生命情趣，用人心合于天心、天地人合一的理念，去矫正由于城市生活喧嚣和污秽所带给人们的生命焦虑，从而创造出一种有别于西方现代文明的新型文明的生活方式，这或许是我们民族复兴的一次难得机遇，因为只有对人类的文明进步有所贡献，我们才有可能恢复自己在世界民族之林的地位。

让我们心平气和地坐下来，以温情和敬意的心态真诚地做古代先圣先贤的小学生，从《读经二十年》中找到启示和激励，逐步步入儒道佛的文化经典殿堂，去寻找、体悟民族文化发展的动力和精神资源，这是制度创新和文化复兴的必由之路，也是实现民族伟大复兴的必由之路。

“落红不是无情物，化作春泥更护花”，“白头到此同休戚，青史凭谁定是非”，我们应以这样的态度与胸襟，去领悟和把握中华文化中的智慧，去迎接和应对形形色色的考验。这样，我们才能在未来持久的大国博弈中立于不败之地。期待那时的中华民族，是一个具有天地之心、生民之爱的民族，期待那时的中国，是一个真正的礼仪之邦，带给世界真实的和平与安乐！

善哉！善哉！是为序。

癸巳十月于北京师范大学珠海分校

尊重古人，服务来者*

——王健《规范汉字千字文》序

《千字文》是南北朝时期梁朝的周兴嗣受梁武帝之命，为诸帝子们编写的一部识字读本。据唐朝人李绰的《尚书故实》说："梁武教诸王书，令殷铁石于大王书中，拓一千字不重者，每字片纸，杂碎无序。武帝召兴嗣谓曰：'卿有才思，为我韵之。'兴嗣一夕编缀进上，鬓发皆白，而赏赐甚厚。"这段话把《千字文》成篇的前因后果及全部经过，叙述得非常详尽和生动。以由此可见，《千字文》本质上是一篇为儿童启蒙而编写的识字读本。

《千字文》形式整齐，通篇以四言写成，凡250句，共计1 000字，所以称之为《千字文》。全篇虽然只有有限的1 000个字，而且每个字都不重复，但这1 000个字并不只是简单的堆积，而是组合成了能表达一定意义、通畅且有文采的250个句子。其中叙述天文岁时、上古历史，宣传伦理道德、传统纲常，渲染帝都宫殿的雄伟、达官显贵的豪华，讲述周秦时期政治家和军事家的功绩、中华大地上的名胜古迹等，而且前后语义连贯，很有条理。

只用1 000个有限而不重复的字，要写出内容如此丰富的文章，并且是形式整齐、语句通畅的句子，又要前后连贯，看不出任何生拼硬凑的痕迹，这不能不叫人说是一件绝大的本领。"局于有限之字，而能条理贯穿，毫无舛错，如舞霓裳于寸木，抽长绪于乱丝，固自难展技耳。"① 但周兴嗣硬是用有限的1 000个杂碎散乱的字，组合成了一篇构思精巧、千古传诵的绝妙文章。

《千字文》成篇后，很快就在社会上广为流传，在历史上产生了深远的影响。在唐代，此篇已经流传甚广，如在敦煌文献中就有数量众多《千字文》的写本。在斯坦因所劫的敦煌文献中，《千字文》就有十件，而在伯希和所劫的

* 本文系与徐梓同志合作。王健编写：《规范汉字千字文》，中国文联出版社2005年版。

① 褚人获：《坚瓠七集》卷四。

部分，《千字文》的写本更是多达二十一件。很明显，只有《千字文》广泛地应用于启蒙教育，才有这么多作为写字练习的写本被保存下来。有关《千字文》的注释之作，历代更是多得不可胜数。也有人在它原有文字的基础上，前缀后加，或者把其中的文句嵌入特定的语句中，以起醒目的作用，或纯粹玩弄文字游戏。

受《千字文》的影响，一些人竞相仿效，或在其基础上续作，或对其内容进行改编，或利用它的名义别撰，希图通过组合驾驭 1 000 个字以一展才华。如清中期的罗以智，经过三十多年的搜集，收罗到各种别本或续作的《千字文》二十一篇，编成了《重次千字文汇编》一书。其中包括明朝吕幸成的《野述》、康熙时人王锡的《圣德颂千文》、乾隆时人彭元瑞的《御制全韵诗恭跋》、刘凤诰的《阿云严馆师八袠千文》、王宝行的《励学篇千文》、魏古愚的《女训千文》以及杨世英一人的《太上皇帝纪元周甲授受礼成恭颂千文》、《武业县志跋千文》、《严慈八十双寿征诗启千文》三篇《千字文》等。罗以智的朋友陆以湉为之作跋，而这篇跋文就是一篇《千字文》。清朝嘉庆年间的学者张海鹏，也辑有《千字文萃》，收录“本朝儒臣，重加排纂”的七种《千字文》。其中包括吴省兰的《恭庆皇上七旬万寿千字文》、彭元瑞的《御制全韵诗恭跋千字文》、王锡的《毛西河传赞》（用“千字文体”为清初学者毛奇龄所作的传赞）、陈鎏的《别本千字文》以及黄祖颛的《别本千字文》、《续千字文》和《再续千字文》。

《千字文》流传得那么广，应用得那样的普遍，以至于如果有人不了解它，就会被人们认为是不可思议的事情。除了在学术文化领域的影响之外，《千字文》也被人们应用到的日常生活之中。由于《千字文》“字无重复，且众人习熟，易于检觅”，所以“今之科场、号舍、文卷及民间质库、计簿，皆以其字编次为识”。① 许多大型藏书，如《佛藏》、《道藏》、《知不足斋丛书》等，都是以《千字文》编号；明代文渊阁的藏书、明朝人赵琦美的脉望馆藏书及书目，现代人所编的《北京图书馆藏敦煌遗书简目》，也都是以《千字文》的字序编次的。

《千字文》文辞精美，形式整齐，加上所组合的 1 000 个字都不重复，特别是这些字都是常用的汉字，包括了汉字的基本笔画，汉字的结构方式大都能

① 陆以湉：《冷庐杂识》卷七。

在这 1 000 个字中找到，因而在书法上很有代表性，于是成为历代书法家竞相书写的好材料。早在《隋书·经籍志》中，就著录了《篆书千字文》和《草书千字文》两种。著名书法家王羲之的七世孙智永禅师的大量书写，为《千字文》的广为流传作出了很大的贡献。唐朝人何延之说智永禅师"克嗣良裘，精勤此艺。居永欣寺阁上，临书所退笔头，置之于大竹簏，簏受一石余，而五簏皆满。凡三十年于阁上，临真草《千文》八百余本，浙江东诸寺，各施一本。今有存者，犹直钱数万"。① 明朝《文渊阁书目》"辰"字号第一厨中，全是法帖，其中著录各体《千字文》二十多种；在《晁氏宝文堂书目》法帖类中，也著录有各体《千字文》二十一种。1964 年 12 月 10 日，毛泽东要看各家书写的各种字体的《千字文》字帖，他的秘书们很快就为他收集了三十余种，真草隶篆，无所不有，自东晋以下各代大书法家王羲之、智永、怀素、欧阳询、张旭、米芾、宋徽宗、宋高宗、赵孟頫、康熙，直到近人于右任等人的作品，都在其中，可见现存的各种字体的《千字文》之富。除此之外，唐代的褚遂良、孙过庭、李阳冰、裴行俭、辩才等，宋代的王著、李建中、王升等，元代的鲜于枢、揭傒斯、俞和、吴孟思、赵雍、边武等，明代的文徵明、董其昌、张弼、沈粲、王宠、苏眉阳、周伯温、文彭等，清代的张裕钊以及近代的章大炎、沈尹默、黄宾虹等，也都曾写过《千字文》。前些年，中国和平出版社为展现当代名家的书法艺术，出版了《当代名家书千字文》丛书。这套丛书共十种，其中包括《启功草书千字文》、《沈鹏行草书千字文》、《刘炳森隶书千字文》、《沈尹默书小草千字文》、《刘炳森楷书千字文》、《柳倩草书千字文》、《钱君匋篆书千字文》、《周慧珺行楷书千字文》、《康默如篆书千字文》，从一个侧面反映出了当代中国的书法成就。

《千字文》成篇至今，流传了一千五百年。作为被书写得最多的文献，在书写、刊印过程中，难免有假借字、异体字乃至错别字。王健先生既是一位书法家，也是一位规范汉字的积极倡导者和实践者，面对历代的《千字文》写本几乎"没有一幅墨迹没有错别字，没有一个版本没有错别字"的状况，近年一直辛勤地从事着为《千字文》"正字"的工作。他正字的目的，是要为今人和后世书写《千字文》，提供一个标准的版本，避免继续出现文字的歧义，避免人们在书写时无所适从，这实际上也就是王老"正字"工作的一个原则：服务

① 何延之：《兰亭记》，张彦远辑：《法书要录》卷三。

来者。我们认为，无论是从文献学的学术角度，还是从书写的实际功用来看，这都是一件很有意义的工作。

所谓的“正字”，也就是文献学上所说的校勘。校勘工作的第一步，是要找到一个好的本子，用作校勘工作的基本依据，这就是底本。王老以“如今人们见到的最早的本子”——《智永真草千字文》墨迹本为底本，就是非常精到的做法。最早本子的可贵，不在于它的纸墨陈古，而在于它的可信度相对最高。具体到《智永真草千字文》来说，不在于它笔画丰润，雅有六朝遗韵，艺术水平极高，而是因为它是历代传抄和翻刻的祖本，相对而言，更接近周兴嗣的原作，而较少夺衍伪误，是我们今天整理《千字文》最值得信赖的一个本子。

校勘学工作的目的，是要恢复古代文献的原貌，哪怕明知其错误，也“毋改易其本来”。在长期的校勘实践中，很多人意识到：从事校勘工作不是一件容易的事情。如果学识不到，往往会指瑜为瑕，以是为非，从而导致错缪更加严重。这样的工作，倒不如不做，以便读者根据自己的学识高下自行确定是非。清代著名学者段玉裁说：古书固然有因为不加校勘整理而不可读的，但也更多因为在校勘整理的过程中肆意更改而不可读的。没有整理的古书，只要经过一番整理的工作就可以了；而如果在整理过程中，肆意更改，时间长了，这部书也就失却了原貌，甚至无法恢复。所以古今文献学家，都深恶妄改的毛病。明朝学者勇于改字，被渊博精审的清代学者尤其是乾嘉学者斥为庸妄。从此，轻于改字成为厉禁，而不轻易改字，成为校勘学家的最高原则。

王老尊重历代学者确立的不轻易改字的校勘原则，更注意到了《千字文》成篇之后，它就成了一篇历史文献，而且是一篇流传广、影响深、名头响、在日常生活之中应用广泛的文献。如果不尊重《千字文》的本来面貌，而是用同义词或近义词随意替代，甚至用其他不相干的词替代，就势必造成更多更大的纷乱。最明显的例证就是，根据改动了的《千字文》，在古代很多依照《千字文》排序的科场、号舍、文卷、街巷、质库、计簿和文献中，我们就找不到相对应的所在。《千字文》的不能随意改动，除了校勘学不轻于改字的原则之外，它对古代人们的日常生活影响深远、人们往往用它来计数排序这一实情，也让我们应该对它心怀虔敬，而不能随意地改动。有鉴于此，王老在自己的“正字”中，又提出了并遵循着“尊重古人”的原则。

本着“尊重古人，服务来者”的原则，王老全心于《千字文》的“正字”

工作。他希望通过为《千字文》“正字”，为祖国文字规范化做一番事业，为后人留下一点有益的东西。近年来，他不服老，不畏难，早夜以思，孜孜以求，又与其老伴——一生从事小学幼儿教育、为之出谋划策的葛梅贞女士一同北上南下，博访学者，虚心听取专家的意见，集思广益，力图臻于完美。服务来者的原则，表明了“正字”工作的意义，是为了为今人和后人提供一个可以信赖的读本；尊重古人的原则，保证了经过“正字”工作之后的《千字文》的科学性，使“服务来者”的目的得到了落实，也更加切实有效。

《千字文》是我国先民训蒙的宝贵遗产，王老的“正字”工作，对这份遗产的传承非常有益。在王老校订、书写、正音的《千字文》即将出版之际，我们在此表示祝贺，并对王老“借此以享余年”的高尚情怀，表示我们由衷的钦佩和景仰之情。

2005年5月10日

少儿国学教育势在必行*

《中共中央国务院关于进一步加强和改进未成年人思想道德建设的若干意见》指出："学校是对未成年人进行思想道德教育的主渠道，必须按照党的教育方针，把德育工作摆在素质教育的首要位置，贯穿于教育教学的各个环节。要把弘扬和培育民族精神作为思想道德建设极为重要的任务，纳入中小学教育的全过程。"

"远离时尚，潜心经典"，是让少年儿童被"应试教育"和功利主义所埋葬的良知和自尊有一扇可以透光的门。当前，我们要贯彻落实中共中央国务院和中央领导的指示精神，要健全中华民族自我的文化体质，让优秀中国传统文化经典名著进中小学课堂，让中小学生读文化经典名著正是便捷有效之路，正是恢复中华民族优良传统文化活动的契机。这或许是一个真正实施的素质教育、不断推进的创新教育。东方西方汇通，传统现代结合，科技人文配合，是理性文化的复活，这样的中华文化复兴是可以期待的。

中国古代的蒙养教材《三字经》、《百家姓》、《千字文》、《千家诗》、《弟子规》等，对儿童身心健康是有益的。联合国教科文组织曾将《三字经》列为"儿童德育教科书"，向全世界推广。《三字经》集中概括了中华文化的基本道德精神，对四书、五经、诸子百家、天文历史等有基本介绍，言简意赅，确实适合儿童的启蒙教育。《弟子规》也是一本开启童蒙心灵的好教材。"弟子规，圣人训。首孝弟，次谨信。泛爱众，而亲仁。有余力，则学文。"无论你今后地位有多高，金钱有多少，文化有多深，做人的标准却是一样的。所以，从小先学习做人的标准是非常必要的。让孩子从小读经典主要是一种精神的培养和性情的养成，为他以后继续学习中国文化经典打下良好的基础，也是为学习科学文化知识作良好的铺垫。

---

* 本文原载《广东教育（综合版）》2013 年第 5 期。

“多读古诗文，扎好中国根。”幼儿园、小学阶段要打好传统文化的厚重基础，切实“扎好中国根”，通过诵读古诗文，引导孩子们感悟母语之美，感受正确而自如地运母语表达的快乐，建立与母语的血肉联系，将母语所蕴含的民族文化和民族精神扎根在心灵深处，并在此基础上构建自己的精神家园。要充分发挥孩子们记忆力强的长处，把该给他们的都给够。诵读时，不要求孩子全懂，教师可大致“串”一下，扫清文字障碍，让学生先背诵下来再说，使其未来有一个发展的宽广平台，以后自然慢慢“反刍”，一生受用不尽。

广州市天河区五山小学于 2001 年就大胆地在全校范围内开展中华经典文化诵读实验，这在全国都是少见的。这十多年来，他们牢记党中央关于弘扬和培育民族精神的要求，努力落实党中央、国务院关于进一步加强和改进未成年人思想道德建设的精神，在广州市天河区教育局的领导下，在广大学生家长和社会有识之士的支持下，一步一个脚印，积极探索，自主研发了一套适合少年儿童学习的教材——《少儿国学读本》丛书，总结出了丰富多样的学习方法和行之有效的诵读实验管理机制，形成了鲜明的办学特色，促进了师生综合素质的提高和学校教育教学质量的提高。

国无德不兴，人无德不立

——学习习近平主席考察孔府、孔子研究院的讲话精神*

“完善中华优秀传统文化教育”

中共十八届三中全会通过了具有伟大历史意义的《中共中央关于全面深化改革若干重大问题的决定》，其中关于“深化教育领域综合改革”部分特别提出“完善中华优秀传统文化教育”。

三中全会之后不久，2012 年 11 月 26 日，习近平主席就到山东曲阜孔府和孔子研究院参观考察，并同有关专家学者座谈。在听取大家关于中华传统优秀文化研究的情况介绍后，习近平主席强调，一个国家、一个民族的强盛，总是以文化兴盛为支撑的，中华民族伟大复兴需要以中华文化发展繁荣为条件。对历史文化特别是先人传承下来的道德规范，要坚持古为今用、推陈出新，有鉴别地加以对待，有扬弃地予以继承。习近平主席指出：“国无德不兴，人无德不立”，“必须加强全社会的思想道德建设，激发人们形成善良的道德意愿、道德情感，培育正确的道德判断和道德责任，提高道德实践能力尤其是自觉践行能力，引导人们向往和追求讲道德、尊道德、守道德的生活，形成向上的力量、向善的力量。只要中华民族一代接着一代追求美好崇高的道德境界，我们的民族就永远充满希望”。

考察期间，习近平主席还翻阅了曲阜孔子研究院院长杨朝明教授的《孔子家语通解》、《论语诠解》两本书，然后说“这两本书我要仔细看看”，于是这两本书很快就火了！研究孔子文化的书籍受到追捧，这确实是一件好事，在快节奏的现代生活中重温孔子文化，汲取儒家精髓，能让我们对浩瀚的中华文明有更深切的认知，对博大的中华文化有更笃实的自信。

* 本文是 2014 年 2 月在“珠海市首届中华优秀传统文化公益论坛大会”上的书面发言。

杨叔子院士说过："文化是一个民族的身份证，一个民族不能没有文化身份证。"以孔子文化为代表的中华传统文化正是这样一张身份证，它让世界"一眼就认出了中国"。中华民族的传统美德无不是中国给世界人留下的鲜明印象。

中华民族的十大传统美德

在纷繁壮观的人类文化大汇演中，中华传统文化以其独具风韵的魅力放射出卓异的光彩。从心态文化层分析，中华传统文化是一种伦理文化。宗法式的伦理道德，强烈而持久地左右着社会心理，中国人怀有浓烈的"孝亲"情感，"孝亲尊师"成为中国古已有之的道德本位。教育以德育居首，即所谓"首孝悌，次谨信"，"行有余力，则以学文"。从心态文化层次上比较，如果说西方传统文化属"智性文化"或"知识型文化"，那么中华文化则属于"德性文化"或"伦理型文化"。

在比较温和的气候、风土里孕育出的中华民族传统美德，是中华民族传统文化中的精华，是中华民族精神文化中固有的并且持续不断的一种历史传统，是中华民族生存和发展的凝聚剂和内聚力。它以美好的道德品质为核心，提升为一定的价值取向，体现着中华民族的优秀品质，并对中国社会的发展起过积极推动作用，代表着中华民族整体的道德精神风貌和精神特征。概括而言，中华民族具有以下十方面的传统美德。

一、尊道贵德

一般来说，世界上没有一个国家或一个民族不讲道德或不需要道德，但也确实没有一个国家或一个民族像我中华民族这样尊重道德，这样追求道德价值。对道德的尊重和对道德价值的追求、对道德教育的重视，这是中华民族的第一美德。老子在《道德经》中说："万物莫不尊道而贵德。"道所以受尊崇，德所以被珍贵，就在顺应自然，符合客观规律。孔子说："志于道，据于德，依于仁，游于艺。"① 要求人们立志于道，据守于德，倚依于仁，游憩于礼、乐、射、御、书、数之中，陶冶与塑造完美的人格。孟子说："饱食、暖衣、

① 《论语·述而》。

逸居而无教，则近于禽兽。”① 人之所以能为万物之灵，就是因为人有道德。尊道贵德的基本精神，就是强调人兽之分，突出人格尊严，以德性作为人兽区别之根本。所以中国人认为“食色，性也”是人兽共同的本能生活，而“富贵不淫贫贱乐，男儿到此自豪雄”是人的精神生活，“人生自古谁无死，留取丹心照汗青”则是人的心灵生活。只有追求精神生活和心灵生活的人才真正突显了人格尊严，严格了人兽之分。

二、律己修身

中国人重视人格修持，形成向内探求的主体性道德精神。“自天子以至于庶人，壹是皆以修身为本。”② 孔子说：“躬自厚而薄责于人。”③ 就是人们对自身厚责，严于律己，对别人薄责，宽以待人。“见贤思齐焉，见不贤而内自省也。”④ 是说见美德要学习，见不道德的现象，要反省检查，引以为戒。“为仁由己。”⑤ 人们应自主、自愿、自觉地去实现道德理想，加强自我修养，不为外物所支配，不为外力所强迫。只要安伦尽分，反躬内求，便是道德的完成。由此形成了一套富有中国特色的道德修养方法，如立志有恒、改过迁善、克己内省、身体力行、潜移默化、防微杜渐、慎独自讼、集义养气等。这种修养要求人们自主自律、自我超越，维护人伦关系和整体秩序，建立道德自我，从而培养中华民族践行道德的自觉与能动性，树立道德风范，其影响力是不能低估的。

三、仁爱孝悌

“仁”的核心是“爱人”，即重视人、尊重人、同情人、关怀人。在家族生活中，“仁爱”以孝悌为根本，父慈子孝，兄友弟恭，形成一种浓浓的家族亲情，对家庭关系从而也对中国社会的稳定起了极为重要的作用。在“仁爱孝悌”之情的基础上，中国人形成了“四海之内皆兄弟也”⑥ 的情怀和理想。“老吾老以及人之老，幼吾幼以及人之幼。”⑦ “人不独亲其亲，不独子其子，使老

---

① 《孟子·滕文公》。

② 《礼记·大学》。

③ 《论语·卫灵公》。

④ 《论语·里仁》。

⑤ ⑥ 《论语·颜渊》。

⑦ 《孟子·梁惠王上》。

有所终，壮有所用，幼有所长，矜寡孤独废疾者皆有所养。”[①]“民吾同胞，物吾与也。……尊高年，所以长其长；慈孤弱，所以幼其幼。圣其合德，贤其秀也。凡天下疲癃残疾，惸独鳏寡，皆吾兄弟之颠连而无告者也。”[②] 在社会生活中扩展为尊老爱幼、安老怀少的社会风尚，形成社会生活中浓烈的人情味和生活情趣。

四、诚信好礼

“诚”是真实无妄。“养心莫善于诚。”[③] 以“诚”为基础，中国人形成了很多相关的美德，为人的“诚实”，待人的“诚恳”，对事业的“忠诚”，追求内心的光明“真诚”。“信”与“诚”通，诚实不欺，谓之“信”。孔子说：“人而无信，不知其可也。”[④]“言必行，行必果”[⑤]，言行相符，真诚相待。“信”训练人诚实的品质，也是取得他人信任的前提。“朋友有信”，历来是中国人交友的准则。礼义精神和讲礼貌的传统也是中国人立身处世的重要美德。孔子说“为国以礼”[⑥]，以礼义精神来治理国家。“不学礼，无以立”[⑦]，通过礼，节文人们的行为，培养“文质彬彬”的君子人格，逐渐形成了中华民族讲礼貌、守礼节的传统美德。

五、精忠报国

中华民族在长期的民族生存和发展中，逐步凝结、巩固了对祖国深厚的爱国主义情感，形成精忠报国的浩然正气和民族气节。它是爱家爱亲之情的直接补充，又是爱家爱亲情感的升华，形成一种捍卫民族尊严、维护祖国利益的崇高品德。在中国道德中，爱国历来被看作是一种“大节”，“见义勇为”、“当仁不让”、“杀身成仁”、“舍生取义”，崇尚气节，讲求情操，培育了中国人的正义感和是非心，形成了民族的浩然正气，特别是在国家命途多舛、民族生死存亡的关头，中国人总是以大局为重，以不屈不挠的斗争，来挽救国家民族的命运，直至以身殉国。

---

① 《礼记·礼运》。
② 《正蒙·乾称》。
③ 《荀子·不苟》。
④ 《论语·为政》。
⑤ 《论语·子路》。
⑥ 《论语·先进》。
⑦ 《论语·季氏》。

六、天下为公

中华民族由于家庭本位的社会结构和礼教文化的传统，熏陶了一种群体主义的精神，并在此基础上形成了天下为公、克己奉公的美德。家族精神的重要内涵就是群体精神，强调家族成员间的依恋和依赖，把家族精神——和谐相处作为首要的价值取向，进而扩大到整个国家心，因为“家”是“国”的缩影，“齐家”是为了“治国”，是为了“平天下”。中国人历来把“廓然大公”、“天下为公”、“克己奉公”作为价值理想，中国传统文化的大同境界的基本精神，就是一个“公”字，“大道之行也，天下为公”①。这种“公”的精神，培育的是对社会、民族的义务感、历史感、责任感、使命感。历来为中国人所推崇的“以天下为己任”、“先天下之忧而忧，后天下之乐而乐”、“国家兴亡，匹夫有责”、“落红不是无情物，化作春泥更护花”，更是中国人的人生态度，良心的永恒咏叹！

七、以义制利

孔子说：“见利思义”，“见得思义”。孟子说，先义后利，以义统利，反对后义而先利。荀子说：“先义而后利者荣，先利而后义者辱。”② 宋明理学家一方面强调“正义不谋利”，另一方面又认为“正其义而利自在，明其道而功自在”，从而得出了“利在义中”、“义中有利”的结论。以道义为人的根本特点和价值取向，是中华民族道德精神的精髓，它升华为“生以载义”、“义以立生”的人生观，往往具体化为“富贵不能淫，贫贱不能移，威武不能屈”的道德追求。这种精神是鼓舞人民义无反顾，为民族大业献身的重要精神力量，也是中华民族道德人格的写照。

八、勤俭廉正

中华民族历来就以勤劳节俭、廉明正直著称于世。孔子提出“温良恭俭让”为重要的道德要求；老子提出人生有“三宝”——慈爱、勤俭、谦让；墨子提出“节用”，反对浪费；诸葛亮提出“静以修身，俭以养德。非淡泊无以明志，非宁静无以致远”。“廉”即纯洁清高，洁白不污，纯正不苟。有了“廉”便可能做到“正”，体现在品格上是“正直”，表现在待人上是“公正”，作为道德境界是“正气”、“正心”。勤俭廉正既是中国人共有的美德，也是中

① 《礼记·礼运》。

② 《荀子·荣辱》。

华民族共同的价值取向。中华民族之所以能在极其艰苦的条件下和各种困境中不断发展，与这些美德是分不开的。

九、务实宽厚

中国是一个以农业为主的国家，长期的农耕生活，形成了中华民族质朴和务实的精神，如老实、求实、诚实、忠实、踏实、实在等，形成了崇尚实干、反对空谈的务实精神和实践精神。身体力行、言行一致、知行合一、实事求是，成为中国道德精神的重要传统。在待人上，中华民族一向以宽厚的美德，严于律己，宽以待人，推己及人，设身处地为他人着想，“己欲立而立人，己欲达而达人”①，“己所不欲，勿施于人”②，“将心比心，以心换心”，在互助中达到人伦的和谐和人格的实现。

十、自强不息

这是一种自我超越、不断进取的品质，它体现的是一种不屈不挠、顽强奋斗的意志力。孔子提倡并努力实践“发愤忘食，乐以忘忧”的精神，鄙视“饱食终日，无所用心”的人生态度。《礼记·中庸》：“人一能之，己百之；人十能之，己千之。果能此道矣，虽愚必明，虽柔必强。”自强不息的精神强调“日新”、“革新”，如《礼记·大学》称赞的：“苟日新，日日新，又日新。”《易传》说：“天行健，君子以自强不息；地势坤，君子以厚德载物。”天体运行，周而复始，刚健有力，中国人效法这种精神，努力不懈，力求进步，造福天下；大地的气势厚实和顺，中国人效法这种精神，增厚美德，容载万物。正是这种自强不息、容载万物的精神，凝聚、增强了民族的向心力，孕育了中华民族自信、自尊、自立、包容的精神和反抗压迫以及不断学习、不断改革、不断进取的精神，这对于中华民族精神的凝聚和扩展，对于统一的多民族群体的形成和维护，有着无可估量的积极作用。

以上十个方面形成了中华民族传统美德的有机结构。其中尊道贵德、律己修身，是在处理“人”与“理”、社会伦理和个体德性方面的美德；仁爱孝悌、诚信好礼，是在处理人与人之间关系方面的美德；精忠报国、天下为公，是在处理个人与社会、个人与国家关系方面的美德；而以义制利、勤俭廉正、务实宽厚、自强不息，则是个人品格操守方面的美德。它们是中国传统道德精神的

---

① 《论语·雍也》。

② 《论语·卫灵公》。

精华，是“中华魂”的重要组织部分，也是现代中国道德文明建设重要的源头活水。

“学问之道无他，求其放心而已矣”

中华民族的传统美德是中华传统文化中的精华。中华民族历来尊重道德、追求道德价值，是与中华传统文化中的人性论、人性观密不可分的。以孔孟为代表的儒家文化强调人性——善性，人心——良知，人情——真情。孔子说：“性相近也，习相远也。”① 人的天性禀赋本来是相近的，只因为后天环境教育的习染不同，便相差远了。《礼记·中庸》说：“天命之谓性，率性之谓道，修道之谓教。”意思是说，上天所赋予的叫作“性”，遵循着天性而行即是“道”，使人们依其天性而行，让人之道不断地实现便叫作教育和教化。孟子认为：“人之所不学而能者，其良能也；所不虑而知者，其良知也。孩提之童，无不知爱其亲者，及其长也，无不知敬其兄也。”② 孟子认为所谓人性，就是上天所赋予的、人类所独有的、内在的性质，这个“人性”就是善，就是道德。这是人类高于禽兽之处。因为人性中具有“善端”，善的因素和萌芽。“所以谓人皆有不忍人之心者，今人乍见孺子将入于井，皆有怵惕恻隐之心——非所以内交于孺子之父母也，非所以要誉于乡党朋友也，非恶其声而然也。由是观之，无恻隐之心，非人也；无羞恶之心，非人也；无辞让之心，非人也；无是非之心，非人也。恻隐之心，仁之端也；羞恶之心，义之端也；辞让之心，礼之端也；是非之心，智之端也。人之有是四端也，犹其有四体也。”“凡有四端于我者，知皆扩而充之矣。”③ 孟子认为把“善端”加以保存、培养、扩充，充分发挥，达到完善的境地，那就是圣人。“圣人与我同类”④，“人皆可以为尧舜”⑤。孟子认为，仁是人的心，义是人的路。人都有仁义之心，之所以丧失良心，是因为不善于保养。如果不加以保养，就会受到“陷溺”，即受到客观环境污染，良心就会失掉。人们丢失了家中养的鸡犬，知道去寻找，然而丢失

① 《论语·阳货》。

② 《孟子·尽心上》。

③ 《孟子·公孙丑上》。

④ 《孟子·告子上》。

⑤ 《孟子·告子下》。

了良心，却不知道去找回来。因此孟子提出："学问之道无他，求其放心而已矣。"① 追求学问即教育的作用没有别的，就是把那丧失的善良之心找回来罢了！"大人者，不失其赤子之心者也。"② 保持赤子的善端（良知、良能），便是教育的任务。孟子认定教育对人性的作用，在于把天赋的善端加以保持、培养、发展和扩充，或把已经丧失的善良之心找回来。这就是说，教育对人性的作用并不是要自外注入一个人本来没有的东西，而是在于启发一个人恢复天赋的道德观念，保持对固有的善性的自觉，使之发扬光大而成为圣贤。

无独有偶，中国古代儒家圣贤与古希腊圣哲在论述人性——善性与教育作用观点上竟然十分相近。苏格拉底说："没有人有意作恶或无意为善"，"没有人有意追求邪恶的东西或者他认为是邪恶的东西。趋恶避善不是人的本性"。③孟子与苏格拉底都将"善"规定为既是普遍的，又是内在的，都认为一切美德都先天地存在于人的本心。所以只有理性，而不是威性，才能把握善。苏格拉底说："这是因为善不是从外面来的；善是不能教的，而是包含在精神的本性之中的。总之，人不能被动地接受一个从外面给予的东西，就像一块蜡接受一种形式那样；一切都存在于人的精神之内，人只是好像在学习一切。"④ 苏格拉底的学生柏拉图说："学习即回忆。"柏拉图说人在出生以前已经获得了一切事物的知识，当灵魂依附于肉体降生后，这些已有的知识被遗忘了，通过接触感性事物，才重新"回忆"起已被遗忘的知识。"认识就是回忆"，"一切研究、一切学问只不过是回忆罢了"。学习并不是从外部得到什么东西，它只是回忆灵魂中已有的知识。苏格拉底、柏拉图这些话与孟子说的"非由外铄我也，我固有之也"⑤，"仁义礼智根于心"⑥，何其相似乃尔。因此，东圣西哲都认为教育的作用在于启发一个人对固有善性的自觉，都强调只有自觉向自身内在追求，才能把握普遍、绝对的"善"。既然趋向于善是人的本性，而善又存在于人的思维和心中，那么他们就必然把强调内省的道德自觉，当作教育的重心和教育的作用。

---

①⑤ 《孟子·告子上》。

② 《孟子·离娄下》。

③ ［美］梯利著，葛力译：《西方哲学史》上册，商务印书馆 1975 年版，第 70 页。

④ ［德］黑格尔著，贺麟、王太庆译：《哲学史讲演录》第二卷，商务印书馆 1960 年版，第 66 页。

⑥ 《孟子·尽心上》。

人类究竟存在不存在先天的善性？存不存在生而具有的对他人遇险而思救的同情心？苏联科学家所做的人体生物实验，很值得我们关注。在苏联《莫斯科新闻》周报 1981 年 2 月出版的第 8 期上刊载了苏联科学家波波夫的文章，他指出苏联科学家通过科学实验证明，人体内确实有某种“共同感受”。该文指出，苏联著名科学家、心理学家、航空和宇宙心理学的奠基人费·德·戈尔鲍夫教授，在一次自己的亲身经历中验证了这种共同感受的存在。一位妇女在高楼上擦玻璃，这位科学家偶然路过，这位妇女站在高层打开窗户的窗台上，用抹布和刷子清洁玻璃，看来十分危险，偶然经过这里的科学家感到一股凉气穿过全身，脚步停止，心脏抽搐，自己感到有什么东西会掉下来，于是科学家证明了人与人间“共同感受”的存在。

这位科学家为证明这种“共同感受”的存在，还做了科学实验：让一个人站在深渊边上（站在 10 米高的跳水台上），另一个人站在下面当“观众”。两个人身上都接上了记录肌电图，即肌肉生理电位的传感器。每人腰上都系了一根保险带。一人站到了跳台的边缘上，他身上的传感器向示波器屏幕发出了生物电位图，研究人员把它称作“坠落迹”。脚下 10 米深的空间，足以让肌电图描记器捕捉人对高度的感受。拉一下保险带，“坠落迹”即变成“静立迹”，与两人实验前站在地面上时记录到的“静立迹”一样。放松保险带，又会出现“坠落迹”，感到有坠下的危险。而站在地上当观众的人，则会为自己的朋友担心，他自己没有任何危险，没有从高处坠落的危险，他牢牢地站在地面，身体没有必要紧张……仪器应该没有感情色彩，而肌电图描记器的记录是，这位本身并没面临危险的观众的肌电生物电位，也与危险的前者一样，出现了站在高处的心理状态。补充调查证明，传递的不是“害怕坠落的恐惧”，即人对可能坠落的内部反应模型。“体内模型接力棒”，通过共同感受从一个人传给了另一个人。该文认为“共同感受”是人具有的无价之宝，而且世界上所有生物中，只有人才有这种感受。这表明，人见到他人遇险而自发产生的同情反应，已被苏联科学家用人体生物电证实其确实存在。所谓“共同感受”的人体肌电记录，实际上就是人和人之间的同情心的生理基础的科学记录。应该说，两千多年前的孟子虽然没有条件应用科学实验作证明，却也已通过朴素的观察、切身的体验，了解到这种不忍人之心、恻隐之心的存在。所以我们不应把孔孟、苏格拉底、柏拉图的这些思想当作唯心主义的谬论加以抛弃，而应合理地把它视作通过切身体会对实际存在的人际关系得出的正确结论。

总之，认真学习贯彻习近平主席考察孔府、孔子研究院的讲话精神，继承与弘扬中华优秀传统文化，完善中华优秀传统文化教育，就是要保存中华民族特有的标志，就是要捍卫中华民族固有的精神家园。

第六编

教育史学研究

“三个面向”与中国古代教育史研究*

教育史是教育科学的一个分支，也是教育科学理论的基础之一。中国古代教育史虽然研究的对象是中国古代教育的现象和客观规律，但是它以历史研究方法总结我国数千年来教育实践的经验和教训，直接为我国现实的教育改革服务。因此，如何按照“教育要面向现代化，面向世界，面向未来”的要求，努力提高中国古代教育史的教学质量和教育科学水平，是值得我们研究的课题。

“面向现代化”与古为今用

教育是人类社会赖以存在和发展的基础。从某种意义上说，教育是一个民族及其文化发展、进步的一种动力。在历史前进的长河中，教育作为社会文明再生产的重要手段，为推动人类文明进步发挥了巨大的作用。

我们的民族是伟大的民族，是很有作为的民族。在古代，我们的民族不仅创造了物质文明，也创造了精神文明。我国古代的精神文明，博大精深，它是靠教育一代一代传递并发展起来的。一部中国古代教育史，实际上就是讲自有文字记载以来的教育如何传递和发展我国古代精神文明的历史过程。在这个历史过程中，出现了举世闻名的孔子、墨子、老子、孟子、庄子、荀子、韩非、董仲舒、王充、郑玄、韩愈、柳宗元、王安石、胡瑗、张载、朱熹、陆九渊、王守仁、黄宗羲、顾炎武、王夫之、颜元、戴震等一群闪烁着智慧光芒的教育大师；出现了世界上最早的一部自成体系的古典教育学——《礼记·学记》；形成了比较系统比较深刻的道德教育理论、教学理论、师论、乐教理论、自学深造与人才成长的理论；在社会教育、家庭教育和幼儿教育等方面，积累了丰富的经验。我国古代创建了比较发达比较完备的学校教育制度、选士制度和考

* 本文系与毕诚同志合作，原载《课程·教材·教法》1986年第7期。

试、管理制度；我国春秋战国的私学、汉代的太学、唐代的专业实科学校、宋代的书院、元代的阴阳学等，都曾在世界古代教育史上占有极其重要的地位。我国古代教育不仅培养了一代又一代的政治家、改革家、理财家、军事家、哲学家、思想家、教育家、科学家、艺术家和文学家等，而且对于形成和发展中华民族的文化、民族心理、民族优良传统，以及促进各民族的融合与团结，促进外邦民族的精神文明进步等，都作出了杰出的贡献。所有这些，都是我们民族所创造而为全人类所共享的精神财富，是我们中华民族的功绩和荣耀，是我们中华民族为人类作出的巨大的历史性的贡献。

中世纪，西方人曾以宗教为精神生活的支柱，教育从属于宗教，是宗教的附庸；而中国却视教育为民族精神文明延续和发展的基础，把师生间的传道授业当作科学文化薪尽火传、继往开来的保证。因为我们中华民族具有重视教育的优良传统，所以数千年来，中国古代灿烂的文化不仅能一脉相承，历久弥新，而且我们教育的内涵，也较之世界上其他古老的民族更加充实而光辉。

历史是世代的延续和交替。可以设想，如果在我们今天的教育学科的理论体系中，能够吸收我国古代教育家探讨教育理论的有价值的认识，能够反映我国古代教育实践的优良传统和经验教训，用马克思列宁主义的观点分析、概括和评价如此生动丰富的具有中华民族特色的教育史料，那么我们的教育学科就一定会更充实、生动，具有民族形式和风格。建立具有中国特色的社会主义教育理论体系，很有可能是兼有我国古代传统教育的精华的崭新的理论体系。

我们的社会主义现代化建设，要广泛引进西方当代科技成果及先进的管理经验，同时又要抵制西方文化教育中腐朽东西对我们的侵蚀。为此，我们必须发掘自己民族传统文化教育中的精华，形成现代科技与我国优秀文化教育传统相结合的社会主义文化教育。

我国传统教育的一个突出特点，就是把道德政治教育放在首位。我国古代教育家往往借助于原始社会的思想和道德，提出一些虽然是空想，却超越了狭隘的阶级利益的思想和道德原则，并以此作为教育内容。孔子的“杀身成仁”，孟子的“舍生取义”，荀子的“德操”，墨子的“遵道利民”，董仲舒的“必仁且智”，王充的“疾虚妄”，等等，都曾在漫长的历史进程中教育、感染、熏陶了无数仁人志士。

“中国的长期封建社会中，创造了灿烂的古代文化。清理古代文化的发展过程，剔除其封建性的糟粕，吸收其民主性的精华，是发展民族新文化提高民族自信心的必要条件；但是决不能无批判地兼收并蓄。”① 中国古代教育史的“古为今用”，就是要突出地讲述我国古代教育理论与教育实践上的光辉成就，突出地讲述中华民族精神文明的优良传统，激发学生深厚的爱国主义热情，提高他们的民族自尊心与民族自信心，培养他们对中华民族的历史感、时代感和对教育事业的责任感，使他们从古代的“筋骨和脊梁”——“炎黄国魂”那里得到启示：我们这些“炎黄子孙”，在新的历史时期应该具有什么样的精神状态？何谓“国家的荣辱”与“民族的尊严”？如何继承与发扬中华民族优良的教育传统？如何为振兴中华民族的教育事业而献身？

同时，我们必须批判中国古代教育中的封建性糟粕。要以科学的态度，对我国古代教育的内容、形式、方法、原则等等进行审慎的分析与批判，总结出教育史上成功的经验与失败的教训，找出中国古代教育内在的带有规律性的东西，并加以改造。中国古代教育史教学与研究的目的，绝不是要引导人们向后看，发思古之幽情。历史是稳定凝结了的现实，现实是流动变化着的历史。研究祖国教育的昨天，正是为了今天和明天，为造就社会主义现代化的建设者服务，为社会主义精神文明的建设服务，为建立具有中国特色的社会主义教育理论体系服务。这应该看作当前中国古代教育史研究工作者落实“教育要面向现代化”的重要任务。

“面向世界”与洋为中用

教育史是人类文明史的一个重要组成部分。整个人类文明体系是由众多不同的民族文化类型组成的，在这些多样化的文化类型中存在着普遍的、必然的、错综复杂的联系。我们知道，任何一个民族的文化，都是发生、成长在相对稳定的地域之内的，但生长到一定程度，文明必然要突破固有的躯壳而向外传播，同周围的其他民族文化发生接触，这样，文化的输出和输入就成为历史的必然，整个人类文化也正是在这种交流中不断丰富和发展的，以产生一定意义上的新文化。作为一个礼仪之邦的文明古国，我国古代的教育实践与教育理论曾在世界上产生过深广的影响。在一千多年前，孔子的影响早已超出了国

① 毛泽东：《新民主主义论》，《毛泽东选集》第二卷，人民出版社 1952 年版，第 679 页。

界，“至圣无域泽天下，盛德有范垂人间”。自唐以来，我国古代就开始在官学机构中建立留学制度，为发展外民族文化作出了杰出的贡献。18 世纪末到 19 世纪，在欧洲各国逐步推行的文官考核制度就是吸取了中国古代科举考试制度的合理因素。有位研究东西方文化交流史的美国学者卜德认为，在西方推行的“文官”体系，是在精神文明领域里，中国对西方最重要的贡献之一。

中国古代文明还曾经给资产阶级启蒙运动提供了丰富的思想资料。启蒙运动思想家伏尔泰、孟德斯鸠等都曾从中国古代精神文明中吸取了丰富的营养。

与此同时，我国古代的文化教育也受到了世界各国文化教育的广泛影响。如我国唐代就开始了对佛经的大量翻译与传播，对我国传统经学产生影响，促进了古代教育的理论思维。宋代的书院在办学形式、教学方法上，也吸取了佛教的许多有益经验。明清时期西方科学文化的渗透和传播，对于我国古代教育内容及科举制度的改革也产生了积极的作用。文化交流史告诉我们，外来文化被接受、被消化的过程，实际上也是一个认识不断深化的过程。同时，一个民族对外来文化的接受总是有选择的。唐代援引佛教，目的是为巩固封建统治服务。我国古代教育史上对外来文化的吸收、消化和改造，是富有经验的，值得认真总结和借鉴。

毋庸讳言，虽然我国古代教育对促进世界文化交流和丰富本民族文化作出了巨大贡献，但是由于封建统治者长期采取“独尊儒术”的文教政策，特别是我国封建社会后期的统治者，闭关锁国，夜郎自大，排斥外民族特别是西方各民族的科学文化，造成了近两个多世纪以来教育落后的局面。同时，我们还必须认识到，由于我们民族固有的文化历史悠久，根深蒂固地根植于民众的心里，自然形成了对外来民族文化输入的抵制性。明清之际，西方科学技术在中国的传播，以及清末一些有识之士倡导学习西方科学文化和改革教育，社会思潮的斗争是相当激烈的，有的甚至要付出血的代价。

今天，如果我们能采用比较的方法研究中国和世界的教育发展史，研究古代中国与外国在文化教育方面的交流史，进行科学的总结，我们就可以把中国古代教育史上的成就放到世界范围的背景中去，看到中国古代教育实践与教育理论在世界教育史上的地位与作用。因为，在一定条件下，越具有民族性的东西，越容易走向世界，越具有世界性。同时，我们只有通过对历史的分析与比较，才能发现中国过去的不足和外国、外民族的文化教育的长处与特点，如西欧教育史上重视学术民主与自由，重视逻辑思维与雄辩术的训练，较早注重数学、外国语、自然科学的学习，强调教学方式、方法、手段的革新和教材的科学性，注意教育与生产之间的联系，重视教育理论和心理学理论的研究，等等，都是我国古代文化教育所不及的。我们对中国古代教育史的研究还很不够，至今还没有一部体系完整的学术价值很高的“中国古代教育史”专著贡献给世界各国，我国古代教育的伟大成就至今还不大被西方广大教育工作者所认识。因此，“面向世界”的任务对于我们从事中国古代教育史教学与科研的同志来说，是相当艰巨的。

我们缺乏“面向世界”的广阔视野和忽视整体的综合性研究，就会妨碍我们对中外教育发展史的共同规律的揭示，也就不符合“三个面向”对教育史学科提出的新要求。我们必须加强对中外古代教育历史的比较研究，加强对中外古代教育交流史的研究，总结古代教育史上的“洋为中用”与“中为洋用”的历史经验和教训，这应当是当前中国古代教育史工作者落实教育要“面向世界”的义不容辞的责任。

“面向未来”与革故鼎新

教育要面向未来，就是要尊重历史的辩证的发展规律。当前的教育改革不仅要针对现实，而且要考虑未来。

研究中国古代教育史，是“述而且作”的工作，是为建立新时期的教育理论体系服务的。我们的工作正是通过分析大量的史料，把握中国古代教育史实的总和，融会贯通，找出其中的内在联系，从而认识到各个历史时期的教育动态、潮流趋势，借以探求教育发展变化的客观规律及未来教育发展的方向。如果离开了这个目的，把中国古代教育史变成一堆逸事趣闻，那就毫无意义了。

恩格斯说：“在希腊哲学的多种多样的形式中，差不多可以找到以后各种观点的胚胎、萌芽。”① 同样，在我国古代教育制度与教育思想的“多种多样的形式中”，也“差不多可以找到”以后教育制度与教育思想的“各种观点的胚胎、萌芽”，只是古代教育制度与教育思想往往不是以系统的论证形式表述出来而已。

---

① 恩格斯：《自然辩证法》，《马克思恩格斯全集》第二十卷，人民出版社 1973 年版，第 386 页。

我们在研究中国古代教育的过程中，往往发现这样一些历史现象，如：当国家统一、政治安定、经济繁荣、当权者又奉行重视教育的政策时，教育事业就相应地得到发展；教育事业一旦发展，又反过来作用于政治与经济。当文教政策上的专制主义还不甚显露的时候，教育制度就可能有所创新，教育思想就比较活跃，甚至出现“群星灿烂”的局面；反之，教育制度就少有变革，教育思想就受压抑，甚至出现“万马齐喑”的局面。在改朝换代和社会变革时期，当人才价值观和用人政策发生变化时，教育内容、方式以及选士考试的形式就有进步，就会人才辈出。在文化禁锢比较松弛的时期，中外文化教育的交流就比较频繁且活跃，对中外文化教育事业的发展产生较为深刻的影响；反之，闭关锁国，交流中断，就不利于中外文化教育事业的发展。当科技发展推动新的教学手段出现的时候，就相应地影响到教学组织形式和教学方法的变化；科技作为生产力，只有通过教育的传递活动，它才能发挥出更大的社会作用。一个民族的知识分子越多，社会知识总的储存就越丰厚，涌现的杰出人才就越多，这个民族就越有希望。教育的改革往往是社会改革的序曲，而社会改革的深入与发展又推动了教育改革。

作为一门科学的中国古代教育史，不仅仅在于让人们认识中国古代教育的全部必然或偶然的现象，而且在于如何通过发现和探索这些现象找出其内在的规律。这种规律，对于我们今天乃至明天，仍然是不无裨益的。

“三个面向”向我们广大从事中国古代教育史教学和科研的同志提出了更高的要求，要求我们研究工作者必须站在当代社会生活和科学技术成就的新高度上搞科研。从事中国古代教育史教学和科研的工作者，应当不同程度地学习一些数学、信息论、控制论、系统论的知识，掌握现代电子计算机的应用技术，学会对情报资料、图书、文献的储存、检索、传输等方面的现代化技术，了解现代科学技术革命的发展状况和当代社会问题，熟悉各种社会思潮。还要具备用现代科学方法和手段从事研究的能力，具有一定程度的预测未来的能力，使我们的研究成果真正符合“三个面向”的需要。只有这样，我们古老的传统学科——“中国古代教育史”的教学与研究，才会出现生机勃勃的新气象，才具有时代气息，才能推进到一个新的水平。

（本文承毛礼锐先生指导，谨此致谢。）

关于“中国学校优良传统与学校发展研究”的一些思考*

西方民族是一个重理念的民族，犹太民族是一个重信仰的民族，印度民族是一个重出世的民族，而我们中华民族呢？中华民族的特点是入世的、历史的。历史在中国人心中有着极重要的意义。有人说，历史是中国人的宗教。在别的民族那里，由宗教提供的东西，在我们民族由历史提供。和其他文明古国相比，中国有着最悠久、最丰富、最完整的历史记录。有历史学者说，跟其他国家的史书相比，中国的历史书籍至少有两个特点：一是坚持真实性，不畏权势，秉笔直书；二是强调道德裁判，春秋笔法，意含褒贬。

胡锦涛总书记在中央政治局第九次集体学习时讲话说：“浩瀚而宝贵的历史知识既是人类总结昨天的记录，又是人类把握今天、创造明天的向导。一部人类文明史就是人类不断在以往历史的基础上有所发现、有所发明、有所创造、有所前进的历史。中华民族历来就有治史、学史、用史的传统。我们党一贯重视对历史经验的借鉴和运用。在新形势下，我们要更加重视学习历史知识，不仅要学习中国历史，还要学习世界历史，不仅要有深远的历史眼光，而且要有宽广的世界眼光。必须把深入理解国情，切实解决中国的问题作为立足点。站在世界文明发展的历史高度，进一步认清当今世界风云变幻的规律性趋势，进一步认清我国的基本国情和发展大势，更好地掌握加快我国发展的主动权。”

胡锦涛总书记这段话是很深刻的，对于我们研究教育史志、学校史志以及开展“中国学校优良传统与学校发展研究”，是有重要的指导意义的。胡总书记说，中华民族历来就有治史、学史、用史的传统，我们为什么要研究教育

* 本文原载《教育史研究》2008 年第 4 期，为作者在“中国地方教育史志研究会学校史志分会成立大会暨学校发展研讨会”上的发言稿。

史、学校史志？用司马迁的话说，是“述往事，思来者”；用《易传》的话说，是“彰往而察来”；用唐太宗的话说，是“知兴替，明得失”。我们学习和研究教育史，可以从历史的角度探讨各种教育思想、理论、制度、措施等是在什么样的历史条件下产生的，产生以后对社会起了什么样的作用；一些符合社会发展和教育自身规律的教育思想、理论、制度、措施等，对教育的发展和社会的进步是如何起推动作用的；而一些不符合社会发展和教育自身规律的教育思想、理论、制度、措施等，对教育的发展和社会的进步是如何起阻碍作用的；等等。探讨这些问题，可以加深我们认识教育与社会经济发展之间的关系、教育与政治及其上层建筑和意识形态之间的关系、教育的阶级性和社会性之间的关系、教育与人性变化以及人的全面发展之间的关系等，可以进一步深入认识教育的本质和规律性，总结历史经验教训，认清我国的基本国情、各地教育情况和发展大势，并借以预测未来教育发展的方向。

那么我们为什么还要研究学校史志呢？学校史志与教育史志又有什么关系呢？真实学校史志与教育史志的关系是十分密切的，校史其实就是教育史上的一个个“个案”、一个个“特例”。其实就是微观研究与宏观研究的关系，就是特殊性研究与普遍性研究的关系。如果教育史志研究的是教育历史上普遍具有的共同规律的话，那么学校史志研究的则是某段历史时期、某类性质学校教育具有的特殊规律。特殊规律包含着普遍规律，而普遍规律又存在于特殊规律之中。在一定场合为普遍规律的东西，在另一场合则变为特殊规律的东西，反之亦然。佛教《华严经》讲狮子毛里都有整个狮子，“一切即一”，“一即一切”，朱熹讲“人人有一太极，物物有一太极”，就是这个道理。

我们研究校史、学校史志，从一个个“个案”、“特例”即微观研究开始，积累了众多的“个案”、“特例”的研究成果，那么对那个历史时期的总体宏观研究一定会更准确、更科学、更全面、更深刻，整体研究水平就会更高。高水平的宏观教育史志的研究也必然为进一步进行学校史志的“个案”、“特例”研究提供正确的研究方向、宽广的研究思路和丰富的研究资源，这种辩证关系，符合辩证唯物主义与历史唯物主义，也符合我们今天常说的科学发展观，离开了辩证唯物主义与历史唯物主义也就不可能有真正的科学发展观。

下面我们简析近代中国的高等教育。

(一) 蔡元培与北京大学

蔡元培（1868—1940）1916年12月被任命为北大校长，开始对北大进行改革。(1) 转变学校性质从官僚养成所到研究高深学问的地方。“大学者，研究高深学问者也”；教师“以学诣为主”，选择教师的条件是：学问新、造诣高，“积学耐热心”。教学内容“循思想自由原则，取兼容并包主义”，所谓“兼容并包”，就是实行学术民主，百家争鸣，允许不同学派自由发展、自由讲学，并积极吸收国外最先进的科学文化。“大学应是囊括大典、网罗百家的学府”，“大学学生，当以研究学术为天职，不当以大学为升官发财之阶梯”。积极提倡组织社团、创办刊物、丰富学生的课余生活。(2) 建立新的学校领导管理体制——从少数人说了算到教授治校；设评议会，设各科（系）教授会，设行政会议，设教务会议和教务处，设总务处。(3) 采用选科制，从强求一律到发展个性，“教育者，与其守成法，毋宁尚自然；与其求划一，毋宁展个性”，主张因材施教。(4) 改革北大学科设置——从学术并举到以学理为主，坚持大学以研究基础理论为中心，而将发展应用科学的功能赋予专门学校。

蔡元培 1921 年在美国考察时发表演说，着重介绍了中国古代教育家孔子和墨子。他考察欧美后得出的结论是，理想的教育应包括中国传统的孔墨精神，加之英之人格教育，德法之专深研究，美之服务社会等。“大学教育应采欧美之长，孔墨教授之精神”，“照以上所述之欧美教育新法，与中国古代教授法……应参酌兼采”。①

（二）郭秉文与东南大学

1921 年 6 月东南大学在南京成立，这是中国近代除北京大学之外的第二所国立大学，首任校长是郭秉文（1880—1969）。如果说蔡元培在北大改革，遵循的是德国“洪堡传统”，那么，郭秉文在东南大学办学，则完全以美国大学教育制度为蓝本。(1) 学校领导体制——设校董事会，使学校从社会获得更多的、直接的支持和资助。(2) 学校系科设置——“寓师范于大学”，文理并重，学术并重，集文、理、工、农、商、教育于一体。(3) 学校中心工作——教育、科研、推广三者并重。(4) 学校经费——“公办民助”，数管齐下，多方筹集。强调学校与社会的联系，适应和满足社会需要，并依靠社会力量办学。

（三）竺可桢与浙江大学

1936 年 4 月竺可桢（1890—1974）受命担任浙大校长，至 1949 年 4 月卸

① 蔡元培：《在卜技利中国学生会演说词》（1921 年 7 月 19 日），高平叔编：《蔡元培教育论著选》，人民教育出版社 1991 年版，第 346—347 页。

任，历时十三年之久。在颠沛流离的岁月里，在极端恶劣的环境中，竺可桢以非凡的能力、坚毅的精神，苦心经营浙大，他立“求是”为校训，锐意改革，大力培育民主、自由的学术研究空气，将民族精神和科学精神有机地融为一体，形成了自己独特的办学思想。(1) 大学的目标——培养以天下为己任的领袖人才，“公忠坚毅能担任大任、主持风气、转移国运的领导人才”。(2) 大学的灵魂——荟萃一批以研究学问为毕生事业、以教育后进为无上职责的教授。(3) 大学的教学——培养有“求是”精神的通才。“求是”就是探索真理的奋斗精神，为科学献身的牺牲精神；“求是”就是不迷信盲从，不主观武断，保持清醒的科学头脑；“求是”就是掌握正确的研究方法。

竺可桢以理性和科学之光，以爱国主义和求是精神启迪了一届又一届青年学生。浙大学生身上所体现出来的爱祖国、爱民主、爱自由的崇高精神和朴素、严谨、求是的科研作风，如水乳交融，相得益彰。浙江大学、西南联大等，在当时代表了中国高等教育的发展方向，是我们民族的希望。

(四) 梅贻琦等与西南联大

1937年“七七”事变后，清华、北大、南开三校南迁长沙，合组国立长沙临时大学。但在长沙只停留了一个学期，1938年2月开始搬迁，师生分成两路：一路师生800余人经广州，取道香港，再乘船至越南海防而后进入昆明；另一路师生244人，包括闻一多、曾昭抡、袁复礼等教授，经湘西穿越贵州，全程3 360华里，经68天长途跋涉，平均每天步行65华里，最多一天曾步行90—95华里。1938年5月4日正式开学，改名为国立西南联合大学。到1941年西南联大发展为5个学院、26个学系、2个专修科、1个先修班的规模，全校教师350多人（教授、副教授占一半），学生约3 000人。当时一些教师通过努力，开出了较高水平的新课；很多老师抓紧一切时间，总结多年的教学研究所得，编教材、写论著；另外一些教师在科研方面也有突出的成绩，谱写出一首永垂史册的壮丽史诗。

“三校有不同之历史，各异之学风，八年之久，合作无间。同无妨异，异不害同；五色交辉，相得益彰；八音合奏，终和且平。”① 既弘扬了三校“科学与民主”的优良传统，又融会了北大的“民主自由”之风、清华的“严谨求

① 冯友兰：《国立西南联合大学纪念碑》，《三校堂全集》第二卷，河南人民出版社2001年版，第301页。

实”之风和南开的“活泼创新”之风。截至1946年解散，荟萃各个学科、专业的泰斗、顶级专家300余人，学生8 000人，毕业生3 800人。据不完全统计，联大师生后担任中国科学院、工程院院士有171人（学生92人），其中有杨振宁、李政道二人获得诺贝尔奖；赵九章、邓稼先等8人获两弹一星功勋奖；黄昆、刘东生二人获中国国家最高科学技术奖；宋平、彭珮云等人成为国家领导人，成为真正的“大师之园”。

杨振宁曾评价说：“西南联大是中国最好的大学之一。我在那里受到了良好的大学本科教育，也在那里受到了同样良好的研究生教育，直到1944年取得硕士学位。”西南联大能够结出丰硕成果的一个重要原因均是当时教授群体恰好是由30年代前完成中西教育的三代知识分子共同组成的。第一代是出生于19世纪末的那一批学者，以陈寅恪、傅斯年、刘文典、闻一多、朱自清等人为代表；第二代是20世纪初出生的那一批学者，以王力、唐兰、浦江清、钱端升、叶公超等为代表；第三代则是1910年前后出生的那一批学者，以钱钟书、费孝通、吴晗等人为代表。他们的身后都沉淀着深厚的国学的底蕴。不仅仅是老师，包括学生，都有一个共同的特点：他们自由的精神同时深受传统文化的熏陶，学贯中西，文化素养深厚。他们始终都坚定民族文化的主体性，致力于民族文化的传承、转化与创造，保持民族文化创造活力的理念与实践以及建构“刚毅坚卓”、“自强不息”的现代中国文化。

西南联大的璀璨辉煌不是偶然的，除了那一批无可替代的大师，我们可以追寻的最大启示源于创造力出自原创经典——通识教育。通识教育的根本是追问在任何时代、任何变迁下，最基本、最不会变的东西是什么。这些最基本的东西可以训练出最基本的思考能力，包括对人生问题、伦理问题的看法等等。通识教育的根本问题是要让我们的教育立足于中华文明的历史性根基之中。从西南联大历年学校及院系的课程设置表可以看出，其最重要的特色是设置共同必修课。在教育目标上，西南联大提倡“通才教育”。原则上共同必修课是所有学生必修的，“国文课”是首选，其次还有英文、三民主义、伦理学、中国通史、世界通史、社会学或者科学基础课目一门。

西南联大校务委员会常委会主席是清华大学校长梅贻琦（1889—1962），实际主持校政。人称“梅先生以艰苦卓绝的精神，从无疾言厉色，亦不慷慨激昂，默默地领导着大学的工作”。据冯友兰先生回忆：“梅贻琦跟教授相处得很好，常称大学者，有大师之谓也；校长的职务是率领职员为教授服务。”正是这种深刻的见地和作风使西南联大以“囤积教授”闻名于当时，得以和谐发展。梅贻琦在1941年4月出版的《清华学报》校刊第十三卷第一期上发表了一篇文章《大学一解》，此期是“清华大学三十周年纪念号上册”。他用《礼记·大学》中“大学之道，在明明德，在亲民，在止于至善”所谓“三纲领”来总结清华大学办三十年之经验。梅贻琦是首批“庚款”留美生，留美学电机工程，1914年毕业回国后任教清华，长期教数学、物理、英文等课，1926年作为物理系首席教授被选为教务长。1928年开始任“清华学生留美监督”常驻美国。1931年回国任国立清华大学校长。在《就职演说》中，他说：“孟子说：‘所谓故国者，非谓有乔木之谓也，有世臣之谓也。我现在可以依照说：‘所谓大学者，非谓有大楼之谓也，有大师之谓也。’我们的知识，固有赖于教授的教导指点，就是我们的精神修养，亦全赖有教授的 inspiration。”他学的专业是科学，而不是“人文”，更不是“中国人文”。他曾长期生活于、实践于美国高校，深知美国大学教育的现状、历史和理论。可是梅先生总结中国大学教育经验，却鲜明地、坚定地选用中国人文经典《礼记·大学》的原理，而不是选用他也深知的美国西方的原理，始终贯彻前者，而将后者放在比较、参考的位置上。他认为中国的大学教育，不是由中国本土的高等教育演化而来，而是自西方移植而来。但中国本土的高等教育与西方的大学教育，制度不同，精神相通，这是中外古今相通的教育的最大目的。教育的最大目的，属于人文精神，人文精神古今中外相通。在梅先生看来，大学精神之所寄，在于教师之树立楷模与学子之自身修养。所以在《大学一解》中他说：“古者学子从师受业，谓之从游，孟子曰‘游于圣人之门者难为言’，间尝思之，游之时义大矣哉。学校犹水也，师生犹鱼也，其行动犹游泳也，大鱼前导，小鱼尾随，是从游也，从游既久，其濡染观摩之效，自不求而至，不为而成。反观今日师生之关系，直一奏技者与看客之关系耳，去从游之义不綦远哉！”此语若出于章太炎、梁启超，或者马一浮、梁漱溟，一点也不奇怪，而出之于中国最为西化的清华大学校长之口，则非同寻常，他掌握的事实，是现实与历史的统一，理论与实践的统一，人文与科学的统一。①

今后学校教育如何发展。现在很多人说，“要走国际化道路”，“要与国际

① 参阅涂又光著：《中国高等教育史论》，湖北教育出版社1997年版，第330—355页。

接轨”。诚然，我们要向西方发达国家学习他们办教育的先进经验，如蔡元培引进德国经验改革北大，郭秉文引进美国经验创办东南大学。但他们也同时吸取了本国本土已有的传统精神。浙江大学的前身是“求是书院”，竺可桢不仅弘扬了传统的“求是”精神，还从古代书院中吸取了丰富的办学经验，如书院之自筹经费、自定章程、注重因材施教、鄙薄标准化教学、强调道德气节的修养、突出师生的情感交流等等，使其容易形成相对独立的学风。而西南联大提出“通重于专”，“学子自身之修养为中国教育思想中最基本之部分”，大学校要为社会秩序与民族文化建树风气，要恢复《论语》的善诱、《学记》的善喻、《孟子》的自得等等，大力弘扬中华民族的人文精神。

联合国教科文组织在《学会生存》一书中指出：“人类要发展，一方面要面向未来，另一方面要回到人类的源头，向我们的先辈吸取智慧。”我们从上述北大、东南大学、浙大、西南联大校史片断回顾中，可以体会到学校的发展也应遵循《学会生存》所阐述的精神。

我们希望蔡元培先生的大学理想能够实现中国传统的孔墨精神，加之英国之人格教育，德国法国之专深研究，美国之服务社会。但在此之前，如何协调西方教育体制与东方传统精神、政府行为与民间学术、人文修养与专才教育、大学规模与教学水平、思想自由与兼容并包，乃至大学的结构与主体、功用与义务，等等，值得认真研究。①

这些都是“中国学校优良传统与学校发展研究”中可以讨论的问题。抛砖引玉，谈得不妥之处，敬请批评指正。谢谢！

① 参阅陈平原：《中国大学百年》，《学人》第13辑，江苏文艺出版社1998年版。

中国教育史研究断想*

从沈、陈先生的仙逝谈起

1989 年 2 月 25 日上午 9 时，在我们中国教育史的“天空”上，一颗巨星陨落了，著名的中国教育史学家、我们敬爱的师长沈灌群先生离去了。1989 年 11 月 2 日上午 11 时，在中国教育史的“天空”上，又一颗巨星陨落了，著名的中国教育史学家、我们敬爱的师长陈景磐先生离去了。我的心情格外地悲凉，不禁想起了严复晚年给老友写的一首“无题诗”：“莫言天醉人原醉，欲哭声收泪不收。”在我操办陈景磐先生丧事的时候，哼出了这样两句：“冷月三秋心索寞，热肠九曲路苍茫。”从“冷月”到“热肠”，从“索寞”到“苍茫”。“问苍茫大地，谁主沉浮？”如果说黄绍箕、郭秉文被称为第一代中国教育史学家的话，如果说王凤喈、陈青之、陈东原、舒新城、孟宪承、邱椿被称为第二代中国教育史学家的话，那么沈灌群、陈景磐先生的离去，可不可说作为第三代中国教育史学家已经作出了巨大贡献，完成了他们的历史任务呢？我们的前三代学者，披荆斩棘，辛苦耕耘，艰难地开辟了中国教育史园地，奠定了中国教育史学的学科基础，作为他们的学生、后辈，应不应该继往开来，把先辈的事业进行下去，坚持到底呢？我忽然想起江泽民总书记的国庆讲话：“要积极吸收我国历史文化和国外文化中的一切优秀成果，坚决摒弃一切封建的、资本主义的文化糟粕和精神垃圾。当前在这个问题上，要特别注意反对那种全盘否定中国传统文化的民族虚无主义和崇洋媚外思想。”更感到第四代、第五代中国教育史学家们肩上担子的沉重。“天行健，君子以自强不息。”我们不能愧对伟大的时代，不能愧对前辈学者，虽然中国教育史学科历经坎坷，“不是一颗幸运的种子”，我们却愿它“顽强地开放出璀璨的花”。

---

* 本文原载《教育史研究》1990 年第 2 期。

大小气候与中国教育史研究

党的十一届三中全会以来，中国教育史研究走上了一条什么样的道路？国内外大小气候对中国教育史研究有什么样的影响？

十一届三中全会以来，中国教育史研究从恢复到开拓，由重建到创新，春兰秋菊，硕果累累。形成了一支中国教育史学术研究的梯队，开展了多层次的学术讨论、学术交流活动，学术空气空前活跃，一扫僵化沉闷的空气，破除了教条主义的封闭和极左思潮的迷雾。围绕新时期的社会改革与教育改革，中国教育史学者坚持四项基本原则，坚持改革开放，对中国教育史研究的目的与任务、指导思想、批判与继承的关系、教育史料与教育史的关系以及研究方法的开放与创新等问题进行了认真的思索，在如何开拓中国教育史学术研究领域以重建和振兴中国教育史研究方面，取得了可喜的进展，可以说走上了一条健康发展的道路。虽然在前进的道路上受到大小气候的影响，或晴间多云，或淅淅小雨，但他们从来没有宣扬过“河殇”，却始终唱着一曲“河颂”，他们从来没有鼓吹过“全盘西化”，却始终坚持“两脚踏中西文化，一心评宇宙华章”。

如果说不够的话，那就是坚持改革开放还不够，门还没有大开，思想还不够解放，步子迈得还不大，研究队伍的规模还小，素质还不高。在当前现代化建设的新时期，中国教育史研究在社会改革和教育改革的日益深入、其他学科包括其他兄弟教育学科的迅猛发展这两股潮流冲击下，正面临着前所未有的新挑战。

中国教育史研究范围将进一步拓宽。中国教育史研究在体例与方法上将要突破旧有框架与模式。将要加强中国教育史学理论的研究。中国教育史还将要加强学术间跨学科、跨地区甚至跨国度的学术协作。中国教育史研究队伍素质——理论水平、知识结构、思维结构、致思方式——将逐步提高。中国教育史研究方向将由服务于教学而转向多元化，转向社会发展与文化建设需求等方面，对于批判民族虚无主义、全盘西化和资产阶级自由化思潮，推动光大弘扬民族教育传统与灿烂文化，对于促进当今教育改革、为现实教育改革政策和方针的制定当好历史顾问，发挥其社会功能。

中国教育史研究将有一个广阔的发展领域和前景，随着时代的进步和发展，它也将不断地更新自己。中国教育史学者仍然要继承和发扬十一届三中全会的精神，坚持实事求是、解放思想、开放搞活，密切关注“天气预报”，严防大小气候的干扰，沿着三中全会以来开创的道路继续前进。

猴体解剖与人体解剖

恩格斯说：“马克思的整个世界观不是教义，而是方法。”① 方法论实际就是运用哲学理论进行指导的方法，又是评价、衡量研究历史人物及其思潮等的标准或总尺度，对于马克思主义的学者来说，这个理论方法就是辩证唯物主义与历史唯物主义。

方法论在中国教育史研究工作中居于首要的位置。一项研究工作的成败，它具有决定的意义。如果不能正确使用历史唯物主义的理论方法，则不可能得出实事求是的结论。所以必须砥砺自己的理论水平，不然就无法检验古人教育思想的理论价值和阶级意义。用孟子的话就是“枉尺而直寻”，意思是弯曲的尺子不能够量出只有一寻（八尺）高的垂直距离来。实际上弯曲的尺子已不能作为量度的标准，而误解了的方法论也必须得到纠正。

中国教育史学者一方面用自己的现实生活经验和智慧的钥匙，去开启历史迷宫的大锁，如同法国历史学家马尔克·布洛赫所说：“历史学家的匠心和才能，是对活着的事物的理解能力。”② 另一方面又运用以历史反思中获得的智慧的钥匙，去揭示现实矛盾的秘密，人们在变革时代面临的种种现实困难和症结往往通过追溯历史渊源才能理解和认识。因此，我们说一方面，人体解剖是猴体解剖的钥匙；另一方面，猴体解剖又是人体解剖的钥匙。正是他们以这种双向的思维反馈作为自己的基本研究方法，并以此来为社会作贡献。

契诃夫说：“作家对于生活的感受，应当如同一只年轻的猎狗，始终那么好奇，那么嗅觉敏锐，那么容易激动，那么穷追不舍。”③ 中国教育史学者不也是凭借着他那双在实际生活中经受考验的眼睛去审视历史的吗？不也是经由这双眼睛透过黑洞洞的历史之窗去发现对当代人具有示警意义的道理吗？中国教

---

① 恩格斯：《致威纳尔·桑巴特》（1895 年 3 月 11 日），《马克思恩格斯全集》第三十九卷，人民出版社 1974 年版，第 406 页。

②③ 转引自萧功秦：《历史：经由我们的眼睛——我是怎样写〈儒家文化的困境〉的》，《书林》杂志编辑部编：《历史：经由我们的眼睛——我和我的书》，知识出版社 1989 年版，第 119、120 页。

育史学者是人类命运和中华民族命运的职业观察家，他们深刻理解中华民族的苦难以及中华民族为求得新生而付出的巨大牺牲，所以他们更珍惜今天，也更向往未来，他们懂得生命有尽，学问无边，不许一日闲过。正如王国维在其《蝶恋花·阅尽天涯离别苦》中所说："最是人间留不住，朱颜辞镜花辞树。"

反思与回顾*

党的十一届三中全会以来，随着国运的兴盛，教育学术界也活跃起来了。中国教育史学科也和教育科学中的其他兄弟学科一样，从恢复到开拓，从重建到创新，春兰秋菊，别开生面。

首先，恢复了它在高等师范院校教育系的课堂教学地位，并加强了学术研究，出版了一批教材、专著和论文集。继正式出版60年代初编写的、全国文科教材计划规定的整套中国教育史教科书后，又有各种版本的教育简史、古代、近代和现代教育史的新编教材相继问世。还陆续出版了多卷本的中国教育通史、封建教育史、教育思想史、书院史、高等教育史、师范教育史、教育思想论丛、教育史比较研究、老解放区教育史等专史以及历代教育家评传和其他专著。还新编选了一批学制史料、教学参考资料，并开始对教育古籍进行系统整理，《中国古代教育文献丛书》也已出版了第一批成果。可以说，“触目见琳琅珠玉”。

其次，初步形成了一支中国教育史教学与学术研究团队。老专家学者心情舒畅，思想解放，摆脱了“政治运动”带来的种种镣铐枷锁的束缚，带头编写教材、专著和学术论文，并热心培养中青年学者。中青年学者更是青春焕发，勇往直前，不但成为教学骨干，也逐渐成为学术研究的中坚。更可喜的是，十年来我们培养了历史上首批中国教育史学科的博士生、硕士生，他们是我们事业的希望，他们已写出很好的学术论文和专著，受到教育学术界的关注。青年学术研究人才的茁壮成长，显示了中国教育史学科的后继有人与巨大进步，使中国教育史研究园地充满生机。

再次，开展了多层级的学术讨论、学术交流活动，一扫僵化沉闷的空气，

* 本文系与毛礼锐先生合作，原载《教育研究》杂志编辑部编《党的十一届三中全会以来中国教育科学的回顾与展望》，教育科学出版社1988年版。

学术界空前活跃，破除了教条主义的封闭和极左思潮的迷雾。十一届三中全会提出的实事求是、解放思想的思想路线，以及随着"对外开放，对内搞活"等基本国策的确立和贯彻，经济体制、政治体制和其他方面改革蓬勃发展；在此期间，邓小平同志提出了"教育要面向现代化，面向世界，面向未来"的要求；从党的十二大制定在建设物质文明的同时也要努力加强社会主义精神文明建设的战略决策，到十三大提出"百年大计，教育为本"。所有这些，对中国教育史的教学和学术研究调整方向和进一步改进与完善指导思想产生了巨大影响。围绕新时期的社会改革与教育改革，中国教育史的工作者对这门学科研究的目的与任务、理论与方法进行了认真的思索。在如何开拓中国教育史学术研究领域以重建和振兴中国教育史学科方面，取得了可喜的进展。

一、关于研究目的与任务

中国教育史研究的目的和任务是什么？它与其他学科有何区别？这是一个有争议的问题。经过十年的研究与探索，多数学者认为，中国教育史是教育学科的一个分支，也是教育学基本原理的基础之一。它是应用历史唯物主义的观点，研究中华民族有目的、有计划、有组织的教育活动的历史，研究中华民族教育实际和教育理论发生、发展、演变过程的历史规律。所谓教育实际，包括各个历史发展阶段的文教政策、教育实施、教育制度的发展演变、社会上的教育变革与教育家的教育实际活动等等。所谓教育理论，包括历代教育家的教育思想、理论、教育思潮以及教育流派的理论等等。教育实际与教育理论的发展演变，既受当时社会政治、经济、哲学、宗教、文化、科学等条件的制约和影响，又有着前因与后果，同对前一时代的教育的继承分不开，具有自身发展的历史逻辑和时代特点，具有其复杂的相因继承关系。教育理论是客观教育史实、教育实际活动在思想与理论上的反映，教育理论又给予教育实际以指导与影响。这两方面是紧密联系、相辅相成的，共同反作用于中国社会，影响着中华民族的生存和发展。

有学者认为，中国教育史的"古为今用"，就是要突出地论述我国历史上教育理论与教育实践的光辉成就，突出地论述中华民族精神文明的优良传统，激发人们深厚的爱国主义热情，提高他们的民族自尊心与民族自信心，培养他们对中华民族的历史感、时代感和对教育事业的责任感。同时，我们必须批判中国教育史中的封建糟粕。要以科学的态度，对我国历史上的教育内容、形式、方法、原则等等进行审慎的分析与批判，总结出中国教育史上成功的经验与失败的教训，找出中国发展史上内在的带有规律性的东西并加以改造。研究中国教育史的目的，绝不是要引导人们向后看，发思古之幽情。研究祖国教育的前天和昨天，正是为了今天和明天，为造就社会主义现代化的建设者服务，为社会主义精神文明建设服务，为建立具有中国特色的社会主义教育理论体系服务。我们中国视教育为民族精神文明延续和发展的基础，把师生间的传道授业当作科学文化薪尽火传、继往开来的保证。因为我们中华民族具有重视教育的优良传统，所以数千年来，中国古代灿烂的文化不仅能一脉相承，历久弥新，而且我们教育的内涵，也较之世界上其他古老的民族更加充实而光辉。历史是世代的延续和交替。如果在我们今天的教育学科的理论体系中，能够吸取我国历史上教育家探讨教育理论的有价值的认识，能够反映我国历史上教育实际的优良传统和经验教训，用马克思主义的观点分析、概括和评价如此生动丰富的具有中华民族特色的教育史料，那么我们的教育学科就一定会更充实、更生动、更具有民族形式和民族风格、民族特色。

我国的社会主义现代化建设，要广泛引进西方当代科学技术成果及先进的管理经验，同时也要抵制西方文化教育中腐朽东西对我们的侵蚀。为此，我们必须发掘自己民族传统文化教育中的精华，形成现代科学技术与我国优秀文化教育传统相结合的社会主义的新文化新教育。在这方面，中国教育史工作者也应作出自己的贡献。

二、关于研究的指导思想

十一届三中全会以来的拨乱反正，使中国教育史学界开始破除教条主义和极左思潮套用历史唯物主义和阶级分析观点所形成的教育史学政治化、哲学化的倾向。但是，要不要历史唯物主义作为中国教育史学科的指导思想呢？多数回答是肯定的。他们认为，辩证唯物主义与历史唯物主义，是科学的世界观和方法论，也是我们研究中国教育史的指导思想。

所谓坚持历史唯物主义的要求，就是要坚持把所研究的问题放到一定的具体历史范围之内，努力还原本来的历史面貌。我们在分析中国教育史上的任何一个问题时，要坚持把它放在当时的具体的历史条件下，用历史的态度去考察它，具体情况具体分析，注意到教育现象与政治、经济、哲学、文化、宗教、科技、民族、人口发展、对外文化教育交流等诸方面的相互联系、相互依赖、相互制约、相互作用的关系，也注意到教育自身发展的历史逻辑和继承、积累的过程。我们在评价历史上教育家的功过得失时，要注意到他比他的前辈是否提供了新的东西，而不是根据他是否提供了现代所要求的东西。

我们也要坚持阶级分析，因为阶级分析是历史唯物主义观察社会、认识历史的主要方法。但不能简单化、公式化，到处贴阶级“标签”。学者们认为，一个教育家的阶级立场、政治观点与其教育观点、教育理论是密切联系的。因为在阶级社会里，任何一个教育家办教育总是代表一定的阶级利益并为一定的政治服务的。但是教育是一个复杂的社会现象，它既有属于上层建筑的部分，也有非上层建筑的成分。那些不属于上层建筑部分的教学理论、教学经验、教学原则方法和技术、教学制度等，虽然可能沾上一些阶级偏见，应当给予分析和鉴别，但总的来说，这些经验有不少是值得借鉴和参考的，决不能因为某一教育家的阶级立场和政治观点是保守或反动的，而一概加以排斥或全盘否定。另一方面，一些具有进步政治立场、观点的教育家，其教育观点是否都是进步的和可取呢？也不尽然，需要我们对具体问题进行具体分析。一个教育家的政治立场、世界观同他的教育思想、教育理论是有联系的，但也是有区别的；一个教育家的整体教育思想体系同他的具体教育经验是有联系，但也是有区别的。应该看到，教育家的教育思想、教育观点主要来源于它的丰富的教育实践。由此看来，我们对于一个教育家教育思想的分析和评价，必须实事求是，分别不同的情况进行具体分析，切忌套用一个固定的公式，那是不合历史唯物主义的求实精神的。

有的学者认为，教学方法或教学组织形式是比较复杂的教育现象。在阶级社会里，一方面，在一定的历史发展阶段上，是贯彻统治阶级的教育方针、教育目的及教育内容的途径，随着教育方针、教育目的和教育内容的改变而改变；但是另一方面，教学方法又是教师教学经验的积累，是对年轻一代传授知识的手段，是一个由不完善到完善、由简单到复杂的发展过程，它有很大的继承性和延续性。如果只看到教育方针、培养目标和教学内容对教学方法制约的一面，而忽视了教学方法的继承性、延续性和相对独立性的一面，也是违背实事求是精神的。我们对待具体不同的教育遗产，切忌“一刀切”的公式主义，而应该坚持具体问题具体分析的历史唯物主义。

我们研究中国教育史，需要马克思主义的历史唯物主义指导；同时我们研究中国教育史，对于学习、掌握和丰富、发展马克思主义的历史唯物主义也很有意义。我们研究中国教育史，可以从历史的角度探讨各种教育现象是在什么样的历史条件下产生的，产生以后对社会起了什么样的作用；历史上旧有的教育制度与教育理论是怎样被新的教育制度与教育理论所代替的；过时的教育制度与教育理论在各个历史时期是怎样拖后腿、纠缠着人们的头脑的；而一些符合时代发展的具有人民性和民主性、科学性的教育改革经验及优秀教育遗产，又是怎样被后人所继承和发展的；如此等等。探讨这些可以加深认识教育与经济基础之间的关系，教育与政治、哲学及其他意识形态之间的关系，教育的阶级性与社会性之间的关系，教育与人性之间的关系，可以进一步深入认识教育的本质和规律性，总结历史经验教训，并借以预测未来教育发展的方向。这对于我们深入学习、掌握乃至于丰富、发展历史唯物主义和马克思主义教育科学是颇有益处的。

三、关于批判与继承的关系

极左思潮泛滥时期，一切都以“破”字当头，“批”字开路，以为批判就是“骂倒”，批判就是目的，批判就是革命。经过拨乱反正，中国教育史工作者有了相同的理解，认为批判即分析，批判即是一个一分为二的分解的过程。用恩格斯的话来说，批判就是“剥削”那些被裹在唯心主义形式中的“成果”的过程。① 用毛泽东的形象语言来说，批判如同“消化”食物，“把它分解为精华和糟粕两部分，然后排泄其糟粕，吸收其精华”。② 用哲学语言来说，批判不应是形而上学的否定，而是辩证法的否定。列宁说：“辩证法的特征和本质的东西并不是单纯的否定，并不是任意的否定”，“而是作为联系环节、作为发展环节的否定，是保持肯定的东西的，即没有任何动摇、没有任何折中的否定”。③ 所以批判也就包含着继承，而继承又不是简单的肯定，是包含在否定

---

① 恩格斯：《自然辩证法》，《马克思恩格斯全集》第二十卷，人民出版社 1973 年版，第 539 页。

② 毛泽东：《新民主主义论》，《毛泽东选集》第二卷，人民出版社 1952 年版，第 678 页。

③ 列宁：《哲学笔记》，《列宁全集》第三十八卷，人民出版社 1963 年版，第 244 页。

中的肯定。从教育发展的历史过程来看，教育史上的这种批判继承关系是十分明显的。社会主义教育是对历史上剥削阶级、统治阶级教育的传统制度、传统观念的彻底否定，同时社会主义教育又绝不能离开人类教育发展的大道，不能脱离人类历史上教育实际与教育理论中一切有价值的东西。所以我们不能把批判与继承绝对对立起来，而应该把二者辩证统一起来。

列宁说："马克思主义的这一革命的无产阶级思想体系赢得了世界历史性的意义，是因为它并没有抛弃资产阶级时代最宝贵的成就，相反地却吸收和改造了两千年来人类思想和文化发展中一切有价值的东西。"① 列宁这里讲的"吸收和改造了两千年来人类思想和文化发展中一切有价值的东西"，当然也包括了中国教育史遗产中一切有价值的东西。

中国教育史记录了伟大的中华民族在漫长的岁月里有目的、有计划、有组织的教育活动的历程，反映了中华民族的智慧。在中国教育史上，从孔子到陶行知，涌现出了许多重要的教育家和教育流派，代表着教育理论不断发展演变的各个阶段。同时，我国历史上还创建了比较完备、比较系统的教育制度、选士制度、考试制度，把培养人才与选拔人才紧密结合起来，逐渐形成了中华民族独立的教育传统和独具特色的教育模式，它有较深厚的根基，较持久的影响力。中国历史上优秀的教育遗产，不但是我国教育史中的精华，也是对世界人类文化宝库和世界教育史的重大贡献。对于这些我们应当在马克思主义指导下批判地加以继承，并使其在新的科学理论的基础上加以发展。我们不应当妄自菲薄，以为自己民族传统的东西统统不如人家。中国教育遗产中有许多好的东西应当去发掘和整理，那是一个无限丰富的宝藏。可以设想，建立具有中国特色的社会主义教育理论体系，很有可能是兼有中国传统教育精华的崭新的教育理论体系，它必将在世界教育史上放出异彩。

四、关于教育史料与教育史学的关系

如何对待史料？是一个大问题。学者们认为，过去提出过"以论带史"、"论从史出"、"史论结合"的说法，都是很不严密、不正确的，容易引起混乱。

---

① 列宁：《论文产阶级文化》，《列宁全集》第三十一卷，人民出版社 1958 年版，第 283 页。

研究中国教育史不能不注重史料，史料的范围很广，有史书，有各类的档案文卷，有考古出土的文物，也包括流行民间的各种传说传闻。搜集史料不容易，鉴定和整理运用史料更不容易。我们在研究历史时，应尽可能详细地占有史料，认真地进行审查和鉴别。研究外国教育史要注意把握最能说明问题的史料，不要把不重要的史料罗列一大堆，要善于把握教育史实的总和。要描绘出中国教育发展史的实际生活历程，就不应是僵死的史实的堆集。而且，也不能说只要注重史料、在史料上下功夫，就算完成研究任务了。研究中国教育史的目的，是了解中国教育史发展的实际过程和基本线索，借以探求教育发生发展演变的历史规律及未来教育发展的方向。所以我们还应该在教育史学上下功夫。所谓教育史学，就是在研究教育史料的过程中，找出其中的内在联系，融会贯通，认识到各个阶段的教育动态、潮流趋势，从中找出中国教育发展的基本历史线索，借以探求中国教育发展史的客观规律。如果只注重教育史料，不弄清各个历史阶段的教育动态、潮流趋势，那就会把教育史料变成无用的东西；如果只注重教育史学，而不在教育史料上下功夫，那研究的中国教育史必然不是真实的历史。所以必须二者兼备，把教育史料与教育史学辩证地统一起来。

五、关于研究方法的开放与创新

多数中国教育史工作者认为，中国教育史研究不应自我封闭，而应成为一个不断开放的体系。我们不能关起门来研究中国教育史，而应密切注意当代教育科学及其他各兄弟学科的新成果、新动向，要善于借鉴与吸取教育科学及其他各兄弟学科的新成果、新理论和新方法，以加深和丰富中国教育史学科的研究。我们还要注意从相邻学科那里汲取丰富的营养，如中国史学、中国政治史、经济史、文化史、思想史、哲学史、伦理学史、美学史、文学史、艺术史、科技发展史、经学史、宗教史、军事史、心理学史、古文字史、考古学以及世界教育史等等。中国教育史与其他教育科学各兄弟学科及其他相邻学科有着不可分割的关系，它们互相渗透、共同发展。此外，对于国外和港台的有关学术成果，我们也不能采取故步自封的态度。在海禁大开的今天，任何一门学科，只有取精用宏，放眼世界，才能更上一层楼；而孤陋寡闻，蔽于一叶，是难以产生上乘学术成果的。当代海外史学界，一个重要趋势是历史研究（包括教育史研究）与其他社会科学、人文科学相结合，自然科学向社会科学、人文科学渗透。历史资料的整理，日趋电脑化。在研究方法上，信息化、系统论、控制论以及计量分析等现代科学已被引入历史研究的领域，人类学、社会学、政治学、人口学的理论与方法逐步被运用到历史研究之中。中国教育史研究工作越来越注意到这些情况。有些新方法，已经被一些学者逐步试验引进到中国教育史研究中来。

十年来在重建和振兴中国教育史学科方面，学者们就上述一些带有根本性的理论问题与方法问题进行了深入的探讨，这些积极的进展，奠定了今后中国教育史研究进一步开展和前进的基础。所以说，过去的十年是胜利的十年，开拓的十年，创新的十年，进步的十年，也是难以忘怀的十年。

当然，与哲学的热潮、文学的勃兴和经济学的兴旺相比，十年来中国教育史学科进展的步子还不是很大。在现代化建设的新时期，中国教育史研究在社会改革和教育改革的日益深入、其他学科包括其他兄弟教育学科的迅猛发展这两股潮流冲击下，正面临着前所未有的新挑战。中国教育史工作者怀着时代的紧迫感和使命感，在已经过去的十年成果的基础上，正满怀信心地迎接未来的十年。

未来的十年，中国教育史研究将要进一步适应社会改革、教育改革的步伐，其研究重心似应由纯学术性的史学研究与分析等转向对传统教育的深层结构、特质、价值的反思与检讨，同时也对中国教育史学本身进行深刻的改革，它将主要表现为以下几个方面。

（一）中国教育史研究范围将进一步拓宽。从中国教育史学科发展方向来看，今后一方面要继续加强综合性研究，即把历史上的教育现象放到中国社会极其复杂的系统网络中进行综合考察，加强中国教育通史的研究，加强中国教育史的教材建设与资料建设。另一方面则更要加强专门课题的深层研究。既要从教育历史发展的纵向进行深层研究，撰写出多个历史时期的教育专史；又要从教育历史发展的横向进行开拓，创建新颖的教育专题史；还要将中国教育史放在世界教育发展的广阔背景、与人类文明全景的相互关系中进行比较研究，创立与其他学科相结合的交叉性的专著。中国教育史学科研究的领域是十分广阔的，随着时代的发展，它的内容越来越丰富，专门研究越来越深入细致。如果我们在专门研究的基础上，再进行更高层次的综合研究，那么我们高层次的综合研究的内容就将会更充实，我们便有条件对中国教育发展的历史规律作出更深刻、更科学、更真实的总结。中国教育史研究也将更能充分发挥其社会功能。

（二）中国教育史研究在体例与方法上将要突破旧有框架与模式。中国教育史学知识结构和中国教育史家的思维结构、致思方式等也将逐步改变；将更加注意汲取现代哲学、文化学、人类学、自然科学研究中的新理论、新成果和新方法；将更加注意从现代学术思潮的成果中汲取丰富的营养；将要逐步试验从新的角度、新的层面、新的方式开展研究，研究理论、研究方法将要进一步改革与创新。

（三）中国教育史研究方向应由服务于教学而转向多元化，似乎还应转向社会发展与文化建设等需求方面。由于商品经济意识的渗透，中国教育史的研究也开始蕴孕着学术竞争机制，一些陈旧过时的课题自然趋于淘汰，而有利于商品经济发展需要的新颖研究课题有待开发。如在中国教育史研究中，注意开发“经世致用”、“实事之效”、“事功”、“功利”等积极思想的课题，是有利于开拓的新局面、有益于当前的改革潮流的。此外，我们还要注意向海外学术发展方向瞄准。因为维系台湾海峡两岸炎黄子孙的主要纽带，是中华民族的传统文化和传统教育。中国教育史研究对于促进祖国统一大业的完成，将有重要的现实意义。

（四）中国教育史研究将要开展横向联合，加强学术间跨学科、跨地区甚至跨国度的学术协作。中国教育史学科的发展已经进入新的时期，它需要更为广阔的学术背景作为基础，既要在内容范围上拓宽，更要在理论和方法上革新。因此除了与国内社会科学、人文科学和其他学科建立横向联合外，还应与国外有关的学术团体和学者专家进行国际性的合作。我们应促进中国教育史学者与国内外学术界进行学术交流和协作，促进中国教育史研究走向世界、走向未来。

（五）中国教育史学者将要加强中国教育史学理论的研究。在中国教育史的研究史上，不仅教育历史的理论研究薄弱，而且对于教育史所固有的范畴、范畴的逻辑体系和范畴的逻辑发展过程也缺乏哲学思考。当代中国教育史学者越来越感到这是非常重要和亟待进行的课题。今后我们将用马克思主义哲学作为指导，对历史上的教育史研究进行理论总结，写出符合新时代需要的教育史学理论著作，作为教育史学改革的一个重要组成部分。我们将要对教育史的研究对象、范畴和理论体系、教育史的认识过程和特点、教育史的社会功能——方法论和价值论、教育史学科的性质和分支结构及其他学科的关系、教育史研究的历史演变和未来发展、教育史学工作者的素养等等问题，展开深入的讨论和系统的研究，逐渐做到历史和逻辑的统一。教育史学理论不仅是为教育史学工作者加强再现教育历史的主体意识，而且也是为教育史的广大服务对象学习和应用教育史研究成果，提供认识论方法论的指导。教育史的理论研究将是中国教育史学科改革前进的一个关键，也是中国教育史学科健康发展的一个重要条件。

未来的十年，我们仍然要继承和发扬十一届三中全会的精神，坚持实事求是，解放思想，开放搞活，这是中国教育史研究进一步摆脱经院式的教条主义的束缚，冲破教育史学家狭隘价值观念，逐渐使研究方向真正面向商品经济社会发展的需要，突出提高民族文化素质、民主政治、尊重科学、肃清封建主义传统方面的课题研究。认识、理解、反思历史传统，最终目的在于引导人们从传统中走出来，改革现实，开拓未来。因此中国教育史研究人员应当肩负现代和未来教育的启蒙任务，应当具有强烈的历史责任感和时代精神。

总之，随着时代的进步和发展，中国教育史研究将有一个广阔的发展领域和前景。我们要面向未来，不断探求新路。

疑古与走出疑古*

20 世纪还有最后的一年多时间就要结束了。从前冯友兰先生在撰写《贞元六书》时曾经说过："况我国家民族，值贞元之会，当绝续之交。""贞元"者，纪时也，即所谓贞下起元。冯先生所说贞元之时是指抗战建国，而以世纪来说，现在就是又到了一个"贞下起元"的时候了。21 世纪即将到来，回顾历史，展望未来，是每个人的共同心愿，是历史要求我们承担的责任，也是时代赋予我们的特殊机遇。

回首过去，从方法上说，大概可以认为，是疑古思潮作为一个主流影响了将近百年的史学研究。这里所说的史学是广义的，也就是我们常说的国学，包括哲学史、文学史和古代史等学科。正如徐旭生先生在《中国古史的传说时代》中所说："近三十余年，疑古学派几乎笼罩了全中国的历史界……当时在各大学中的势力几乎全为疑古派所把持。"

顾颉刚先生的疑古思想在 1920 年前后已经很明显，他的著名的《与钱玄同先生论古史书》写于 1923 年 2 月 25 日，原刊于《努力》增刊《读书杂志》第 9 期，1926 年收入《古史辨》第一册，由朴社出版。1926 年至 1931 年由顾颉刚主编出版了《古史辨》第一至三册，1933 年由罗根泽主编出版了第四册，1935 年又由顾颉刚主编出版第五册，1938 年由罗根泽主编出版第六册，1941 年由吕思勉、童书业主编出版第七册。后来有计划编著第八册，专收历史地理方面的文章，没有完成。自 1923 年至 1941 年，共 19 年，《古史辨》共出版了 7 大册，其中《古史辨》第一册到 1937 年已印行 19 版，并被翻译成英、日等文本，这是疑古思潮的全盛时期。而即使是在新中国成立后的几十年间，徐旭生先生所说的情况也有很大程度的延续，其影响至今还在，如美国华裔学者许倬云所说：现代史学研究"几乎无法避免以这种或那种方式受到《古史辨》这

* 本文原载《中国文化研究》1999 年第 1 期。

部学术巨著的影响”。

疑古在中国有着久远的根源，在宋代已经开始，宋明及清代都曾流行，有其代表人物和代表著作，也有其各自不同的具体背景。二三十年代兴起的疑古思潮，有人认为是受日本和西方学术影响之故，这是不对的。顾颉刚先生自己也说：“我的《古史辨》的指导思想，从远的来说，就是起源于郑（郑樵）、姚（姚际恒）、崔（崔述）三人的思想，从近的来说，则是受了胡适、钱玄同二人的启发和帮助。”

二三十年代的疑古思潮，较之前代，成就尤其巨大。美国华裔学者余英时说疑古学派“第一次有系统地体现了现代史学的观念”。德国学者吴素乐称古史辨是“中国一次科学论战的结果”，是把中国传统治学方法和西方科学的治学方法结合成了中国历史学的崭新方法。李学勤先生也说，谈疑古学派，首先要看到它的巨大成绩，疑古思潮是对古书古史的第一次大反思，从思想上帮助人们冲决信古的、封建的罗网，有很大的进步意义，和后来的“打倒孔家店”也有联系。

谈到疑古思潮，不能不提到《古史辨》，不能不提到胡适、顾颉刚。张岱年先生说过：胡适先生喜爱龚自珍的诗句“但开风气不为师”，他在文化问题上倾向于“全盘西化论”，而在整理国故方面作出了多方面的贡献。这与我们有些人虽不主张全盘西化，却又于国学无多贡献的情况，恰成一个对比。对于这位国学大师，相信还有很多东西值得我们进一步研究。

顾颉刚先生所创建的古史辨派在50年代初受到批判，“文革”中又受到不公正待遇。他一生留下200多册、400多万字的读书笔记，晚年仍主持标点《二十四史》，整理《尚书》。他勤奋钻研的一生永远是我们学习的典范。在学术上，美国史学家施奈德评价说：“顾颉刚是现代中国最卓越的史学家之一，是儒家偶像的破坏者和主张史学改革的人。”“顾颉刚的反传统主义有革命的成分，而他对中国学术的贡献，也就是他对20世纪中国革命过程的贡献。”苏联史学家越特金说：“顾颉刚为创建中国现代历史学奠立了第一块基石。”疑古学派在国外也产生了较大影响，据统计，国外研究疑古学派的有40家以上，各种文字的著述有100余种。在1993年召开的“顾颉刚先生诞辰100周年学术讨论会”上，胡绳代表党和政府对顾颉刚先生的学术贡献给予了肯定的评价。

疑古学派所取得的成就是巨大的，有些成就不论是现在还是将来，恐怕都是难以推翻的。但是，疑古思潮也有明显的缺点，其主要缺点即如李学勤先生在近年所指出的："疑古一派的辨伪，其根本缺点在于以古书论古书，不能跳出书本上学问的圈子，无法进行古史的重建。"疑古学派"也有副作用，在今天不能不平心而论，它对古书搞了很多'冤假错案'。……过去很多书不能提"。结果是否定的方面过度，建设的方面不足，造成了古代历史文化的很大空白。

李学勤先生在1992年一次学术座谈会上作了题为《走出疑古时代》的发言，后发表在《中国文化》第7期，1994年3月出版了《走出疑古时代》论文集，1997年12月出版了修订版。李学勤先生是近年来倡导"走出疑古时代"的第一人。

当然，不主张疑古的思想也早已有之。冯友兰先生曾说，30年代史学界有三种趋势：信古、疑古与释古，并提出以释古代替疑古的主张。此外还有考古。疑古、释古和考古这三种趋势其实是平行发展的。疑古以北京大学顾颉刚为首，提出"层累地造成的古史"观。释古以清华大学王国维为首，提出纸上材料与地下新材料相结合的"二重证据法"。考古以中央研究院李济为首，提出"中国上古史的重建"。

现代史学、国学的研究，最大的特点就是充分利用地下的考古资料，与传世的古籍相互印证。如李学勤先生所说："谈到近年来的考古发现，特别是一些新的考古发现，它们对研究古代历史、文化，特别是在座各位关心的思想文化会有什么影响，这个题目，还是很值得研究的。考古发现对研究历史作用很大这一点，恐怕现在很多的人都承认。这点恐怕是一个常识。""最近这些年，学术界非常注意新出土的战国秦汉时期的简帛书籍，大量发现的这种真正的'珍本秘籍'，使我们有可能对过去古史辨伪的成果进行客观的检验，事实证明，辨伪工作中造成的一些'冤假错案'，有必要予以平反。""在现在的条件下，我看走出'疑古'的时代，不但是必要的，而且也是可能的了。……我们把文献研究和考古研究结合起来，这是'疑古'时代所不能做到的。充分运用这样的方法，能开拓出古代历史文化研究的新局面，对整个中国古代文明作出重新估价。"

如果说以顾颉刚先生为代表的古史辨派是对古书古史的第一次大反思，那么由李学勤先生首倡的"走出疑古时代"的思想就是对古书古史的第二次大反思。这应该也就是即将到来的21世纪史学、国学研究的主流。

"疑古"与"走出疑古"不仅有材料论证上的不同，也有方法理论上的不同。在方法理论上，疑古学派也有需要更新之处。比如，顾颉刚先生提出著名的“层累地造成的古史”说，认为“古史是层累地造成的，发生的次序和排列的系统恰是一个反背”。“时代愈后，传说的古史期愈长，传说中的中心人物愈放愈大。”顾颉刚先生发现了一个很重要的现象，就是古人所说的“其作始也简，其将毕也巨”。学术史的演变过程必定会是一个不断由后人阐释、不断添枝加叶的过程。我们不一定要相信后人的阐释完全符合古籍的真意，我们也同样在做着某种阐释，同样不能以为自己的阐释就符合真意。李零在《道家与中国古代的“现代化”》一文中也说到，明明不易确定年代的古书，一定要给出准确年代，失误更大。另一方面，疑古学派所说“造成”二字是针对有意地作伪而言的，后者反映了种种学术以外的目的，这就牵扯到学术道德上来了，以至于使人见到古书古史，往往不敢涉足，举步不前，态度过于保守。而按照现代阐释学的理解，追求原意实际上是不可能的，那么我们与其说古史是由后人“层累地造成”的，不如说是由后人包括我们自己“层累地阐释”的，更加贴切合理。

我们今天回顾 20 世纪的疑古思潮，回顾与前瞻是一事的两个方面，回顾离不开前瞻，前瞻也离不开回顾。张岱年先生在 1992 年为以“重写近代诸子春秋”为宗旨的《国学大师丛书》所写的总序中提到，“一代人有一代人之学术”。李学勤先生也说：“学说史一定要重新写，其实不只是先秦的、汉代的，后来的也要重新写。我们每一代人，在学术上、文化上要有所发展，就一定要扬弃前人那个时代的局限，这是不可避免的。不这样做，就不能发展。”近年来，学术界都在考虑重写学术史，包括文学史、哲学史、思想史、文化史，这是有原因的。与此同时，国家重大科研项目“夏商周断代工程”的启动也有三年多时间了，应该说需要我们做的事情很多很多。

当然，重写学术史不是随意推翻前人的成果，我们要充分肯定疑古学派所取得的成就，这一点大家都有清醒的认识。事实上，“疑古”与“走出疑古”不能截然分开。疑古学派的目的也是力图重建古史，在重建古史的基础上对顺应现代的东西予以保留、更新和发展。

顾颉刚先生的许多学术研究，也是建设性的。比如他在 1926 年成文的《〈周易卦爻辞〉中的故事》中，用《周易》等书发掘古史，共发掘出两件商史、三件商末周初史，建立商周一段重要史实，应该说是对王国维先生《殷卜辞中所见先公先王考》及《续考》的重要补充。

疑古学派准确的称呼是“古史辨派”，但古史辨派的学者自己也用“疑古”一词。顾颉刚在《我是怎样编写古史辨的?》一文中解释说，“疑古并不能自成一派”，意思是说在信古、疑古、释古诸说法中，疑古并不是不信古和不释古。信古派信的是伪古，疑古派是在怀疑整理之后释古，释的是真古。所以近来有学者认为，疑古学派其实应是释古学派。

胡适曾经提出的著名观点：“先把古史缩短二三千年，从《诗三百篇》做起，将来等到金石学、考古学发达上了科学轨道以后，然后用地底下掘出的史料，慢慢地拉长东周以前的古史。”今天拿来重读，并没有什么不对。只是由于多种原因，胡适的“两步骤”的设想滞后了近八十年仍未能展开，而学术研究从某种角度上说，是不能等待的。所以，不少学者都指出了胡适这段话所造成的由疑古而薄古的消极影响，批评他一下子把中国古史砍掉了二三千年。胡适或许没有意识到在可待之年内就会有这么多的考古大发现，而我们现在所要做的工作，其实也可以看作是胡适第二步骤的继续。

回顾20世纪疑古思潮，我们希望能够客观、公正地对待历史，更希望能通过这一工作瞻望未来。二三十年代疑古思潮的兴起，正是古代、近现代中国文化，中西方文化冲突与融合最为激烈的时候，它与“五四”运动的兴起、与新儒家的兴起有着同一个背景，它实际上是中国传统文化走向现代化的一个表现。今天我们讨论“走出疑古”，同样是肩负了中国传统文化现代化的重任，肩负了下一个新世纪的重任。

立意宏大　开掘精深

——评刘业超著《雷沛鸿高等教育理论研究》*

世纪之交，中国高教事业正处在一种超常规模的大发展时期。但是，实践的行程与理论的行程并不平衡，和这种突飞猛进的实践行程比较起来，高教理论研究似乎有点苍白。于是，有不少人慨叹中国高教理论的失语和缺席。其实，中国并不是没有自己的高教理论，只是有些人不重视高教理论界的研究成果罢了。湘潭大学刘业超教授新著《雷沛鸿高等教育理论研究》，就是这些成果中的杰出代表。该书作为全国教育科学"九五"规划国家教委重点课题研究成果，对中国近代教育家雷沛鸿的高教理论进行了系统的研究，并在阐发雷氏高教理论基础之上，处处联系中国高教现实，进行针对性的发挥，越发显现出雷沛鸿高教理论的现实价值和指导意义。洋洋60万言，立意宏大，开掘精深，确为呕心沥血、厚积薄发之作。纵览全书，可以发现以下突出特点。

内容全面，概括精当。作为20世纪上半期中国教育史上的风云人物，雷沛鸿的高等教育理论确实是十分丰富，而又特别的博大精深。面对如此浩繁的内容，如何驾驭得当是一个相当富有挑战性的课题。可喜的是本书作者秉实事求是的精神，深入考证，细致扒搔，把雷沛鸿的高教理论分为15个方面（高等教育本体论，高等教育本质论，高等教育地位论，高等教育功能论，高等教育枢纽论，高等教育体制论，高等教育结构论，高等教育教学论，高等教育科研论，高等教育产业论，高等教育校长论，高等教育教师论，高等教育学生论，高等教育校风论，高等教育扩张论），进行全面阐释，覆盖了雷沛鸿高教理论的方方面面，可以说内容相当全面，无一遗漏。同时，作者对雷沛鸿高教理论把握得十分准确，概括也至为精当，虽内容繁多，却没有丝毫芜杂之感，尤属难能可贵，体现了作者深厚的学术功力。更由于作者实现了雷沛鸿高教理

* 本文原载《湘潭大学社会科学学报》2002年第5期。

论的体系化，15 个方面构成了一个完整的有机整体，各章节之间都有内在的逻辑联系，层次分明，衔接紧密，使得读者一目了然，即便是对雷沛鸿知之不多的普通读者，也能够通过阅读本书明了雷沛鸿的高教理论，体现了作者谋篇布局上高人一筹的能力。

分析透彻，创获良多。从行文中可以看出，作者对雷沛鸿的作品是吃得非常深透的，在论证问题时引用雷沛鸿教育思想、教育观点，有似信手拈来，却又是那样的水乳交融。这也就使得对雷沛鸿高等教育理论的分析至为透彻，新见解、新创获频频闪现。比如，在第二章“高等教育本质论”中，作者在阐述了雷沛鸿所提出的“教育的本质是创造”这一命题之后，又对“创造”赖以为济的三个前提——自由思考的实行、科学方法的运用、多学科的支持，进行了极为详尽的分析（参见该书第 45 页）。如此，读者就不仅知其然，而且知其所以然，就可以对雷沛鸿的教育观点产生共鸣，从而加深了对雷氏理论的认同。全书中类似之处还有许多，就不一一列举了。

运用比较法，突出了雷氏思想的特色。作者还注意到运用多种方法来对雷沛鸿高教理论进行研究，特别是比较法的运用相当成功，让读者在历史的大背景下来理解雷沛鸿的高教理论，在与同时代其他学者的比较中，突出了雷氏思想的特色。比如，在第四章中论述雷沛鸿关于高教功能时，就把蔡元培、梅贻琦与雷沛鸿相比，指出蔡元培、梅贻琦在北大和清华的高教实践中引进了德国的洪堡原则，而雷沛鸿则从中国的实际出发，突破了洪堡原则，变精英式的科研模式为多层次并举的全方位的科研模式（参见该书第 108 页），变重视“以物为本”的自然科学的研究为“文理通贯、人文领先的科研格局”（参见该书第 110 页）。同时，作者还以世界各国百年高教模式的得失为依据，在诸多模式纵向与横向的比较中给雷沛鸿高教理论一个合理的评价和定位。这样，不仅增加了本书的历史厚重感，也增加了它的科学性分量。

注重历史和现实的联系。本书特别注意在中国现代化的历史进程中来把握雷沛鸿的高教理论，因为我们研究雷沛鸿高教理论，目的还是为了解决中国高教的现实问题。本书作者清醒地看到了这一点，他明确指出，雷沛鸿的高教理论虽是建立在七十年前，可以说已经成为历史，但由于雷氏思想的前瞻性和先进性，又使得雷氏之高教理论具有强烈的现实指导意义。正是由于雷氏思想的这个特点，本著在构建雷沛鸿高教理论大厦的同时，特别注意分析雷氏思想对当前高等教育改革的启迪。这在第一章“高等教育本体论”、第二章“高等教育本质论”、第三章“高等教育地位论”中，表现得特别鲜明，每一章的最后一节都安排了“现实思考”的内容，把历史和现实有机地结合在一起。如此，便使得这样一部教育史著作有着极强的现实启迪意义，也渗透着作者对现实的密切关注和对生活的热爱。“理论是灰色的，而生命之树长青。”（歌德语）所以也就更加凸显了雷氏思想的生命力，读者也可借此对雷沛鸿高等教育理论多一分认识和理解。作者的这份可贵的现实感，也是值得每一位历史研究者学习的。

学术性和可读性的有机结合。学术性和可读性的和谐，一直是困扰学术著作的难题。许多学术著作的晦涩难懂极易使人望而却步，不忍卒读。但是，本书却相当出色地处理了这个问题。由于作者对雷沛鸿怀着深深的敬意，加之深厚的语言功底，处处可见充满激情和哲理的话语，特别富有感染力。这是不少学术著作所不具而为本书所独具的。因此，本书也就具有了很强的可读性。这是又一成功之处。

总之，本书通过对雷氏高教理论的历史概括与现实延伸，达到了对我国高教的现实模式进行系统扬弃，对其逻辑模式进行全面探索的目的。全书立意宏大，开掘精深，是一部颇为成功的学术力作。当然，金无足赤，书无完书，对真理的探索永无止境，也永无尽期，在对雷氏理论的认识和把握上，难免还有某些未尽之处。但是，作为研究雷沛鸿高教理论的第一部专著，也作为对我国现代高教大师的高教理论进行系统性、专门性和个案性研究的第一部专著，本书确实达到了一种时代的新高度。它的出版和发行，将会进一步推动雷沛鸿学术研究走向深入，也推动高等教育理论走向深入。我们期待着作者在雷沛鸿研究方面的新成果，同时也希望有更多的同人加入到雷研队伍中来，以便更好地繁荣和发展高等教育科学，丰富我国的高等教育理论，为新世纪中国高等教育跨入世界前列而努力奋斗。

波澜壮阔的中国教育哲学的历史画卷

——评《中国教育哲学史》*

改革开放以来，中国教育史学科无论在通史、断代史，还是在专题研究、人物评传方面，均取得了有目共睹的突破性进展。然而还缺少从哲学高度对中国教育思想的发展演变进行系统、全面的理论总结的专著。有感于此，当代著名的教育史学家张瑞璠教授，率领他的七位博士弟子对这一前沿课题进行了开拓性的探索研究、终于完成了一百五十万字的学术巨著《中国教育哲学史》(四卷本，山东教育出版社 2000 年 3 月出版)。

《中国教育哲学史》最大的特色是写出了中国教风学风和中国气派，避免套用西方教育哲学的概念范畴。这是因为中国文化和教育发展有其自身的独特性。英国哲学家罗素曾说："中国文明是世界上几大古国文明中唯一得以幸存和延续下来的文明。自从孔子时代以来，埃及、巴比伦、波斯、马其顿和罗马帝国的文明都相继消亡，但中国文明却通过持续不断的改良，得以维持下来。中国文明也一直受到外来文化的影响，从早先的佛教影响，直到现代的西方科学的影响。但是，佛教并没有把中国人变成印度人，西方科学也没有把他们变成欧洲人。"① 何以中国文明能够长期延续而生生不息，甚至在各种外来文化剧烈冲击下亦能沉着应变而不失其坚强的民族凝聚力？一个重要的原因就是因为中国向来重视教育："建国君民，教学为先"，"化民成俗，其必由学"。中国自古以来，几乎所有有建树的哲学家都是教育家，都热衷于各种形式的讲学和教育活动，都把目标指向理想人格的塑造和培养上。中国自古到近代的思想家、教育家的许多观点，是在他们的教育实践和教育理论探讨的过程中总结出

---

* 本文原载《中国图书评论》2001 年第 3 期。

① 《东西方文明比较》，[英] 伯特兰·罗素著，王正平译：《罗素文集》，改革出版社 1996 年版，第 46 页。

来的，有着明确而直接的针对性，该书努力还其历史的本来面貌，而不以西方哲学的思维模式对之作漫无边际的推演。

不求面面俱到，但求有所创新，这是《中国教育哲学史》的又一特色。该书不是一般意义上的思想通史或教材，而是研究型的专著。因此该书对于那些具体的诸如教育内容、教育教学方法等问题未作细论，而把着眼点放在有所创新、有些深度的选题上。尤其是对那些前人未论或论之不多的空白，尽力做些填补工作或深化工作。如人性论是中国教育思想的理论基础，离开教育家的人性论，不仅说不清其教育功能和作用，更谈不上窥测其思想大厦之奥秘。与人性论紧密相连的是义利观，它是中国教育思想的价值导向。人与人、人与社会、人与自然之间究竟应该遵循什么样的伦理准则，很自然就成为中国教育家反复争论的核心问题——“义利之辨”。这个问题不仅是一般的人生哲学问题，关系到人在社会乃至整个宇宙中的地位，而且更是重要的教育哲学问题，关系到人的价值取向、行为准则和信念追求。理想人格是中国教育特别是传统教育的思想内核，是中国教育思想的终极归宿，它规定了教育的目标和方向，它以“天人合一”为终极境界，而其本身又与人性论、义利观有着密切的联系。该书正是以历史发展线索为经，以人性论、义利观和理想人格这三大问题为纬，逐步衍化出一幅幅波澜壮阔的中国教育哲学的历史画卷，引人深思。

以辩证唯物主义和历史唯物主义为指导思想，运用现代教育理论和现代化理论去分析和把握中国教育哲学发展的逻辑进程，力求逻辑与历史的统一，这是《中国教育哲学史》的另一特色。该书紧紧抓住中国教育思想的历史发展和嬗变的两个高峰和一次转折来加以生发。第一个高峰出现在春秋战国。其文化背景为诸子之学的形成与争鸣，其主体是以孔子及其继承者孟荀为代表的儒家学派。它的历史作用是为中国古代教育思想奠定了基础。第二个高峰即出现在宋明。其文化背景为儒释道由并行而趋向交融，其主体为以程朱、陆王为代表的儒家新学派——理学。其历史作用是使教育哲学理论及其体系趋于深化和严密。如果说，先秦诸子之学是中国教育思想的原生态，代表了轴心时期人类文明的共同觉醒，那么，宋明理学则是儒释道长期交融的理论成果，它把传统儒学人伦上升到本体论高度，并进而打通本体论与心性教育论的内在关联，将中国传统教育哲学引向“邃密”和“深沉”。与这两个高峰不同，中国近代教育思想在西方文化的猛烈冲击下出现了一次根本方向的转折——从传统教育向现代化教育的转折。这个转折当然不是对传统文化教育的简单否定，而是以“中西融通，古今汇合”为基本指向。虽然这个转折的整个过程是十分艰难而缓慢的，但它确实标志着中国教育的发展方向，旨在寻找传统与现代的最佳结合点。该书着眼于这两个高峰和一次转折，高峰之前略述伏笔，转折之前不忘引桥。这样是为了还思想发展的本来面目，使之层层相扣，接续推演，跌宕起伏，自成体系。略有不足的是，未能对第二个高峰的另一面“明清实学”的意义作深入阐发。

总之，该书是当今中国教育哲学史研究的新成果，把中国教育哲学史的整体研究水平又提高了一步。

重视历史传统　提升教育素养*

由我国著名教育家、中国教育学会会长顾明远教授主编、以中青年教育理论骨干为主的数十名专家教师参编、由广东教育出版社出版发行的《中外教育思想概览》，是一部适应当代文化教育事业发展需要的兼有新型教育思想史和教育思想工具书双重功能的巨著。在我国教育出版界，它是继《中国教育通史》、《中国教育家评传》、《中国教育大事典》、《中国教育思想通史》以及《中国教育大系》、《世界教育名著通览》等之后的又一巨著。

它的特色是，全书依照当代教育科学原理或法则，将古今中外近千位思想家、教育家的 8 000 多条相关的文化教育理念的论述，按历史顺序分门别类编排，并按其理念的性质分专题对古今中外各类教育思想的发生、发展和嬗变加以概述，以方便读者把握世界教育思想发展的脉络，开阔视野，含英咀华，借鉴启发，推动创新。它也兼有工具书的功能，有较强的工具性、实用性，通过检索查考，可使读者在较短的时间内集中查出所需要的、确切的教育理念资料，是学习和探讨人类教育思想及其发展历史的好工具。

全书工程浩大，分上、下两册，约 360 万字。上册除包含一般教育基本原理外，还有系统论及德育、智育、体育与卫生健康教育、美育、劳动教育等思想若干编；下册则全方位论及各类教育，诸如幼儿教育、基础教育、职业技术教育、师范教育、高等教育、社会教育、教育行政和学校管理等思想若干编。每编均由两个部分组成：第一部分为中外教育思想原理的发展概述，旨在通过梳理，引领读者阅读；第二部分为中外思想家、教育家相关的教育理念，意在让读者直接接触原始资料，原原本本、原汁原味地品尝比较，有所研究，有所思考，有所感悟，这是最为我所欣赏的。书末还附有中外思想家、教育家的教

---

* 本文原载《教育学报》2010 年第 1 期，为《史论分开　以史为主——〈中外教育思想概览〉面世》系列文章之一。

育理念索引，亦具有较高的学术史料价值。

我记得几年前，胡锦涛总书记在中央政治局第九次集体学习会上讲过："浩瀚而宝贵的历史知识既是人类总结昨天的记录，又是人类把握今天、创造明天的向导。一部人类文明史就是人类不断在以往历史的基础上有所发现、有所发明、有所创造、有所前进的历史。中华民族历来就有治史、学史、用史的传统。我们党在领导革命、建设和改革的过程中，一贯重视对历史经验的借鉴和运用。在新形势下，我们要更加重视学习历史知识……不仅要学习中国历史，还要学习世界历史，不仅要有深远的历史眼光，而且要有宽广的世界眼光。……必须把深入理解国情、切实解决中国的问题作为立足点。……站在世界文明发展的历史高度，进一步认清当今世界风云变幻的规律性趋势，进一步认清我国的基本国情和发展大势，更好地掌握加快我国发展的主动权。"

胡锦涛总书记在具有伟大历史意义的党的十七大报告中指出："弘扬中华文化，建设中华民族共有精神家园。中华文化是中华民族生生不息、团结奋进的不竭动力。""教育是民族振兴的基石，教育公平是社会公平的重要基础。要全面贯彻党的教育方针，坚持育人为本，德育为先，实施素质教育，提高教育现代化水平，培养德智体美全面发展的社会主义建设者和接班人，办好人民满意的教育。"

《中外教育思想概览》对于我们实现胡总书记提出的十七大各项目标和要求，对于我们站在世界文明发展的历史高度、具有深远的历史眼光和宽广的世界视野、提升我们全民族的文化教育素养，对于我们将要培养一大批终身从事教育工作的教育家，以及对于提高各级各类教育的质量和管理水平，无疑是有重大帮助的。它的学术价值、理论意义和现实意义是十分明显的。

"十年磨一剑，不敢试锋芒；再磨十年后，泰山不敢当。"作为一个老年教育工作者，我对以顾明远教授为首的、以中青年教育理论骨干为主的数十名专家教师十数年的艰辛探索，对广东教育出版社不惜人力、物力、财力鼎力促进推动这部巨著公开出版发行，内心十分敬佩。

阳明学研究的一个突破*

儒学，是中国传统学术的主流，它源远流长，曾主导和影响了中华民族两千余年的传统文化的开合演进。近百年来，由于东西方文化的交融汇合，儒学不再成为民族文化的主流，但是作为传统文化的精神命脉仍然深深地潜藏于民族文化体系之中。它作为文化之“根”或“文化基因”，对民族文化自创力的褒扬和创造，往往借“传统”之力作用于文化深层结构之中。因此，儒学的研究始终成为民族文化建设的重要课题，受到广大学人的关注。毕诚在中国古代教育史研究领域致力于儒学的探讨，撰成《儒学的转折——阳明学派教育思想研究》。该书从宏观上考察了儒学发展的必然逻辑和明代文化学术背景，将儒学看作中国传统的伦理政治教育学说，全面论述和剖析了作为“新儒学”的阳明学的产生、形成、演变与影响，揭示了阳明学派思想体系的内在逻辑结构、思维特点及阳明学派在传播过程中分化流变的现象与特征，探讨了阳明学派的学术贡献，总结和评判了阳明学派的内在矛盾及局限性。该书出版后很快引起大陆与海外学者的关注，认为是一本不可多得的关于中国教育史的新著，亦是关于中国哲学史的佳品。

我认为，《儒学的转折》对明代儒学和阳明学派的研究有如下几方面的学术贡献。

第一，开创了教育流派研究的先例。作者认为任何一位教育家的思想都是特定历史时代学术思潮发展与变革的产物，都是某一学术流派的集体智慧。因此，传统的对个别教育家进行孤立研究的教育史学方法，不足以反映一个时代的教育思潮和社会思潮，不足以全面认识和贴切理解被一时代奉为宗师的教育家的思想实质与价值。所以，该书采取宏观与微观相结合的研究方法，将教育家放在教育流派中，将教育流派放在时代思潮中，将时代思潮放在中国学术思

---

* 本文原载《中国社会科学》1993 年第 1 期。

想发展史的全程中，进行多层次、多方位的立体网络结构分析，从整体看局部，从宏观上看个体，从而对阳明学及阳明学派有了全面的认识与把握。这种以教育流派为研究对象和从整体把握教育流派的研究方法，打破了传统的个案分析惯例，成功地开辟了以教育流派为主体的研究新径。

第二，该书本着实事求是的精神，摒弃了机械套用西方现代哲学和现代教育学名词概念的做法，从儒学固有的思想内涵和范畴出发，还阳明学内容实质的本来面目。该书认为，儒家哲学是关于伦理政治的道德教育学说，主要表现为教育哲学；阳明学派是儒家的教育流派，其学说的主要命题与范畴，是关于道德教育与道德修养的。在详尽占有原始资料的基础上，该书对阳明学派的“心即理”、“知行合一”、“致良知”、“良知”、“四句教”、“经学即心学”、“四无”说、“现成良知”、“淮南格物”、“归寂守静”、“独知”、“慎独”、“拔本塞源”等命题与范畴进行了分析，将其合理地归纳至道德教育思想体系之中，分别阐述它们在道德本体论、修养论以及修养原则、方法等方面的意义。该书认为阳明学的核心命题是“知行合一”，并根据对王阳明晚年的著作及言论的考察，断定这一命题始终贯穿于阳明思想。“知行合一”说力图在道德本体论和修养方法论上革新程朱理学教育观和理学教育实践流弊，旨在使道德本体论与修养论实现有机的内在逻辑统一，以提高道德实践主体的主观能动性，并在道德修养实践过程中使主观与客观、感性与理性、动机与效果、知识与德行、心理与伦理、内在与外在实现完整的统一，从而建立起独立而健康的个体道德人格。阳明学的“心即理”是“知行合一”的理论基础，它是针对程朱知识教学与道德修养脱节的弊病而提出的，着意强调主观道德实践，强调心理伦理化和伦理心理无限扩大与外延。“良知”说是道德本体论的提炼，有自然人性论的倾向；“致良知”则是其道德修养论的展开。阳明学派对阳明学的发展与改造，都是围绕道德本体论与修养方法论这两条主线展开的，从强调道德本体论方面歧出了激进派，从突出道德修养论方面歧出了保守派，后起的修正派力图调和它们之间的矛盾，却因时变动，丧失了阳明学派早期的批判战斗精神。该书广泛探讨了阳明学派的学术价值取向、教学、德育、社会教育、儿童教育、军事教育等思想特色，以及阳明学派教育实践尤其是书院教育运动中的意义，中肯地评价了阳明学派在明中后期理学革新思潮中的历史地位与作用。同时，通过与程朱理学的对比分析，深入地挖掘了阳明学派教育思想的许多合理因素，充分肯定这一“流传逾百年”、“门徒遍天下”的显学流派对儒学发展的贡献。所有这些，为重新认识与评价阳明学派和深入研究儒学在明代的发展，提供了有价值的思路。

第三，提出了许多新颖的学术观点。该书充分肯定阳明学是对儒学的合乎逻辑的发展，而且为明清之际启蒙思潮和实学思潮的勃兴创造了条件。这一观点与传统的将阳明学视作儒学“异端”和在李贽这里就走向“破产”的观点相比，更能说明儒学发展的历史必然性和阳明学的实质；尤其该书论述了蕺山学派刘宗周及其门人黄宗羲等是阳明学修正派，令人信服地看到阳明学在明清之际学术变革中产生的特有作用。该书还大胆肯定了阳明学派不仅在昂扬人的主观战斗精神和士林群体批判意识方面，影响了明中叶的理学批判与理学改造的文化思潮，而且它的伦理价值观反映了明中叶以来资本主义萌芽和市民阶层势力抬头的价值观念异动和个性解放的客观要求，打破了程朱理学以外在道德行为规范压抑人性和唯书至上的教育传统；其“师心自是”的是非观和“经学即心学”的经学观，极大地提倡了独立思考的学风和刺激了明末考据学的兴起。明末考据学大师焦竑是阳明学后劲，亦可视为阳明学修正派。该书还指出，阳明学与南宋象山学不可相提并论，因为王阳明虽然提出过“心学道统”，但他更多的是站在“超党派”立场上寻求朱陆学术的互补价值，阳明学派的“尽心之学”是一种强调道德的“实习实行”的“务实”之学，强调把人的道德理性的培养放首位，并作为教学追求的目标。该书第五章论述了阳明学派的政教、社教、儿童教育与军事教育，弥补了大陆学者过去在这方面的空白。该书的第六章以广阔生动的社会画面与文化学术思潮为背景，深入讨论了阳明学派的展开与影响，中肯地评述了阳明学激进派、保守派和修正派，以及阳明学派的国际影响，从而使明代中后期的学术思想之争及嬗变，通过工笔细描和大笔勾勒相结合的方法，跃然展现出来，反映了阳明学派后学在明代儒学历史性转折的高峰迭起的社会思潮中，促使“心学横流”和“赤手以搏龙蛇”的历史贡献。

《儒学的转折》也有不足之处。例如阳明学派教育思想的“实学”主要在哪些方面继承与发展了儒家传统教育思想？它与程朱理学和南宋陆学在这方面有何异同？书中虽有阐述，但不够鲜明具体。又如阳明学派的社会教育与学校教育本质区别何在？阳明学派很重视书院教育，那么书院教育究竟属社会教育还是学校教育？阳明学派关于书院教育方面的突出贡献与特点何在？书中虽有阐述，但究竟未列专章专节集中探讨，似为遗憾。此外，阳明学派关于儿童教育思想方面也似挖掘与整理不够。在论述阳明教育思想时与该学派其他主要代表人物的教育思想联系不甚紧密。对某些教学原则方法的提法与阐述，也还有进一步探讨与深化之处。因此，希望作者虚心听取读者们的意见，进一步发现书中的不足之处，使这部著作能不断提高。

难忘先师哺育情

——记著名教育史学家毛礼锐教授的一生*

“要让他优柔从容自己去求心得；饱读书卷，自己去确定趋向。要好像浸渍在江海之中；好像受到膏露的润泽；对于书中义理就好像冰块溶解一样的消释，没有丝毫疑惑，而内心又感到和悦，觉得一切道理都很顺当，这样才可以算是学好了。”

这是四十年前我当毛礼锐先生助教时，他在我试译《朱子语类》中引用杜元凯一段话上圈圈点点，改了又改，留下的珍贵笔迹。四十年过去，弹指一挥间，这张破旧的草稿纸夹在一本破旧的讲义中，奇迹般地保存下来，真是感慨万千，令人回味无穷。

毛先生很会讲理，中国古代教育史上的一些复杂的问题，在他慢慢悠悠的讲解中，让你很自然地理出了头绪。如朱熹的理学教育思想，一般认为很难讲、也很难懂，但你只要耐心地听他老人家讲解，很快就“涣然冰释、怡然理顺”了。他总是先用通俗的语言讲解什么是理，什么是气，理与气有何关系；再讲什么是性，理与性之间又有何关系；再从性引申出“天命之性与气质之性”，讲二者的关系；一步一步引导学生自然明白了“明明德”、“变化气质”的教育作用论了。我当助教时，逐步领悟了毛先生这种讲法，举一反三，很快提高了教学水平和教学技巧。

毛礼锐先生 1905 年 3 月 16 日出生于江西吉安新圩西河村一个教育世家中。毛家四世任教，父亲毛伦，曾是孙中山先生领导的同盟会会员，一生从事教育工作，勤勤恳恳，兢兢业业，以教为乐的精神深深地影响了毛先生。1919 年，毛先生高小毕业，考入江西省立第六中学，由于家境贫寒，被迫中途退学。由于他早年立志献身教育，1924 年考入了南京东南大学教育系。受业陶

* 根据手稿排印。

行知、陈鹤琴、廖世承、孟宪承、陆志韦等诸多名师，实现了他多年的夙愿。

1929年，毛先生以优异的成绩从东南大学毕业，应聘为江西鸿声中学副校长。1932—1935年，任江西南昌省立第一女子中学师范科主任兼实验小学校长，开展新的教学制度及教学方法的实验研究，取得显著成绩。1935年他自费赴英国留学，师从伦敦皇家学院著名教授沛西·能，专攻教育原理。1936年，他转赴美国密执安大学教育学院，攻读硕士学位课程，次年获教育学硕士学位。后因国内抗日战争爆发，毛先生抱着“教育救国”之心，放弃了继续攻读博士学位的机会，毅然回国创办江西文山中学。以后又相继在河南大学、四川教育学院、中山大学师范学院和中央大学师范学院担任教授。其中在中山大学师范学院任教六年，曾兼任教育系主任和师范学院院长等职。

1949年南京解放以后，毛先生旋至北京华北革命大学政治学院学习。1950年秋，受当时辅仁大学校长陈垣先生之聘任教育系教授。1952年院系调整以后，辅仁大学教育系合并于北京师范大学教育系，毛先生一直在教育系任教授，曾任教育系教育史教研室主任，长期从事教育史的教学与学术研究工作。

毛先生勤于著述，在大学就读期间，就开始发表学术论文。20世纪30年代曾经出版《地方教育行政指南》，40年代发表了《欧美高等教育的趋势》、《明日的实验小学》、《陶行知论教育纲领》、《民生教育哲学》、《新民主主义与新教育》、《教育与经济》、《社会科学与人类前途》等数十篇学术论文。新中国成立后，毛先生又先后发表了学术论文数十篇，出版了《古代中世纪教育史》、《中国古代教育史》等著作。

毛先生博古通今，学贯中西，他在教育基本理论、中国教育史与西方教育史等领域均有独到的贡献。早在三四十年代，他就致力于各级教育行政并积极从事教育改革的工作。他认为幼儿园和小学一、二年级均可采用设计教学法，小学三、四年级可采用提问教学法，小学五、六年级可采用道尔顿制。他这一改革设想为幼儿园和小学的教学改革及衔接等问题的解决探索了一条可行之道。他认为杜威的教育理论以及西方的设计教学法、道尔顿制有其积极因素，如能合理利用，取其所长，还是可供教育改革的借鉴。至于“问题教学法”，原属启发教学之类，尤为不可废除，更应充分地加以正确利用。他在新中国成立前任中山大学师范学院院长期间，采取“学术自由，兼容并包”的方针，曾提倡过学分制和设立文理科公共必修课程，试验过文理沟通的教学改革。当时他还建议开设一门“教育经济学”，认为这是很重要的，对于实现合理的社会，必大有裨益。

新中国成立后，毛先生拥护中国共产党，拥护社会主义，参加民主党派九三学社，并积极参与国家重大教育改革活动，为我国的新学制建设、教育科学高校文科教材建设等作出应有的贡献。面对新中国成立之初，社会主义事业蓬勃发展而又相对缺乏有中国特色的教育理论指导这一局面，毛礼锐先生立刻积极投身于中国和西方近现代教育史的研究工作之中，他系统分析、评价了蔡元培、李大钊、鲁迅、胡适、杜威等人的教育思想，力求在批判和借鉴近现代资产阶级教育思想，吸收并继承中国近现代杰出思想家的优秀教育思想的基础上，建构社会主义的有中国特色的教育基本理论体系。从60年代开始，毛先生和教研室几位教授一起共同承担了培养“中国教育史”研究班20名研究生的任务和全国高校文科教材会议下达编写《中国古代教育史》教材的任务。毛先生殚精竭虑，全身心地投入中国古代教育史的挖掘、整理工作和培养研究生的工作，他对中国古代社会和古代教育做了一系列的专题研究，从中国原始社会的教育起源、古代学前教育的产生与发展，汉代“独尊儒术”的文教政策及汉代太学、魏晋南北朝时期的教育，以及传统儒家教育思想的特点等，进行了深入系统的研究，从而初步理清了中国古代教育制度与教育思想发生发展演变的线索，和教研室几位教授一起共同完成了《中国古代教育史》的学科建设和教材编写工作，成为“中国教育史”学科领域的奠基人与带头人之一。

“文化大革命”期间，毛先生政治上受到打击和批判，受到极不公正的待遇。“落红不是无情物，化作春泥更护花。”他老人家心胸宽广，不计个人得失，1978年以后，毛先生又着力于修订《中国古代教育史》教材以及从事孔子、陶行知和“五四”时期的教育思想研究、整理工作。他认为孔子是中国古代著名的教育家，有一套教育经验，以他为主的儒家教育思想在世界古代教育史上也是领先的。他认为陶行知是伟大的人民教育家，他的教育思想有着重要的历史进步作用和现实意义。他还指出，“五四”时期“民主”与“科学”两面大旗，还需要继续高举。对“五四”时期杜威来华讲学，毛先生说，既要看到杜威反对马列主义、反对革命的反动作用，也要看到他反对“死读书”，反对旧的传统教育的进步作用。对于孟禄来华宣传科学教育，也应辩证地一分为二地进行分析，其中有进步作用的一面。这些观点都体现了毛先生一贯坚持史学研究中的辩证唯物主义和历史唯物主义立场，为纠正“左”的错误，进一步开展教育科学研究工作和教育理论界拨乱反正，推行实事求是的科学研究方法铺平了道路。

研究生恢复招生以后，毛礼锐先生又成为第一批硕士生导师和第一批博士生导师。他奋其余生，不甘伏枥，全心倾于指导和培养研究生工作，并主编《中国教育史简编》、《中国古代教育家传》，和华东师大沈灌群教授一起主编《中国教育通史》（六卷本）、《中国教育家评传》（三卷本）。晚年，他研究重心主要在探寻中国传统教育，特别是儒家教育与现代教育之间的接合点问题，探讨教育史学方法论的变革和建立中国教育史学科的科学体系问题。他给研究生讲课时说：“中国教育史”要多角度、多侧面、多层次、多方法地研究，要开拓研究的新领域、新途径。我们要从教育思想史、教育制度史、断代教育史、专题教育史、各地区教育发展史、各学派教育发展史、教材教法发展史、少数民族教育史、中外教育交流史、中外教育史比较研究等等，宏观与微观相结合地加以研究。他说：这些工作我是难以做了，我寄希望于中青年学者，“后生可畏，焉知来者之不如今也”，我深信年轻一代会超过我们这一代的。

毛先生主编的《中国古代教育史》、《中国教育通史》、《中国教育家评传》等著作多次被评为教育部优秀文科教材，并荣获国家图书奖和吴玉章奖一等奖。他培养的博士生、硕士生、进修生已成为国家重要的学术力量。晚年，他兼任《中国大百科全书》教育编辑委员会编委，陶行知研究会与陶行知基金会理事，《教育研究》杂志编委，中华孔子学会与中国孔子基金会顾问，中国教育学会全国教育史研究会理事、顾问，中国老年文物研究会书院研究所所长等职，被誉为“对国家有突出贡献的专家”。

毛先生一生仁慈和蔼，豁达乐观；一生勤勉好学，治学严谨，立足史实，强调实事求是的治学态度和学术自身的价值。他对于建立中国教育史学科体系和培植教育史专业教学与学术研究队伍作出了卓越的贡献，献出了毕生的精力。

1992 年 7 月 18 日晚毛先生病逝于师大小红楼 5 栋家中。当时我们几位长期跟随他老人家的弟子和他家属一起，把他老人家送进了 262 医院太平间。7 月 24 日中午，在我们即将举行毛老告别仪式之前，突降暴雨，风雨大作，电闪雷鸣，这是北京少见的天气。雷疾风狂，骤雨倾盆而降，持续了一两个小时之后，风平雨停，我们才聚在 262 医院旁静静地向他老人家默哀致敬，做最后的告别。我们都不曾想到天公竟如此为毛老做这样隆重的安排，调动了风婆、雷公、雨爷，天上人间一起哀鸣！8 月 13 日（农历七月十五日，中元节）晚，我在家设一灵堂，嘱我的孩子在毛先生遗像前烧三支香，让孩子为毛爷爷默哀致敬。

总体架构　专题深入

——评《中国教育近代化研究丛书》*

现代化理论是一种多学科交叉的综合性理论，它涉及社会学、经济学、政治学、历史学和人类文化学等众多的学科领域。概而言之，现代化理论就是运用上述学科的理论框架和研究方法，从不同的视角综合探讨一个国家是如何从传统的农业社会过渡到现代工业社会的理论，其重点是探讨非西方后进国家实现过渡的具体历史进程。尽管这种起源于欧洲、发展于美国的社会科学新理论，迄今为止还很难说形成了完整的、成熟的体系，但它所强调的社会发展研究的多学科综合研究的总体思路，它所揭示的一些具体研究方法，无疑具有一定的创新精神和启迪意义。

中国是世界上最大的一个非西方的后进国家，她在近代以来的痛苦遭遇中如何实现现代化的问题，自然而然地成为国际上现代化研究的聚焦点。所以，用现代化理论研究中国近代社会的发展变迁，从20世纪60年代开始就逐渐成为国际学术领域的一项重大课题；国内对于现代化理论和实践的研究则起步较晚，于80年代中期才开始展开。进入90年代以后，国内学术界对于现代化理论的研究，以及运用现代化理论具体考察中国近代社会变迁的热情有增无减。在这种现代化理论和实践研究的热潮中，教育现代化作为社会现代化的一个重要方面，自然也引起了国内外学者的极大兴趣。而从实际来看，从19世纪60年代的洋务运动开始，中国的教育现代化已经走过了一个世纪以上漫长而曲折的历程，如何全面系统而又能比较深入地回顾和总结其经验与教训，的确是摆在教育理论工作者尤其是中国教育史学工作者面前的一项重要和紧迫的任务。杭州大学田正平教授主持的全国哲学社会科学“八五”规划重点课题的研究成果——七卷本《中国教育近代化研究丛书》（广东教育出版社1996年11月版）

* 本文原载《教育史研究》1997年第4期。

的问世，正好适应了这一迫切的需要。

从19世纪末至20世纪初开始的中国教育的总体转型，涉及教育观念、教育理论、教育制度、教育内容和教育方法等各个层面的深刻变革。也正因为如此，这种变革在当时便引起全社会的高度关注和强烈反响。可以毫不夸张地说，中国近代以来教育领域的新旧之争，激烈程度绝不亚于政治和经济领域中的变革，而其影响覆盖面甚至远远大于后者。《中国教育近代化研究丛书》正是在历史唯物主义的指导下，在详尽占有丰富原材料的基础上，在自体架构研究思路的背景下，分别专题，深入探讨上述中国近代教育从传统走向现代时在各个层面上深刻变革的过程。这套丛书力图通过七个专题研究，探讨中国近代新式教育的产生、发展与社会转型的密切关系，总结前辈教育家在吸收融合外来文化教育、改造陈旧教育传统、建立和发展现代教育过程中积累的宝贵经验与教训，较为全面地展现中国传统教育在近百年来走向世界和现代的艰难曲折历程，从而为我们当前的教育改革和发展提供有益借鉴。

这套丛书的总体思路，首先是在马克思主义的历史唯物主义指导下，大胆借鉴西方和我国的现代化理论观点和方法，来研究中国教育的近代发展过程。这种借鉴现代化理论思路的形成，得力于丛书作者的如下共识：教育近代化是整个社会近代化的重要组成部分。（国内学术界使用“近代化”与“现代化”概念时，主要区别是在于两者所涵盖的历史时期不同，可以说“近代化”是一种“早期的”现代化，但两者所指向的内涵是基本一致的。）从现代化的一般理论视野出发，丛书的作者认为，所谓的“中国教育的近代化”，是指一种历史的过程，具体言之，即指与几千年来自给自足的封建农业经济基础和封建专制政体相适应的传统教育，逐步向着与近代大工业生产和资本主义发展相适应的近代新式教育转化演变这样一个历史过程。这套丛书，就是要以现代化的一般理论为指引，研究中国近代教育在西方资本主义勃兴的特定国际社会背景下，通过多次的教育变革和改造，学习借鉴西方的文化教育经验，改造更新传统教育，努力追赶世界先进教育水平的历史进程。丛书作者们区分出这一过程的教学内容、教育制度、教学方法和手段等物化层面，以及教育理论、教育思想、教育观念、社会心理和价值取向等观念层面，并精心选取了其中的一些典型侧面，如中国近代学制演变、教科书发展、教会学校教育、留学生教育、西方教育理论传播、地域教育变迁等，分别专题，开展了深入探讨。

这套丛书在整体架构上的另一思路，就是力求把握处理好中国教育近代化进程中的传统与现代、中国与西方文化的关系问题。应该承认，启动于19世纪下半叶的中国教育近代化，既是中国近代社会矛盾运动的必然产物，又是西方资本主义列强入侵导致的直接结果。西方殖民主义者用“坚船利炮”打开了中国的大门，也把中西文化教育的显著差距以最为直观的形式展现在中国人的面前。几千年的传统教育在创造和传承辉煌的中国古代文化方面，作出过值得骄傲的贡献，但以科举取士为核心的封建教育，又是造成封建社会后期人才匮乏、政治腐败、社会发展缓慢的一个重要原因。正因为如此，传统的封建教育才成了近代一切进步的思想家、教育家集中攻击的对象。然而，作为一种历史传统，封建教育自身所积淀的精华和糟粕，都要在教育近代化的历史进程中得以顽强地呈现，这就是说，中国教育近代化只能是对传统教育的改造和扬弃，它没有、也不可能完全脱离原有的历史传统，割断与传统教育的一切联系，成为一种完全异质于传统的教育。中国教育近代化是以西方教育为参照、为模式的，但是近代化并不等于“全盘西化”。中国近代的思想家、教育家在学习、吸收西方的先进教育经验时，表现出一种强烈的选择性和为我所用、急我所需的实用理性精神。事实上，中国教育近代化正是在对传统教育影响和西方教育认知的双重“过滤”和选择中，艰难地推进并呈现出自身的特点的，它不仅与西方先进的资本主义国家走过的道路不同，而且也和当时同属后进国家的俄国、日本大异其趣。田正平教授主编的这套丛书，正是在努力探索教育近代化的中国特色方面，从各个侧面作出了自己的独特贡献。

这套丛书最为突出的特点，就是分别专题、深入探究的组织方式。从中国教育史学科建设的发展历程来看，可以说，在“六五”教育科学研究规划期间，全国教育史研究主要是做了中国教育史的史料整理工作；“七五”规划期间，中国教育史研究的侧重点明显转向了中国教育通史的编撰方面；而到了“八五”规划期间，中国教育史的专题研究又呈现出一种比较热烈的局面，其中对于中国近现代重要教育人物的研究最为突出。综览现在可以看到的这一时期的中国教育史的专题研究成果，应该承认，田正平教授主编的这套丛书，是具有自己的特色的。首先，在上述总体构思的方法论思考的基础上，《中国教育近代化丛书》由下列七种独立成书的专题研究著作组成：（1）田正平教授所著的《留学生与中国教育近代化》；（2）周谷平副教授所著的《近代西方教育理论在中国的传播》；（3）钱曼倩、金林祥教授主编的《中国近代学制比较研究》；（4）王建军副教授所著的《中国近代教科书发展研究》；（5）何晓夏、史静寰教授所著的《教会学校与中国教育近代化》；（6）董宝良、熊贤君教授主编的《从湖北看中国教育近代化》；（7）张彬副教授所著的《从浙江看中国教育近代化》。上述七种专著，分别从教育观念、教育制度、课程教材、教育交流、地域教育变迁等不同侧面，深入探讨中国教育的近代转型问题。这种在总体构思下分别专题、深入研讨的成果表述方式，在已有的教育史研究成果中是颇有独到之处的。

其次，这套丛书中的每一本专著所探讨的专题，都在前人研究的基础上有自己的新意或突破。譬如，已有的留学教育研究，相对比较偏重于留学教育的"本体"方面，探讨留学教育的指导思想、留学生的选派、管理等问题，注重于留学教育的得失利弊之分析；即使是对留学教育的国内影响之研究，也较偏重于政治、经济、军事、科技等领域，而忽视留学教育对于中国教育近代化的影响。《留学生与中国教育近代化》一书，则侧重于探讨留学教育对于中国教育近代化的贡献方面，较为客观地从留学生对中国近代教育理论的形成、对中国近代教育改革的推动、对中国近代高等教育的影响等角度，深入剖析了留学生与中国教育近代化的关系，获得了显著成效。《从湖北看中国教育近代化》和《从浙江看中国教育近代化》两书，第一次从地域教育变迁的角度，来透视中国教育近代转型的问题，从局部看全局，以小见大，可以说为中国教育史的研究开辟了一个新的领域，提供了一种地域教育史研究的新型范例。《中国近代教科书发展研究》从课程教材建设的微观视角，首次深入系统地探讨了社会和文化转型的历史时期教育与文化选择和传承的复杂关系，具有十分厚重的社会文化意识和较为深刻的理论价值。《中国近代学制比较研究》从比较研究的方法论视角出发，首次系统探索了中国近代三个著名学制的变迁沿革，力图寻绎出中国近代教育制度发展的深层规律。《教会学校与中国教育近代化》用一种"实事求是"的历史唯物主义的态度，考察了近代教会学校在中国教育近代转型中"相当复杂、微妙"的作用，以求能把目前相对"单纯"的教会学校的"本体"研究，与中国教育的近代变革联系起来。《近代西方教育理论在中国的传播》首次详尽考察了西方近代一些重要教育思潮在中国的传布及其对中国近代教育变革的具体影响，对于当前中国教育理论界广泛关注的教育学的"本土化"问题，无疑具有重要的启迪意义。总之，这套丛书中的每一本专著，不仅选题本身眼光独到，具有较大理论价值和实践意义，而且也都在本领域内或具开创意义，或有新的重要突破。

不过，这套丛书也有其不足之处。具体而言，一是如上所述，这套丛书中的每一部专著都对本领域的研究作出了新的贡献，专题研究具有选题独到、研讨深入的特点，但在通读整套丛书之后，还是感觉略微缺少一些总体性的总结和概括。主编虽在“总前言”中对这套丛书的整体思路和基本方法作了一般性的表述，但是，如果能够单独撰写一部关于中国教育近代化的总体性研究著作，就会显得更为合理和具有理论力度。二是个别专题的研究方法上也存在着一些问题。如个别专题研究在占有原始史料不够充分的前提下，出现了理论概括偏多而“内部分析”和“个案研究”不足的毛病。其实，这也是目前教育史学界普遍存在的不太注重方法论问题的一个反映。不过白璧微瑕，不掩其瑜，田正平教授主编的《中国教育近代化研究丛书》的出版，又为中国教育史学的建设献上了一份厚礼！

《中国古代教育制度史料》序*

恩师程舜英先生在世时，我每遇疑难处即往问询，多承教益。那还是在20世纪60年代初，我们教育系教育史教研室各位老先生忙于给中国教育史研究生班上课，而本科生的中国教育史课程的教学任务则落在我们几位青年教师肩上。我是1960年7月于本校教育系本科毕业留系任助教的。刚毕业不久，专业基础、古文训练都不行，整天惶恐不安，在图书馆、资料室四处搜寻，但能救急的资料并不多。这时全靠程先生真诚地帮助我渡过了教学难关。先生手把手地教我，如《论语》、《孟子》等几乎是一个字一个字地教我，其实我的四书基础是程先生给我打下的，有了这一基础，我讲“中国教育史”课程就有了一点底气。如今先生仙逝，少谛教，不胜凄婉。正是：旧沐春风，高山安仰；深悲绝学，薪炬谁传？

“文革”结束后，先生也结束了所谓“右派”和“摘帽右派”的悲惨生活，她以特有的忍辱和坚强，精神焕发，投入到改革开放的新时代。当时她除了担任师大教科所的教学任务，指导青年教师工作之外，还承担许多科研任务，她决心编一套《中国古代教育制度史资料丛书》。有道是：

夕阳未必逊晨曦，昂首飞鬃奋老蹄。

春蚕萦绕千千缕，愿为人民吐尽丝。

先生不顾年老多病，整天在图书馆查阅梳理史料，有时连续几天也许找不到一条可用之资料，真如沙里淘金：

莫道谗言如浪深，莫言迁客似沙沉。

千淘万漉虽辛苦，吹尽狂沙始到金。

皇天不负苦心人，凭着先生深厚的功力与坚强的意志，终于完成了第一部《两汉教育制度史资料》，北京师范大学出版社1983年1月正式出版。这既鼓

* 程舜英编著：《中国古代教育制度史料》，北京师范大学出版社2011年版。

舞了先生的斗志，也满足了当时高教界、学术界迫切的需求。许多读者来信询问：第二部何时出版？严重的心脏病、腿病虽然延缓了先生沙里淘金的进度，但始终没有磨灭先生一颗忠贞的心。终于在 1988 年 12 月，北京师范大学出版社出版了先生的第二部《魏晋南北朝教育制度史资料》。又过了十年，1998 年 8 月，北京师范大学出版社出版了先生的第三部《隋唐五代教育制度史资料》。真是“十年磨一剑，不敢试锋芒；再磨十年后，泰山不敢当”。但此时先生已经耗尽了心力，贡献出了她的全部心血。

如何对待教育史资料，这是中国教育史学科建设中的一个大问题。教育史资料范围很广，有史书，有各类档案文卷，有考古出土的文物，还包括流行于民间社会的各种传说传闻，等等。收集史料不容易，鉴定和整理、运用史料更不容易。作为研究者，应该更详细地占有史料，把握教育史实的总和，不需要把不重要的史料罗列一大堆，教育史要描绘出历史的实际过程，不是僵死的事实的收集。

程先生这三部中国古代教育制度史资料其学术价值与教学价值恰恰在此。先生数十年如一日，呕心沥血，探赜索隐，从浩如烟海的史书中，不断精心搜索、鉴定、整理中国古代各朝代的教育制度史资料，并运用这些史料说明中国古代教育制度发生、发展、演变的具体历史过程。为了教学需要，先生善于从详细占有的史料中选择最能说明问题的史料，善于把握教育史实的总和。因为研究中国教育史的目的，是掌握中国历史上教育发生、发展、演变的实际过程，借以探求教育发展演变的客观规律及未来教育发展的方向。如果只注重史料，不求明了历史各时期的教育动态、潮流趋势，那么就会把史料变成无用的东西；如果只求明了各个历史时期的教育动态、潮流趋势，而不在史料上下功夫，那么，我们研究的教育史必然不是真实的历史。先生善于把史料和史学结合起来，从而为中国教育史的学科建设、资料建设奠定一些基础，也为研究生培养进一步探求指明了方向。所以我们说，先生这三本书既为中国教育史学科建设，特别是为中国古代教育制度史资料建设起到了一定的奠基作用；也为中国教育史学科培养研究性的专门人才起到了一定的专业训练的示范、榜样作用。这三本书出版后，不仅国内各高等师范院校与各级教育行政部门、教育研究部门纷纷订阅购买，而且海外学术界、教育界也十分重视，作为他们从事教育科学研究的必备参考资料，或作为中外文化教育交流的参考资料。

“一事平生无龄龁，但开风气不为师。”先生这三本书在改革开放、重振学术之初面世，可以说是对中国教育史的学科建设、资料建设和研究生专业训练起到了开风气之先的作用。

春蚕不肯无情死，吐尽丝还化蝶来。

如今先生仙逝，先生的几位子女，为了尽其孝心，也为了中国教育的学术发展，他们慷慨集资，努力完成这三本书的核定再版。我们对他们的义举表示敬佩和感激。这样，先生的这三本书可以继续发挥它们的作用，先生的学术著作的价值和生命是永恒的。

对于我们这个古老的民族来说，历史固然是过分沉重的负担，但它同时也是增长我们民族智慧的取之不尽的资源。作为我国近代史上最为敏感的思想家之一龚自珍曾经说过："灭人之国，必先去其史"，人类有历史就是使人不要忘记过去。

今天合订再版程先生这三本书，让我们更加怀念恩师，对恩师怀着深深的温情与敬意。重读恩师的遗著，它拓宽了我们的视野，使我们感到了中华民族历史中间的深厚蕴藏。先生生前还把太老师程树德老先生的《论语集释》（中华书局 1990 年版）送给我。现在我捧着太老师和恩师的学术著作，情丝缕缕，感奋多多，给我的晚年增添了无穷的活力和欢乐。我只有用感恩与谢意回报太老师和恩师的在天之灵。

写到这里，忽然想起朱光潜先生的名言：

悠悠的过去，
只是一片漆黑的天空。
我们所以还能认识出来这漆黑的天空者，
全赖思想家和艺术家所散布的几点星光。
朋友，
让我们珍重这几点星光，
让我们也努力散布几点星光，
去照耀和过去一般漆黑的未来。

《陈景磐教育论文选》编后记*

今年是恩师陈景磐教授诞辰一百周年，我们怀着深深的敬意，编选了这本教育论文集，微表对他老人家的怀念与哀思之情。

陈景磐先生的品德学问、言行作风，对我们这几代学生影响很深，我们在心里一直是把他当作恩师来敬重的。

陈景磐先生一生除专著和教材之外，还写了五十余万字的论文，大致分为四类：一是关于中国古代教育，二是关于中国近代教育，三是关于外国教育与中国教育比较，四是关于中国教育行政。由于篇幅所限，我们仅从前三类论文中各精选了一部分，奉献给读者。我们通过这些论文，可以看到陈景磐先生一生治学的严谨、认真和艰辛，从他的人生看到的是社会的演变、社会发展造就的人的命运，看到的是教育历史的经验教训及其对人的精神滋养所产生的影响，等等。尽管这些论文是独特的、深入的，带着他的个性色彩，但也反映了他生活的那个时代的痕迹。为了真实地再现那段历史，我们对选入本书的论文，几乎是没有作任何修改，以让读者看到原汁原味原样的作品，这就是历史留下来的作品，让读者们细细品味。

这本论文集卷首我们采用了北京师范大学百年校庆丛书《师范之光——北京师范大学百杰人物》中的《教育史专家陈景磐》这篇文章代为序言，该文作者是敬爱的师母、北京师范大学外文学院潘欢怀教授。恩师与师母相濡以沫，相敬如宾。恩师去世后，师母一直整理着恩师生前的各种文章著作，我们这本论文集，完全是在师母精心整理的基础上精选的，所以我们还要衷心感谢师母，她老人家已经是九十三高寿的老人了，我们衷心祝福她老人家安健长寿，康强永年！

在这本书确定其选题以及选编、出版过程中，始终得到北京师范大学前副

* 《陈景磐教育论文选》，北京师范大学出版社 2004 年版。

校长、中国教育学会会长顾明远教授的鼎力支持和精心指导，他还在百忙之中为本书题词、撰写序文。我们衷心感谢他对本书的关爱。

此外我们还要对北京师范大学教育学院王炳照教授、北京师范大学出版社赖德胜社长、杨耕总编以及一切为本书的出版作过贡献的同人表示衷心感谢。

由于本人水平有限，本书在编选过程中，难免出现一些缺点、错误，敬请读者批评指正。

第七编

传统文化研究

中国古代研究生命的学问

——"安身立命"说*

中国传统文化的一个显著特点是启发人们的内心自觉，教人如何"做人"，如何在现实生活中实现其"治国平天下"的理想，强调的是人的生命不仅与天地相参，而且顶天立地，追求"同天人"、"合内外"，即殊相与共相的统一、主观与客观的统一，在这种"天人合一"之中得到一种最高的理智的幸福。中国传统文化提出了"做人"的道理、"做人"的要求、"做人"的方法，并让人从中得到"做人"的乐趣，教人"安身立命"。

"安身"一词最早出现在《易・系辞下》第五章，孔子曰："精义入神，以致用也；利用安身，以崇德也。"意思是说，用个人所学安顿好自身，并以此来提高德性。"立命"一词最早出现在《孟子・尽心上》，孟子曰："夭寿不贰，修身以俟之，所以立命也。"意思是说，短命也好，长寿也好，我都不三心二意，只有修养身心，等待天命，即通过主观努力"立命"，以获得正命之果。这就是"安身立命"的思想。

"安身立命"讲的是人应如何安排自己的生命和在社会中实现生命的价值，它研究的是"生命的学问"，它探讨的是"人生的方向"，它触及的是人的生命中最深的层次——"心灵"和"心性"的根本问题，它揭示的是人类的真生命、真性情、真智慧。

儒家的"安身立命"之说

儒家的基本精神，是创造性的生命精神，是人对天地宇宙的一种根源感。《易・系辞下》第一章："天地之大德曰生。"《易・系辞上》第五章："生

* 本文原载《洛阳大学学报》1998年第1期。

生之谓易。”意思是说，天地最伟大的德行，就是使万物生生不息，具有永恒的生命；生生不息的功能，也就是《易经》的基本精神。天地把这种广大悉备的生命创造精神和“元亨利贞”等生成长养、流衍创化的能力统统赋予人类，成为人类生命的源泉。因此人效法天地，德配天地，弘大天性，人就具有刚健自强、生生不已的主体精神，能够开拓创新，穷通变易，发挥创造性的生命精神，发挥人的禀赋与潜能。孔子说：“人能弘道，非道弘人。”① 人的生命能把道发扬光大，不是道来扩大人的生命。这是一种“尊生”、“主动”的传统，是对人的生命创造精神的肯定。《礼记·中庸》说：“唯天下至诚，为能尽其性。能尽其性，则能尽人之性；能尽人之性，则能尽物之性；能尽物之性，则可以赞天地之化育；可以赞天地之化育，则可以与天地参矣。”大意是说，只有天下至诚的人，才能尽量发展自己的本性。能尽量发展自己的本性，才能尽量发展一切人的本性；能尽量发展一切人的本性，才能尽量发展万物的本性；能尽量发展万物的本性，就可以赞助天地的变化和生长；可以赞助天地的变化和生长，就可能和天地并立为三了。这即是说，天地宇宙，是人类生命的本原，亦是一切价值之源。

儒家的精神，是一种“极高明而道中庸”的精神，既要有高明的理想，又要有合于中庸的行为。这即是说，人不一定要做什么惊天地泣鬼神的伟大事业，只是在日常现实生活中，每个人都可以非常崇高地生活，不苟且，不偷堕，只要对于现实生活有高度的觉解，人们所做的平常事情便有不寻常的意义。作为一个人，一个个体生命，无论能否成就某种外在的功业，那是不重要的；只要能顺着天地宇宙的禀赋，有所体悟，有所发挥，有所创造，内心得到了某种精神的满足，那就实现了生命的价值。

儒家认为，人存在的价值，人的生命的本质，在于成就道德人格。只要挺立了道德自我，以良知作主宰，人就能超越世间各种境遇，超越本能欲望，以出世的精神，干入世的事业。这样就把天道与生命、超越与内在都打通了。《礼记·中庸》说：“天命之谓性，率性之谓道，修道之谓教。道也者，不可须臾离也，可离非道也。”大意是说，上天所赋予的叫作性，顺着本性行动的叫作道，把道加以修明和推广，使人实行的叫作教。道是人一刻也不能离开的，如果是可以离开的，那就不是道了。这即是说，人的个体生命是根植于天地宇

① 《论语·卫灵公》。

宙的，人有物质欲求、情感欲求，人不离开平凡的生活，但人为社会为人类尽道德义务，就是“率性”，就是遵循天性，这就是“道”。所谓“教”，不过是“修道”，让每个个体生命觉悟到遵循“道”，在履行实践中，培养道德人格。一旦人能充分地护持自己的生命理性、道德理性，人就能全面发挥其本性，可以回应天地宇宙的生命精神，把人的生命精神提高到同天的境界，与天地鼎足而三，这就是儒家的“安身立命”之说，其实质是要落实到人的生命的价值和意义上来。人的生命与宇宙的生命之间的关系，人在宇宙中的地位由此而确立。儒家主张通过仁爱之心、“仁义礼智”四端之心、良知之心的推广，推广到他人，甚至推广到瓦石草木鸟兽，把人的生命精神提扬到超脱寻常的人与我、物与我之分别的“天人合一”之境。

道家的“安身立命”之说

道家的“道”，也叫作“无”、“朴”、“一”，它是一种不受局限的、无终止的、一切事物的源泉和原始混沌的总体。“道”不是静止不变的，而是流转与变迁的一个过程。道是整体与过程的统一。道又具有否定性和潜在性，它创造和维持了每一肯定的和实在的事物。在这一历程中，潜在变为现实，否定变为肯定，空无变为实有，一变为多。同时又伴随着相反的历程。在这里，相反相成的辩证公式决定了变迁的过程。道又可以视作阴阳、刚柔等两两相对的力量、事物、原理之动态统合。

在人的生命论上，道家强调“不盈”、“不争”、“致虚极，守静笃”，或者叫作“无为而无不为”，即不特意去做某些事情，依事物的自然性，顺其自然地去做。老子说：“为学日益，为道日损。”学习文化知识要靠积累，要用加法，一步步肯定；而把握与领悟“道”，则要用减法，一步步否定。老子认为，真生命、真性情、真智慧必须从否定入手，一层层除去表面的偏见、执着、欲望和错误，穿透到玄奥的深层之中去。这就是说，宇宙真相与奥秘，是在层层偏见剥落之后才能一步步见到的，最后豁然贯通在人的内在精神生命之中。

道家与儒家是殊途同归，最终都是强调个体生命与无限的宇宙生命的契合无间——“天地与我并生，万物与我为一”①，与儒家努力尽自己的社会人伦

① 《庄子·齐物论》。

义务与社会责任、积极入世的主张不同，道家通过否定的办法，否定知识、名教，甚至一切外在形式的束缚，包括儒家仁义道德的束缚，化解人的生命之忧。道家追求的自由是人的精神生命的超脱解放，不是指放纵人的形体生命的情欲。如果人的个体生命执着于外在物欲的追逐，功名利禄的追逐，那么就会被物欲所主宰，不仅不自由，而且会形成“机心”（智巧变诈的心计）、“茫昧”（幽暗不明、模糊不清），阻隔了人的生命与天地宇宙生命的统一。所以庄子提出要化掉物形，才能作逍遥无待之游，达到“独与天地精神往来”之境界。庄子探讨了人的生命处境，认为自身有限，个体生命有涯，以有形有限之个体生命投入天下，要面对无限的时空，“无限”会令人不安。在熙熙攘攘的人世和各种不同欲望之追逐竞争中，人的身心生命承受了巨大的压力和痛苦。庄子认为人要超越自我，不为俗累，宛若大鹏神鸟，扶摇而上九万里，背云气，负苍天，遗世独立，飘然远行，翱翔太虚。这样，让每一个体生命可以从紧张、偏执中超脱出来，去寻求自我超越的途径，那么有限的个体生命便可以获得无限的意义。

中国佛教的“安身立命”之说

印度佛教传入中国后，与中国道家、儒家和魏晋玄学思想相结合，产生了中国化的佛教。中国佛教尤与道家思想更为接近，也用否定的方法破除人们对宇宙一切表层世界或似是而非的知识系统的执着，获得精神上的某种自由解脱，佛教启迪人们解脱生活的重负、忧患和痛苦。佛教以反本归极、明心见性、自识本心、见性成佛之论，亦是叫人悟得人之安身立命处。

中国佛教主张消解人们心灵上的执着，使人自知其限制，自虚其心，自空其说，以求容纳别人。中国佛教教人反观自己心灵的“无明”，对治一切贪、瞋、痴、慢、疑、恶见，扩阔自己的心灵，从种种狭隘的偏见中超脱出来，使自己日进于高明之境，而不为“无明”所缚。佛教进而教人“了生死”，生死能了，则一切外在的执着都可以放下，使有限的生命进入无限，人们不再为自己的有限性惶惑，其“紧张”、“不安”可以清解，创造性精神反而可以爆发出来，从而迈向生命的永恒。

生命的价值与人生境界

中国古代儒家、道家、佛教，从来不把宇宙看成是一个封闭的系统，相反，把它看成是开放的、交融互摄、旁通统贯、有机联系的整体；从来不把宇宙看成是孤立、静止、不变不动或机械排列的，而是创进不息、常生常化的。他们有一个信念，就是人类赖以生存的宇宙是一个无限的宇宙、创进的宇宙、普遍联系的宇宙，它包举万有，统摄万象，无限丰富，无比充实。而宇宙大化流行的生命景象，又不是与人了无干涉的。正因为人参与了永恒无限的创化历程，并逐渐在这一“健动”的历程中取得中枢地位，因而个体的生命与宇宙的生命一样，具有了无限的价值和意义。所以说，中国古代儒家、道家、佛教认为，宇宙的真相、宇宙的全体，不在于宇宙自身，而在于人与宇宙之关系，在于在这种关系中人的生命创造活动，以及在这种活动中所把握的真善美的价值，所体验的崇高的精神境界。

从中国古代儒家、道家、佛教的“安身立命”说，大体上肯定：一个充实完备的生命，应当与宇宙大化冥合为一。一个真正的人的生命的博大气象，乃是以自己的生命贯通宇宙全体，努力成就宇宙的一切生命，这就是人类生命的价值与归宿。

中国传统文化中的“安身立命”之说，是研究生命的学问，强调时代的悲情和个人真实修养的感受。对它的理解与把握，取决于你对宇宙、对人类生命的关切所达到的深度。如果你没有“兴慈运悲，不舍众生”的理解态度，没有很强的历史文化意识，没有长期刻苦的修炼体验，是很难把握其思想义理之真髓的。只有坚持真实修炼的人，才能逐渐使自身与外界绝对地统一与协调，他的心与宇宙光明逐渐打成一片，他即获得无量的生命能量，产生不可想象的生命奇观。因为宇宙存在的一切就是他自己，所以既不憎恶世间一切可恶之事，也不欣乐世间一切美好之物，但又能积极地参与为人类社会服务的伟大潮流，决不为个人自身的利益考虑，完全寄身于一体不二的宇宙之中，与天地同乐，也与天地同悲，彻底地超越自我，从而消除了心灵中一切邪恶自私的颠倒妄执，净化了无明，开显了人生命本身所具有的崇高品德，那么他的生命就不会徒劳地消耗在欲念和烦恼之中，而是通向宇宙生命的永恒。

一位哲人说，如果我们把每个人的人生境界抽象一番，划分几个等级，那么大体上可以分成自然境界、功利境界、道德境界、天地境界。如果一个人只能顺其本能或社会风习去做，对自己所做之事毫无觉解，他的人生境界就是自然境界。如果一个人所做的事，动机是利己的，其事对于他有功利的意义，他的人生境界就是功利的境界。如果一个人自觉他是社会整体之一员，他自觉为社会利益做各种事，所做的事都有道德的意义，他的人生境界就是道德的境界。如果一个人了解到超乎社会整体之上，还有一个更大的整体，即宇宙，觉解自己不仅是社会的一员，而且还是宇宙的一员，即是孟子所说的“天民”。他自觉为宇宙的利益而做各种事，并觉解其中的意义，这种觉解为他构成了最高的人生境界，就是天地境界。前两种境界的人是实然的（事实的）人，后两种境界的人是应然的（价值的）人。道德境界有道德价值，天地境界有超道德价值。中国传统文化中“安身立命”之说的基本精神，就是帮助人们达到道德境界和天地境界，实现人的生命的道德价值和超道德价值。

中国传统文化重视道德伦理与人文理性，其终极目的是培养民族精神，淳化代代人风，提高人的生命素质，达到一种真善美统一的心灵境界。不管我们现代的科学技术如何发达，不管我们从事的现代职业如何先进、精密，人性的培育，心灵境界的提扬，生命价值的实现，人们从实然的人向应然的人的超越，总是不可替代的，这对于全人类、各民族与个人自我来说，都是生命攸关的大问题。

当21世纪宣告黎明时，我们不仅要在经济层面、物质层面，而且还要在精神领域、人的心性建设层面为世人瞩目。从长远的观点看，应当把人的心性建设放到一定的高度，对人的心性的关怀，才是最根本的关怀。从这个意义上说，中国传统文化中的“安身立命”之说，对于21世纪的生命科学研究，具有一定的借鉴启发意义和参考价值。

弘扬中华文化　建设中华民族共有精神家园*

一、“弘扬中华文化”的重要意义

胡锦涛总书记在党的十七大政治报告中强调“弘扬中华文化，建设中华民族共有精神家园”的重大意义，认为“中华文化是中华民族生生不息、团结奋进的不竭动力”。①

胡锦涛总书记的“弘扬中华文化”的思想同党的十四大到十六大精神既一脉相承又与时俱进。1992 年中国共产党召开了第十四次全国代表大会，在党章中明确增加了“弘扬中华民族优良文化传统”一条。这表明中国共产党在对待中华民族优秀文化传统上的新态度和新方针。1994 年初江泽民同志在全国宣传思想工作会议上，明确提出“要用科学的态度对待我们民族的传统文化和外来文化。我们的民族历经沧桑，创造了人类发展史上灿烂的中华文明，形成了具有强大生命力的传统文化。我们要取其精华，去其糟粕，很好地继承这一珍贵的文化遗产”。1995 年 10 月 6 日江泽民同志为《中国传统道德》一书题词：“弘扬中华古代优秀道德传统和革命道德传统，吸取人类一切优秀道德成就，努力创造人类先进的精神文明。”

1997 年 9 月 12 日江泽民同志在党的十五大政治报告中说：“有中国特色社会主义的文化，是凝聚和激励全国各族人民的重要力量，是综合国力的重要标志。它渊源于中华民族五千年文明史，又植根于有中国特色社会主义的实践，具有鲜明的时代特点；它反映我国社会主义经济和政治的基本特征，又对

---

* 本文原载《北京科技大学学报（社会科学版）》2007 年第 4 期。

① 胡锦涛：《高举中国特色社会主义伟大旗帜　为夺取全面建设小康社会新胜利而奋斗——在中国共产党第十七次全国代表大会上的报告》（2007 年 10 月 15 日），《人民日报》2007 年 10 月 25 日第 1 版。

经济和政治的发展起巨大促进作用。”① 这种对于文化的新定位，表明中国开始进入了文化建设的新时代。1997年11月1日江泽民同志在美国哈佛大学演讲中指出：“从历史文化角度来了解和认识中国，是一个重要角度”，因为“现实中国是历史中国的发展”。中国的文明传统，一直影响着中国人的思维方式、价值观念、理想追求，乃至中国的发展方向。中国人民几千年来形成了“团结统一的传统”、“独立自主的传统”、“爱好和平的传统”、“自强不息的传统”。②这些论断表明，中国的优秀文化传统，至今仍然是实现中国社会主义现代化的精神动力。

2002年10月在党的十六大报告中，对于中华文化在世界多元文化并存中的角色，在综合国力中的地位，在增强民族的生命力、凝聚力、创造力的价值与功能等方面，作出了空前未有的论证。报告说：“面对世界范围各种思想文化的相互激荡，必须把弘扬和培育民族精神作为文化建设极为重要的任务，纳入国民教育全过程，纳入精神文明建设全过程，使全体人民始终保持昂扬向上的精神状态。”③

2003年4月28日在中共中央政治局第四次集体学习时，胡锦涛总书记说：“中华民族是具有伟大民族精神的民族。千百年来，中华民族之所以能够历经磨难而不息，饱尝艰辛而不屈，千锤百炼而愈加坚强，靠的就是这种威力无比的民族精神，靠的就是各民族人民的团结奋斗。越是困难的时候，越是要大力弘扬民族精神，越是要大力增强中华民族凝聚力。”

胡锦涛总书记主持中央工作以来，提出了一系列重大决策，如“和平崛起论”、“科学发展观”、“关于进一步繁荣发展哲学社会科学的意见”、“关于进一步加强和改进未成年人思想道德建设的若干意见”、“关于进一步加强和改进大学生思想政治教育的若干意见”、“关于构建社会主义和谐社会”、“关于建设社会主义新农村”、“关于大力弘扬社会主义荣辱观（八荣八耻）”等等以及胡锦涛总书记在美国耶鲁大学的讲话，温家宝总理在美国哈佛大学的演讲，都进一

① 江泽民：《高举邓小平理论伟大旗帜，把建设有中国特色社会主义事业全面推向二十一世纪》（1997年9月12日），《江泽民文选》第二卷，人民出版社2006年版，第33页。

② 江泽民：《增进相互了解，加强友好合作》（1997年11月1日），《江泽民文选》第二卷，第58—65页。

③ 江泽民：《全面建设小康社会，开创中国特色社会主义事业新局面》（2002年11月8日），《江泽民文选》第三卷，人民出版社2006年版，第559—560页。

步阐述了党的“弘扬中华文化”的精神。

胡锦涛总书记在美国耶鲁大学演讲时说，中华文明是世界古代文明中始终没有中断、连续五千多年发展至今的文明。中华民族在漫长历史发展中形成的独具特色的文化传统，深深影响了古代中国，也深深影响着当代中国。现时代中国强调的以人为本、与时俱进、社会和谐、和平发展，既有中华文明的深厚根基，又体现了时代发展的进步精神。

科学发展的理念，是在总结中国现代化建设经验、顺应时代潮流的基础上提出来的，也是在继承中华民族优秀文化传统的基础上提出来的。

中华文明历来注重以民为本，尊重人的尊严和价值。中华文明历来注重自强不息，不断革故鼎新。中华文明历来注重和谐，强调团结互助。中华文明历来注重亲仁善邻，讲求和睦相处。

中国人早就提出了“和为贵”的思想，追求天人和谐、人际和谐、身心和谐，向往“人人相亲，人人平等，天下为公”的理想社会。今天，中国提出构建和谐社会，就是要建设一个民主法治、公平正义、诚信友爱、充满活力、安定有序、人与自然和谐相处的社会。

温家宝总理 2003 年 12 月 10 日在美国哈佛大学演讲时说：“中华民族的传统文化博大精深，源远流长。早在两千多年前就产生了以孔孟为代表的儒家学说和以老庄为代表的道家学说，以及其他许多也在中国思想史上有地位的学说流派，这就是有名的‘诸子百家’。从孔夫子到孙中山，中华民族传统文化有它的许多珍贵品质，许多人民性和民主性的好东西。比如强调仁爱，强调群体，强调和而不同，强调天下为公。特别是‘天下兴亡，匹夫有责’的爱国情操，‘民为邦本’、‘民贵君轻’的民本思想，‘己所不欲，勿施于人’的待人之道，吃苦耐劳、勤俭持家、尊师重教的传统美德，世代相传。所有这些，对家庭、国家和社会起到了巨大的维系与调节作用。……中华民族的祖先曾追求这样一种境界：‘为天地立心，为生民立命，为往圣继绝学，为万世开太平。’今天，人类正处在社会急剧大变动的时代，回溯源头，传承命脉，相互学习，开拓创新，是各国弘扬本民族优秀文化的明智选择。”

从以上一系列决策和讲话中可以看到，党中央的长远目标是整合各方面的力量，艰苦奋斗，坚持走具有中国特色的社会主义道路，实现中华民族的伟大复兴。一方面是物质文明，一方面是精神文明；一个是硬件，一个是软件；一个是硬实力，一个是软实力。用科学发展观把二者完整地统摄起来。构建社会主义和谐社会，不是孤立的，是一个大工程，要有准备，要有铺垫，要有基础。所以胡锦涛总书记在党的十七大报告中说："当今时代，文化越来越成为民族凝聚力和创造力的重要源泉，越来越成为综合国力竞争的重要因素"，要"推动社会主义文化大发展大繁荣"，要"提高国家文化软实力"，要"增强中华文化国际影响力"，要"弘扬中华文化，建设中华民族共有精神家园"。他强调了在中华民族的伟大复兴中弘扬中华文化的战略意义，强调了文化复兴是强国基础。

构建社会主义和谐社会，需要政治、经济、文化和社会协调发展。历史和现实证明，任何民族文化的断裂，必然导致这个民族的衰退。而民族的振兴，始于文化的复兴。我们的伟大祖先创造了辉煌灿烂的中华文化，我们要继承和弘扬祖先的光荣传统，在优秀文化的传承基础上，不断创造出新的先进的中华文化，才能实现我们梦寐以求的强国之梦。

二、"中华文化"的基本特色

中华文化的基本特色是什么呢？

当代著名科学家、诺贝尔奖得主杨振宁先生在《光明日报》发表了一篇文章《中国为什么能以奇迹般的速度发展》①，主要从中华文化的基本特色方面作了分析，强调了中华文化中的"韧性"。他说，中华文化可以说是"人本文化"，而西方文化是"神本文化"。两个文化起点不一样，所以会产生很大差别。人本文化基于人和人之间的关系，所以在人本文化里面就有一些观念，如忠、孝、恕、仁等；神本文化基于人与神之间的关系，它的发展方向是个人主义方向，跟人本文化完全不一样。在神本文化影响下，个人主义很容易变成极端个人主义，这就是今天美国社会一个非常大的特点。人本文化是融合凝聚的文化，神本文化是分割竞争的文化；人本文化容易产生"以德治国"情况，神本文化容易形成"法治"情况。一个在人本文化影响下的社会容易产生兼容并蓄、有教无类的观念。这些观念在神本文化社会里不容易产生。在神本文化里面容易发生宗教战争、种姓制度等，我想这一点现在世界上一些地方发生的事情可以证明。

① 杨振宁：《中国为什么能以奇迹般的速度发展》，《光明日报》2004年6月25日。

北京保利博物馆里展示着一个古代器皿，器皿上有一篇共有98个字的铭文，其中“德”字出现了六次，说明德字跟治国的观念在三千年前就已经非常重要了。这代表人本文化里治国哲学的一个特点，这是神本文化里面所没有的。

神本文化会发生什么现象呢？我们都知道孟子见梁惠王说：“王何必曰利？亦有仁义而已矣。”这个“利”就是神本文化所产生出来的，也就是以利治国。“德”和“利”分别是影响整个社会的价值观，任何一个长期在美国居住和在中国居住的人都会体会到。尤其是把中美两国的中小学生相比较，就知道“德”和“利”所产生的价值观对小孩有多么大的影响。中国的小孩一般比较听话、勤奋、能够忍耐，而美国孩子一般不听话、好动、急于得到满足。当然这并不代表中华民族的文化在种种情形之下都比美国的好，我只是讲人本和神本发展之后，社会不一样，价值观不一样。能够忍耐才能够有韧性，我认为中华民族能够在过去五十多年有这么大的成就，是有非常长远的道理，这便是中华民族文化的韧性。

人本文化所孕育出来的坚韧、温顺、勤俭的民风，与中国共产党的组织能力，这些加起来就造就了中国今天崛起的奇迹。

我对中华民族的伟大复兴很有信心。我乐观的态度植根于中华民族过去五千年自力更生的成就，这些成就背后有本质的文化传统中的长远的道理，那就是韧性。长城象征中华民族历史的悠久，象征历史上中国一统的观念，尽管中华民族历经兴衰，尽管中国有多次内战和朝代更迭，但贯穿历史的只有一个中国，在世界人民心中只有一个中国，在中国人民心中更只有一个中国。合则盛，分则衰。

最近香港凤凰卫视中文台“世纪大讲堂”请杨振宁先生演讲，他重申中国为什么能以奇迹般的速度发展有七个方面的原因。第一是中华民族有勤劳、节俭的传统美德；第二是中华民族有耐心、忍耐、坚韧、温顺，重视群体、家庭、社会；第三是中华民族从来没有种姓制度、宗教战争，而容易产生有教无类、兼容并蓄的观念；第四是中国文字统一，能维持几千年的一统，向心力、凝聚力强。以上四点是中华文化的特色，尤其是“韧性”。第五条是新中国成立后重视扫盲、普及文化教育；第六条是改革开放后中国重视基础建设，重视建桥、修路、交通运输；第七条是中国政府务实、虚心、灵活的作风。后三条是中国政府的政绩。

当代著名哲学家牟宗三先生在《中国哲学的特质》第一讲《引论》中，就中华文化最深层次的哲学思想作了分析，他认为中国哲学特重“主体性”与“内在道德性”。中国思想的三大主流，即儒释道三教，都重主体性，然而只有儒家思想这主流中的主流，把主体性复加以特殊的规定，而成为“内在道德性”，即成为道德的主体性。西方哲学刚刚相反，不重主体性，而重客体性。它大体是以“知识”为中心而展开的。它有很好的逻辑，有反省知识的知识论，有客观的、分解的本体论与宇宙论，它有很好的逻辑思辨与工巧的架构。但是它没有好的人生哲学。中国哲学是以“生命”为中心，由此展开他们的教训、智慧、学问和修行。①

牟宗三先生说“开辟生命之源、价值之源，莫过于儒”，“能开价值之源、能立道德主体的是儒家”，认为儒家是中国思想主流中的主流。“观事变莫过于道”，“察业识莫过于佛”，道家、佛教也是中国思想的主流。儒、道、佛三家互补成为中国观念文化中的主流。

儒家积极入世的实践精神及其深厚的历史感、道德感，使得历代执政者无不重视儒家的政治—文化功能，儒家的价值观也逐渐成为中国人价值观的主体。在漫长的历史发展过程中，儒家的崇德贵民的政治文化，孝悌和亲的伦理文化，文质彬彬的礼乐文化，远神近人的人本取向，渗透到中国社会文化的各个方面。儒家哲学强调阴阳互补、中庸和谐与永久变易及天人合一的宇宙观，成为中国古代哲学的重要基础。我们要实现文化复兴，要重建道德和价值观念，建设和谐社会，当然要从传统的中华文化中汲取营养，不能抛弃自己的文化传统重新引进另外一个民族和国家的价值观念，那是没有根的。我们当然要吸收其他优秀文化，你民族的根扎得越深，你的吸取能力也就越强。所以著名人类学家、社会学家费孝通先生曾经提出“各美其美，美人之美，美美与共，天下大同”的思想，是十分深刻的。各国、各民族首先要弘扬发掘自己的优秀文化，当然也不要拒绝学习其他民族、国家的优秀文化，互相包容，互相吸收，取长补短，构建和谐的大同世界新文化。

儒家文化中尤为重要的有如下三个方面。

一是“以仁为本”。所谓“仁者人也”，“仁者爱人”。用肯定的方式说，是“己欲立而立人，己欲达而达人”，关心人，帮助人，认真为社会做事，这便是

① 牟宗三著：《中国哲学的特质》，上海古籍出版社 1997 年版，第 1—8 页。

“尽己为忠”。用否定的方式说，是“己所不欲，勿施于人”，宽待人，体谅人，尊重人，不损害人，这便是“推己及人为恕”，即“你愿别人怎样待你，你就怎样待人”。所以“恕道”更重要，你不能自觉帮助他人，至少你不要有意去损害他人。这个“他人”，既指个人，也指群体，包括民族和国家。道德行为都是相互的，普遍伦理必须普遍适用。忠恕之道便是可以普遍适用的道德原则，而且恕道比忠道更具基础性和普遍性，是人类社会维持正常秩序的起码准则，被1993年在芝加哥召开的“全球宗教议会大会”称为“黄金规则”。

二是“以和为贵”。孔子说：“君子和而不同，小人同而不和。”君子重视和谐，不肯附合苟同。“和为贵”，“四海之内皆兄弟也”，和谐是重要的，我们都以兄弟情谊求其和谐相处。《礼记·中庸》说：“和也者，天下之达道也。”和谐统一，天下通行之大道。《庄子·齐物论》说：“天地与我并生，而万物与我为一。”王阳明《传习录上》说：“仁者以天地万物为一体也。”张载《西铭》：“民吾同胞，物吾与也。”“仇比仇到底，还是仇必和而解?”王夫之说：“和而解则爱。”旧矛盾的解体，新矛盾的肇始。

西周史伯说：“和实生物，同则不继。”“和”意谓不同的东西和合才能导致新事物的产生，相异事物相互协调，才能促进事物的产生、发展。和谐是君子所重视的，君子不肯附合苟同。因为如果相同的东西简单相加，没有意义，事将无成，甚至窒息其生机。

春秋时晏婴说：“和”就像羹汤，五味的调和。又像音乐八音的和谐。“和”是有差别，且包含着差别的多样性统一。而“同”则是不包含差别的二者绝对的同一，好像以水兑水，味道单一。单一的东西无法比较，不能产生新的事物。同中有异，异中有同，多寓于一，一又寓于多，有差别，有对立，有矛盾，才能产生新的事物，是事物发生发展的原则。

但“和”并不是事物的任意掺和，构成“和”的各种不同因素必须保持一定的度和量，无过无不及。《中庸》说：“发而皆中节，谓之和。”贾谊说：“刚柔得适谓之和。”陈淳说：“那恰好处，无过不及，便是中。此中即所谓和也。”

江泽民同志2002年10月24日访问美国，在乔治·布什总统图书馆发表重要演讲时说：“两千多年前，中国先秦思想家孔子就提出了‘君子和而不同’的思想，和谐又不千篇一律，不同而又不相互冲突。和谐以共生共长，不同以相辅相成。和而不同，是社会事物和社会关系发展的一条重要规律，也是人们处世行事应该遵循的准则，是人类各种文明协调发展的真谛。”

三是“修己安人”。孔子说：“修己以安人，修己以安百姓。”《礼记·大学》提出了“大学之道，在明明德，在亲民，在止于至善”，这是大学道德教育的“三纲领”，即三项目的任务。为了完成“三纲领”，又提出了“八条目”，即八项过程、步骤或程序：“格物、致知、诚意、正心、修身、齐家、治国、平天下”。这是治国的方略（建设和谐社会的方略），也是治校的方略（建设和谐学校的方略）。被称为“清华大学之父”的梅贻琦先生在 1941 年 4 月写了《大学一解》，即用“大学之道”总结清华大学三十年之经验。他还把清华大学学生宿舍命名为“明斋”、“新斋”、“善斋”。

所谓“格物、致知”，即以道德观念的认识为起点；“诚意、正心”，即以道德信念的建立为中心；“修身”（强调慎独），即以道德自觉性的培养为根本要求；最后以“齐家、治国、平天下”为道德的实践目标。

孙中山先生在《民族主义》讲稿中说：“中国有一段最有系统的政治哲学，在外国的大政治家还没有见到，还没有说到那样清楚的，就是《大学》所说的‘格物、致知、诚意、正心、修身、齐家、治国、平天下’那一段话。把一个人从内发扬到外，由一个人的内部做起，推到平天下止。像这样精微开展的理论，无论外国什么政治哲学家都没有见到，都没有说出，这就是我们政治哲学的知识中独有的宝贝，是应该要保存的。”①

《大学》能把个人内在德性的修养，以至外在事业的完成，一贯连续，包罗无遗，而且本末先后，有条不紊，有志之士，循序渐进，自能修己安人，成己成物。梁漱溟先生讲内外功相结合，认为只注意外功，不注意内功是不行的。现在很多年轻人十分浮躁，即缺乏内功，缺乏定力。《大学》讲：“知止而后有定，定而后能静，静而后能安，安而后能虑，虑而后能得。”这些论述是十分深刻的，值得我们认真体会。《大学》说：“自天子以至于庶人，壹是皆以修身为本”，“其本乱而末治者否矣”。如果我们从中央到地方各级领导人和各民族广大民众都能读懂并身体力行《大学》中的修己安人之道，那我们中华民族的凝聚力、向心力、软实力会大大地增强，有利于建设中华民族共有精神家园。

① 孙中山：《三民主义·民族主义》，《孙中山全集》第九卷，中华书局 1986 年版，第 247 页。

三、增强中华文化的影响力

胡锦涛总书记主持中央工作以来，曾批准在孔孟的家乡建立一个“华夏文明标志城”，具体地点就是在山东曲阜和邹县之间。曲阜是孔子的家乡，邹县是孟子的家乡，在儒家的发源地建立“华夏文明标志城”对扩大增强中华文化的影响是有利的。

胡锦涛总书记还批准要在全世界成立100所孔子学院。一个国家有一所孔子学院传授中国文化，有人戏言，现在孔子真正地周游列国了。2006年4月29日胡锦涛主席在非洲肯尼亚访问，专程视察了内罗毕孔子学院，对“中国古代大思想家、教育家孔子”的贡献以及“学而不厌，诲人不倦”的教育思想，都作出了高度评价。2006年7月孔子学院大会在京开幕，已有80所孔子学院和孔子课堂在36个国家和地区落户，另有90个国家和地区的相关单位在申请，表明世界对中国文化的浓厚兴趣。

2005年联合国教科文组织对待孔子及其思想有了新举措：第一，批准设立了“国际孔子教育奖”，对世界上发展农村扫盲教育和帮助失学儿童有贡献者给予奖励。第二，发起了全球首次联合祭孔。这表明，孔子是中国的，也是世界的。也说明以孔子为象征的中国文化，诞生于中国，服务于中国，随着中国文明史的发展而起落，同时也是人类文明的结晶，是参与人类文明进步的精灵。

2006年3月“两会”期间，在中国联动媒体的网站上有一项调查——“最能代表中国的文化形象是什么”（即“中国的文化名片”）。截止到2006年3月10日，公布调查结果，前十名是孔子、中国龙、故宫、长城、春节、书法、中国针灸、瓷器、中国菜、京剧、中国功夫，这些都是中华文化的形象、中华文化的代表，而孔子和儒学更象征中国的精神。孔子和儒学在不同历史条件下，曾通过各种渠道传播到国外，对一些国家产生了一定的影响。

孔子和儒学最早传入东方的朝鲜、日本、越南及其他东亚、南亚国家，这些国家从政治、思想、道德、法律、文化、教育直到风俗习惯、社会风貌大都打有中国文化的深刻烙印。因此有人把中国及深受中国文化影响的朝、日、越等国划在一起，统称为“中国文化圈”。在16—17世纪来华的耶稣会的传教士利玛窦、殷铎泽等人翻译了《四书》、《五经》，并合编了《中国之哲人孔子》，给西方学者研究中国文化提供了重要的资料，他们尊称孔子是“国学仲尼，天下先师”。当时西方学者常把“中国”、“孔子”、“政治道德”这三个名词联系在一起，孔子、儒家的思想便逐渐成为中国文化的象征，给当时西方的思想文化界以很大的影响，他们常把孔子作为欧洲启蒙运动的“守护尊者”。法国1793年宪法所附《人权和公民权宣言》以及法国1795年宪法所附《人和公民的权利和义务宣言》都写入了孔子的名言“己所不欲，勿施于人”，分别定义为自由的道德界限和公民义务的原则。把中国先哲的格言写入西方国家宪法，这可算第一例。① 法国启蒙思想家伏尔泰（1694—1778）认为：“基督不过禁人行恶，而孔子的‘己所不欲，勿施于人’则是劝人行善。西方民族无论如何格言，如何教理，无可与如此纯粹道德相比拟者。”

孔子和儒学的影响一直延续到现在。当代著名的英国历史学家汤因比说：“自从人类在大自然中的地位处于优势以来，人类的生存没有比今天再危险的时代了”②，“不道德程度，已近似悲剧。而且，社会管理也很糟糕”③。他认为中国传统文化，特别是儒家、墨家的仁爱学说，是解决现代化社会伦理问题所急需的。他说儒家的仁爱“是今天社会之所必需”，“墨子主张的兼爱，过去只是指中国，而现在应作为世界性的理论去理解”。④

1988年，75位诺贝尔奖获得者在巴黎集会后发表的宣言中认为，人类要生存下去，就必须回首二千五百年，去汲取孔子的智慧。

两位曾经从政且资深的澳大利亚学者李瑞智（Reg Little）和黎华伦(Warren Reed)，在其所著的《儒学的复兴》一书中指出：“可以大胆地说，在‘地球村’多彩纷呈的文明中，一定能找到一种经验，一种信条，作为借鉴，足以保障人类未来的发展，不管是探求经济的发展，社会的稳定，政治经验，或是文化及精神的多样性，以及对富裕的追求。”⑤ 作者找到的答案是：“儒家的中心思想之一是中庸之道，世界的所有社会大都矫枉过正，只有儒学才创造一种平衡状态，因而使社会得以生存，甚至衰而复生。也许今天西方社会正面临着这种挑战，面对的正是充满活力、促进生产、影响日益强大的儒学

① 许明龙：《18世纪法国思想家论中国的德治》，《世界历史》2002年第5期。

②③④ ［日］池田大作、［英］汤因比著，荀春生、朱继征、陈国梁译：《展望21世纪——汤因比与池田大作对话录》，国际文化出版公司1999年版，第376、375、411页。

⑤ ［澳］李瑞智、黎华伦著，范道丰译：《儒学的复兴》，商务印书馆1999年版，第108—109页。

的复兴。”①

云南师大教育系曾小英教授在《世界性儒学复兴与当前我国教育改革》中除引用上述两位澳大利亚学者《儒家的复兴》中一些观点外，还谈了她自己的亲身体验：“笔者从小在批判封建礼教、打倒孔老二的社会氛围中长大，从小养成了一种崇尚西方科学、鄙视传统文化的心态。直到本人硕士研究生毕业在大学从教十年之后，受到政府委派在美国做访问学者期间，思想才发生了变化。我在外国朋友家里，看到了他们对中国传统文化的敬重；从外国人写的书里，我了解了许多自己全然无知的东西。有一次聚会，外国朋友请我介绍中国传统文化。我的讲话言之无物却充满了自己的批判性意见，大家听了都露出不以为然的神色。这些经历使我猛省：我横加批判的东西，是我真正了解的吗？流传了几千年，受到全世界最有知识的人尊崇乃至外国的普通人都愿意学习的东西，难道我这个炎黄子孙却应该嗤之以鼻吗？我自以为传统文化是现代人应破除的封建迷信，根本不懂孔子学说却认定自己比孔子高明，这难道是科学的态度吗？这下我才发现了自己的迷信、无知和狂妄。于是我才虚下心来认真读古书，用科学的态度去研究中国传统文化。通过几年的学习研究，我才发现，原来，中国传统文化像大海一样深广无边，而且其中埋藏着无尽的宝藏。”②

中国科学院院士、华中科技大学学术委员会主任杨叔子教授指出，现在有的大学生、研究生“精于科学，荒于人学；精于电脑，荒于人脑；精于网情，荒于人情；精于商品，荒于人品；精于权力，荒于道力”。他在《高等教育的五“重”五“轻”》一文中说：“我们教育的弊病在于应试教育，现在大家普遍感到中小学是应试教育，而我个人感到高等学校也是应试教育，是找职业的考试教育。”“高等院校是工具性的东西在起作用，如果学生要找到好职业，就必须经过诸多的考试，只重视做事，不重视做人，不重视思维，急功近利，这就是应试教育，因此在高等院校，特别是理工大学，出现了五重五轻，我认为‘重’是对的，但‘轻’是不对的。”所谓“五重五轻”即重理工轻人文、重专业轻基础、重书本轻实践、重共性轻个性、重功利轻素质。因为一些高校轻人文教育，使得学生的人文陶冶很弱、人文素质很差。20 世纪 80 年代他在美国

① ［澳］李瑞智、黎华伦著，范道丰译：《儒学的复兴》，商务印书馆 1999 年版，第 90 页。

② 曾小英：《世界性儒学复兴与当前我国教育改革》，《教育史研究》2001 年第 4 期。

的一个大学访问，他说：“有几位华人教授跟我讲内地教育有个缺陷，什么缺陷呢？内地的留学生，ABC很好，XYZ也很好，也懂得美元、英镑，就是不太了解长城、黄河，不太了解文天祥、史可法，一点也不知道《史记》、《四书》、《资治通鉴》，请问这种学生毕业出去以后能不能为中华民族服务？我认为他们提得非常好，非常深刻，也非常生动。ABC很好——外语很好；XYZ很好——数学很好、业务很好；懂得美元、英镑——会打经济算盘；不太了解长城、黄河——不太了解祖国地理，对祖国的地理知之甚少；不太了解文天祥、史可法——不太了解民族历史，对民族的历史知之甚少；一点也不知道《史记》、《四书》、《资治通鉴》——对祖国与民族的悠久文化传统一无所知。这种高层人才对自己的国家、民族的地理、历史知之甚少，对悠久文化传统一无所知，可不可能对自己的国家与民族有感情？会不会为这个国家与民族很好去服务？现实的很多例子已经证明了这个批评是对的。”①

潘一禾博士在《当前国家体系中的文化安全问题》一文中指出：“语言文化涉及更高层面的安全，如信息和思维向度问题；更深层次的安全，即如何理解和看待世界问题。语言不像今天的年轻人时不时地流行一阵染金发、穿酷装、跳街舞等，长期学习一种外语，尤其是一种时时处处展示为强势的他国语言，不仅可能让年轻人的母语水平下降，而且会让他们的思维习惯和世界观都发生根本变化，会让他们不由自主地倾心于某种外国文化。而在当今快节奏、多变化的生活方式中，他们很可能在对自身文化根本不了解或没有时间了解，在不会比较也不想比较的情况下就被外国文化‘俘虏’，这种精神上的被‘俘虏’并不一定指精神道德的衰退或下降，而是指一种与狭隘民族主义反向，但却相似的偏激、固执和忘本。学习他人本来是为了改良自身，但如果其结果是改掉了自己的身份和盲目崇拜他人，就会出现对外交流与革新自我之间的‘恶性互动’，并可能进而成为一种对中国文化安全构成‘威胁’的社会群体或思想力量。前联邦德国总理赫尔穆特·施密特强调：‘我们应当在全球泛滥的伪文化的压力面前捍卫自己的文化特征。’‘保护本国语言传统是生死攸关的大问题，原因在于，如果本国的语言日趋消失，或者在几代之后遭到彻底侵蚀，那

---

① 杨叔子：《高等教育的五“重”五“轻”》，《中华读书报》2002年10月9日。

么本国文化中的一大部分内容也会消失，本国特性的一些组成部分也会变没。'"①

她认为当前国家文化体系中的文化安全问题是十分重要的，值得我们关注。如“文化认同的危机”，由于不再真正了解自己的传统，不再真正为自己的民族性感到自豪，不再真正信仰自己的国家意识形态和基本价值观，而导致不知道“我是谁”，或不清楚自己的长处和问题，或者由于见惯了境内的各国跨国公司和用熟了各种进口产品，有人觉得自己有了多种身份或跨国意识，于是会觉得在新旧之间、你我之间、地域之间的或族群的、国家的与跨国的，都在变幻不定，因此不必在乎。这就有可能形成一种对中国文化安全构成“威胁”的社会群体或思想力量。

李政道先生在1988年10月26日写了一篇激动人心的文字《读〈河殇〉有感》：“中华民族的文化发源于黄河。当黄土文化移入了长江区域，使长江居住的黄人结合了北方的黄人。黄河的黄水流入了大海，使海外的华人也永远接连了这伟大的河流……一个只依赖过去的民族是没有发展的，但是一个抛弃祖先的民族也是不会有前途的。五千年的黄土文化值得我们骄傲，希望我们今后的创业，也能得到未来子孙的尊敬。黄帝的儿女们，我们只要有志，不必害怕目前的贫穷。盼能启新自兴，望弗河殇自丧。黄帝的儿女们，我们必须团结，发扬民族理想，建立自尊、自信。”②

1987年美国芝加哥大学的一位名叫布鲁姆（Allen Bloom）的教授，曾出版了一册轰动一时的著作，题目是《美国心灵的封闭》（*The Closing of the American Mind*）。作者认为，美国今日青年学生在学识和思想方面陷入了一种极为贫乏的境地，而其结果则是对一切事物都缺乏高瞻远瞩的眼光和见解，这对于一个国家而言实在是一种极可危虑的现象。

上述我引用的李政道先生、杨叔子先生以及潘一禾博士、曾小英教授等的言论，可说是“中国心灵的封闭”。我们现在正生活在一个“全球化”的时代，由此产生的开放意识、全球意识已经深深地影响了新一代年轻人的精神面貌与精神走向，这在总体上自然是有一种积极意义的；但也不能不看到，在相当一

① 潘一禾：《当前国家体系中的文化安全问题》，《浙江大学学报（人文社会科学版）》2005年第2期。

② 李政道：《读〈河殇〉有感》，《光明日报》1988年11月14日。

部分年轻人中间，却出现了另一种倾向，即对生养、培育自己的这块土地，其中蕴含的深厚文化，坚守其上的人民，在认识、情感以至心理上产生了疏离感、陌生感。这不仅可能导致民族文化的危机，更是人自身存在的危机：一旦从泥土中拔出，就成了无根的人。正是出于这样的根本性的忧虑，所以有识之士发出了呼吁："认识我们脚下的土地!"这是一个重大的文化教育课题，也是精神建设的大问题。

高尚的人品和心地，才是治学之本，也就是中华文化的核心。失去这一根本核心，就会发生形形色色的教育和学术腐败、谋私图利、显己厌人、弄虚作假等等，皆是其著例。识者痛心，愚者昧昧。

德国哲学家雅斯贝尔斯曾提出"轴心时代"的观念，认为在公元前500年前后，在古希腊、以色列、印度和中国几乎同时出现了伟大的思想家，他们都对人类关切的问题提出了独到的看法，古希腊有苏格拉底、柏拉图，中国有老子、孔子，印度有释迦牟尼，古以色列有犹太教的先知们，形成了不同的文化传统。这些文化传统经过两三千年的发展已经成为人类文化的主要精神财富，而且这些地域的不同文化，原来都是独立发展出来的，并没有互相影响。"人类一直靠轴心时代所产生的思考和创造的一切而生存，每一次新的飞跃都回顾这一时期，并被它重新燃起火焰。""轴心期潜力的苏醒和对轴心期潜力的回归，或者说是复兴，总是提供了精神的动力。"① 回顾源头，还原其最原始的形态，回复到事物最根本的精髓，然后再前进，"被它重新燃起火焰"。例如欧洲的文艺复兴就是把目光投向其文化源头古希腊，而使欧洲文明重新燃起其新的光辉，对世界产生重大影响。联合国教科文组织的文件《学会生存》中指出："人类要发展，一方面要面向未来，另一方面要回到人类的源头，向我们的先辈吸取智慧。"在某种意义上说，当今世界多种文化的发展，正是对两千多年前的轴心时代的一次新的飞跃。据此我们也可以说，将有一个新的"轴心时代"出现，在可以预见的一段时间里，各民族、各国家在其经济发展的同时，一定会要求发展其自身的文化，因而经济全球化将有利于文化多元化的发展。

我们应当确立起强烈的民族精神自强意识、民族文化发展意识、优秀传统

① ［德］卡尔·雅思贝尔斯著，魏楚雄、俞新天译：《历史的起源与目标》，华夏出版社1989年版，第14页。

思想与文化的再生创新意识，把潜在的精神资源转化成现实的精神发展与建设的能源和动力。我们应以党的十七大关于“弘扬中华文化，建设中华民族共有精神家园”的精神，以一种包容博大的文化与思想胸襟放眼世界与未来，凭借从慎重检视和细致考辨过的文化经典作品中汲取来的强大的精神原动力和民族自信心，来参与这场全球性的文化与思想的现代较量和交融。我们不是全球化的旁观者，更不甘心成为全球化被接受者，而应当凭借五千年灿烂文明所凝结的历史智慧和民族精神，以文化挑战者和应战者的双重身份出场。这不是狭隘的民族主义和相对主义的盲目热情，而是中华民族文化良知与民族精神理所当然地应承担和接受的文化使命。我们应以此姿态迎接人类文化新的“轴心时代”的到来，迎接中华民族的伟大复兴。① 这是我对十七大报告中关于“弘扬中华文化”的一点粗浅认识和学习体会。恳请方家不吝赐教。谢谢！

① 潘庆玉：《全球化语境中的经典教育》，《当代教育科学》2003 年第 12 期。

怎样认识中国传统文化的价值？*

刘学沂朋友：

你提出的是一个很重大、很现实又很复杂的问题。这个问题在上个世纪末和本世纪初也有人提出过，因而引发了一场旷日持久的东西方文化的争论和一场具有深远影响的新文化运动。许多年过后，回过头重温这个课题，理性地思考这个问题，确实能给人很多启示。要解答你的问题，可以而且必须从不同的角度来进行分析，考虑到一种文化、一种精神的养成，教育起着不可替代的作用，因此我仅从教育的层面来分析一下你提出的问题，希望能对你有所帮助。

19世纪以来，西方科学技术和物质文明获得了高度发展，这种发展是建立在以学校教育为主体的整个社会教育的成功运作基础上的。因此，19世纪以后，西方的教育模式成为世界各国争相仿效的范例。但是，西方标榜的以“科学”和“民主”为核心的教育并没有、似乎也不能从根本上解决自身面临的诸多现实问题，如过度膨胀的个人主义，漫无止境的利得之争，日益繁复的诉讼制度，轻老溺幼的社会风气，紧张冲突的人际关系，等等，这种状况已引起了西方一些人的深刻反省。很多有远见的西方教育家把目光投向了古老的中国。

西方一些有识之士对中国古老的传统文化教育感兴趣，是因为他们认识到，西方教育强调科技教育，而东方传统教育强调人文教育。科技教育缺少了人文教育，就会产生价值的混乱；而人文教育缺少了科技教育，就会失去价值的功用。西方要学习东方传统文化教育，而东方要学习西方现代化的科学技术和管理经验。这种现象，从整个人类历史来看，可以给我们一个启示，就是东方文化与西方文化应当是相辅相成、相依相存的。东方的人文教育、道德理性恰好是西方所需要的，而西方的科学技术和管理知识也是东方所需要的，这两

* 本文原载《人民日报》1997年4月11日第9版，为回答读者来信。

种教育模式如果能在借鉴中相互弥补，就构成浑然一体的世界教育新模式。

已经进入后现代社会的西方国家，以个人主义为取向的教育方式在鼓励人们对自然和社会进行征服和扩张的同时，已无法协调人与物、人与人、人的自身与内心的冲突而导致的不平衡。当代著名的英国历史学家汤因比说："自从人类在大自然中的地位处于优势以来，人类的生存没有面临比今天更危险的时代了。"他认为，中国传统的文化教育中，蕴含有解决现代社会伦理问题的深刻内容。他说，儒家的"仁爱"是"今天社会之所必需"，"墨家主张的兼爱，过去只是指中国，而现在应该作为世界性的理论去理解"。

19世纪以来的世界历史证明，科学技术和经济发展虽然能够给人类的生活带来方便，但并不一定能给人类带来幸福。现在，由于过于强调物质的价值并把它偶像化，物质万能主义和金钱拜物教正在摧毁人类的伦理和道德，这种趋势到21世纪还将加快。因此，人类面临的道德滑坡问题不只引起了诸多人文学者的关注，也引起了作为科学技术推动者的科学家们的忧虑。1989年，包括75位诺贝尔奖获得者在内的西方一批自然科学家，在一次集会后发表的宣言中指出："如果人类要在21世纪继续生存下去，避免世界性的混乱，就必须回首二千五百年，去汲取孔子的智慧。"

要克服人类在不断发展过程中面临的种种挑战，就必须发挥教育的功能。1989年底，联合国教科文组织在中国召开的"面向21世纪教育国际研讨会"上，发表了一项《学会关心》的宣言，在列举了当代道德教育的危机后指出："恢复具有早期时代特征的关心价值观已势在必需"，发出了"关心家庭、朋友、同行、社会、国家、其他物种，乃至地球"的号召。这些，正是中国传统文化中人文教育的主要内容和基本精神。

我们要关心人的问题，肯定人的生命价值和生存意义，但是，以"我"为中心，一切以"为我所用"为标准的西方"工具理性"导致了个人主义的泛滥和人类生存环境的恶化，这种状态日益反衬出以人与人、人与自然和谐相处为出发点的东方"价值理性"的前瞻性。因此，我们应深深挖掘中国传统文化中丰富的教育资源，以遏制物质文明高度发展而带来的种种弊端。从这个意义上说，中国传统的教育思想，包括儒、道、佛家的教育思想并不是完全没有现实意义的。越是科技和经济高度发达的现代社会，中国传统教育中的人文关切和"天人相应"、"天人合一"的思想对人类的启迪和警示作用就越大。

我在这里强调中国传统的人文教育的价值，并不是要否定西方科技教育的价值，也并不是说我们传统文化中就没有糟粕。我认为，目前我国教育领域面临的迫切任务是，在大力加强科技教育的同时，也应该加强人文教育，避免片面发展。教育是一个开放的系统，我们既要吸收包括西方在内的世界先进的科学技术和管理经验，也要弘扬中国传统文化中的精华。兼收并蓄，才能全面发展。正如列宁所说，只有了解人类创造的一切财富以丰富自己的头脑，才能成为共产主义者。从这个意义上讲，出去还是不出去留学并不是目的，重要的是，对待中国的传统文化既不要妄自尊大，也不要妄自菲薄。只有这样，才能吸纳人类一切优秀的文化遗产。

附读者来信：

我是一名大学二年级的学生，有一种现象令我一直百思不得其解：我周围的很多同学从二年级开始就为出国做准备，认为只有出国留学才能学到东西。与此同时，又有很多国家的学生不远万里到中国留学，为中国源远流长的文化传统和博大精深的人文精神所折服。于是，大家经常在一起围绕着中国传统文化的价值问题争论不休。一种看法认为，中国是一个有五千年文明史和三千年教育史的国家，具有丰厚的文化积淀，可学的东西很多。另一种看法认为，中国文化虽然历史悠久，但缺乏实用性和操作性，一个人即使满腹经纶也没有多大价值。在争论中谁都不能说服谁。我们希望得到正确的引导：怎样认识中国传统文化的价值？

北京市海淀区　刘学沂

中华文化与家庭和谐、家庭教育*

一、家庭和谐促进社会和谐

习近平总书记在2015年春节团拜会上说："中华民族自古以来就重视家庭、重视亲情。家和万事兴、天伦之乐、尊老爱幼、贤妻良母、相夫教子、勤俭持家等，都体现了中国人的这种观念。""家庭是社会的基本细胞，是人生的第一所学校。不论时代发生多大变化，不论生活格局发生多大变化，我们都要重视家庭建设，注重家庭、注重家教、注重家风，紧密结合培育和弘扬社会主义核心价值观，发扬光大中华民族传统家庭美德，促进家庭和睦，促进亲人相亲相爱，促进下一代健康成长，促进老年人老有所养，使千千万万个家庭成为国家发展、民族进步、社会和谐的重要基点。"①

家庭是社会的细胞，是社会的基层单位，家庭和谐才能构建一个和谐社会。

中华文化强调人伦之道，重视家庭内部各成员之间的关系，如夫妻、父子、祖孙、母女、兄弟姐妹等，这些关系建立于仁义基础之上，父慈子孝、兄友弟恭、夫仁妻义。孔子曰："父子笃（父子相亲），兄弟睦（兄弟相睦），夫妇和（夫妇相和），家之肥也。"② 所谓"肥"，即健康、和谐、融洽之意。在孔子看来，家庭中虽有尊卑男女之别，但发表不同意见是允许的，这些关系也有矛盾的时候，是需要协调的。协调得好，成为一团和气，大家都能心情舒畅，同心协力，发展事业，发财致富，培养子女健康成长，这就是所谓"家和万事兴"或叫"和气生财"。家庭中每个成员都是一个角色，每一个角色都有

---

* 本文原载《京师学道》2016年第1期。

① 《中共中央国务院举行春节团拜会——习近平发表重要讲话》，《人民日报》2015年2月18日第1版。

② 《礼记·礼运》。

自己的分工、责任、权利和义务。所有角色互相配合，组成团结协作的整体。这就是家庭的和谐，它是社会和谐的基础。

孔子说："君子和而不同，小人同而不和。"① 所谓"和"，即和谐、融洽相处；所谓"同"就是与别人完全相同，没有自己的见解，没有独立性。孔子坚持"和"的原则，做到与别人和谐相处。这就需要认真做到以下三个方面：第一，要独立思考，敢于发表自己的意见，有自己的个性、特点，胸怀坦荡。第二，要允许别人有自己的个性和见解，尊重别人意见，与别人以人格平等的方式共存。第三，人人都有不同的看法，心平气和地摆事实、讲道理，进行认真沟通与交流，取长补短，相互启发，逐渐取得共识。如果一时难以取得共识，采取求同存异的办法处理矛盾，协调关系，这就是"和"。只要大家都有君子之风，都能坚持和而不同，那么大家都可以在和谐的环境中生活，家庭就是一个温馨的港湾。如果家庭要弹奏出和谐和睦的乐章，那么基调就是尊重，主旋律就是友爱。家庭的慰藉、温暖除了感情的满足、生活的协调，更在于临危前的忠告，深渊边的劝阻。这就是家庭的和谐，必然促进整个社会的和谐。

江泽民主席2002年在美国访问时的一次演说中说："中国先秦思想家孔子就提出了'君子和而不同'的思想，和谐而又不千篇一律，不同而又不相互冲突。和谐以共生共长，不同以相辅相成。和而不同，是社会事物和社会关系发展的一条重要规律，也是人们处世行事应该遵循的准则，是人类各种文明协调发展的真谛。"② 由君子小人之间推广的家庭、社会、国家、文明之间和谐共生共长、相辅相成的关系以及社会事物、人的处世行事、文明发展的规律、准则和真谛，体现了中华文化的"与时偕行"的本质特征。自古以来，中华支化的诠释者的智慧都是在"六经注我"的形式与现实融合中做出新诠释，中华文化自身也在此时开出新的意义。这便是中华文化数千年来日新而日日新的原因所在，同时也凸显出中华文化的现代意义和价值。

二、人伦之道始于夫妇

《周易·序卦传》云："有天地然后有万物，有万物然后有男女，有男女然

① 《论语·子路》。

② 江泽民：《在乔治·布什总统图书馆的演讲》，《人民日报》2002年10月25日。

后有夫妇，有夫妇然后有父子，有父子然后有君臣，有君臣然后有上下，有上下然后礼义有所措。夫妇之道不可以不久也，故受之以‘恒’，恒者久也。”咸卦象征夫妇之道，接着就是恒卦，象征夫妇关系的恒久意义。

《礼记·中庸》云：“君子之道，造端乎夫妇；及其至也，察乎天地。”认为君子之道首先体现在夫妇关系之中，至于讲到究竟，就能洞察贯彻到天地之间。

《诗经》中《周南》讲“文王之化”熏陶出“后妃之德”，而“后妃之德”又是“人伦之始”、“王化之基”。人类的一切良好的政治、历史、文化、社会、家庭都建立在夫妇关系必须符合“正道”上。夫妇关系一坏一切坏。“正道”就是人类必须遵守的普遍道德原理。

在人类各种文化、宗教、哲学思想中，没有比中华文化更重视夫妇之道与家庭和谐的了。

在联合国大会1948年通过的《世界人权宣言》中，首先就指出发表这一宣言是“鉴于对人类家庭所有成员的固有尊严及其平等的和不移的权利的承认，乃是世界自由、正义与和平的基础”。这可以说是对中华文化“人伦之道始于夫妇”的一种现代表述。

虽然《世界人权宣言》写入了这些内容，但在现今世界中仍未消除“性剥削”、“性歧视”等丑恶现象，以致在世界宗教议会大会1993年于芝加哥通过的《走向全球伦理宣言》中说：“在世界各地，我们仍然看到该受谴责的种种形式的男权统治，一种性别对另一种性别的支配、对妇女的剥削、对儿童的性虐待以及强迫卖淫。”“我们谴责性剥削和性歧视，这是一种最坏的对人类的贬低。”“没有伙伴式的共同生活，就没有真正的人性。”由此可见，夫妇之道也是走向“全球伦理”的基础。

应当指出的是，由于西方文化有着重视个人的自由与权利而忽视相互之间的责任与义务的倾向，这也给现代社会造成了婚姻不稳定、离婚率高、独身者增多、生儿育女者渐少等家庭与人口的危机。在人类义务国际行动委员会1997年提交给联合国秘书长的《世界人类义务宣言》中，首先指出发表这一宣言是“鉴于对人类家庭所有成员的固有尊严及其平等的和不移的权利的承认，乃是世界自由、正义与和平的基础，并且意识着承担义务或责任”。加上了“承担义务或责任”，这对于中华文化“人伦之道始于夫妇”的现代世界意义就更加全面了。

然而遗憾的是，近年来我们对“人伦之道始于夫妇”的传统观念对构建社会主义和谐社会与和谐家庭的重大意义阐述甚少，社会上有些人对“性解放”、“性自由”又缺乏正确全面的认识与引导，这些方面现在已经引起社会上各界有识之士的严重关注。

三、使家庭和谐融洽的孝道

《孝经·开宗明义章》载，子曰：“先王有至德要道，以顺天下，民用和睦，上下无怨。……夫孝，德之本也，教之所由生也。……身体发肤，受之父母，不敢毁伤，孝之始也。立身行道，扬名于后世，以显父母，孝之终也。夫孝，始于事亲，中于事君，终于立身。”

《礼记·中庸》载，子曰：“夫孝，善继人之志，善述人之事者也。”“敬其所尊，爱其所亲，事死如事生，事亡如事存，孝之至也。”

《论语·学而》载，子曰：“父在观其志，父没观其行。三年无改于父之道，可谓孝矣。”曾子曰：“慎终追远，民德归厚矣。”

《论语·为政》载，孟懿子问孝，子曰：“无违。”“生，事之以礼；死，葬之以礼，祭之以礼。”孟武伯问孝，子曰：“父母唯其疾之忧。”子游问孝，子曰：“今之孝者，是谓能养。至于犬马，皆能有养；不敬，何以别乎？”子夏问孝，子曰：“色难。有事弟子服其劳；有酒食，先生馔，曾是以为孝乎？”

从以上引文可见，中华文化提倡孝道，其基本内容是父慈子孝，兄友弟恭，它在社会道德生活中具有崇高的地位，得到普遍的奉行。由此形成一种浓烈的家族亲情，对家庭关系从而也对中国社会的稳定起了极为重要的作用，是民族团结的基石，中华民族之所以形成坚韧的伦理实体并经久不衰，与这种孝悌之德的弘扬及其所形成的稳固的家庭关系有着不可分割的联系。

孝悌之情的扩展就是所谓“忠恕之道”。“忠恕”是由“仁”派生出来的。是“仁”由家族之爱走向泛爱的中介环节，孔子认为“忠恕之道”是“为仁之方”，其基本要求是以诚待人，推己及人。

在此基础上中国人形成了“四海之内皆兄弟也”、“不独亲其亲，不独子其子”、“老吾老以及人之老，幼吾幼以及人之幼”的宽广情怀和安老怀少的社会风尚，形成了中华民族大家庭社会生活中浓烈的人情味和生活情趣。在中国传统社会中既出现了无数孝子慈父、仁兄贤弟，也培养了许多为民请命、杀身成仁的仁人志士。

传统的孝道珍重生命的价值，不仅珍重活着的生命，也珍重死去的生命，还要求子孙继承祖辈的志向、理想及其崇高的事业，继承祖辈的积极精神和意志，这使家族乃至民族不断兴旺发达、后继有人。同时，中华文化还重视“知恩思报”，中国人早就有“投之木瓜，报之桃李”的道德教训。孔子把“孝”的准则诉诸回报的情理。“滴水之恩，当涌泉相报。”中华文化强调要报父母养育之恩、师长提携之恩、朋友知遇之恩、国家培养之恩等。

与此相反，“忘恩”与“忘本”、“负义”是同义的，必然会受到严厉的道德谴责。在漫长的文化积淀中，“知报”已经成为中国人道德良知和道德良心的重要组成部分，是中国古代道德质朴性的重要表征。

“岂无万里思亲泪，不及高堂念子心。”

“勿以小嫌疏至亲，勿以新怨忘旧恩。”

“千年奇幻总归孝，万道波涛总化夷。”

“慈母手中线，游子身上衣，临行密密缝，意恐迟迟归。谁言寸草心，报得三春晖。”习近平总书记在羊年春节团拜会上还朗诵了这首诗，并说：“唐代诗人孟郊的这首《游子吟》，生动表达了中国人深厚的家庭情结。”

父母的恩德像太阳，子女如同小草。小草啊，如何回报太阳的伟大恩德呢？行为决定命运，态度决定人生，有因必有果，每一孝悌行为，都会结善意的果。

其实，中华文化的孝道意义还不止于此。大家知道，人的先天之命在最近这一阶段上是直接由父母孕育的，虽然人出生后就独立于父母之体，但人的根还扎在那里，数还存在那里，故而孝敬父母实际上也是在培固自己生命的根基。所以中华文化强调孝敬父母，不仅有人道、家庭伦理层次上的意义，它还包含更深刻的生命意义。因为一个人的生命是由大自然和祖祖辈辈等诸多的时空因素演化而成，它不是孤立的，它是一条前因后果长线中的一段，一个诸多因素联系网或球上的一点。

孝道是中华文化的精华，是一切圣贤教育的核心，是做人的根本，是家庭和谐、社会和谐的源泉，“忠臣出孝子之门”，国家栋梁之材来自于孝子。弘扬孝道，利国利世利民。

2005 年 2 月 17 日中央电视台举办的“感动中国 2004 年度人物评选”中有一位孝子，他的孝行感动全中国。他叫田世国，是广州市的一名律师，2004

年他的母亲患尿毒症，他得知母亲最好的治疗方式是移植一个健康的肾脏，就毅然决定瞒着母亲，将自己的一个肾脏移植给母亲。他的孝行，让天下所有的母亲含泪微笑；他的真情，唤起天下所有儿女的孝心。“感动中国人物评选”委员会对田世国的评价是：“孝顺、孝心、孝道，是今天社会转型期人际间情感疏离的感召。小羊有跪乳之恩，乌鸦有反哺之义，损肾救母，大亲、大情、大义。”

现代教育还要“崇孝”吧？浙江省上虞市大力加强未成年人孝德教育，“孝敬父母要从小事做起”，他们利用暑假推出“百场崇孝故事宣讲、百场崇孝曲艺演出、百场崇孝电影巡映、百场崇孝书画展览”，其目的是“让孩子们在‘动’中感悟‘孝’的亲情”。① 日本松下电器商学院的教育方针和教学内容十分有趣，它熔中华文化与现代企业管理于一炉，对学员进行着严格的教育，如早上六点钟起床，六点十分全员集合，点名之后，各个学员面向故乡，遥拜父母，心中默念：“夫孝，德之本也，教之所由生也。……身体发肤，受之父母，不敢毁伤，孝之始也。立身行道，扬名于后世，以显父母，孝之终也。……”七点五十分，商业道德课，通过学习中国古典《大学》、《论语》、《孟子》和《孝经》，确立“经商之道在于德”的思想。晚上十点十七分，点名，全体学员面壁思父母，感谢父母的养育之恩。它善于把家庭的孝道与学校教育结合起来，值得我们注意。②

四、家训与家庭教育

中国古代重视家庭教育，家庭在把自己的子女送入社会之前，要把道德准则、社会规范、价值观念以及社会角色所需要的知识经验等，传授给自己的子女。从某种意义上说，古代青少年儿童的教育主要是在家庭中完成的。

《礼记·大学》提出了“大学之道，在明明德，在亲民，在止于至善”“三纲领”，这是学大道的精神。为了实现学大道的精神，又提出了“八条目”：格物、致知、诚意、正心、修身、齐家、治国、平天下。所谓“格物、致知”，

① 《现代教育还要“崇孝”吗？——浙江省上虞市大力加强未成年人孝德教育》，《光明日报》2004 年 9 月 6 日 A2 版。

② 《松下电器商学院的一天》，《参考消息》1993 年 6 月 13 日。

即以道德观念的认识为起点；“诚意、正心”，即以道德信念的建立为中心；“修身”（强调“慎独”），即以道德自觉性的培养为根本要求；最后以“齐家、治国、平天下”为道德教育的实践目标。

孙中山先生在《民族主义》讲稿中说：“《大学》中所说的‘格物、致知、诚意、正心、修身、齐家、治国、平天下’那一段话，把一个人从内发扬到外，由一个的内部做起，推到平天下止。像这样精微开展的理论，无论外国什么政治家都没见到，都没有说出，这就是我们政治哲学的知识中独有的宝贝，是应该要保存的。”①

这就是中国古代家庭教育的基础。国家的忠义之臣，他们的“治国平天下”是由于家庭教育在子女的人格与行为方式的形成上，从“格物、致知”，经“诚意、正心”，再到“修身、齐家”逐步完善而完成的，是在家庭教育的基础上结合学校教育、社会教育共同产生的结果。

中国自古以来是一个重孝道、重亲情的国家，其治理、安定主要依靠家族、家庭的维系力量作为基础。家族是一个“大家庭”，它不仅有族规、族法、族田、族产，还有族训、家训、族学、家学等等。

中国古代人们多把“名垂青史”作为自己的人生目的，因此光宗耀祖是一种普遍的价值取向，教育出一个好子弟，不仅家庭可以“与山俱高，与水俱长”，长久地存在下去并享有盛誉，国家也会因此兴盛。如果把子女培养成贤人君子，就可以彰显祖功宗德。

正是因为中国古代重视家庭教育，也正因为古人认为个人的成功不仅意味着个人的人生价值的实现，同时也是家族与长辈的人生价值的实现，所以家族家庭教育在整个社会结构中具有非常重要的地位。青少年儿童不仅要接受来自父母亲的教育，还要接受来自大家庭中的祖辈和父辈的教育，其言行举止无一不受到大家族成员的关注和引导。

家族教育在中国古代最有效的手段是家训。

“家训”一词见之于典籍所载可能并不很早，但作为社会教化和家族教育的家训却很早就产生了。如《尚书》中的《周书》就有周公告诫侄子周成王的事，“周公归，恐成王壮，治有所淫佚，乃作《多士》，作《无逸》”②，以警

① 《孙中山全集》第九卷，中华书局 1986 年版，第 247 页。

② 《史记·鲁周公世家》。

成王，此亦训体。从一定意义上说，这是我国最早的家训了。在《史记》中，也有有关家训的记载，如《史记·货殖列传》记曰："任氏以此起富。富人争奢侈，而任氏折节为俭，力田畜。田畜人争取贱贾，任氏独取贵善。富者数世。然任公家约，非田畜所出弗衣食，公事不毕则身不得饮酒食肉。以此为闾里率，故富而主上重之。"所谓"家约"亦即家规、家诫之类的家训。①

南北朝时《颜氏家训》诞生了。"古今家训，以此为祖。"②"六朝颜之推家法最正，相传最远。"③ 颜之推（531—约590年以后）为了"整齐门内，提撕子孙"，用自己的人生经验来教育自己的后代。这是他一生关于士大夫立身、治家、处事、为学的经验总结，反映了这个时代一部分家族教育的史实，提出了士大夫家族教育的普遍问题，在古代家庭教育发展史上有重大影响，有人用"一个父亲的叮咛"这样一句话来概括其内容与主旨，颇能得其精神。范文澜先生说："《颜氏家训》的佳处在于立论平实。平而不流于凡庸，实而多异于世俗，在南方浮华北方粗野的气氛中，《颜氏家训》保持平实的作用，自成一家言，所以被看作处世的良轨，广泛地流传在士人群中。"④

《颜氏家训》以儒家思想为根本，宣传儒家传统道德观念和刻苦读经、养心归心等为人处世的哲学，又崇信佛教，认为佛教的"五戒"与儒家的"五常"相当，当奉之以化民俗；兼论文字音训，考证典故，品评文艺，并对当时社会风尚有比较真实的论述。揭露当时士族教育的腐败，主张以传统儒家伦常教育子弟，反对培养难于"应世经务"的清谈家和空疏无用的章句博士，主张培养对国家有实际效用的人才，从政治家到工程建设管理人员，为此强调家庭教育是基础。认为家庭教育应从胎教开始，纵然做不到胎教，也要及早从幼儿时期开始，切勿丧失及早进行教育的最佳时机。家庭教育应严格要求，不能一味溺爱和放任，父母在子女面前应庄重严肃，既严格又慈爱，把爱和教结合起来。注意周围环境对子女的影响，要求审慎地看待子女左右的人，以防导入歧途。从小学好语言十分重要，语言教育是基础，如果不从小对子女进行正确的语言教育，将给子女留下极不好的影响。训导子弟珍惜时光，勤奋读书，切磋交流，互相启迪，反对"贵耳贱目"以讹传讹的学风。这些论点至今仍有借鉴

① 参阅浦卫忠著：《中国古代蒙学教育》，中国城市出版社1996年版，第170页。

② 王三聘辑：《古今事物考》二。

③ 袁衷著：《庭帏杂录》下。

④ 范文澜著：《中国通史简编》（修订本）第二编，人民出版社1961年版，第528页。

意义。

南宋理学大师朱熹（1130—1200）也撰写了《家训》，言简意赅。

父之所贵者，慈也；子之所贵者，孝也；君之所贵者，仁也；臣之所贵者，忠也；兄之所贵者，爱也；弟之所贵者，敬也；夫之所贵者，和也；妇之所贵者，柔也。事师长，贵乎礼也；交朋友，贵乎信也。见老者，敬之；见幼者，爱之。有德者，年虽下于我，我必尊之；不肖者，年虽高于我，我必远之。慎勿谈人之短，切勿矜己之长。仇者以义解之，怨者以直报之。人有小过，含容而忍之；人有大过，以理而责之。勿以善小而不为，勿以恶小而为之。人有恶，则掩之；人有善，则扬之。处公无私仇，治家无私法。勿损人而利己，勿妒贤而嫉能。勿逞忿而报横逆，勿非理而害物命。见不义之财勿取，遇合义之事则从。诗书不可不学，礼义不可不知。子孙不可不教，婢仆不可不恤。守我之分者，理也；听我之命者，天也。人能如是，天必相之。此乃日用常行之道，若衣服之于身体，饮食之于口腹，不可一日无也。可不谨哉！

朱熹的《家训》今天读来对于我们的家教，调解家庭、邻里关系，构建和谐家庭、和谐社会仍有很大启发借鉴意义，虽是历史资料，仍可化腐朽为神奇。

明末清初的朱用纯（1617—1688），字致一，号柏庐，也写了一篇《朱子治家格言》以训诫家人，对后世影响颇广。“黎明即起，洒扫庭除，要内外整洁；即昏便息，关锁门户，必亲自检点。一粥一饭，当思来处不易；半丝半缕，恒念物力维艰。”“祖宗虽远，祭祀不可不诚；子孙虽愚，经书不可不读。居身务期俭朴，教子要有义方。”“人有喜庆，不可生妒忌心；人有祸患，不可生喜幸心。善欲人见，不是真善；恶恐人知，便是大恶。见色而起淫心，报在妻女；匿怨而用暗箭，祸延子孙。家门和顺，虽饔飧不继，亦有余欢；国课早完，即囊橐无余，自得至乐。读书志在圣贤，为官心存君国。守分安命，顺时听天。为人若此，庶乎近焉？”其语句两两对应。读起来朗朗上口，文风平实，很少用典，贴近下层，为人传诵不绝。

家训的形式有很多种，如训诫、遗言遗训、书信、诗歌格言警句、著作等等。如诸葛亮的《诫子书》说：“夫君子之行，静以修身，俭以养德。非淡泊无以明志，非宁静无以致远。”把修身、养德、明志联系起来，认为只有宁静、俭约、淡泊才能有君子之行。也就是说，首先要在个人的内心世界营造一种宁静、淡泊的氛围，不为外部世界的物欲所迷惑，这样才能达到“淡泊以明志，宁静以致远”。这样的训诫的力量是十分深刻的。又如《曾文正公家书》有三百三十多封，是历史上家书保存最多的。家书写得辞意恳切，语言简练明畅，苦口婆心，娓娓道来，肺腑之言跃然纸上，令人感奋。由于曾国藩的子弟有不少成为国家的栋梁之材，所以人们都认为他“教子有方”，《曾文正公家书》也就格外受到推崇。

家训往往是由家庭中的长辈或有名望、有社会地位的子弟所撰写，作为为人处世的准则传授给家庭的子弟，教育家庭的子弟；也有的是由子弟追记长者之言、垂范后世的。家训大多是撰写者本人或家中长者人生经验和感悟，他们“语语折中于圣贤，而日用伦行不出其范围”，在鼓励子弟上进和“折中于圣贤”上表现出共同的价值取向。它们不仅包括日用道德准则、家庭伦理和价值观念、行为处事的规范和戒条，还包括生活的情趣、职业的选择、读书学习的技巧以及各种社会角色的预期等等。为了使子弟能成为一个好人，于是他们把道德准则和价值观念、知识传授给子弟，要他们读书耕田，布衣蔬食，以清贫勤苦立家业。为了子弟读书进仕，增长见识，修养心性，于是他们教给子弟读书、修身养性以及学习的方法和技巧。为了子弟立身处事，保住家业，于是他们告诫子弟选择好一门职业，掌握好一种技艺，并把家庭生活和社会生活的知识、经验传授给他们，由于家训作者们丰富的人生经验、较高的文化学术修养，以及他们对子弟的殷殷期望，使他们与自己的子弟之间，既有教育者与被教育者之间的关系，也有家长与子弟亲情相向的关系。因此，他们在教育子弟时，既注重知识教育，也注重道德教育、人生教育，这三种形式的教育往往交织在一起，形成中国古代家训教育的一大特色。①

家训、家教的目的，是为了子孙“敦伦立品、修身树德、绍继家风、培育人才”。在子孙入世之前，完成其人格教育，教其如何修德、守分、进学、处世、立业等等，从一篇篇家训中，可以看到先贤先祖的苦心，真是为子孙作百代计。当代国学大师汤用彤先生（1893—1964）在教育其子汤一介先生（曾任北京大学哲学系资深教授、中华孔子学会会长）时说：“家风不可中断。一个家庭应该有他的家风，如果家风断了，那么这个大家族也衰落了。”所以我们应该重视古代的家训家教，重读古人经典家训，重立今人家教观念，培植家

① 浦卫忠著：《中国古代蒙学教育》，中国城市出版社 1996 年版，第 172—175 页。

风，修身齐家，故曰：家和万事兴，子孝人伦正。家风看世风，此淳彼亦淳。这也是当代家长和教育工作者们应关注的，因为子弟个性、人格的形成，家训家教起着至关重要的作用。所以从某种程度上说，家训家教也是我中华文化的一大特色。

五、家庭教育与儿童读经

中国古人将儿童称为童蒙，即不大懂事的孩子。《易经》中有蒙卦，讲童蒙的启蒙教育，蒙卦，下坎（☵）上艮（☶），象征“蒙稚”。《序卦传》：“物生必蒙”，“‘蒙’者，蒙也，物之稚也”。蒙卦下坎为水、上艮为山之象。《象》曰：“山下出泉。”童蒙好像是安静的如如不动的青山下清澈的渊泉。山静、泉清，象征着童蒙的天然善性，是极为宝贵的资源。那么如何去启蒙开发呢?《彖》曰：“蒙以养正，圣功也。”意即童蒙时应当培养纯正无邪的品质，保持其天然善性，这是造就圣人的成功之路。《象》曰：“君子以果行育德。”意即君子以果断的行动来培育美德，需要坚毅的心志和长期的过程。童蒙等待君子去启蒙，君子将他们引上正道，所以给童蒙以正心教育，即用最好的思想培育他们的德性，这即是“正心育德”的道理。

《易经》：“蒙：亨，匪我求童蒙，童蒙求我；初筮告，再三渎，渎则不告。利贞。”蒙卦象征蒙稚：亨通。并非我有求于童蒙来启发蒙稚，而是童蒙需要启发蒙稚有求于我；初次祈问施以教诲，接二连三地滥问是渎乱学务，渎乱就不予施教。利于守持正固。

《易经》关于童蒙启迪教育，从正面讲，就是“正心育德”，童蒙时的家庭教育十分重要，“正心育德”则是决定童蒙整个人生的基础，也是以后上学求知进学的基础，把心端正了，把做人的基本品德树立了，就算走上了正轨，就算有了一个好的基础，他以后无论是求学还是干事业，为人处世就比较平稳顺当了。从反面讲，就是谨防渎、防乱，“渎”指乱开沟渠、乱开发、乱干扰，如果对静而清的泉水干扰、搅乱，泉水就被搅浑了。对清白、天真的童蒙乱干扰、乱诱导，就把纯贞的童心搅乱了。童心一乱，就难以进行正确的教育和启迪了。使孩子难以走上正轨，难从正业，难以管教，就等于把天真纯朴的孩子耽误了。《易经》的正心育德和防止渎乱的道理，好像是针对今天的家庭教育和儿童教育讲的。

请看《参考消息》报的报道《世界儿童备受商业文化之害》：①

在美国，数十名销售专家（其中包括儿童心理学家）举行秘密会议，策划对儿童思想以及他们父母的钱包，发动最新的袭击，他们找出孩子的弱点并把他们奉献给大公司。美国的跨国公司去年在儿童广告方面的花费达120亿美元。一个美国儿童每年要从电视上观看4万条广告，吃垃圾食品和玩暴力玩具成为小孩子的家常便饭。卫生当局警告说，如果孩子的房间有电视机，那么他的体重就有可能增加36%。在美国37%的2—8岁儿童的房里有电视机。儿童心理学家警告说，8岁以前的孩子尚不能区别广告的可信度。但是，广告商向这些尚无辨别能力的儿童抛出诱饵，可以确保孩子对其所推销的产品产生最大忠诚。……我们说的不仅是4万条电视广告，还包括通过因特网、录像带和电影进行的轰炸或宣传。……《父母权利宣言》说："侵略性的商业文化侵入了父母与孩子之间的关系……我们认为，许多广告宣传的本质是宣传暴力、性和享乐主义，这对儿童的身心健康是有害的。"

用什么内容对儿童正心育德、防渎乱干扰呢？中国古代的蒙养教材《三字经》、《百家姓》、《千字文》、《千家诗》、《弟子规》等对儿童身心健康是有益的，联合国教科文组织将《三字经》列为"世界儿童道德教育丛书"向全世界推广。《三字经》集中概括了中华文化的基本道德精神，对四书五经、诸子百家、天文历史等有基本介绍，言简意赅，确实适合儿童启蒙教育。《弟子规》也是一本家庭教育的好教材，同时也是开启童蒙心灵的金钥匙。"弟子规，圣人训。首孝弟，次谨信。泛爱众，而亲仁。有余力，则学文。"无论你今后地位有多高，金钱有多少，文化有多深，做人的标准却是一样的。所以从小先学习做人的标准是非常必要的。主要是一种精神培养和性情的养成，为他以后继续学习中国文化经典打下良好的基础，也为学习科学文化知识做了良好的铺垫，使他终身受益。

现在家庭教育也要注意"多读古诗文，扎好中国根"。从"三、百、千"与《弟子规》开始，还有《幼学琼林》、《龙文鞭影》、《增广昔时贤文》、《笠翁对韵》、《唐诗三百首》等。然后深入"四书"、《老子》《庄子》、《古文观止》等精彩篇章，让孩子在记忆黄金期（十五岁之前）先背下来再说，使其未来有

---

① 《世界儿童备受文化之害》，《参考消息》2002年12月19日第6版。

一个发展的宽广平台，以后自能慢慢“反刍”，一生受用不尽。所谓“腹有诗书气自华”。当然现在家庭教育还要配合学校教育、社会教育，还要注意“扎好中国根，学做现代人”。可以中外儿童文学经典为主，童话、寓言、科学、故事、实用文等广泛涉猎，注意民族性、人文性、工具性与现代性等和谐地统一起来，从而真正造就一代新人。

东方西方汇通，传统现代结合，科技人文配合，是理性文化的复活。家庭教育可以为理性文化的复活奠定一定的基础。既然是家庭教育，那就一定要得到家长的支持和配合。家长对中华文化的认识越高，对孩子的早期教育就越好。家长和孩子一起读《三字经》、《弟子规》，亲子共读，一起进步，共同成长，这是近年来民间创造的“扎好中国根”的形式。这样的中华文化的复兴是可以期待的，所以未来的中国将是真正的礼仪之邦，是一个有“天地之心”、有“生民之爱”的民族，会真正地“仁者无敌”，“仁者无敌于天下”。让我们承接文化，开启生命，寻回民族智慧，重植文化之根。“弘扬中华文化，建设中华民族共有精神家园!”“为天地立心，为生民立命，为往圣继绝学，为万世开太平!”“实现中国梦，实现中华民族的伟大复兴!”

中国传统文化与当代市场经济*

一、中国传统文化的人文智慧

中国传统文化博大精深，是我们进行社会主义现代化物质文明与精神文明建设的一种宝贵的资源。中国传统文化的人文智慧对于当代市场经济的发展和现代社会管理与企业管理有着非常积极的效用，特别是“创生”、“尊生”、“变通”、“制宜”、“和谐”、“中庸”、“诚信”、“敬业”、“见利思义”、“以义制利”等等人文思想和智慧更值得我们重视。①

（一）创生、尊生

《周易·系辞》传曰：“天地之大德曰生”、“生生之谓易”，意思是说，天地宇宙的根本性质是“生生不息”的。天地宇宙是一刚健的大化流行，人也应该据此而自强不息。人有一种刚健自强、生生不已的主体精神，能够开拓创新，穷通变易，人效法天地，德配天地，弘大天性，就是要发扬创造性的生命精神，发挥人的禀赋与潜能。

孔子说：“人能弘道，非道弘人。”②《中庸》说：“唯天下至诚，为能尽其性；能尽其性，则能尽人之性；能尽人之性，则能尽物之性；能尽物之性，则可以赞天地之化育；可以赞天地之化育，则可以与天地参矣。”

这即是中国传统文化中的“创生”、“尊生”精神。中国传统文化的人文智慧，即强调把自强不息、生生不已的主体精神，“元亨利贞”的流衍创化的客观历程和效法天地的自然之道结合起来，开与合、守常与应变、原则性与灵活性、创造性与继承性的辩证统一，即是一种高级的管理智慧与管理艺术，对今

---

* 本文原载《中华文化论坛》1995年第3期。

① 参阅郭齐勇：《论中国哲学资源的当代价值》，《武汉大学学报（社会科学版）》，1993年百年校庆特刊，第90—93页。

② 《论语·卫灵公》。

天我们发展市场经济与加强企业管理是有启示性的。

（二）变通、制宜

《周易·系辞》传曰："在天成象，在地成形，变化见矣。""富有之谓大业，日新之谓盛德，生生之谓易。""易穷则变，变则通，通则久。""《易》之为书也不可远，为道也屡迁。变动不居，周流六虚，上下无常，刚柔相易，不可为典要，唯变所适。"意思是说，《易经》研究的就是天地宇宙变化万千、错综复杂的变易作用，讲的是"穷则变，变则通，通则久"。《易经》是与人类日常生活密切相关、不可疏远的一部书，但它的法则，则经常变迁。这种变动，并不拘泥于一定的形式，不可固执地被法则拘束，唯有因应变化，才能适当应用。所以《易经》被人称为"变经"。《老子》五千言通篇讲的也是变化之道，《孙子兵法》的战略策略，更是应对瞬息万变之经典。

中国传统文化概括与总结了自然、人事正反诸方面的经验教训，对吉与凶、福与祸、达与穷、存与亡、生与死、利与害、正与奇诸关系的把握，提供了最佳趋避的模式和最佳的应变的方法。在阴与阳、否与泰、剥与复、损与益、革与鼎、既济与未济之间，寻找因变化而不断求变的契机。

（三）和谐、中庸

《论语·学而》说："和为贵。"孔子说："君子和而不同。"①

《中庸》说："和也者，天下之达道也。"《庄子·齐物论》说："天地与我并生，万物与我为一。"② 张载《西铭》提出："民吾同胞，物吾与也。"③ 程颐提出："仁者以天地万物为一体。"④ 所有这些，表明了中国传统文化强调了人与自然、人与社会、人与人、人的内在身心自我的协调一致，强调一种宇宙一体、普遍和谐、整体意识，突出了天地人我之间的"和谐"思想与"宽容"精神。这不仅为人类自然环境的生态平衡和人文环境的生态平衡提供了睿智，而且是当今市场经济、社会管理和企业管理的重要思想资源。这对于市场经济的调节，对于企业之间、企业内外人与人关系的处理乃至企业效益的提高有着重大的意义。

---

① 《论语·子路》。

② 郭庆藩撰，王孝鱼点校：《庄子集释》，中华书局1961年版，第79页。

③ 张载：《正蒙·乾称篇》，《张载集》，中华书局1978年版，第62页。

④ 朱熹：《论语集注》卷三"雍也第六""子贡曰如有博施于民"章注引，《四书章句集注》，中华书局1983年版，第92页。

孔子说："中庸之为德也，其至矣乎！民鲜久矣。"① "中"，无过无不及。"中庸"，即用中、尚中、执中，对"过"与"不及"之间持守一种动态的统一，使各种力量与利益参与调剂、互补平衡。在大小、刚柔、强弱、周疏、疾徐、高下、迟速、动静及相生与相克之际保持弹性，具有一种节奏感。这实在是一门高超的管理艺术和管理美学，对经贸、金融、市场、企业的宏观调控都有指导意义。

（四）诚信、敬业

中国传统文化讲究"诚"、"信"、"恭"、"敬"。《孟子·离娄上》说："诚者天之道也，思诚者人之道也。""诚"是宇宙的规律，是宇宙的特性，追求"诚"是做人的规律，是人的特性。真实无妄是天道，而对"诚"的追求、向往是人道。所以荀子说："养心莫善于诚。"②《大学》："所谓诚其意者，毋自欺也。"

"信"与"诚"通，诚实不欺，谓之"信"。《说文解字》云："信，诚也，从人从言。"孔子说："人而无信，不知其可也。"③ "与朋友交而不信乎？"④孔子把"朋友信之"当作一生坚持的志向。⑤ "自古皆有死，民无信不立。"⑥孔子把"民信"当为立国之本。

中国传统文化不强调以个人主义为动力，而是注重群体和谐，注重关心不同人的利益，同时更加肯定敬业乐群、勤奋和睦、刻苦耐劳、互助合作，提倡上下同心协力以及对群体的忠诚、奉献和责任，强调为后代造福，等等。这对于重建社会公正、正义等道德原则，调节个体与群体的关系是十分重要的。

当前在我国市场经济建设与企业管理中，产品质量的信誉是一个突出问题。对内对外的"诚实不欺"、忠于职守、敬业精神、勤奋严谨、主人翁的责任感，应作为当前企业伦理与企业管理建设的根本，只有狠抓根本，才会杜绝假冒伪劣的横行天下。

① 《论语·雍也》。
② 《荀子·不苟》。
③ 《论语·为政》。
④ 《论语·学而》。
⑤ 《论语·公冶长》。
⑥ 《论语·颜渊》。

（五）见利思义、以义制利

对义利关系的态度，集中体现了中国传统文化的价值取向。传统义利观的内容十分复杂，重义轻利有利于精神文明建设，但不利于物质积累，也确乎影响过中国社会经济的发展。但应当说“以义制利”是传统义利观的基本内容和合理内核。

孔子说：“君子喻于义，小人喻于利。”① 学生们问怎样做才是一个完善的人，孔子回答说：“见利思义。”② 孔子提出有九件事要注意反省，其中一件就是“见得思义”③。孟子的义利观是先义后利，以义统利，反对后义而先利，坚持培养“配义与道”的浩然正气。④ 荀子则明确地提出了“先义而后利者荣，先利而后义者辱”⑤。宋明理学在把义利与公私联系的同时，又把义利与天理人欲等同，一方面强调“正义不谋利”，另一方面认为“正其义而利自在，明其道而功自在”，从中得出了“利在义中”、“义中有利”的结论。明清之际的思想家虽批判了宋明理学的义利观，提出了“先义后利”、“天理寓于人欲之中”，但强调的仍然是“义中有利”，实际上还是遵循中国传统的“先义后利”、“见利思义”、“以义制利”的原则。

我们今天要求发展市场经济与加强企业管理，必须开拓功利，但也不要见利忘义或非其道而谋暴利。我们应凭借中国传统文化中“先义后利”、“见利思义”、“以义制利”的思想资源，调整民与官、劳与资、私与公、生产者与消费者之间、个体或家族企业权益与政府的行政工程、个人主义动力与团队精神所向和效忠国家社会之间的关系。这显然是具有现实意义的。处理好这些关系，将有助于进一步健康地发展市场经济与健全社会管理与企业管理，将有助于社会主义现代化的物质文明与精神文明的建设。

二、老字号与新企业家

早在明清时期，由于社会生产力的发展，商品流通的范围日益扩大，商人

---

① 《论语·里仁》。
② 《论语·宪问》。
③ 《论语·季氏》。
④ 《孟子·公孙丑上》。
⑤ 《荀子·荣辱》。

资本日趋活跃起来，当时全国出现了徽商、晋商、陕商、闽商、粤商等商人集团，其中徽商最为著名。① 徽商在商业活动中遵守中国传统文化尤其是儒家的思想道德，使他们得益不浅。譬如，诚实不欺、公平守信是儒家的传统思想，许多徽商把它变成了自己的道德伦理观念与经营原则。有这样一个故事：大盐商吴时英手下某“掌计”，借用他的名义向别人借了一万六千缗钱，后来还不了债。事发后，有人对吴说：“彼债彼还，尔公何与焉!”吴却答道：“诸长者挈累万而贷不知，何者？人信吾名也。吾党因而为僭，而吾以僭乘之，其曲在我。是曰倍德，倍德不祥。”后来他还是自己还了这笔债务。② 不仅大商人如此，一般商人的帮手，也十分注意洁身自好。清初著名学者顾炎武便十分称赞徽商的伙计：“其人皆铢两不私，故能以身得幸于大贾而无疑。”③ 在商业贸易中也是如此，公平守信，诚实不欺，给他们带来了不少好处。

由于中国传统文化的熏陶，徽商普遍鄙夷那些腰缠万贯而又唯利是图的人。他们尊奉“见利思义”与“以义制利”的信条。汪道昆曾记述这样一个徽商的事迹：“癸卯谷贱伤农，诸贾人持谷价不予，长公独与平价囷积之。明年饥，谷踊贵，长公出谷市诸下户，价如往年平。境内德长公，诵义至今不绝。”④ 这样，实际也使徽商广揽了声誉，提高了社会地位，推动了商业经营。

一些老字号，如北京的同仁堂，长期以来善于吸取中国传统文化的优秀遗产。同仁堂创建于康熙八年（1669 年）在三百多年中长盛不衰，日益兴盛，很重要的一点是坚持继承发扬中华民族的传统美德。创始人岳显扬讲：“可以济世，可以养生者，唯医药为最。”他以济世养生为办企业宗旨，对顾客一视同仁，童叟无欺。对待店内职工，也一视同仁，以诚以礼相待。到现在同仁堂职工还记得两句话：“修合无人见，存心有天知。”就是说，制药谁也看不见，但我们要以良心对待制药工作。同仁堂还有一规矩，就是不许说“不”字，要什么药，店里没有，请顾客写下来，他们去帮助买，对顾客总是有求必应。过去，同仁堂还办粥场、办义学、施义财、办水会等公益事业。积德行善，济世

---

① 参阅宋元强著：《清朝的状元》，吉林文史出版社 1992 年版，第 136—143 页。

② 汪道昆：《吴伯举传》，《太函集》卷三十七，明万历刻本。

③ 顾炎武：《肇域志・江南十一・徽州府》，张海鹏、王廷元主编：《明清徽商资料选编》，黄山书社 1985 年版，第 258 页。

④ 汪道昆：《明处士休宁程去公墓表》，《太函集》卷六十一，明万历刻本。

养生，才使得同仁堂取得了企业的长远经济效益与社会效益。①

20世纪二三十年代，老一辈工商业家荣德生、宋棐卿先生提倡和实行中国传统文化精义，将孔子和儒家的“己欲立而立人”、“己欲达而达人”、“己所不欲，勿施于人”、“以诚待人”、“以德服人”以及“仁义礼智信”等“做人”之道和管理之道融进他们的经营原则。这种以自我管理为中心，调动人的积极性，协调各种人际关系，形成公司群体的企业精神，活跃了当时的市场经济，使他们获得了极大的成功。②

钱基厚在阅读了荣德生先生的年谱后说：“荣先生的立身治家之道，实合孔子己立立人、己达达人之旨。”荣德生先生说：“古之圣贤，其言行不外《大学》之明德，《中庸》之明诚、正心、修身，终至国治而天下平，亦犹是也，必先正心诚意，实事求是，庶几有成。”他认为要提高生产率，除增添新设备，改进操作技术外，还要从“人工”出发，加强人事管理，视人为生产力之第一要素。他说：“余在工厂所经营，所请人非专家，以有诚心，管人不严，以德服人。顾其对家对子女，使其对工作不生心存意外，即算自治有效。自信可以，教范围各厂仿行。”他坚持“以德服人”的思想原则，果然奏效。“是年茂新各厂有利，福新各厂亦有利，申新各厂有利无义者参半。”③ 这种运用以诚待人、以德服人的管理思想来调动人的积极性，协调管理者与被管理者之间以及被管理者内部的关系，形成一个力量集中的生产者群体，这是一般以单纯改进操作方法来提高劳动生产率所不能比拟的。

天津东亚公司的宋棐卿先生同荣德生先生一样，用中国传统文化特别是儒家的待人之道，调节公司内外的人际关系。他命人在公司大楼的山墙上写着：“己所不欲，勿施于人”，“你愿人怎样对待你，你就怎样待人”几个赫然在目的大字，作为东亚公司的厂训。④ 他把“己所不欲，勿施于人”作为经营管理的格言，实质上是以自我管理来达到全系统的管理，用东亚公司的另一句话来

---

① 参阅戴书新：《企业文化呼唤传统文化》，中华孔子学会会刊《中国思想与文化》第8期（1993年11月10日），第5—6页。

② 参阅黄德昌：《儒学与现代企业管理》，中华孔子学会会刊《中国思想与文化》第8期（1993年11月10日），第16—17页。

③ 荣德生著：《采农自订行年纪事》，江南大学荣氏研究中心1989年铅印稿本。

④ 寿充一等编：《近代中国工商人物志》第二册，中国文史出版社1996年版，第637页。

说，就是“自己作自己的管理人。”东亚公司用孔子的话作为厂训，既适合中国人的传统习惯和心理，实质上又起到了管理作用，把外在的“他律”变成了内心的“自律”。

王遂今近著《宁波帮怎样经商致富》一书，总结“宁波帮”的商业道德，称之为“宁波帮精神”：“立志为先，诚信为本，勤俭传家，敬业爱国，凝聚有力”，这二十个字体现了中国传统文化的基本精神和人文智慧。

当代中国著名企业家牟其中先生写了《造就一代儒商》一书，亦强调中国传统文化与传统美德在培养与造就新的一代儒商中所发挥的重要作用。

香港旭日集团董事长杨钊先生将中国传统文化中的儒家学说和佛法融于企业文化之中，他说：“东方智慧如一股巨大的磁力吸引了人们，使人顿悟。人生的价值在于为人群、为众生、为社会。这种人生取向，最终会把自己融入社会，融入大自然。自己是社会的一分子，是宇宙的一部分，所作所为以社会为依归，以大自然为依归，在为社会服务、为人群服务中几乎可以达至忘我境界。”

日本“工业之父”涩泽荣一以《论语》作为培训工业企业管理人员的教材。日本的村山孚的《新编论语》一书，更是专从企业经营管理角度研究《论语》的专著。日本丰田公司创办人丰田佐吉经营管理的座右铭为“天、地、人”。其子丰田喜一郎座右铭为“天地人、智仁”。其孙丰田幸一郎又增为“天地人、智仁勇”。“天地人”来源于《孟子·公孙丑下》：“天时不如地利，地利不如人和。”“智仁勇”来源于《论语·子罕》：“智者不惑，仁者不忧，勇者不惧”；也来源于《礼记·中庸》：“好学近乎智，力行近乎仁，知耻近乎勇”。被誉为日本“经营之神”的松下幸之助，他的事业成功，与其理想、言行多蕴含有中国传统文化尤其是儒家思想有关。松下在企业经营上取得了巨大的成功，他在回答人们所提出的“你的经营秘诀是什么”这一问题时说：“我并没有什么秘诀，我经营的唯一方法是经常顺应自然的法则去做事。”他又说：“人类无限生成发展是宇宙的自然法则，因此顺应自然的法则所进行的做事方法，乃是适应生成发展的必然趋势。倘使人类以其微小的聪明才智去思考问题，依照自己所想的庸成方法去处理事务，违背了天地自然的道理，其失败与挫折乃是意料中的事。因此，人类虽然应该运用智慧的能事，但仍然需要遵照超越人类智慧的伟大的天地自然法则与道理去经营，才能获得成功。”① “和谐、自省、纪律、忠诚、献身”的“松下精神”与整个松下公司崇尚敬老尊贤等传统观念与竞争自强、讲求效率、奖掖青年并不发生冲突。

堤义明——全世界最有钱的人（根据《福布斯》杂志的调查），在三十岁（1964 年）时就从他父亲日本事业大王堤康次朗那里继承了庞大的西武铁路集团及大批土地。1970 年西武铁路集团拥有资产全部加起来大约近 1 万亿日元。1987 年西武集团约有 70 家公司，经营业种跨及运输、土地开发、不动产、建设、旅馆、观光、棒球事业等等，员工人数多达 3.5 万人。那么这位世界首富到底是如何管理几万名员工的呢？②

堤义明对待员工的一项基本原则，就是绝对不开除员工。但他一直要求员工应该忠诚。与才能相比，更应该把重心放在如何忠实地依公司的旨意来做事。“感激和奉献”——这里堤义明从父亲那里继承而来的西武社旨，这不仅是员工对顾客的心境，同时也应该是员工对公司的一种感情。堤义明表示，一项工作如果不做上二十年，就不会成为真正的专家。出自这种独特的思路，堤义明对经理和子公司社长的提拔方法也别具一格，能言善道、思路敏捷而又自命不凡的人，基本上不会被安置在重要的岗位上。对员工也是如此，以长远的眼光来看，只有拙笨而精力旺盛的马拉松型员工，才有利于公司。人们常说，在西武线的车站和西武系统的旅馆里，如果看见有人正在扫地，那人不是站长，就是经理，这也充分反映了堤义明那样的思路。

韩国高丽大学校长洪一植撰文说，立足 21 世纪的企业首先要讲道德。③他说：“由于没有真正的文化，正如没有生活的质量那样，没有可能成为真正的一流企业，道德性是优秀企业文化的绝对标准，立足于道德性树立企业文化，是成为世界一流企业的首要条件。因此说，树立企业道德是比开发尖端技术和改善企业体制更重要的事情。那么如何树立企业的道德性呢？在这方面，

① ［日］松下幸之助著，周君铨编译：《实践经营哲学》，中国社会科学出版社 1989 年版，第 35—37 页。参阅戴书新：《企业文化呼唤传统文化》，中华孔子学会会刊《中国思想与文化》第 8 期（1993 年 11 月 10 日），第 5—6 页。

② ［日］针木康雄：《世界首富马拉松式的经营观》，转引自《世界首富堤义明管理方式别具一格》。

③ ［韩］洪一植：《21 世纪的韩国企业和道德性》，转引自《立足 21 世纪的企业首先要讲道德》。

我们拥有丰富而有价值的民族遗产。我们民族自古以来就有高度的道德文化，但是在西欧现代化的浪潮中被忽视了。道德不单是人类必须遵守的道理。道德是体现真正生活价值的基础。现在，我们正在体验着没有道德基础的物质丰富的严重虚假现象。要想迎接21世纪，我们必须反省这一点。所谓主导21世纪，就是主导新时代的文化和道德性。我们希望我国的企业创造性地继承和发展韩民族固有的道德性，成为真正世界第一流的企业。”

最近离任的戴姆勒——奔驰公司董事长、现任监事会主席团成员的埃查德·罗伊特在回答对年轻经理有什么忠告的问题时说：“最重要的、绝对必要的是明确的道德原则。一个刚进入职业生涯的年轻人应始终记住，职务越高，他身上的担子就越重。他必须为自己找到真正的伦理原则。其次，我建议他们对世界敞开双臂，有必要离开自己纯地方的、家庭的、地区的和民族的根，去了解各国的文化。我当然知道，对别国的文化是不可能全部透彻了解的，但至少有必要懂得，远东的文化完全不同于我们的文化，伊斯兰文化也是完全不同的文化。年轻的经理必须懂得，世界不能以欧洲人、更不能以德国人作为衡量的尺度。我的第三条建议是：坐下来好好学习你的职业所需要的东西。这种学习是不应终止的，更不应在通过大学考试的那一天终止。学习是一生的事情。”①

这些话值得我国新企业家们一读。

三、“为政在人”与“企业在于人”

韩国学者韩东基，也以研究儒学对现代企业管理的价值而知名。他的“企业在于人”论点来源于孔子的“为政在人”的思想。

中国传统文化提供给现代市场经济与企业管理的智慧是多方面的，其核心是把人作为企业最大的资产或真正的资源，人才是决定企业成败的关键，企业竞争就是人的竞争，而企业管理就是充分调动企业人的因素，充分开发人的资源，提高人的心性素质与业务素质，充分发挥人的主动性和创造性，充分协调人与人、人与企业以及企业与企业、企业与国家之间的关系。中国传统文化中的人文精神可以作为市场经济与企业管理的软件，具有更为深远的价值。中国

① 《罗伊特对年轻人的忠告》，德国《法兰克福汇报》1995年5月27日，《参考消息》1995年6月14日。

的人文管理和西方的纯科学管理，二者应当互济互补。

中国传统文化突出了以人为本的管理思想。人、事、物，是管理的三大要素。在这三者之中，中国传统文化表明以人为中心。孔子提出“为政在人”的思想，重视人的因素，包括两个方面，一是要把被领导、被管理者作为人来看待，二是管理工作中要依靠人来把事情办好。《论语·颜渊》说：“四海之内皆兄弟也。”《论语·子张》说：“君子尊贤而容众。”孔子一再引用古代圣王的言论：“百姓有过，在予一人”，“朕躬有罪，无以万方；万方有罪，罪在朕躬”。① 他的这一思想与现代行为科学中的一种理论相似，这种理论认为大多数工作者都有积极性、创造性，有做好工作的愿望，如果工作没做好，原因应从领导方面去找。《礼记·中庸》说：“其人存，则其政举；其人亡，则其政息。”意思是说，有贤能的人存在，好的政治就能实行起来；贤能的人不存在，好的政治就会消亡。可见管理的存亡、管理的效果在于人。

孟子说：“天时不如地利，地利不如人和。”② 以人为本的管理思想，就是以人的素质为管理之本，以德为本。

孟子还说：“桀纣之失天下也，失其民也；失其民者，失其心也。得天下有道，得其民，斯得天下矣。得其民有道，得其心，斯得民矣。”③ 他还提出：“得道者多助，失道者寡助。寡助之至，亲戚畔之；多助之至，天下顺之。”④ 进而提出了“民贵君轻”的命题。⑤

荀子也有类似的论述，他引用古训揭示了君民关系如同舟水的关系。“传曰：‘君者，舟也；庶人者，水也。水则载舟，水则覆舟。’此之谓也。”⑥ 这体现了鲜明的“以人为本”、“民为邦本”的思想。这对于我们有效地管理企业，发挥企业人的作用，正确处理好企业内外的各种关系，促进市场经济的发展是有很大的启示作用的。

《孙子兵法》提出了“造势”的思想，所谓“造势”就是创造群体优势的

---

① 《论语·尧曰》。

②④ 《孟子·公孙丑下》。

③ 《孟子·离娄上》。

⑤ 《孟子·尽心下》。

⑥ 《荀子·王制》。

意思。[①] 孙子以水为喻说："激水之疾，至于漂石者，势也。""故善战者，求之于势，不责于人，故能择人而任势。任势者，其战人也，如转木石。木石之性，安则静，危则动，方则止，圆则行。故善战人之势，如转圆石于千仞之山者，势也。"[②] 孙子的"造势"思想，提示了群体组织如企业的管理目标，为企业的建设与管理提出了战略任务，因此企业管理者应通过各种有效手段，做好各方面的工作，使整个企业具有那种不动则已，动则势不可挡的优势。

"造势"在人，"造势"之"势"是群体的客观态势，但它不是天生而就的。"造势"在于要求领导者、管理者发挥聪明才智，对群体进行创造性的管理。"求之于势，不责于人"，指出造成群体的良好态势，关键在于领导者、管理者的领导管理才干和艺术，而不在于群体的自然形态。高明的管理者与指挥者，善于将普通的圆石运至千仞之巅，从而造成了奇伟之力；善于将潺潺的流水加以截拦，使之变成湍急的瀑涛；善于用强力拉张弓弩，使之具有杀伤能力，即所谓"势如弓弩"。这充分说明了领导者、管理者的重要作用与价值。

"造势"在人，还含有调动群体所有成员的积极性、能动性之意，这也是创造群体组织优势的关键之所在。《孙子兵法》认为树立群体同利共害的目标，是激励群体潜能、形成群体内聚力的关键。孙子以自然界的"常山之蛇"为喻："击其首则尾至，击其尾则首至，击其中则首尾俱至。"[③]"常山之蛇"的首、尾、中各部，皆以生存为最高利益，故能发挥其整体优势。一个企业，如果也能像"常山蛇"一样，上下协力同心，奋力拼搏，必将产生良好的社会效益与经济效益。"夫吴人与越人相恶也，当其同舟而济，遇风，其相救也如左右手。"战国时期吴国人和越国人是互相仇视的，但当他们同船渡河而遇上大风时，他们相互救援，配合默契，情同手足，这是因为吴越人同利共害之故。所以孙子郑重指出："齐勇若一，政之道也。"使群体成员齐心协力，英勇奋斗，如同一人，这才是管理的根本之道。"造势"，即要提高群体素质，增强整体意识，以极大地调动群体成员的积极性，这即是"企业在于人"的管理者的重要作用与价值。

---

① 参阅梅汝莉、王书田主编：《中国教育管理史》，海潮出版社1995年版，第37—39页。

② 《孙子兵法·兵势篇》。

③ 《孙子兵法·九地篇》。

城市雕塑与人伦之道*

中国文化强调人伦之道。孔子说："弟子入则孝，出则弟，谨而信，泛爱众，而亲仁。行有余力，则以学文。"孟子说："夏曰校，殷曰序，周曰庠，学则三代共之，皆所以明人伦也。""父子有亲，君臣有义，夫妇有别，长幼有序，朋友有信"，是为人伦之大者。《周易·序卦》云："有天地然后有万物，有万物然后有男女，有男女然后有夫妇，有夫妇然后有父子，有父子然后有君臣，有君臣然后有上下，有上下然后礼义有所错（措）。"《中庸》云："君子之道，造端乎夫妇，及其至也，察乎天地。"《礼运》云："父子笃，兄弟睦，夫妇和，家之肥（健康）也!"《诗经》中《周南》讲"文王之化"熏陶出"后妃之德"，而"后妃之德"又是"正道之始，王化之基"，人类的一切良好的政治、历史、文化都建立在夫妇关系必须符合"正道"上，夫妇关系一坏一切坏。在世界上各种文化、宗教和哲学思想中，没有比中国文化更重视夫妇之道、家庭伦理了。

在联合国大会1948年通过的《世界人权宣言》中，首先就指出发表这一《宣言》是"鉴于对人类家庭所有成员的固有尊严及其平等的和不移的权利的承认，乃是世界自由、正义与和平的基础"。这可以说是对中国传统文化"人伦之道始于夫妇"的一种现代表述。

虽然《世界人权宣言》写入了这些内容，但在现今世界中仍未消除"性剥削和性歧视"等丑恶现象，以至于在世界宗教议会大会1993年通过的《走向全球伦理宣言》中说："在世界各地，我们仍然看到该受谴责的种种形式的男权统治、一种性别对另一种性别的支配、对妇女的剥削、对儿童的性虐待以及强迫卖淫。""我们谴责性剥削和性歧视，这是一种最坏的对人类的贬低。""没有伙伴式的共同生活，就没有真正的人性。"由此可见，夫妇之道也是走向

---

* 本文原载《雕塑》2005年第2期。

“全球伦理”的基础。

应该指出的是，由于西方文化有着重视个人的自由与权利而忽视互相之间的责任与义务的倾向，这也给现代社会造成了婚姻不稳定、离婚率高、独身者增多、生儿育女者渐少等家庭与人口的危机。在人类义务国际行动委员会1997年提交给联合国秘书长的《世界人类义务宣言》中，首先指出发表这一《宣言》是“鉴于对人类家庭所有成员的固有尊严及其平等的和不移的权利的承认，乃是世界自由、正义与和平的基础，而且意味着承担义务或责任”。加上了“承担义务或责任”，对于“人伦之道始于夫妇”的现代表述就更加全面了。

当前中国城市雕塑应该突出“人伦之道”，这将有助于建立和谐家庭与和谐社会，坚决抵制“性剥削和性歧视”等丑恶现象。用中华民族传统的仁爱精神所成就的生命情趣，去矫正由于城市生活的喧嚣和污秽所给人们带来的生命焦虑，从而创造出一种与西方现代文明有别的新型文明的生活方式，创造出既具有时代性又具有民族特色的中国当代城市雕塑艺术，为实现我们中华民族的伟大复兴而贡献力量。

走向人类文明发展的大道*

《国家中长期教育改革和发展规划纲要（2010—2020 年）》公开征求意见稿，符合党的十七大和十七届三中全会、四中全会的精神，而且和 20 世纪 90 年代所公布的《中国教育改革和发展纲要》和《中共中央国务院关于深化教育改革全面推进素质教育的决定》等重要文件既一脉相承又与时俱进。中华人民共和国前三十年，教育取得了很大成绩，缺点是过于强调突出政治，突出阶级斗争，政治运动不断，教育成为“无产阶级专政的工具”，有的高校甚至提出要办成“党校”。中华人民共和国成立后三十年，教育取得了更大成绩，缺点是过于强调突出经济，突出物质利益，急功近利，“一切向钱看”，教育成为发展经济、升官发财的工具，有的高校提出教育要“商品化”、“产业化”，甚至企图牟取暴利。中华人民共和国进入第三个三十年，我们的教育应该按照科学发展观从突出政治、突出经济的偏颇中回到教育自身发展规律的正道上，逐步走向人类文明发展的大道。

一、高校教育功能，需要把国家的发展、民族的进步、人类文明的前景结合起来思考

对教育特别是高校教育功能，需要把国家的发展、民族的进步、人类文明的前景结合起来思考。人类的特征是“社会性”，有社会就有文化。人类的历史就是文化积累史、文化传承史、文化发展史。文化的保存、积累、传承、扩散、发展，靠的是什么？靠的是教育。庄子说“薪尽火传”，前面的火把快燃尽了，需要传给后面的火把，但火种不灭，前面的火把由老师举着，后面的火把由学生举着，火种就是人类创造的文化。文化有物质的有形载体，如前代文献、建筑、造型艺术等，固然可以跨越时间的长廊，传承后世，但非物质的精

* 本文原载《生活教育》2010 年第 4 期。

神、感情和灵感还是需要以心传心。西方和日本一些著名高校都标榜自己承担着保存、传承、发展文化最重要的职责，我们的高校就不能成为传承文化的主渠道之一、成为创造新文化的基地、成为接触异质文化的触角和通道吗？其实各高校的特色，最主要的并不在专业设置、重点专业，而在学校的风格、传统，也就是其承担文化保存、传承以及与异质文化交融做得如何。如果我们多一些历史的眼光、文化的眼光、人类文明发展的眼光，是不是对教育，特别是高校教育的功能思考会更深刻、更科学一些呢？《国家中长期教育改革和发展规划纲要（2010—2020年）》要不要反映教育的本质功能在于保存、传承和发展文化呢？

文化学界有人将七个古代文化——埃及文化、苏美尔文化、密诺斯文化、玛雅文化、安第斯文化、哈拉巴文化、中国文化——称为人类原生形态的“母文化”，而在它们之中，唯有中国文化一种，历经数千年，持续至今而未曾中断，表现出无与伦比的延续力。1995年3月在第八届全国政协会议上，赵朴初、叶至善、冰心、曹禺、启功、张志公、夏衍、陈荒煤、吴冷西等九位德高望重的全国政协委员以016号正式提案的形式，发出《建立幼年古典学校的紧急呼吁》：“我们文化之悠久及其在世界文化史上罕有其匹的连续性，形成一条从未枯竭、从未中断的长河。但时至今日，这条长河却在某些方面面临中断的危险。”“构成我们民族文化的这一方面是我们的民族智慧、民族心灵的庞大载体，是我们民族生存、发展的根基，也是几千年来维护我民族屡经重大灾难而始终不解体的坚强的纽带。如果不及时采取措施，任此文化遗产在下一代消失，我们将成为历史的罪人、民族的罪人。”

胡锦涛总书记在党的十七大报告中说：“当今时代，文化越来越成为民族凝聚力和创造力的重要源泉，越来越成为综合国力竞争的重要因素。要提高国家文化软实力，要增强中华文化国际影响力”，要“弘扬中华文化，建设中华民族共有精神家园”，“中华文化是中华民族生生不息，团结奋进的不竭动力”。这些强有力的声音以及九位文化老人的“紧急呼吁”，难道不应该体现在《国家中长期教育改革和发展规划纲要（2010—2020年）》上吗？

二、真正的教育应该关心学生心灵的成长，培养学生大爱的胸怀，培养学生善念的种子，绝不仅仅只是传授知识、信息和技术操作

真正的教育应该关心学生心灵的成长，是心灵与心灵的撞击，灵魂与灵魂

的感召，应该培养学生高尚的言行，培养学生大爱的胸怀，培养学生善念的种子，而绝不仅仅只是传授知识、信息和技术操作。现在信息的爆炸与泛滥，对学生的培养很不利，因为有信息不等于有知识，有知识也不等于有智慧。现在过于讲物质享受、个人主义、自由主义，人似乎都“聪明”了，但也只是“为个人谋”的工具理性的增长，心量狭小，视野不一定扩大，智慧不一定增加。现在教育偏重于“认知心”的培养，而忽视了“道德心”、“感恩心”、“观照心”、“美感心”的培养。人应平衡培养各种“心”，如此才有健康全人的发展。工具理性不能代替价值理性，如果价值失落，“道德心”、“感恩心”、“观照心”、“美感心”未受到认真的对待及培育，就等于一棵树我们只在枝叶上浇水、施肥，而没有在树根上浇水、施肥一样。德高望重的国学大师、老教育家任继愈先生去世前在为新华出版社引进台湾地区的国学基本教材的序言中指出：“教育最终目的在于育人。人是社会的成员，社会培养他成长，成长后反过来为社会奉献他们的聪明才智。古今中外社会都是这样走过来的。对社会有用的人，不光有丰富的知识，还要关心国家大事，除了专业分工以外，还要熟悉祖国的历史，对世界大势有所了解，对艺术欣赏、美丑辨别，对人间的善恶有判断的能力……也要养成关心别人、帮助弱者、坚持真理的品格，这是一个现代公民必备的基本条件。”“这样的基本要求，起码要有十几年的系统培养”，“中学是为培养全面发展的幼苗打基础的阶段”。任先生认为以儒家为主流的中国传统文化经典要进大中小学课堂，作为国民教育的基本内容是非常必要的。以儒家为主流的中国传统文化，是一种人文主义，重道德，主张超越自我中心，以扩充人的自觉心，既重视科学认知的经验世界、物质世界，也重视人内在体验的价值世界、意义世界，是一种和而不同、互相尊重、能充分利用不同而达到互补、共生共荣的文化。

关心学生心灵的成长，就是关心“良知”，“良知”不但是真实的自我，而且是道德的本原和道德行为的源头，只有体认到这一“真己”，才会有真正的道德意识和道德行为。本体良知是人心的本来面目，人们之所以发现不了它，是因为被私欲习气蔽塞了。私欲指的是与良知相违背的一切不正当的欲望、态度、要求，如仇恨、邪恶、恼怒、骄傲、贪心、淫念、嫉妒等。如果一个人内心充满私欲恶念，没有高尚的精神境界，他的道德知识学得再多，道德行为规范训练得再熟练，也是没有意义的。真正的教育只有从一个人的内心意识（良知、良心）开始，才是最深刻最有效的教育。近几年很多学校推广《弟子规》、

《三字经》、《论语》等国学教材，取得了很好的教育效果，就在于直指人心，直指人性，不仅是当知识学，只求“认知心”，而且是当修养人心学，培养“道德心”、“感恩心”、“观照心”、“美感心”。要使学生能够处处感恩、赞叹、欣赏自然界以及人伦世界的美，由此而发现更多的真善美价值，以“道德心”、“感恩心”、“观照心”、“美感心”、“认知心”主导人的感官与本能，使人之物质身体的存在也成为有实现理想人格、实现各种价值的意义。中国传统以教育为立国之本，教育不应被片面地理解为科学技术知识的传递，还更应强调道德理性和人文精神的重建。中国传统教育的终极目的是培育民族精神，淳化道德风俗，提高人的心灵素质，帮助人们修养身心，达到一种真善美统一和谐的人格境界。我们要重视青少年学生人格的全面发展，重视德、智、体、群、美全面的培育，使青少年学生具有健康的体魄、良好的品德、做人处事的智慧、合群和谐的性格以及审美能力。归纳来说，就是能扩充仁心，肯定与体验不同价值，使心灵不至于偏向发展。不管现在社会科技、商业如何发达，不管我们从事的现代职业如何先进、精密，人性的培育，心灵境界的提扬，人们从实然的人向应然的人的超越，总是不可替代的。这对于人类、国家与人的自身来说，都是生命攸关的大问题。因此人类文明发展的一个重要的建设层面是人性的培育、道德境界的提升。从长远的观点来看，应当把人的心性教育放到一定的高度，对人类心性的关怀才是最根本的关怀。如果《国家中长期教育改革和发展规划纲要（2010—2020 年）》能真正回到教育的本义，在这方面真正有所突破，那么就会功在当代，利在千秋。

教育固然有促进经济的发展、为经济以及市场培养专业人才的功能，但如果不了解教育本义，只看到市场竞争及竞争胜出，把复杂的教育看成可以片面发展的单向目标，最后培养出一些单向片面发展的学生人格，或许可以使市场活跃兴旺一时，但时间稍长，亦因学生欠缺健康及全面发展的人格，如欠缺道德意识，欠缺欣赏不同性格、不同能力以及社会上不同贡献、实现不同价值的人与事，引起企业中或社会中的矛盾。近年的金融海啸正是因为一些人的贪婪心理所致，我们应认真思考这些问题。

三、高尚的人品和心地，才是教育家之本

“倡导教育家办学。”何谓教育家？探索、把握、实践教育自身规律的人；

在长期办学实践中磨炼心性、修身养性的人；放下身段、勤奋学习国学经典（如《论语》、《道德经》等）、人类文明史、中外教育史、科技史、宗教史，并真正懂得哲学、伦理学、教育学、心理学等学科的人；对教育事业“鞠躬尽瘁，死而后已”的人。

钱学森先生说他在北京师大一附中学习了六年，奠定了他一生为人为学的基础；李政道、杨振宁两位先生获诺贝尔奖后说，他们的成功是东西方两种文化教育培养的结果。如果我们把这些成功人士接受教育的经历认真研究，就会发现培育他们的母校有一批懂得教育自身规律的教育家。

在中国的历史发展过程中，产生了无数著名的教育家，从孔夫子到蔡元培、陶行知、梅贻琦等等，有如群星璀璨，他们各自体现了时代的精神面貌，代表着教育实践与教育思想发展演变中的各个阶段，他们为传承辉煌的中国优秀传统文化、形成中华民族的共同文化和共同心理作出了历史性的贡献。蔡元培说：“大学者，研究高深学问者也。”“教师以学诣为主”，“学问新，造诣高，积学而热心”。“大学学生，当以研究学术为天职，不当以大学为升官发财之阶梯。”1921 年他在美国考察并发表演说，着重介绍古代著名教育家孔子、墨子。他考察欧美后得出的结论是：理想的教育应包括中国传统的孔墨精神，加之英之人格教育，德法之专深研究，美之服务社会等。“大学教育应采欧美之长、孔墨教授之精神”，“照以上所述之欧美教育新法，与中国古代教授法，应参酌兼采”。1924 年胡适为清华大学国学院提出建议，应按中国古代书院及英国大学制“为研究院绘一蓝图”。胡适的好友，同样留美归来的任鸿隽、陈衡哲夫妇联名发表《一个改良大学教育的建议》，特别标举中国的书院精神，希望将其与欧美大学制度相结合。1941 年清华大学校长梅贻琦发表《大学一解》这篇文章纪念三十周年校庆，他用《大学》中的“明明德、亲民、止于至善”三纲领总结清华大学办学三十年之经验。他说：“孟子说：所谓故国者，非谓有乔木之谓也，有世臣之谓也。我现在可以依照说：所谓大学者，非谓有大楼之谓也，有大师之谓也。我们的知识，固有赖于教授的教导指点，就是我们的精神修养，亦全赖有教授的 inspiration。”

1936 年竺可桢任浙江大学校长，提出大学的目标：培养以天下为己任的领袖人才，公忠坚毅能担当大任、主持风气、转移国运的领导人才。他认为大学的教学是培养有“求是”精神的通才。“求是”就是探索真理的奋斗精神，为科学献身的牺牲精神；“求是”就是不迷信盲从，不主观武断，保持清醒的科学头脑；“求是”就是掌握正确的研究方法。浙大的前身就是“求是书院”。

陶行知信奉的格言是“爱满天下”、“捧着一颗心来，不带半根草去”、“教师必须是学而不厌，才能诲人不倦”、“千教万教教人求真，千学万学学做真人”。他说：“一个人做的是大事还是小事，不在职位之高下，小人居高位，如在厅堂里挂画像，挂得愈高，愈见其小。乡村小学教师，虽一二十个学生或一二百个学生，但这学校小而言之，关系全村之兴衰；大而言之，全民族的命运都操在小学教师手里。庙小乾坤大，天高日月长。小学教师具有如此气魄，小学教育便是大事情。”

高尚的人品和心地，才是教育家之本，这也是中华文化的核心。失去这一根本核心，就会发生形形色色的教育和学术腐败、谋私图利、显己压人、弄虚作假等等，皆是其著例。识者痛心，愚者昧昧。《国家中长期教育改革和发展规划纲要（2010—2020年）》可否站在人类文明史、中外教育史的高度给以正确引导，指出何谓教育家之本？

社会主义荣辱观与“好学近知，力行近仁”*

一、大力弘扬社会主义荣辱观

胡锦涛总书记2006年3月4日看望出席全国政协十届四次会议的委员时，就社会主义荣辱观发表了重要讲话，强调指出要引导广大干部群众，特别是青少年树立社会主义荣辱观。胡锦涛总书记关于“以热爱祖国为荣，以危害祖国为耻；以服务人民为荣，以背离人民为耻；以崇尚科学为荣，以愚昧无知为耻；以辛勤劳动为荣，以好逸恶劳为耻；以团结互助为荣，以损人利己为耻；以诚实守信为荣，以见利忘义为耻；以遵纪守法为荣，以违法乱纪为耻；以艰苦奋斗为荣，以骄奢淫逸为耻”的重要论述，精辟地概括和阐明了社会主义荣辱观的基本内容，是适应构建社会主义和谐社会、落实科学发展观要求的社会主义道德的新标准，对于推动形成良好社会风气、实现全面建设小康社会的宏伟目标，具有深远的历史意义和很强的现实指导意义。

胡锦涛总书记提出的“八荣八耻”的主要贡献体现在以下几个方面。

一是马克思主义道德观的精辟阐述与最新发展。它具有鲜明的社会主义特征，是中国化的马克思主义道德观的最新阐述。

二是中华民族传统美德的系统总结与自然升华。它具有深邃的历史底蕴，根植于源远流长的中华民族的民族精神。

三是新时期社会主义道德风尚的高度概括与集中体现。它是吸收、总结了雷锋精神、焦裕禄精神、孔繁森精神、牛玉儒精神、“两弹一星”精神、载人航天精神、改革创业精神、抗洪及抗击“非典”精神等时代精神并不断提炼升华的产物，具有极强的时代性。

四是以人为本、科学发展观的重要内涵和内在要求。“八荣八耻”的道德

* 本文原载《吉林师范大学学报（人文社会科学版）》2006年第3期。

观，对人在新形势下明辨是非、区分善恶、分清美丑、不断提升思想道德境界提出了新的要求，具有深刻的科学性。

荣辱观是世界观、价值观、人生观的具体反映，支配着人们的道德认识、道德情感、道德意志、道德信念、道德行为，它渗透在社会生活的各个方面，不仅影响着社会风气，体现着社会的价值导向，标志着社会的文明程度，而且对经济发展、社会进步具有巨大的推动作用。

树立社会主义荣辱观是社会治理的经济目标与道德伦理目标、文明社会目标和谐互动的根本要求和重要体现。对于一个社会的综合治理来讲，它要求社会发展的经济目标与道德伦理目标、文明社会目标能够和谐互动。如果道德伦理目标、文明社会目标对经济目标长期滞后，就会导致社会发展失衡。胡锦涛总书记提出的社会主义荣辱观是对以往社会治理道德伦理目标、文明社会目标的进一步明晰化、具体化，也是我党和我国更加自觉、坚定而理性地加强道德伦理治理与文明社会治理的重要体现。

高等学校是培养高素质人才的摇篮，是传承文明、知识创新的重要阵地，理应在弘扬和践行社会主义荣辱观方面走在社会前列，切实发挥好引领、示范和辐射作用。在高校大力开展社会主义荣辱观教育，对于培养社会主义建设者和接班人具有重大现实意义。吉林师范大学的校训“好学近知，力行近仁”，正体现了一种求真创新、为人师表、追求卓越人生的精神。其校训内涵为：热爱学生、为人师表的职业素养，崇尚科学、追求真理的价值取向，终身学习、知行统一的行为准则，以人为本、全面发展的理想追求。可见吉林师大校训的精神与胡锦涛总书记提出的社会主义荣辱观是相符合的。吉林师范大学正在把社会主义荣辱观教育与弘扬“好学近知，力行近仁”校训精神有机结合，切实推进和加强思想道德建设，真正把社会主义荣辱观内化为师生员工的自觉行为和基本道德感情，让社会主义荣辱观在师生心中扎根，从而为中华民族的伟大复兴作出应有的贡献。

二、“好学近知，力行近仁”是中华优秀教育思想的集中体现

孔子说：“道之以政，齐之以刑，民免而无耻；道之以德，齐之以礼，有耻且格。”① 意思是说，如果用行政命令来诱导百姓，用刑法来整齐约束百姓，

① 《论语·为政》。

百姓只是勉强克制自己行为避免犯罪，而不知犯罪是可耻的事情；如果用道德来教育感化百姓，用礼教来管理约束百姓，百姓不但懂得廉耻，有羞耻之心，而且人心归服。孔子还说："行己有耻。"① "君子耻其言而过其行。"② 孔子教育学生要用羞耻之心来约束自己的行为，君子以言论超过行为为耻。

孟子说："仁则荣，不仁则辱。""无恻隐之心，非人也；无羞恶之心，非人也；无辞让之心，非人也；无是非之心，非人也。恻隐之心，仁之端也；羞恶之心，义之端也；辞让之心，礼之端也；是非之心，智之端也。人之有是四端也，犹其有四体也。"③ 意思是说，如果以仁爱之心待人则荣，如果不以仁爱之心待人则会遭辱。如果没有对人的同情心，简直不是个人；如果没有羞耻之心，简直不是个人；如果没有礼让之心，简直不是个人；如果没有是非之心，简直不是个人。同情之心，是仁的萌芽；羞耻之心，是义的萌芽；礼让之心，是礼的萌芽；是非之心，是智的萌芽。人的这四种（仁义礼智）萌芽，正好比他有手足四肢一样，是自然而然的。孟子还说："人不可以无耻，无耻之耻，无耻矣。"④ 人是不可以没有羞耻的，不知羞耻的那种羞耻，才真是不知羞耻啊！毛泽东主席和别人谈话时也说过，一个人如没有羞耻之心，那就不好办了。

《易·恒》："不恒其德，或承之羞。"意思是说，如果不能恒久保持美德，时或有人施加羞辱。荀子说："先义而后利者荣，先利而后义者辱。"⑤ 意思是说，以仁义为先而以利益为后的人都光荣，以利益为先而以仁义为后的人都羞耻。荀子认为人人都喜爱荣耀而憎恶耻辱，但只有遵循礼法、重视师教、力行仁义道德的人才能获得尊贵和荣耀，否则必将导致卑贱和耻辱。

《管子·牧民》："国有四维，一维绝则倾，二维绝则危，三维绝则覆，四维绝则灭。倾可正也，危可安也，覆可起也，灭不可复错也。何谓四维？一曰礼，二曰义，三曰廉，四曰耻。礼不逾节，义不自进，廉不蔽恶，耻不从枉。故不逾节则上位安，不自进则民无巧诈，不蔽恶则行自全，不从枉则邪事不生。"所谓"维"，指系物或结网的维绳；"四维"，即礼义廉耻四者如维系国家

---

① 《论语·子路》。

② 《论语·宪问》。

③ 《孟子·公孙丑上》。

④ 《孟子·尽心上》。

⑤ 《荀子·荣辱》。

存在的四条巨绳。国有四维，缺了一维，国家就倾斜；缺了两维，国家就危险；缺了三维，国家就被颠覆；缺了四维，国家就会灭亡。倾斜可以扶正，危险可以挽救，倾覆可以再起，如果是灭亡了，那就不可收拾了。四维就是礼、义、廉、耻。有礼，人们就不会超越应守的规范；有义，就不会妄自钻营求进；有廉，就不会掩饰过错；有耻，就不会趋从坏人、缺失道德。如果人们都不超出应守的规范，为君者的地位乃至整个社会就会安宁；不妄自钻营自进，人们就不会巧谋欺诈；不掩饰过错，人们行为就自然端正；不趋从坏人、缺失道德，那么邪乱的事情也就不会发生了。

《礼记·中庸》："子曰：好学近乎知，力行近乎仁，知耻近乎勇。知斯三者，则知所以修身；知所以修身，则知所以治人；知所以治人，则知所以治天下国家矣。"孔子说，爱好学习就接近于智了，躬行践履就接近于仁了，有羞耻之心就接近于勇了。懂得这三点，就懂得怎样修治自身；懂得怎样修治自身，就懂得怎样管理别人；懂得怎样管理别人，那么也就懂得怎样治理天下国家了。

《礼记·大学》："自天子以至于庶人，壹是皆以修身为本。其本乱而末治者否矣。其所厚者薄，而其所薄者厚，未之有也。"从天子一直到普通的民众，一心所要行的都是修治自身看作根本。本已乱，末就不能得到治理。这正像以厚道待人而人反以薄道报我，以薄道待人，而人反以厚道报我，也是世界上没有的事一样。"物有本末，事有终始。知所先后，则近道矣。"万物都有本有末，万事都有终有始，知道什么是本、什么是末，什么应当先做、什么应当后做，那就离道不远了。

由此可见，"好学近知，力行近仁"正是"修身"的关键，而"修身"乃治国平天下之根本。

自古以来，我们祖先强调"修身"，强调道德修养，而且把它放在培养人的首要地位。古人认为具有高尚的道德品质，是成为圣贤君子的首要条件，所以孔子说："君子怀德。"① 君子经常所想的就是仁德。孔子认为道德教育与修养是最根本的问题，君子要专力在根本方面。"君子务本，本立而道生。"② 根本方面树立了，仁道之德也就由此而产生。"孝弟也者，其为仁之本与！"认为

---

① 《论语·里仁》。

② 《论语·学而》。

孝顺父母、敬爱兄长，这样的行为，就是仁道之本。因此他说："弟子入则孝，出则弟，谨而信，泛爱众，而亲仁。行有余力，则以学文。"这就是说，第一位是做人的教育及其实践，第二位才是知识教育。孔子强调道德教育与修养，也不完全忽视文化知识对道德的影响。他说："仁者安仁，知者利仁。"① 有仁德的人安于仁，有知识的人利用仁，因为智者认识到道德修养对他具有长远而巨大的利益，他便去实行仁德。孔子还说："未知，焉得仁?"② 没有一定的认识，怎样能够算是仁呢？由此可见，孔子是把道德教育和知识教育统一起来的，作为同一过程和同一目的的两个方面。而道德教育是为主的，知识教育是次要的；道德教育通过知识教育来进行，知识教育为道德教育服务。

孔子说："好仁不好学，其蔽也愚；好知不好学，其蔽也荡；好信不好学，其蔽也贼；好直不好学，其蔽也绞；好勇不好学，其蔽也乱；好刚不好学，其蔽也狂。"③ 如果一个人爱好仁德，而不爱好学习，其弊病是容易被人愚弄；爱好聪明，而不爱好学习，其弊病是容易放荡不羁；爱好诚信，而不爱好学习，其弊病是容易被人利用使自己受害；爱好直率，而不爱好学习，其弊病是说话尖刻刺人；爱好勇敢，而不爱好学习，其弊病是容易闹出乱子；爱好刚强，而不爱好学习，其弊病是狂妄不羁。这里可以看出，孔子认为如果不好学习，不自觉接受教育，就不能真正形成仁、智、信、直、勇、刚等多种优良的道德品质；即使有人具有以上多种优良的道德品质，但如果不爱好学习，不自觉接受教育，这些优良品质也会分别产生愚、荡、贼、绞、乱、狂等各种不道德的后果。由此而见，孔子既重视"好学近知"，又重视"力行近仁"。"仁且智，夫子既圣矣。"④ 董仲舒说："莫近乎仁，莫急乎智。""仁而不智，则爱而不别也；智而不仁，则智而不为也。"⑤ 这说明"仁而不智"与"智而不仁"都是片面的，德育与智育应该结合起来，统一起来。

现代教育心理学认为，道德品质的形成是一个知情意行的过程。"好学近知"谈的是从知到情的过程，"力行近仁"谈的是从意到行的过程，从"好学近知"到"力行近仁"则构成了一个完整的知情意行的过程。

---

① 《论语·里仁》。
② 《论语·公冶长》。
③ 《论语·阳货》。
④ 《孟子·公孙丑上》。
⑤ 《春秋繁露·必仁且智》。

所谓“知”，即道德认知阶段。孔子强调要“知德”、“知仁”、“知礼”、“学道”、“适道”。还说：“有德者必有言。”① 说明能言者必先能知，必先对道德规范有所认识。所谓“情”，即道德情感阶段。孔子说：“唯仁者能好人，能恶人。”② 只有有道德的人，才知道爱什么人与恨什么人，可见仁德是包含有爱憎两种情感的。“仁者不忧。”③ 这“不忧”也是一种情感。诗“可以兴”，“兴于诗”讲的是要激发人们的情感。“吾未见好德者如好色者。”④ “君子忧道不忧贫。”⑤ “好德”与“忧道”是一种积极情感，“好色”与“忧贫”是一种消极情感。“有耻且格”是一种积极情感，“民免而无耻”是一种消极情感。孔子主张通过教育促进消极情感向积极情感方面转化。“知之者不如好之者，好之者不如乐之者。”⑥ “知之”是较低层次的情感，“好之”是较高层次的情感，“乐之”是更高层次的情感。孔子主张通过教育促进低层次情感逐渐向较高或更高层次情感方面转化。“好学近知”即涵盖了知情这两个阶段。

所“意”，即道德意志阶段，孔子强调要“志于仁”、“志于道”，“三军可夺帅也，匹夫不可夺志也”⑦，突出道德意志的重要性。“苟志于仁矣，无恶也。”⑧ “我欲仁，斯仁至矣。”⑨ 只要自己愿意实行仁德，仁德即可以达到，充分表现了其对实行仁德的信心。“为仁由己，而由人乎哉?”⑩ 实践仁德，完全凭自己努力和坚持，难道还凭别人吗？“知及之，仁不能守之，虽得之，必失之。”⑪ 即是说道德规范虽有所了解和认知，若不能坚守和保持，即使有所认知也会丧失。这说明道德如果仅停留在认知阶段，而不上升为情感、意志，不转化为信念，那么道德就会失去规范行为的作用。道德观念必须由道德认知转化为道德意志和信念，才能对道德行为产生指导和约束作用。所谓“行”，即道德行为阶段。“有德者，必有言；有言者，不必有德。”⑫ “行己有耻。”⑬

---

① ⑫ 《论语·宪问》。

② ⑧ 《论语·里仁》。

③ ④ ⑦ 《论语·子罕》。

⑤ ⑪ 《论语·卫灵公》。

⑥ 《论语·雍也》。

⑨ 《论语·述而》。

⑩ 《论语·颜渊》。

⑬ 《论语·子路》。

“君子耻其言而过其行。”① “听其言而观其行。”② “古者言之不出，耻躬之不逮也。”③ “仁者其言也忍。”④ “君子欲讷于言而敏于行。”⑤孔子认为志士仁人必须随时随地“克己复礼”⑥，视、听、言、动都合于道德规范，“造次必于是，颠沛必于是”⑦。知行一致，是根本上的道德，否则言行不一是不道德的表现。“力行近仁”即涵盖了意、行这两个阶段。

朱熹《四书章句集注》中《论语序说》曾引用过北宋理学家程颐的话：“如读《论语》，未读时是此等人，读了后又只是此等人，便是不曾读。”这也就是说，读《论语》要坚持“好学近知”、“力行近仁”的原则，才会有真实的收获，否则读了等于没有读。

冯友兰《中国哲学简史》曾引用过当代著名学者金岳霖教授的话：“中国哲学家都是不同程度的苏格拉底。其所以如此，因为道德、政治、反思的思想、知识，都统一于一个哲学家之身；知识和德性在他身上统一而不可分。他的哲学需要他生活于其中；他自己以身载道。遵守他的哲学信念而生活，这是他的哲学组成部分，他要做的事就是修养自己，连续地、一贯地保持无私无我的纯粹经验，使他能够与宇宙合一。显然这个修养过程不能中断，因为一中断就意味着自我复萌，丧失他的宇宙。因此在认识上他永远摸索着，在实践上他永远行动着，或尝试着行动。这些都不能分开，所以在他身上存在着哲学家的合命题，这正是合命题一词的本义。他像苏格拉底，他的哲学不是用于打官腔的，他更不是尘封的陈腐的哲学家，关在书房里，坐在靠椅中，处于人生之外。对于他，哲学从来就不是为人类认识摆设的观念模式，而是内在于他的行动的箴言体系；在极端的情况下，他的哲学简直可以说是他的传记。”

佛陀说：“有些人不能过着如法的生活，因为他谈得太多；有些人虽只略闻正法，从自己的身体去体验自然法则，这样，他就能过着如法的生活，永远不会忘记正法。”佛教认为当下这一刻对我们而言才是最重要的。我们不可能活在过去，因为它已经消逝无踪；我们也不可能活在未来，因为它是永远难以掌握的。我们只能活在当下。佛教认为正法就是活在当下的大道，我们必须培

---

① 《论语·宪问》。
② 《论语·公冶长》。
③⑤⑦ 《论语·里仁》。
④⑥ 《论语·颜渊》。

养觉知当下的能力。

我们不妨重温大科学家爱因斯坦一段语重心长的警世明言："我们切莫忘记，仅凭知识和技巧并不能给人类的生活带来幸福和尊严。人类完全有理由把高尚的道德标准和价值观的传播者置于客观真理的发现者之上。在我看来，释迦牟尼、摩西和耶稣对人类所作的贡献远远超过那些聪明才智之士所取得的一切成就。"①

爱因斯坦晚年在《人类生活的目标》的讲话中说过这样一段话："我们的犹太祖先，即先知者，以及中国古代圣贤了解到并且宣告：使我们人类生活定型的最重要因素是树立并使人民接受一个目标。这个目标就是一个自由幸福的人类公社，要求人们通过内心不断地努力奋斗，把自己从反社会的和破坏性的本能的遗传中解放出来。"② 身为犹太人，热爱自己的祖先，热爱本民族的文化，是十分正常的事。奇怪的是，爱因斯坦把中国古代贤哲与犹太教先知放在了同一等高线上，把两个民族先贤所确立的和谐共存的目标放在同一等高线上。此处是否可以得出这样一个认识，爱因斯坦既热爱自己的祖先，也热爱中华民族的祖先；爱因斯坦既热爱自己的文化，也热爱中华民族的文化。

三、"好学近知，力行近仁"的现实意义

大家知道，真正的精神和文化方面的价值，并不是由眼前现实物欲的得失所能加以衡量的。近几个世纪来西方资本主义过分重视物质的结果，也已经引起了西方人的忧虑。

1975 年当代著名的英国历史学家汤因比与日本佛学大师池田大作有一个历史性的"对话"。他们认为："自从人类在大自然中的地位处于优势以来，人类的生存没有比今天再危险的时代了"，"不道德程度已近似悲剧，而且社会管理也很糟糕"。他们认为中国传统文化，特别是儒家、墨家的仁爱学说，是解决现代化社会伦理问题所急需的。儒家的仁爱，"是今天社会之所必需"，"墨

① ［美］杜卡斯等编，高志凯译：《爱因斯坦谈人生》，世界知识出版社 1984 年版，第 61 页。

② 许良英、赵中立、张宣三编译：《爱因斯坦文集》第三卷，商务印书馆 1979 年版，第 190 页。

子主张的兼爱，过去只是指中国，而现在应作为世界性的理论去理解”。①

1987年美国芝加哥大学的一位名叫布卢姆（Allan Bloom）的教授，曾出版了一册轰动一时的著作，题目是《美国心灵的封闭》（*The Closing of the American Mind*）。作者认为美国今日的青年学生在学识和思想方面陷入了一种极为贫乏的境地，而其结果则是对一切事情都缺乏高瞻远瞩的眼光和见解，这对于一个国家而言实在是一种极可危虑的现象。

中科院院士、华中科技大学学术委员会主任杨叔子先生在《高等教育的五“重”五“轻”》② 中指出：“我们教育的弊病在于应试教育，现在大家普遍感到中小学是应试教育，而我个人感到高等学校也是应试教育，是找职业的考试教育。”“高等院校是工具性的东西在起作用，如果学生要找到好职业，就必须经过诸多的考试，只重视做事，不重视做人，不重视思维，急功近利，这就是应试教育，因此在高等院校，特别是理工大学，出现了五重五轻，我认为‘重’是对的，但‘轻’是不对的。”所谓“五重五轻”：重理工轻人文，重专业轻基础，重书本轻实践，重共性轻个性，重功利轻素质。他举了一个例子，即20世纪80年代他带一个大学代表团到美国访问：“有几位华人教授跟我讲，内地教育有个缺陷，什么缺陷呢？内地的留学生，ABC很好，XYZ也很好，也懂得美元、英镑，就是不太了解长城、黄河，不太了解文天祥、史可法，一点也不知道《史记》、《四书》、《资治通鉴》，请问这种学生毕业出去以后能不能为中华民族服务？我认为他们提得非常好，非常深刻，也非常生动，ABC很好——外语很好；XYZ很好——数学很好，业务很好；懂得美元、英镑——会打经济算盘；不太了解长城、黄河——不太了解祖国地理，对祖国的地理知之甚少；不太了解文天祥、史可法——不太了解民族的历史，对民族的历史知之甚少；一点也不知道《史记》、《四书》、《资治通鉴》——对祖国与民族的悠久文化传统一无所知，这种高层人才，对自己的国家、民族的地理、历史知之甚少，对悠久文化传统一无所知，可不可能对自己的国家与民族有感情？会不会为这个国家与民族很好去服务？现实的很多例子已经证明了这个批评是对的。”

---

① ［日］池田大作、［英］汤因比著，荀春生、朱继征、陈国梁译：《展望21世纪——汤因比与池田大作对话录》，国际文化出版公司1999年版，第411页。

② 《中华读书报》2002年10月9日。

杨叔子院士认为，“应试教育”造成一些大学生研究生“精于科学，荒于人学；精于电脑，荒于人脑；精于网情，荒于人情；精于商品，荒于人品；精于权力，荒于道力”。这确是不容忽视的现象。更有甚者，文化认同危机也在一些高校以不同方式出现。所谓文化认同危机，就是由于不再真正了解自己的传统，不再真正为自己的民族性感到自豪，不再真正信仰自己的国家意识形态和基本价值观，而导致不知道“我是谁”或不清楚自己的长处和问题，或者由于见惯了境内的各种跨国公司和用熟了各种进口产品，有人觉得自己有了各种身份或跨国意识，于是会觉得新旧之间、你我之间、地域的与族群的、国家的与跨国的，都在变幻不定，因此不必在乎。

“语言文化涉及更高层面的安全，如信息和思维向度问题；更深层次的安全，即如何理解和看待世界问题。语言不像今天的年轻人时不时地流行一阵染金发、穿酷装、跳街舞等，长期学习一种外语，尤其是一种时时处处展示为强势的他国语言，不仅可能会让年轻人的母语水平下降，而且会让他们的思维习惯和世界观都发生根本变化，会让他们不由自主地倾心于某种外国文化。而在当今快节奏、多变化的生活方式中，他们很可能在对自身文化根本不了解或没时间了解，在不会比较也不想比较的情况下就被外国文化‘俘虏’。这种精神上的被‘俘虏’并不一定指精神道德的衰退或下降，而是指一种与狭隘民族主义反向，但却相似的偏激、固执和忘本。学习他人本来是为了改良自身，但如果其结果是改掉了自己的身份和盲目崇拜他人，就会出现对外交流与革新自我之间的‘恶性互动’，并可能进而成为对中国文化安全构成‘威胁’的社会群体或思想力量。前联邦德国总理赫尔穆特·施密特强调：‘我们应当在全球泛滥的伪文化的压力面前捍卫自己的文化特征。’‘保护本国语言传统是生死攸关的问题，原因在于，如果本国的语言日趋消失，或者在几代之后遭到彻底侵蚀，那么本国文化中的一部分内容也会消失，本国特性的一些组成部分也会变没的。’”①

所以学术界有专家提出注意“文化自觉”的建设。所谓“文化自觉”，就是通过经常的自我反省，真正清楚自己和他人的地位、所属、所有和所求。同济大学建筑与城市规划学院郑时龄教授曾在演讲中谈道：古罗马最伟大的建筑

① 潘一禾：《当前国家体系中的文化安全问题》，《浙江大学学报（人文社会科学版）》2005年第2期。

万神殿前的广场上，麦当劳餐厅的店招仅仅是一个小小的黄色M灯，而在上海，麦当劳的店招要比世界上其他城市更大、更显著。这样的例子说明：中国人确实需要不断思考和合理评估自己和他人的文化，评估不同文化在中国的引进价值、结合方式和创新可能。过于自信和迷信他人，是两个看似相反实则一体的不成熟民族心态的表现。

如何建设中国高校的“文化自觉”？让我们重温一下温家宝总理2003年12月10日在美国哈佛大学的著名演讲《把目光投向中国》：“中华文明，以其顽强的凝聚力和隽永的魅力，历经沧桑而完整地延续了下来。拥有五千年的文明史，这是我们中国人的骄傲。”“中华民族的传统文化博大精深、源远流长。”“从孔夫子到孙中山，中华民族传统文化有它的许多珍贵品质，许多人民性和民主性的好东西。比如，强调仁爱，强调群体，强调和而不同，强调天下为公。特别是‘天下兴亡，匹夫有责’的爱国情操，‘民为邦本’、‘民贵君轻’的民本思想，‘己所不欲，勿施于人’的待人之道，吃苦耐劳、勤俭持家、尊师重教的传统美德，世代相传。所有这些，对家庭、国家和社会起到了巨大的维系与调节作用。”“中华民族的祖先曾追求这样一种境界：‘为天地立心，为生民立命，为往圣继绝学，为万世开太平。’今天，人类正处在社会急剧大变动的时代，回溯源头，传承命脉，相互学习，开拓创新，是各国弘扬本民族优秀文化的明智选择。我呼吁，让我们共同以智慧和力量去推动人类文明的进步与发展。我们的成功将承继先贤，泽被后世。这样我们的子孙就能生活在一个更加和平、安定和繁荣的世界里。我坚信这样一个无限光明、无限美好的明天必将到来。”

我们现在正生活在一个“全球化”的时代，由此产生的开放意识、全球意识已经深深地影响了新一代年轻人的精神面貌与精神走向，这在总体上自然是有一种积极意义的；但也不能不看到，在相当一部分年轻人中间，却出现了另一种倾向，即对生养、培育自己的这块土地，其中蕴含的深厚文化，坚守其上的人民，在认识、情感以至心理上产生了疏离感、陌生感。这不仅可能导致民族文化的危机，更是人自身存在的危机：一旦从泥土中拔出，就成了无根的人。正是出于这样的根本性的忧虑，所以有识之士发出了呼吁：“认识我们脚下的土地！”这是一个重大的教育课题，也是精神建设的大问题。为此，吉林师范大学参加了中国教育学会“十五”规划课题，“关于高等师范院校大学生读诵中华文化经典与建构基础教育师资培训体系的实验研究”为其子课题，并编写了《中国文化的智慧启迪》作为中华文化经典教育师资培训班的“教学纲要”，取得了重大成果。

高尚的人品和心地，才是治学之本，也就是中华文化的核心。失去这一根本核心，就会发生形形色色的学术腐败、谋私图利、显己压人、弄虚作假等等，皆是其著例。识者痛心，愚者昧昧。

德国哲学家雅斯贝尔斯曾提出“轴心时代”的观念，认为在公元前五百年前后，在古希腊、以色列、印度和中国几乎同时出现了伟大的思想家，他们都对人类关切的问题提出了独到的看法，古希腊有苏格拉底、柏拉图，中国有老子、孔子，印度有释迦牟尼，以色列有犹太教的先知们，形成了不同的文化传统。这些文化传统经过两三千年的发展已经成为人类文化的主要精神财富，而且这些地域的不同文化，原来都是独立发展出来的，并没有互相影响。“人类一直靠轴心时代所产生的思考和创造的一切而生存，每一次新的飞跃都回顾这一时期，并被它重新燃起火焰。”“轴心期潜力的苏醒和对轴心期潜力的回归，或者说是复兴，总是提供了精神的动力。”① 回顾源头，还原其最原始的形态，回复到事物最根本的精髓，然后再前进，“被它重新燃起火焰”。例如欧洲的文艺复兴就是把目光投向其文化源头古希腊，而使欧洲文明重新燃起其新的光辉，对世界产生重大影响。联合国教科文组织在《学会生存》一书中指出：“人类要发展，一方面要面向未来，另一方面要回到人类的源头，向我们的先辈吸取智慧。”在某种意义上说，当今世界多种文化的发展，正是对两千多年前的轴心时代的一次新的飞跃。据此我们也可以说，将有一个新的“轴心时代”的出现，在可以预见的一段时间里，各民族、各国家在其经济发展的同时，一定会要求发展其自身的文化，因而经济全球化将有利于文化多元化的发展。

我们应当确立起强烈的民族精神自强意识、民族文化发展意识、优秀传统思想与文化的再生创新意识，把潜在的精神资源转化成现实的精神发展与建设的能源和动力。我们应以一种包容博大的文化与思想胸襟放眼世界与未来，凭借从慎重检视和细致考辨过的文化经典作品中汲取来的强大的精神原动力和民族自信心，来参与这场全球性的文化与思想的现代较量和交融。我们不是全球

---

① ［德］卡尔·雅思贝尔斯著，魏楚雄、俞新天译：《历史的起源与目标》，华夏出版社 1989 年版，第 14 页。

化的旁观者，更不甘心成为全球化被动接受者，而应当凭借五千年灿烂文明所凝结的历史智慧和民族精神，以文化挑战者和应战者的双重身份出场。这不是狭隘的民族主义和相对主义的盲目热情，而是中华民族文化良知与民族精神理所当然地应承担和接受的文化使命。我们应以此姿态迎接人类文化新的轴心时代的到来，迎接中华民族的伟大复兴。①

这就是我从“社会主义荣辱观”出发，对吉林师范大学校训“好学近知，力行近仁”的一些认识和解读。恳请方家不吝赐教，俟后改正。

① 潘庆玉：《全球化语境中的经典教育》，《当代教育科学》2003年12期。

《京师学道》2016年第1期序

《京师学道》是北京师范大学珠海分校共青团委员会组织学生自己创办的科学和学术研究的刊物，目的在于丰富学生的科研和学术研究生活，培养学生科研和学术研究的兴趣和能力，提高他们的科学精神和人文精神，引导他们把科学文化与人文文化紧密结合起来。这是提高高校教学质量和人才培养质量的重要举措，必然会受到全校师生员工的欢迎和支持。

科学文化主要是回答“是什么”、“为什么”这一求真的问题，人文文化主要是回答“该不该”这一求善的问题。科学给人以力量，人文给人以方向。只有将科学文化与人文文化紧密结合，才能引导学生最大限度地发挥科研和学术研究的正面功能，保证科学研究和学术研究的正确方向，培养和加强学生的社会责任感和历史使命感。坚持求真与求善相统一，使科学研究和学术研究真正成为造福于人类的利器，促进人与自然、人与社会、人与人的和谐发展，这是真正需要每个高校关注和反思的。

我国近代著名教育家、“五四”运动时期北京大学校长蔡元培先生说：“大学者，研究高深学问者也”，“大学学生当以研究学术为天职，不当以大学为升官发财之阶梯”。在他的倡导下，当时的北大社团多如繁星，北大刊物如雨后春笋，这不仅转变了北大的校风，而且对全国思想学术界产生了影响。据历史学家吕思勉后来回忆说：“还记得民国八九年之间，北京大学的几种杂志一出，若干种的书籍一经印行，而全国的风气，为之幡然一变。从此以后，研究学术的人，才渐有开口的余地。专门的高深的研究，才不为众所讥评，而反为其所称道。后生小子也知道专讲肤浅的记诵、混饭吃的技术，不足以语于学术，而慨然有志于上进了。这真是蔡孑民（元培）先生不朽的功绩。”由此可见，学生创办刊物，不仅丰富了学生的课余生活，而且成功地在北大造成了研究学术为荣的良好的学术气氛，从而促进北大性质的根本转变。我们可以从蔡元培先生办北大的历史经验中有所感悟，热情地支持珠海分校学生创办学术刊物，并预祝成功！是为序。

二〇一二年七月七日

《京师学道》北京师范大学珠海分校建校十五周年纪念刊序

“周虽旧邦，其命维新。”北京师范大学是百年老校，但在21世纪却又有新的使命，老树新枝，在改革开放的前沿阵地——珠海特区创办了一所新校——开放式、有特色、应用型高水平大学——北京师范大学珠海分校。

十五年来，珠海分校在中共珠海市委、市政府以及校本部的坚强领导、直接指导下，以建立现代大学制度和创新强校工程为抓手，着力推进内涵发展，师生员工凝心聚力，真抓实干，学校各项事业呈现出生机勃勃的发展态势，办学水平和综合实力进一步增强，社会声誉和影响力日益提升。

中共十七届六中全会提出“大学要传承中华文明”。中共十八届三中全会在“深化教育领域综合改革”方面特别提出大中小学都要“完善中华优秀传统文化教育”。习近平主席2014年9月9日在北京师范大学本部考察时说：“教育是提高人民综合素质、促进人的全面发展的重要途径，是民族振兴、社会进步的重要基石，是对中华民族伟大复兴具有决定性意义的事业。”“唐代韩愈说：‘师者，所以传道授业解惑也。’‘传道’是第一位的。一个老师，如果只知道‘授业’、‘解惑’而不‘传道’，不能说这个老师是完全称职的，充其量只能是‘经师’、‘句读之师’，而非‘人师’了。古人云：‘经师易求，人师难得。’一个优秀的老师，应该是‘经师’和‘人师’的统一，既要精于‘授业’、‘解惑’，更要以‘传道’为责任和使命。好老师心中要有国家和民族，要明确意识到肩负的国家使命和社会责任。”“我很不赞成把古代经典诗词和散文从课本中去掉，‘去中国化’是很悲哀的。应该把这些经典嵌在学生脑子里，成为中华民族文化的基因。”习近平主席2014年5月4日在北京大学考察时说：“中华文明绵延数千年，有其独特的价值体系。中华优秀传统文化已经成为中华民族的基因，植根在中国人内心，潜移默化影响着中国人的思想方式和行为方式。今天，我们提倡和弘扬社会主义核心价值观，必须从中汲取丰富营养，否则就不会有生命力和影响力……我们生而为中国人，最根本的是我们有中国人的独特精神世界，有百姓日用而不觉的价值观。我们提倡的社会主义核心价值观，就充分体现了对中华优秀传统文化的传承和升华。”

高尚的人品和心地，才是治学之本，办校之本，这也是中华文化的核心，失去这一根本核心，就会发生形形色色的教育学术腐败。谋私图利、显己压人、弄虚作假等，皆是其著例，识者痛心，愚者昧昧。

让我们更加紧密地团结在以习近平总书记为首的党中央周围，与中央保持高度一致，为实现中国梦、实现中华民族的伟大复兴而奋斗。中国人要办好自己的大学，走自己的路！

附录

在知识与信仰之间

——郭齐家教授口述史

于述胜（访谈）
王俊明　包丹丹（整理）

目 录

我现在①已经是七十多岁的人了，但我在心理上并没有人到暮年的感觉。我倒是觉得每天生活得很充实，充满着活力。回想起我这几十年，我觉得在前半生有两件事情对我影响最大：一是孝亲，另一是尊师。我这一辈子既要感激父母的养育之恩，也要感谢老师的栽培之情。如果没有这些人的关心和帮助，我也不会有今天这样的生活。到五十岁之后，我还感受到了另外一点，那就是我的学生，学生的集体、个人对我的影响。我在指导学生的同时，也从学生那里得到了很多帮助，这也是我需要感激的一个方面。

如果让我给自己作一个评价的话，我觉得我就是一个很平常的人。我国古代教育家孔子把人分为四类：生而知之者，上也；学而知之者，次也；困而学之，又其次也；困而不学，民斯为下矣。孔子把自己定位在第二类，是学而知之者。我认为我属于遇到困难才去努力的那一类，即第三类；如果往高处说，最多也只能说是居于“学而知之者”和“困而学之”之间吧。我这几十年，也是和别的普通人一样走过来的。

一、早年生活与中小学

1. 我的家庭

我从小生活在一个小儒商的家庭。我的祖辈最早生活在江西，后来从江西迁移到湖北，在武昌郊区一个靠近水边的地方定居下来。武昌地区有一条河叫巡司河，是长江的一条支流，河水从武泰闸经过新桥、解放桥，通过鲇鱼套与长江相连。在武泰闸附近有一座桥就叫“新桥”。当时我家就住新桥旁边的板厂街，北边对着巡司河。因为地势比较低，一遇到下大雨或发大水，家里的房屋就会被水淹没，我们就要另外找个地方避水。但在汛期以外，这里的环境还是比较好的。河水十分清澈，我们家吃的水都是这条河里的水。我们为什么要住在这个地方呢？这与我家做的生意有关。据说我的祖上有耕读传家的传统，家庭生活则主要依靠从湖南运木筏、毛板船来做些木板、寿木生意来维持。清末至民国期间，武汉地区用的煤炭主要通过水路用无动力的毛板船从湖南运来，船到武汉后，把煤卸到离我家不远的炭角场，而毛板船则就地拆卖。我家搬到湖北以后，还是专门收购旧的毛板船，然后把船上的木板卸下来卖掉。什么是毛板船呢？在那个时候，南方的一些渔船、小商船都是用木板做成的。毛板船就是一条破船，破得不能再用了，但船上的木板还可以重新利用，一般老百姓还可以用这个木板铺地，盖房子。我们就是把这些旧船上的板子拆下来，当普通的木板来用，或者很便宜地卖掉。用现在的话说，这也算是“循环经济”吧。我小的时候，我家的房子、我们附近邻居的房子全都是木板做的。因为用新的木板做房子很贵，一般百姓也用不起，而用旧的就很便宜，所以一般老百姓就用这些旧木板来建房子。

① 访谈时间是2010年4月。

我祖父叫郭正堃，字子厚，生于1892年。我祖父是武昌高级商业学堂（清末叫武昌甲种实业学堂）毕业，学的是商科。当时能上高级商业学堂的人还不很多，所以，我祖父的学历在当时也还算是比较高的，因为再往上面就是大学的商业系了。

我祖父从武昌高级商业学堂毕业后还考取了官费到日本的留学生，有机会到日本继续求学。他当时也很想出去留学。但是，那时我家庭的境况不允许。因为他的父亲，也就是我的曾祖父去世较早，大概就在我祖父不到二十岁、正要成年的时候。如果我的曾祖父要是再多活几年的话，也许我祖父就到日本去了。我祖父在家中排行老大，他还有一个妹妹（就是我的姑奶奶）。我祖父结婚也很早，二十几岁就结婚了，婚后又生了我的父亲。等于说上有母，下有子，还有妹妹都需要照顾。在这种情况下，如果再要出国留学就不合适了。这样，我祖父毕业后就做了当时湖北美术高等专科学校总务科的负责人。为了承担起养家糊口的责任，后来我祖父就开始做起生意了。当时像他这样有高中文化去经商的人还特别少，一般做生意的人能读个小学毕业就不错了。

祖父在我们那一带，也就是在武昌城边的八步街、新桥一带威信很高，属于社会贤达一类的人，还是当地慈善机构"至善堂"的负责人之一，还当过保甲长。我祖父是一个很爱国的人，在抗日战争武汉沦陷之后，日本人也要他做武昌市商会的会长，他坚决不干，并蓄须明志。为了安全起见，这个时候我父亲就设法把他安排到汉口的法租界里去躲了起来，在那里住了一段时间。之后，我祖父继续做木板、寿木生意，后来也做过粮食生意。当时武昌和汉口是两个城市，1949年以前就是叫武昌市、汉口市。武昌是当时湖北省的省会，是湖北政治文化的中心，湖北省政府、过去科举考试的考场都在武昌，辛亥革命也是发生在这里。而汉口就不一样了，这个地方比较大，比较繁荣，是湖北长江地区的商业中心，被称为"小上海"。

新中国成立以后，我祖父因为有点文化，就在街道办的业余夜校里教老百姓识字，开展扫盲工作，还组织过民间诗社，与友人唱和。由于扫盲工作成绩突出，他还得了奖励。当时就是奖励了一个笔记本，现在这个奖品还在我家里保存着，这个笔记本的封面上还写着"武昌区扫盲积极分子大会赠"的字样。新中国成立初期，祖父还做过武昌区的政协委员。应该说我祖父不是精英，而是一个生活化的民间下层的儒商。他热心公益，乐施不倦。在我们的成长中，他总是以仁义忠信来教育我们。同时，他又是中国文化发展中的"新派"人物，懂得英文、数学，毛笔字、英文写得很好。我们在家庭教育中也学习这些东西。当时"新派"与"旧派"的区别在于，"旧派"重视传统的继承，主张读四书五经，"新派"主要是受"五四"的影响，主张读《古文观止》。由于我父亲在家里是长子，我们一直就和祖父住在一起。应该说在我的早期教育和家庭学习中，我祖父的影响最大。

我父亲叫郭修绪，字幼陆，是在1913年10月24日（阴历）出生的。父亲兄妹八人，四男四女，在家里排行老大。我有个姑姑大我七岁，小叔只大我五岁，最小的小姑姑只大我三岁，跟我还同过学。因为我们家大口阔，父亲又是长子，从小就要出去谋生，所以父亲在学校读书的时间就不是很长，只读了高小。小学毕业后，大概也就是十三四岁，我父亲就到汉口江汉路上的一个布店给人家当学徒，开始学做生意，后来还当了会计。这么个年龄能干什么呢？开始也就是给人家倒倒夜壶、扫扫地什么的，再就是给老板泡点儿茶、买点儿菜，也就是帮人家干些杂事儿。

我父亲在这个布店里先是当店员，跟着别人学做布匹买卖。当时我父亲做的这种生意在当时叫作“匹头号”，也就是现在说的批发生意。那个时候汉口市场上有两种布店：一种是专门做零售生意的布店，另一种就是匹头号，也就是整匹地批发销售的。因生意上的事儿，我父亲就经常往上海跑，从上海进一大批布，通过水路运到汉口，100 匹、200 匹地运来，然后就摆在布店里，批发给各地的商家。从上海买的布本来就便宜，通过长江水路的费用也不是很贵。但这些布匹在汉口市场上就贵了不少。我父亲做的生意也就是赚个其中的差价。平时有生意的时候，父亲就是做布匹的生意。但也有生意不好甚至失业的时候，这个时期大概就是在抗战时期。遇到没有生意可做的时候，他就吭哧吭哧地去给人家做个搬运工，一般就是扛米、搬煤，扛上去一袋给一毛钱，这样一天也就是能赚个几毛钱。这种情况一般也是我家经济上比较艰难的时期。

到了抗战后期，我家的经济情况就好一点了。我记得我小的时候，经常会有日本飞机来轰炸，这个时候我们就要“跑警报”。最初我们都是跑到桌子底下躲警报，在桌子上面用个被子包起来。当时我的胆子很小，一听到“警报”我就赶紧往桌子底下钻。到了抗日战争后期，我们家就修了一个小小的防空洞。一般是有一点儿经济实力的家庭才修得起防空洞。修这个“工程”需要在屋子里往地下挖个很深的洞，然后再铺上一层砖，摆上十来个凳子。“警报”来了，我们就躲进防空洞，警报解除之后才能出来。

到了 20 世纪 40 年代的后期，我父亲还当上了这个“匹头号”的经理。这也是他生意做得最好的时期。这个布店是一个姓吴的老板开的，办店资金是他出的，我父亲只是负责经营。记得有一次父亲还把我和三弟带到汉口去，在他的布店里住了几天。那个布店也不是很大，店里还有五六个伙计。这个布店还有一个黄包车，主要是用来接送吴老板的，但由于我父亲是个经理，所以，也经常坐这个黄包车。我和弟弟去汉口的时候，也坐过这辆车。那时的黄包车就等于是现在的高级小轿车，而且还有专职“司机”。这就说明那个时候我父亲的生意还是做得不错的。我父亲经常对我和三弟说：一个人最怕的是嫖娼、赌博、抽鸦片，你们千万不要沾染这些恶习！父亲的这些话一直在我心里记着。在我的印象中，抗战胜利以后到 1949 年，是我父亲做生意的高峰时期，也赚了一些钱。因为他每次回家，都是先去孝顺他的奶奶，即我的曾祖母，给她个小红包；然后是孝敬我的祖父、祖母。我们这一大家子主要是靠父亲来养活。我的祖父做木板生意和粮食生意也赚不了多少钱。当时我们家人口很多，算是个大家庭，光吃饭就是一个大问题。另外我们做木板生意还要请做木工活、做寿木的师傅。对这些师傅我们不能太刻薄，也要让人家吃好一点。这些家务活儿主要就靠我的母亲来操持。

新中国成立以后，因为布匹生意不好做了，我父亲还跑过一段行商。这个时候，父亲不仅跑上海、武汉，也跑湖北的老河口等这些地方。这时也是从上海运货物到武汉，然后从武汉再把这些东西卖到老河口、襄樊这些地方。这个生意跑了一两年后，政府就开始来关心像我父亲这样的人的工作和生活。当时像我父亲，算是自己做生意，经济收入总是不稳定的，总体上还是收入偏低。当地政府了解了这个情况以后，就建议我父亲做一些土特产生意，如卖点水泥、竹篙子等这些东西。在“三反五反”以前，政府对这些人（小商人等）都是争取教育，能争取一个就是一个。像我父亲这样，真是所谓的“小商”，自己没有什么资本，原来就是帮别人干活得到一笔工资。后来就连那份工资也没有了，养家糊口就有些困难了。这个时候，我父亲遂接受了政府的建议，做起了土特产生意。到了1956年，国家实行公私合营，父亲就正式加入了公办的土特产商店并做了会计。这个商店主要是卖一些瓶瓶罐罐的东西，如煨汤熬药的土罐子，还有过年过节燃放的烟花爆竹等。进入国营土特产店以后，父亲就有了一份稳定的工资，那个时候一个月的工资有五十多块钱。后来，父亲还加入民主建国会，成了民建的成员。“文革”前的“四清”运动要划成分，父亲被划了个“资方代理人”，就是因为新中国成立前曾经在汉口帮别人经营布店。尽管社会运动不断，但父亲从来没有改变做人的原则。从1956年到1978年退休，他一直都是在这个国营土特产商店工作。我父亲是六十五岁的时候因为中风而退休的。

我的母亲是湖北大冶人，外祖父家姓朱。外祖父是讲武堂的学生，曾经做过监利税务局长。母亲在家是长女，只有初小文化程度。但母亲一生克己奉人，与人为善，是个治家的能手。母亲常对我们说要将心比心，要设身处地为别人想想。母亲人缘很好，街坊都亲切地称她为“大嫂子”。母亲要操持我们这个大家庭，生活得很辛苦。小时候，我们身上穿的衣服都是母亲一针一线地缝制出来的手工衣服。每到过年的时候，母亲也希望我们都能穿件新衣服。但我们家这么多兄弟姐妹，每人都穿一件新衣服，也是有一笔很大的开销。另外，母亲白天要招呼全家的吃喝，还要伺候两代老人。我的祖父母一直要伺候，我祖父身体不是很好，我们必须保证他每天吃一个鸡蛋。牛奶那个时候还谈不上，就是自己家里养的鸡下的新鲜鸡蛋要给爷爷吃。还要给家人和工人师傅做饭。到了晚上，母亲就点着小油灯给我们缝缝补补，要到很晚才休息。所以我对母亲充满着敬仰，就觉得母亲这一辈子为这个家付出得太多了。

2004年夏天，我父亲病危。当时正赶上顾明远先生的一个博士要进行论文答辩。这个学生写的是佛学教育方面的论文。顾先生早就说要我参加这个博士论文答辩，时间是6月2号上午。论文答辩结束后，下午我跟王炳照老师打了个招呼，就坐晚上的火车回武汉去了。我当时就是等着这个答辩会，不然我就早几天回去了。因为几天前已得到父亲病重的消息。父亲那个时候已经是九十多岁的人了，我们随时有这个准备，也总想能好好侍奉他，伴他走完生命的最后一程。6月3号早晨，我赶到武昌的时候，父亲已有些神志不清。我弟弟郭齐勇在家里一直很着急，就期盼着我能早点儿回来。一是因为父亲已经到了最后的时刻，我的兄弟姐妹们都已回到武汉，只有我还在北京；二是他已经定好日程，要代表武大哲学系到香港参加一个重要学术活动。

我回到武汉后就一直伺候在父亲的身边。到了4号中午，他老人家离开了我们。我在他老人家最后的三十几个小时里一直守着他。我帮着老人家把身体擦洗干净，把衣服换好，算是送终了。我的哥哥嫂子、三个弟弟及弟媳、两个妹妹及妹夫一直伺候父母亲。只有我不孝，只守了他老人家一天半，我深感愧疚，觉得对不住他老人家。他临走的时候，我用2002年净空法师送我的一个“爱”字字画照着他，然后把净空法师送给我的“念佛机”念着“阿弥陀佛”放到他耳朵边。我用这个方式把父亲送到“天国”——“极乐净土”。2006年春节，我也以同样的方式，给我的母亲念《地藏菩萨本愿经》，陪她度过最后一周，也把母亲送到了“天国”——“极乐净土”。

2. 早期经历

我父母一共生了九个孩子，最后成活了七个，五男二女。按过去的说法，算是最有福的家庭，兰桂齐芳，七子团圆。按照我们的家谱，我家上下五代的辈字依次是按照“正修齐治平”排下来的，祖辈是“正”字辈，父辈是“修”字辈，我们兄弟这一辈就是“齐”字辈，按照“礼义廉耻”的顺序来起名字。这样，我大哥叫郭齐礼，二哥就叫郭齐义。郭齐义后来夭折了。我原本是老三，由于老二的夭折，我就成了老二。因为这个事儿，我爷爷还把我们家起名字的顺序给改了，不再按“礼义廉耻”的顺序起名字了。后来，就给我取名叫郭齐家。这名字当然也是有讲究的，与儒家经典《大学》有关。

我是1938年10月18日（阴历八月二十五日）在武汉出生的。为什么要记阳历呢？因为中国抗战史上有这么一件事：10月25日，武汉这座华中重镇沦陷了。这表明中国和日本的战争关系完全是压倒式的。占领武汉以后，日本人的气焰更加嚣张，很快占领了长沙、广州等地。从1937年7月7日的“卢沟桥事变”到1938年10月25日武汉沦陷这一年多的时间里，中国还有一点微弱的抵抗力量。到了武汉被占领，就等于说国民党没有什么力量抵抗了。武汉沦陷的前一段时间，日本军队对武汉进行了大轰炸。这就是历史上有名的“武汉大轰炸”。

我们家原来是在武昌，而且是在武昌偏南一点的地方，相当于那时候的郊区了。因为那里的土地很便宜，我的祖辈迁到湖北后，就在那里买了地，盖起了房子。最初的房子是用木板搭建起来的，后来我父亲又花钱竖了一道院墙，还买了两个电线杆子，把电线也接到家里，用上了电。在我出生前后的那一段时间，正赶上了“武汉大轰炸”。因为我母亲要生孩子了，外面很不安全，我父亲就在汉口的法租界里租了一间房子，我们全家都搬到那里去住了一段时间。在“大轰炸”的时候，租界还是相对安全一些。这样，我的实际出生地就在汉口。生我时母亲大出血，当场就昏厥了。大家都以为她都不行了，冥冥之中不知是什么人来把她给救活了。我母亲后来又生下了我的几个弟弟妹妹，这也闹得她身体很虚弱。

小时候，我的身体一直不太好。在我两岁那年，也就是在1940年夏天，大概是阴历六七月份，那时已有桃子吃了。我因为吃了没洗干净的桃子，就得了痢疾，后来可能是由痢疾转成了伤寒或霍乱，病得很严重。那个时候我们也没有条件上大医院，就在家门口的一个小诊所开了点儿药，但病情还是越来越严重。听我母亲说，我当时就瘫在地上，不省人事，一个多月都没能起来。家里人也认为我是必死无疑了，就准备了个小棺材放在我身旁。那时候的生活、卫生和医疗条件都很差，小孩子夭折是很平常的事儿，死了就死了。

得了这个重病，昏睡在地上，什么东西也吃不进去。家里人就用一个小勺子，每天往我嘴里喂一点儿水，这样勉强维持着我奄奄一息的生命。我们家的三代女长辈，曾祖母、祖母、母亲，都觉得我样子可怜，就一直守候在我的旁边，怕我哪一天腿一伸、眼睛一翻就过去了。大概过了四十多天，我的身体居然又慢慢地恢复过来了。这在当时真是个奇迹！一般说，在那个时候病成这样是必死无疑的。真不知道是谁在冥冥之中救了我，说不定真有什么神仙路过这里呢！据说家中的老人也请过周边懂佛道的人来看过我。后来我还见过一个姓华的妇女，年龄不是很大，好像是个尼姑，经常到我们家里来走一走。她对我是有恩的，我也真诚地感谢她！由于我的病奇迹般地好了，后来只要是到寺庙里去，我奶奶就让我磕头，我也就赶快磕头。我小时候见到佛像、菩萨像，见到什么神仙像都要磕头拜一拜。我们家里也有一个神龛，前面供着财神、观音菩萨像，后面就是我家祖宗的牌位。每逢过年过节都要拜一拜，初一、十五还要烧香。在这种场合，大人们拜，我也跟着拜。

现在回想起来，我小时候也算是幸运。武汉大轰炸时我能够顺利出生，已属难得。两岁多大病不死，更属幸运。所以说，我能够活下来，特别要感谢我的父亲母亲、爷爷奶奶，还有曾祖母的关爱。要是没有他们的抚养、照顾、呵护，我就不可能活下来。我在得病前已经会说话、会走路了，可是后来都不会了，又过了好几个月才慢慢地缓过来。有一次，我的小姑姑、哥哥带着我玩儿，我突然又开口说话了。他们说："哎呀，齐家会说话了。"我突然又会说话、会走路了，家里人既惊奇又高兴！

那场大病虽然好了，但我的身体就一直比较虚弱。我上小学时候，还经常伤风感冒，得扁桃腺炎，动不动就发烧。一得病就要在家中休养若干天。我参加工作后又罹重病，不能不说与幼时身体底子薄有一定关联。

3. 小学与初中

我小时候受到的家庭教育还是很好的。我父亲那时候在汉口做生意，平时很少回家。我爷爷就一边做生意，一边管教我们。在我们上学之前，爷爷就开始教我们写字，先是用石板、石笔写字，后来也学写毛笔字。上学以后我们几个也还一直坚持着练字。

我是1945年抗日战争胜利后上的小学。我上的那个小学叫武昌保安街小学，这个学校也曾经改名为武昌四小。学校离我们家很近，我家在板厂街，从板厂街出发，经过巡司河上的新桥，再往北边走就是保安街。保安街小学就在这条街上。2009年夏天我回武汉时，我和三弟还专门去看了看那所小学。保安街小学是个老学校，也是一个很不错的学校。老学校就有一些老传统，学校里老师的整体水平都比较高。我记得上小学的时候，高年级的小学生还演话剧，而且还演得非常好，很能引起周围人们的注意。我们家的孩子基本上都是在这个学校上的小学。所以，学校的老师对我们家的情况也都很熟悉。我们在学校就给老师留下了一个很好的印象。学校的老师大都认为郭家的孩子很老实、很用功。因为毕竟有爷爷在家里辅导我们的学习。在家里接受一点儿家庭教育，再去接受学校的教育，双倍的努力也就把我们变成了学校里的好学生。

我上小学以后，爷爷在学习上还对我们提出了额外的要求，除了学校布置的作业外，每人每天还要写一张大字、一张小字，再做十道算术题、读一篇课文，课文就跟着学校的内容走。我这个时候就开始写毛笔字了。开始是爷爷手把着手教我们描红，写了一段时间后，就照着一些字帖来写，什么颜体字、柳体字呀。我一天写一张毛笔字，一张纸上就是写四个大字。写好后我们几个还互相比较，给爷爷看，由爷爷批改，哪个字写得好，就用红笔画一个圈。只要能得个圈，我们都很高兴。我写的字一般也只有一两个字会被画圈。写小字也是这样。另外还要背课文，就是把学校里学的课文背给他听。我们就是这样，不管学校有什么功课，家庭作业都要坚持完成。这是我们家教的一个很好的传统。除了这些以外，有时候爷爷也教我们读或背一点儿《三字经》、《百家姓》、《千字文》、唐诗宋词、《古文观止》这些内容，但都不是很系统。如果爷爷没有时间辅导我们，我就开始学着当小老师。我就像个小先生一样去管教我的弟弟妹妹，做爷爷的小助手。我也是模仿爷爷给他们出十道题，都是简单的加减乘除，他们自己算，算了我也给他们改。他们写的字，我只是看看，告诉哪个字写得好，不像爷爷那样能够给划圈什么的。

因为我在家里一直坚持练习写字，所以，我的毛笔字写得还是不错的。就是因为写得好，还引起了我们班新来的一个班主任的误会。我上小学三年级的时候，我们班换了一个姓张的班主任，是个女老师。一次老师布置了写字作业，其中有一个艺术的“艺”字。我用毛笔写了一个“艺”字，是繁体字。张老师刚来这个学校，不很知道我的情况。她看了这个作业以后，有点不相信是我写的。她就把我叫到她的办公室，指着我的作业说：“这个字是你写的吗?”我说是我写的。她就叫我当面写给她看。她的不信任使我很生气，我对她的态度也就不是太好。为了证明自己，我就把那个“艺”字认认真真地写了一遍，跟作业本上的字完全一样。这样她才相信这个字就是我写的了。

小学前三年的功课比较简单，到了四年级，学习的内容就有点难了。再加这个时候，我经常扁桃腺发炎，老是发烧，病的时间长了一些，就请了很长时间的假。后来我就感到学习上有些困难，不能跟上班上的学习进度。于是就决定在四年级蹲了一级。也可能是在四年级多学了一年，到了五年级，我的学习就有了明显的进步，也有了主动学习的意识。这个时候我的学习成绩也开始好了起来。我记得我五年级有一学期的平均分就到了八十以上了。那在班上就算比较好的，但也不是最好的。我五年级时候的新班主任姓胡，他总是在期末的时候找我们几个同学帮他做点事儿。譬如，老师在期末要写评语评分，一般是评语老师自己写，我们就帮助老师算算分数。我们当时都很高兴能帮助老师做这些事儿。

我上小学六年级的时候，就到了1950年。那个时候小学毕业生还可以提前一学期报考中学。当时的中学都是一年两次招生，春季、秋季都招生。因为我的学习成绩还可以，在六年级的上学期，我们班上几个学得好一点儿的同学就准备试着去报考中学。那时还没有统一的入学考试，都是各个学校自己考试。报考也很自由，你想报哪个学校你就去报。一个学生也可以同时报考几所学校。我那次考中学时就报了两个学校：一个是实验中学；一个是武汉三中，也就是紫阳湖中学，这个学校改了好多名字，曾经也叫湖北教育学院附中，后来又改为武汉市九中。当时的考试，笔试完了还要口试。我还记得老师在口试中还问我有关朝鲜战争的问题，我也能说上几句。考试过后我就等着学校发榜。实验中学是湖北省最好的中学，结果我没有考取，但我考取了紫阳湖中学。这样，我就没有再继续读小学六年级的下学期，而是直接上了初中。

紫阳湖中学是个新的学校，但学校的老师非常敬业，学校周边的环境很好。这个学校就在紫阳湖旁边，空气清新，距离湖北省立图书馆、省立体育场都很近。上初中的时候，我就有机会经常到体育场踢球、跑步，到图书馆借书。初中那一段时间，我几乎每个星期都跑到省图书馆借书读，像《太阳照在桑干河上》、《暴风骤雨》、《新儿女英雄传》这些新的小说，还有一些古典小说都是初中时期看的。读课外书也扩展了我的知识面。

我在初一年级的学习成绩也还一般，初二就好像懂事儿了，学习也开始求上进了，每门功课的考试成绩也好了起来。在初中的三年里，我打了一个比较好的基础，而且也读了很多课外书籍，写作能力也得到了提升。记得到了初二年级的时候，我们班的教室发生了一件事，让我感触很深。我们上课的教室，由于建筑质量不好，有一天教室的天花板掉下来了。我感到很气愤，就在黑板上写了一首诗，就叫《别了我的教室》。这首诗还很有感情：别了我的教室，你因为受到什么什么……意思是说因为不法资本家的偷工减料，这个房子就塌下来了。

我在紫阳湖中学上了三年初中，也遇到很多好老师。像我的语文老师叫王树嘉，他刚刚大学毕业分到这个中学。王老师不仅语文课教得好，他还把大学中文系学的语法知识印成讲义，教我们学习。初中生就发讲义，我们当时感到很新鲜，一般讲义都是大学生才有的事儿。我现在对王老师给我们讲的语法知识还有印象，什么主语、谓语、宾语、定语。以前我还真的不懂这些东西。

1953年，在我快要初中毕业的时候，斯大林去世了。我们学校的师生还参加了省里举行的追悼大会。后来我也写了一篇纪念作文，写的就是我在斯大林追悼会上默哀的情形。我到现在还记得有这样几句，我写道：大家都沉默了，默哀几分钟。我们想着，想着，想着他的生平，想着他的伟大功勋，想着他遗留的事业。后来，老师还在学校表扬了我的作文。老师说：你看他的排比句，写得多好呀！我能够写出这样文章，说明那时我们的教育还是不错的。

在我上初中的三年，也是我家里经济困难的时期。我父母也想让我跟周围的小孩儿一样，去卖点儿菜、卖点儿鱼什么的，在经济方面帮助家里一下。母亲也跟我说过，你看隔壁的谁谁，他就卖菜了，就是要我也像他们一样去卖菜。我周围的人都是普通老百姓，他们的孩子每天都要打鱼、自己弄点菜或者贩卖点菜，弄点儿活钱帮助家里。但是我自己就有点儿爱面子，就没有去做这个事儿。说了几次后，我父母也没有再强迫我去做这个事情。我自己其实也没有这个本事，没有商人的头脑，还有点儿只关注死读书的小知识分子臭脾气。要是叫我喊“卖菜、卖菜”的，这个还真是喊不出来。所以，我到现在还觉得自己这一点做得不好。这是自己的不孝，父母示意让我去做点卖菜卖鱼的临时工作时，我没有体会父母的意思，没有分担父母的忧苦。但是父母很好，很尊重我，没有再强迫我。现在我检查一下，学《弟子规》，父母的意愿，父母的志向，你要好好体会。这一点我就没有做到，这是我应该忏悔的地方！

4. 高中学习

1953年夏天，我初中毕业要考高中了。这次我又报考了湖北省实验中学。这次很幸运，我考取了。如果按我的实际水平，也不一定能够考上这个学校。实验中学是湖北省最好的学校，也是最难考的学校，湖北省的尖子学生都在那儿学习。但我运气很好，赶上了这一年实验中学扩大招生，一下子就招了十个班，十个班就是五百人。这样我就很幸运地考上了湖北省实验中学。假如这个学校还像往年一样，只招一个两个班，那我可能就考不上。我只是属于中等的学生，还不能算是尖子学生。那时候的高中入学考试，也不是统一考试，还是各校单独招生，你可以同时报考好几所学校。考试成绩出来以后，每个学校都是要发榜公布正式录取的名单，这个名单叫作录取的主榜，同时还要发一个副榜，公布一些后备录取的人员。由于当时不是统一考试，学生的流动性很大，一个人可以考三个、五个学校，可能几个学校都考上了，但最后这个学生也只能从中选择一个学校，因而经常会出现考上的学生不来报到的情况。这样，如果前边录取的学生不来这个学校上学了，就可以把副榜上的学生提上去。这次考试我是在主榜名单上的学生。

上高中以后，我就开始住校了。因为学校离家太远，走读不方便，再加上当时学校也建议学生最好住校。另外，我家里的学习环境也没有学校好，我家一共也就几个房间，全家老少好几代都挤到一起，我也没有自己单独的房间。我在家里也没法上自习。在高中的三年中，我的文科学得勉强还可以，一般的考试都可以达到八十分左右，这样的成绩在班上也不是最好的，算是个中上等水平。但数理化和外语就有点跟不上了。每次考试，这些课程基本上都是在及格的边缘线上。高中的第一学期我们学习几何，内容就有平面几何、立体几何。那一学期我的立体几何考试就没及格，后来学校还把补考通知寄到家里，要我参加补考。考试得了这样的成绩，我都不好意思给爷爷看。我们都是在考试成绩好的时候，把通知书给爷爷看，否则就不给爷爷看。其实爷爷也知道，我们不给他看成绩就是考得不好。这种情况下，爷爷也就不勉强我们了。

我上高中的时候，实验中学的老师对我的影响很大。实验中学当时有八个好教师，学生都把这个八个老师叫作“八大金刚”，用现在的话说就是八个特级教师，每个学科都有一个带头儿的老师，也就是学科带头人。这些老师在武昌都是很有名的，学生都很崇拜这些老师。所以老师的一言一行、举手投足，都是我们模仿的对象。像我们的数学老师程逵，在数学课堂上作图很熟练，像画圆，不用圆规就画得特别圆。我们都很佩服老师有这个本事。我那时就特别欣赏这些老师的板书。这些老师在课堂上的板书都很讲究，他们都是事先有个板书设计，课堂上根据讲课的进度，把内容写到黑板上，到最后下课的时候，整个板书就形成了一个整体，这堂课内容的要点、重点都在上面了，关键词也都有了。看了这样的板书，真是一种艺术享受，下课都舍不得擦掉。这个对我个人的影响很大。我那时就感到，教师的教育不仅是个技术，还是个艺术。我说的“八大金刚”只是当中最突出的，其实不只是这八个，学校教师的整体水平都很高，那个时候实验中学集中了一大批优秀的教师。教师在工作上不仅态度非常好、很敬业，更重要的是他们的教学业务水平非常好。我们光有好的心态，光有好态度，没有真本事也不行。1956 年我国大学扩大招生，这样大学就需要大量的教师。所以，在我高中毕业以后，“八大金刚”中的好几个老师，都调到了武汉师院、湖北师院等大学去了。结果调到大学不久，就赶上了“鸣放”，给党提意见，这些人就说了一些真话，在后来的“反右”运动中，这些老师中有的就被划成“右派”了。我觉得这是非常可惜的事情。这批人如果继续呆在中学，那是非常好的，这样的一大批老师就是湖北中学教育的基础。结果把他们调到大学去，中学反而空了。

在高中阶段，还有一件事对我的影响也很大。当时我们班有一个叫胡耀阶的团干部，很有工作能力，社会经验也非常丰富。有一次胡耀阶找到我，想和我合作编写一个话剧。我听了也很高兴，觉得是个学习的机会，就同意了。这样，我们几个同学就开始准备材料，最后还真的编成了一个叫《学文化》的话剧。这个话剧是怎么构思的呢？当时我们在报纸上看了很多与学文化有关的故事，我们就把这些故事集中起来，按照典型性格展开，写成了一个剧本。这个话剧是围绕一个很粗鲁又没有文化的农民跟生产队长吵架的情景展开的，这在当时也很有教育意义。主要情节就是当时农村成立了互助组、合作社，一个农民因为没有文化，不会记账，就经常闹一些笑话。他不会记工分，那怎么办呢？就用一根点着的香，在一张报纸上扎几个眼儿，来记自己的工分。比如说，五分就扎五个眼儿，六分就扎六个眼儿。但是有一次，不小心香火把报纸点着了，他辛辛苦苦劳动了一年挣的工分都记不得了。他就跟队长吵啊，就是这样的矛盾和情节。我们就把矛盾冲突的原因归结为没有文化。大家知道了没有文化的困难，就请了邻村的一个上过中学的年轻人当他们的会计，在村子里办会计培训班、识字班什么的。这个话剧先是在我们班上演，因为演出效果很好，接着又在全校范围演出，也取得了成功。后来我们到农村开展扫盲教育的时候，还把这个节目带到农村，也取得了很好的效果。这个话剧还参加了省里汇报演出，而且还得了奖。

1956 年高中毕业的时候，我就想报考师范大学，将来当教师。之所以报考师范大学教育系，就是受了“八大金刚”的影响。当时我就想，将来要当老师，就要当这样的老师。到高三快要毕业的时候，我还在班上做过一次毕业演说。毕业前夕，我们班要召开主题班会，想让同学们谈谈自己的志愿、理想，给大家进行一次毕业教育。有人推荐我上台讲，说郭齐家想毕业后学师范当老师，他一定有自己的想法。这个任务给我以后，我就查了一些资料，写成了一篇有关教育与教师的讲演稿，在班会上发言，题目就是《我志愿当一个优秀的人民教师》。我写了很多赞美教师的语言，而且都背下来了。讲完后班上的同学也很感动，给我很多掌声。这也是我在高中时期写的最好的一篇作文。

我决定报考师范还有经济方面的考虑。因为那时我家的经济比较困难，考师范不要学费，不要伙食费，可以减轻一些家庭的负担。像我三弟，学习很好，老师叫他初中毕业上高中将来考大学，他觉得家里比较困难，初中毕业就直接考了中师。我在高中上学的三年，每学期要交学费、书本费，每个月都要交伙食费。一个学期的学费大概是五块，书本费大概是十来块钱，还有每月的伙食费，加起来我一个人每学期大概四十来块钱。我在学校吃饭每月就是八块钱的伙食费，就是这八块钱也很难一次凑齐，还经常要分两次来交。记得那时候，每次交钱都使得我父亲很为难。我们家的几个弟弟、妹妹都要上学，每到开学，光是学费就是一笔不小的开支，是一个很重经济负担。有一次，我母亲就把她陪嫁的耳环拿出来给我，叫我到银行去换点钱来交学费。后来我爷爷知道这个情况后，每次到要交学费的时候，他就会偷偷地给我父亲一笔钱。一般我们几个开学要交七八十块钱，爷爷总要补给四五十块钱。然后我父亲再借一点、弄一点、凑一点，才把我们的学费交了。

尽管有经济上的考虑，但我报考师范最根本原因还是受到中学老师的启发。上高中的几个好老师对我的影响很大，我就希望将来能成为像他们那样的人。

这样，在高中毕业填志愿的时候，我就选择了师范大学。当时我一共报了三个志愿，都是师范大学的教育系：第一志愿北京师大教育系，第二志愿东北师大教育系，第三志愿华中师院教育系。那个时候，我们武汉地区的学生还不能报考华东地区学校，包括华东师大。因为华东是人口比较集中的地方，我们报了等于占了别人的指标了。我第一志愿是北京师大，因为北京师大是第一呀。报考东北师大的主要原因就是我当时想离开家乡远一点，想往外走，所以第二志愿是东北师大教育系。如果考得不好，就到华中师院吧。

我1956年高中毕业考大学的时候，我国的大学已经实行统一招生了。对我来说，1956年考大学又是个好机会，那一年大学也是扩大招生。我觉得我考学的运气特别好，考高中时，实验中学扩大招生，到了我考大学的时候，全国扩大招生。这就是所谓大学招生的“马鞍形”。1956年是高校扩大招生，到1957年就有所减缩。1956年全国计划招收25万名大学新生，这是以前没有过的，我国大学的招生从来没有突破20万。当年有多少应届高中毕业呢？只有17万。也就是说应届高中毕业生全考上大学，也完不成招生计划。在这样的情况下，为了完成招生任务，就动员那些已经参加工作的年轻干部也来上大学，这些学生就叫“调干生”。在50年代，好多人中学毕业后就去当老师、当干部了，这个时候又动员他们来考大学。我们那一届学生，特别是教育系，几乎一半都是“调干生”。由于1956年扩大招生，我们实验中学的那一届毕业生，绝大多数都考上了大学，而且大多都是考上了不错的大学。我们班50个人大概二十多人都考到了北京，还有一半考上了武汉的大学。

我的成绩达到了北师大的录取线，我顺利地考上了北京师范大学。收到北师大通知书的时候，家里的人也都很高兴。

二、大学时代

1. 大学新生活

我是8月20日收到北师大的录取通知。收到通知的第二天，家人就给我筹了一点钱，然后买了去北京的火车票。那个时候武汉长江大桥正在修建之中，还没有通车，从武汉去北京，要到汉口坐火车。我记得是8月24号动身到北京去的。出发的那一天，我祖父、父亲带着家里的兄弟姐妹一大帮子人，都到车站去送我，队伍浩浩荡荡的。我们从武昌我家住的地方出发，走了一个多小时到达长江边，然后又花了二十多分钟坐轮渡过江，上岸后还要再走一个小时才到达汉口大智门火车站。大家一直把我送上火车，他们又从火车站走到江边，然后再坐轮渡顺原路走回去。当时武汉到北京的火车硬座全票是十七块钱，学生票半价就是八块五，我还申请了一个铁路的补助，又给我补助了五块钱。所以到北京上学，路上没有花多少钱。

到了北京以后，才知道情况有一点儿变化。按照原来的通知是9月1日开学，我大概是8月25日、26日就到了，还提前了几天。但后来学校又发了一个补充通知，说是由于今年新生太多，要临时为学生盖平房宿舍，新的宿舍尚未完工。所以，要把新生的开学时间推迟到9月15号。可我们外地较远的同学，像广东、湖南、湖北、广西的这些地方，出发较早，就没有收到补充通知，已经到了北京了。倒是北京、天津等周边的学生都收到了补充通知，他们都是9月15日才来报到的。我们这些人已经来了，那怎么办呢？学校也不能赶我们走啊。学校就临时把教室改成宿舍，先安排我们住下。我住的那个教学楼，当时叫“教育楼”，就是现在的“教二楼”，是刚刚建好的新教学楼，我们住进去的时候还能闻到一股浓浓的油漆味儿。

我的大学生活就是这样开始的。学校很关心我们这些提前到校的新同学。为了使我们能愉快地度过这一段时间，学校还派了一辆能坐几十个人的客车，由教育系刚毕业留校的学生，也算是我们的老师了，带着我们到北京的各个景点去玩儿。所以，我们一到北京，就把北京的著名景点都玩到了，像北京的故宫、颐和园这些地方我们都去了。当时这些景点的门票一般是五分钱，最多也就是一毛钱。我们这些新生大多是从农村来的，都是“乡巴佬”，第一次到北京来。学校安排我们参观，大家都很兴奋。

我到北京上大学可以说是我们家的一个新的寄托所在。我这个人也很恋家，到了北京以后，每隔几天就给家里写封信。每一封信我都写得很详细，一写都是好几页，传递非常多的信息，主要是给家里人汇报一下我在北京的生活情况以及我的感受。像“我今天又参观了颐和园，哎呀，颐和园真好！过去都是听别人嘴里说的，现在我已经看到了。……然后我参观了故宫，看了钟表馆……”当时我就想，要是爷爷奶奶、爸爸妈妈还有全家的兄弟姐妹，也能来感受一下，看看北京的景色，那该有多好呀！后来家里的人跟我说，我的每一封信他们都传阅，像我的爷爷奶奶、父亲母亲都要读上好几遍。真是“家书抵万金”呀！我们现在人可能体会不到读“家书”的乐趣。

正式开学以后，我们就搬进了新盖的平房宿舍里了。平房就是在现在的校医院北边的那个地方。1956 年招的一千多名新生都住在那个地方。冬天宿舍没有暖气，学校就在宿舍安装了火炉子，有个很长的烟囱通到宿舍外面。考虑到学生自己不会管理这个东西，学校还专门请了工人师傅负责为大家烧炉子。实际上我们很多学生都不会生炉子。

我的宿舍在新平房 15 号。我们宿舍一共住了八个人。陆觐熊，排行老大。老二是陈青晓，原是海军，在国民党的“重庆号”上起义后加入解放军，复员后上大学。老三是刘守徽，青岛教育局来的。老四是李山川，从甘肃考来的。老五是周凝祚，也从青岛教育局来的。老六是张世嵘，从青岛团市委来的。老七是贾庆仁，从内蒙古中师过来的。我年龄最小，排在最后一位。我们宿舍的八个兄弟之间相处和谐，感情深厚。可惜的是，老二、老七已经作古了！

在我们的同学中间，高中毕业直接考上来的，大都与我年龄差别不大，不过都达到了十八岁。另外班上还有很多是“调干”学生。他们都参加过工作，有的年龄已很大了。我们班上年龄最大的学生就是从广西来的陆觐熊，和我住在一个宿舍。当时他已经三十多岁了，还是四个孩子的爸爸。他上大学真是不容易，为了省点儿路费，四年间没有回过一次家。他是调干生，每月助学金是 25 块钱，留下 15 块作为伙食费，余下的 10 块自己都舍不得用，要把这钱寄回老家去。

在上大学期间，我们学校的伙食还是不错的。我们一般的学生每个月有 12 元 5 角的伙食费，这在 50 年代可以算是很高的标准了。食堂的饭菜也很丰盛，每天都有很多荤菜，像对虾、狮子头、肉鸡这些东西，还有一些我从来没有吃过的东西。在北京生活了一段时间，我一下子都吃胖了。那个时候学校对困难的同学还有照顾，可以申请助学金。一般的助学金分为每月补助两元、三元、四元这些等级，大致有一个比例。像我这样的情况，就可以申请。所以后来我申请得到了每月两元钱的补助。这个就很管用了，那时候的两块钱可以买很多东西了，像买书，买肥皂、毛巾、牙膏这些日常用品。后来我跟家人说起这件事情，我哥哥马上就批评了我。他说：国家给你那么多，不要学费还发给生活费，我每学期再给你寄点钱就够了，你何必还申请国家的钱啊。这样一来，第二年我就没有再申请助学金了。我哥哥中学毕业后，就上了中专，立志投身新中国建设。另外也是考虑家里的经济情况，因为读中专不要学费。我哥哥 1953 年就工作了，原来在湖北省工业厅工作，因为我嫂子在沙市纱厂，他们结婚以后，我哥哥就调到沙市去，从事轻工业技术的指导工作。那时我哥哥的生活也不很宽裕，每月就三十多块的工资。结婚后很快就有了孩子，之后就把我母亲接去帮助照看孩子，结果我母亲在那里生病了。我哥哥既要养家，还要每月给我寄点儿零用钱，省吃俭用大力支持我上大学。从这一点来讲，我能顺利完成学业，真是要感激我的哥哥嫂嫂。

大学一年级的时候，北师大教育系是彭飞当系主任。在开学典礼上，我记得彭飞先生给我们作报告，还介绍教育系的教授。入学后，我们的班主任是冯忠良先生。冯老师原来当过小学老师，学习经验很丰富，经常给我们讲一些大学学习的方法，譬如说怎么听课、怎么记笔记、怎么考试、怎么写提纲，这些都对我后来的学习产生了直接的影响。另外，因为陈孝彬老师是党员，如果是党中央的重要文件需要传达的话，一般是由陈孝彬老师来给我们讲。像后来他也领着我们学习《无产阶级专政的历史经验》、《再论无产阶级专政的历史经验》等，就相当于政治课。

2. 专业学习

1956 年 9 月，中央召开了八大。我就是在这个时候进入北京师范大学学习的。因为八大是新中国历史上一次非常重要的大会，实际上就是宣布阶级斗争要告一段落了，国家的工作重心要从阶级斗争转到经济建设上来了，当时还提出了“向科学进军”的口号。我们刚到学校的时候，还可以看到学校里到处贴的都是大标语。1956 年我国大学的招生规模很大，算是扩大招生。这一年师大教育系就招了学校教育和学前教育两个专业，大概有一百五六十个人，分成两个班。此前教育系的招生人数一直不是很多。1955 年就招了一个班，1954 年也是一个班，人数更少。教育系在校的几个年级中，我们这一届学校教育专业的班级人数最多，有七十多人，学前教育班也差不多。

到北师大以后，就感觉大学和中学大不一样。师大的校园、操场都很大，尤其是图书馆藏书很多。在中学我们一次只能借一本书，这里一次可以借三本，看不完还可以续借。再者就是师大图书馆的阅览室有很多期刊报纸，开架阅读，自由选择。当时我们多是上午上课，下午、晚上一般没有课。没课的时候，我就泡在图书馆看书，一看就是几个小时。但时间长了，也出了问题。整天在图书馆看书，就没有时间锻炼身体，身体素质就下降了，大部分时间都用来看一些文学书籍，也影响到专业课的学习。后来我就调整了读书的内容，开始阅读一些教育专业的书籍，像凯洛夫的《教育学》、康斯坦丁诺夫的《教育史》、夸美纽斯的《大教学论》等，都是从图书馆借来阅读的。阅读这些书籍使我获得了很多专业知识，从而改变了我的一生。

在北师大的第一年，大致从 1956 年 9 月开学，一直到 1957 年的 5 月份，我们大部分时间都是在真正地、老老实实地安心学习。那时大家的学习积极性也很高，也真学了一些东西。大学一年级的主要任务就是听老师讲课。我们开设的课程都是一些专业基础课。我记得当时是黄济老师教我们教育学，张厚粲老师教我们心理学，生物系的戴宝隆老师给我们上人体解剖学。另外还有中国革命史、中国文学、逻辑学等课程。中文系的两个助教给我们讲文学课。我们这些刚从中学到大学来的学生，还是很喜欢文学课程的。还有逻辑学是朱启贤教授讲的。朱老师也是很有名的学者，也是从美国留学回来的，是杜威的学生。有一天我们上课，八点钟了，没有老师来，后来到他家里叫，来了就给我们讲一些故事，说他在延安时候见到毛主席什么的。后来他被划成“右派”了。在学习中，我们除了要理解课堂上老师讲的内容以外，还要看参考书，还有课堂讨论，每次讲课以后也有答疑的时间。另外，每门课程学习之后还有考试。那个时候的考试一般都是口试。我觉得口试比起笔试来，可能更难一些。因为口试可以看你的真本领，老师可以追问你的问题。一年级时候的学风还是比较好的，大家学习都很认真。到了1957年的“五一”节以后，尤其是到了六七月的时候，先是给党提意见，帮助党整风，后来就是“反右”运动了。这样一来，大家在心理上就有点浮动了。以后的一段时间，就没有怎么系统地学习专业课程了。

我们班上既有高中毕业直接考上大学的同学，也有很多人是参加工作以后又来上大学的“调干生”。仅从学习的成绩来说，我和班上的其他同学，跟“调干生”没有什么大的差别，有时还比他们高。但是有一点就不同了，就是课堂讨论。那些“调干生”都工作了三五年，有的自己还教过书，处理过很多问题，实际经验很丰富。在讨论中他们都能说会道，显得比较老练，还能理论联系实际，在学习中都知道应该怎么办。如我们班有一个叫吴书東的山东学生，来北师大上学之前已经当了十几年的小学教师，积累了很多教育经验，也吃过很多苦，对山东农村教育比较了解，还写了很多小学教育方面的书。他在学校学习期间，就跟我们这些人有点不同，学习效率很高。而我们直接从中学考过来的学生在这一方面就有点欠缺，理解的东西都是些表面的，属于知识层、工具层的东西。我们的发言中就有点儿学生腔、书生气，不会很好地联系实际。所以，我觉得教育系招收的学生最好是有一点实际的教育经验，有点体会，这样就能够更深刻地理解教育理论。

3.“反右”运动

好景不长，从1957年开始，政治运动就来了。从1957年的“反右”斗争到1958年的“拔白旗”、1959年的“反右倾”，一个接着一个的运动打乱了我们的正常学习生活。所以，我在大学二年级就没有系统地学习什么东西了。这一阶段我们的主要精力就是参加与“反右”有关的政治运动。

事情的经历大致是这样的：在1956年，国际上就出现了苏联“二十大”赫鲁晓夫的秘密报告，实际上就是骂斯大林，否定斯大林，否定苏联社会主义的传统。这时，苏联社会就开始出现了变化。受苏联局势的影响，波兰出现了波兹南事件①，匈牙利又有一个“裴多非俱乐部”②，这些事件在社会主义阵营中产生了巨大的震动，对中央的决策也产生了很大影响。本来党的八大提出要重视经济建设，发动知识分子贡献力量，参与国家建设，结果国际上都是知识分子出了这样的事儿。另外，在我国国内，对时局比较敏感的知识分子思想也十分活跃，这个时候就开始批判教条主义等问题。在这种情况下，党中央以《人民日报》编辑部的名义发表了两篇文章，一篇叫《关于无产阶级专政的历史经验》，这主要是针对赫鲁晓夫的；第二篇叫《再论无产阶级专政的历史经验》。这两篇文章其实就是要跟赫鲁晓夫划清界限。

1957年2月，毛主席在最高国务会议上就谈到要实行“百花齐放，百家争鸣”的方针，发挥知识分子作用的问题。也就是这个讲话让民主党派人士和知识分子兴奋了好一阵子。北师大的陈垣老校长和几个一级教授像钟敬文、黄药眠、陶大镛都去听了这个报告。钟敬文、黄药眠先生回来就传递这些消息，说毛主席亲自讲过，要发挥知识分子作用，大学要教授治校，要由内行来领导等这些问题。

从最高国务会议到“五一”整风这一段时间，是知识分子思想特别活跃的时期。党也意识到这种紧张关系，就提出从整顿党的作风入手，克服主观主义、官僚主义和宗派主义。在1957年的“五一”节，中央就号召全国人民“大鸣大放”，给党提意见，帮助党整风。“五一”之后很多人继续提意见，报纸也很活跃，有些地方开始出现大字报。当时学校也要求我们一年级的学生要给党提意见。我个人当时年龄也小，有些事情还不是很明白，也看不出什么问题，好像也没有什么意见可提。我们班上年龄稍大一点的学员就提了一些意见。记得有个叫王田武的同学，是解放军复员的，见识也广，他就跟党提意见，而且是猛烈地提了一些意见，还写了大字报，最后这个同学就被划成“右派”了。当时师大提意见最厉害的就是中文系四年级的学生。他们有两个社团，办了两个主题专栏，一个叫《底层之声》，一个叫《苦药》。大概是从五月中下旬到六月初，他们每天都在校园张贴大字报，大张旗鼓地提意见。这是学校给党提意见的高潮，也是全国的高潮。那时候我也天天去看大字报，《苦药》、《底层之声》就像古代的《水浒传》那样的章回小说一样，竖排的，第一

① 波兹南事件是波兰人民共和国历史上第一次针对波兰统一工人党政府的大规模罢工事件，因发生在波兰中西部城市波兹南而得名。事件爆发于1956年6月28日，于同年6月30日结束。波兰政府的镇压行动导致了至少74人死亡，800人受伤，包括一名13岁的少年罗莫克·斯恰乌科夫斯基（Romek · Strzałkowski）遭到波兰政府军的杀害。波兹南事件是波兰逐渐摆脱苏联政治控制的里程碑事件之一。

② 赫鲁晓夫的“苏共二十大秘密报告”传到了匈牙利，人民群众的愤怒情绪迅速蔓延，尤其是一些青年团组织和各种俱乐部。这些俱乐部通常是由学者、历史学家、哲学家、作家和新闻工作者组成的政治沙龙，其中最著名的是以匈牙利诗人裴多非命名的“裴多非俱乐部”。

回、第二回，标题都是几个字对比着写的，是排比句子，内容就是揭露党内的一些问题。后来《光明日报》也登了葛佩琦等一些右派的言论，有些还说了很厉害的话，都触及党的领导权问题。

给党提意见，确实也是个好事儿，显得共产党胸怀宽广，希望接受人民群众的意见。但是由于赫鲁晓夫的秘密报告和波兰匈牙利事件，对中国知识分子的思想也有一些影响，结果有些人在提意见的时候说话可能有点过了头。再加上解放以后的几次运动如“镇反”、“肃反”，包括批胡风、批判《红楼梦》等，使一些知识分子受到一些不公正的待遇，他们就借机向党提意见，发泄一下。党中央看到这些情况后，就把这些问题和匈牙利、波兰事件、赫鲁晓夫事件都联系到了一起，觉得这些问题是国际上的某些思潮在国内的反应。

1957年6月8号的《人民日报》发表一篇社论，标题就是《这是为什么》。这个社论就是一个风向标。6月8号以前的“鸣放”都是向党提意见，其中某一部分也含有向党进攻的意思。6月8号以后，就开始对过去提的意见进行批判。原来是向党提意见，揭露党内的一些东西，后来就变为批判这些发言的人及写这些文章的人了。到了6月19号，《人民日报》就把毛主席2月份在最高国务会议的报告修改后正式发表了，后来的标题就是《关于正确处理人民内部矛盾的问题》。这一修改，原来谈过的一些内容就没有了，而且还增加了六条标准：（一）有利于团结全国各族人民，而不是分裂人民；（二）有利于社会主义改造和社会主义建设，而不是不利于社会主义改造和社会主义建设；（三）有利于巩固人民民主专政，而不是破坏或者削弱这个专政；（四）有利于巩固民主集中制，而不是破坏或者削弱这个制度；（五）有利于巩固共产党的领导，而不是摆脱或者削弱这种领导；（六）有利于社会主义的国际团结和全世界爱好和平人民的国际团结，而不是有损于这些团结。这六条标准中，最重要的就是社会主义道路和党的领导两条。这“六条”后来就变成了划“右派”的标准了。所以，在这篇《关于正确处理人民内部矛盾》发表以后，政治风向就变了，从“五一”向党提意见转变为划“右派”或是处理“右派”的一个阶段了。

到了6月底7月初，就开始找“右派”、划“右派”、批判“右派”。也就是在这个时候，教育系在中小学参加毕业实习的学生从实习学校回来了。他们回到学校以后，还有人让他们学习5月份的那个动员报告，动员他们向党提意见。由于这些学生刚刚回到北师大，不了解当时阶级斗争的新情况，他们在一个月后还履行我们一个月以前的那种做法。班上的一些学生就积极地提意见，有的还写了大字报。结果是，1957年师大教育系的那一届毕业生，有的还是党支部成员、党员、团员，好多都是平时表现好的同学，响应党的号召，以某种形式向党提意见的，后来都成了“右派”。那一届学生大概一个班有四十多人，一下子划了二十多个“右派”。真是冤枉了他们！这个时候也不再看你提意见的内容是什么，只要是写大字报，给党提意见，就是向党进攻。因为这个时候是维护党的权威的时候，你还提要意见。

当时划“右派”大概是内部有个比例。可能毛主席是讲的95%以上是好人。那么有人就以为，毛主席一定是说95%以外的就是“右派”。其实毛主席并没有说这个。95%以上都是好人，并不等于说，剩下的人都是“右派”。另外，在大学要是把教授们都划成了“右派”，讲课就成了问题。当时真正有教授头衔的人还很少，新中国培养的新型知识分子也不多，派到苏联学习的人还没有回来。要是把旧知识分子都划成“右派”，恐怕就没有人上课了。

从1957年6月开始，我们先后经历了划“右派”、处理“右派”这些运动，接着就是讨论教育和生产劳动相结合、红专还是白专的问题。虽然我们也还在学习教育学等课程，但那已经和一年级时候的心态不一样了，这个时候大家的心就很浮动了，阶级斗争的观念又抬头了。

我在北京很长时间没有回家了。在第一年的暑假，我的二姑、小叔陪着爷爷奶奶到北京来玩了玩，之后二姑就买了火车票，叫我护送爷爷奶奶回武汉。回到武汉见到父母亲和兄弟姐妹，真是高兴极了！我就把这一年在北京的见闻讲给他们听，让他们分享。

4. “大跃进”

1957年后半年，我们主要是参加“反右”运动和政治学习，这个时候也就没办法安心专业学习了。到了1958年，就是我大学二年级的下学期，“大跃进”就开始了，参加劳动就成为我们大学生活的一个重要内容。这时我们也不再上课，大概有一年时间没有怎么读书。学校就组织学生下到工厂农村，进行劳动锻炼。为什么要去劳动呢？目的就是要向工人农民学习。当时毛主席号召学校也要办工厂、办农场，实行教育和生产劳动相结合。

1958年5月份，我们参加了修建十三陵水库的劳动。当时毛主席、周总理也都去参加劳动。我们教育系的学生在那里干了半个多月，像我们这样的学生也不会干什么很专业的活儿，每天工作就是帮助刨个坑什么的。从十三陵劳动回来以后，我们班的部分同学被分到了百花山继续参加劳动。我和几个同学则被分到一个铁厂去劳动。那个铁厂是一个劳改犯劳动的工厂，我们到那儿去就是跟工人一起劳动。到了工厂以后，把我们安排在翻砂车间去学习翻砂技术。在铁厂大概干了一个多月。回到师大后，我又参与筹办玻璃丝厂。当时教育系有人提出要办个玻璃丝厂，这个任务是由我们那一届的两个同学主要负责，一个是我们班的刘天庆，还有一个是学前教育专业的学生吴庚，后来还找了我们班的几个同学参与到这个活动中。要办玻璃丝工厂，首先是要跑制造玻璃的原料，把这些东西运来后，用坩埚把玻璃原料加热化成水，再通过一个工艺，做成很细、很细的玻璃丝。我们几个人折腾了一个月，把厂子办起来了，还真生产出来了一点儿东西。这也算是我们的一个“劳动成果”了。

这个事情做完以后，就到了1958年9月份。当时北师大教育系的党总支书记姜培良，就动员我们到周口店去办共产主义教育实验区。这一次活动计划说是要用一年时间下去举办实验区。由于要在实验区举办各级各类的学校，就把我们这些学生都分到周口店农村基层去办教育。实验区的活动由教育系十几个老师带队，大概有一百五六十个学生参加。

周口店在北京的房山区，面积很大，管辖十几个公社。我们是跟房山区政府联合起来举办实验区，由教育系党总支和房山区的领导一起来管理我们。到了周口店以后，又把我们分到各个生产大队。我是被分到了一个叫顾册的地方，那里有一个中学，我们就在这个学校里，这算是我们小组的一个生活基地。我们每个人还有具体的分工，像我们班的同学中有管幼儿教育的，也有负责普通教育的。这次我和我班的同学张文欣就被分到下面的一个耐火材料厂负责成人教育。成人教育管什么呢？就是跑几个生产大队，抓抓他们的业余学习，扫盲教育什么的。后来我们还在耐火材料厂办起了一个工人学校——耐火器材学校。白天工人上班生产耐火砖，晚上我们就给工人讲课，进行识字教学，偶尔也请一些专家来讲一些耐火砖等技术性的问题。1958 年基本上就是折腾这些事儿。当时北京市提出的教育口号很厉害，要在几年内普及中学教育、普及大学教育。在那个氛围中，我们也都把在实验区办的学校说成是“大学”。像我们的耐火器材学校，很快就改名为“耐火器材技术学院”，也属于“大学”了。其实就是一个文化扫盲的补习班。这都是“共产风”吹的，本来就是扫盲，没有几天都变成了“大学”。

在教育实验区，有几个老师带着我们。和我们在一起的老师就是董渭川老师。董老师很有名气，毛主席当年从西柏坡进北京城之后，要看师大的老师，如黎锦熙等，其中也包括董渭川先生。不过他当天刚拔过牙，牙痛，没能参加这个会见。他原是师大副教务长，被划成“右派”了。他年纪比较大，就在我们的总部——顾册中学帮我们办报纸。

我们在周口店办实验区的时候，全国各地正在大炼钢铁。当时国家提出钢铁产量要翻一番。在实验区的农村也能看到，到处都是炼铁的炉子，每天大家都是忙着去炼钢铁。但实际上没有那么多矿石，怎么办呢？农民就把家里带点儿铁的东西都砸了，把家里门上、桌子上的铁皮什么的取下来去炼钢铁。这本来就是好好的铁皮，工具什么的，要毁掉再去炼成粗铁。大家都忙于大炼钢铁，结果那年农业就出现了丰产不丰收现象。农田里生产了很多东西，但是没有人去及时收割，棉花在地里，没有人去收。另外大家还要吃食堂，生产的东西，都归到食堂里去了。大办食堂造成了巨大的浪费，把本来并不十分丰富的粮食迅速地消耗掉了。这种情况下，农民也没有积极性。反正是吃大锅饭，大家都拼命地吃，很快就吃没了。

我们从 1958 年 9 月份开始在周口店办学校。到了 12 月，上级来了指示，要停止实验了，说这样办不行。这样我们实际上在周口店只呆了三个多月就回来了。从周口店回来后，学校安排我们休息两周，然后就开学上课。

就是在这个时候，我接着家里的信说我母亲病了。我母亲在沙市我哥哥那里。因为我哥哥家生了一个小孩儿，就想把母亲接去照顾孩子。母亲就在那儿发了心脏病。我知道这个消息后心里特别着急。我对母亲的感情还是特别深的，好像母子连心。当时已经到了春节前夕，我就跟班上领导请了假，在食堂领了两个窝头，买了点儿咸菜，到车站买了一张票，回武汉去了。到了武汉后，又带上妹妹坐了二十几个小时的船到沙市。母亲一见到我和小妹，高兴得病也好了许多。后来我和哥哥用担架抬着把母亲送上轮船，我们又坐轮船回到武汉。回到武汉后，把母亲安置好，我就回北京上学去了。这时已到了1959年的1月份。后来我就一直就挂念这个事情，母亲身体不好，有心脏病，我以后要好好孝敬父母，当时就是这个思想。

1958年之后，我们还开展了跟党交心的活动。向党交心，党是我们的恩人，是我们的母亲。我们就是怀着这种感情，要向党靠拢，不断检查自己，过去做过什么事情都要跟党汇报，要把心理隐藏很深的话跟党表白，还要跟家庭划清界限。我们在检查的时候，很多同学都是痛哭流涕的。当时虽然还是有点互相批判的味道，但是整个来说，那个时候毕竟是年轻，同学之间的感情还是很纯真的。只是个别党支部领导太“左”了一些，伤害了一些同学。

我大学一年级的时候，学习还是不错的。到了二年级，学习成绩有点下降，主要是受神经衰弱的影响。到后来一参加劳动，身体反而好了。所以，我倒是觉得，学生还是应该适当参加体力劳动，这对德智体各方面都有好处，但也不能过度劳动。

5. 补课

到了1959年春天，我们又回到课堂去，恢复了一年级时候的学习劲头了。这个时候我已经进入大学三年级，我们重新开始了专业课的学习。朱智贤先生就给我们讲儿童心理学，另外，教育史教研室的毛礼锐先生、陈景磐先生、邵鹤亭先生、瞿菊农先生这四大教授给我们讲一门中国教育史。中国教育史这门课过去一直不开，连教育系本身都不讲中国教育史。过去没有人开这个课，也没有这个任务。

为什么原来不开中国教育史呢？因为苏联专家建议要讲世界教育史。苏联专家说的世界教育史就是俄国版的以俄国为中心的世界教育史，其中一大半是俄国教育史，没有专门讲中国教育史的内容。当时米丁斯基的《教育史》里面也没有多少中国教育的东西，有关中国教育就只讲了几句话，中国有几千年的古老文明，几句话就没了。因为苏联人写不出中国教育史的东西。在我刚上大学的时候，教育学、心理学、教育史是全校所有专业都开的公修课，教育系的老师要到各个专业去讲这三门课程。当时的教育史就是以苏联教育为主的世界教育史，教育学、心理学也是这样。教育史教研室的老师主要就是讲世界教育史，有时也讲一点教育学。在50年代，毛礼锐、张鸣岐先生编写的《古代中世纪教育史》，邵鹤亭、陈友松翻译的苏联《世界教育史纲》，都是在这个背景下进行的。

1959年，跟苏联的关系就多少有点和以前不一样了。这时候教育系就提出要讲中国教育史。几位老教授一个老师讲一段，邵鹤亭、毛礼锐、瞿菊农等先生讲的是古代教育史，陈景磐先生讲的是近代教育史，后来还学了中国现代教育史，是陈元晖先生讲的。这几个老师的课我们都听了，但是总觉得教育史还是比其他课程深奥一些。尤其是中国教育史，又没有教材，老师讲到古代的东西，引用什么话，孔子什么、墨子什么就听得不是很明白。上课的时候没有教材，也没给我们发讲义，就在黑板上写了一些讲授的内容提纲。当时我们的古文水平也不高，老师要是没有板书，我们就更不知所云。实际上我们听了这些课程，真正记住的东西不是很多。要是上课前有个讲义或教材就会好一些。另外这个时候我们还学了外国教育史，这门课程是王天一老师给我们讲，当时我们上教育史课使用的教材是苏联教育家康斯坦丁诺夫的《教育史》，讲的内容基本上是书上的。因为这门课有教材，即使课堂上听不懂，还可以在课下看书，也能够大致了解。这个时候我们学习的课程还有胡梦玉老师讲的小学教材教法，当时胡老师就是小教专业的副教授，小教评个副教授不容易，她主要从事自然科学的教学，教过自然教学法、算术教学法等。因曾被称为燕京大学的"校花"，又是司徒雷登的干女儿，"文革"中受到了很大的冲击。

到了1959年秋天的那个学期，也就是我大学四年级的第一学期，系里组织我们到北京第二实验小学实习了一个多月。北京第二实验小学当时的校长是陶淑范，这个人是非常有名的教师，还是钱学森的老师呢。这个学校的很多老师，像霍懋征、马英贞等也都全国有名的教师。我们实习是分组进行的，这次把我分到二年级。这个小学的二年级一班有很多中央领导的子弟，像刘少奇的儿子刘元元、朱德的孙子朱援朝、薄一波的儿子薄熙成等都在这个班上。到班以后，班主任张老师就跟我说：刘少奇同志的夫人王光美，经常骑着自行车到学校来看看他们的孩子。她家的几个孩子都在这里上学。他们平时就住在学校，每个星期六晚上，有个师傅用平板三轮车把他们送回到中南海去，星期一早上又踩着三轮把他们送回学校。我在这里实习了一个月之后，又回到师大继续学习。

好景不长，到了1960年，国内的局势又开始紧张了。这时候就开始批判现代修正主义了，其实就是"批苏"。过去我们是向苏联学习，把苏联当作社会主义的样板，说"今天的苏联"就是"明天的中国"。这个时候的情形就不同了。1960年彭真同志代表中共参加在布加勒斯特的会议，在会上同赫鲁晓夫闹翻了。之后，国内就写了很多批判苏联修正主义的文章。这时，我们就有了两方面的批判任务，一方面要批判西方帝国主义，一方面还要批判修正主义。

当时我们也要参加批修的运动。在批判运动中，我们的主要任务已不再是学习教育专业知识了，而是要批判这些知识，因为这些知识都是"封资修"的东西。这个时候我们还编写了一本教育方面批判修正主义的书。1960年3月8号，教育系的老师带着我们四年级的学生，还有一部分三年级的学生，到图书馆去，先是把学生分成很多小组，一个组十个人左右，把图书馆内有关世界教育史、国外教育的内容都翻一遍，尤其是像杜威、凯洛夫等人的观点。每个人看一两本书，把你认为反动的观点、修正主义的观点，其中反对无产阶级专政的、反对教育与生产劳动相结合的言论，特别是要把杜威的东西，苏联的东西，包括凯洛夫教育学的东西都摘下来，然后加上标题，把大家的东西汇集在一起就成了一本书。因为分了很多组，每个人都可以挑出好几条，那就是一大部分了。我记得我编写的是有关杜威的内容，就把杜威实用主义教育理论中比较典型的话抄下来，然后把自己的内容上交给老师，最后留下几个老师和学生，进一步整理这些资料，把这些资料编写了一本书。

为什么要到图书馆去？因为这些书一般不让带出去，只能在图书馆看。我们就在这一个晚上编写了一本供批判用的资料书。

后来教育系还成立了一个批判小组，专门来检查教学中的问题，揭露我们所学课程内容中的修正主义观点，结果是越检查问题越多。像教育系的教育学、心理学、教育史都是要经过审查批判的，都存在着修正主义观点。记得 1959 年王天一老师给我们讲的外国教育史，也遭到批判了。外国教育史课程使用的是苏联教材。在批判的时候，就把这本书中的修正主义观点都摘录出来了。因为外国教育史实际上就是从古希腊罗马开始的外国教育思想，不是讲社会主义的，不符合无产阶级专政和教育与生产劳动相结合的思想。当时就认为这是修正主义的观点，就要批判、反对这些东西。1960 年我们主要就是干这事儿。这个事儿还没有结束，我们就该毕业了。

6. 大学毕业

我大学毕业是在 1960 年六七月份。毕业时我们的毕业鉴定和毕业审查都是非常严格的。当时提出要结合“批修”进行毕业审查，毕业生要检查你上大学四年以来的问题，不是表扬自己，而是要检查自己这几年有什么错误，包括你有没有修正主义观点、有没有个人主义思想等。我班上那个广西的同学，毕业的时候党支部说他有修正主义观点，他就不服气。鉴定上要是有这么句话，这个对他本人很不好，他回去就无法工作。别人会说，这个人到北京，辛辛苦苦地上了四年大学，学了个“修正主义”。其实那根本不是什么“修正主义”，而是阶级斗争扩大化了。

我当时是班上的团支部委员，也是要求入党的积极分子，组织上也一直在考验我入党，但始终觉得我觉悟还不够。有一次休息的时候，有人在教室的黑板上写了很多字，你也写，我也写，就是随意地练字。这时不凑巧，有一个人写了“人民日报”几个字，另外一个人写了一句好像骂人的话。这些文字不是一个人写的，也不是一种思路，但连起来看就是“人民日报”不太好的话。我也看到了，就没有想到跟党支部汇报，但有一个人就去汇报了，说不知道是谁写了一个反动标语了。后来党支部的人就当面批评了我，说你看过黑板上写的字吗？我说，是看到了，不是一个人写的，都在练字。这位党员就说，你的阶级斗争觉悟还不高。为什么别人看到了马上汇报，你看了就没汇报？在我看来没有什么事儿，党支部的领导却觉得这是阶级斗争的观念不强。我们生活在那个时候，经常要有这种警惕性。这是我的“觉悟”问题。我入党还有另一问题，就是家庭出身问题。我的家庭过去做生意，必然是有些资产阶级思想。另外我还有个姑姑在台湾，我姑父以前在重庆兵工署工作过。这些都是抗日战争时的情况，后来他去了文华中学教书。我也交代过这些东西，档案上也有。像我这样的情况当时入党就比较难。家庭出身，海外关系，还有这些事儿你要天天汇报。这些都是入党之前的考验，所以我在入党这个事儿上花了很长时间。像我这种情况，“文革”以前是不可能入党的。一直到了改革开放后 80 年代中期，我才加入中国共产党，我的入党介绍人是刘德华、俞启定老师，我要感谢他们！

到我们毕业的时候，国家经济情况就有点儿紧张了。这个情况从我们的毕业会餐上就可以看出来，我们那一届的毕业会餐就非常简单。学校领导说：1959 年的毕业会餐非常丰盛，但到了 1960 年就对不起了，今天我们已经进入了困难时期了。我们毕业会餐的时候就只有几个荤菜，有点葡萄酒。从这里也可以看出我们国家的经济状况不太好了。因为 1958 年是丰产没有丰收，1959 年自然灾害就开始了，三年自然灾害就是这样起来的。到 1960 年和 1961 年达到了最极端，有些地方还出现了饿死人的情况。

我在 1960 年 7 月份毕业以后，就留在教育系教育学教研室担任实习助教了。

三、留校做教师

1960 年毕业的时候，我们班大概有二十几个学生都留在了北师大。1958 年北师大刚建立了一个新的实验小学，这个新学校需要大量老师，1959 年、1960 年都有一批毕业学生留到实验小学。另外当时教育系的教研室也需要年轻的助教。按照教育系党总支的意见，原来的老教师要慢慢地更换，一方面是他们年龄大了，另一方面也因为他们都是国民党时期留下的教授，大多是持资产阶级的教育学观点。这时提出要使用新中国自己培养的人才，就要留我们这些年轻的毕业生。教育学教研室要充实师资力量，我就留在了教育学教研室。

1. 教育学教研室

1960 年 7 月毕业以后，教育系把我分到教育学教研室。当时在教育学教研室内还分为若干教学研究小组，类似现在的课题组。我毕业后就被分在郭晋华老师领导的师范教育研究小组。这个小组的主要任务就是到中小学听课，了解教学改革的情况。我原来比较熟悉北京第一、第二实验小学，我就选择到那里去听课。第一实验小学有一个很有名的语文老师王企贤，二实小则有霍懋征老师。刚毕业那一段时间，我就经常去这两个学校听他们的课。听完课以后，就回来写听课报告，评价他们讲课的情况以及我自己的体会。

后来，教育学教研室又把我派到景山学校去听课。景山学校是中宣部创办的一所实验学校，就在景山公园附近。原来这个地方是九十一中学和一个小学，后来就把他们改为“景山学校”。中宣部的秘书长童大林直接领导景山学校的创建。童大林的秘书敢峰是景山学校的校长。景山学校成立后，我们师大去了一个贺鸿深老师。他原来是历史系的书记，后来调到教育系当书记，不久就被派到景山学校当书记去了。另外，当时还从师大外语系、中文系、教育系抽调了几个老师。这个学校是按照童大林的教育思想来办学，用新的教学方法来进行教学改革。建立景山学校的目的主要就是搞教育实验，其实也是贯彻中央的“批修”精神。以前我们是学习苏联教育，现在要跟苏联不一样了，我们的教育也要有自己独立创造的东西。这个学校成立后，很快就招收了一批很优秀的学生，学校自编教材，自创教学方法，进行从小学到高中毕业的十年一贯制的教育实验。学校的教学内容涉及古今中外，像语文，就要求学生阅读中外名著。景山学校就是这样发展起来的。

我到了景山学校以后，也就和他们学校的老师一样，整天呆在那里。记得那一年冬天特别冷，最冷时达到零下十几度。当时我们的粮食都是定量供应的，也不是很充足。学校办公室有个火炉，我们常常把买来的三两饭，再加上一些水、放一些菜，煮成一大碗饭，这样就可以吃得饱一些了。我在景山学校大概呆了半年多时间，主要的工作就是听报告、听课，之后再把听到的报告整理出来，送到教育系教育学教研室。教研室就把这些东西当作教改动态来研究。我那个时候像个记者似的，一篇篇地写稿子，每周或者两周我就送回来一次。要是有什么重要会议，我就通知教育学教研室的老师也来参加。

从景山学校回来后，就到了1961年。这个时候国家开始实行“调整、巩固、充实、提高”的八字方针。1960年我们那一届有二十多人留在了北师大。由于到了困难时期，大学不能留这么多人了，学校开始考虑把我们这些年轻助教下放下去。我也想到我可能要到下边去了。因为第一我不是党员，第二我很年轻，没有工作经验。我当时就想，要是下放我能到哪里去呢？很可能到中学吧。这时我就从图书馆借了一些中学语文、历史等文史方面的课本，有意识地看一看，心里有个准备。到中学就到中学吧，二附中就在北师大对过，在那里教个语文、历史也不错。如果进不了二附中，就是到北京的其他中学教个文史课也可以。

2. 转入教育史

就在我考虑可能会被下放下去的时候，有一个机会改变了我的命运。1961年召开了一个文科教材会议，会议决定由北师大教育系编写中国教育史教材。因为要编写教育史教材，教育史教研室就需要人手，因而教育系把我从教育学教研室调到了教育史教研室来了。因为老先生要编写文科教材，还要带研究生，需要有人当助手，像开个座谈会就需要人张罗。我毕业后在教育学教研室，我的同班同学刘天庆在教育史教研室，也可能是他建议把我调过来的。到了教育史教研室之后，我们几个年轻人就给老先生当助手。当时安排我为陈景磐、毛礼锐、瞿菊农、邵鹤亭四位教授服务。因为他们要承担教材编写任务，后来还要给中国教育史研究班上课，就让我帮助做些具体的工作，如平时给他们借书、找资料等。一般是老先生开好书单，把他们的借书证给我，我到图书馆把书借来送到家里去。除了这些工作外，我还有一个任务就是给本科生上中国教育史课程。因为这个时候教育史教研室的教师人手就有些紧张了，老先生要编教材、办研究生班，本科的教育史课程就没有人上了。我刚到教育史教研室的时候，教研室主任是陈景磐先生，副主任是王天一，曹剑英老师是党支部书记兼副主任。曹剑英是1958年毕业的，还是党支委员，陈景磐先生和王天一先生都不是党员，教研室也需要一个党员来领导。这也是北师大教育史教研室的一个传统。

1961年4月，在中宣部副部长周扬的主持下，中央宣传部、教育部、文化部等召开了“高等学校文科和艺术院校教材编选计划会议”。周扬在会上作了文科教材会议的报告，说要调动各个方面的积极性，促进文科的发展。会议总结了文科教学的现状，围绕教材建设讨论了文科教学中的“红与专、论与史、古与今、中与外”等方向性问题，批评了一段时间以来社会科学研究中“乱贴标签”的倾向，提出要重视本国历史经验的总结，重视我国历史文化遗产的整理，同时还要批判地吸收外国的东西，这个时候就提出要编写一批大学文科教材。这实际上还是与“批修”有关。过去是跟着苏联走，没有我们自己的东西，现在提出文科要有自己的东西。会议之后我们学校也成立了一个管文教的办公室，负责人就是方铭，她是胡乔木的妹妹，消息很灵通。当时尹德新也在学校的文教办公室，专门负责文科教材编写。尹德新后来还当了北师大教育系的系主任。

在文科教材会议上，决定由北师大教育系来编写中国教育史教材。当时大家都认为，北京师范大学教育系的特长就是中国教育史。因为教育史教研室集中了一批有名的教授，就像邱椿教授、邵鹤亭教授、毛礼锐教授、瞿菊农教授、陈景磐教授，另外还有张鸣岐讲师、程舜英讲师、高奇讲师。院系调整之后，北京地区各个大学的教育学专业力量都集中到了北师大教育系。院系调整以前，这些人都分散在北大、人大、辅仁大学等。现在把他们集中起来了，就形成了集团优势。中国教育史专业有这一大帮子人，这么多教授，还是海外回来的，教师队伍的力量很强大，他们能够承担文科教材编写的任务。北师大教育史教研室主要负责编写《中国古代教育史》、《中国近代教育史》和《中国近代教育文选》这些教材。由于教材编写这件事儿，学校这个时候也开始重视中国教育史学科的发展了。教研室的毛礼锐先生、瞿菊农先生、邵鹤亭先生、陈景磐先生的积极性都被空前地调动起来了。

中国教育史的编写计划下来以后，北师大教育史教研室的老先生就开始着手编写中国教育史编写提纲。因为教育史教研室之前已经编写了一套中国教育史讲义，就以中国教育史讲义为基础来编写提纲。编写提纲出来以后，学校还专门召开了几次座谈会，讨论教育史教材的编写的问题。1961 年 6 月，我们学校陈垣老校长出面，专门请了几个有名的历史学家，有中科院近代史所的所长范文澜、北大的翦伯赞、人教社的邱汉生、中华书局的金灿然以及教育部副部长林砺儒等人，就中国教育史教材编写召开了一个座谈会。那次座谈会对于教育史教材编写来说，就是一个思想解放运动。当时的情况是这样的：教育史教研室的教授们起草了一个编写提纲，如中国古代教育史要讲哪些问题等，然后就把这个提纲发给他们看。他们看了以后，就这个提纲提意见，还谈谈应该讲些什么。提纲当然讲得很简单，比如说，孔子的教育思想，墨子的教育思想，只能这样。但他们的讨论就不限于这个提纲，而是讲得很具体，像要讲什么书院，要讲人民性的东西呀，等等。翦伯赞、范文澜在座谈会上发表的一通言论，把大家的思想给解放了，这一解放就给我们的教授们带来了很大的动力。之后教育系就提出要集中力量，编写我们自己的中国教育史教材，还要编教育史的资料和论著。这批教材编写出来还没有来得及出版，“四清”、“文革”就开始了。直到“文革”结束以后，这些教材才得以出版。

在教材编写的基础上，北师大教育系还招收了教育史专业研究生。这就是 1961 年北师大举办的“中国教育史研究班”。60 年代初期，我国高等学校的教学秩序开始恢复，师范大学要开设教育史课程，但缺乏师资，因而办这个教育史研究班也是为了适应大学教学的需要。1961 年的中国教育史研究班计划招收 20 个人，以北师大教育系的毕业生为主，然后吸收了历史系、政教系，还有五个名额是给外面学校的。这个研究班的学员中，其中 8 人来自教育系：王炳照、雷克啸、何晓夏、邱瑾、吴永湄、韩义裕、陈兰芳、顾延蕃；6 人来自历史系：沈茂骏、蔡振生、杨焕英、苗春德、陈德安、邹君梦；政治系就是宋元强一个人；另外来自外校的 5 名学员：东北师范大学的吴玉琦、湖南师院的肖功尝和王树凯、郑州师院的李金兰以及合肥师院的杨立俊。

这个研究班的专业课程主要是由教育史教研室的几位老先生分段讲授的。中国教育史的古代部分就是邵鹤亭、毛礼锐、瞿菊农先生，陈景磐先生负责近代部分，后来还请了中央教科所的陈元晖先生讲授现代教育史。老先生要给他们讲课，讲课完了之后，整理出来的讲稿就是后来出版的中国教育史教材基本材料。按照中国教育史研究班的教学计划，这批研究生应该是 1964 年毕业。但在 1963 年以后，我国的社会形势发生了变化，整个社会又开始“以阶级斗争为纲”了。60 年代初期的重视历史文化遗产、重视教学业务发展的思路也就随之发生了转变。就在中国教育史研究班开始写论文，准备毕业的时候，“四清”运动开始了。根据中央的要求以及北师大的部署，中国教育史研究生要分批参加“四清”运动。因为要参加“四清”运动，这批研究班最后是推迟一年毕业，实际上在北师大呆了四年时间。

我调到教育史教研室以后，除了协助老先生编写教材以外，另一任务就是担任教育系本科生的中国教育史课。

3. 讲课

我到教育史教研室后不久，我的同学刘天庆就调到宣武区教育局去了。由于老先生要集中精力办研究班，编写教材，教研室的其他教师就承担了本科生的教育史课程。像中国教育史课程，就是我和曹剑英老师两个人负责讲本科生中国教育史的古代部分，高奇老师和 1959 年毕业留校的李立民老师负责讲授中国近现代教育史。当时的教育史课程任务还很重。教育系学校教育专业和学前专业都有教育史课程，每周四节课，讲一年，古代教育史一学期，近现代教育史一学期。

我刚开始上课的时候，我是和曹剑英先生交替着讲中国古代教育史。当时不是一个人上一个班，而是交替讲课，同一个内容要在两个班讲。比如我在学前专业讲孔子，也在学校专业讲孔子。接着他讲孟子，也是在两个班讲。这样等于说我有一段时间集中在家里备课，这个时候他是在学校讲课。接着是他在家备课，我讲课。为什么要这样呢？主要是我初次上课，备课需要花费很大精力。当时教育史教学没什么参考书，备课需要到处找资料。当时也没有可抄的材料，想抄都抄不到。陈东原《中国教育史》教材，我们也不敢用，那是老的观点，而老先生新编的教育史教材还没有编写出来。

即便是这样，我刚开始还是觉得很紧张，感觉心里有点不踏实。因为在我上大学的时候，中国教育史学得不是很多，也没有教材讲义什么的。现在要上课还是觉得在业务上有点儿吃力，古代教育史的有些东西还是需要认真地理解。备课时候经常会遇到困难，没有办法了，我就去请教程舜英先生。程舜英先生很有水平，国学功底很深。当时被错划为“右派”，不让搞教学，就安排她在资料室搞资料。我遇到有些自己把握不了的内容，就去问问程先生，问是不是这个意思，让程先生再说一说，这样我心里就有把握了，也免得在课堂上说错了。这等于是在上课前先是程先生给我讲一遍，我再去给学生讲。所以当时我能上中国教育史的讲台，应该感谢程舜英先生的帮助。

经过一段时间的课堂教学实践，课堂教学就逐渐好了一点，心里也觉得有一点底了。另外，我只要有时间也跟着中国教育史研究生一起听老先生讲中国教育史，这个对我也有帮助。我只是偶尔去听，不系统，因为我们有自己本科生的任务，还要经常开会，时间经常冲突。我就是这样边学习，边备课，边给学生讲课。我刚开始上课的时候就是这样艰难地走过来的。

为了上好中国教育史课程，我还买了《论语译注》、《孟子译注》等文献资料，进行阅读，同时也在师大哲学系、历史系、中文系听一些历史、古文、哲学等方面的课程，打一点中国历史文化的基础。1962 年前后，在给本科生上中国教育史课的同时，我还系统听了陆宗达先生给中文系学生讲《孟子》的课程，听了之后就感到收获很大。陆先生是研究《说文解字》的专家，他的学问是从老师那里一代一代地传下来的，从章太炎到黄侃，再到陆宗达，有着明显的师承关系。有了这样的学术传统，他的学术功底就很扎实。陆先生讲课不仅仅是就这个内容讲这个内容，而是在课堂上把很多知识都联系起来。像关于古代的制度、思想，还有这个字本身的训诂等内容。我听完陆先生的课后，思想一下子就开阔了许多，过去自己不明白的东西，就逐渐明白了，并可以把知识前后联系起来了。我听课时，把陆先生讲的内容都记在纸上，晚上回去复习的时候再把它整理出来。此外，我还买了任继愈先生四卷本的《中国哲学史》。那四本我也是天天看。因为教育史离不开哲学史，看看哲学史怎么分析批判的，对我讲教育史也很有帮助。

在讲课的过程中，我和曹剑英先生还编写一个《中国古代教育史》的讲义。这个讲义也是写得非常紧张。不是事先写好的，而是一边写，一边讲，是在上课之前发给学生的。到后来有“救兵”了，中国教育史研究班的学生要到我们这里来实习。按照教学计划，他们学了两年教育史理论以后，要到我和曹剑英这里来讲授“中国教育史”。这时，研究生已经确定了研究方向，到我们这儿来实习的都是中国古代教育方向的研究生。像陈德安、吴永湄、邹君孟，都是研究古代教育的问题。他们讲课的内容就是董仲舒的教育思想、朱熹的教育思想等。这个讲义的一部分内容就是他们实习的讲稿。可以说，中国教育史讲义是以我和曹先生为主，加上几位实习生写出来的一个讲稿。后来我把这些零散发下去的讲稿装订在一起，又补印了瞿菊农先生一篇文章作为参考资料。当时的教学就是这么个状况。

当时教学的困难就是没有现成可以参考的东西。直到后来老先生编写的中国教育史教材写好以后，我们就照那个模式来讲课了。

经过几轮的教育史教学，我有个体会，上课时有个教材对提高学生素质、提高教学质量有很大帮助。教学中有了讲义，学生上课就有个依据。特别是教育史课程，不管是中国的还是外国的，都需要大量的史料来说话。上课的时候要引用史料，但学生记不下来，也就没有什么意义。上课前如果能够把史料，不管是教育思想还是制度的内容，发给学生，就可以使学生对教学内容有个大致的了解。至于你的评论，倒是可以少一些，因为评论、评价、分析不一定很准确。我这个讲义每章还有复习思考题，我们答疑的时候，就针对这复习思考题。

我那个时候上课，也就是基本上能够把内容叙述完整，会有一点随堂发挥性的分析。但这种发挥还是比较低层次的，当时也分析不了什么东西，就是戴个“帽子”。经常说些“这是为统治阶级服务的”，“这个还有什么价值”，“这个对我们还是有帮助”。要反复声明“去掉那个阶级局限性”以外，孔子的思想对我们还是有用的，等等。当时年纪也轻，水平也低，再加上在阶级斗争的浪潮里头，我们对中国古代教育的评价都比较简单化、单一化，批判居多，肯定很少。即便是肯定，也是在批判之后的肯定。当时的教育史课程就是这个样子。

对我个人来说，“文革”前讲了一点儿课，看了一点儿书，编写了一点儿粗浅的讲义，这个经历对“文革”以后的教学还是有很大帮助的，毕竟这个时候奠定了一点儿教学的基础。到了“文革”结束以后，我再次讲教育史，就知道套路了，就像打拳一样，摸到套路就会了，就不觉得难了。

1963 年的教育史课程讲完以后，我们就开始下去搞“四清”了。先是“小四清”，后是“大四清”。“四清”回来就到了 1965 年，那时候曹剑英、李立民已经调离了北师大。我和高奇老师还讲了一点儿教育史，就是几个教育史专题，主要就是批判封建制度、封建教育。这个时候的阶级斗争形势就非常紧张了。

4. 认识老先生

我到了教育史教研室以后，有一次我和刘天庆一起去看望邱椿先生，主要是把国家发给知识分子的一点黄豆、白糖送过去。因为邱先生年纪大，又有心脏病，学校照顾他，不要求他参加系里的活动。系里每个月都要派人把这些东西送到邱先生家里。在 1960 年以后的困难时期，就开始按级别发东西，三级教授以上多少、几级讲师以上发多少都有一定的标准。像高奇老师、朱美玉老师都是讲师，就是发一包黄豆。我们这些助教连发黄豆的资格也没有。

邱椿先生家就在西四砖塔胡同白塔寺附近。那时他已经六十多岁了。我们到了邱先生家，先把这些东西送给他，跟他说几句客气话。刘天庆就介绍说：这是我的同学，叫郭齐家，新来的。我们也问候他老人家，也向他请教，谈了一些学习上的问题。我们作为晚辈对他很有礼貌。这是我第一次见邱先生。据邱先生说："我不能上课，我也不能带班，我不能到学校去，只能在家里边。"但是学校还是要保留他二级教授的职位，照样每个月给他发工资。当时的一级教授月薪是 345 元，二级教授是 280 元左右，三级教授是 240 元。像陈景磐先生原来是四级，后来到 1963 年调为三级了。之后，刘天庆又带我拜访了瞿菊农先生、邵鹤亭先生、毛礼锐先生和陈景磐先生。这样，教育史教研室的教授我都到他们家里去拜访过了一遍。

后来毛礼锐先生给本科生讲教育论著选读的时候，我就给毛先生当助教。这个班级就是教育系 1959 年入学的那个班，我还给这个班的学生改作文。为什么在大学还要改作文呢？因为在 1961 年后半年，程今吾到师大来当书记、副校长，对北师大的教学进行了一些改革。程今吾是陶行知的弟子，是个教育家。之前是中宣部教育处的处长，调到我们学校当党委书记兼副校长。来了以后就提出师大的各系、专业都要编写读书目录，加强对学生的读书指导，规定"必读书"与"选读书"。在 1961 年底到 1963 年间，他在师大进行了大刀阔斧的改革。例如在学校里提出考作文、考错别字，不仅是学生，老师也要考错别字，凡是讲师以下的教师不管你是什么人，都要考错别字，学生要考作文。我做毛先生助教的时候，就负责帮他改这个班的作业，同时，学生的作文也是我改的，改作文时还要找错别字、病句等。如有句子不通，问题严重的还要打回去重写。

1962 年到 1963 年这段时间，我跟瞿菊农先生的联系也很多，主要是帮着瞿先生借书。后来我就向瞿先生请教，我想研究宋明理学这一段，读哪些书好呢？瞿先生就给我写了一个书目，让我照着书单阅读。于是，我按图索骥，在图书馆一一查询，读了一些原著，后来也读了一些参考书。这个书单到现在我还一直保留着。有时候瞿先生也和我谈点儿别的事情，如介绍一本书，说说他发表文章的观点。瞿先生很喜欢研究蒙养教材，我帮他借过很多古代蒙养教材方面的书。

教育史教研室的老先生之间大致有个研究的分工。这个分工既是他们研究的重点，也是在研究班讲课的顺序，后来编写的《中国古代教育史》也是这个顺序。邵鹤亭先生偏重研究先秦教育，他比较喜欢研究孔子、孟子、荀子；毛礼锐先生主要侧重于汉唐教育；瞿菊农先生研究宋元明清教育，诸如研究书院、蒙养教材、宋明理学，还有反理学等。他经常讲，宋明理学、反理学，就是批判理学。另外，在中国教育史研究班上，张鸣岐先生也讲了一部分内容，没有讲那么多，讲了几篇古典文献，就是中国古代教育文选的内容。譬如《礼运篇》、《大学》、《中庸》、《论语》等。陈景磐先生的研究与教学就偏重于近代教育。另外，研究班还请了中央教科所的陈元晖先生讲现代教育史。中国教育史研究班的前三学期，主要是这些教授讲课，讲完了以后，他们就把它整理成为讲稿。北师大中国教育史教材的编写是和研究班的教学几乎同时进行的。后来《北师大学报》还发表了一部分讲稿，这部分稿子没有来得及出版，就到了"四清"、"文革"了。"文革"结束以后，又把这个稿子找出来，整理了一番就出版了。

教育史教研室的几位老先生的社会背景不同，都是因为院系调整等原因来到北师大的。从行政上来说，毛礼锐先生在1956年以前做过教育史教研室的主任，后来陈景磐先生担任了教研室主任。在60年代，编写教材、举办研究班，教育史教研室的事儿就多了一些。教研室主任这个时候也就是召集教研室的会议，组织编写教材以及研究班的具体事务。从学术上说，他们都有自己的学术立场和见解。但在一些具体问题上，老先生之间还是存在不同的意见。据说1956年教授评级的时候，谁评三级，谁是四级，有人意见就很大。邱椿先生定了二级教授，邵鹤亭先生、毛礼锐先生是因为他们以前当过院长，就评为三级教授，而陈先生和瞿先生后来就评为四级教授。陈先生觉得自己早拿到博士学位了，为什么是四级？因为陈先生身体不好，经常要看病。根据当时的规定，三级是个坎儿，三级以上算是高级教授，三级以下就是一般教授。三级和四级差别很大。三级教授是什么概念呢，可以上北京医院看病，四级就不行。据说以前当过院长的，留洋以后回来，就像当过教育学院院长，就可以评为三级。没有当过院长的就是四级，再低就是五级。所以陈先生就对这个很不满意，为此还经常发脾气。就瞿先生来说，他过去的资历、学问都很好，出版的东西都多，名气也很大。曾与晏阳初合作搞过乡村教育，还在联合国教科文组织工作过。因为这些经历，他也不好说什么。

“文革”开始后，邱椿先生和邵鹤亭先生受迫害去世了。瞿菊农先生也受了迫害，但是他还是熬到了“文革”后期，是在1975年去世的。陈景磐先生、毛礼锐先生也同样受了迫害，但是他们两个人命大，活过来了。“文革”结束之后，毛先生和陈先生就开始领着编书、带研究生。但由于年龄的问题，那个时候已经不是他们精力最好的时候了。

在60年代初期，我们教研室的两个年轻人就下放了。一个是刘天庆，1962年下放到了北京市宣武区。另一个是张福才，是王炳照老师的本科同学，1961年毕业后留下来到我们教研室当助教，主要侧重于中国教育史近代部分。但是，一年以后也就把他下放了。因为那时他已经结婚了，找了一个对象是在丹东。他后来就回丹东去了，再也没有跟我们联系。因为那个时候北京的户口就很紧，加上这个时候要精简机构，你提出来要调离北京，马上就叫你离开。后来，曹剑英和李立民老师也离开北师大到其他地方去了。曹剑英先生在1964年“四清”后就去了唐山。曹老师原来是教育系党总支委员，兼任教育史的党支部书记，是不错的一个人。后来因为各种原因，他申请“退党”了，之后就到唐山去当了一个一般的老师。当时我们听说这个消息都感到很吃惊。李立民后来也走了，他是党员，因为跟曹剑英的事儿，也要批判他，他就觉得不痛快。加上他爱人在西安，夫妻不能团圆，这个时候他就去了西安。

王炳照老师当时还是中国教育史研究班的学生。1961年入学，本来1964年就应该毕业，后来因为学校“四清”就把他们留下来参加“四清”了，他们也到衡水参加“四清”。这批学生到了1965年才分配。这个班的学员都分配到全国各地，像陈德安到了山西了。王炳照老师出身比较好，学习也比较好，跟外面的交际比较多，毕业后就把他留到我们教研室。1965年刚刚留下来，“文化大革命”就开始了。到“文革”结束以后，他就到《北京师范大学学报》编辑部去了，1993年又回到教育史教研室。

四、“运动”与劳动

1961—1962年国家提出了国民经济“调整、巩固、充实、提高”的八字方针，阶级斗争的气氛就稍微缓和了一些，又开始重视学问、重视知识分子了。1963年以后，又到了“千万不要忘记阶级斗争”的时期，很快“四清”运动就来了①。学校的老师和学生都要参加“四清”运动，北师大的师生还参加了两次“四清”运动。我们先是在北京大兴参加一次“小四清”，编写家史、村史，大概有一个多月时间。到第二年又到河北衡水搞了一次“大四清”，这次时间比较长，将近一年的时间。“四清”运动开始以后，我们原来积累的一点做学问的心，又散了，又丢了。从衡水回到北京后，我还讲了几个教育史专题，那完全是批判了，已经不是什么教育史了，也成为一门课了。1966年“文化大革命”开始，就整天“闹革命”了，既不讲课，也不招生，学校生活也就散了。这样一搞就是十年。

1. 两次“四清”

1963年后半年的“四清”运动开始后，教育系就把我们派到农村去参加“四清”。我们参加这个运动，有着双重的任务：一方面是到农村参加“四清”运动，另一方面我们也是作为思想改造的对象，要在运动中改造自己的思想。

1963年冬天，我被分到了大兴县安定公社后安定村参加“四清”运动。这次大致下去了一个多月，这次运动一般称为“小四清”。运动的内容主要就是访贫问苦、扎根串联，同时要讲党的政策，教育大家要揭发走资本主义道路的事件，要清账。我们到那儿以后，就给当地农民开会作报告，审查他们有没有资本主义的东西。比如当时有些人跑自由市场，把自留地的东西拿出来卖，这就认为是资本主义的活动。因为1961年以后，农村就可以种自留地了，自留地的东西就可以卖些钱，这就开辟了自由市场。“四清”运动就要揭发这些东西。

当时，我们也响应号召编写当地的家史村史。在一个月时间内，我们编写了一些家史村史材料。我们所在的村子叫后安定村，这里的农民就给我们讲了这样的故事：当时在地下党领导下，农民跟地主老财展开了“找价”的斗争，价就是工资。听了农民叙述的故事，我们就把它记录、整理出来，教育老百姓。后来我们把这个材料交上去了，上级领导认为这个材料很好，说可以派人再去整理一下，争取达到能够发表的程度。这样，1964年春节

---

① 即社会主义教育运动，简称“四清”，就是清政治、清经济、清组织、清思想，运动的性质是社会主义和资本主义的矛盾斗争。

以后，教育系又派了十几个人，其中就有我、曹剑英、李立民、苏贞等几个老师，把原来“四清”运动中整理的资料，再带回农村，重新进行核实加工。因为整理这些材料，我们在那里又进行了一个月。

在这个基础上，我们一起发表了两篇文章。一篇叫《夺地》，这是安定公社东白塔大队一个叫李海清的农民的口述。主要就是讲他的地怎么被地主阶级一点一点地夺走的。这个材料最早是由中文系学生杨文明整理出来一个初稿。第二次下来整理资料时，杨文明同学没来，我就负责核对这个材料，然后又把文字再顺一顺，改一改。后来就在《北京日报》发表了，还得了 25 元钱稿费。因为原底是杨文明写的，我只是后来核对、修改、定稿、加工文字，我就把稿费的一部分给杨文明了。

第二篇文章就是《找价斗争》。这篇文章原来是我和曹剑英、李立民，还有个学生吕林青四个人合写的。开始我们收集了一些资料，每个人写了一段，最后是我把这个稿子完成了，所以后来署名时我在第一个，后面是李立民、曹剑英和吕林青。这篇文章在《北京文艺》上发表了，后来这个还出了单行本。发表后我们也得了一笔稿费，我们每个人得到一点儿稿费后，还用剩余的一部分钱买了一些书，寄给大兴县安定公社。

1964 年下半年，学校又派我们到河北衡水去参加“四清”运动，这次运动就是“大四清”了。这次“四清”时间比较长，从 1964 年 10 月开始，我们就下到了衡水市孙洼公社高村大队，到第二年的 6 月份才回到北师大。我们教育系的老师和学生组成了一个小分队，高奇老师是我们的队长，另外还有曹剑英、我以及四个学生。这一段时间我们一直就住在这个村子，跟农民一起搞“四清”。其实我们在的那个村子很穷，就有几头破毛驴、几头牛，连好一点儿的牲口都没有。真是穷得不得了，村上的土地都是些盐碱地，也不长什么东西，农民一点积极性都没有。当时我们的主要活动就是参加农业劳动，跟农民一起干活，还查他们村子里的账。每天早上还给五保户、穷苦老人家里挑十几担水，这样既锻炼了身体，同时也密切了同农民的关系。我觉得那十个月是我生活得最艰苦的一段时间。因为当时没有什么粮食吃，每天都是黑豆之类的，连黄色的玉米窝头都很少，大米白面就更别说了，有时吃的东西还是粮食代用品。因为衡水这个地方盐碱地很多，小麦也长不好，每年就是靠救济，救济的东西就是代用品，其实就是那些像粮食不是粮食的东西，吃多了以后拉不出来。

在衡水期间，我们平时都是到农民家里吃派饭，农民吃什么，我们吃什么。每吃一顿给他三毛钱，一点粮票。那年春节我们也没有回家，是跟当地搞“四清”的公社干部在一起过的春节。这么长时间每天吃黑豆，我们知识分子不好说，他们也有点儿受不了了。因为在这一段时间，每天都吃不饱，最多吃一点咸菜，青菜也没有。后来说春节期间不适合到农民家里吃派饭，我们“四清”工作队要自己开火做饭。这样，工作队就买了好几十斤肉，十几个人大吃了好几天，什么粉条猪肉、白菜煮肉，真是过年了，从来没吃过那么多肉。现在想想，“四清”本身我们没做什么，但我们跟五保户关系挺好的，天天给老百姓送水，在地里锄草。后来我们走的时候，老百姓都出来送我们，觉得我们挺好的，帮助他们做了好多事情。

1965年6月，我们回到了北师大。这个时候学校也在搞“四清”，我们赶了个尾巴，只是听了一些报告。1965年下半年，教育系就提出要进行课程改革，教育史课程也要进行改革。我们就把这些家史、村史、阶级斗争史的内容，充实到教学内容中去，把教育史课程变成了专题课。我讲了几个专题，都是以阶级斗争为纲来批判古代的东西。后来姚文元写了一篇批判《海瑞罢官》的文章，全国开始批判邓拓、吴晗、廖沫沙的“三家村”了。这个时候我们也就转而批“三家村”、批《燕山夜话》。我和高奇、高惠莹老师还整理了一批稿子，寄给北京日报社。报社很重视，他们的社长范瑾还亲自接见了我们。“四清”回来以后，就没有再上什么课了，我们主要就是批判这些东西。

这个时候已经到了“文化大革命”的前夜，运动的风声已很紧了。到1966年6月1日，《人民日报》发表了《横扫一切牛鬼蛇神》的社论，紧接着就是聂元梓的大字报，“文化大革命”就开始了。

2.“文革”开始

“文化大革命”开始的时候，我们都认为这是保卫党中央、保卫毛主席的大事，我自己也很“左”。当时就觉得“左”是自然的、真实的。“文革”开始以后，师大出现了很多派别之间的斗争。首先是造反派和保守派之间的斗争。保皇派、筹委会是保守的，还有工作队，北京市委派到北师大来的工作队。

从一般的革命群众来说，当然都是拥护党、拥护毛主席的。我们的思想认识过程基本上这样：原来的党委是保守的，工作组是进步的，因此我们都倾向于站在工作组一边来批判原来党委。认为工作组是符合中央路线的，是保卫毛主席的革命路线的。就北京市来说，李雪峰的新市委批判彭真为首的原市委。李雪峰的新市委是“文革”中响应毛主席号召成立的，之后，李雪峰就派工作组到师大，一机部副部长孙有余任工作组组长。孙有余到师大后就组织批判原来的党委书记程今吾。等于程今吾是和彭真站在一起了。这是第一阶段。

到后来一造反才知道，李雪峰新市委也不对了，孙有余的工作组也成了革命的对象。“文革”的复杂就在这里，你搞不清楚到底该做什么。开始我们是站在工作组这边批判旧市委、旧党委。后来呢，又要造反，要造工作组的反，说他们是刘少奇的路线，工作组又成了革命的对象了。要是没有亲身经历过，就搞不清楚这其中的弯弯道道。

北师大造反派的头头就是谭厚兰。她是北师大政教系五年级学生，原是湖南湘潭农村的小学教师，其实本质是不错的。农村姑娘又是模范老师，她被保送到北师大来上大学，而且读的是政教系。这样的经历就没有什么问题，在“文革”中就是可以依靠的对象。所以五年级就把她留校了，安排到《红旗》杂志去做一些具体的工作，在工作中认识了林杰。林杰就是北师大历史系1957级的毕业生，1961年毕业后分到《红旗》杂志。这个人会说会写，能力很强，入党也比较早。后来成了关锋的助手和得力干将，帮助“中央文革小组”

起草一些东西。因为林杰是北师大毕业生，就经常来北师大煽风点火。谭厚兰回来写的第一张大字报就是他们授意的。第一张大字报说程今吾是黑帮黑线人物，然后就说孙有余工作组包庇他，这张大字报就把造反的火给点起来了。开始我们还不清楚，还满以为刘少奇跟毛主席是一致的，后来才慢慢地明白，原来是把矛头指向刘邓路线，革命革的就是他们。"文革"开始的那几个月其实就是搞这个。

1966年7月27日江青等人跑到师大来了，"中央文革小组"的成员像陈伯达、康生等都来了。他们在北师大操场开大会，后来还把那个操场改名为"七二七广场"，就是现在北师大有看台的东操场。江青在会上讲了很多，讲得有声有色。其他人也都讲了几句。其实就是"煽风点火"。6月1号是大字报，一直到7月27是高潮。1966年8月18日，毛主席出来接见红卫兵，全国都开始造反，还有各地的串联，外地的人也都到北京来了。毛主席接见红卫兵的时候，我们也都参加了，到街上接受毛主席的接见。

这个时候，我们学校就出事儿了。在毛主席第一次接见红卫兵以后，师大的红卫兵就把学校的老干部、老教授当"牛鬼蛇神"集中起来，并揪斗了一批老教授和老干部，学校的老教授几乎都被揪斗了。有一次，程今吾在操场上劳动，大家就喊："他就是反革命修正主义分子!"有几个中学生就毫不留情地拿着砖头照着他打。当时就说，反革命修正主义分子是反毛主席的，反毛泽东革命路线的。你不打他，你感情到哪儿去了?

教育系的老先生也未能幸免。像邵鹤亭先生白天被揪斗，晚上他就受不了了。当天晚上，可能是在家里就给妻子谈这个事儿。他住的是四楼，估计是从阳台上先把妻子推下去，然后他自己跳下去，夫妻两个就摔死在那个楼下。我们是第二天早上才知道的，我跑去一看，真是惨不忍睹。有人就用芦席给盖上了，然后通知他的养女，他的两个女儿都是养女，来了以后都不敢看。后来说要跟父亲划清界线。当时说自杀就是自绝于人民。我们也一起到邵鹤亭先生屋里去看，在毛主席像旁边空白的地方，写了几句话："毛主席呀毛主席，我对不起你呀"等等。别的没留下什么东西。

邵鹤亭先生是一个非常刚毅的人，性格刚烈，会练气功。有时候，教研室讨论什么他不爱听了，就把眼睛一闭，开始练功，有点个性。我感觉有一点事情对不住邵先生。因为他说话我老是听不懂，所以没跟他打过交道。大概在1964年，他给学生讲外国教育论著课，我当那个班的班主任。当时学生就反映说他讲的话听不懂。后来邵先生就牢骚说："你们看不懂也听不懂，就批判我。"记得有一次教育史教研室开会，我就把这句话当着邵先生的面说出去了。我说，学生反映，你说他们看不懂也听不懂，还老批判你。邵先生听了之后就发了很大的火，对我很不客气。场面搞得很僵。他说你怎么这样对待我呢。当时我们教研室有一个朱泽浦先生，也是后来从教育部调到我们教研室的。他为我打抱不平，就帮我说几句话。意思说，你怎么这样粗暴地对待年轻老师，只不过是给你提个问题呀?后来大家就没有说什么就散会了。邵先生气鼓鼓的。我也觉得有点对不住他老人家了。我应该忏悔自己，对老教授不尊重。

“文革”开始后还揪斗邱椿先生，说他是反共老手。红卫兵把他从家里揪来，那也是很惨的。邱先生留美以后又留德，他德文很好，能够看《资本论》的原文。在解放前的师大，就是因为看《资本论》的原文被别人告了，就告到国民党的教育部，说他亲共亲马列。教育部就叫北师大的校长处理这个事儿。校长就很为难，邱先生是个非常好的老师，当时是教育系的系主任。后来没有开除邱先生，就把他的教育系系主任免了。这是一个事儿。再一个事儿就是抗日战争前，蒋介石在庐山接见一批教授，其中有邱先生。在国民党时期，说他看马克思的《资本论》，有亲共产党的嫌疑；解放以后又说，他是被蒋介石在庐山接见过有名的教授之一。反共老手的表现就是蒋介石召见过他。

邱先生本来就有心肌梗塞，一直在家里待着。“文革”开始后，红卫兵先是去抄家，据说他手抄的几万字卡片像雪片一样散落在院子里。后又把他从砖塔胡同揪回学校批斗。他那时候已经七十多岁了，哪经得起红卫兵那么揪斗啊。当时教育系在主楼七层，没有电梯，红卫兵押着这位老人，一口气从一楼爬到七楼。办公室朱怀斌老师给他一杯水，邱先生用这杯水吃了预防心肌梗死的药。红卫兵先给他训话，接着又把他押下去，押到现在西西楼的那个地方。在邱先生头上戴了个高帽子，上面写着“反共老手”。同时也把毛礼锐、瞿菊农、董渭川这些教授都弄到那儿去，把我们也都叫了去，教育系的师生都去了。去了之后我看到，几个红卫兵押着，邱先生戴着高帽子，站在一个土堆子上。邱先生脸色都是灰白的，一会儿站不住就倒了，一个红卫兵学生还踢了他一脚。后来看他不行了，有人就用个平板三轮车，把他运到校医院。校医院一看，已经十一点多，医生说这是黑帮，我们看不了。这样，就从校医院踩三轮车踩到三院，大概在半路上就不行了。一代学人、二级教授，邱椿就这样被斗死了！

后来红卫兵还把教育系原来的领导揪来批判。教育系原来的书记是于陆琳，但是“四清”时已经把她撤掉了，把她调走了。这时又把她也揪过来，关到一个房子里，有红卫兵监视她。后来有人发现于陆琳经常偷偷地出来，有点神秘地往 262 医院那里走。红卫兵就秘密监视，看她到底干什么。原来她是和她爱人约会去了。她当时已经跟一个叫钟赤兵的中将结婚。红卫兵发现他们约会后，就把钟将军也揪来了。钟赤兵在战争中受伤，只剩下一条腿了。钟赤兵被揪来以后，这个将军就天天给红卫兵讲红军长征、他为革命受伤的故事。本来是揪斗他，结果大家都爱听他讲的故事。这个是笑话，你把他当敌人，其实他是我们革命的宝贝。

相对来说大学还好一点。大学里的批斗很厉害，但是直接用砖头打人的事，还不是太多。中学生毕竟一经煽动，就容易激动。当时我们教育系的总支书记姜培良调到二附中当书记，那遭殃了。中学生还跑到家里来，搞得很乱。他要是不调到二附中，还在教育系就好一点。

后来北师大以谭厚兰为首成立了“井冈山红卫兵司令部”，那些出身好的学生和青年教师都是红卫兵。我们这些人就叫革命群众，都是拥护他们的。1966 年 10 月，林杰又到师大来传达“中央文革”的指示，说要到山东曲阜去造反，那里很保守。这时就把造反的矛头就指向了曲阜的孔庙、孔子。到曲阜造反的红卫兵队伍浩浩荡荡的，有好几百人，以北师大的红卫兵为主，还有一部分青年教师。我那时二十七八岁不到三十岁，也算一个青年了。我和教育系的张必隐、孙喜亭、陈琦，另外，还有几个中文系的教师都跟着红卫兵去了曲阜。到那儿后，红卫兵又成立了很多小分队，分别开展活动。当年去的大都是青年学生，很容易激动。有学生就提出要把曲阜孔庙里的什么石碑拉下来，而且也拉掉了一些石碑，破坏很大。后来得到陈伯达的指示，意思说不要随便拉石碑，清朝晚期的石碑可以拉一点，清朝早期和明以前的碑就不要拉。红卫兵还找到孔子的墓，动员民工来挖墓，挖了半天，发现孔子的墓是空的，什么也没有。另外也揪斗了一些人，像把上海的周予同教授弄过来批斗，当时的运动搞得很乱。

我们年龄稍大一点的教师一般没有参加具体的活动，就在那里搞一些批判孔子、批判儒家的宣传活动。我写过一些批判孔子的传单，主要就是把孔子当作维护封建势力、维护皇权的力量，批判“天不变，道亦不变”这些思想。孙喜亭懂得比我多，后来看到这些内容，还把其中的一句话改了过来。他说不要这样写，我们只批判孔子，批封建统治，其他的不要说。

我们在曲阜呆了一周左右，又到济南呆了两三天。我在济南见到了我的大学同班同学徐胜三，他陪着我们在济南到处看看。我在济南也提出想见我的老同学吴书束，结果就得到了不幸消息。吴树東是我们班学习最好的一个，当过十几年的小学老师，编一些儿童读物。北师大毕业后就到寿光县教书，是当地非常有名的教师，那时他也到处作忆苦思甜的报告。到“四清”的时候就把他调到山东省教育厅了，开始是处长，后来准备要提升他当副厅长。“文革”开始后，红卫兵就觉得这个人是修正主义的苗子，就揪斗他。他一直是受表扬、受重视的工农干部，结果一下子把他说成是反革命什么的，说成是敌人、修正主义苗子，来批斗他，他一下子就蒙了。怎么一好好的人，成了反革命了？他当然想不通，结果就在批斗他之前的晚上触电自杀了。这是我们大学同班同学去世的第一个人。要是不提拔他，他可能还不会死，要是一直在寿光县教书也不会有什么事儿。

我们大概是在1966年11月回到了北京。到北京后，也是三天两头在体育场开批斗会。体育场上有个舞台，有一天晚上开批斗会，就看到陆定一跪到那里。他的女儿叫陆瑞儿，当时就在师大中文系上学。还有罗瑞卿，跳楼自杀腿断了，把他也揪到师大来了。有一次，我还在师大见到了彭德怀。我在物理楼的路边，就听到喊口号，敞篷车就过来了，一看是彭德怀。彭德怀是光头，眼睛睁得很大，很不服的样子。红卫兵在两边揪他的耳朵，喊着“打倒彭德怀”的口号。后来又揪斗了很多人，中央点名的那些人都弄来了。当时的局势有一点儿失控了，连周恩来总理都不知道这些原中央首长到哪里去了。

这是一场悲剧！“文革”真是一场大灾难！连自己培养的新型人才都不放过。林彪和“四人帮”太强调“意识形态”、“维护政权”、“维护既得利益”，而忘却了人的天性。我们是研究教育的，教育应该如何防止人类天性的泯灭？如何防止“文革”及林彪、“四人帮”之流再现重演？

到了1967年，形势就有些复杂了。在谭厚兰的井冈山革命派内部又分成了两派，一派是拥护谭厚兰的。谭厚兰当时是革命委员会的主任。另外一派就是对她还有些不同的意见。这时候又出现一个新的派别，叫“造反兵团”，是极左派，比那个还要左。“造反兵团”就是来反对“井冈山”的。这个时候等于有三派，“井冈山”内部两派，还有一个“造反兵团”。“造反兵团”人少但是很厉害，他们主要以工五楼为活动基地。后来“井冈山”围攻他们，就把那个楼断水断电，还发生了武斗。

1967年全国大乱，1968年就不可收拾了。这个时候毛主席下命令让工宣队进入学校，占领上层建筑。工宣队进来以后，开始领导我们搞“斗批改”，搞运动，斗黑帮，慢慢就转到“批改”了。这个时候北师大教育系就按工宣队指示到中小学去实习，指导中小学老师搞教改，我们也开始编写教育制度发展史。

3. 编写教育制度发展史

大概是1967年，我参加过《中国教育制度发展史》那本书的编写。当时一共编写了两本书，另一本是《外国教育制度发展史》。当时为什么要编写这本书？这个也是上头的一个指示，为“斗批改”提供一个材料。这是毛主席提出的，你不能光斗，斗了以后，批了以后，还要改，还要有一套办法来健全我们的制度。在这个情况下，我们还要编一些资料的东西，就是为了改。这也是上头的指示，没有上头的指示，谁也不敢编。

这个事儿当时是王炳照老师负责的。在革委会领导下，专门成立了一个组织，来编写教育制度发展史。这个编写组有历史系、政治系的几位老师，教育系的把我也弄进去了，但是我身体不好，总是有病。我们就一起谈中国古代的制度，我就把教育史课上学的东西拿出来，官学、私学、书院，讲一讲这些制度。也有几个学生参加编写了。我记得有个化学系的学生，因为他出身好，属于谭厚兰领导的井冈山红卫兵。教育制度有古代，有近现代，古代就是讲的官学、私学、书院怎么一代代发展过来的，近代的就是按照学制来写。当时都是用否定、批判的态度写的，不是用正面来写的，古代封建的东西、封建思想最后落实到制度上。这个书也编了好长时间。因为我身体不太好，我就没有承担很多任务。我只是编过几段，交给他们，后来形成一个稿子出版了。

后来也有人给我施加压力，叫我交代什么东西。我跟孙喜亭关系比较密切一些，他们就觉得我们几个人也是支持学生的。由于孙喜亭讲话有号召力、有煽动性，他们就把矛头指向了孙喜亭老师。在后来揪斗孙喜亭的时候，那些红卫兵就给我和张必隐施加了很多的压力。他们先把孙喜亭隔离起来，后来也把我和张必隐分开，原来我和张必隐住一个宿舍，这时叫他到农村劳动，把我留在学校交代问题。不定什么时候就会来几个红卫兵教训我一顿：“你还不交代，孙喜亭都交代了。”他们就是想让我们揭发怎么炮打无产阶级司令部、反毛主席、反解放军什么的。我们哪里交代得了呢？我的美尼尔氏综合征最初就是在这种压力下发作的。

“文革”时期就是出身论，反对我们这些人的都是出身好的，多是贫下中农出身的。我们这些人都是多少有点儿出身不太好的，商人出身、地富出身的多。后来我们就开始和学生结合在一起，参加二、三年级学生的活动。因此，我跟田正平、赵承福都很熟，当时他们是教育系三年级学生，我就参加他们班的活动。

4. 参加劳动

1968年6月，在红卫兵要求我交代孙喜亭如何枪打“无产阶级司令部”问题的压力下，身体和思想过于紧张，我就得了美尼尔氏综合征，身体就慢慢不好了。不好怎么办呢？我就参加体力劳动，尽量避开脑力劳动。我先是在食堂劳动。当时教育系和体育系成立一个食堂，系里的老师和学生就在这个食堂里吃饭。我是这个食堂的保管员，主要负责查一下进了多少米、油，把厨房的锅盆碗灶登记一下，帮助厨工卖卖饭，最后和厨房师傅们一起吃饭。这些事儿干了一年多。后来又把我派到学校的修建科劳动，帮助师傅修玻璃、装纱窗。修建科的李木匠负责这些事情，我和历史系的李慎兆老师当他的助手。学校每年要把旧纱窗换成新纱窗，我们就把窗户卸下来，换一个纱窗，还帮助安装玻璃。把旧窗户卸下来，帮助安新玻璃上去。这个事儿又干了一年多。

1971年林彪事件以后，我思想上就慢慢有点明白了。林彪那么拥护毛主席，最后还是这样。从我个人来说，这时就有点儿不太愿意参加这些运动，有点儿想远离政治了。从1971年以后，特别是到“文革”的后期，大家也都不像“文革”初期那么积极参加政治运动了。再加上我身体也不好，1971年我还回武汉休养了三个月。在武汉期间，就尝试用中药、偏方和针灸疗法治疗我的美尼尔氏综合征，但效果不明显。我在家里还要让父母侍候我，就感到内心不安。过了一段时间后，我又回到了北京。

回京以后，我被安排在化学系办的五七化工厂劳动。当时这个工厂劳动力不足，各系都要给化工厂出劳动力，派人去那里劳动。我在这个化工厂劳动了一年半，主要就是套钢管。这个活儿也很累，累过头了我也会犯病。我有病后既不敢看书，劳动过了头也不行。美尼尔氏综合征就这么折腾了我好多年。在“文革”期间参加劳动是很平常的事儿，教育系的很多老师都参加过劳动，像黄济先生、张鸣岐、张必隐等老师都烧过锅炉。北京在每年冬天11月中到第二年3月中旬要烧暖气。烧锅炉也很苦啊，推煤、铲煤呀。

5. “批林批孔”

1973年以后的“批林批孔”运动，从中央来说，就是“中央文革小组”江青他们把矛头指向周恩来、叶剑英、李先念，把这些老臣说成是孔子。因为林彪也倒了，是个死老虎了，正好把林彪跟这些老臣挂在一起进行批判。“批林批孔”的时候，我正在五七化工厂劳动，化学系总支副书记请我去介绍过一些情况，主要就是批孔，说孔子是维护封建皇帝的保守势力。因为我身体不好，就没有怎么参加批斗会。天天还是劳动，我当时在化工厂是三班倒，还是很累的。

从教育系来说，当时就是刘德华老师负责组织编写了一些“批林批孔”的资料。那个时候也没有什么教研室，都是工宣队和军宣队说了算。在工宣队组织下，教育系编写的《三字经批注》等这些书，其实都是批判儒家教育上的东西。工宣队主要是由从工厂派来的干部和工人师傅组成的，这也是工人和知识分子结合的产物。这个时候的批判活动就是工厂那边来几个人，学校也派几个知识分子到工厂去讲，儒家怎么不好，我们要批判儒家编的什么东西。工宣队来组织大家搞成战斗队，就是战斗小组。“文革”开始的时候，战斗队是自由组合的，后来的战斗队是工宣队、军宣队组织的。我们开始搞过一些战斗队，像我们有一个叫“六盘山战斗队”，高惠莹负责的，我参加过他们的活动。“批林批孔”的过程中，还讲到历史上的儒法斗争。这些都是江青搞的，让广东中山大学的杨荣国教授到处作报告，讲中国历史就是儒法两家的斗争史，把阶级斗争的观点，贯穿到文化思想的斗争方面。教育系这个时候还编写了《教育史上的儒法斗争概况》。

6. 家庭

我这个人从小就比较恋家，大学毕业后还是这样。我毕业后第一年每个月的工资是46元，我每个月都寄10元到20元钱给家里，自己只花20元左右，剩余的钱过年的时候再拿回去。工作后每年有一次探亲假，回去时我就给爷爷奶奶、外婆、母亲，特别是身边的老人一点钱，还在北京买些东西带回去。当时困难时期地方上生活用品供应紧张，像白糖、肥皂在北京可以随便买，在家乡却不行。所以，我每次都要带回去十几条肥皂、十几斤白糖以及北京特产等。我就用这些去感激过去培养过我的长辈亲友。我都交给我母亲，她知道该送给谁。我就是这么花的钱，其实一分钱没剩下。

毕业以后，有很多人给我介绍女朋友，姑娘都很好，但是总是缺乏一种感觉。不是谈男女的感情或者恋爱，而是马上就要成家的问题。我到了教育史教研室以后，曹剑英老师、王天一老师还有李立民都觉得我没有女朋友是个大事儿，马上就给我介绍，要我尽快成家。因为那个时候他们都成家了，只有我还没成家。程舜英先生有个同父异母的妹妹，也跟我年龄差不多，长得挺秀气的，高中毕业，没有考上大学，在学校做了一个代课老师。程先生就介绍让我跟她交朋友，而当时我马上想到的不是谈男女感情，而是将来成家以后怎么办。另外，李立民、赵敏成等介绍过几个，有的是小学老师，有的是我们的学前专业或者我们教过的学生。有的女生在毕业之前特别积极地想在北京找一个男友，而且他们还怕我挑，还特别找漂亮的。

一提到成家，我就想到这时成家对不起我的父母。我母亲身体也不好，弟妹们还小，家里经济很困难。我当时刚刚工作，每月按时要给家里寄钱。我就把这个心态表示给对方，并不是对这个姑娘本身不满，我觉得在当时谈这个好像还不是时机。这个时候就有一种无形的东西来管着我了，管住自己自然的感情。当然也不仅这些原因，工作以后就和上学不一样了，我感到业务压力很大。这时总是把专业想到前面了，比如1963年叫我上课，压力就很大，我开始觉得我上不了这个课，那就需要把全身的精力都放在这里了，所以其他的事情都摆在次要的位置了。

随着我年龄增大，又有美尼尔氏综合征的纠缠，家里人也开始关心我个人的事儿，后来也想在武汉给我找一个女朋友。大概 1972 年，我从武汉养病回来以后，家里就着急了。我嫂子在北京有个姑妈，一次我嫂子到北京来出差，她就跟姑妈说：你看齐家这么大岁数了，你有没有熟悉的合适的人呢？姑妈说：在丰台认识一个高姐，她认识好多小学老师，求求高姐吧。后来高姐就介绍东高地二小的马峻芳。峻芳当时二十八岁，是山东齐河人，老解放区的，爷爷以前是村长。当时土改中斗得很厉害，很激烈。她爷爷就很机灵地躲开了，爷爷躲了之后，就抓他的儿子，峻芳的爸爸抓走了，后来把他打死了。她爸爸那时才二十四五岁，还是地下党员。因为 1947 年“土改”的时候吧，就落了一个不好的出身。好在她舅舅抗战后期参加了八路军，以后南下。新中国成立后当了丰台区的公安局长，就把她的妈妈接来了，妈妈把她也带来了。她在北京上了丰台师范，毕业后当了东高地二小的老师。

说实话，当时我们两个年龄都太大了，她是大女，也二十八九了，我是大男，都三十四五了。年纪大就有了安家的意思。我们也没有什么特别的经历，接触了几个月，也谈不上是什么恋爱，起码有一个安家的愿望，后来就结婚了。最初她是在东高地二小，很快就怀孩子了。怀孩子很累，又当班主任，还要坐几个小时的交通车上班，因而那时候她很瘦。

我们北京师大实验小学的书记范小韵，是我的同学。我就说跟她说，你看我好不容易结了婚，结果她那么远。她说：没有问题，我们要，但是你要她们小学放人啊。后来又折腾了大概半年到一年，那边领导同意放了。大概是 1975 年才调回到师大实验小学。就是这样，我们 1973 年结婚，1974 年生孩子，1975 年才调回来。

我们结婚以后她妈妈就说：峻芳这个孩子真苦，命苦。那么小爸爸没了，好不容易结婚了，她丈夫还身体不好。她妈妈见到我，说人倒是个好人，就是身体不好，病怏怏的。但他家四大伯会算卦。只是问我生辰八字，根本没看见我，就说没事儿，他们晚年很幸福，过不了多久，他们家就会非常好。我想，越是农村，越是基层，还真有这种人才。你在大学里头，高级机关里，没有这种人才。为什么？我们过于依赖现代科学技术。古人说的好，藏龙卧虎，都在底下。道在山林，道在农村，道在基层，不在上头。你看孔子、老子，诸子百家，不都是来源于基层吗？

这时我的美尼尔氏综合征还很严重，应该说参加体力劳动比脑力劳动好一点。但是体力劳动时间过长了、过累了还是不行。由于病得很厉害，1976 年唐山地震以后，我就又回武汉养病了。马峻芳一个人在北京照顾不行，她还要上班，小学老师的工作也很繁重。所以，这次回去我把孩子也带回去了，由我母亲带着。我在武汉呆了一年多，其间我就住在武大附小我三弟的学校，靠父母亲和三弟照顾我和孩子。真感恩家人，让我又度过了最艰难的岁月！

五、重返课堂

1. 身体恢复

我再次从武汉回到北京就是1977年了。1978年改革开放后，我国的形势就比较好了，各个方面都有点灵活了。这个时候教育系领导照顾我，就安排我在教育系资料室上班。教育系的资料室是在北师大原来主楼的七楼，是一个大屋子，里面有很多教育专业书籍及报纸杂志。表面上是上班了，其实我也没有多少具体的事儿，每天就是到资料室坐一会儿，有外系的人来看资料，本系的老师、进修的学员来借资料，我就登记一下。那个时候，毛礼锐先生的《中国古代教育史》正准备出版，我也帮着抄一些资料。但当时我身体还不是很好，经常是抄着资料就病倒了。这一段我在资料室就干这点事儿。这就算是上班了，上班就不扣工资了。

这个时候，我们师大工会也开始组织大家练气功。抱着试试看的态度，我也跟着练气功。开始我也不懂这个，也不相信气功。以前生病的时候，别人也说要我练气功，我说气功是什么？当时脑子里对这个是排斥的。有病看病，找医生嘛，是不是？这个时候也是听别人说，练气功有效，我就去试试看。我这时还不到四十岁，病得还很厉害，像个老头儿似的。有时路过幼儿园旁边，幼儿园的小朋友就会对我说，爷爷好。搞得你哭笑不得。原来几乎是每天都犯病，有时候跟别人说话说着说着就不行了，头晕目眩，全身出汗，把别人搞得很尴尬。在饭厅买饭也是，人多的时候热气一轰，病了就晕倒在那里了。

这个时候，师大工会把郭林老师请来教大家练气功。学的人很多，她自己教不过来，就叫她的弟子来教。我就是跟她的弟子张明武学的气功。他们每天早上很早就到师大来，教我们练功。平常每天练习半个小时，也不耽误你上班上学，就像我们做操一样。星期六、日练的时间就长一点。我刚开始去练气功的时候，走路都不行，还需要有人扶着。到了练功的地方以后，我要弄个小板凳，坐着听，别人都是站着。我练的是一种新气功——慢步行功。当时是这样练的，摆手再把呼吸配上，吸吸呼，吸吸呼，就是这么几个很简单的动作。还有一种功法和这个差不多，也是那么走，就是速度快一点儿，叫“快步行功”，要快，不能那么慢。这个快步行功居然对治癌症也很有效果。北师大很多人都从练功中受益了，我便是其中一个。开始练气功的时候，动作也不标准，我就跟在别人后头慢慢地练。练了一段之后，就感到体力也就慢慢好了一些，逐渐地自己也能走路了。这个时候我再看病吃点儿中药西药，就管用了。原来我也吃药，但是不管用。从中医来说就是肾虚到了极点了，就需要补一下。那个时候我天天都在忙这个，算是全力以赴地练功。真是皇天不负苦心人，我的脸色也慢慢好了，犯病的几率也少多了。

我是1978年年底开始学气功。练了一段时间后，基本上就不再犯病了。学了气功把身体弄好了以后，我始终再没有中断过练气功，我怕又回到那个生病的时代。我一直坚持在晚上用一点儿时间练功，有时候也到医院看病，吃一点药，我始终注意这一点。毕竟我原来大伤了元气。这个时候是我练气功的高潮，我不光是这个功，还练过好多功法，我还学了道家功，懂得了养生知识，还学了鹤翔庄气功，也是师大工会组织的，也是不要钱，我都跑去学。后来还交钱练了一些功法，如八卦如意功要交几十块钱。之后又读一点《心经》、佛经。这种经历不仅对我的身体有好处，而且对我理解传统文化也有一种开窍的作用。原来讲中国教育史还是有一点像讲知识，以前我就认为教育史要传递知识，这有很多知识点、几个题目，学生要搞懂，因为将来要考试。学了气功以后，特别是读了《金刚经》、《心经》了以后，我觉得自己对传统文化的认识有了提升。我觉得中国文化，不仅是一种知识，这种知识背后还有一种精神、一种理念。所以，后来我讲课也有了一点变化，逐渐从绝对的知识系统里超越出来，特别是对研究生的讲课，课堂讲授的知识要包含一种做人的东西，终极的目标是人文的关怀、终极的关怀。这是1990年以后，我逐渐领悟到的一点儿变化。所以到了2000年后，我开始致力于在社会上普及传统文化，在图书馆讲课，也在社会上讲，就有点像传道了。普及传统文化其实也是在为提高中国人的文化修养作点儿贡献。

对我个人来说，这个时候的文化其实已经进入到信仰层面了。我学气功对我很有帮助，假如没有这个练功的实践，可能还体会不到这一点儿。我们学习中国文化，不光是要学知识，重要的是要安定心灵，让我们的心灵沉静下来，不那么浮躁。我很看重这一点。

2. 重返课堂

坚持练了一年半的气功，一边休息一边练功，到了1980年，我的身体就慢慢好些了。在此之前我看到书上的字，密密麻麻的，一会儿就晕了，看着海军衫的线条，看着就晕，眼睛都不敢睁开。所以，我就很感谢这个慢步行功，把我的身体底子搞好了。

身体好转以后，我又回到了教育史教研室。开始我还不能讲课，主要是听其他老师的课。“文革”结束以后教育系的第一轮教育史课程是对1977级、1978级的学生，古代教育史是王炳照、张鸣岐、刘德华三个老师讲的，近代部分是高奇与何晓夏老师。这个时候我就跑去听课，听课也觉得很累。教研室也照顾我，说如果你有时间就帮助做一些辅导答疑。这样，我就是到答疑的时候去一下，也没有多少人问。1977级、1978级的学生，他们听完课就算不错了，也不给你提什么问题。所以这一段时间我基本上没有什么事情，这也让我休养生息了。1977级学生在考试前让我讲了一次辅导课，总结了一下中国古代教育史的内容，他们也觉得很受益。

到1982年，我又开始登台讲课了。我这次是在1979届的学前专业三年级讲中国教育史课程。由于身体的原因，开始的时候，我还要坐着讲课，动作也很慢，像写板书的时候，要慢慢地起身，站起来写几个字再坐下来。谁要是叫我，我也要慢慢地转过身子，就像个老人似的。学生也笑话我说，郭老师讲课怎么脖子都不能转动。一般说，年轻老师都站着讲课，包括陈孝彬老师比我还大几岁，都是站着讲课。我的教育史课还比较受学生欢迎，讲了半学期就反映很好。记得《北师大报》的一个记者知道了，还到教室来听课，听完课就访问学生。学生觉得可能是要给我涨工资啦，就跟记者说，郭老师怎么好。后来在报纸上就表扬我讲课受到学生欢迎什么的。当时中国教育史课程课时还不少，古代教育史讲一学期，近现代讲一学期。我和刘德华老师负责讲古代教育史，高奇、何晓夏他们负责讲近现代教育史。王炳照老师这个时候在学报编辑部，本科生的课讲得少，主要给研究生讲专题课。这时我还是一边练气功，一边也吃中药，身体慢慢不犯病了，不那么晕了。我开始的时候课也不多，工作就是一周几节课，而且第二学期近现代教育史就不是我讲了，我就可以好好休息了。

改革开放以后，学生的学习积极性很高，他们听讲都很认真。因为我在“文革”以前学过一些《论语》和《孟子》等，也讲过一点教育史的东西，所以还有一点底子。“文革”后再次登台讲课，也就有了一些教学经验了。这个时候我自己又编了一个讲义，主要是想给学生提供更丰富的教育史知识。我讲的教育史课，史料很多，如孔子讲教育对象怎么说的，教育目的、教育方法都是怎么说的，孟子怎么说的。学生们听了我的讲课以后，觉得自己一下子知道了很多东西，学习兴趣很浓。尽管自己讲课水平不一定很高，但起码把这些资料给他，学生们就会觉得你的课有内容。教育学和教育管理，也是通过教育史的资料把它烘托出来，才有充足的、充实的内容。后来我还教了几届本科班。很明显我上教育史课的这个班考教育史研究生的人较多。有时候我们的名额有限，最后还要介绍到外地的学校。像吴霓，他是贵州人，就把他介绍到重庆的西南师大去了。

到了90年代以后，我就以研究生教学为主，本科的教育史课程就少了一些。1986年开始招研究生以后，我就把精力重点放在研究生培养上了。我记得我讲本科的教育史课就是排到2000年，2001年后我就没有讲过本科生的课了。后来本科的教育史课程也一再压缩，也没有在80年代讲得那么自如了。原来中国教育史课程是一个学年，每周四节课，现在是一个学期四节课。原来古代部分就能讲一个学期，现在把近现代教育史也放到里头成了一门课。我当时有个想法，我能带博士生，年轻人不能带博士，就让他们讲本科的课。这样大家都有事可做。

3. 职称

“文革”结束后，我的职称还是助教。改革开放以后国家给教师涨过一次工资，那时我还在武汉养病，我就没赶上。因为你在病休，当然不能给你涨工资，也不能评讲师。我们系里的人也很好，当时尹德新是我们的系主任，系里的夏之莲老师、学前的周俪君老师、曹小宁老师都跑来给尹德新说：郭齐家病了，但是他在“文革”以前就讲过课，他还是助教，而他同班的都是讲师了，要不评他讲师，他的工资还是那么低。后来尹德新说：“我也很同情郭齐家，但是你们说，现在评他讲师，他讲得了课吗？当系主任，我当然比你们还熟悉郭齐家，以前我们在一起。”我当时真的是讲不了课，说话都有点不清楚，抄写东西，抄着抄着就晕了。这个事儿使尹德新也很为难，所以一直也没有给我评讲师。大概是在1979年底，我才评上了讲师。

我是1986年评上的副教授。因为1984年以前，北师大提了一批教授、副教授，大概上面发现有问题，1985年就停了一年，因而我的副教授就是在1986年批的。到1992年9月，我评上了教授。1991年我接受了一个日本的高级访问学者，人家是教授，我还是副教授。毛礼锐先生生前很关心我职称的事儿。毛礼锐先生去世了以后，学校以及系里领导来看望的时候，毛先生的小女儿毛锦凤就把我职称的事儿说了，说毛先生最后还有几件事情，其中一件事情就是郭齐家职称的事儿，郭老师经常到这来帮助他，到现在为止，他还是个副教授，跟他一样的同学都是教授了。

到了1992年9月份就讨论了这个事儿。黄济先生参加了学校的评审，他告诉我说，小郭呀，你职称的事儿解决了。我这个职称也拖了很长时间了，应该是1990年前后解决，结果到1992年才解决。当时正好是北师大九十周年校庆，大概也都照顾了一下。本来按学校领导的意思，我们这一批人是要作出牺牲的。就是说先提一批比我们岁数大的，我们这一批就算了，就是副教授了。就是要牺牲我们1960年前后毕业的人。大概后来争论了很久，最后还是放宽了一些。考虑到这一批人辛辛苦苦的，还是满足我们这些人的愿望。要是那个时候我要评不上教授，就更谈不上博导了。所以我还是挺有运气的，沾了个光，赶了个末班车。

我提了教授后，等了三年才当上博导。当时学校有个规定，教授以后大概要两年才可以评博导，但这个规定也要根据各个专业的情况来执行。像我们这个专业，已经有博导了，王炳照老师是1989年一提教授就当了博导，当时就是为了接毛礼锐先生、陈景磐先生的班。王炳照老师已经是博导了，我的博导审批就拖得时间长了一点。等了三年，到1995年才批。要是这个专业还没有博导，可能批得就很快，第二年可能就可以了。有了一个博导，这个博士点就有人支撑了。如果没有人支撑，这个博士点就会消失了。

1995年我当了博导之后，就开始招博士研究生。算下来我一共带了五届博士生，基本上是每年招一个博士。我们学校当时规定博导是六十一岁退休。原来的博导是六十五岁退休，在方福康当校长的时候，就规定一年减去一岁。第二年就是六十四岁退休，后来六十三、六十二岁退休，到我的时候，那一年就是六十一岁退休了。到六十一岁就停到那儿不动了，再减就跟教授一样了，博导还是多一年。我是1938年出生，六十一岁就是2000年，10月份就准时给我办理了退休手续。退了以后的2001年，我还招了一届博士生。原因是计划报上去了，招生还是按照原来的计划进行的。招了学生就算返聘，后来还签订了一个协议，意思就是你一定要把学生带到毕业，还怕你带到半路把博士生扔了。这一年我一下子招了四个博士生，有一个是韩国学生，叫李庚子。另外三个就是储朝晖、王雪峰和郭德侠。

退休后系里还安排我做了一件事情，研究生院要试办一个教学督导组，让我去那里当督导组成员，主要任务就是听课。那一段时间我在师大听了好多教师的课，都是给研究生上课的教师。在教育学院主要是一些大课，在管理学院和心理学院我也听过一些二三十人的小班课。2001年、2002年主要就是做这件事情。把2001年招的几个博士生带到毕业，就到了2004年了。这个时候我就到珠海来了。

4. 做教研室主任

“文革”结束后，北师大重新恢复教育系。顾明远先生是教育系的系主任。顾老师当主任的时候，尹德新是副主任。后来顾明远先生当副校长了，尹德新当教育系主任，再后来是陈孝彬当了两届系主任。

1977年教育系就开始通过高考招生了。学生招来后，紧接着就要上课了，一上课就要排课，这时也恢复了教研室。开始只是培养本科生，到了后来能招研究生，又评职称，没有教研室不行的，教研室还是一个基层单位。“文革”结束后，教育史教研室主任是陈景磐先生，副主任是王天一。后来刘德华老师也做了教研室的副主任兼党支部书记。刘德华老师原来就在教育史教研室，应该说他跟王炳照老师的情况差不多，属于“文革”开始前就留下来的毕业生，分到教育史教研室。整个“文革”的活动，都是跟教育史教研室的人在一起。他原来是总支委员，专门负责组织工作。因为他是党员，陈景磐、王天一都不是党员，也需要一个党员做教研室的领导。

教育史教研室恢复的时候就是原班人马，“文革”留下来的都来了，毛先生、陈先生、张鸣岐先生，高奇、王天一、夏之莲、朱美玉这些老师。后来王炳照老师到师大学报编辑部去了。吴式颖老师当时到北师大来的时候，是在教科所，主要以教育史研究为主。那个时候，北师大不但有教育系，还有个教科所，这是汪兆悌跟学校要求成立的，跟我们还不是一个单位。教育史教研室主要是以教学为主的。教研室恢复后还从外面招募了一些人，何晓夏老师就是从外边调来的。

外国教育史方面，王天一老师一直搞外国教育史。在50年代还专门把他派到华东师大学习培训了一年，专门学习外国教育史。回来以后就当了教研室的副主任。王老师的哲学功底还是挺好的，可惜的是他的外语不是很好，那是时代的原因。从50年代开始，王老师就从事外国教育史的教学，我上大学时就是他教的外国教育史。然后就是夏之莲老师，夏老师是辅仁大学研究班毕业的，也是很有水平的，能力比较强，是党外人士。朱美玉老师是师大学前专业毕业留校的，她跟高奇老师都是北师大50年代的毕业生，作为尖子留下来的。这样，北师大的外国教育史的王天一老师、夏之莲老师、朱美玉老师三个人就形成一个梯队。改革开放以后，外国教育史的几个教师就跟教育系主任尹德新提出要编一个外国教育史的教材。因为全国还没有这样的教材。老尹就很支持，跟北师大出版社联系，出版社也很支持。后来，他们三个人分工，王老师和夏老师大概一人近一半，朱美玉身体不好，照顾她，分了一部分内容。后来署名字，就是王老师、夏老师、朱老师。那本书1984年出版后在全国影响很好，因为编写早，就抢在了头里。大学教育系都要学外国教育史，很多学校都把它作为教材。但也有人提意见，说没有超脱原来康斯坦丁诺夫的教材体系，尽管有些语言变得中国化了，但是整个框架体系还是苏联化的。这也难免，刚从那里出来，你要完全中国化的东西，也不太可能。

“文革”后的80年代，北师大的外国教育史教学就是由王天一、夏之莲和朱美玉这三位老师来承担的。一般来说，王老师、夏老师给学校专业讲，朱老师就给学前专业讲。他们的课都讲得很好，很负责任。后来王天一老师退休了，就是夏老师和朱美玉了，那两个人显然不够。所以，又留下了康健和史静寰他们几个年轻人，充实到教师队伍中。

陈景磐先生后来年龄大了，就不做教研室主任了。大概是在1985年，王天一老师当了教育史教研室主任，就让夏之莲老师和我当他的副主任。我这个时候也就开始做点儿教研室的工作，主要负责中国教育史方面的一些事情，重大的事情向他汇报。王天一老师1988年退休后，夏之莲老师做了教研室主任，我跟何晓夏当副主任。我就偏重于中国古代教育史，何老师主要负责中国近现代教育史。我记得我当了两届教研室副主任。到了1992年，我当上了教育史教研室的主任，这个时候教育系的主任是裴娣娜。我就找了何晓夏和史静寰来当副主任。到了1995年，我就不当主任了，就是史静寰当教研室主任。

教研室主任的变动一般就是随着系主任走。我当教育史教研室副主任的时候，陈孝彬教授是教育系的主任。我当教研室主任的时候，系主任就是裴娣娜教授了。这也就等于是系主任组阁以后，再任命教研室主任。教研室就是那么几个人，一般都是学术威望高一点的老师做主任。像我们教育史教研室原来是陈景磐先生，再早还有毛礼锐先生。到了后来，毛先生、陈先生年龄大了，还叫他们做教研室主任就不合适了。

当教研室主任的时候就比副主任忙一些了。要承担系里的学术委员会、职称委员会等一些事儿，当副主任时就没有这些事儿。我当教研室主任的时候，特别是评职称、进人、招研究生等这些重大的事情都要讨论。因为那个时候，我们教研室已经有中国教育史和外国教育史两个硕士点、博士点了。

另外，我做教研室主任的时候，还要处理教研室内部一些具体事务。

第一个事儿就是排课表。这个事儿是由教研室主任、副主任、系里主管教学的副主任和系里的教务人员共同商量排课。要安排本科生的教育史课程以及教师的分工。我们有四个本科专业：学前、特教、教育学、管理，分四个小班上课，这样课时量就会多一点，大家都基本上能完成工作量。

再有就是教育史专题课的排课。当时教研室为研究生开了一门教育史的专题课，这是全系的研究生都要学的一门专业基础课。专题课是一个人讲一到两个专题，从中国古代、近代、外国教育史，大概就这么个顺序排下来，排一个学期，一般是16讲，把教研室里讲师以上的人都排进去。助教还不能上这个课。这样上课的最大优点就是大家负担都不重，一个学期就讲一次两次，就讲你自己研究的心得或者当前的热门话题，或者是你正在研究的内容。课程的内容也十分丰富，学生在一个学期就可以了解中国古代、近代、外国教育史方方面面的内容，可以产生比较好的效果。但缺点就是不系统。有时候你古代讲了一点，但这并不能代表古代教育的全部。外国教育史更是复杂，你随便讲几个专题，不能代表整个外国教育。如果是本科时学过教育史，对教育史有一点研究的人，再学这个课程会更好一些。如果本科没有学过教育史，直接听这个课程就会有东一榔头西一棒槌的感觉。他会以为中国教育史、外国教育史就那么一点点东西。其实这些只是一个代表性的东西，是老师兴趣或是研究的东西，并不是整个教育史学科的内容。

做教研室主任的第二项任务就是组织硕士生和博士生的论文答辩。当时硕士生较多，基本上每个老师都带有硕士生。博士生也就那么几个人，只有毛礼锐先生和陈景磐先生两个人是博士生导师。我做教研室副主任的时候，就很操心这个事情。因为老先生都那么大岁数了，不能让他们自己去组织论文答辩，因而他们的博士生论文答辩基本上是我们帮助组织的。我就做一些具体的组织安排工作。毛礼锐先生第一个博士生俞启定的论文答辩，就是我负责操办的。为此，我还专门把他的论文送到上海华东师大，先让张瑞璠先生看看，请他来主持这个答辩，后来还把张岱年先生请来了。论文答辩就由张瑞璠先生主持，张岱年、张鸣岐先生也参加了。这都是我跟陈孝彬老师筹划的，我起草一些名单，然后系里请这些人。毛礼锐先生的第二届博士研究生毕诚、程方平，他们的论文答辩也都是我给跑的。毕诚还是我给他帮忙，让他提前一年读博士的。他是师大教育系 1979 级的本科生，我是在学前专业讲教育史课，他是在教育学专业。听说我的情况以后，也跑来听我的课，就互相串着听。因为我们是老乡，都是湖北人，所以经常来找我。他第一次考硕士考的是张鸣岐先生，后来毛先生开始招博士，我就推荐他提前一年读博士。

陈景磐先生的第一个博士生是吕达，第二个是史静寰。吕达是在职读的博士，他在人民教育出版社的事务很多，工作一直很忙。这个人做事儿很认真负责，再加上他爱人到美国了，他还要往美国跑，拖了六年才写成了论文。当时学校还没有成立研究生院，就是一个研究生处。研究生处的人为吕达的事儿老是找我，当时上到第四年的时候就开始找我，后来就拖到了第五年、第六年，这个事儿又不敢跟陈先生谈，他们给我施加压力，我也没办法跟陈先生施加压力。我只好跟吕达谈，说你赶快把工作安排一下，最好有三到五个月的时间把论文集中完成。他老是说：写了一部分，还没有写完。后来他还是抽出时间把这个博士论文完成了。史静寰的博士论文是中国近代教会教育的主题，涉及传教士问题，也涉及司徒雷登。论文写好后寄到人教社陈元晖先生处。陈先生听到中央人民广播电台正在批判有人敢为司徒雷登翻案，马上打电话给陈景磐先生说：现在正值学潮高潮时期，我不能参加你们的答辩。陈景磐先生一听急了，找顾明远副校长。顾老师安慰陈先生说："你不要怕，我看看论文，让史静寰再修改修改。"但陈先生一病不起，最终没能参加答辩。陈先生去世一个月后，我把杭州陈学恂先生请来主持史静寰的答辩，她终于通过了！

我当教研室主任的时候，跟这些师生的关系都很好。一个是上面的毛先生和陈先生，学校的研究生处，再就是这几个博士生。这些博士生年龄都很大了，学生跟老师的关系非常融洽。他们都是很感恩的，在很多时候也帮了我。你帮助了别人，别人也帮助你，这都是相互的。这些也都是我本职的事情，我当教研室主任就是干这个的。

另外就是陈景磐先生、毛礼锐先生年迈，一方面要帮助他们做一些工作，像带研究生什么的，一方面还要关心他们的生活。那时候我们经常跑这两个老先生家。他们也算是我们的“国宝”。陈先生的夫人是外语系潘欢怀教授，潘先生照顾陈先生很具体。所以，一般就是逢年过节时候，特别是生病的时候去关心一下。但毛先生就不一样，毛先生原来是毛太太照顾，照顾得比潘先生还细。毛先生上课之前，毛太太要给他系鞋带、扣子，但是很不幸，毛太太突然得病去世了。当时我们全系也很重视，追悼会的规模很大，她是个教授夫人，她的待遇和我们正式的教授一样。因为毛太太为人也很好，上上下下大家都知道她。毛太太去世以后那几年，毛先生就很孤苦。

在老先生们八十岁的时候，学校为中文系陆宗达、李贺林先生和我们系陈景磐、毛礼锐先生组织做了八十岁大寿，在全校开了一个隆重的从教五十周年大会，其实就是八十寿辰纪念会。当时那一年四位老人基本上都是八十岁。只是有一点差别，陈先生是 1904 年出生，毛先生 1905 年出生。开会的时候中文系、教育系很热闹。那个会开得很好，很鼓舞人。毛礼锐先生的学生，王炳照同班的研究生，还有其他老一点的学生，都回来了。就在原来的主楼八层的一个很大的会议厅，举办了这次纪念会。当时教育系在七楼办公，中文系在六楼办公，整个八楼就是一个专门开会用的大会堂。这个主楼后来拆了，因为是在 1960 年困难时期建设的，经费不足，基础就没有打好。1966 年邢台地震的时候，我们正在楼上学习、开会，就看到灯在动，说地震来了，我们就赶快从楼上往楼下跑，跑下来后还看到楼在摆动。当时心里都很害怕。那个时候大楼就有些裂缝了。唐山地震后，裂缝就更厉害了，整个楼就有点危险了。就是因为这个，后来赶紧把那个楼给拆掉了。

在那一段时间，我跟毛礼锐先生的关系就特别密切。毛先生的夫人去世后，我就经常去看看他，另外他家里请了一个本家的嫂子，说是嫂子，其实比他小十几岁。但是他叫嫂子，为什么呢？他排行老三，那是毛先生大哥续弦的嫂子。很能干，江西农村来的。毛先生晚年经常生活不能自理，经常需要有人来帮助打理。有这么一个非常得力的人，就好多了。

到了后来，我去看毛先生时，他开始跟你说的几句话很清楚，过一会儿，他就不理你了。有时候他也会说：郭齐家这么久都没有来了。其实我是经常去。有时候他们通知我说：毛先生想你了。我就放下工作，还以为有什么紧急的事儿呢。到了之后才知道，就是他突然想起来，我好久没来了。后来有些著作或博士生论文，请他写评语，他已经写不了了，写的字都摞在一起了。早年毛先生的文笔非常好，写了很多东西，到那个时候就不行了。你一看，写字总是往上斜着走，写得不多，也就是三行两行。我们看他写字困难，就替他写，写完了以后盖他的章，或者叫他签字，有时候签名也都是往上走的。

毛先生生病的时候，我已会气功，也有一定的功力了，我还带着几个学生用气功给他治过病。气功老师给我讲过，什么地方有病，你就用意念，好像手伸进去一样，比如说肠胃有病，你就用意念想，然后把那个病毒抓下来，往外带，往地上使劲摔，要摔得很深的，好像是五十米或六十米甚至一百多米深。我们学到了这些，特别是几个练气功的学生，他们年轻，比我学得快，意念也很深。我记得一个兰州来的学生，是我教育系本科的学生。我们两个一起学气功，他就比我学得好。给毛先生治病的时候，我就带着他，我们一起给毛先生抓那个病。果然有效，用过气功之后，毛先生跟家人说，感觉轻松多了。

我从教研室主任位置下来以后，还当了一届系里的学术委员会或评职称委员会的职务。也就是一个学期要开两三次评审的会议。我记得，管理学院安文铸评博导的时候还找过我，另外也有哲学系的，搞教育哲学的桑新民也找过我。我们在系里投票是第一阶段，还不是最后决定，但是很重要。我当教研室主任以及以后的一段时间，还参与了很多这样的事儿。

到了2001年教育学院成立，就把教育系、教科所、外国教育研究所合起来了。原来这三家是独立的，现在大家都是一个学院了。这个时候还把“教育史教研室”改名为“教育历史与文化研究所”。当时的改革主要就是为了适应形势发展的需要，大家说“教育史”在社会上找工作、就业好像不吃香。如果只是“教育史”就觉得很狭窄了，所以学生找工作很难。你去找工作，别人说我不要“教育史”的，不要说企业不要，就是学校也不要。冠之以“历史文化”的名称，既便于招生，也便于学生找工作。你说是文化，不单学校要，企业也可以要，因为有企业文化。改了名称以后，就不仅是面向教育了，同时还面向社会的历史文化领域。改成教育历史与文化研究所，教育史学科的适应范围就扩大了。

5. 教育史教材

“文革”结束后，由于教学上的需要，毛礼锐、邵鹤亭、瞿菊农先生在60年代编写的《中国教育史》很快就出版了。在文科教材会议以后编写的教育史教材，在当时的师大学报发表了一些，好像没有全部发表。但是当时他们的稿子是全部写出来了，先秦部分是邵鹤亭先生负责，汉唐是毛礼锐先生负责，宋元明清是瞿菊农先生负责。稿子编起来后，“四清”、“文革”就开始了。三个老先生的稿子是交上去，也可能是交给当时管全校文科教材的尹德新了。“文化大革命”结束后，又把这个稿子找出来了，幸好还没有毁掉。由于邵、瞿两位老先生已经去世了，所以就请毛礼锐先生把稿子从头到尾再编纂一下。因为原来的《中国古代教育史》稿子还有很多批判的东西，有些口气还很重。那时候毛先生把它看了一遍，修改的时候，就把过分批判的东西调整了一下，也来不及作大的修改。当时资料室的很多人帮着誊写，我也帮着抄了一些，我只是抄了一部分，因为那个时候我身体还不好，抄的时间长了就晕了。大家抄完后就送交人教社去了。另外，陈景磐先生的《中国近代教育史》和陈元晖先生的《中国现代教育史》也是在这个时候重新编纂的，基本上是他们“文革”前编写的，文字上稍微作了点修改，内容没有太多的变动，资料没有什么变动。1979年人教社出版了这几本教材。

“文革”前写的教材，有关教育思想的基本叙述模式就是讲生平、政治立场、哲学思想，后边讲教育思想。“文革”之前，我们文科教材会议要讲这些东西，要讲阶级斗争，讲思想，你讲他的教育思想你一定要分清是代表什么阶级的，还要讲清哲学上是唯物还是唯心的。所以，当时说话要有立场，批判更要有立场。这是“文革”前一直到“文革”中我们都坚持的。其实我们“文革”之后还基本上是这样，包括现在写东西，也会写“这是代表唯物主义观点”这些话语。

但是在60年代编写的《中国近代教育论著选》稿子丢了，很可惜。那是董渭川先生和钟敬文先生负责编写的，我看过那个教材的一部分，其中有给研究班讲课的一部分内容。有注释还有题解，这都是董渭川和钟敬文先生费了很大气力整理出来的。这个稿子后来说是没找到。这个材料要是出版的话，我觉得价值比较大。《中国古代教育论著选》不属我们这边的任务，那是华东师大的任务。

改革开放以后，教育史学科还开展了“拨乱反正”问题的讨论，主要还是原来讲的批判继承问题，如中国古代教育有没有用、如何继承的问题。过去认为教育史基本上是反面教材，是从批判否定的角度，而不是从继承的角度来研究的。现在又提出古代教育里面有很多精华，总结了人类很多宝贵的经验，我认为这个是最主要的。一个是批判精神，当时强调阶级分析，只要是“剥削阶级、地主阶级”的教育，就是要批判和否定的。现在不太强调这些问题了，但是“唯物、唯心”的标准还在讲。这跟“文革”的阶级斗争观念有关系。因为以前是以阶级斗争为纲，我们的阵地是无产阶级阵地。在我们的历史研究中，往往是从阶级斗争的观点来看问题，很少用全人类的观点来看，或者是从文明角度来看问题，这跟马列主义讲阶级斗争有关系。1988年，在毛先生和我在《教育研究》上发表的一篇文章《中国教育史研究十年的回顾与展望》中，就谈到中国教育史研究中的批判与继承问题。这篇文章是对十年中国教育史的研究总结，概括了中国教育史研究的目的与任务、指导思想、批判与继承的关系、教育史料与教育史学的关系、研究方法的开放与创新等五个教育史研究中的问题。我把文章写好了以后，请毛先生看了一下，作了一些修改，毛先生同意以我们两个的名义发表。

80年代北师大教育系还把邱椿先生的一些论文资料整理出版了。新中国成立以后，邱先生一直身体不好，心肌梗死，经常要吃治心脏病的药，也不能很劳累，但他觉得自己每个月拿280块的工资很高，既不教课又不带研究生，怎么办呢？他就给自己定了个任务，每学期交一篇文章，意思是说，我没有白拿工资。邱先生在新中国成立后基本上就在家里搞研究，自己选题目，主要就是中国古代教育思想的研究。当时也没有国家项目、省级项目什么的。邱先生外语很好，懂得英文、德文，中文功底也很好。那个时候他当然不好写外国教育的东西，他就写中国的东西，而且中国的东西别人还写不了。他就挑了中国古代教育思想史的内容。每次写好文章都交给当时管文科教材的尹德新老师。由于他每学期都交一篇文章，后来这些文章就有一大摞了。“平反昭雪”以后，邱先生的学生和弟子，包括邱先生在北师大实验小学当老师的女儿邱桐，都积极提意见，我们本校也有人提议，说邱先生这么知名的人，能不能把他的著作汇编一下出版。当时尹德新是系主任，这个事儿老尹接受了，老尹又跟顾明远先生商量，后来跟出版社联系。这个时候就组织人力把他的论文拼一拼，稍作整理，没有费很大功夫，只要出版社同意就可以了。

1985 年，北师大出版社以《中国古代教育思想论丛》为名出版了上中下三册。差不多就是邱先生所有的手稿，也没有什么保留。邱先生做学问就是做卡片。他看几本书，做成卡片，然后把卡片排列分类，就开始写。写好后，把底稿留着，再抄一份给老尹。他的文章就是这样写出来的，但是这些文章里边都有阶级斗争的观点，本来不是他的意思，也要批判一两句，显得适应当时的批判潮流。

在 80 年代我们还编写了一个《简明中国教育史》。这个事主要是王炳照老师牵头的。他跟师大出版社很熟悉，出版社有人就提出来，现在要培训那么多教师，你们能不能编一本简明的教育史。我们办什么班，到外面上课，有一个简明本，也便于教学。这本书不要像毛礼锐先生编写的《中国古代教育史》字数那么多，在三十万字以内，学术性也不要太强，突出“简明”二字就行了，简单明白，通俗易懂。王老师把这个任务弄来以后，就跟教育史教研室的人商量，因为他当时还在学报编辑部。开始的时候还征求张鸣岐先生的意见，张先生也愿意参加，但后来张先生说是身体不好，就没有参加这本书的编写。当时编写大致是这样分工的：王炳照老师写先秦教育，后边是我写汉唐教育，再后边是刘德华老师写宋元明清，接着是高奇和何晓夏，负责写近现代教育。这个时候中国教育史教师也就这么几个人。

这本书是北师大出版社的意思，觉得这样的书编写出版，发行量会很大。出版以后果然是这样，中间一再加印。后来还发现有的地方剽窃我们的这本书，内容跟我们一样的，就是把作者的名字变成了他们的名字。我们几个人当时都反应很激烈，就把这个事儿就告诉了出版社，强烈地抗议什么的，要求赔偿。王老师因为跟出版社很熟，就没有怎么说话。这个事儿后来也就不了了之。

还有一个就是编写《中国教育通史》，这个事儿我没有参加，主要是因为工作有点忙。当时是 1982 年、1983 年，山东教育出版社的刘顺华来找毛礼锐先生，要用毛先生的名义编写这个东西。毛先生当时就找我们商量这个事儿。我跟刘德华、何晓夏都有本科的课，而且我身体不好。当时系里也找过我说，毛先生说最好有个助手，你看看，你的身体恢复得怎么样，行不行；如果你不行，你看谁合适。我说第一我身体不行，第二我刚刚上课，负担还很重。后来就推荐了王炳照老师。王老师身体很好，精力也充沛，他在学报编辑部，没有本科教学任务，时间上也灵活一些。这样王老师就当了毛先生的助手，明确是助手。我虽然给毛先生当过助教，帮过忙，但还不是他直接的助手。毛先生估计没有什么意见，我们几个谁当助手，他都高兴。王炳照老师作为毛礼锐先生的代表，比较积极主动，活动能力也强，跟山东教育出版社的人也谈得来。然后又建议把华东师大的教育史力量也加进来，这样就跟华东师大教育系联系。华东师大就以沈灌群先生为主，李国钧老师作为沈灌群先生的代表，来具体操作这个事儿。具体的编写工作就是王炳照老师和李国钧老师他们来联系的。像到山东去和出版社打交道就是他们两个去。毛先生出差是很难的事情，山东方面的人来北京的时候，到毛先生家，把王老师也找来。

我觉得我们创造这种形式很好，把北师大和华东师大的力量集中起来，用毛先生和沈先生的名义，把大家组织起来编写了多卷本的《中国教育通史》。

6.《中国教育思想史》及其他

我在教育史教研室主要是担任教育史课程，开始的时候也没有什么特别固定的研究领域。编写《简明中国教育史》教材的时候，我写的是汉唐教育，但是因为我过去跟着瞿先生搞过一段宋元明清教育，所以后来研究生的教育史专题课我就讲宋明理学的内容。我的第一篇文章就是关于宋明理学的，也是在教育史专题课上的讲座内容。这篇文章就是在《北京师范大学学报（社会科学版）》1984 年第 3 期发表的《宋明理学道德教育思想散论》，这也是后来我编写的《中国教育思想史》中“宋明理学教育思想通论”的基本内容。开始我也想以宋明理学为主进行教育史研究，但是后来没有很好地坚守这个领域。因为当时有教学任务，教学是中心，从头到尾就是讲课。我编写教育史著作也是这样，主要是以出版社为核心，按照出版社的要求进行有关主题的研究。

我自己在 1987 年出版过一本《中国教育思想史》。这本书的出版也有点巧。你要我单独自己写书，说不定还出版不了。当时单独出一本书不容易，首先是发行量，像我们写个教育史著作，谁来买呀？当时我觉得能力也有限，并没有想要写书。1985 年时有个机会，辽宁师大教科所的赵翰章老师搞了一个“刊授大学”，这个刊授学校就是把东北的中小学教师组织起来学习，给学员发几本书，毕业后我就给你发一个什么凭证，教师评职称或许管用。教师培训就需要教材，他们专门来北京联系老师编写教材。他们首先找的是厉以贤教授，厉老师答应给他写一本《教育原理》，内部出版，发行量有一万多册。厉老师跟我关系不错，就向赵推荐我，说我们搞教育史的小郭，讲课不错，可以叫他把教育史写出来。后来厉老师就跟我谈，说我搞教育学，你搞教育史。他说你搞一本，干脆不要叫一般的教育史，就搞一个教育思想史，把教育制度撇开，就专讲教育思想。那时候我身体也慢慢恢复了，也讲了几年教育史课，已经积累了很多资料了。有了这个基础，我就答应了这件事儿。他们当时就说，你愿意找出版社也可以，不愿意我们给你出版，就是内部发行，保证印一万多本。

这本书编写大概用了半年多的时间。东北那边也派人来了，想把辽宁师大的老师也带上，一个是搞近代教育史的黎赫老师，写了“蔡元培教育思想”，另一个是搞古代教育史的刘占华，是我的学生，写了古代的墨子教育思想等。他们的稿子写完后都交给我，以他们的文章为基础，我再去改写。另外，我还找了几个学生帮忙，学生对这个事儿都很积极，如毕诚、程斯辉、樊慧英、白泓以及潘莉娟，进修教师白应东、郭娅等。学生们这个写一章，那个写一节的，该书的初稿很快就写成了。我在初稿的基础上，又加以改正、补充和修订。这本书没有费多少时间，就最后定稿了。

写成后有人就给我出主意，说内部出版也是一万多册，但是如果你跟出版社联系出版的话，算是正式出版物。后来有人给我牵线教育科学出版社。教育科学出版社刚成立不久，他们一算，我写一本书，发行一万多册，他的本钱就够了，恐怕五千册就够了，对他们没有妨碍，还赚钱呢。另外出版社还看你的水平怎样，当时出版社对我的水平也不是很放心。跟教育科学出版社联系好了，我到他们那里去，就把我的几章内容带过去，给他们看看稿子，他们觉得还可以。再加上厉以贤教授的帮助推荐，后来这事儿就谈成了。

因为要赶时间，这本书大概半年多就出来了。出版后印数很大，第一次就印了两万册，刊授中心就要一万多，市场上只有几千册，很快就卖完了。这本书出来以后，台湾五南出版社的人看到了，他们跟教育科学出版社说，我们想把这本书拿去，变成繁体字。后来教育科学出版社问我行不行，我说当然好，也是宣传吧。台湾人很精明，没有什么稿费，叫作版面费，一共给了教育科学出版社 500 美元，出版社给我了一半，我只得到 200 多美元。我说只要能出版就好。这样，台湾的繁体字版本很快就出来了。这个也很简单，他们把后边的一些内容删掉了。蔡元培以前的有，以后的内容如陶行知、黄炎培、陈鹤琴、杨贤江等人的教育思想就没有了。所以说，我这个人运气还是很好，一本《中国教育思想史》，海峡两岸很快都出版了。

之后苏联教科院专家到中央教科所访问，中央教科所也送他们一些书，其中就有我这一本。苏联学者也表示要出版俄文版《中国教育思想史》，由他们去翻译，这是 1988 年的事儿。后来苏联解体了，这个事儿就没有成。到了 1994 年，外文出版社吴灿飞编辑，要对外宣传中国文化与中国教育，他翻看了很多书，就觉得我这本书比较合适。就对我说：郭老师，就你这本书合适，你要改一改，改成 28 万字。我也是花了很短的时间，把魏晋南北朝到宋明理学砍掉一部分。后边再增加一点梁漱溟和晏阳初的内容，很快这部书稿交给他了。他因为要退休，很快就把那个稿费给我了。这次我得了 7 000 多块钱的稿费。

当时我母亲正好在北京，我回家对我母亲说，老娘，我以前从没有赚过这么多钱。我老娘也很高兴。原来教育科学出版社那本书我得了 4 000 多块钱稿费，我又买了 200 本书，因为还有学生和辽宁的老师给我帮忙，我把稿费分给他们，所以我得到的还不到 1 000 块钱。这回我没有费多大劲儿，改了 28 万字，得了 7 000 块钱。后来，外文出版社去联系杭州中医学院的李磊老师来翻译我的这本书。吴编辑告诉我，李磊老师能翻译中医、中药，中医很难翻译，也能翻译我的书。我跟李磊还通了电话，那个人也答应了。就是最近(2010 年 4 月)，在上个礼拜，我弟弟给我打电话，说我有个学生康长运，从加拿大来带了一本我写的书，英文版的。我说：哪有英文版的，外文出版社出版《中国教育思想史》的事儿已经十五年了。没想到终于出版了。现在世界各地都在办孔子学院，这本书对宣传中国文化有好处，这将对我们中西文化交流起一定的推动作用。

这个时候，我还参加了两套书的编写：一套是北师大出版社的《中国古代教育家传》和《中国近现代教育家传》。这套书和苏渭昌老师有关系，他们想要出这样的书。还有一套就是三卷本的《中国教育家评传》，这套书的具体编写是李国钧老师来联系的，最后以沈灌群先生和毛礼锐先生的名义组织编写，由上海教育出版社出版。在这套丛书中，每个作者写了一个教育家，之后就寄到上海，由他们统稿。我写的内容是《陆九渊》。

那个时候北师大跟华东师大教育史学科的联系很多。顾明远先生主持编写的《教育大辞典》，其中教育史分卷就是我们跟华东师大合起来搞的。当时是张瑞璠先生和张惠芬教授两个人负责。他们就跟我联系，要我承担一些编写任务。我担任了中国教育史分卷的副主编，就把我们教研室的老师组织起来，大家把条目一分，分头去写。因为编写《教育大辞典》的事儿，我还专门到上海去了几次。

在1992年我们还编写了一套《中外教育名著评介》。这套书跟顾春有点儿关系。他跟山东教育出版社的人认识。顾春在我这里读了硕士以后，就想出一本关于教育名著介绍方面的书。山东教育出版社也觉得这个选题很好，他们就派人来论证，在北京由顾春牵头，找了几个人，那次毕诚也来了。原计划我做主编来编写一本教育名著介绍的书。后来毕诚把教科所的崔相录老师也叫来了。大家一商量，就想把这个事儿搞得大一点。最后就决定按照时代分中外古代、近代、现代编成三本书。第一本是我主编，偏重于中外古代教育名著评介，把中国和外国的古代教育名著放在一起；第二本毕诚为主编，偏重于近代教育；第三本是崔相录主编，偏重现代教育。当时因为有很多教育史的研究生，一个人写一点，然后交给我，我就把古代中外教育名著的内容整理到一起。这本书大概有三十多万字吧。

90年代初期，我国教育史学界又开始组织编写《中国教育思想通史》。我参加了这套教育思想通史的编写。编写这套书也是酝酿了一段时间。山东教育出版社出了一套《中国教育通史》，我们是不是来一个“教育思想通史”，把教育思想通一下？这次也是把全国搞教育史的人都召集起来先开了个会，会议由中央教科所的韩达主持。有人提议还是用毛先生和沈先生的名义，也有人说毛先生和沈先生年纪太大了，是不是找年轻的？后来和出版社一商量，综合大家意见，就由北师大的王炳照老师和河北大学的阎国华老师来主持。这次编写是把作者分成几个专业组。因为我比较熟悉宋元时期的教育，就把我编到了宋元组。该书编写时就商定每个分册可以有三个人当主编。以这三个人为主，可以再找几个人参加编写。这样，我们宋元组又找几个人，组成一个编写队伍。编写过程中也在湖南、北京开了好几次会。这套八卷本的丛书1994年由湖南教育出版社出版，应该也是集体的力量。

另外，我在1994年还出版了《远古暨三代教育史》。这是人民出版社的项目。他们搞了一个大规模出版“中国全史”一百本书的计划。到处找作者，后来就跟我联系。这些书编写都是有规定的，字数不是太多，每本大概是十来万字，一共100本。这套中国全史丛书按照时代来编写，从远古一直编到明清，100本书一起出版，就是要这个效应。后来我找乔卫平老师帮助我写了他比较熟悉的“远古”那部分，他写了三四万字，我写了六七万字。

后来江西教育出版社有一个江西籍的名人的出版计划。他们是定了计划以后，再来找作者。陆九渊也在这个计划中，后来他们就找到我了，这也可能是江西教育学院的李才栋老师推荐的，因为我跟李才栋很熟悉。我就写了《陆九渊教育思想》这本书，后来我这本书就找了顾春帮忙，就署了我们两个人的名字。我写了一部分，顾春在他博士论文的基础上写了另外的内容。这本书是1996年出版的。

7. 我的学生

我1986年评了副教授之后，就开始带硕士研究生。我的第一个硕士生是以张鸣岐先生的名义招生的。之前张鸣岐先生招了几个研究生，1986年张先生要退休了，退休后就不再带研究生了。但这个时候张先生名下还有三个没有毕业的硕士生。王炳照老师、刘德华老师和我就担任了这三个学生的导师。我带的这个研究生叫白泓，是张先生1985级的硕士生，本科时候我教过她，还比较熟悉。1986年已经写论文了，但张先生要退休，就不再指导论文了。白泓毕业前的一段时间，就是最后的答辩阶段，我才是他的导师，其实是张先生招的学生。当时我正好在上海华东师大商谈俞启定博士论文答辩的事儿，她也到上海去了。她写的论文是颜元教育思想，想在上海通过我请人看一下论文。李国钧先生专门写过颜元，所以，我就请李国钧老师帮助看了一下论文，提一些意见。白泓从上海回来不久就答辩了。她丈夫是中日友好医院的医生，先去了美国。白泓后来也到美国去了。

然后就是1986级的王岚，也是张鸣岐先生招的研究生，但这个学生从开始入学到毕业都是我指导的。因为在上报1986年研究生计划的时候，我的职称还没有批下来，我还是讲师，没有资格招生。这个学生的基础还是可以的，本科就在师大教育系，学习也不错。后来硕士也还是很顺利的，完成论文后到日本去了。她找了个朋友叫鲍良，是山东人，原先是北师大外国教育研究所苏贞的研究生。鲍良毕业后先到了日本。王岚毕业后在云南呆了一段时间，也到日本去了，到日本又考上了博士，研究近现代教育史，还出了一本研究中国近现代教育史的书。她一直在日本生活，博士毕业也没有找到正式的工作。前几年还来过珠海一次。

1987年以我的名义招收的第一个研究生是赵发中，河南人。他是从南开大学历史系本科毕业考到这里来的，外语基础也不错。我是1986年评为副教授，1987年才可以正式招研究生。这个学生研究的是《管子》，为什么会写《管子》呢？因为我带着他到山东淄博参加了一次《管子》研究的会议，会上就接触了专门研究管子的权威专家赵守正先生，后来赵发中经常去拜访他，这位先生也送给我一本他研究的成果。后来赵发中就想研究《管子》，我就让他写《管子》中的教育思想。赵发中毕业后工作一直与教育有关，在河南地方教育史志办公室。教育局专门有个单位管理“地方教育史”这件事儿，算是一直没有离开教育史的行业。我每次到郑州就找他。

第二年我又招了一个研究生，就是顾春。他写的毕业论文是《陆象山教育哲学思想研究》。在我这里得到硕士学位后，在教育部人事司工作，后成为教育部机关的发言人，1999年又读了我的博士，研究内容是陆九渊的教育思想，算是硕士论文的后续研究。邓彤是我1990年招的一个研究生，是北师大历史系毕业的，分到沈阳教育学院。后来到我这里进修，完了以后又考了我的硕士研究生。所以她等于在我这儿读了四年。第一年是进修，第二年就考取了我的研究生。她写的是《抱朴子》的教育思想。这个人很聪明，硕士毕业回沈阳工作了几年，后又读了王炳照老师的博士生。她外语也很好，毕业后在北京航空航天大学教专业外语，先是学历史，再学教育史，后来教外语。

1991年，我招了两个研究生，一个是吴江，一个就是施克灿。吴江是江西人，在我这里硕士毕业后就到深圳。他是在《中国青年报》上看到一个广告，说深圳要招一个训练青年的团队。他就跑去找，那里的人很少，也很偏僻，最后也没有成什么事儿，等于是流浪了一年。最后又找到深圳教科所。当时的教科所所长是我们学校的毕业生叫张彦玲，是张鸣岐先生的硕士生，张彦玲也有点为难，后来就把吴江介绍到了教育局的教研室。现在这个学生还在那里，我们也经常联系。施克灿是和吴江两个一起考过来的，他是浙江金华人，学习很用功。到这里读硕士后，当时教育史教研室正需要留人，就把他留下了。接着又想考博士，就考了王炳照老师的博士生。现在仍然在北师大教育历史与文化研究院坚守教育史阵地。

1992年，我又招了沈清华和刘伟这两个研究生。沈清华这个人也是很灵活，是安徽人，能力很强，也是非常努力，考了两年，考上了硕士。毕业后到了深圳，几个单位要他，教科所要他，教育局也要他，深圳特区报社也要他。后来他就到了特区报社，那里的待遇要好一些。现在是报社文教方面的首席记者。刘伟是河南人，从开封河南大学考来，很用功，能力强。现在是北京语言大学教务处长。1993年还有一个仵志勇，也是河南人，毕业后到北京语言大学，竞争上岗当了后勤处长。1994年招了张理智、1995年招了何光峰，他们硕士毕业后都在北京市教科院工作。何光峰后考上俞启定老师的博士生，又向上提升了一步。

另外，1995年，我还招了一个英国留学生桑娜。这个人原来是在澳门中学教书，不会中文，只会英文。教外语过程中，无形之中学会了中文。有一个朋友就把她带到了北京。这个人就找到了我，说这是我们澳门的一个中学老师，对中国文化很感兴趣，想考研究生。后来我跟系里说，系里说当然欢迎了，这样就考了我的硕士。他们考试是单独出题，比较容易些。她的论文写的是孟子性善论和耶稣博爱的比较，写得还可以。据说毕业以后，找了一个丈夫是以色列人，就跟着去了那里。我听别人说，在以色列见到她了。

1996年、1997年我还招了两个硕士，1996年是王建梁，在华中师大教科院，写的论文是《雷沛鸿教育社会学思想及实践探析》。1997年是徐卫红，写的论文是《性即理的教育学意义：朱熹教育思想的内在逻辑分析》，后来在中央教科所工作。这两个硕士毕业后，都考上了我的博士研究生。这是我培养的硕士生情况。

我是1995年评上的博导，1996年就可以招博士生了。那个时候还是可以带硕士，但我开始招博士以后，1997年招了一个硕士生，之后就没有再招硕士。为什么我不带呢？因为我带博士、硕士，还有本科生，我的工作量很大，而一些年轻老师就没有工作量了。后来系办公室的老师非常赞扬我，说郭老师最好说话，就是我做到了，招了博士就不招硕士了。不是看不起硕士，而是我可以带博士，年轻教师还不能够带博士。我要是再带硕士就等于把别人的饭碗夺了，年轻教师的工作量就少了一些。因为我们也需要照顾一下年轻教师的工作量。

1996 年我招的第一个博士生是葛新斌。他本科学的是北师大教育系特殊教育专业，我也教过他，对他有点儿印象。他们班的学生都喜欢听我的课，毕业之前还到这里来看过我。本科毕业后分到广州华南师大教育系工作，又考了安文铸的教育管理专业硕士。安文铸也说将来要考他的博士生，但后来安文铸评博导的时间比我晚，葛新斌就跟我联系，想要考教育史博士。博士期间主要是研究蔡元培的教育思想。他买了一套《蔡元培全集》，就写了关于《融合与创新：蔡元培中西文化教育观的历史研究》的博士论文。现在还在华南师大搞教育管理，已经评上教授了。

第二年我又招了一个博士生周逸先，也是北师大教育系的本科生，毕业后留到了师大教科所。没有读过硕士，只是个本科生，一直想考教育学的博士，考了几次都没考上。后来就来找我，第二年考教育史，就考上了。因为他在教科所研究农村教育的，博士论文的选题也是乡村教育。他是上了四年到 2001 年毕业，写的博士论文是《定县模式与邹平模式：晏阳初梁漱溟乡村教育之比较研究》。

1998 年我招了两个博士生。其中一个是张静互，韩国的留学生。她开始不会说汉语，只会写汉字，第一年主要是进修学汉语，第二学期就好了，经常到我那里吃饭，后来接着就考我的博士。考上的时候她岁数就比较大，来的时候就三十四岁，也在这里读了四年，毕业的时候就三十八岁了。她爸爸很有名气，是韩国汉城（首尔）大学有名的理工科教授。她回韩国后就进了一个私立大学，在那里当教授上课了。我在韩国还见过她，她说她很忙，简直成了教书的工具了，天天除了讲课就是讲课。她的丈夫是朴先生，他们这桩婚事原来她家里不同意。为什么不同意？她是很有名的汉城大学教授的女儿，而朴只是一个渔夫的儿子。韩国这一点没有我们中国思想解放。在韩国这样两个人结婚是不行的。但是他们两个感情很好，再加上张静互的年龄太大了，再等就四十岁了，而且这个朴先生也苦苦追求，后来就结婚了。这一年还招了一个博士生郑航，本科是师大教育系学校管理专业的，后来也是分到华南师大，在那里读了一个硕士。但华南师大的年轻人大多都成博士了，他还是个硕士。后来葛新斌就建议他考我的博士生。他的博士论文写的是近代中小学德育课程的变革与发展，毕业后就出了一本书《中国近代德育课程史》，是在他的博士论文的基础上出版的。当时人教社的刘立德正好要出一组近代教育专题研究的书，所以，他的书就很顺利地出版了。

我 1999 年也是招了两个博士生。一个是王建梁，是我原来的硕士研究生，毕业后直接考上了博士。博士毕业论文研究的是《清代书院与汉学互动的研究》，现在华中师大教育学院，他的书也出来了，也评为教授了。那一年还有一个博士生就是顾春，毕业论文写的是陆九渊的教育思想，后来调到国家清史办做副主任了，也在中央党校学习了一段时间。

2000年我招了两个博士研究生。一个是谷忠玉，本科是北师大学前教育专业的，毕业后到了辽宁师大教科院工作。在辽宁师大读了傅维利的硕士，2000年又考博士回到北师大。博士论文写的是关于女性的主题，题目就是《中国近代女子教育观的演变与女子学校教育》。现在以博士论文为基础写的书也由安徽教育出版社出版了。另一个博士就是徐卫红。徐卫红在北师大教育系本科四年毕业后，回到贵州工作了两年，以后又考了我的硕士。硕士毕业直接考了博士，等于是六年研究生都是在我这里度过的，博士论文写的是一个教育哲学问题：《自觉·知识·境界：朱子、船山比读，“为己之学”的主体问题研究》。现在中央教科所工作。

到了2001年，我最后一届招了四个博士。一个是储朝晖，博士论文写的是《中国大学精神的历史研究》，毕业后在中央教科所工作。另一个就是郭德侠，博士论文的题目是《中国近代高等学校课程变革研究》，毕业后到了北京科技大学工作，做了学报的编辑。还有王雪峰，在河北保定司法警官学院工作，写的论文是《20世纪上半叶中国的性教育思想与实践》。这年还招一个韩国留学生李庚子，博士论文写了《两汉的“孝教”思想研究》。她后来在韩国国家青少年研究院工作。我七十周岁生日的时候，李庚子的先生来了。因为她那个时候怀孕了，就由先生来代替。她先生是学的中国哲学，写的是庄子思想研究。

另外，90年代以后，我还接受过两个日本访问学者的访学。1991年，我就接受了一个日本的高级访问学者，这个访问学者比我年龄还大，是个教授。他就是想到中国找一个知名大学，做个访问学者，也算是一个学术经历。可那个时候我还是副教授，但等他到中国来的时候，我就是教授了，我是1992年9月评上的教授。他到北师大来过几次，也见过我几次，也没有跟我学什么。当时的访问学者也没有什么具体的要求，最后填一个表格就算是结业了。后来还有一个日本的访问学者杉本史子，是史静寰当教研室主任的时候给我推荐的。这是个年轻的姑娘，会中文。每次到我那里去，我就介绍一些书给她，她也访问北师大二附中。最后写了一个访问学者的报告。

现在回想起来，我在培养研究生的过程中，除了对学生进行专业知识和学术研究的指导以外，也十分重视对研究生如何做人的指导。我觉得做学问和做人是一致的。在研究生读书过程中，我总是在家庭关系、孝顺父母、遵守学校的规则等方面不断地提醒，也不断地考核他们。我们在聊天的时候也经常会谈到这些事情。我总觉得一个文化人、一个研究学问人，如果在做人的基本关系上、伦理道德上没有处理好，将来是要出事儿的。所以，我自己也觉得应该关心自己的学生，我一直是把我的研究生和进修的老师都当作一个家庭的成员来看待。他们离开自己家庭到这里来求学，我不能让他们感到寂寞和孤单。逢年过节，或者礼拜六、礼拜天，我都会邀请他们到家里来聚一下，聊聊天、吃个饭，感受一下家庭的气氛和家庭的温暖。这也是一种无形的教育，从中可以体会到家庭和做人的道理。

同时，学生之间的互相帮助，互相关心，也是我这个研究生大家庭的一个好传统。研究生要开题了，其他几个同学就主动帮帮忙。这有一个传承的过程，三年级要帮助二年级，二年级帮助一年级。相反，一年级也要帮助二年级、三年级。如每次答辩的时候，我们都把一、二年级动员起来，做一些事务性的工作，帮助三年级答辩的研究生顺利通过论文答辩。他们在这个过程中也会学到一些东西，等于是答辩的见习。今年是他，明年就是你了。对于学生还是要不断地提醒，在做学问的同时注意做人。这是我一直坚持的。

学生毕业后，也都十分怀念我们这个大家庭的那种氛围。我的韩国留学生张静互，回国后第一次给我打电话时，都哽咽得说不出话来了。她说回去后再也享受不到在我家的那种温暖。她回韩国工作后第一个月的工资，除给她父母买了件衣服外，其余全给我寄来了，说是让我用这笔钱到韩国参加学术活动。她说，韩国学生第一个月工资是要孝顺父母和老师的。后来在他们安排下，我和北京社科院、青年政治学院一行人成功地访问了韩国，在那里参加了一个中韩学术交流活动。张静互、李庚子、谷忠玉等人毕业后都经常跟我联系。后来，在储朝晖、徐卫红和王建梁的倡议下，周逸先、顾春、葛新斌、郑航、沈清华、赵发中等人也积极响应，在 2007 年 8 月给我做七十大寿，各地的学生和师大的一些老师都来参加了。这个活动是以学术研讨会的名义举办的，搞得很成功。

我回想起来，我这一生其实也没做什么大事儿，我是靠我的学生成就的。学生给予我的比我给予学生的多得多。所以我除了感恩父母家人、老师之外，我还要感恩我的众多的学生！从他们身上我也体会到人生的幸福和温暖。

六、弘扬传统文化

1. 中华孔子学会

在 80 年代后期，我开始参加中华孔子学会①的一些活动。这个学会属于“中”字头的一级学会。中华孔子学会是以研究孔子、儒家学说和中国传统文化为主旨的全国性民间学术团体，具有独立法人资格。我国的每个学会都要有一个挂靠单位，保护你的安全，主要是怕出什么事情。中华孔子学会挂靠的单位就是教育部。但教育部很大，教育部就委托中

① 中华孔子学会是经中华人民共和国民政部注册登记、由教育部主管，以研究孔子、儒家学说和中华传统文化为主旨的全国性民间学术社团，具有独立法人资格。中华孔子学会前身是于 1985 年 6 月 10 日在北京成立的中国老年历史学会中华孔子研究所，成立前后曾得到著名学者任继愈、季羡林、赵光贤和已故著名学者周谷城、冯友兰、梁漱溟、张申府、贺麟、陈岱孙、白寿彝、邓广铭等前辈的支持，并得到中国社会科学院、北京大学、清华大学、中国人民大学、北京师范大学、山东大学、陕西师范大学、曲阜三孔文管所等十六所大学和研究单位众多学者的参与和支持。本会设有理事会、常务理事会。日常工作由会长办公会和工作机构负责。学会工作机构包括学术委员会、编辑委员会、基金管理委员会、外联委员会、宣传资料中心、艺术委员会、办公室以及某些专题研究中心等。

央教科所来管理这个学会，所以，我们实际上是和中央教科所打交道，有时候我们也请中央教科所的领导来作一些指示。

中华孔子学会的前身就是1985年由韩达等人发起成立的孔子研究所，是个民间组织，就设在国子监孔庙里边。1985年在北京开了一个成立大会，搞得很壮观，很隆重，声势也很大，把北大、清华、师大、人大、社科院研究孔子、研究传统文化的人都集中起来，特别是把几个老先生也请来了，像梁漱溟先生、冯友兰先生，还有张岱年的哥哥张申府先生，张岱年也去了。一些外地的学者也专门赶过来参加这个成立大会。这个成立大会实际上就是一个全国性的学术会议，开了好几天，主要是由这些前辈们讲一讲孔子以及中国文化研究的问题。我没课的时候就去参加这个活动。当时辛冠洁也去了，还是负责人之一，也很活跃。后来不知什么原因，辛冠洁等人又成立了一个孔子基金会，之后他就不再参加这边的活动了。

到1989年前后，韩达就跟北大、清华的几个教授闹起矛盾了。这个时候，民政部要重新登记社团，借此机会就把孔子研究所更名为中华孔子学会，确定张岱年为会长，以及其他的一些负责人。在我们学会中，秘书长权责最重，然后下面有四个副秘书长，北大、清华、师大和人大各一个，协助秘书长做工作。我担任了中华孔子学会的副秘书长。在重新登记的时候，韩达已经离开这个学会。中华孔子学会自成立以来，接待了海内外众多学者，并与数十个国家和地区的学者和各界人士保持着广泛的联系和良好的合作关系，对增进海内外学者和人民之间的了解与友谊，传播中国文化，促进学术繁荣，起了积极的作用。

参加这些活动对我的教育史教学和研究帮助很大。因为我经常开会，接触这些老先生，听他们讲点儿哲学与传统文化，虽然有的时候听不懂，像冯友兰讲的话，口音太重，我一点都听不懂。但参加这些会议对开阔我的思想视野大有好处。他们讲的一些哲学、历史、思想、文化，中西文化对比、古今对比，讲得很开阔，无形中我也受益了。我弟弟郭齐勇是武汉大学哲学系的教授，搞哲学史的人都认得我弟弟，但不认得我。但自从参加中华孔子学会后，大家也开始认得我了。我们在那里实际上是相互学习的。我在社会上是作为师大教育系的代表，就讲教育的问题，经常讲点中国教育史。他们也觉得新鲜，譬如讲教育的对象、教育目的、教育的方法，我讲这些对他们也有好处。

我在教育系统内部又经常从哲学角度来思考教育的问题。这样，我的思想就慢慢就开阔了，不再是局限在教育史的那一点东西。这些经历对我后来讲传统文化、讲儿童读经都有好处。因为跟这些人接触，思想开阔了，过去在学校只能讲那点书本上的东西，离开大学的课堂，你就没辙了。写文章也是，现在写文章，需要文史哲各方面的融会贯通，研究视野要宽广。你要不相互联系贯通的话，文章也没地方发表。

在80年代还有一个推广传统文化的机构就是中国文化书院①。文化书院是北大的几个人搞起来的，就是想要恢复书院自由讲学的传统。后来也召开了很多会议，也请一些名家，像梁漱溟先生、冯友兰先生等来讲课，吸引了全国的一些青年到这里来学习。到文化书院学习要报名交费，之后就成为正式的成员。毕诚当时在师大上研究生，也参加了这个机构，通过这个也认识很多老师、同学，后来都成为很好的朋友。

中华孔子学会和中国文化书院在推动80年代的文化热中，都起了一定的作用，但二者的特点不同。中华孔子学会是个民间学术组织。文化书院后来也想搞成长期的，但是他们内部意见不一致，后来就没有坚持下来。中华孔子学会没有活动经费，大多都是骑着自行车，义务活动。要开一个什么国际会议，都是临时找人捐助，如找一个企业家，弄几万块钱开个会。很多时候都是香港孔教学院院长汤恩佳资助，他给个两三万，有这个钱就可以开会了。

80年代还有一个推广传统文化的组织——中国孔子基金会。中国孔子基金会是1984年经中央批准，由政府拨付专款支持的全国性乃至有国际性的文化学术基金组织。通过社会支持，多方募集基金，积极组织和推动孔子、儒学及中国传统研究工作，为加强社会主义精神文明与物质文明建设，促进国际文化交流，推动人类和平、团结与进步事业服务。他们找到了当时管财政的国务院副总理谷牧，经常会有一些活动经费，最早是谷牧当会长，后来当理事长、名誉会长。中国孔子基金会搬到山东去了以后，北京就只有我们中华孔子学会一家了，还是个民间的组织。这个时候，谷牧又鼓动着搞了一个“国际儒联”②。因为谷牧的身份很高，是国务院副总理，算是国家领导人了，他们是跟新加坡的李光耀联系，组织一些人搞起了这个组织。这个组织以中国为主，然后把其他国家一些研究儒学的学者联系起来。国际儒联的负责人大都是中央各部委的。现在的会长是叶选平和杨波。叶选平是叶帅的长子，前广东省长、全国政协副主席，杨波是前轻工业部部长。秘书长都是部长

---

① 中国文化书院是由我国已故著名学者冯友兰先生与北京大学哲学系张岱年、朱伯崑和汤一介等几位教授共同发起，联合了北京大学、中国社会科学院、中国人民大学、北京师范大学、清华大学、北京师范大学等单位及台、港和海外的数十位著名教授、学者一道创建的一个民间的学术研究和教学团体。于1984年10月成立于北京。中国文化书院的宗旨是：通过对中国传统文化的研究和教学活动，继承和阐扬中国的优秀文化遗产；通过对海外文化的介绍、研究以及国际性学术交流活动，提高对中国传统文化的研究水平，并促进中国文化的现代化。

② 即国际儒学联合会（英文名称为International Confucian Association，简称ICA），该组织由中国、韩国、日本、美国、德国、新加坡、越南等国家和中国香港、中国台湾地区与儒学研究有关的学术团体共同发起，于1994年10月5日在中国北京正式宣告成立；1995年7月在中国民政部注册登记，是具有法人地位的国际性学术团体，联合会永久会址设在中国北京。

的助理，属于司局级的干部。如果孔子基金会还在北京，就不会有国际儒联。国际儒联是每五年开一次大会。过去孔子基金会开会的时候，请毛礼锐先生、陈景磐先生参加，后来到国际儒联的时候，毛先生、陈先生已经老了，就不请他们了。我也参加国际儒联的活动，还当过理事。后来我年龄大了，超过七十岁以后就变成了理事会的顾问，只是偶尔参加一些活动。

2. 传统文化与少儿读经

90年代初期，国际上出现了苏联东欧事件，叫“苏东波”，即苏联东欧在波动。我们国家也要从中吸取教训，我从国际上的这个事件中，得出什么结论呢？我的结论就是我们要学习传统文化，接受儒家思想。这一时期社会上就有人开始大力宣传传统文化，来安定我们的心灵。我就是从这个时候开始，比较自觉地弘扬传统文化，发表了有关传统文化问题的论文。我在文章、讲座中也都讲到这个问题。因为过去几年大家都是在谈论现代化，怎么向西方学习。这个时候，我就想发表一点另外的意见，谈谈传统文化的问题。如我在1992年第4期的《北方工业大学学报》上发表的一篇题为《继承与弘扬中国古代教育的精华》的文章，就是这个主题。在现代化这个问题上，我们应该向西方学习的是它的科学技术，但是作为我们的人生来说，就要学习我们自己的文化。人心的安定、道德的安定、社会的安定，还需要我们民族自己的东西。

开始的时候就是提出推广普及传统文化的问题。到了90年代中期才出现了“国学”的概念。我觉得，传统文化，尤其是优秀的传统文化始终是中华民族的一种精神生命，是支持我们前进的力量。这个时候，社会上越来越多的人开始关注我国的传统文化的普及问题。我个人就不同意《河殇》中的观点。《河殇》提倡蔚蓝色的文明，要用西方的东西来领导我们，说蔚蓝色文明好，黄土文明不好。我就不同意这个观点，我给学生讲课的时候也是这么说。我当时也收集了杨振宁、李政道对这个问题的一些看法，他们也不太赞成《河殇》的观点。就教育史来说，我们编写教育史，就是要维护自己的民族精神。其实，在我的文章和著作中，从80年代的文化研究文章，到后来出版的《中国教育思想史》，其中都充满着对我们自己民族文化的自信。到了90年代，我就开始有意识地大力宣传传统文化。这些活动与我后来支持青少年读经，也都是一致的。

1999年，中华孔子学会组织了一个传统文化的系列讲座，一共搞了五讲。这次活动是由一个叫朱积友的年轻人出钱资助的。朱积友是浙江台州在北京做生意的一个小伙子，他在师大图书馆租了一个地方，雇了几个人在那儿开了个书店，就是我们原来的旧图书馆底下的那个私人书店。我看到他很客气，叫他朱经理。他听了南怀瑾先生的讲座，就参加了南怀瑾读书会，读南怀瑾的书。这些商人有钱了以后，想做善事，推广传统文化与读书。这次他大概出了一万多元，因为办讲座要租地方，像我们在北师大就租了英东会堂，还需要印一些宣传广告什么的，另外还有我们的一点儿讲课费。这一万元钱主要就是花到这些方面。

这次活动中，汤一介先生安排我也讲了一次。我就是从这个时候开始在社会上讲传统文化问题的。我觉得教育史研究与弘扬传统文化结合起来，这样比较顺当。在社会上讲传统文化，就需要把专业知识普及化，讲得通俗一些。我的讲座内容就是结合当时的形势，从教育史的角度讲素质教育，还写了一个两万字的讲稿。因为1999年党中央、国务院颁布了《关于深化教育改革全面推进素质教育的决定》，我这个时候讲的题目就是《中国传统教育思想精华与当今素质教育》。这个讲座是中华孔子学会举办的中华文化与当今社会系列讲座之二。我就认为素质教育的提法很好，教育史的东西都是素质教育，不是讲的应试教育、考试教育。素质教育不是外国的，也不是外在的，是我们内在的，中国本身自己就有的东西。我说按照孔子说的话，按照《学记》中的观点去办教育，就是素质教育。这种教育不是为了应付考试，不是外在的强加给学生的知识工具，而是内心的东西。我在北师大的教育史课堂上也一直是这么讲的。比如说孔子与素质教育、书院与素质教育、《学记》与素质教育，还有我们的传统师德也是素质教育的。

2001年11月，我还在国家图书馆的文津讲坛又讲了一次《中国传统教育思想精华与当今素质教育》。当时，国家图书馆搞一个系列讲座——文津讲坛。他们知道我在中华孔子学会讲了，就跟我打电话，想让我到图书馆去讲一次。当时他们组织了一个三百人的基本队伍，其中就有我和我弟弟郭齐勇。在国家图书馆讲了以后，我在外面的讲座就多起来了，加上这个时候我也没有本科生的课了，时间就比较自由了。

我记得南京东南大学也请我去讲了一次，也是讲的这个主题。东南大学的老师当时就跟我联系说：郭老师，我们这里的学生想听讲座，你能不能过来讲一次？东南大学的讲座安排在晚上，当时也没有做什么动员，就是在新校区的饭厅前面贴了两张海报，写上什么时间开始，主讲人是郭齐家，北京师范大学教授，题目是什么。我那次主要是给一年级的学生讲的。当时来了很多人，教室全部坐满了，教室后边、窗户外边也站满了人。我讲的也是素质教育问题。这次讲座的时间比较短，大概是一个半小时，就讲了一两个问题，最后有半小时的互动。大概七点到八点半是我讲，八点半以后是学生提问。当时有好多人问问题，都是理工科的学生，讲文科的东西他们很愿意听，还要我介绍读书方法，我感到这批学生的素质很高。虽然理工科功课很忙，并没有忘记还要读一点文科的东西。到南京以后，我就给南京师大教育科学学院的班华、高谦明老师打电话，他们还请我吃饭，我也应邀在南京师大新校区讲了一次，还是这个题目。

北京的一些大学也请我去讲过传统文化。在北京讲得最好的一次是在协和医科大学。听课的都是协和医科大学西医专业的博士生。请我去讲课的是一个讲政治课的老师。他说：我们讲政治课学生不爱听，想请你讲一讲传统文化。博士生的政治课经常邀请一些这样的老师，就讲你的特长和你研究的领域。这个班有一二百名博士生，来上课的时候都是夹着外文书。因为是政治课要签到，签到后，自己找到座位，就开始看自己的书。我开始讲课的时候，他们都是埋着头自己读书。讲着讲着，慢慢地就有学生抬头看我了。我一般是根据学生的特点来设计我的讲课内容。那次我讲的内容也是传统文化，但这次我主要讲中西文化的比较，中医与西医的比较，西医背后是西方文化的背景，中医背后是中国文化的背景。中医是东方文化的整体思维，讲灵活处理与辨证施治。你别看中医，有很多东西就是不一样。我学过针灸，往这个方向是补，往那个方向就是泻。该补的时候，你泻了，该泻的时候你补了，效果都不好。然后我就讲我自己的体会，后来我一练气功，把气培养起来以后，再吃点中药，做针灸，效果就很好。再比如说，肝不好，西医肯定是要看肝本身，我说中医不是，除了看肝本身以外，还要看心火怎么样，肾水足不足。我就讲这些例子。因为我讲的是中华文化的特点及中西文化比较，中医与西医的比较，过去他们没有听过这些。这些学西医的博士，听了我的课后，认识上有变化了。我讲了两节课后，大家都给我鼓掌。这个政治老师非常感动，他说过去还没有这样的情况。讲完课以后，有的学生还跟我交换名片，有的还留了电话，说要跟我联系。

2001年，我还参与了国家图书馆组织的一个有关传统文化的会议。当时，国家图书馆的几个年轻人组织了一个叫“四海文化公司”的民间文化团体，主要任务就是宣传传统文化。他们中的一个人找到我，说他们想组织儿童、年轻人读经，推广传统文化，想邀请我也去讲讲。我就同意了。那一次王炳照老师也接到邀请，王老师腰不好，他就写了几句话，一个发言要点，叫他的夫人胡老师送去，我在那儿碰到她。她也不知道我去，我也不知道她去，到了之后我才看到胡老师在那里。这次会议他们还请了北大、清华、师大、人大、社科院的专家，大概有三十多个人，任继愈先生、汤一介先生也去了。会议的组织者是人民大学毕业一个叫冯哲的年轻人。冯哲作为四海文化公司的代表，在会上传达了南怀瑾先生的一些讲话。之后就是大家的发言。我开始并没发言。在这种场合，我总是把先发言的机会让给比较有名气的人。北大、人大的教授人家的名气大，要他们先发言。我就在中间发言。这次会议主要是讨论儿童读经的一些问题。

从这儿以后，我参与民间推广读经的活动就多了起来。我前面谈到的年轻人朱积友，就经常做善事，致力于推广读经活动，他还自己出钱印制了至圣先师孔子像，为弘扬儒学奔走呼号，以中华孔子学会的名义，广为赠送。后来，他还陪着我到东北去了一次，在哈尔滨、佳木斯，那里有很多推广读经的民间学术团体。到了那里之后，我就给他们讲一些传统文化的一些问题。2002年，朱积友又陪我到南方去了一趟，那年正好是北师大一百周年校庆，我在南方的四川、贵州、云南、广西这一带，讲了几次儿童读经的问题。这些讲座的对象主要是家长、社会上的文化人，有些也是南怀瑾读书会的成员，也有一部分是学佛教的。其实就是一个传统文化培训班。这个班上就讲传统文化的意义和儿童读经的重要性。

之后，我还到南宁去讲过一次传统文化。这次是给希望工程学校的老师讲的。上海的企业家李梦琳资助了我们五千元钱，我跟朱积友从北京坐飞机到南宁，我们的路费、旅馆费，都在这五千元里面。后来，上海有个文化公司的经理也请我去上海讲了一次传统文化问题。文化公司做这个活动主要还是想通过出书来赚一点钱，带有一定的商业性质。到了上海后我还去华东师大看望一下张瑞璠、瞿葆奎等老先生。也有一些讲座是地方教育部门组织的推广文化的讲座，这就没有什么营利的东西了。在推广传统文化这个问题上，我心里很平静，我觉得我这是为中国文化发展做一点事儿。实现中华文化的伟大复兴，需要很多人的努力。

在2002年，我还主持了一个人文素质教育的系列讲座，这个讲座的内容由香港佛陀教育协会录制成了光盘。有些是我以前讲过的，有些是新的内容。一共有四个专题，包括“中国传统教育思想与当今素质教育”、“中华民族的传统美德与其现代意义”、“中国传统文化与当代市场经济”、“中国传统师德”等这些内容。

我也到北京的“一耽学堂”去讲过一次。“一耽学堂”是在2000年由一个叫逄飞的年轻人创立的，以志愿者和义工为主体的推广传统文化的学团，总部就在北大校内。当时是逄飞找到我说，郭老师，我是“一耽学堂”的，你讲的“传统文化与素质教育”很好，你能不能给我们也讲一次培训义工的讲座？我就答应了。他告诉我说你坐什么车，到北大的什么教室。我说你一定要接我一下，因为北大太大，我找到那个楼，也可能找不到那个教室。上课那天，我就按照他说的坐331路公交车，他推着个自行车在车站等我，领着我到教室。大概有好几十个义工在那里听了我的讲座，讲课的中间他们也提了很多问题。从晚上七点半开始到八点半，又提问题到九点钟，中间他还给我送了一杯牛奶。完了以后，他又推着车，送我到车站，我自己还是坐着公交回来的。逄飞很感动，他说，我们这些教授没有什么架子，叫来就来了，讲就讲了，讲完就走了。我们就是这样，尽力为弘扬传统文化作点儿贡献。我一直很支持逄飞的“一耽学堂”，因为他继承了梁漱溟先生提倡的中国文化精神。我觉得“一耽学堂”的义工精神，就像抗日战争初期大城市的爱国青年离开“亭子间”去投奔延安、投奔抗日根据地一样，充满着积极向上的气势。我和北大、师大两个教授还受邀请参加过北京电视台的一次有关传统文化的节目，通过这个来支持中国文化的伟大复兴活动。

在推广传统文化上，我的态度很明确：不论是谁请我，只要我能够讲的，我都可以去讲。我们普及传统文化的目的不是赚钱，因而我讲课不计较报酬，不跟你讲价钱。因为我自己挣的钱也经常捐献出去，哪个地方需要救助水灾、火灾，我们就捐钱。像汶川地震，我以教师的名义捐献了两千，以党员的名义捐献了三千，一共五千。后来还固定地资助一个学生，每个学期寄一千元。该我做的，我们都要去做、去布施！财布施、法布施都要去做。在珠海也是这样，像有些街道、中学请我去讲课，有时候教育局也出面请我去讲，有钱没钱无所谓，给多给少无所谓。

2009年6月，我在重庆涪陵区给当地公务员讲了一场，题目就是《弘扬中华文化，建设中华民族共有精神家园》。这是胡锦涛在十七大报告中的一句话。按照重庆市委的要求，各个区都要对公务员进行传统文化的培训，每个月都要请一个专家教授来讲一些文化问题。在我讲座之前，他们还表演了一个传统文化的节目。我讲的过程中，涪陵区委书记、区长带领全体公务员都在那儿听，大概有一千多人。我讲了两个小时，效果很好。因为领导在前面坐着，后面听课的人也都听得很认真。

这些年我在外面推广传统文化，有点儿新的体会。推广传统文化一定要和主流的精神，与中央的精神联系起来。中国教育的发展，也要在科学发展观的指导下，把科技教育和人文教育统合起来，做到二者的和谐发展。这样，才能更好地推广与普及传统文化。在高等学校你可以抱着一门课一直讲下去，但要在社会上作讲座，就要适应听众的需要，要根据不同的情形来变化讲座的内容和方式。假如说我在社会上还去讲教育史，就没有人听你的。在社会上讲，我就把它变成传统文化与当代社会有关的主题。同时要结合讲课的对象来讲授传统文化。像对企业家或者是员工讲的时候，我就讲《中国传统文化和当代市场经济》这个题目；给学校的学生或老师讲传统文化，我就讲《中国传统文化与素质教育》，或者是《中国的传统智慧》这些题目，学生爱听这样的内容；给社区居民讲的时候，我就讲传统文化与和谐家庭、和谐社会、和谐教育以及家庭素质教育这些问题；对学习宗教有关的人士讲，就结合佛教、道教讲一些传统文化的东西，把儒佛道结合起来。对一些成功人士，我就讲传统文化与养生的关系，讲儒家"安身立命"的问题。这个内容他们都爱听，因为他们事业成功了，但是身体出问题了，甚至是心灵也出现了问题，这个时候就需要调身调心。有时候我对学生也讲一点调节身心的内容。

同样是推广传统文化，我根据不同的对象，变换主题，就有了新意。把传统文化变成与养生、与经济、与素质教育、与培养孩子有关系的内容。讲了以后，他们会觉得传统文化没有过时，还和我们的日常生活息息相关。我到湖南师大，张传燧就对我说，把教育史与传统文化结合起来，就把教育史活化了。

我一方面是在社会上对成年人讲传统文化，另一方面也在学校推广传统文化。这就涉及儿童读经的问题。在现在的学校教育中，学生学一点传统文化比不学要好。武汉有个大方学校，原来是以传授传统文化为主，主要就是读经。我四弟郭齐智就参加这个活动。后来我也给他们提过意见，说你们不要把国家义务教育的课程要求给丢掉了。这些内容丢掉以后，教育局来检查你的时候，就会说你不符合国家的要求，不承认你。所以，每一门课都要达到九年制义务教育的国家要求。在这个基础上，你再把《三字经》、《百家姓》等传统文化的内容，按照你的时间要求达到一定水平。要把这两个方面结合起来，既要推广读经，也要使学生达到国家义务教育的标准。大方学校算是在进行教育实验。最后实验的结果，九年一贯制的教学标准达到了，而且比一般的学校都高，学生还懂得了很多传统文化的东西，学校的整体水平也上去了。

儿童读经开始是台湾的王财贵提倡的。王财贵是哲学家牟宗三先生的弟子，受过牟宗三先生的系统培养，中国哲学、西方哲学的功底都很好。当时他是台中师院中文系的副教授。王财贵的读经实验是从自己的儿子开始的。他有四个孩子，当时他一个儿子正在上中学，在班上的成绩比较偏后。有一次他突发奇想，让儿子读背老子的《道德经》如何？我也陪着他读背。《道德经》八十一章，要是一天背两章，四十多天就可以背完，最后用几天再把这五千字的文章整体背诵。这个孩子很听他爸爸的话，就开始跟着一起背《道德经》。果然从头到尾背了两个月以后，孩子变化很大。再过三个月，就明显地变化了。原来成绩在班上靠后，最后就在班上靠前。再过一年，成绩全校靠前，参加统考，成绩很好，几个大学都要他，他从中挑了一个比较满意的大学。从这里就可以体会到经典的力量。所以，他开始到处讲阅读经典的意义。后来王财贵还到北京师大教师培训学院讲了一次，俞启定老师主持的。

从此以后，我和王财贵交往的机会就多了。后来我们在中央教科所开过一次会，还在中央台、北京台、教育台都作过几次节目。有一次我们在中央电视台国际频道做一个节目。我们两个人一唱一和地讲传统文化与读经的问题。他讲台湾的情况，我讲大陆的情况，都讲好的一面，讲正面的东西。一开始我讲三代领导人的说法。我说毛主席讲，经济高潮后必然有个文化高潮。第二代领导人邓小平也是讲经济、文化两手抓，两手硬。第三代江泽民讲“三个代表”，先进文化。什么叫先进文化？古今中外的优秀文化就是先进文化。我就讲三代领导人的讲话都在指导我们去学习文化、发展文化。围绕文化发展的中心来讲，经济发展同时带来文化的发展，带给我们人心的、道德的变化。我们不是只要发展经济，经济发展必然带动文化发展，文化发展又带动经济发展。这是个良性的互动，有助于我们现代化的建设。现在胡锦涛主席讲文化软实力。我说光有硬实力还不行，硬实力就是我们看得见、摸得着的，如经济指标什么。文化这些软实力，看不见，摸不着，但是力量很大。它是一种风气、一种凝聚力，是一种传统。我认为，文化这个东西发展起来了，会更加支持经济硬实力的持久发展。没有软实力就没有民族精神，没有精神支持的民族，经济是不可能持久发展的。比如说温总理在哈佛大学讲的几句话：“为天地立心，为生民立命。”我说作为一个总理这么讲，非常正确。后来胡锦涛又到美国耶鲁大学演讲，我把这两个讲话一对比，我说他们讲的就是我们的文化软实力。就这么一讲，就把经济发展与文化传统继承的问题联系起来了。

其实，王财贵的主张十分简单，他就主张儿童要多背经典，不需要老师讲太多。因为你讲的内容可能不全面，儿童还会把你讲的东西看作是真理。你讲得越多，越分他的心，还限制了他的思维发展，造成先入为主，反而会影响到日后的理解。比如你讲，这是唯物论，那是唯心论。他记住了唯物论、唯心论，老子《道德经》本身的东西他想不到了。他说，儿童记住这些经典以后，随着年龄、阅历的增长，会有一种“反刍”现象，到时候他自己就会理解经典中更深刻的理念，也许比你还深刻。所以，他的原理很简单，就是“跟我念”，就让他背。时间长了以后，就会无师自通的。古人读书很多就是有无师自通的。所以王财贵的这个儿子成功以后，也在其他几个孩子身上试验了，也都成功了。然后他就把这个经验传授给他的朋友，进而在台湾作这样的报告。

也有反对儿童读经的人。南京师大的刘晓东教授就是其中一个。因为这个问题，我还和刘老师搞过一场辩论。我和王财贵在电视台讲过传统文化以后，我就到珠海了。后来电视台又给我打电话，说请我和一个不同意见的人来一次辩论，问我可不可以。我说，可以呀，我说不怕互相辩论、分析，服从真理嘛。那一次我专门从珠海回来，在电视台和南京师大的刘晓东老师见面了。他是学前教育专业的，后来知道他写了二十多篇文章来反对儿童读经。他反对读经的文章有两个主要观点：一个观点是，“五四”时期那么多人，包括鲁迅都批判传统文化，反对儿童读经，你为啥要赞成？另一个观点就是成人来强迫儿童读经束缚了儿童的精神发展。儿童要自由地发展，一读经就把他框住了。

后来在跟他辩论的时候，我就针对这两个观点来谈。比如第一个观点，鲁迅和其他人说，反对学校读经。那个时候，我们要打碎一个旧世界，就要批判形形色色的束缚社会发展的东西。当时的统治阶级，包括清末和北洋军阀袁世凯，都是利用读经来束缚人心，这是不对的。我们现在面临的不是打破旧国家机器搞破坏的问题，而是建设一个新社会，是要立的问题。传统文化经典中有很多优秀的东西，建设一个新的社会，就要把经典中的民族文化精神弘扬出来。这是两回事儿。我从这个角度来分析，我说要是鲁迅活着，他也会赞扬我们读经。第二点他说，一读经就把儿童束缚了。我说你看过儿童读经的现场吗？我到过很多儿童读经班的现场，这里的读经不是像过去那样，把手背在这里，死记硬背，而是孩子们一边游戏，一边学，是生动活泼地学习。他们很快乐，并没有觉得束缚，无形之中就记住了经典。学了以后还很尊敬师长，家长也很高兴。我说，你到过现场吗？你没有到过，当然不要说。你怎么不到幼儿园、小学去看一下呢？为什么不做实地调查呢？

之所以要在儿童时期就读经，就是要把传统文化中优秀的东西、圣贤的教导和做人的道理，在孩子幼小的时候，心灵上非常纯净、没有受到外界环境污染的时候，从根子上给予他一些营养，补充一些营养，而不仅仅是枝枝叶叶上的。读经可以在儿童小的时候，在幼儿园和小学阶段，给他奠定一点传统文化的基础。过去的私塾和家庭教育实际上就是为儿童打下这个基础。在私塾和家庭教育中读什么？就是《三字经》、《百家姓》、《弟子规》等，后来就是《论语》、《大学》、《中庸》等这些东西。现在我们的孩子缺少传统的家庭教育和私塾教育那一段。儿童时期的经典阅读，可以使儿童从小树立做人的规范，养成文明的习惯，还可以加强母语的教育，启迪儿童智慧，有百利而无一害。

为了推动儿童读经的开展，中华孔子学会组编了一套《中华文化经典基础教育诵本》，我是这一套用书的编委会主任。这套丛书 2004 年 4 月由高等教育出版社出版，共 12 册，由蒋庆选编，张岱年、汤一介先生题词，内容包括《孝经》、《诗经》、《书经》、《礼记》、《易经》、《春秋经》、《论语》、《大学》、《中庸》、《孟子》、《荀子》、《春秋繁露》、《中说》、《通书》、《近思录》、《朱子语类》、《朱子大全集》、《传习录》、《阳明全集》等，都是选其精华、精粹部分，出版后对海内外影响甚大。“十万之文，经典精华尽在是；十二之册，圣贤法言萃乎此。惟愿吾中华儿童手持一编读之读之再读之，而他日君子之国，大同之世，必在此朗朗读书声中也!”这是中华孔子学会为普及弘扬传统文化，实现中华民族的伟大复兴所作的一份贡献!

3. 东方文化研究院院长

1997年，河南洛阳大学的校长、书记来找我，说他们成立了一个东方文化研究院①，想让我担任这个研究院的院长。这个事儿和王殿卿老师有关，王殿卿是北京青年政治学院的院长。大概洛阳大学的领导在一次什么文化研究会议上认识了王殿卿，就说到要搞一个东方文化研究院，专门研究东方的文化，研究儒佛道、书法、绘画等。他们跟王殿卿一讲，王殿卿说这个想法很好。后来他们就想在北京物色一个专家去兼任这个文化研究院的院长。因为王殿卿以前就认识我，我在中华孔子学会认识很多人，他也是通过我认识了北大、清华的教授，张岱年、汤一介先生都是我给介绍认识的。这个时候，王殿卿就向洛阳大学推荐了我，他说郭老师挺好的，跟我很熟，而且是博导，请个博导比请一个一般的教授要好一点，可以带博士，当然也可以带你们。洛阳大学领导一听很好，要是把博导请来还可以提高学校的声誉。后来他们就来跟我谈，我说：我的学问也有限，恐怕难以胜任，再说，我在学校还有课，还要上班。他说：不要你花很多时间，一年去几次，给我们讲一讲就行了。他们开始还希望我能够把博士生带去在那里培养。

东方文化研究院是属于洛阳大学的。这所大学是一所地方大专院校，学生毕业后有的就考个本科，有的就分配了。洛阳大学的几个教师在研究院算是专职人员，具体来负责研究院的日常运转。研究院的经费有时就向省里要一点儿或是汤恩佳先生捐献一点儿。我兼任这个院长，其实就是挂一个名。

研究院成立后组织了几次学术会议。第一次就是1997年的研究院成立大会。当时从全国各地邀请了很多专家，北京去了十几个教授。会上主要就是讲讲研究东方文化的重要性，成立东方文化研究院的意义。之后在洛阳参观一下。会后，我就正式当上了东方文化研究院的院长了。

第二次会议是在1998年，研究院和中华孔子学会合作，在洛阳召开了一个中韩理学教育讨论会②。本来这个会议是中华孔子学会组织的，但中华孔子学会没钱，这样就和洛阳

---

① 1997年12月27日成立的洛阳大学东方文化研究院，这是一个集科研、教学、交流为一体的文化实体。研究院的名誉院长是李准、汤恩佳，顾问王殿卿、查敏，院长郭齐家，副院长董延寿、胡进京。首批聘任的研究员及来自中国社科院、北京大学、清华大学、北京师范大学、南京大学、西北大学、河南大学、郑州大学、香港孔教学院、洛阳考古研究所的特约研究员共24人。

② 1998年7月11日至13日，由洛阳大学东方文化研究院、韩国程朱学会共同举办的“程朱思想学术研讨会”在洛阳大学召开。研讨会上，中外学者以程朱思想与传统文化、程朱思想与现代化、程朱思想研究的历史与现状、程朱思想与中国思想史、程朱思想与中国学术史、程朱思想与中国文学、程朱思想与河洛文化诸方面的内容为重点，进行了深入探讨。52位中外学者带来了程朱思想研究的最新成果。会议论文集《程朱思想新论》于1999年12月由人民出版社出版。

大学合作，东方文化研究院作为具体承办者。这次会议，国内去了二十多人，汤一介先生也去了，韩国去了二十几个人，另外还有其他国家的几个人，共五十多个人。会前，我们先悼念了程颢、程颐，会后还参观了“二程”的家乡伊川。会议上大家互相交流，确实效果很好。

还有一次会议是在2002年召开的“二程洛学与实学国际学术研讨会”。会上香港的汤恩佳先生捐献了程颢的铜像。汤恩佳先生原计划是要搞程颢、程颐两个人的铜像，但那时候正是亚洲金融风暴，汤恩佳先生的生意受到挫折，就先捐献了程颢的一个铜像，一个铜像也要几十万呢。这个铜像就在洛阳大学的“中华儒教园”内。我们还把香港的、大陆的一些学者请来，为这一个像举行了落成典礼，同时召开了一个学术研讨会。

我当这个院长，每年我就是去那里一次到两次，也尽力帮助他们出了几本书，也象征性地给了我一点补贴。后来听说洛阳大学跟别的学校合并了。合并之后，东方文化研究院的事儿就没有再提起，也没有人再主动找我。因为我也忙，我也没有去找他们了。2004年，我就到北师大珠海分校来了。

七、在珠海

我是2004年10月到珠海来的。2001年以后，我除了带研究生以外，在学校里就没有别的什么事儿了，这个时候我参加的普及传统文化活动就慢慢地多了起来，主要就是在社会上作报告、搞讲座。

到了2004年，我的最后一届博士生论文答辩完了以后，我就到珠海来了。当时，北师大珠海分校副校长、副书记于风政，兼任珠海分校法政学院的院长。他是山东人，小时候读过一些古书，这个对他影响很深。这个时候，他想请个老师来教大学生读一点《论语》、《孟子》等古书。要原原本本的，你不要讲那么多，就是教他们怎么读书。他就问我愿不愿到珠海来讲这个课。由于这个时候我没有什么具体的工作，我就答应了。第一次说是以北师大珠海分校法政学院的名义请我，要我在珠海分校讲三个月的传统文化课，就讲《四书》了。到珠海后，于副校长看到我就说：你还不老呀，你就给我们讲三年课吧。这样我们一下就签订了三年的合同。我来这儿后，正好赶上香港卫视中文台“世纪大讲堂”播放我的《少儿读经与文化传承》的电视讲座节目，北师大珠海分校的人都看到了。他们说郭老师很有名，在“世纪大讲堂”讲过，现在要到我们这里来讲课了。这个讲座是在北京录制的，播放的时候我就到这来啦。我是2004年10月14日到的珠海，10月16号电视台放那个节目。

我到珠海以后，第一学期就在法政学院上课，这门课就叫“中国传统文化经典导读”。第一学期上了完课以后，第二学期我就没有课了。这个时候，北师大珠海分校教育学院的领导听说我在这儿，就请我给他们兼了一门“文化传统和教育”的课程，这是教育学院的专业课。我选了半天教材，就选了张岱年和方克立主编的《中国文化概论》，北师大出版的，我也参加编写了其中的“古代教育”一章，中间渗透一点孔子的教育思想。教育学院的这门课主要是讲中国传统文化的内容。隔了一年以后，教育学院又要我兼一门“人类文明与发展”课程。这个课以前就开设了，已经讲过两个学期，使用的教材是华东师大出版社的“世界文明简史”。第一个学期是姜老师上的，讲完她就走了。第二学期是从日本留学回来的一个博士，也讲了一个学期。到第三学期他们找我说，没有老师讲这门课，想让我来兼这门课。我说：我不是学这个的，这是世界文明，我学的是中国文明。我说这样吧，课表排了不好办，我先试着讲，如果说你们找到了老师，就叫另外的老师讲。我讲了这门课以后，中间也没有再换人。这样，我就在教育学院开了两门课：一门讲中国文明，讲文化传统与教育；一门讲世界文明，讲人类文明与发展。后来教育学院的班级人数越来越多，先是几十人一班，后有变成了一百多人一班，现在的一个班的人数则接近三百人，真是不得了！

第一学期在法政学院上课，第二学期我就到教育学院，第三学期我又在法政学院讲，到了第四学期我就没有课了。这时有人提议说可以把这个课程变成全校的通识课，让全校的学生来选课。王德胜退休后来珠海分校担任了通识教育中心的主任。王德胜说：干脆就把这门课叫“四书”（《大学》、《中庸》、《论语》、《孟子》），就讲这个内容，在全校范围开课。这样，原来法政学院的“中国传统文化经典导读”课就成了全校的通识课程“四书”了，而且还特意把这门课作为通识中心的核心课程。果然，一变成全校的通识课程，别的学院的学生都来选这门课。同时，我们分校的邻居北理工分校的学生也可以选这门课。这样一来，我每个学期每周都有三个班六个小时的课。本来是法政学院请我来讲课的，后来这门课就成了面向全校的课程。最近通识中心又提出增加开设一个“老子庄子”心得的课程，在每周四个晚上讲这个中国文化通识课。

2009 年下半年，我还利用业余时间给北师大珠海分校教育学院 2005 级的准备考研的毕业生辅导过教育史课程。这些学生都是学生。我先是简单地准备一下，后来用了两个礼拜六上午的时间，共讲了八个小时的课。大家觉得辅导的效果很好。2005 级的一个学生在博客中说：郭老师讲得很精彩，我们过去都没有珍惜。

教育学院的领导听说这个事儿后，就跟我商量说：2005 级的学生反映你辅导教育史的效果很好，能不能在下一学期开一门教育史专题选修课，每周一节课的时间。我说：一节课太少了，一学期才十几节课。最少要给我两节课，一个十八周，就三十几节课，我还可以讲一点内容。后来教育学院还是开了这个教育史选修课，一共讲了九周，每周四节课。在这个课上，我主要是讲中国教育史，而且是偏重古代，从孔子到书院、儒家教育思想，近现代教育史和外国教育史只讲几个重点，给他们提示一下。就这么又搞了一个学期。教育学院的老师听了我讲的孔子教育思想后，就跟我说，他们正在制订以后的教学计划，想把中国教育史、外国教育史、古代教育论著这些课程都纳入教学计划。到时候还想请我来上课。但这是他们的初步计划，领导批不批还不知道。我说：只要我身体好，你们要我讲什么，我尽量满足你们的愿望。因为这是我的本行嘛，我讲起来也很顺手。但是我也给他们说，学校的发展还是要培养新的教师，光用老教师也不是个长久之计。我毕竟七十多岁了。

在这里上课，平时倒是也没有什么问题，就是到期末改卷子的时候比较忙。几百份卷子，要求在几天内改完，就感觉很累。在北京的时候我有那么多硕士生、博士生，一个人帮我搞一点就可以了，所以我不费劲。另外那个时候也没有这么大的班额。

八、感悟与希望

1. 大学文化

我觉得大学文化对大学的发展很重要。回顾我们这几十年的历史，从新中国成立到“文化大革命”结束的前三十年，主要是过于突出阶级斗争，搞政治运动。那个时候运动一个接一个的，把大家的心灵都搞得不安宁，把人心都放到阶级斗争里头。动不动就是阶级斗争，为统治阶级说话这些东西，大家在生活中生怕讲错了什么话。邱椿先生那么有水平的人，他写东西也要进行阶级斗争的分析，也要批判几句。这实际上也限制了我们自己的思想。甚至于在政治运动最激烈的时候，我们北师大还提出过要把“学校”办成“党校”。1957年“反右”以后，1958年“大跃进”，教育系就提出来要办成党校。后来“文革”中又提出把教育当作无产阶级专政的工具，这就是说过去古代的，资本主义的，现代的，甚至是苏联的教育，都不能讲了，这些都是“封资修”的东西。要是这样的话，我们的教育怎么能够上去呢？因为我们看问题总是戴着有色眼镜，这样就看不到真实的问题，这样的教育对青年人也没有什么好处。受过这种教育的青年人，只会用阶级斗争与批判的观点来对待我们的文化，对待我们人类的历史。这个对文化的发展是不利的。

改革开放以后的三十年，应该说文化有了很大的变化。改革开放以后的“拨乱反正”、“文化热”、批评“文革”的一些思想，我觉得是往好的方面发展的。但是不久就提出了优先发展经济的问题，后来我们的社会就什么都要跟经济挂钩。“文革”结束以前是突出政治，这个时候是要突出经济、突出物质了。我就针对《国家中长期教育改革和发展规划纲要（2010—2020年）》写过一篇文章，其中提了些意见。我说我们现在用科学发展观指导教育的发展，应该从突出政治或突出经济的偏颇思路中，回到一个正确的道路上。这个道路是什么，就是人类文明发展的规律。人类文明发展与教育发展有一个基本的规律，其实就是儒家讲的中庸。在社会发展上，你左了不行，右了也不行，我们要走一个正道。正道怎么走呢？就是尊重教育本身的规律。教育本身应该解决什么问题？教育所能解决的问题就是一个文化传承的问题。应该说，我们的思想、我们心灵的成长、社会的发展、个人的生存都离不开文化。所以，教育的本质应该是心灵和心灵的沟通，灵魂和灵魂的感召。教育要关心学生心灵的成长，培养学生有高尚的德行、大爱的胸怀、善念的种子，使学生成为一个高尚的人、纯粹的人、有道德的人、脱离低级趣味的人、有益于人民的人。如果你离开这个来谈教育，把教育变成一个赚钱的工具，那教育就会变得非常浅薄了，也是在矮化教育。不是说经济一点不能讲，但它是教育的附带品，不是最主要的。我们老师要生存，就需要报酬，学校也要经费才能办学，但你不能把这个当作唯一的目的。大学的领导应该去筹钱，不应该把教育作为赚钱的工具来办。

作为大学来说，如果不提文化传承，只提专业建设，只提专业设置，这个我觉得都是把大学矮化了。有些大学看哪个专业赚钱，就办哪个专业。如旅游专业赚钱，就办旅游专业；计算机很热门，我就培养计算机人才。我认为这些技能都是三个月、五个月的培训班就可以学到的。像种蘑菇、养鸡、种树的技能，我们完全可以请某方面的专家来讲讲，去实践就行了。那何必要上大学呢？我认为大学还是应该回到蔡元培讲的，大学是研究高深学问的场所。大学应该回到大学的本位。大学是追求高尚学问的地方，不是一般的职业技能培训。如果你要学习一般的职业技能，你就上职业学校、技术学校。大学生不应该以赚钱作为目标，应以学术作为天职，不应该把大学作为升官发财的阶梯。如果只从专业设置上来办大学，那大学就只是一个就业的工具或者是职业培训班。现在我们大学教育的危险就在这里，把大学教育降低为一般的谋生职业技术教育了，而没有把它提到传承文化与研究高深学问的高度上来。

学术研究要重视学术的积累。以前，我们在这个问题上，也没有太多的关注。从教育学科来讲，我在北师大上学的时候，我们学的是苏联的东西，苏联的东西当然跟我们中国的国情不同。但是苏联的教育理论也有些好的地方。譬如说，他很重视实习，我觉得这个很好。教育实习，幼儿园的实习、小学的实习、中师的实习，先是一年级见习，每周有一定的时间去见习，到后来自己实习。这就培养了我们的动手能力。苏联有名的教育家都是跟踪教育几十年，自己做教育实验。这才叫科学研究。你一套办法是不是有效，你现在培养的这个人，能不能对社会发展有用，不能在短期内看到，只看到他考取了什么大学，这是不行的。还要看大学以后有什么影响，一直进行跟踪研究。苏联的教育研究这一点比较好，我们也应该向它学习。我们中国的教育家，有几个能够做到这个的？研究一个孩子，研究一个跟踪二十年的？没有。因为我们这几十年搞政治运动，搞经济运动，搞得动荡很大了，没有人跟踪，也没有这个条件。所以，作为教育学的研究来说，我觉得不仅是概念理论的问题。概念理论来源于实践，没有具体的研究功夫，你的理论水平也上不去。学问也是一层层地提升、循序渐进的，不能一下子跳跃得很高。做学问不能有暴发户，不是今天学一下，明天就爆发出来了。我今天是助教，明天就是教授，今天是博士生，第二年就是教授，第三年就是博导了。学术研究还是要维持一个梯队，这是正常的学术秩序。对文科来说，学术研究还有个阅历的问题，看起来一样的东西，就是一样的诗词，你不同的阅历，对它的理解就有不同的深度。如果没有一个学术研究的积累，我们就谈不上如何来培养教育家。

在当今社会上功利化的东西太盛行了。我们国家发展的整体思路就是这样，这很害人。现在我们面临很多的问题。譬如说，我们现在社会上有三种思潮。第一个是“高消费”。我们的心灵都不安定。你有一个名牌，我也要有一个，不管我的能力达到不到。你有车，我也要有车，你有房子一套，我有两套。第二个就是“性自由、性解放”，一夜情，甚至换偶。你今天换了吗？别人以为是换衣服，其实是换老婆、换老公，“换”成为一种时尚。第三就是所谓的“成功学”。我们这里满街的标语就是保证你大学毕业后五年以内年薪一百万。我作一场报告，保证你毕业后的前五年就能挣来一百万。这叫“成功学”。不惜一切手段，我要成功，成功的标志就是年薪多少。这三样东西，对我们大学生、大学青年教师都有很深的影响。我们的教育者不是在研究教育的人性化、心灵的成长，而是关注物质的高涨、待遇的高涨。这正好跟大学应该承担的功能相反。大学是文明的积累，文明的传承。有的人却是吃喝玩乐的积累，吃喝的传承。我们前面的一代人，那么艰苦，原子弹、导弹都研究出来了。我们现在这么好的条件，这么好的设备，却没有人研究。教育部经常说，我们大学毕业生多少、硕士多少、博士多少、成果多少，数字是很多了，但结果呢？道德越来越差，教育质量也在下滑，学问中真实的东西越来越少。

高等学校钱很多，设备很好，也不一定就会出来好的成果。为什么？他的主要精力不是在研究学术内部的问题，而是在钻营学术外部的问题。我们现在是很难坐下来，进行深入的学术研究了。这对学术发展是不利的。大家的学术研究都是很现实的，也有点盲目。我们现在做学问不看重研究的过程，只要最后的结果。大家都是今天研究一下这个问题，明天又弄了一个什么项目；这个领域搞了几年，又跑到另一个领域去了。只想一下子就得一个大奖，一下子就翻了身了。这样的学术，当然也就不会有十分深刻、精致的研究成果出现，只会是一些比较粗糙的资料。这样的研究就经不起历史的考验，也就没有什么历史的价值。这个问题要是不好好认识和解决，会遗患无穷，影响到民族的精神和人民的心理。但是我们讲这个又有多少人能听得进去呢？儒家讲忧患意识，我们现在就要有这个忧患意识。

我们的文化研究不能停留在“赶时髦”的层次上。理工科的技术研究就是要“赶时髦”，比如说，电脑、手机，明年要换代了，你永远也赶不上。但是民族文化研究你不能这样搞。我们教育史是文科，跟理工科不同，不是越新越好，而是把文化的根挖得越深越好，这样研究文化才有意义。只有民族的东西才能显示他的独特性，同时也是世界的东西。如果我们把自己的文化研究得很深，国外人来学习中国文化也会觉得有学头，才能体会到中国文化的味道。就像研究美洲印第安土著人的文化，比现代西方的东西要有意思得多。要搞好学术研究，就要挖掘一些地方性资料和地方性文化，把文化研究和民间民族传统联系起来，这样才能够推动民族文化研究的发展。这些年，很多中国人迷恋日本、韩国的电视剧，这些节目也对我们生活产生了很大的影响。韩国人拍的电视剧，其实都是属于东方文化的东西。在韩国的电视剧中，人情味、民族味儿都出来了，而我们的电视节目有的就缺乏这个东西，主要是一些历史剧。我们在国外会感到，我们有的时候缺少一点儿民族性的东西。像表演一个节目，别人都能表演一个代表其民族性的东西，而我们表演的却是中西方都有的大众化的节目，没有自己的民族特点。这就等于说，我们民族文化中的很多东西、很多信息都没有很好地继承下来，文化传统有点断层了。

所以，从文化传承的角度来看，大学的学术研究要更多地和民间的、地方的文化联系起来。如果老是用儒佛道统一的思路，那样的学术研究就太笼统了。我们教育史不能只是停留在那个水平上，这些只是教育史研究的基础，属于基础课。我们的专业课和方向课，我觉得还是应该关注地方文化教育的研究。假如我们的教育史研究能深入一些，在学术研究中把北方的齐鲁文化、燕赵文化、中原文化，南方的吴越文化、巴蜀文化、岭南文化、湖湘文化等结合起来，引导学生深入到各个地区，去研究地方文化与地方民俗，就是一个很好的研究思路，这样，教育史的研究视野就会变得很宽广。只有对各个地方教育文化的深入研究，才能推动教育史研究的整体水平的提升。我们的研究一定是通过各种文化的研究，来共同体现中华民族的文化。就像珠海这里接受外国文化很多，跟中原文化不同，我们可以研究这一方面的问题，如果能把容闳以来的这些人，像唐绍仪、唐国安等都研究一下，也是有很大意义的。我们要真正研究学术，就需要扩展学术研究的思路，让学生真正地进入学术的领域，这样才能出现创新人才。

所以，我觉得大学要在传承民族文化上作出自己的贡献，这也是大学本身应该承担的历史责任。一个单位，一个学校，要办得有特色，不在于你的专业设置很新，而是在于你选定的文化有一定的深度，真正能代表中国文化的水平和发展方向。

2. 传统、学派、师承

从我们北师大来说，北师大是个老学校，有一百多年的历史，也形成了自己的传统。一百多年来，在不断的颠簸当中，还是走出一条文化与学术发展的道路。大学要传递文化、传承文明，特别是我们是师范大学，还要传承师范文明、教师职业道德的文明，而不应该只是传授一些“现买现卖”的东西。

我觉得我们师大的传统还是很好的。陈垣老校长当时很重视文化的传承。如在师大的一年级一定要上国文课，这就是打好传承文化的基础。不管你是什么专业，数学、物理专业，你也要学国文。他亲自讲国文，也叫启功先生讲。启功是没有大学文凭的，开始是在中学讲国文，他觉得启功讲得可以，就让他到大学开课。大学要传承文化，就要重视课程开设和教师的培养。

第一点，我想大学是不是将来也能恢复老先生讲国文的传统。让一些文化素养很高的人讲国文。但是我们现在做不到，因为有些年轻人，自己都不通国文，结果是越讲越糟，还会把国文变成一个工具，学生都不爱听。

第二点，各个专业都要有一批老教师上基础课。当时像陆宗达、白寿彝先生在中文系、历史系就讲基础的东西。在大学里，传承文化的基础课也是非常重要的，你没有这些老教授来讲，那是不行的。我们教育系也是这样，教育系有几门基础课，如教育学基础，一定要有一定的学术水平人来讲。像黄济老师当年给我们讲教育学，当时四十多岁，正当年，文化底蕴很好。他那个时候是高级讲师，六级，在有的学校就是副教授和讲师之间的水平，那也是很高的。我们一年级得到这样的老师讲课是十分幸运的。

第三点就是大学的学术梯队问题。过去我们师大有个传统，教授、副教授、讲师、助教，形成一个梯队。教授最少，副教授多一些，讲师更多一些，助教最多。这个梯队有什么好处呢？就是有明确的带头人，然后就是助手，一层一层地下来。这个梯队也是符合科学发展的，也是传承文明。一般教授是属于学问、资历、经验都比较丰富，在学术领域能够拿得起来的，有一定学术地位的人，起个带头的作用，起一个开导的作用。在学术团队里，教授是领导，学术上的事儿就要听他的。我们过去主要是重视教学，这么层层地负责，副教授协助教授，讲师要帮助副教授，助教协助讲师。

学派的形成对于学术发展也是必不可少的。学派的建立必须有学术的基础，研究到一定程度，学问积累到一定的程度，才能形成学派。宋明理学有程朱派、陆王派，清朝末年还有乾嘉学派。解放以前都有学派，文科有学派，譬如说，陆宗达先生，他属于章太炎、黄侃这个系统。古代的训诂还有别的派别，讲《诗经》的是哪一派。理科也有学派。有了学派，学术研究就可以互相讨论，但是我要坚持我学派的观点。每个教师也都有师承，你的学问是经过哪个老师传下来的。但经过“文革”的斗争，这个传统就给破坏了。我们过于忽略学派的观点，甚至就没有学派，这对学问发展是不利的。我们现在的学术研究，就是由于没有一个学派，也就不能坚守自己的学术观点，自己的观点轻易就改变了。这就说明我们学问的基础不够。

如果我们的学术研究也像京剧一样，百花齐放，把各种派别搞起来，就会在很大程度上推动学术研究的发展。我觉得以后的博导，最好有学派，如果达不到形成学派的高度，也要在博士培养上，能够把你喜欢的或者研究达到一定水平的领域继承下来，并把它升华提高，逐渐地形成一个学派。譬如说北师大教育史的老先生，邱椿、毛礼锐、陈景磐等先生，尽管他们晚年不幸，由于受到各种条件的限制，没有独立出很鲜明的派别，但这些学者也有些著名的观点、重要的研究领域和研究范围，我们当学生弟子的应该把这些继承下来。就像瞿菊农先生，我当瞿先生助教的时候就是二十几岁，经常往他那儿跑，瞿先生老给我讲“理学”、“反理学”。当时我也听不太懂。后来理解了，理学是一个方面，当时抬得很高，但反理学的力量也很大。如果真正把理学和反理学的两边都搞透了，看他们冲突的是哪一些问题，这就是个很好的学问。再一个，瞿先生十分喜欢蒙养教材，也积极推动这个问题的研究，发表了一些这方面的研究成果。如果我们不能全面继承这些东西，我们可以从师道里头，从老师那里继承一个领域，把它深化，那也会推动学问的发展和文化的传承了。我觉得这些方面是可以进一步努力的。

师承的问题还要考虑北师大历史发展的特殊性。新中国成立后，北京师大教育学科变得很强大，其实这不是自然积累的结果，而是由于政策因素进行院校合并的结果。当然就师大本身的传统来讲，师大和其他几个学校相比也不弱。就说北师大的教育史学科，50年代实力很强，也是院校合并的结果。院系调整就是苏联的模式，把分散的专业力量都集中到一所院校。当时就是把北京地区的教育系科都合并到北师大，这些老先生后来又到了教育史教研室。把分散的学术力量集中一起，这样的合并有好的一面，也有不好的一面。从好的一面说，我把几个教授都弄到一起了，一个学校的师资力量很强大，可以集中干一些事情。但也有不好的一面。他们每个老师从各个学校来，想让他们集中发挥作用，但是并没有完全发挥出来。他们在一起，有时候可能会互相抵消一部分力量。这一方面是由于政治运动的原因，另一方面也有文人相轻的因素。大家相互之间谁也不服谁，也就难以形成一个自然的团队。因为文化与学问的东西，应该有积累。学术权威的东西，是自然形成的，并不是谁赋予他的。要是这些人不在一起，每个大学有一个知名教授，他就可以各领风骚，形成自己的研究特点，带一些徒弟，互相竞争，可能还会更好地促进学术的发展。这实际上是不同的大学组织模式的选择问题。按照苏联的大学模式就是要把研究的专业力量集中起来，就像打仗，集中优势兵力打仗，可以歼灭一些敌人。按照欧美的教育模式，就是重视个体的努力，大家都是一个个体，不愿意都呆在一起，"鸡多不下蛋"。很多人都在一起，反而吵架，反而你看不起我，我看不起你。还不如把他们单独放在一个地方，还是一棵独立的"大树"，然后培养出"小树"来。

我主张恢复以前学术上的师徒制，重视学术上的师承关系。过去的社会生产都是通过师徒制的方式进行的。在师傅的带领下做一个杯子，一个人一辈子可能就是制造了一个杯子，要精雕细刻，生产出一个世界上独一无二的艺术品。这也就是它的价值所在。这才是一个像样的、经久不衰的、不朽的东西。我们现在都是批量生产，一次就能生产几百个、几千个，来适应商品大众化的需要。但是这种生产就不精细了，批量生产的杯子没有什么艺术价值。如果是一个导师带一些徒弟积累，经过艰苦的斗争、学习和积累，到时候就能出精品，会有一定的研究成果。

由于政治运动的原因，大学的师承关系都遭到破坏了。像60年代的中国教育史研究班，当时的学生都分了专业，选择了导师，一个导师带几个学生，每人也开始跟着导师做了一些研究。但是，很快"四清"、"文革"就开始了，这些政治运动就把学术上的师承关系给搅乱了。后来我们也没有机会再找这些老师去学习。实际上，北师大教育史的这几个老先生也是很惨的。他们最好的四十多岁到六十多岁的时光，主要精力不能用到学问上，"文革"中有的老师被批斗致死，损兵折将，损失很多宝贵的资源。"文革"后好不容易活过来的几位老先生，年纪也大了，都是七八十岁了。这个时候他们做研究已经有点儿力不从心，也干不了太多的事情了。"文革"以后，主要就是打着老先生的旗号进行教育史研究，用他的名义招博士生，毛先生、陈先生都是七十多岁当博导，已是风烛残年了。但是他们的名望和学术影响还在。那时候能以毛先生的名义编好多书，这就已经难得了。后来的年轻老师也没有接着做这些工作。这样，北师大中国教育史研究的这个师承就断了。这既不能怪老师，也不能怪学生，就怪这个时代没有把这个师承接上。

“文革”结束以后，我们这些人的主要精力又放到了教育史教学上。虽然我们也是在不断努力，尽量体现北师大教育史研究传统中的东西，不断地培养一些硕士生、博士生。但我们只能是在自己原有的学术水平上进行培养，按照自己的良心、按照自己能够达到的力量来培养。由于我们这代人上学以及工作的时候都赶上了政治运动，本身也都缺乏严格的学术训练，所以，培养的学生就难免会显得根底不够，学术训练不足。这也是我们这代人的时代局限，因为我们是经过政治运动以后才接上来的。

此外，我们研究教育史的人，也不要停留在教育史上。教育本身就是文化，我们要扩大到民俗文化、地方文化里面去。这样的话，我们的事业就宽阔一些。研究中国文化、中国教育的人，要关注自身精神世界的提升，文化的精神在我们的内心，而不是在外部。我们要能打坐，要能反省、检查自己，不断忏悔，认真研读儒佛道经典，孝顺父母，尊敬师长，感恩一切。如果我们没有“兴慈运悲，不舍众生”的理解态度，没有很强的历史文化意识，没有长期刻苦的修炼体验，是很难把握中华文化思想义理之真髓的。向内不向外，求己不求人，返璞归真，复归本性，回到孔孟老庄、释迦牟尼、苏格拉底、柏拉图等文化创造的原点，回顾源头，才能找到教育发展的正确方向，才能遵循教育自身发展的规律。总之，做学问与做人统一起来，从心开始，直指人心，直指人性！这是很重要的。

所以，我们今后的学术研究要设法把北师大的学术研究传统总结一下并继承下来，通过多年的努力，可以把学术研究提升到一个比较好的状态。

后记：2010 年 4 月 22 日到 26 日，我们在北京师范大学珠海分校对郭齐家教授进行了为期五天的口述史访谈。在访谈中，郭齐家教授系统回顾了几十年的人生经历，并提出了许多有关学术研究与文化发展的感悟和体会。我们感到收获颇多。本文是根据郭齐家教授的口述录音整理而成的一篇个人口述历史文献。本文整理后经过郭齐家教授的审阅。

原载于述胜等访谈整理：《中国教育口述史》第一辑，重庆大学出版社 2011 年版。

历年主要学术成果一览

一、专著

《中国教育思想史》，教育科学出版社1987年版。

《中国古代学校》，天津教育出版社1991年版。

《中国古代教育家》，北京科技出版社1995年版。

《中国古代学校和书院》，北京科技出版社1995年版。

《中国古代考试制度》，商务印书馆1997年增订版。

A HISTORY OF CHINESE EDUCATIONAL THOUGHT（《中国教育思想史》英文版），李磊译，外文出版社2009年版。

《文明薪火赖传承——儒家文化与中国古代教育》，山东教育出版社2011年版。

《中国教育的思想遗产：回望春秋战国》，教育科学出版社2012年版。

《中国教育的思想遗产：回望汉唐》，教育科学出版社2012年版。

《中国教育的思想遗产：回望宋元明清》，教育科学出版社2012年版。

《中国教育的思想遗产：回望民国》，教育科学出版社2012年版。

《中国教育史》（上下卷），人民教育出版社2015年版。

二、与人合著

《简明中国教育史》，北京师范大学出版社1994年版。

《中国远古暨三代教育史》，人民出版社1994年版。

《陆九渊教育思想研究》，江西教育出版社1996年版。

三、主编

《中外教育名著评价》，山东教育出版社1992年版。

《中国教育思想通史》第三卷，湖南教育出版社1994年版。

《中华人民共和国教育法全书》，北京广播学院出版社 1995 年版。

《中国小学各科教学史丛书》，山东教育出版社 1996 年版。

《中华人民共和国职业教育法实务全书》，北京广播学院出版社 1996 年版。

《中国教育史研究·宋元分卷》，华东师范大学出版社 2000 年版。

《中国教育传统与教育现代化基本问题研究》，北京师范大学出版社 2003 年版。

《中华传世家训经典》（1—4 卷），人民日报出版社 2009 年版。

《中国教育通史·宋辽金元卷》，北京师范大学出版社 2013 年版。

四、参加编写

《中国教育思想通史》，湖南教育出版社 1994 年版。

《中国教育魂——从毛泽东教育思想到邓小平教育理论》，江西教育出版社 1998 年版。

五、主要论文

1984 年

1.《韩愈论教师》，《人民教育》1984 年第 3 期。

2.《宋明理学道德教育思想散论》，《北京师范大学学报（社会科学版）》1984 年第 3 期。

1985 年

3.《古代教育家论道德教育的作用》，《教育评论》1985 年第 2 期。

4.《论孔子教学论中的“情”》，《华东师范大学学报（教育科学版）》1985 年第 3 期。

1986 年

5.《“三个面向”与中国古代教育史研究》，《课程·教材·教法》1986 年第 7 期。

1987 年

6.《文种思想研究》，《浙江学刊》1987 年第 5 期。

1988 年

7.《试论儒家教育哲学的基本特点》，《华东师范大学学报（教育科学版）》1988 年第 4 期。

1989 年

8.《“五四”新文化教育思潮的回顾与反思》,《教师教育研究》1989 年第 3 期。

9.《论儒家道德教育思想》,《教师教育研究》1989 年第 6 期。

1990 年

10.《中国教育史研究断想》,《教育史研究》1990 年第 2 期。

11.《略论〈管子〉的教育思想》,《教师教育研究》1990 年第 4 期。

12.《评朱陆之争》,《北京师范大学学报(社会科学版)》1990 年第 6 期。

1991 年

13.《陶行知关于社会大学的思想和实践》,《高等师范教育研究》1991 年第 1 期。

1992 年

14.《继承与弘扬中国古代教育的精华》,《北方工业大学学报》1992 年第 4 期。

15.《中国中小学教育重视继承与弘扬中国优秀的传统文化》,《中美教育问题研讨会论文集》,北京,1992 年。

1993 年

16.《阳明学研究的一个突破》,《中国社会科学》1993 年第 1 期。

17.《雷沛鸿——从整体上探索中国教育出路的先行者》,《中国教育学刊》1993 年第 3 期。

18.《借鉴历史经验,探索我国私立高校的办学新路》,《教师教育研究》1993 年第 4 期。

1994 年

19.《略论宋代教育流派的勃兴及其教育思想的特色》,《教育史研究》1994 年第 2 期。

20.《老子论道德教育》,《中小学管理》1994 年第 Z1 期。

21.《颜之推的道德教育观》,《中小学管理》1994 年第 11 期。

1995 年

22.《中国传统文化与当代市场经济》,《中华文化论坛》1995 年第 3 期。

23.《论中国传统教育的基本特征及其现代价值》,《北京师范大学学报(社会科学版)》1995 年第 5 期。

1996 年

24.《论中国传统教育的基本特征及其现代价值》,《湖南大学学报(社会科学版)》1996 年第 4 期。

25.《论唐文治教育思想的历史价值和现实意义》,《教育研究》1996 年第 10 期。

1997 年

26.《怎样认识中国传统文化的价值?》,《人民日报》1997 年 4 月 11 日第 9 版。

27.《西学东渐与中国教育目标的近代化》,《教育研究》1997 年第 7 期。

28.《李穑的教育活动与教育思想》,《牧隐李穑学术思想中韩研讨会论文集》,北京,1997 年 8 月。

1998 年

29.《"安身立命"说与大学教育改革》,《河北师范大学学报(教育科学版)》1998 年第 1 期。

30.《中国古代研究生命的学问——"安身立命"说》,《洛阳大学学报》1998 年第 1 期。

31.《雷沛鸿师范教育思想研究发微》,《教育史研究》1998 年第 2 期。

1999 年

32.《疑古与走出疑古》,《中国文化研究》1999 年第 1 期。

33.《西学东渐与中国近代道德教育观的演变》,《华东师范大学学报(教育科学版)》1999 年第 1 期。

34.《儒家的教育思想传统及其现代价值》,《邢台职业技术学院学报》1999 年第 1 期。

35.《儒家的教育思想传统与未来教育》,《山西师大学报(社会科学版)》1999 年第 4 期。

36.《孔子仁学教育思想及其当代价值》,《河北师范大学学报(教育科学版)》1999 年第 4 期。

37.《重温孔夫子治学之道——纪念孔子诞辰二五五〇周年》,《中华魂》1999 年第 9 期。

2000 年

38.《儒家的教育思想传统与未来教育》,《国际儒学研究》第十辑,2000

年6月。

39.《中国传统教育哲学与全球伦理》,《教育研究》2000年第11期。

2001年

40.《波澜壮阔的中国教育哲学的历史画卷——评〈中国教育哲学史〉》,《中国图书评论》2001年第3期。

41.《中国教育史研究的新里程碑——评〈中国教育制度通史〉》,《中国新闻出版广电报》2001年5月24日第4版。

42.《雷沛鸿高等教育理论研究》,《博览群书》2001年第8期。

43.《重植文化之根》,《中国新闻出版报》2001年9月15日。

2002年

44.《中国传统教育思想精华与当今素质教育》,《江南大学学报(人文社会科学版)》2002年第1期。

45.《立意宏大 开掘精深——评刘业超著〈雷沛鸿高等教育理论研究〉》,《湘潭大学社会科学学报》2002年第5期。

46.《中国近代女子学校教育的兴起及其社会影响》,《教育研究》2002年第11期。

47.《寻回民族智慧 重植文化之根——重视对中华文化元典的诵读和教育》,《北京教育(普教版)》2002年第11期。

2003年

48.《铸造新精神 建设新文化——评〈综合创新——张岱年先生学记〉》,《中国文化报》2003年1月28日第3版。

49.《孔子的精神和智慧是什么》,《科学咨询(教育科研)》2003年第8期。

50.《关于中国教育传统与现代化关系的理论思考》,《华东师范大学学报(教育科学版)》2003年第4期。

51.《程颐〈颜子所好何学论〉教育思想引证与疑义》,《江南大学学报(人文社会科学版)》2003年第5期。

52.《俄国学者眼中的中国教育传统与现代化——〈中国学校与教育思想史概要〉述评》,《比较教育研究》2003年第7期。

53.《金玉良言 民族瑰宝——评〈中华传统美德格言〉》,《光明日报》2003年4月1日。

2004 年

54.《弘扬和培育民族精神与国学启蒙》，《湖南省社会主义学院学报》2004 年第 3 期。

55.《儒学与中国大学精神》，《纪念孔子诞生二五五五周年国际学术研讨会论文集》卷三，北京，2004 年 10 月。

2005 年

56.《少儿读经与文化传承》，《湖南科技学院学报》2005 年第 1 期。

57.《城市雕塑与人伦之道》，《雕塑》2005 年第 2 期。

58.《重启经典教育　振兴中华传统文化》，《中国教师》2005 年第 6 期。

2006 年

59.《孔子和他的学生》，《中国德育》2006 年第 2 期。

60.《社会主义荣辱观与“好学近知，力行近仁”》，《吉林师范大学学报（人文社会科学版）》2006 年第 3 期。

2007 年

61.《要求青少儿读经是顺潮流而动》，《教育学报》2007 年第 2 期。

62.《弘扬中华文化建设中华民族共有精神家园》，《北京科技大学学报（社会科学版）》2007 年第 4 期。

2008 年

63.《关于“中国学校优良传统与学校发展研究”的一些思考》，《教育史研究》2008 年第 4 期。

64.《弘扬中华文化建设中华民族共有精神家园》，《第一届世界儒学大会学术论文集》2008 年 9 月。

2009 年

65.《儒家文化与中国古代书院》，《孔子研究》2009 年第 3 期。

66.《中华文化与家庭和谐、家庭教育》，《第二届世界儒学大会学术论文集》，曲阜，2009 年 9 月。

2010 年

67.《重视历史传统　提升教育素养》，《教育学报》2010 年第 1 期。

68.《走向人类文明发展的大道》，《生活教育》2010 年第 4 期。

69.《〈学记〉与素质教育》，《今日教育》2010 年第 Z1 期。

2011 年

70.《孔子教育思想对当代教育改革的意义》,《少年儿童研究》2011 年第 4 期。

2012 年

71.《从传统文化解读广东精神》,《深圳特区报》2012 年 9 月 4 日第 B10 版。

2013 年

72.《少儿国学教育势在必行》,《广东教育(综合版)》2013 年第 5 期。

2015 年

73.《教育是对中华民族伟大复兴具有决定性意义的事业》,《民生周刊民办教育专刊》2015 年第 2 期。

74.《用好中国传统教育思想精华》,《人民日报》2015 年 7 月 30 日第 7 版。

75.《追念中华孔子学会前任会长岱老与汤老》,《中国儒学》2015 年第 10 辑。

2016 年

76.《中华文化与家庭和谐、家庭教育》,《京师学道》2016 年第 1 期。

77.《中国传统教育思想精华及其现代意义》,《京师学道》北京师范大学珠海分校建校十五周年纪念刊,2016 年 12 月 1 日。

78.《大学之道》,《光明日报》2016 年 12 月 15 日第 2 版。

79.《国不以利为利,以义为利也》,《光明日报》2016 年 12 月 29 日第 2 版。

2017 年

80.《苟日新,日日新,又日新》,《光明日报》2017 年 1 月 7 日第 2 版。

81.《谁言寸草心,报得三春晖》,《光明日报》2017 年 1 月 11 日第 2 版。

82.《与人为善》,《光明日报》2017 年 4 月 6 日第 2 版。

83.《文化自信与中国传统教育》,《中国文化报》2017 年 6 月 26 日。

84.《家和万事兴》,《人民日报》2017 年 7 月 4 日第 7 版。

85.《万物并育而不相害,道并行而不相悖》,《光明日报》2017 年 8 月 14 日第 2 版。

后　记

我早年出版的《中国教育思想史》（教育科学出版社 1987 年版）与近年出版的《中国教育史》（上下卷，人民教育出版社 2015 年版），其实就是我长期从事“中国教育史”教学的讲稿，其中有些部分的编写也有我的学生们参与。这次编辑的我的教育论文集，更是我和学生们合作的作品。很多论文都是学生们的辛劳，反映了他们的学术水平和求学的进步，体现了我们师生间的学术交融和心灵精神的沟通，也是师生情谊与教学相长的结晶。所以我衷心感谢学生们对我的支持、帮助和关怀，如果没有他们的参与，我个人的学术力量是不足以编辑成这本论文集的。是学生们成就了这本书，我衷心感恩他们！

我的这本论文集，纳入《中国当代教育学家文库》，我是觉得十分惭愧的，愧不敢当，无论是从论文的数量、质量、水平都是不够的，达不到要求的。所以我衷心感谢中国教育学会教育学分会和人民教育出版社的领导对我的关怀、激励和鞭策，感谢郭戈研究员、刘立德编审以及冯卫斌博士等朋友对我的关爱、照顾和帮助。是中国教育学会教育学分会和人教社成就了这本书，我衷心感恩他们！

本论文集之所以定名为《教育立命之道与中华文化复兴》，主要是因为孔子说过“不知命，无以为君子也”，孟子说过“夭寿不贰，修身以俟之，所以立命也”，张载说过“为天地立心，为生民立命，为往圣继绝学，为万世开太平”。现在我们处在一个伟大的新时代。正如习近平总书记所说：“我们比历史上任何时期都更接近中华民族伟大复兴的目标，比历史上任何时期都更有信心、有能力实现这个目标。”（2016 年 11 月 11 日在纪念孙中山先生诞辰 150 周年大会上的讲话）2017 年 1 月 25 日中共中央办公厅、国务院办公厅根据党中央、习总书记的指示，发布了《关于实施中华优秀传统文化传承发展工程的意见》，这是史无前例的！《意见》提出：“紧紧围绕实现中华民族伟大复兴的中国梦……坚守中华文化立场、传承中华文化基因，不忘本来、吸收外来、面向未来，汲取中国智慧、弘扬中国精神、传播中国价值，不断增强中华优秀传统文化的生命力和影响力，创造中华文化新辉煌。”

以上所述就是编辑《教育立命之道与中华文化复兴》的背景和依据。所以我把《文化自信与中国传统教育精神》（2017 年 6 月 17 日我在“部级领导干部历史文化讲座”的演讲内容）作为“代自序”，即本书的基本精神——围绕“教育立命之道”与文化自觉、文化自强、文化自信，直到实现中华文化的伟大复兴、创造中华文化新辉煌！郭戈、立德、卫斌等领导和朋友精心设计、编辑为七编，非常合理、科学。他们还建议把于述胜教授团队采写的《在知识与信仰之间——郭齐家教授口述史》放在全书之后，供读者参考，或许对全书的阅读和理解更有帮助，在此还要感恩于述胜教授及其团队的辛劳！

每个人一生总会做一点事，都会有大小不一的光环。但这都是过去式。光环退去，我们都是一介布衣，忙于柴米油盐。百岁老人、我的恩师卢乐山先生说：“人活到老，要学到老，修养到老；人也只有学到老，修养到老，才能活到老！”百岁老人杨绛先生说：“我们曾如此渴望生命的波澜，到最后才发现，人生最曼妙的风景，竟是内心的淡定与从容。我们曾如此期盼外界的认可，到最后才知道，世界是自己的，与他人毫无关系”，“灵性良心人人都有，经常凭灵性良心来克制自己，就是修养”。

“八十年光驹过隙，前尘疑梦亦疑真。诗朋酒侣知谁继，惟有梅花似故人。”我今年也八十岁了，开始进入“80 后”。我要牢记百岁老人的亲切教导。500 年前的王阳明临终前对学生说：“吾去矣！”学生们问恩师有什么遗言，阳明微笑说：“此心光明，亦复何言！”这也就是我的心愿！“虽不能至，然心向往之。”“天涯红萼未飘零，柳眼垂垂着意青。耳目聪明腰脚健，人生八十亦芳龄。”善哉！善哉！

郭齐家
2017 年 8 月 24 日
于北京回龙观